Olaf Jessen

Die Moltkes

Olaf Jessen

Die Moltkes

Biographie einer Familie

Verlag C.H.Beck

Mit 56 Abbildungen und 1 Stammtafel

© Verlag C. H. Beck oHG, München 2010
Satz: Janß GmbH, Pfungstadt
Druck und Bindung: GGP Media GmbH, Pößneck
Printed in Germany
ISBN 978 3 406 60499 7

www.beck.de

Inhalt

Candide et Caute
Wahlspruch der Moltkes

Einleitung

Der Bitte seines Müsteschars mag Hafiz Pascha nicht entsprechen. Jeder Rückzug wäre schimpflich. Es sei ein strategischer Rückzug, beharrt der Müsteschar, oberster Ratgeber des Paschas, von den Türken «Baron Bey» genannt. Der Feind unternehme einen Flankenmarsch. Weiche man nicht aus, werde Hafiz Pascha seine Armee verlieren. Weiter östlich, im Lager von Biredschik, könne man auf eigene Verstärkungen und den Angriff der Ägypter warten. Doch der Feldherr hält den jungen Müsteschar für einen klugen, aber allzu vorsichtigen Krieger. Drängen nicht Sterndeuter und Wahrsager zum Kampf? Die Sache von Sultan Mahmût sei gerecht. Allah werde deshalb ihm, Hafiz Pascha, zum Sieg verhelfen, das Heer der Ägypter vernichten und Syrien für das Osmanische Reich zurückgewinnen; das verkünden Mollas wie Hodschas. Hafiz Pascha will die Stellung halten. Sein Ratgeber schickt sich ins Unvermeidliche. Ruhrkrank und zu Tode erschöpft, richtet er noch in der Nacht die Front neu aus, mutlos freilich, Schlimmes ahnend. Denn die Mängel des Heeres kennt der Müsteschar genau. Schließlich hat er selbst versucht, die Sekbān-ï-ğedīd, eine «neue Armee», nach westlichem Vorbild aufzubauen – vergebens. Der Islam, klagt er vor Vertrauten, halte den Orient stationär, mache aus dem Osmanischen Reich eine «*Nation in Pantoffeln*».[1] Jetzt verfügt das Korps von Hafiz Pascha, knapp dreißigtausend Mann, über russische Jacken, belgische Gewehre, ungarische Sättel, türkische Mützen, englische Säbel und arabische Kamele, nicht aber über preußische Disziplin.

Am 24. Juni 1839 beginnt der Kampf. Die «Schlacht» bei Nizib ist vor allem eine Kanonade. Hundertzwanzig ägyptische Geschütze feuern aus großer Entfernung Steilschüsse. Zahllose Kugeln stürzen langsam, in hohem Bogen, auf die Soldaten des Sultans herab. Munitionswagen explodieren, Menschen spritzen auseinander, Reiterei überrennt die eigenen Linien. Nach zwei Stunden ist die Kampfmoral gebrochen. Ganze Bataillone werfen die Gewehre fort, sprechen mit erhobenen Händen Gebete. Als zum Dienst gepresste Kurden auf die eigenen Anführer schießen, löst sich das Heer endgültig auf.

Fiebergeschüttelt, ohne Lebensmittel und seiner Karten beraubt, flüchtet Baron Bey in die Berge von Rumkaleh. Er gelangt nach Malatya und geht in Samsun an Bord eines österreichischen Dampfers. Über Konstantinopel will er die Heimreise nach Europa antreten. In zerlumpter Türkenkleidung, mit langem Bart, mager und abgezehrt, wird ihm der Zutritt in die Erste Klasse nur gewährt, weil er sich dem Kapitän auf Französisch vorstellt: Helmuth von Moltke, Militärberater des Sultans, Hauptmann im preußischen Generalstab.

Mehr als fünfzig Jahre später, an seinem neunzigsten Geburtstag, ist der Verlierer von Nizib neben Napoleon und Wellington der gefeiertste Feldherr des Jahrhunderts. Als Sieger von Königgrätz und Sedan, Geburtshelfer des Deutschen Reiches, Vollender des modernen Generalstabs, aber auch als erster Stratege des industrialisierten Volkskrieges begründet «Baron Bey» den Mythos einer Familie, die wie kaum eine andere die Geschicke der Nation mitbestimmt hat.

Als Schlachtensieger und gescheiterte Weltkriegsstrategen, demokratische Regierungschefs und Innenminister des Kaisers, Diplomaten des NS-Regimes und Widerstandskämpfer gegen Hitler, Botschafter der Bundesrepublik und Visionäre eines geeinten Europa haben die Moltkes über sieben Generationen, vom Zeitalter Napoleons bis in unsere Gegenwart, wichtige Rollen gespielt. Generalfeldmarschall Helmuth von Moltke wurde zur Ikone des Kaiserreichs, der jüngere Moltke zum Symbol deutschen Scheiterns im Ersten Weltkrieg, der Widerstandskämpfer Helmuth James von Moltke zur Identifikationsfigur einer demokratischen und weltoffenen Bundesrepublik.

Bestimmt die familiäre Herkunft das Schicksal? Kein Zweifel: Noch immer werden Macht und Ansehen auch über den Einfluss von Familien errungen. Und die alte Vorstellung, besonders des Adels, dass sich Begabung vererbe, ist niemals untergegangen.[2] Während Pädagogen die prägende Kraft des Lernumfelds beschwören, gewinnt der Glaube an die Macht der Gene an Boden. Auch deshalb ist Ahnenforschung zum verbreiteten Hobby geworden.[3] Die Weitergabe familiärer Rituale, Aufträge und Werte, kurzum: die «Familienkultur», entfaltet eine hemmende oder auch eine treibende Wirkung. Wie sind den Moltkes der Aufstieg und das Obenbleiben gelungen? Und welche Rolle spielte ihre Familienkultur?

Das sind klassische Fragen der Elitenforschung. Aber die Geschichte der Moltkes führt auf weitere Felder. Denn wohl kaum eine andere Familie hat die Wechselbeziehung zwischen Krieg und Nation selbst so deutlich geprägt oder gespiegelt. Wer solchen Beziehungen nachspüren will, der sollte wissen: Nationen sind keine Ureinheiten der Geschichte. Jede Nation ist Idee. Und auf Ideen muss man kommen. Die nationale Idee entstand vor etwa 250 Jahren in den Schreibstuben europäischer Gelehrter. Massentauglich wurde sie erst auf dem Schlachtfeld. «Nationalstaaten sind», erkannte Norbert Elias, «in Kriegen und für Kriege geboren.»[4] Die Formen des Krieges und die Idee der Nation – beide beeinflussen einander und unterliegen geschichtlichem Wandel.

Den Chamäleon-Charakter nationaler Ideen haben Historiker vielfach nachgewiesen. Schwerer tut sich die Nationalismus-Forschung bisweilen damit, langfristige Bedingungen des Nationalen zu erhellen, vor allem die Erfahrung von Krieg, Bürgerkrieg und Revolution.[5] Wie haben die Moltkes den Wandel des Kriegsbilds und der Nationsidee über mehrere Generationen hinweg beeinflusst? Wie sind sie ihrerseits durch Umbrüche in der Geschichte des Krieges und durch wechselnde nationale Ideen geprägt worden?

Die Moltke-Familie, die aus mecklenburgischem Uradel stammt, hat Spuren in vielen Archiven hinterlassen, in der Bundesrepublik vor allem in Mecklenburg, Berlin, Baden-Württemberg und Schleswig-Holstein. Umso verblüffender ist es, dass eine deutschsprachige

Familiengeschichte bisher aussteht. Das gilt auch für den Samower Zweig des Feldmarschalls, genauer: für die Nachfahren von Friedrich Philipp und Henriette von Moltke. Sie rückten besonders auffällig in das Spannungsfeld zwischen Krieg und Nation. Es liegt nahe, vor allem ihren Spuren zu folgen. Die brillante Studie *Blood and Iron* des amerikanischen Historikers Otto Friedrich beschränkt sich im Kern auf eine Dreifach-Biographie der «großen» Moltkes und schöpft überwiegend aus englischer Sekundärliteratur.[6]

Dabei sprudeln die Quellen nicht nur in öffentlichen Archiven. Ein Berliner Privatarchiv zum Beispiel verwahrt den unerschlossenen Nachlass Adolph von Moltkes, eines Bruders des Feldmarschalls, wie auch die bisher unbekannten *Erinnerungen* Davida von Moltkes, einer Schwester von Peter Yorck von Wartenburg.[7] Peter Yorck gilt neben Helmuth James von Moltke als Kopf der Widerstandsgruppe «Kreisauer Kreis». Im Bundesarchiv-Militärarchiv Freiburg schlummerten «Feldzugs-Erinnerungen» des jüngeren Moltke. Wer darüber hinaus Familien-Papiere aus dem Nachlass des älteren Moltke mit der häufig genutzten Druckfassung dieser Quellen vergleicht, stößt auf Verblüffendes. Wie so oft halten Archive auch mit Blick auf die Moltkes Überraschungen bereit.

Um historische Erfahrungen tatsächlich verstehen und sich aneignen zu können, müsse man «viel mehr ins Menschliche gehen, wenn man die Geschichte» befrage, forderte Freya von Moltke, Witwe von Helmuth James, denn: «Zukunft und Vergangenheit gehören zusammen.»[8]

ERSTES KAPITEL

Am Anfang war Napoleon

Die Erfindung der Nation

Inmitten hinterpommerscher Weite rollt ein Zweispänner auf den Hof des Rittergutes Haseleu. Ein Herbststurm ist aufgezogen. Am Fuße der großen Freitreppe zügelt der Kutscher die Pferde. Unruhig tänzeln die Tiere. Zwei Offiziere springen aus dem Wagen. Während der eine, in seinen Mantel gehüllt, sich durch Auf- und Abgehen zu wärmen versucht, fliegt der andere die Stufen hinauf. Endlich kann er die Verlobte, siebzehn Jahre jung, umarmen. Sein Bild ziert landauf, landab Teller, Tassen, Tabakspfeifen und sogar Torten. Über seine Husarenstreiche redet man in Bauernstuben, Wachlokalen und Schenken. Hundertfach wandern Anekdotensammlungen von Hand zu Hand. Schuljungen ahmen seinen Haarschnitt nach. Mädchen sind stolz darauf, mit ihm zu tanzen. Wo er auftritt, läuft das Volk zusammen. Vor zwei Tagen ist er an der Spitze seines Husarenregiments in Treptow aufgebrochen. Nach dem Willen des dankbaren Herrschers soll er mit den Husaren die Hauptstadt als Erster wieder besetzen. Weil König Friedrich Wilhelm, der Besiegte, Wohlverhalten zeigt, hat Napoleon, der Sieger, ein Jahr nach dem Diktat von Tilsit seine Truppen aus Berlin abgezogen. Der Husarenmarsch wird zum Triumphzug. Kommen die Reiter in Dörfer oder Städte, läuten allerorts die Kirchenglocken. Der Besucher in Haseleu ist Preußens berühmtester Soldat: Ferdinand Baptista von Schill, zweiunddreißig Jahre alt, mehr Haudegen denn Stratege, «ein kleiner, untersetzter Kerl mit prächtigem Schnurrbart».[1]

Im Salon des kleinen Herrenhauses sagen die Verlobten einander Lebewohl. Die Hochzeit muss warten. Schill plant Unerhörtes: Er will einen Aufstand gegen Napoleon entfesseln; ein letzter Blick, dann fährt er ab, die Verlobte am offenen Fenster winkt mit dem Taschentuch. Da betritt ihre Mutter den Raum. Wind greift ins Zimmer, schlägt das Fenster zu, ein Säbel fällt von der Wand und stürzt klirrend zu Boden. «‹Oh, Mutter, sieh›, Schills Säbel, den er mit dem Vater tauschte, er fiel von der Wand, im Augenblick, als ich ihn unter den Bäumen verschwinden sah. Ach, er wird fallen in diesem Kampf, den er so glühend heraufbeschwört, ich werde ihn nimmer wieder sehen.›»[2]

So jedenfalls berichtet es ein Zeitgenosse achtundsechzig Jahre nach dem Abschied der Verlobten. 1876, fünf Jahre nach der Gründung des Kaiserreiches, steht der Schill-Kult immer noch in voller Blüte. Mit dem Schicksal der Moltkes ist der lange Ritt des Ferdinand von Schill über das Grab hinaus verwoben: Ein Moltke kämpft für Schill, ein anderer steht auf Seiten von Schills Feinden. Und ähnlich wie bei der Ikone des Kaiserreiches, Feldmarschall Moltke, oder einer Hauptfigur bundesdeutscher Tradition, Helmuth James Graf Moltke, hat die Verklärung Schills vor allem mit Überpersönlichem zu tun: mit Preußen, mit Frankreich – und mit der Idee einer deutschen Nation.

Nationen sind nichts Selbstverständliches. Sie beruhen weder auf Rasse, Sprache und Religion noch auf Interessen oder angeblich «natürlichen» Grenzen. Jede Nation ist Idee. Wird diese Idee nicht mehr gedacht oder gewollt, erlischt die Nation.[3] Auf Ideen muss man kommen. Vor*bedingung* für die Erfindung der Nationen in Europa waren handfeste Umwälzungen: die Bevölkerungsexplosion seit Mitte des 18. Jahrhunderts, die Anfänge der Industriellen Revolution, der Sieg über Zeit und Raum – etwa die Verdichtung des Straßennetzes oder der Durchbruch neuer Medien wie Zeitungen und Zeitschriften. Im Gefolge dieser Veränderungen entwickelten sich als Grund*ursache* für die Erfindung der Nation drei Wertekrisen. Eine Krise des politischen Systems: Die Umwälzungen zwangen zur Straffung und Erweiterung von Durchgriffsmöglichkeiten staatlicher Gefüge. Eine Krise der Machtteilhabe: Der Aufstieg des Bürgertums bedrohte alte Führungsschichten. Eine Krise der Machtbegründung: Entchristianisierung und Aufklärung schwächten die Bindekraft von Gottesgnadentum und Traditionen. Anfangs bestimmte lediglich eine Handvoll Gelehrter den Ideenhaushalt der Nationen – Professoren, Theologen, Schriftsteller, Offiziere –, einflussreiche Männer der Feder wie Wilhelm von Humboldt und Friedrich Schiller, Johann Gottlieb Fichte und Ernst Moritz Arndt, Gerhard Scharnhorst und August Neidhardt von Gneisenau. Ihr Schreibtisch-Nationalismus antwortete vor allem auf die Krise der Machtbegründung, denn er bot ersatzweise eine Art Säkularreligion. Deren Vaterunser umfasste Denkfiguren wie die «historische Mission», das «auserwählte Volk», die «Todfeinde», das «heilige Vaterland».⁴ Den Weg der Nationsidee aus den Studierstuben in die Herzen der Massen bahnte in Deutschland Napoleon – ungewollt freilich; denn Krieg, Invasion und Ausplünderung weckten vielerorts den Willen zur Selbstbehauptung. Das entschärfte vorläufig die Krise der Machtteilhabe. Unter französischer Besatzung verlegte das bürgerliche Denken den Schwerpunkt von der inneren auf die äußere Freiheit.⁵ Zugleich suchten reformfreudige Beamte in Preußen und in den Staaten des «Rheinbundes», einer Schöpfung Napoleons, die Krise des politischen Systems zu überwinden. Sie setzten auf Vereinheitlichung, Straffung und Verrechtlichung von Regierungen und Behörden. Ihre Reformen beschleunigten den Weg vom monarchischen zum bürokratischen Absolutismus, die Entwicklung von der Selbstherrschaft des Monarchen zur Herrschaft der Beamten im Namen des Königs.

Vor dieser Kulisse begann die Suche nach jenem wabernd Wechselhaften, das unsere Gegenwart «deutsche Identität» zu nennen pflegt. Man sammelte – oder erdichtete – Märchen, Mythen und Volkslieder, entdeckte das Mittelalter, beschwor Volksgeister und Walhall, Minne und Walküren. *Des Knaben Wunderhorn* erschien. Fouqué, nicht Goethe war der meistgelesene Autor in Deutschland. Kurzum: Die politische Romantik dämmerte herauf. Sie besang das große Miteinander von Oben und Unten, den Heiligen Krieg des Völkerhasses, liebte das Gefühl, misstraute dem bloßen Verstand. Was Preußen betraf, kamen Bürgertum und Monarchie sich sozusagen romantisch näher. Im Zeitalter der Aufklärung hatte preußischer Absolutismus noch bedeutet: Offiziersadel und Königsheer. Die Kluft zwischen Zivil und Militär entsprach dem geistigen Abstand zwischen Bürger und Krone. Im Zeitalter der Romantik, so hofften manche, würde preußisches Königtum bedeuten: Leistungsadel und Volksheer. Fortan würde jeder Soldat ein Bürger und jeder Bürger auch Soldat sein. Nicht die Nation findet ihre Nationalisten; Nationalisten erschaffen sich ihre Nation.

Einer wie Schill passte bestens in die sich wandelnde Epoche, in die Zeit der Frühromantik und der Wertekrisen. Er war adeliger Offizier des Königs, galt aber als volksnah ohne eine Spur von Standesstolz. Und nur Schill konnte offenbar dem «Todfeind» wenigstens ein Schnippchen schlagen. Unzählige Flugschriften überhöhten seine Taten: Er allein hatte 1807 während des Kleinkriegs um die Festungsstadt Kolberg sechs Franzosen getötet, war über einen unfassbar breiten Graben geritten, hatte dutzende Verwundungen erlitten. Schill entschwebte schon zu Lebzeiten in mythische Gefilde. Von Ferne erinnert sein Ruf an den Mythos des Retters, der in Frankreich den Aufstieg Bonapartes beflügelt hatte. Nicht zufällig galt er als Gegenbild des hochmütigen, bürgerfeindlichen Junkers. Schill «verschwendete kein Geld, machte keine Schulden, spielte nicht und sah nicht Alles, was keinen Federbusch trug, über die Achsel an».[6] Außerdem soll er in Kolberg, während ringsherum alle Festungen die Waffen streckten, gemeinsam mit Nettelbeck und Gneisenau das erste Bündnis zwischen Bürger und Soldat geschmiedet haben, ein Stern in Wetterwolken, der den Weg in eine bessere, sprich: nationale Zukunft wies – eine Legende, von Gneisenau gezielt verbreitet, der im preußischen Offizierskorps vielleicht am glühendsten die Nationalidee vertrat.[7] Mit seinem Gespür für Menschenführung und Massenpropaganda befeuerte Gneisenau den Kult um Schill. Dadurch könne man die Bevölkerung leichter für eine Erhebung gegen Napoleon gewinnen.

Und tatsächlich: 1809 wagt Schill ohne Befehl des Königs, lediglich im Namen der «Nation», den Versuch zum Aufstand – ein bis dahin unerhörter Vorfall! Schill aber ist kein Einzelgänger. Er handelt als Teil einer Verschwörung, in die hohe Offiziere ebenso verwickelt sind wie leitende Beamte. Sie wollen den Monarchen in einen Krieg gegen Napoleon drängen.[8] Am 28. April 1809 verlässt Major Ferdinand Baptista von Schill an der Spitze seines Husarenregiments die Garnison Berlin, angeblich für ein Manöver. Seine Vorhut befehligt Leutnant Friedrich Franz Graf von Moltke. Die Familie des Leutnants leistet dem preußischen Königspaar Hofdienste. Der Hofdienst, in Europa schon seit Jahrhunderten dem Adel vorbehalten, umfasst zeremonielle, wirtschaftliche oder gesellige Aufgaben, ist an Ehrenämter und Tätigkeiten in der Hofverwaltung geknüpft. So bekleidet der Vater des Schill-Leutnants, Friedrich Detlof Graf von Moltke, das Ehrenamt eines Königlichen Oberjägermeisters.[9] Seine Einkünfte erwirtschaftet er als Gutsherr auf Wolde bei Stavenhagen. Charlotte, die Schwester des Leutnants, war jahrelang Hofdame und Freundin der Königin Luise, bevor sie Friedrich von der Marwitz heiratete, den wohl klügsten und schillerndsten Gegner der Staatsreformer um Stein und Hardenberg.

In Dessau lässt Schill die Maske fallen, verbreitet den Aufruf *An die Deutschen!* Moltke fordert eine Erklärung. Zur Rede gestellt, verpfändet Schill sein Ehrenwort: Er handele auf geheimen Befehl des Königs, dürfe den Monarchen aber nicht bloßstellen.[10] Moltke und viele andere Offiziere schenken ihm Glauben. Schill setzt das Unternehmen fort. Unterwegs hält Moltke seinen Vater in Wolde brieflich auf dem Laufenden, der seinerseits alle Angaben nach Berlin weiterleitet.[11] Schnell spitzen sich die Dinge zu. Schill zieht nach Norden, behält bei Dodendorf in einem Gefecht gegen französische Truppen die Oberhand, plündert Staatskassen im Königreich Westphalen, das Napoleons jüngster Bruder, Jérôme Bonaparte, regiert, hält wortgewaltige Reden – *Lieber ein Ende mit Schrecken als ein Schrecken ohne Ende!* –, durchquert Mecklenburg und überschreitet die Grenze zu Schwedisch-Pommern. «Schill ist also jetzt Meister von Pommern», berichtet Oberjägermeister Moltke nach Berlin. «Er hat

viel Zulauf und an Waffen fehlt es ihm nicht. Nach gestern einge-
gangener Nachricht verfolgen ihn jetzt 3000 Holländer und 2000
Dänen. Was daraus wird, muss die Zeit lehren.»[12]
In Wahrheit findet Schill nur wenig Unterstützung. Ein Volksauf-
stand oder ein Guerillakrieg kommt nirgendwo zustande. Die meisten
Menschen denken nicht in nationalen Mustern. Für Napoleon bedeutet das Ganze lediglich ein Ärgernis; der Imperator betrachtet Schill
als Straßendieb. Nicht Einheiten der *Grande Armée*, sondern dänisch-
holländische Hilfstruppen übernehmen die Verfolgung.

Mit den Verbänden des dänischen Königs, an ihrer Spitze General Johann von Ewald, marschiert auch das Dritte Bataillon Holstein. Die Soldaten des Bataillons gehörten vor wenigen Wochen
noch zur Landwehr. Um das Feldheer aufzustocken, hat man sie
den Linientruppen zugeschlagen. Unersättlich scheint der Bedarf
des Imperators an Soldaten. An der Spitze des Bataillons steht
Major Friedrich Philipp Victor von Moltke, vierzig Jahre alt, Gutsherr auf Augustenhof in Holstein und mit dem Schill-Leutnant
weitläufig verwandt. An der Grenze zu Mecklenburg reden sich die
Soldaten in Hitze. Der König, murren sie, habe versprochen, die
Landwehr nur in Dänemark einzusetzen; ins Mecklenburgische
werde man nicht weiterziehen. Moltke befiehlt eine Mittagsrast.
Satte Soldaten rebellieren selten. Geschickt lässt er nach dem Essen
die fünf Kompanien des Bataillons in großem Abstand voneinander Aufstellung nehmen. So kann er jede vor der Front getrennt
ansprechen. Moltke beginnt mit seiner Leibkompanie, denn diese
Männer sieht er täglich, auf sie hat er den größten Einfluss: «‹Soldaten! Ich höre, dass einige von Euch geneigt sind, nicht über die
Grenze des Vaterlandes zu marschieren, obgleich es der Wille Seiner Majestät des Königs ist. Ihr stützt diesen Ungehorsam darauf,
dass der Landwehr versprochen ist, nicht über die Grenze des
Vaterlandes zu marschieren. Ihr gehört aber nicht mehr zu der
Landwehr, sondern zu den Linientruppen – und wäre dies auch
nicht der Fall, der König kann befehlen und widerrufen, was er
will. Der Ungehorsam des Soldaten gegen seinen König wird mit
dem Tode bestraft. Wer aber aus Feighaftigkeit ungehorsam ist,

verliert noch mehr – die Ehre! Nur über meine Leiche geht der
Rückweg, denn ich mag meine Ehre nicht verlieren, und – nicht
wahr – Ihr auch nicht? Also treu und gehorsam unserem allergnä-
digsten König! Eins, zwei, drei: Hurra!›. Alles stimmte mit ein.»[13]
In den vier anderen Kompanien setzen Einzelne zur Widerrede an.
Sofort droht Moltke mit Erschießung. Die Geschütze des Bataill-
lons hat er auf seine eigenen Soldaten richten lassen. «Noch nach
30 Jahren danke ich Gott, dass ich nicht in die unglückliche Lage
kam, Blut vergießen zu lassen.»[14] Die Männer setzen die Verfolgung fort. Mit der Disziplin seiner Truppe hat Moltke künftig
keine Schwierigkeiten mehr.

Schill hat die Küsten- und Festungsstadt Stralsund handstreich-
artig überrumpelt. Nun will er von dort aus einen Kleinkrieg führen. In Wolde wachsen die Sorgen des Oberjägermeisters: «Schill
rechnet auf die Landung der Engländer, die in großer Menge in der
See zu sehen, aber nicht gelandet sind», meldet er nach Berlin. «Bis
jetzt täuscht er auch nur sein Korps, dass er zu seiner Expedition
höhere Befehle habe. Ich gehe aber heute selbst zu ihm und werde
Licht verbreiten, wenigstens meinen Sohn von dem Gegenteil überzeugen und ihn dann zurücknehmen.»[15] Doch in Stralsund kann der
Oberjägermeister nichts erreichen; sein Sohn jedenfalls bleibt in der
Stadt. Schon am 31. Mai erscheinen die Verfolger. Schill hat kaum
Maßnahmen zur Verteidigung getroffen. Sofort beginnt der Angriff.
Gut möglich, dass auch die Moltkes bei den Straßenkämpfen aufein-
andertreffen. «An diesem Tag», berichtet der Dänen-Moltke, «war
auch ich in großer Lebensgefahr. Mehrere Kanonen- und Flintenku-
geln sausten an meinem Kopf vorbei – ich ward nicht verwundet.»[16]
Viele Verteidiger fechten bis in den Tod. Schill sprengt ziellos durch
die Gassen. In der Fährstraße treffen den Major drei Kugeln; tödlich
ist ein Bajonettstich in den Unterleib. Seine Leute werden zerstreut,
niedergemacht oder gefangen genommen. Danach trennt Stabsarzt
Genoux Schills Kopf vom Rumpf der Leiche. König Jérôme hat auf
die Trophäe ein Preisgeld ausgesetzt.

Elf Offiziere, die in Gefangenschaft geraten, lässt Napoleon in
Wesel erschießen. Zweiundsiebzig Offiziere entkommen, darunter

Ferdinand Baptista von Schills Tod in Stralsund am 31. Mai 1809.
Holzstich, um 1870

auch der Schill-Moltke: Er rettet sich nach Hinterpommern, wird in
Kolberg von Blücher verhört, vor ein Kriegsgericht gestellt und freigesprochen.[17] Der Dänen-Moltke soll nach dem Sturm auf Stralsund die Stadt mit seinem Bataillon vor Plünderungen schützen und
bekommt Gelegenheit, «mehreren Menschen das Leben zu retten
und oft mit eigener Gefahr».[18] Ausschreitungen gibt es trotzdem. Es
sei bedauerlich, klagt Ewald, der Oberkommandierende, dass die
Truppen «unter den Augen ihrer Offiziere so schreckliche Exzesse
haben begehen können …. Das 3te Bataillon Holstein unter dem
Herrn Major v. Moltke nebst dem Husarenkommando … sind von
diesem Vorwurfe frei und ist in keinem Fall die geringste Klage über
sie eingegangen.»[19] Prinz Friedrich von Hessen, Moltkes Regimentschef, überschüttet das Bataillon mit Lob und Ehren. Der König
höchstpersönlich ernennt Moltke in Kiel zum Ritter des Dannebrog.
«Sie haben», lobt Friedrich VI., «durch Ihr gutes Betragen mir und
meinem ganzen königlichen Haus Freude bereitet. Ich werde es

Ihnen nicht vergessen.»[20] Napoleon verleiht Moltke das Kreuz der französischen Ehrenlegion.[21]

Fast ähnelt der Schill-Zug einer Familienfehde. Doch an der Epochenschwelle zwischen Früher Neuzeit und Moderne ist der Militärdienst des Adels über Grenzen hinweg nicht ungewöhnlich. Dass Angehörige weit zerstreuter uralter Geschlechter verschiedenen Fürsten dienen, hat keinen Zeitgenossen je verblüfft. Als die Streitkräfte Napoleons das Erbe der Französischen Revolution über den Kontinent verbreiten, ist der Adel noch immer keine nationale, sondern eine europäische Schicht. Kraft schöpft er nicht aus der Hoffnung auf die Zukunft der Nation, sondern aus dem Stolz auf die Vergangenheit seiner Familien.

«Adel» stammt aus dem Althochdeutschen und bedeutet «vornehmes Geschlecht», «Herkunft», «edler Stand». Die Ablautform «Odal» bezeichnet Sippeneigentum an Grund und Boden.[22] Adel ist also mit Vornehmheit, Abstammung und Grundbesitz verbunden. Vornehm ist, wer sich dafür hält – und wen andere dafür halten; ohne Anerkennung kein Adel. Ansehen genießt ein Vornehmer in erster Linie nicht als Person; seinen Rang bestimmt vor allem das Alter der Familie, die Summe aller Ahnen. Das «Haus» steht dabei für die Einheit des Geschlechts, für seinen Ursprung, seine Stetigkeit. In der Welt des Adels haben Einzelne sich nicht am persönlichen Vorteil auszurichten, sondern am Nutzen für ihr Haus. Abstammung meint Biologisches: Der Glauben, kriegerische Tugenden und die Fähigkeit zur Führung vererbten sich im Kreise der Familie. Mittelbar schwingt eine europäische Einheit mit, vor allem beim Kriegeradel. Diese Einheit gründet auf gemeinsamen Ehrbegriffen, die ihren Ursprung im Rittertum finden, von Generation zu Generation weiterwirken und allein dem Adel zugehören, meint Ehre doch besonders die kriegerische Tapferkeit. Adelige leben in einer Gemeinschaft der Ehre. Solche Verflechtungen sind nicht nur geistiger, sondern – wie bei den Moltkes – auch verwandtschaftlicher Natur; sie prägen den Adel als «horizontale Nation».[23] Die Ehre seines Hauses zwingt den Einzelnen zu Opfern und zur Versöhnlichkeit, denn öffentlicher Streit zwischen

Mitgliedern einer Familie beschädigt das Ansehen des Geschlechts. Umgekehrt darf der Adelige bei persönlichen Schwierigkeiten auf die Unterstützung seiner Familie zählen. Eine besondere Bedeutung hat der Grundbesitz: Der europäische Adel fußt nicht auf Geldvermögen, sondern auf der Herrschaft über Land *und* Leute. Diese Rechtsmacht hat seit dem Mittelalter verwickelte Ausprägungen erfahren. Vereinfacht könnte man sagen: Grundherrschaft im Westen, Gutsherrschaft im Osten. In der Grundherrschaft, wie sie am Ausgang des 18. Jahrhunderts besteht, sind Bauern von ihrem Grundherrn finanziell abhängig; Geldzahlungen haben die Abgabe von Naturalien ersetzt. In der Gutsherrschaft hingegen leben Bauern nicht nur in wirtschaftlicher, sondern auch in persönlicher Abhängigkeit von ihren Herren. Lebenslang bindet sie die Schollenpflicht. Den eigenen Wohnsitz dürfen sie ohne Erlaubnis nicht verlegen. Der Gutsherr – oder ein rechtskundiger Vertreter – sitzt über sie zu Gericht, ist ihr Kirchenpatron, gewährt oder verweigert die Erlaubnis zur Heirat und nimmt Frondienste in Anspruch, kann also jeden Untertanen einige Tage lang ohne Bezahlung auf seinem Gut arbeiten lassen. Der «Gesindezwangdienst» verpflichtet sogar die Kinder des Untertanen, der Herrschaft auf Verlangen als Gesinde zu dienen. Andererseits obliegen auch dem Gutsherrn Pflichten. Er muss den Pfarrer, gelegentlich den Lehrer bezahlen, Kirchen- und Schulbauten im Gutsbezirk unterhalten und seinen Untertanen im Alter oder bei einer Erkrankung Hilfe gewähren. Der Adel ist in sich eine Art von Staat. Und der Gutsherr waltet wie ein Patriarch – so jedenfalls sieht es die Aristokratie auf dem Lande. Fest steht: Landsässigkeit gehört zu den wichtigsten Merkmalen einer Lebenswelt, in der man nicht nur Eigentum, sondern auch Vorrechte vererbt, ein besonderes Gefühl der Zusammengehörigkeit pflegt, in Netzwerken fester Familienverbände lebt, innerhalb der eigenen Schicht heiratet, kriegerischen Tugenden verpflichtet ist, zum Landesherrn, dem Ersten unter Gleichen, ein persönliches Treueverhältnis unterhält, allseits hohes Ansehen genießt, aber sein Prestige stets aufs Neue zu vermitteln sucht.[24] Adel – das ist ein sozialer Stand und eine Denkart.

Die Moltkes entstammen mecklenburgischem, nicht preußischem Adel. Im Wappen führen sie drei Hühner, die gewöhnlich zu Birkhühnern erklärt werden, alten Siegeln zufolge aber wohl eher gewöhnliche Hennen darstellen. Die Wappenkrone zeigt an, dass die Familie spätestens seit dem 14. Jahrhundert zu den einflussreichsten Geschlechtern Mecklenburgs gehörte.[25] Sage und schreibe sechzehn Kirchenpatronate waren im Lande mit den Moltkes verbunden. Der Familienname leitet sich angeblich aus dem slawischen «Moltek» ab, eine Verkleinerungsform von «mlatu», der «Hammer». Mit eiserner Faust, so scheint es, haben die Moltkes über slawische Bauern geherrscht, seit ein Urahn als Vasall Heinrichs des Löwen mithalf, die Abodriten zu unterwerfen, und dafür offenbar Grundbesitz in Mecklenburg erhielt. Die Moltkes, erklären Heraldiker, führten ein «redendes» Wappen: Familienname und Wappenbild entsprächen einander, denn «Moltke» bedeute möglicherweise gar nicht «Hammer», sondern tatsächlich «Birkhuhn». Jedenfalls spricht vieles für eine slawische Herkunft.[26]

Spätestens im Hochmittelalter saß die Familie auf vier Stammsitzen. Der wohl wichtigste war mehr als fünfhundert Jahre lang und über sechzehn Generationen hinweg die Burg Strietfeld westlich von Gnoien unweit der Stadt Güstrow. Ihr neunter Besitzer, Gebhard von Moltke, ist der Stammvater aller noch lebenden Moltkes. Strietfeld, eine der größten Burganlagen in Mecklenburg, besaß solche Bedeutung, dass Tilemann Stella sie 1552 auf der ersten Karte des Landes als einen der wenigen tatsächlich genannten Orte verzeichnete.[27] Das Gut Toitenwinkel, auch Moltkewinkel genannt, gilt als weiterer Hauptsitz des Geschlechts. Es umfasste zwölf Dörfer und Gebiete östlich der Unterwarnow. Teile des Gutsbezirks bilden nunmehr einen Stadtteil von Rostock.[28] Das Gutshaus selbst ließ die SED-Führung 1973 sprengen.

Burgen, Schlösser und befestigte Gutshöfe bildeten erstens den Mittelpunkt im Leben adeliger Familien, sicherten zweitens ihren Anspruch auf Herrschaft und offenbarten drittens den Machtanspruch nach außen. Burg-, Schloss- und Gutsherren, lautete die steingewordene Botschaft, sind so reich und mächtig, dass sie der-

Adam Gottlob von Moltke.
Gemälde von Jens Juel,
1780

gleichen bauen können.[29] Die Moltkes traten nicht zufällig 1254 mit
Ritter Fridericus Moltiko ins Licht der Überlieferung. Mitte des
13. Jahrhunderts lagen die vier mecklenburgischen Fürstentümer
fast ununterbrochen in Fehde. Das schwächte die Herrscher und
stärkte die Stände. Hart rang der Adel mit seinen Lehnsherrn um
Reichtum und Macht. So führte Truchsess Johann Moltke um 1280
den Vormundschaftsrat der Herrschaft Rostock. Johann wandte sich
gegen sein Mündel, Nikolaus das Kind, den Chronisten auch als Nikolaus den Kindischen beschreiben, und betrieb die Unterwerfung
Rostocks unter dänische Lehnshoheit. Johann und sein Bruder, Ritter Friedrich Moltke, überredeten den Wendenfürsten Niklot, die
Herrschaft Rostock unter den Schutz des Dänenkönigs Menved,
nicht des Markgrafen von Brandenburg, zu stellen. König Menved
schien erfreut, Rostock aber beförderte der Wechsel vom Regen in
die Traufe, und der Markgraf von Brandenburg bedrängte Niklot
übel. Vor dessen Anfeindungen retteten sich die Moltke-Brüder in
die Arme Erik Menveds. Mit ihrer Flucht begann die Geschichte der
dänischen Moltkes.[30]

Ein grenzübergreifendes Geflecht von Verwandtschaft und Freundschaft kennzeichnete nicht nur den mecklenburgischen Adel – ihn aber besonders. Klein war das Land, gering der Bedarf an Beamten und Offizieren, groß aber die Zahl der Adelsfamilien.[31] Und so gelangten im Kielwasser von Johann und Friedrich Moltke bald weitere Mitglieder des Geschlechts nach Dänemark. Ihre Nachfahren wurden Bischöfe, Reichsräte, Diplomaten und Söldnerführer. Begütert waren sie oft nicht nur in Inseldänemark, sondern auch in Mecklenburg, dem Land ihrer Herkunft.

Sogar der einflussreichste Spross der Dänenlinie kam noch in Mecklenburg zur Welt, 1710 auf Gut Walkendorf bei Strietfeld. Durch einen Onkel als Page an den Kopenhagener Hof vermittelt, schloss Adam Gottlob von Moltke mit Kronprinz Friedrich eine lebenslange Freundschaft. 1745 bestieg der Prinz als König Friedrich V. den Thron. Seinen Freund ernannte er zum Oberhofmarschall. Als Günstling des Königs spielte Moltke zwanzig Jahre lang die Rolle einer grauen Eminenz.[32] Adam Gottlob korrespondierte mit Fürsten und Kaisern, unterstützte Handel, Industrie und Seefahrt, gründete die Akademie der Künste, stieg auf zu einem der reichsten Grundbesitzer des Landes, erhielt die Grafenwürde und führte zwei Ehen, denen fünfzehn Kinder entsprossen.

Der König schenkte ihm Schloss Bregentved auf Seeland. Auch über Moltkes Bauvorhaben hielt Friedrich seine Hand. Das war ein Glück, denn nur selten haben harmonische Verbindungen zwischen Bauherr und Baumeister das Entstehen ungewöhnlicher Kunstwerke begünstigt; eine solche Verbindung aber glückte zwischen Adam Gottlob von Moltke und Baumeister Nicolai Eigtved. Das Moltke-Haus in Kopenhagen, von Eigtved für Adam Gottlob errichtet, gilt zu Recht als Meisterwerk der Weltarchitektur.[33] Das Palais ist Teil der Schlossanlage Amalienborg und zugleich ein Denkmal für die Macht des Adels, aber auch für das Selbstverständnis der absoluten Monarchie. Adam Gottlob von Moltke, der *Grand Seigneur* des dänischen Absolutismus, fiel nach dem Tode Friedrichs V. in Ungnade und starb 1792 auf Bregentved. Das Schloss verblieb in den Händen der Familie. Gegenwärtig besitzen die Bregentveder Molt-

Das Palais Moltke in Kopenhagen

kes 6338 Hektar Wald- und Ackerland sowie 163 Gebäude, beschäftigen vierzig Angestellte und erzielen einen jährlichen Umsatz von rund acht Millionen Euro.[34]

Von großer Adelsmacht in Mecklenburg zeugt nicht zuletzt die Reihe uralter Geschlechter; im Nordwesten die Plessen und Bülow, für den Südwesten Lützow und Pentz, im Südosten Maltzahn, Dewitz, Flotow und Voß, für den Nordosten Bassewitz, Lühe und Moltke. Sie alle traten als Marschälle, Vögte und Amthauptmänner in Erscheinung, suchten und fanden die Nähe der Herzöge von Mecklenburg. In Toitenwinkel, einem Geschenk des Dänenkönigs Erik Menved, errangen die Moltkes schon im 14. Jahrhundert die Hochgerichtsbarkeit; das Recht, über Kapitalverbrechen zu richten, besaßen andernorts nur Fürsten. Dergleichen hatte soziale Folgen. Beim Übergang von der mittelalterlichen Grund- zur neuzeitlichen Gutsherrschaft, im Zuge der Ablösung bäuerlicher Abgaben durch Frondienste also, entwickelte Mecklenburg sich zur klassischen Landschaft des feudalen Großgrundbesitzes – mehr noch als Pommern oder Brandenburg. Am Glanz und Elend des spätmittelalterlichen Herzogtums nahmen die Moltkes daher fortlaufend Anteil.

Herzog Albrecht II., nur von ortsansässigen Geschichtsschreibern «der Große» genannt, brach um 1360 einen kostspieligen Seekrieg gegen die dänische Krone vom Zaun. Bei neun Adelsfamilien des Landes musste er eine Art Kriegsanleihe aufnehmen. Johann, Vicke und Henneke Moltke verpfändete er die Vogtei Boizenburg sowie Schloss, Stadt und Vogtei Tessin. Noch 1423 gehörten die Moltkes einem vormundschaftlichen Ritterrat an, als ein erwachsener Landesherr nicht zur Verfügung stand.

Ende des 16. Jahrhunderts blühte das Geschlecht in zwei Hauptlinien: Strietfeld und Samow. Der Toitenwinkeler Zweig geriet durch Streitigkeiten mit den Landesherren und der Hansestadt Rostock Zug um Zug ins Hintertreffen. Mit einem Axthieb nahm das Ende seinen Anfang. Thideke Noitinck, Müller in Toitenwinkel, erschlug am 17. Mai 1564, drei Uhr nachmittags, Carin Moltke, seinen Gutsherrn. Der Mörder büßte auf dem Rad. Doch die Untat hatte böse Folgen. Carins Witwe, verschuldet und in einen langwierigen Prozess um Besitzrechte verstrickt, mit drei minderjährigen Söhnen und zwei unverheirateten Töchtern am Rocksaum, stiftete Wilm Ulenoge, ihren Notar, zur größten Urkundenfälschung der mecklenburgischen Geschichte an – ein Kriminalstück, an Bewegtheit kaum zu überbieten, das mit der Flucht, Ergreifung, Folterung und Hinrichtung Ulenoges und dem Landesverweis der Moltke-Witwe endete.[35] Davon hat sich der Toitenwinkeler Zweig auch in den nächsten Generationen nicht mehr erholt. Die Strietfelder Linie hingegen schlug sogar in Schweden Wurzeln; eine Moltke, Margaretha, zählt zu den Stammmüttern der Wasas. Alle «deutschen» Moltkes entsprossen der Samower Linie, benannt nach Gut Samow, von Strietfeld nur eine Stunde Fußweg entfernt.

Für Strietfelder wie Samower, für ihre Macht, für ihren Reichtum und für Mecklenburg bedeutete der Dreißigjährige Krieg eine Erzkatastrophe. 1627 besetzten Wallensteins Truppen das Land. Der Feldherr des Kaisers entmachtete die Herzöge von Mecklenburg-Güstrow und Mecklenburg-Schwerin, erhielt ganz Mecklenburg als Lehen, zog ins Güstrower Schloss und reformierte Regierung wie

Verwaltung. Mecklenburgs Adel rief er zur Mitwirkung auf. Zögernd, misstrauisch zuerst, stellte der Adel sich zur Verfügung. Mecklenburger bildeten in Wallensteins oberster Regierungsbehörde das Direktorium: Gregorius von Bevernest, Volrath von der Lühe und Gebhard von Moltke. Drei Jahre später lag Wallensteins Herrschaft in Scherben. Die Schweden landeten auf Usedom, beide Herzöge kehrten nach Mecklenburg zurück. Lühe und Moltke traf die Rache der Sieger. Ihre Güter wurden erst geplündert, dann auf Befehl des schwedischen Königs an schwedische Offiziere verschenkt. Bei den Herzögen fielen sie in Ungnade. Die Kämpfe zwischen Elbe und Oder tobten noch achtzehn lange Jahre. Im Heiligen Römischen Reich gehörte Mecklenburg neben Württemberg und der Pfalz zu den am schwersten heimgesuchten Ländern. Von ehemals rund 300 000 Bewohnern soll nur ein Sechstel den Krieg überstanden haben. In manchen Gegenden, so auf den Gütern der Moltkes, waren die Verluste höher.

Viele Adelsfamilien zogen aus dem Unheil Nutzen, als nach Friedensschluss verlassene Höfe an Rittergüter fielen und vormals freie, nun heillos verarmte Bauern zu Leibeigenen herabsanken. Nicht so die Moltkes; mit der Samower Linie ging es stetig bergab. Hatte die Soldateska ihre Güter allzu gründlich verwüstet? Lag es an der Ungnade des Fürstenhauses? Oder gab es eine Flucht ins dänische Exil, zu den begüterten Verwandten? Genaues weiß man nicht. Aber eine wichtige Rolle spielte das Erbrecht. In Mecklenburg wie auch im Reich wurde es von Familie zu Familie unterschiedlich gehandhabt. Eine verbindliche Manneserbfolge kannten die Moltkes nicht. Ende des 18. Jahrhunderts waren Toitenwinkel und Strietfeld ihren Händen bereits entglitten. Friedrich Philipp von Moltke, der Gegner des Majors von Schill, war 1768 der letzte männliche Moltke, der auf Samow das Licht der Welt erblickte. Dass Kaiser Joseph II. acht Jahre später Friedrich Detlof von Moltke, den Vater des Schill-Leutnants, in den Reichsgrafenstand erhob – diesen Rang erreichten in Mecklenburg nur alte, angesehene Geschlechter[36] –, half den Samowern wenig. 1785 ging ihr Stammsitz für immer verloren, weil nach dem Tod des Gutsherrn Kasimir von Moltke neun Söhne und drei Töchter Anteile hielten.

Die jahrhundertealte Verbindung ins Mecklenburgische zerbricht. Am Vorabend der Französischen Revolution sind die Samower Moltkes heimatlos geworden. Doch eine Zuflucht gibt es immer: die ruhmreiche Armee des Königs von Preußen. Ihr Bedarf an Offizieren eröffnet dem bitterarmen Landadel die Möglichkeit standesgemäßer Versorgung. Sechs Söhne Kasimirs treten in den Dienst der Hohenzollern, darunter auch sein jüngster, Friedrich Philipp, der Verfolger Schills. Friedrich Philipp Victor von Moltke ist manches Unglück widerfahren. Viel Unglück aber hat er selbst verursacht. Als das Lebensende naht, drängt es den alten Mann zur Beichte. Und so schreibt Friedrich Philipp eine Lebenschronik, die nach dem Tode nur seine Kinder lesen sollen, damit sie alle Klippen umschiffen, «auf denen ich so oft leichtsinnigerweise gestrandet bin».[37] In schonungsloser, auch peinlich anmutender Offenheit spiegeln die *Erinnerungen* das Bildnis eines eitlen, ruhelosen Mitgiftjägers und Verschwenders. Mehr als einmal wünscht Friedrich Philipp, sein Leben zu beenden; ein fähiger, mutiger Offizier, aber wohl mit dem Hang zum Manisch-Depressiven, voller Selbstmitleid und Egozentrik, höchst empfindlich und tief misstrauisch; in so viele Duelle verstrickt, dass seine Ehrenhändel wie getarnte Versuche der Selbsttötung erscheinen. So fordert er aus nichtigem Anlass einen alten General, seinen Vorgesetzten, zum Zweikampf heraus. Anfangs verweigert Friedrich Philipp gegen alle Bitten eine Versöhnung; seine Hartnäckigkeit wendet das Todernste ins Komödiantische: «Er: ‹Ja, wenn Sie es verlangen, so muss ich mich noch auf meine alten Tage mit Ihnen herum hauen.› Ich: ‹Das würde wohl nach unserem Range nicht passend sein, wir müssen ernsthaftere Waffen, also ein Paar Pistolen, wählen.› Er: ‹Aber lieber Moltke, wenn ich Ihnen nun die Versicherung erteile, dass Sie nie wieder von mir beleidigt werden sollen, und dass es mir leid tut, Sie beleidigt zu haben, wollen Sie dann die Hand der Versöhnung nicht von mir annehmen?› – wobei er mir die Hand reichte. Ohne diese noch anzunehmen, erinnerte ich ihn an manche andere Sache, wo er offenbar mein Ehrgefühl gereizt habe, an sein geringschätziges Betragen gegen meinen verstorbenen Freund, den Major von Qualen, und alle seine Stabsoffiziere. Er rief

Gott zum Zeugen, dass er niemand mit Vorsatz beleidigen wolle. Er bat mich nochmals um Verzeihung, küsste mich und reichte mir abermals die Hand. Ich war versöhnt.»[38]

Auch von homosexuellen oder homoerotischen Erfahrungen des Dreizehnjährigen ist die Rede. Immer noch stehe ihm lebhaft vor Augen, klagt der Pensionär, dass er sich im Pagenkorps des Herzogs von Mecklenburg-Schwerin «sehr unglücklich unter diesen Knaben befand, dass ich das Heimweh hatte und manche Stunde im dunkeln Winkel saß und bitterlich weinte. Aber, ach, nach einigen Monaten war ich schon verführt und ebenso lasterhaft wie meine Verführer, nur mit dem Unterschied, dass ich nie Einen oder Eine verführt habe.» Solche «sehr geheimen Laster»[39] sind übrigens auch im preußischen Pagenkorps verbreitet; in Berlin führt das zu dessen Auflösung.

Der Vater, Kasimir von Moltke, hatte im Streit einen Totschlag begangen, den württembergischen Pagendienst verlassen und sich nach Wien begeben müssen. Dort schlüpfte er unter die Fittiche eines katholischen Verwandten, des Feldmarschalls Philipp Ludwig Freiherr von Moltke, und brachte es schnell bis zum Hauptmann.[40] Die *Erinnerungen* schildern Kasimir als gichtkranken Choleriker, der Frau und Kinder tyrannisiert. Nicht nur das Vaterbild hängt Friedrich Philipp nach: «Meine acht älteren Geschwister waren, soviel ich weiß, von der Mutter selbst gestillt worden, ich aber nicht, welches mir immer ein trauriger Gedanke gewesen ist.» Von Seiten der älteren Geschwister fühlt er sich am wenigsten geliebt, «und zwar deshalb diese Zurücksendung, weil ich ungehorsam und unreinlich war».

Wie in Gutshäusern üblich, hat auch Kasimir die Erziehung seiner Kinder Hauslehrern übertragen. Sie wechseln allerdings ständig, «welches nicht zu unserem Vorteil war». Anna, die Mutter, kommt aus einer Hugenottenfamilie. Sie erscheint als Muster weiblicher Tugend, nicht zuletzt, weil sie ihren Gatten scheinbar geduldig erträgt: «O, teure, verehrte Mutter, die Du nun verklärt bist, bete für uns, dass wir alle, die Du geboren hast, dort oben mit Dir vereinigt bleiben mögen, schließ in Dein Gebet auch meine Kinder und Kindeskinder ein.»⁴¹ 1785 stirbt Kasimir als Verwalter des Damenstifts-klosters in Ribnitz. Über Klosterpfründe verfügen nur altadelige Familien, wenige Geschlechter also, die schon seit 1572 im Lande ansässig sind.⁴² Friedrich Philipp erhält einen Vormund, einen Herrn von Raben, der für seinen Zögling Merksätze verfasst – *Friedrich Philipp Victor von Moltke beliebe, folgende Grundsätze zu beobachten:*⁴³ Als wichtigsten Punkt nennt Raben die Gottesfurcht. Dann folgt – kaum zufällig – das Zügeln geschlechtlicher Triebe. Friedrich Philipp müsse außerdem alle «Religions-Spötter» meiden, jene Aufklärer und Kirchengegner, die im Nachbarland Preußen nicht nur den Schutz, sondern auch die Achtung Friedrichs des Großen genießen. Denn dass Friedrich Philipp preußischer Offizier werden soll, haben Raben und die Brüder längst beschlossen.

1785 bringt Anna den Sohn zu ihrer Schwester nach Berlin, der Majorin von Holtzmann; die Tante umsorgt den Sechzehnjährigen wie eine Mutter. Auch in der preußischen Hauptstadt kann Friedrich Philipp auf die Familie zählen. Schwester Marianne hat den Kammergerichtsrat Carl Ballhorn, Schwester Louise einen Oberst von Knebel geheiratet. Wohl auf Vermittlung von Holtzmann oder Knebel kommt Friedrich Philipp als Fahnenjunker in das Berliner Infanterieregiment «von Möllendorff». Ein Unteroffizier, Bender mit Namen, nimmt sich des jungen Mannes an. «Ich aß Kommissbrot, lag auf Matratzen oder harten Pritschen, jede Woche kam ich auf Wache und war täglich im Dienst. ... So reifte ich zum schönen Jüngling, aber auch mit dem Leichtsinn der Jugend.»⁴⁴ Moltke sieht Friedrich den Großen, schon zu Lebzeiten eine Legende, «von dem ich als Fahnenjunker zweimal angeredet worden bin mit den Worten: ‹Wie heißt Er?›»⁴⁵

Der König sucht zu möglichst vielen Offizieren eine persönliche Verbindung. Hoffähigkeit besitzt in Preußen jeder Leutnant. Friedrichs Kriege haben dem Adel einen ungeheuren Blutzoll abgefordert. So sind in den Schlachten des Königs zweiundsiebzig Wedels und achtundfünfzig Kleists gestorben. Von vierzig pommerschen Hertzbergs, die zwischen 1740 und 1763 dienten, fielen siebzehn; die übrigen dreiundzwanzig blieben alle nicht unverwundet. Solche Opfer haben das Bündnis des Adels mit der Krone gefestigt, denn nun glaubt Friedrich sich in einer Treueschuld. Anders als in Mecklenburg hat der preußische Adel spätestens seit den Tagen des «Soldatenkönigs» die Allonge- mit der Dienstperücke vertauscht. Der Offiziersrock führte Junker und König zusammen. Das hat den Grundstein für Preußens Aufstieg zur Großmacht gelegt.

Als Friedrich Philipp in das Offizierskorps der Königlich Preußischen Armee eintritt, ist das Heer eine vom Adel beherrschte Streitmacht, der Staat ein bäuerlich geprägtes Gemeinwesen. Doch den kulturellen und wirtschaftlichen Schwung tragen nicht zuletzt die Bürger. Zaghaft noch, aber immerhin spürbar, untergraben sie die Vorherrschaft der Aristokratie. Professoren, Ärzte und Pastoren üben ihre Berufe nicht aufgrund der Standeszugehörigkeit, sondern kraft eigener Befähigung aus, deren Nachweis in einem akademischen Abschluss besteht. Immer mehr Menschen verdanken Ansehen und Stellung ihrem Wissen. Weil der Dreißigjährige Krieg die Städte langfristig ruiniert hat, bietet der Bedarf des Staates an Beamten die beste, fast einzige Möglichkeit zum Aufstieg. Daher drängt das Bürgertum in die Verwaltung. Wissen ist der Schlüssel zum Erfolg. Und so genießt Bildung eine seltene Wertschätzung in Preußen. Darüber hinaus entspricht Auslese durch Leistung dem Geist der Zeit. Aufklärung soll den Menschen aus Bindungen, Vorurteilen und Gewohnheiten befreien, die einer Prüfung am Maßstab der Vernunft nicht standhalten.

Preußens Armee gilt nach dem Siebenjährigen Krieg als die beste Europas. Und Feldmarschall Wichard von Möllendorff, Moltkes Regimentschef, ist seit der Schlacht bei Leuthen ein Held dieses Krieges. Doch das Zeitalter der Vernunft zwingt das Offizierskorps in die Verteidigung. Der Glaube, Edelleute seien schon durch Geburt und familiäre Tradition zur Führung bestimmt, verblasst. Kriegerische Gewalt weckt zudem den Argwohn vieler Aufklärer. Sie bezweifeln den Sinn stehender Heere und nähren Hoffnungen auf einen ewigen Frieden. Frankreichs Revolution verschärft den Druck. «Ich stamme nur von mir ab!»,[46] kann der Vicomte de Pelleport, vom einfachen Soldaten zum General aufgestiegen, nun erklären. Politisch scheint eine Bürgergesellschaft fortan grundsätzlich möglich; militärisch wecken die französischen Siege Zweifel an der Schlagkraft des Schwertadels. Das Heer kommt dem Drängen der Epoche auf halbem Weg entgegen. Schon nach dem Siebenjährigen Krieg hatte die Offiziersbildung einen lebhaften Aufschwung erfahren. Nun wird sie zum Mittel, das aufgeklärtes Gedankengut ins Heer überträgt. Krieg wandelt sich vom Handwerk zur Wissenschaft. Eine verwickelte Mechanik von Märschen und Gegenmärschen, Manövern und Scheinmanövern entsteht, die blutige Schlachten vermeiden soll. Mittels methodischer Defensivstrategien, deren Handhabung gebildete Offiziere erfordert, will man den Gegner ermatten, die Bevölkerung schonen, Verluste begrenzen, Siege kampflos ausmarschieren. Kurzum: Das Zeitalter der Vernunft hofft auf eine «chirurgische» Kriegführung.

Doch im Offizierskorps stößt mancher Bücherfreund auf Widerstand. Ein innerer Wettstreit durch Bildung und Leistung widerspricht seinem Charakter als Bruderschaft. Dass Bildung verweichliche, ist ohnehin die Ansicht der schweigenden Mehrheit. Ihre Ablehnung fußt auf geistiger Trägheit und Überlieferungen des Rittertums, aber auch auf sozialer Verunsicherung. Denn wird Fachkunde zur Bedingung soldatischer Leistung, schwinden alle Vorzüge der Geburt. An ihre Stelle tritt überprüfbares Wissen, das sich auch jeder Bürger aneignen kann. Prüfungen gelten als Todfeind der Anciennität, dem Grundsatz der Beförderung nach Dienstalter. Friedrich Philipp gehört zur schweigenden Mehrheit. Wenig deutet auf geistige Neigungen. Dabei entwickeln viele Offiziere in Potsdam und Berlin ungewohnten Bildungshunger.

In der Armee flackert der Widerschein des Zeitalters. Allerorts bricht eine nie gekannte Fülle geistiger Begabungen hervor, wirken Fichte, Schleiermacher und Hegel, Görres, Arndt, Gentz und die Humboldts, Novalis, Brentano und Arnim, die Schlegels, Jean Paul und E.T.A. Hoffmann. Kaum ist die Geniezeit des «Sturm und Drang» verflogen, entwickelt sich in der Freundschaft zwischen Goethe und Schiller die literarische Klassik. Doch schon beginnt das

romantische Berlin, das klassische Weimar als Musenhof zu über-
flügeln. In den Salons der Rahel Levin, Dorothea Schlegel und Henriette Herz mischen sich literarische und politische Welten, verkehren Bürgertum und Adel. Im Palais der Herzogin von Kurland, einer
der reichsten Frauen Europas, sind Künstler und Verleger, Bürger
und Diplomaten, Politiker und Aristokraten zu Gast. Und mitten-
drin die Offiziere: Scharnhorst etwa, Gneisenau, Clausewitz und
Marwitz. Geist und Gesprächskunst, nicht Stand und Besitz öffnen
die Salontür. Das alles verbessert das Verhältnis zwischen Zivil und
Militär, ohne alle Gräben zuzuschütten. Zur gemeinsamen Platt-
form wird nicht zuletzt die Freimaurerei. In den Logen sollen Welt-
bürgertum, Duldsamkeit, Nächstenliebe und Vernunft alle Grenzen
von Herkunft, Glauben, Stand und Besitz überwinden. Dabei gedenkt man, weniger die Mitwelt als vielmehr sich selbst sittlich zu
veredeln. In den Logen, hofft man, werden die Maurer gleiche
Rechte genießen. In den Logen wird allein die Vernunft regieren. In
den Logen werden sich Menschen brüderlich begegnen. Kurzum: In
den Logen wird eine bessere Welt entstehen. Tatsächlich ähnelt die
Freimaurerei einem Schmelztiegel, der die Stände zu durchmischen
beginnt. Auch Friedrich Philipp wird zum Logenbruder; der Freimaurerei bleibt er ein Leben lang verpflichtet.[47] Was aber das Veredeln der eigenen Sittlichkeit betrifft, hat Moltke Schwierigkeiten.

Der junge, ziemlich windige Leutnant, der sich selbst unter die schönen Männer zählt, sucht eine gute Partie. «Ein paar tausend Taler,
die ich von meinen Eltern geerbt hatte, waren bald verschleudert,
denn nur zu früh ward ich mündig erklärt, ich musste also daran
denken, eine reiche Heirat zu machen, denn sich einschränken hatte
ich nicht gelernt.»[48] Liebschaften und gebrochene Heiratsverspre-
chen markieren den Weg. In Ribnitz lässt er eine Witwe von Zan-
thier sitzen; in Berlin muss ihn Oberst von Knebel, sein Schwager,
«von einem übereilten Eheversprechen» befreien; in Bückeburg
macht er der Gräfin Juliane von Schaumburg-Lippe schöne Augen,
einer Regentin, die viel Gutes in ihrem Herrgottswinkel leistet und
für das Werben des Offiziers empfänglich scheint – «die Trennung

ward uns beiderseits schwer»; in Berlin bricht er Caroline von Grol-
man das Herz, Schwester des späteren Heeresreformers und engste
Freundin von Marianne Ballhorn, Moltkes Schwester: «Insgeheim
ward ich von diesem, in jeder Hinsicht ausgezeichneten Mädchen
geliebt, welches ich aber erst erfuhr, als es zu spät war.»[49] In Oberschlesien beginnt er ein langjähriges, heimliches Verhältnis mit
Auguste von Rothkirch. «Als ich bei ihr ankam, ward ich aufgefor-
dert, eine Reise mit ihr zu machen. Solange wir in der Gegend ihrer
Bekannten waren, musste ich als ihr Jäger auf dem Bock des Wagens
sitzen, danach aber nahm ich den ersten Platz im Wagen ein.»
Auguste, Witwe eines Generals, ist fünfzehn Jahre älter, hält Moltke
aus, begleicht seine Schulden, überhäuft ihn mit Geschenken, verbringt jede freie Minute in seiner Nähe, will ihn schließlich heiraten,
erwirkt das Einverständnis ihrer Tochter – «da aber brach ich auf
eine unedle Art diese Bekanntschaft ab …».[50]

Die Liebeshändel führen schließlich zum Ziel. 1796 besucht
Friedrich Philipp in Parchim seinen Bruder Helmuth, Lange Straße
28, Stadtkommandant und Hauptmann des Herzogs von Mecklenburg-Schwerin. Die Brüder reisen zu Helmuths Schwägerin, Regina
Paschen, auf das Landgut Rakow nahe der Insel Poel. Reginas Ehemann ist Millionär. Und der Millionär hat eine noch ledige Tochter:
Sophie Henriette, zwanzig Jahre jung. «Mamsell Henriette war
schön, feurig und lechzte nach Genuß.»[51] Bernhard Johann Paschen,
ihr Vater, herzoglich mecklenburgischer Finanzrat, zählt zu den ein-
hundert höchstbesteuerten Bürgern Hamburgs. «Von jeher», urteilt
ein Bekannter, «steckte eine mächtige Grandezza in diesem Mann,
wozu denn seine beträchtliche Länge viel Imposantes hergab, er hat
über sechs Fuß. Verstand und Bildung kann man ihm nicht abspre-
chen.»[52] Der Sohn eines Lübecker Kaufmanns, zweiundsechzig Jahre
alt, führt in Hamburg mit seinem Schwiegersohn, einem Herrn
Möller, das Handelshaus J. B. Paschen & Company, besitzt dort mehrere Häuser und Speicher, gehört zum Direktorat zahlreicher Versicherungen, hat für die Hansestadt mit Vertretern des Königreichs
Hannover über Zollfragen verhandelt, ist «Meister vom Stuhl»
zweier Logen und Mitbegründer der Patriotischen Gesellschaft.[53]

Henriette von Moltke,
geb. Paschen

Als Ruhesitz hat er die Güter Rakow und Buschmühlen erworben. In Rakow ist Friedrich Philipp erst ein paar Tage zu Gast, als er sich schon unter vier Augen mit Paschens Tochter verlobt. Doch der Kaufmann erkennt den Offizier als Mitgiftjäger; seine Zustimmung verweigert er. «Ich verließ», so Friedrich Philipp, «Rakow augenblicklich und war so vergnügt auf meiner Rückreise mit meinem Bruder ..., als ich hingereist war.»[54]

Von Liebeskummer scheint Moltke also nicht geplagt. Doch Henriette legt sich krank ins Bett. Mit reitendem Boten sendet Mutter Paschen ein Schreiben nach Parchim. Sie berichtet, ihre Tochter habe erklärt, nie mehr heiraten zu wollen. Der Vater würde nun seine Einwilligung geben, wenn Friedrich Philipp zurückkehrte. «Einen Entschluss nun zu fassen, dies war der wichtigste Augenblick meines ganzen Lebens, welches einzusehen ich damals weit entfernt war!»[55] Am Abend sind Henriette und Friedrich Philipp verlobt. Moltke muss versprechen, das Leutnantsdasein aufzugeben und sich als Gutsherr zu verdingen. In Berlin nimmt er nach fast dreizehn

*Friedrich Philipp
von Moltke*

Jahren Militärdienst seinen Abschied. «Ach, hätte ich gewusst, wie viel Kummer und Sorgen mir bevorstanden, ich würde für keinen Preis den Dienst verlassen haben![56]» 1797, im Mai, heiratet das Paar auf dem Landgut Horst bei Ratzeburg im Herzogtum Lauenburg, das der Familie Pauly gehört; sie ist mit Henriette befreundet und weitläufig verwandt. Als Mitgift erhält die Braut das Gut Liebenthal in der östlichen Prignitz im Wert von rund 14 500 Talern, dazu Gold, Juwelen und Silberbesteck, in das Paschen ein «P» eingravieren lässt.[57] Der Ehevertrag verbietet dem Bräutigam, Liebenthal mit Hypotheken zu belasten oder ohne Einwilligung von Henriette und ihrem Vater zu verkaufen. Paragraf 6 schreibt Moltke vor, nach dem Tod Henriettes und im Falle einer Wiederheirat für alle Kinder aus erster Ehe Vormünder zu bestellen; offenbar möchte Paschen eine Veruntreuung des Erbes durch Moltke verhindern. So enthält der Ehevertrag eine zweifache Botschaft: Bernhard Johann Paschen will weder die Tochter noch ein Vermögen verlieren. Ihm wird jedoch beides misslingen.

Als die Eheleute nach Liebenthal ziehen, sind sie bereits zerstritten.[58] 1798 und 1799 kommen die ersten Kinder, Wilhelm und Friedrich, zur Welt. Wenige Monate nach der Geburt des zweiten Sohnes verkauft Moltke das Gut mit Gewinn – Paschen und Henriette müssen zugestimmt haben. Die Familie zieht zu Bruder Helmuth nach Parchim. In der Langen Straße wird am 26. Oktober der dritte Sohn geboren; zu Ehren ihres Gastgebers nennen die Eltern ihn Helmuth. «Damals ahndete ich nicht, dass ich es noch nach 40 Jahren erleben würde, dass dieser Sohn meine Freude, mein Stolz und mein Wohltäter werden würde – und dass diesem Kind ein so seltsamer Lebenslauf bestimmt war, in welchem ihm so viele Gefahren gedroht haben.»[59] Moltke beginnt ein Wanderleben ohne Rücksicht auf seine Familie. Zur Landwirtschaft besitzt er wenig Neigung. «Ich glaubte, durch den Handel mit Gütern ein reicher Mann zu werden.»[60] Das Spekulieren mit Landgütern trägt um die Jahrhundertwende das Gepräge allgemeiner Raserei. Der König erlässt dagegen Gesetze, die aber kaum greifen. Jahrhundertelanger Familienbesitz wechselt binnen Jahresfrist drei- bis sechsmal den Besitzer. Bindungen zwischen Untertanen und Gutsherrschaft zerreißen; der Landwirtschaft selbst bringt das Handeln keinerlei Nutzen. Das stetige Wachstum der Bevölkerung, die große Getreidenachfrage in Westeuropa, ein ständiger Preisanstieg für Weizen und Roggen, der blühende Binnenmarkt, angeregt durch den Ausbau der gewerblichen Wirtschaft, die Fortschritte wissenschaftlicher Anbaumethoden, das Überführen lehnsgebundener Rittergüter in privates Eigentum, die Gründung von «Landschaften» als ritterschaftliche Kreditinstitute – das alles führt zu einem Agrarboom, der das Treiben der Spekulanten beflügelt. Nur sehr große und ertragreiche Güter kommen nicht auf den Markt.[61] So kauft Moltke 1801 das Gut Gnewitz in der Nähe von Samow. Seine Familie folgt ihm dorthin. Aber bereits zwei Jahre später stößt er das Gut wieder ab. «Wir beschlossen, nun nach Lübeck zu ziehen. Da aber zu der Zeit mein eheliches Glück ganz zerstört war, so dachte ich ernstlich daran, mich scheiden zu lassen». Moltke hat durch Spekulationen mit dem Vermögen der Paschens so viel Kapital gewonnen, «dass ich ohne das von meiner Frau leben konnte».[62]

Friedrich Philipp reist allein in die Schweiz, kehrt nicht nach Lübeck zurück, sondern betreibt von Berlin aus die Scheidung. Doch eine Trennung wollen Henriette und Paschen vermeiden. Über ihre Gründe kann man nur Vermutungen anstellen; alle betreffenden Briefe, in Moltkes Nachlass überliefert, sind mittlerweile verschwunden – wohl auf Betreiben der Kinder. Fest steht, dass Paschen Zugeständnisse macht. Aus dem Ehevertrag streicht er den Paragrafen Nummer Sechs: Stürbe Henriette, bliebe es nun Friedrich Philipp überlassen, ob er «seinen Kindern Vormünder setzen oder deren natürlicher Vormund selbst sein wolle».[63] Moltke lenkt ein. «Da mir aber sowohl von Seiten meines Schwiegervaters als seiner Tochter die heiligsten Versicherungen gegeben wurden, dass in Zukunft alles geschehen würde, um mich glücklich zu machen, so gab ich meinen Vorsatz auf. Ich reiste also wieder zu meiner Frau nach Lübeck, um noch 30 Jahre ein unglücklicher Ehemann zu sein. Mehrere Male hatte ich den sündhaften Gedanken, durch einen Pistolenschuss mein Leben zu enden, welches vielleicht geschehen wäre, wenn mich der Gedanke an meine drei Söhne, die mir lieb geworden waren, nicht davon abgehalten hätte.»[64]

1804 und 1805 werden in Lübeck Adolph und Ludwig geboren. Als «Louis» zur Welt kommt, hat Moltke das Rittergut Augustenhof mitsamt dem Dorf Klenau nahe Oldenburg im Herzogtum Holstein für 93 000 Taler gekauft. Friedrich Philipp setzt sein gesamtes Vermögen ein, große Teile der Mitgift und Geld des Schwiegervaters Paschen. Weil das Gut über kein Wohnhaus verfügt, bleibt Henriette mit den Kindern in Lübeck, während Moltke in Augustenhof die Bauaufsicht führt, heilfroh, von seiner Frau länger getrennt sein zu können. Wohl auch deshalb lässt er – man könnte hinzufügen: natürlich – «ein viel zu schönes und zu kostspieliges Gebäude»[65] errichten, das ihm Schulden von 80 000 Talern einträgt. Moltke ahnt offenbar Schlimmes. Schon jetzt will er ins Militär, betreibt seinen Eintritt in die Landwehr und erhält im Juni 1806 seine dänische Einbürgerung mitsamt dem Patent zum Landwehrmajor. Mit dem Kauf von Augustenhof ist Moltke Untertan des Königs von Dänemark geworden. Das Herzogtum Holstein gehört zum «Heiligen Römischen Reich deutscher Nation», ist aber mit der dänischen Krone in Personalunion verbunden. Die Familiengeschichte verlagert sich für 61 Jahre in eine Lebenswelt zwischen Dänischem und Deutschem.

Vier Monate später ist die Mehrheit von Moltkes Kameraden aus der Berliner Militärzeit verwundet, gefangen oder tot. Das Regiment «von Möllendorff» gibt es nicht mehr. Am 14. Oktober 1806 hat Napoleon die preußische Armee bei Jena und Auerstedt vernichtet. Der letzte halbwegs kampfbereite Großverband, zwanzigtausend Preußen unter Blücher, hetzt Richtung Ostsee, hart verfolgt von überlegenen französischen Streitkräften. Die Neutralität der Stadt missachtend, flüchtet Blücher überraschend hinter die Wälle von Lübeck.[66] Dort aber lebt Henriette mit ihren fünf Söhnen: Wilhelm ist acht, Fritz sieben, Helmuth sechs, Adolph zwei und Louis ein Jahr alt. Blücher kann sich in Lübeck nicht halten. Durch eine Ungeschicklichkeit fällt das Burgtor in feindliche Hände. Während die Franzosen plündern, morden und vergewaltigen, flieht der Husarengeneral kämpfend nach Ratekau. «Ich kapithullire, weil ich kein Brot und keine Muhnitsion nicht mehr habe.»[67]

Die dreitägigen Ausschreitungen kosten mehr als hundert Lübeckern das Leben. Familienväter sind vor den Augen ihrer Angehörigen umgebracht, Frauen zu Tode vergewaltigt worden.[68] Scharnhorst, Blüchers Stabschef, graust es vor «Schreckensszenen, die selbst dem größten Theile der erfahrenen Krieger zum Glück für die Menschheit unbekannt bleiben».[69] Auch Henriettes Haus wird geplündert. Mit Stillschweigen übergeht Friedrich Philipp das Schicksal der Familie. Irgendwelche Bemerkungen zum Albtraum von Lübeck werden die Moltkes nicht überliefern.

Zu allem Unglück bricht auf Augustenhof ein Feuer aus, das zwei Tage andauert und fast alle Gebäude schwer beschädigt. Sein kostspieliges Gutshaus hat Moltke nicht versichert. «Jetzt war ich ein Bettler und ein höchst unglücklicher Mann in jeder Rücksicht. Auch das Vertrauen meines Schwiegervaters hatte ich verloren – so wie er viel durch mein Unglück.»[70] Augustenhof wird notdürftig instandgesetzt, ist aber so überschuldet, dass nur jahrelange harte Arbeit dem Ganzen vielleicht aufhelfen könnte. Dazu aber scheint Moltke weder willens noch in der Lage. «Candide et Caute», aufrichtig und vorsichtig, so lautet der Wahlspruch des Geschlechts. Vorsichtig ist Friedrich Philipp nie, aufrichtig wenigstens gegenüber sich selbst nur halb gewesen. Andernfalls hätte er geahnt, dass nicht das Äußere des eigenen Lebens, sondern sein Blick auf die Welt das wahre Unglück seines Schicksals war.

ZWEITES KAPITEL

Bildungshunger

Jenseits der Nationen

Am 20. Juli 1969 verfolgen mehr als eine halbe Milliarde Menschen die Live-Berichte der Fernsehanstalten. Drei Amerikaner sollen den Mond erobern: Edwin Aldrin, Mike Collins und Neil Armstrong, die Astronauten der Apollo-11-Mission. Präsident Nixon ist vorbereitet; eine Trauerrede liegt schon in seiner Schublade. Zweiundneunzig Stunden sind vergangen, seit tausende Tonnen Treibstoff unter ihnen in Flammen aufgegangen sind und die kathedralenhohe Saturn-5-Rakete sie in den Himmel über Cape Canaveral geschraubt hat. Jetzt, im Mondorbit, bleibt Collins im Mutterschiff zurück. Aldrin und Armstrong wechseln in die Raumfähre Eagle. Durch die Luke der Kommandokapsel sieht Collins zu, wie seine Kameraden sich von der Columbia lösen. Die automatische Steuerung der Eagle beginnt den Sinkflug. Die Sonne steht recht tief. Der Mondtag – er dauert siebenundzwanzig Erdentage – hat eben erst begonnen. Als Aldrin und Armstrong über dem Rand des Mare Tranquillitatis schweben, gerät ein Einschlagkrater in ihr Blickfeld. Das beckenförmige Gebilde im Meer der Ruhe hat einen Durchmesser von nur sechs Kilometern. Verglichen mit dem Aiken-Becken am Südpol des Mondes und seinen 2200 Kilometern Durchmesser erscheint er winzig. Scherzbolde der NASA nennen ihn *Chuck hole*; das «Schlagloch» liegt auf dem Sinkflugweg der Eagle.[1] Um einen sicheren Landeplatz auszuspähen, haben vor zwei Monaten die Astronauten von Apollo 10 den Krater fotografiert. Nun macht auch Apollo 11 Auf-

nahmen des kilometerbreiten Schlaglochs. Sekunden später entdecken Armstrong und Aldrin einen anderen, kleineren Krater eben
dort, wo ihre Fähre landen soll. Mit der Handsteuerung gelingt
Kommandant Armstrong ein Ausweichmanöver. Doch dann, während die Eagle weiter an Höhe verliert, schlagen die Rechner Alarm.
Der Treibstoff geht zur Neige. Das Zeitfenster für einen Notstart
schmilzt auf wenige Sekunden. In Houston, im Kontrollzentrum, ist
die Spannung fast mit Händen greifbar. Es folgt ein Augenblick der
Stille. Endlich, um 21 Uhr 17 mitteleuropäischer Zeit, meldet Armstrong die erhoffte Botschaft: «Tranquility Base here. The Eagle has
landed.» Die Adler steht auf dem Boden des Mondes. Ein Mensch-
heitstraum hat sich erfüllt. Und nur etwa fünfzig Kilometer entfernt
gähnt jenes Schlagloch, das die Astronomische Union in ihren Listen mit seinem offiziellen Namen führt: Krater Moltke.

Die Astronomen Johann Krieger und Rudolf König haben den
Krater nach Moltke dem Älteren benannt.[2] Krieger und König arbeiteten an einem Mondatlas. Sie wollten nicht den Feldherrn ver-
ewigen, sondern an Moltkes Verdienste um die Selenografie erinnern: Mit der Drucklegung der «Schmidt-Karte», durch Moltke
unterstützt, hatte die Geografie des Mondes Riesenfortschritte erzielt.[3] Und so bezeugt sogar ein Krater auf dem Erdtrabanten, dass
Generalfeldmarschall Helmuth Karl Bernhard Graf von Moltke
seinen Zeitgenossen als ein Gelehrter in Uniform erschien.

Moltke war wie Bismarck halbbürgerlicher Herkunft, wie Stein oder
Blücher stammte er nicht aus Preußen, und wie Scharnhorst oder
Gneisenau kam er aus einfachen Verhältnissen. Seine Familie hatte
weder Vermögen noch die Hoffnung, eines zu verdienen. Der Vater
wirtschaftete ohne Erfolg, kaufte Güter, verkaufte sie wieder, rettete
sich schließlich ins dänische Heer und lebte bis zu seinem Tod getrennt von den Seinen. Was immer der Sohn auch erreichte – er
verdankte es kaum seiner Herkunft. Zeitgenossen sahen in ihm die
Verkörperung des Preußentums, etwa so, wie Fontane es literarisch
abgebildet hatte: vernünftig, nüchtern, anspruchslos und diszipli-
niert, ein strenger, aber gerechter Gutsherr mit adeliger Ahnenreihe

und griechischer Seele, empfänglich für das Gute, Wahre und Schöne, Paladin seines Königs und selbstloser Diener des Staates. Als der Feldmarschall einen steinreichen Verwandten besuchte, den Grafen Moltke-Huitfeldt in Schweden, entstieg der hochberühmte Schlachtensieger am Bahnhof von Ovesarum einem Zweite-Klasse-Waggon, in schlichtem Gehrock, ohne Diener und ohne Gepäck – zur maßlosen Verblüffung des Grafen, der mit zahllosen Schaulustigen am Haltepunkt der Ersten Klasse gewartet hatte und nun zum hinteren Teil des Zuges hasten musste.[4]

Solches Auftreten erinnerte von Ferne an Napoleon, an dessen Feldbett und schmucklosen Dreispitz; es erinnerte ein wenig auch an Friedrich den Großen, der jeden Taler zweimal umdrehte, bevor er ihn schließlich doch in die Schatulle zurücklegte. Bonaparte freilich hatte das Bild anspruchsloser Volksnähe stets inszeniert, der Preußenkönig den Ruf als erster Sparer des Staates immerhin gepflegt, seinen Untertanen dann aber, weil es politisch geboten erschien, einen Prachtbau wie das Neue Palais zugemutet. Die Herrschaftsgeschichte des Korsen kannte auch Moltke. Und von Friedrich dem Großen wusste er so viele Anekdoten zu berichten, dass die Bewunderung für den «Alten Fritz» auf Moltkes Ehefrau abfärbte, eine im Dänischen geborene Halbengländerin. Ihre Friedrich-Begeisterung erhellt, wie sehr der Mythos des Königs seit Mitte des 18. Jahrhunderts das Bekenntnis zum Preußentum befördert hatte; die Friedrich-Legende ersetzte den Halt einer gewachsenen Stammesgemeinschaft, über den das junge preußische Königreich nicht verfügte. In einer Monarchie ohne ehrwürdige Traditionen konnte der Mythos des Großen Königs besondere Bindekraft entfalten.

Wie Friedrich oder Napoleon wusste auch Moltke sich ins rechte Licht zu setzen. Zurückhaltung aber entsprach seinem Wesen. Wohl deshalb war er mehr als nur berühmt; die Deutschen verehrten, ja vergötterten ihn: Bismarck, Moltke und Roon; Kanzler, Generalstabschef und Kriegsminister; zusammen hatten sie im Spiegelsaal von Versailles, ausgerechnet, Preußens König als Kaiser des Deutschen Reiches auf den Schild gehoben, waren am 16. Juni 1871, nach dem Triumph über Frankreich, durch das Brandenburger Tor in die

Roon – Bismarck –Moltke: Die Paladine Kaiser Wilhelms I.
Figurengruppe von Joseph Kaffsack

Hauptstadt eingezogen, drei Reichsgründer, denen die junge Nation das Glück ihrer Einheit verdankte; so jedenfalls sahen es viele, wahrscheinlich die meisten. Der Populärste des Dreigestirns aber war Feldmarschall Helmuth Graf von Moltke. Seine Kernsprüche fanden Eingang in den Zitatenschatz: «Erst wägen, dann wagen»; «Glück hat auf Dauer nur der Tüchtige»; «Getrennt marschieren, vereint schlagen». Dabei war er in Mecklenburg, nicht in Preußen geboren, in Holstein und Kopenhagen aufgewachsen, besaß eine hugenottische Großmutter und hatte bis zu seinem zweiundzwanzigsten Lebensjahr die Uniform des Königs von Dänemark getragen.

Moltkes Bedürfnislosigkeit ist das Erbe seiner Jugend. Schon den Elfjährigen schickt Friedrich Philipp, nun Stadtkommandant von Kiel, in die Landkadettenakademie nach Kopenhagen. Die Wünsche des Kindes spielen keinerlei Rolle. Das dänische Heer bietet eine standesgemäße Versorgung – das genügt. Friedrich, «Fritz» genannt, ein Jahr älter, muss ebenfalls zu den Kopenhagener Kadetten. Louis ist für die Militärschule zu jung, Adolph nicht kräftig genug; er hat sich eine Laufbahn als «Kanonenfutter»[5] auch flehentlich verbeten. Wilhelm, den Ältesten, bringt der Vater ins Kadettenhaus von Christiania. Dann aber kehrt Moltke keineswegs nach Holstein zurück, sondern lebt einige Monate in Christiania bei Prinz Friedrich von Hessen, seinem Regimentschef, der Statthalter von Norwegen ist. Auf Augustenhof sorgt seine Frau derweil nicht nur für Adolph und Louis, sondern nun auch für zwei Töchter: Magdalene, «Lene» genannt, vier Jahre, und Auguste, «Guste» gerufen, zwei Jahre alt.

Fritz und Helmuth erleben schwierige Zeiten. Weit entfernt von der Familie, in einer fremden Stadt, des Dänischen kaum mächtig, müssen sie anfangs sogar frieren und hungern. Schläge hält jeder Ausbilder für das beste Mittel der Erziehung. Irgendwann streckt Helmuth beim Stillstehen im Glied den Kopf etwas vor; dafür bekommt er mit dem Ellenbogen einen so harten Stoß ins Gesicht, dass ihm das Blut aus der Nase spritzt und er zu weinen beginnt. «Warum streckst Du die Nase vor?»,[6] brüllt der Ausbilder auf Dänisch. Eine Typhuserkrankung erscheint wie ein Himmelsgeschenk, denn im Lazarett setzt es wenigstens keine Hiebe. Fritz und Helmuth beklagen sich selten, bei den Eltern schon gar nicht; beide glauben, alles müsse so sein. Er habe, erklärt Moltke im Rückblick, niemals eine Erziehung, sondern nur Schläge erhalten. Dass ihm seine Schüchternheit und Menschenscheu in Kopenhagen eingeprügelt worden sei, er den eigenen Charakter danach habe gleichsam neu aufbauen müssen, hat Moltke im Nachhinein gegenüber Louis bekannt. «Dieser Mangel an Halt in sich selbst», gesteht er, «dies beständige Rücksichtnehmen auf die Meinung Anderer ... verursachen mir oft einen moralischen Katzenjammer, der bei Anderen gerade aus dem Gegenteil einzutreten pflegt. ... Wie beneide ich fast alle anderen Menschen um ihre Fehler manchmal, um ihre Derbheit, Unbekümmertheit und Geradheit ...»[7]

Umso fester halten die Kadetten zusammen. Besonders eng befreunden sich Fritz und Helmuth mit Friedrich von Hegermann-Lindencrone, dem ältesten Sohn des Generals Johann Henrik von Hegermann-Lindencrone, der einer Garnison in Rolighed bei Kopenhagen vorsteht.[8] Auf ihrem Landsitz in Rolighed verbringen die Hegermanns gewöhnlich den Sommer. Dorthin lässt Friedrich Hegermann während der Ferien oder an Sonntagen Fritz und Helmuth regelmäßig bringen. Alle Unbilden des Kadettenkorps scheinen bei den Hegermanns vergessen. Friedrichs Mutter, Louise Hegermann-Lindencrone, führt einen Salon, in dem Dichter, Philosophen, Naturwissenschaftler und Theologen verkehren: Adam Oehlenschläger etwa, dessen *Poetiske Skrifter* als wichtigstes Denkmal der dänischen Romantik gelten – mit seinem *Vaterlandslied* wird er zum Texter der dänischen Nationalhymne; der Philosoph Frederik Christian Sibbern, Professor in Kopenhagen; Anders Sandöe Oerstedt, Zoologe und Botaniker, der Forschungsreisen nach Mittelamerika und in die Karibik unternehmen wird; oder Jacob Peter Mynster, später Hofprediger, scharfsinniger Theologe und Bischof von Seeland, dem wichtigsten Stift des Reiches. Louise Hegermann, schwärmt Oehlenschläger, sei «vielleicht das poetischste weibliche Gemüt»,[9] das Dänemark besitze. Die Salonnière tritt ebenfalls als Schriftstellerin in Erscheinung. Bei den Gesprächen dürfen die Kadetten gelegentlich lauschen. Besonders Helmuth lässt sich anregen, liest Oehlenschlägers Bücher, entwickelt eine Vorliebe für die dänische Dichtung und hat durch Mynster wohl auch religiöse Prägungen erfahren.

Nach Holstein oder Schleswig kommen die Jungen jahrelang nicht zurück. Dort ist die Familie endgültig zerbrochen: 1815 trennen sich die Eltern, ohne aber eine Scheidung anzustreben. Als Friedrich Philipp zum Bataillonskommandeur in Schleswig ernannt wird, weigert sich Henriette, den Gatten zu begleiten. Adolph und Louis kommen zum Vater, während Henriette mit Lene, Guste und Victor, dem jüngsten, 1812 geborenen Sohn, von Augustenhof nach Eutin, später ins adelige Damenstift des Klosters Preetz zieht. Seit der Reformation finden dort ledige, verwitwete oder getrennt lebende Frauen aus Lübecker Patrizierfamilien und der Ritterschaft Schleswig-Holsteins einen sicheren Hafen – vorausgesetzt, der Vater oder Gatte hat zuvor eine erhebliche Summe gezahlt.[10] Dazu ist Paschen noch in der Lage. Aber seine finanzielle Unterstützung, der Tochter zugesagt, fließt bald allenfalls spärlich. 1816 stirbt Paschen in Rakow. Nur Friedrich Philipp reist zur Beerdigung nach Hamburg. Seine letzte Ruhe findet der Kaufmann auf dem Johanniskirchhof vor den Toren der Stadt. «Dein mir mitgegebener Kranz liegt im Sarg und bekränzt seine Stirn»,[11] erfährt Henriette. Das Testament schließt den Schwiegersohn als Nutznießer aus. Haupterbin ist Henriette. Sie erhält zwei Häuser in der Fuhlentwiete und alle Obligationen. Doch in den letzten Jahren hat Paschen nicht nur durch die geschäftlichen Katastrophen des Schwiegersohns hohe Verluste erlitten. Seine Barschaft ist so beschränkt, dass die Exekutoren des Testaments eine Entschuldung von Augustenhof aus der Erbmasse verbieten. Moltke glaubt an eine Intrige, erhebt Ansprüche gegen seine Frau, mutmaßt, sie verheimliche Geld. Nur über Anwälte halten die Eheleute miteinander Verbindung. Schließlich muss Friedrich Philipp das Gut verkaufen. «Nun war ich wieder allein auf den königlichen Militärdienst beschränkt.»[12] Henriette, im Reichtum aufgewachsen, muss künftig hart sparen. Bald sieht man der Mutter ihr Missgeschick an. Sie wirkt matronenhaft streng, öffnet sich nur ihren Kindern, denen sie aber eine vielseitige Bildung vermittelt. Henriette beherrscht mehrere Sprachen, liest viel, spielt Klavier und liebt Poesie, besonders die nationalen, auch französenfeindlichen Verse Theodor Körners.[13]

In Kopenhagen wachsen Louise und Johann Hegermann in die Rolle von Ersatzeltern hinein. Bald scheinen Friedrich, Fritz und Helmuth unzertrennlich. «Meine Eltern», erinnert sich Cai Hegermann, der mittlere Sohn, «sowie meine ganze Familie gewannen diese Brüder mehr und mehr lieb, und zwischen ihnen und meinem Bruder Fritz erwuchs eine innerliche Freundschaft …»[14] Gemeinsam verfassen Friedrich Hegermann und Helmuth kriegsgeschichtliche Aufsätze, die sie *Tidens Ström – Zeitenstrom –* betiteln. Die Freunde erfinden Spiele, den «Weg zum Tempel der Ehre» zum Beispiel: Auf einer Erhebung nahe Rolighed steht ein Ziertempel, von Mauern umgeben; ein schmaler Pfad führt hinauf, den der «Angreifer» einschlagen muss; ob er vorwärts gehen darf oder dem «Verteidiger» weichen muss, entscheiden die Würfel. Fritz, Helmuth, Friedrich und Cai schlagen Holztonnen die Böden aus, um sich im Diskuswerfen zu üben, unternehmen Bootsausflüge über den Öresund nach Saltholm und jagen auf Pferden, die dort wochentags in Kalkgruben arbeiten, über die menschenleere Insel. Eines ihrer Lieblingsspiele nennen sie «Pulsög». Dabei muss eine Partei den Spielball mit Holzknüppeln in ein Erdloch treiben, während die andere das Einlochen zu verhindern sucht. Friedrich schlägt irgendwann Helmuth, seinem Gegenspieler, versehentlich den Knüppel so hart an den Kopf, dass der junge Moltke zusammenbricht und fast eine Stunde lang ohne Bewusstsein bleibt. «Man kann sich denken», so Cai, «was diese Zeit für uns Alle und besonders für meinen Bruder Fritz war, der seinen Freund fast erschlagen hätte».[15] Helmuth, Fritz und die Hegermanns werden ein Leben lang freundschaftliche Verbindungen pflegen. Unvergessen bleiben die Kindheitssommer von Rolighed.

Nach sechs Jahren im Kadettenkorps und dem üblichen Pflichtjahr als Page am Hof von Kopenhagen werden die Gebrüder Moltke 1819 mit dem Leutnantsrang ins Heer entlassen. Der zwanzigjährige Fritz erhält ein Patent bei eben jenem Infanterieregiment in Schleswig, in dem auch sein Vater dient. Helmuth, neunzehn Jahre jung, kommt in ein anderes Infanterieregiment in die Festungsstadt Rendsburg.[16] Während eines Urlaubs, den Helmuth 1821 mit seinem Vater in Berlin verbringt, reift der Gedanke, in die Armee des Königs von Preußen überzutreten. Vielleicht gibt der preußische Kammerge-

richtsrat Carl Ballhorn, der Schwager Friedrich Philipps, bei dem die
Moltkes während ihres Aufenthaltes in der Hauptstadt wohnen, den
Anstoß. Die Ballhorns haben zwei Söhne, Eduard und Wilhelm.
Inzwischen lebt Louis bei der Familie Ballhorn, weil er wegen der
häufigen Versetzungen des Vaters, den ohnehin finanzielle Sorgen
plagen, sonst keine ruhige Schulausbildung erhalten könnte. Friedrich Philipp, der in Preußen die wohl glücklichsten Jahre seiner
Jugend verbracht hat, wird seinem Sohn zugeraten haben. Helmuth
überlegt das Für und Wider eines Übertritts reiflich. Als er die
Hegermanns in Kopenhagen besucht, bittet er auch den General um
einen Ratschlag. Lange spricht Hegermann mit seinem Ziehsohn
und befürwortet schließlich den Wechsel.[17] Sogar Moltkes Regimentschef in Rendsburg zeigt Verständnis für Helmuths Wunsch,
das Heer zu verlassen. Die Armee, nach den Napoleonischen Kriegen
verkleinert, zahlt ihren Offizieren nur einen kargen Sold und bietet
wenige Möglichkeiten zum Aufstieg. Was Friedrich Philipp längst hat
erfahren müssen, stünde nun wohl auch beiden Söhnen bevor: langes Warten auf Beförderung und kaum Aussicht, sich hervorzutun.

Helmuths Wahl fällt auf Preußen, nicht weil er einem «deutschen» Herrn oder einer «deutschen» Sache dienen will, sondern
weil im Heer einer Großmacht schnelleres Fortkommen lockt. Dort
wolle er sich und den Seinen, bekennt Helmuth, das «Glück er-
jagen».[18] Und doch ist sein Entschluss zum Wechsel, der für die
Familie über Generationen hinweg anhaltende Wirkungen entfaltet,
alles andere als selbstverständlich. Die Brüder haben ihre Heimat
am Ende nicht verlassen, sogar Louis nicht, der doch in Berlin aufgewachsen ist. Fritz bleibt dänischer Offizier, kommt über den Rang
eines Hauptmanns nicht hinaus, wird dann Lehrer an der Kadetten-
akademie von Kopenhagen – ausgerechnet –, kann seinen Unterhalt
kaum bestreiten und durchlebt bittere Entbehrungen. Als er für die
bürgerliche, ebenfalls unvermögende Elisabeth Bölte aus Holstein
Zuneigung fasst, dauert ihre Verlobungszeit aus Geldmangel neun
Jahre. Die Beziehung zwischen Betty und Fritz empfindet Helmuth
als «unglückliche Leidenschaft, auch wenn sie die Gewähr zukünf-
tigen Glücks bieten könne».[19] In fast allem das Gegenteil seines

Charlotte Gräfin von
Moltke. Zeichnung von
Franz Krüger, 1827

Vaters, neigt Helmuth auch jenseits beruflicher Dinge dazu, möglichst vernünftig an goldene Türen zu klopfen. So wagt nur er den
Sprung ins Dunkle: 1822 vertauscht Moltke den roten Spenzer des
dänischen Offiziers mit dem blauen preußischen Offiziersfrack.

Helmuth wechselt zu einem Regiment nach Frankfurt an der
Oder. Dort kommandiert General Friedrich August Ludwig von der
Marwitz. Zwölf Jahre zuvor hatte Marwitz eine Adelsfronde gegen
die Reformen angeführt. «Lieber noch drei verlorene Auerstädter
Schlachten als ein Oktoberedikt!»,[20] polterte Marwitz, bevor ihn der
König mit Festungshaft belegte. Dass er in zweiter Ehe mit Charlotte Gräfin von Moltke verheiratet ist, Freundin der verstorbenen,
ins Legendenhafte verklärten Königin Luise, verschafft Helmuth
keinerlei Vorteil. Im Gegenteil: Das Ehepaar steht sich fremd gegenüber.[21] Mit seinem Schwiegervater, dem Oberjägermeister, war
Marwitz schon nach der Hochzeit aneinandergeraten. Graf Moltke
lebte über seine Verhältnisse und konnte die Mitgift nicht bezahlen. Marwitz hatte juristische Schritte unternommen, Graf Moltke
dem Schwiegersohn Übles unterstellt, Marwitz ihm schließlich ein

General Friedrich August
Ludwig von der Marwitz.
Zeichnung von Franz
Krüger, 1827

Duell angedroht. Kein Wunder, dass der General auf die Moltkes
nicht gut zu sprechen ist. Ohnehin besteht die Verwandtschaft
seiner Frau mit Leutnant Helmuth von Moltke nur über einen
gemeinsamen Urahnen in sechster Generation.[22] Umso weniger
duldet Marwitz, hochkonservativ und standesbewusst, irgendeine
Nachlässigkeit. Als Moltke einmal zum General ins Zimmer tritt,
will er «den Degen ohne Weiteres in die Ecke stellen, als ein ‹im
Vorzimmer, wenn ich bitten darf› mich rektifizierte».[23]

   Exerzieren muss Helmuth täglich mindestens einmal. Dazu aber
besitzt er wenig Neigung. Außerdem kann der Leutnant nicht wie
die meisten seiner Kameraden irgendwann auf ein Landgut zurückkehren. Zeitlebens hat er nur seine Dienstbezüge zu erwarten.
Moltke muss und will vorankommen. Die eigenen Talente verweisen ihn scheinbar nicht auf eine Laufbahn als Truppenführer. Stattdessen bewirbt er sich 1823 mit schriftlichen Probearbeiten um die
Aufnahme an der Berliner Kriegsschule. Dort bildet man Offiziere
für den Generalstab aus. Und nur Generalstabsoffiziere dürfen hoffen, die Beförderung nach dem Dienstalter zu umgehen: Für höhere

Ränge können sie sich durch Leistungen empfehlen. Moltkes Bewerbung wird angenommen.

Die Kriegsschule in der Burgstraße, unweit von Königsschloss und Dom gelegen, stammt wie die Berliner Universität aus dem Jahr 1810 und ähnelt einer Militärhochschule. Gegründet von Scharnhorst im Zuge der Heeresreform, hat sie die École militaire Friedrichs des Großen ersetzt und ist nun die zentrale höhere Ausbildungsstelle für Offiziere aller Waffengattungen. Mit Clausewitz, ihrem Direktor, tritt Moltke wie fast alle Schüler in keine Beziehung. Clausewitz leitet die Verwaltung; im Unterricht lässt er sich kaum blicken. Helmuth lernt Englisch, hört Vorlesungen über Literatur und Geschichte, verfasst Gedichte und widmet jede freie Stunde dem Besuch von Konzerten oder Museen, oft in Gesellschaft von Louis Moltke, dessen Schulzeit auf dem Friedrich-Wilhelms-Gymnasium freilich zu Ende geht.

Louis ist in der Dreifaltigkeitskirche von Friedrich Schleiermacher eingesegnet worden, eben dort, wo Schleiermacher auch Otto von Bismarck konfirmieren wird. Doch anders als bei Bismarck soll Schleiermacher auf Louis Moltke nachhaltig Einfluss ausgeübt haben.[24] Wenn überhaupt, ist dieser Einfluss aber wohl zunächst kaum von Schleiermachers Theologie, sondern mehr von dessen Persönlichkeit und seiner Tätigkeit an der Berliner Singakademie ausgegangen. Denn musikalisch ist Louis überaus begabt. Er spielt Klavier und mit besonderer Leidenschaft die Geige. Andere kann er zur Verzweiflung treiben, weil ihm beim Musizieren jedes Zeitgefühl abhandenkommt. «Mein Bruder», weiß Helmuth, «kann nie ein Ende finden, wenn er einmal geigt.»[25] Helmuth wiederum kommt es sehr gelegen, dass die Lehrer an der Kriegsschule auch Allgemeinwissen vermitteln, keineswegs bloß militärisches Handwerkszeug. Etwa 60 Prozent aller Vorlesungen sind nicht militärischen Inhalts. Es geht um Mathematik, Physik, Literatur, Geschichte, Geographie und Sprachen.[26] Nur wer die Uniform aufknöpfe, könne auch denken; und nur denkende Offiziere seien gute Offiziere, lauten zwei Leitsätze der Reformer.

Die Heeresreform war Preußens Antwort auf die Katastrophe bei
Jena und Auerstedt. Sie ist der Boden, auf dem auch Moltkes Laufbahn sich entfaltet. Das Herzstück der Reform bildete die Einführung einer allgemeinen Wehrpflicht. Endzweck aller Maßnahmen
war die totale kriegerische Machtentfaltung, der Sieg über Napoleon, das Ende der französischen Herrschaft in Europa. Als Mittel
zum Zweck wünschten die Reformer um Stein und Hardenberg eine
«Revolution von oben»: die Modernisierung fast aller Lebenswelten
mittels neuer Gesetze. Von Anfang an war das ein kühnes, durch
und durch preußisches Unterfangen; die Entwicklungen haben sich
dann auch nicht überall von oben lenken lassen. Im Mittelpunkt
aber stand die Heeresreform. Eine «standesblinde»[27] Wehrpflicht,
die Öffnung des Offizierskorps für Bürgerliche, die Einführung ver-
bindlicher Prüfungen für die Offizierslaufbahn, das Ende aller Kör-
perstrafen, die Gründung der Landwehr als einer bürgerlichen Pa-
rallelarmee neben dem Königsheer; alle diese Maßnahmen sollten
aus Untertanen ein Volk in Waffen, aus Bürgern begeisterte Soldaten machen. Scharnhorst, Gneisenau und Boyen träumten vom Bürger-Werden mittels Uniform. Um das neue Bündnis zwischen Krone
und Volk zu schmieden, wurden Schlag auf Schlag langgehegte
Pläne umgesetzt: die Selbstverwaltung der Städte, die Trennung von
Justiz und Verwaltung, die Bauernbefreiung, die Gleichstellung von
Adel und Bürgertum im Recht auf Landbesitz, die Gewerbefreiheit,
die Neuordnung des Bildungswesens, die Emanzipation der Juden.
Fast explosionsartig entlud sich das Gefühl, Preußen habe gegenüber Frankreich etwas aufzuholen – eben jenes Gefühl, das die militärische und politische Führung im Feldzug von 1806 entscheidend
gelähmt hatte.

Die Niederlage bei Jena wirkte für die Reformer wie ein Treib-
satz: Im Wettrennen um die Gunst des Königs ließ er die Altpreußen
schlagartig zurückfallen, die Reformer hingegen brachte er für kurze
Zeit an die Schalthebel der Macht. Solange Napoleon Triumphe feierte, schien sein Vorbild unwiderstehlich. Nun endlich wollten die
Stürmer und Dränger mit ihrem «Griff in das Zeughaus der Revolution»[28] seinem Beispiel folgen. Als die Adelsmonarchie durch den

verlorenen Krieg ins Wanken geriet, stellten die uniformierten Anwälte des Bürgertums sozusagen eine günstige Prozessprognose;
endlich konnten sie beim Richter, dem König, für ihren jungen, ehr-
geizigen Klienten die Teilhabe an der Macht einklagen. Scharnhorst,
Boyen und Gneisenau haben ihr Handeln vor allem mit der Notwendigkeit begründet, wegen militärischer Zwänge Veraltetes durch
Neues ersetzen zu müssen; doch Preußen unterlag keineswegs, wie
die Reformer glaubten, weil Frankreich gesellschaftlich moderner
und das Heer ein Spiegel der Gesellschaft war. Denn einerseits hatte
die Monarchie unter dem Damoklesschwert der Revolution mehr
innere Beweglichkeit entfaltet, als allgemein wahrgenommen; andererseits spielte die Verbindung von Staats- und Heeresverfassung
für den Verlauf des Feldzugs und den Schlachtausgang so gut wie
keine Rolle.[29] Preußen unterlag, weil sein König und dessen Diplomaten sich rettungslos in außenpolitische Sackgassen verrannt hatten und eine Fin-de-siècle-Stimmung alle Heerführer, von Blücher
abgesehen, so sehr lähmte, dass sie an den eigenen Sieg nicht mehr
glaubten. Außenpolitische Fehler, die Wirkung selbsterfüllender
Prophezeiungen, die größere Kriegserfahrung der *Grande Armée*
und natürlich Napoleon als der Feldherr des Jahrhunderts hatten
den Ausgang bestimmt.

So erscheint das Werk von Scharnhorst, das auch unsere Gegenwart prägt, keineswegs als das Ergebnis militärischer Zwänge,
sondern als ein Ausdruck der Beschleunigung politischer, sozialer
und kultureller Modernisierungsprozesse. Diese Entwicklungen
hatten in Preußen Jahrzehnte vor der Schlacht bei Jena und Auerstedt begonnen; erst ein gutes Jahrhundert nach 1806 klangen sie
in Preußen-Deutschland allmählich aus. Die Heeresreform war im
Kern nicht das Ergebnis einer militärischen, sondern einer politischen Entscheidung. Sie spiegelte die neue, «französische» Sicht
auf Politik und Gesellschaft, schwächte den Ständestaat, erhöhte
die Schlagkraft der Armee, verkleinerte die Kluft zwischen Militär
und Bürgertum. Gleichzeitig aber führte die Durchsetzung der
Wehrpflicht nicht zur Verbürgerlichung des Militärs, sondern zur
Militarisierung vieler Bürger. Das Erziehungsideal der preußischen

Reformer – eine Gemeinschaft freier, geistig und moralisch verant-
wortlicher Patrioten – sollte mittels der Armee als «Schule der Nation» verwirklicht werden.[30] Doch das Bürger-Werden durch die
Uniform blieb Illusion. Als Bürger-Schule der Nation versagten die
Streitkräfte vollkommen. Die Wehrpflicht ist nicht von Natur aus
demokratisch.[31] Mit dem Gedanken der Volksarmee übernahmen
die Militärreformer zudem die Idee des totalen Krieges und Napoleons Vernichtungsstrategie. Zum ersten Mal seit dem Ende des
Dreißigjährigen Krieges wurde Bellona nun auch auf «deutschem»
Boden wieder rückhaltlos entfesselt.

Das war die erste Folge von Revolution und Heeresreform, die
Moltkes Denken prägte und ihn bis zum Schluss beschäftigt hat: das
Heraufziehen einer Epoche totaler Kriege. Die zweite Folge betraf
eine Institution: den Generalstab. Er war weder eine Schöpfung Helmuth von Moltkes noch ein Ergebnis der Heeresreform.[32] Scharnhorst hielt den Gründer des modernen Generalstabs sogar für einen
seiner Gegner – zu Recht; bei vielen Historikern hat er daher wenig
Gnade gefunden – zu Unrecht. Oberst Christian Freiherr von Massenbach, ein inzwischen vergessener Wahlpreuße aus Schwaben,
machte den «Quartiermeisterstab» schon 1803 zum Gehirn des
Heeres. Massenbach hatte gemeinsam mit neun Offizieren im «Ge-
neralquartiermeisterstab» Friedrichs des Großen gedient. Der Quartiermeisterstab war noch nicht der selbstständige, dem Feldherrn
vorarbeitende, ihn schließlich lenkende Generalstab des 19. Jahrhunderts. Friedrich blieb sein eigener Herr. Die Stabsoffiziere, vom
König ausgewählt, dienten als bessere Handlanger, beschäftigten
sich mehr mit dem Ausführen als mit der Planung. Dem Stab man-
gelte es an Personal, an Organisation sowie an einer planmäßigen
Bildung und Auswahl des Nachwuchses. Der «Generalquartiermeister» hatte als Chef des Stabes kein «Immediatrecht», besaß also
keinen unmittelbaren Zugang zur Macht, weil er nicht über die Erlaubnis verfügte, beim König unaufgefordert Vortrag zu halten.

1801 verfasste Massenbach eine bahnbrechende Denkschrift:
Ueber die Verbindung der Kriegs- und Staats-Kunde.[33] Der Quartiermeisterstab, forderte er, müsse sich nicht mit dem Abstecken von

Lagern, sondern mit der Planung künftiger Kriege befassen. Notwendig sei die Gründung eines Militärausschusses, der als Verbindungsglied zwischen König und Stab sogar außenpolitische Fragen zu beraten habe. Der Generalquartiermeister, so Massenbach, benötige das Immediatrecht. Außerdem seien alle Stabsposten nicht nach Rang, Dienstalter oder Gutdünken, sondern nach Eignung, Erfahrung und dem Ergebnis einer Prüfung zu besetzen.

Die neue Instruktion für den Quartiermeisterstab trat am 26. November 1803 in Kraft. Ein Militärausschuss kam nicht zustande. Der Generalquartiermeister blieb ohne Immediatrecht. Dafür wurde der Stab um 25 Offiziere erweitert. Nach einer Aufnahmeprüfung bildeten achtzehn junge «Adjoints» in drei Klassen den Stabsnachwuchs.[34] Außerdem erhielt der Stab eine feste Organisation. Künftig waren drei «Brigaden» unter jeweils einem «Generalquartiermeisterleutnant» für die Erkundung und Bewertung möglicher Kriegsschauplätze im Osten, Süden und Westen zuständig. Das war der Durchbruch zum ersten Grundgedanken moderner Generalstabsarbeit: Aus Handlangern müssen Vordenker werden. Der Quartiermeisterstab überdauerte die Niederlage gegen Napoleon. Scharnhorst nannte ihn «Großen Generalstab», siedelte ihn 1809 im neuen Kriegsministerium an und erreichte eine Mitverantwortung des Stabes bei der Truppenführung.[35] Das war der Durchbruch zum zweiten Grundgedanken moderner Generalstabsarbeit: Das Gehirn des Heeres muss über Nervenstränge bis in den Schwertarm verfügen. Neben die Beratungsmacht trat nun auch eine Befehlsmacht.[36] Das Recht, wenigstens auf Nachfrage beim König Vortrag zu halten, errang der Große Generalstab unter Carl von Müffling. 1821 löste der König den Stab aus dem Kriegsministerium; allerdings blieb der Stabschef an Weisungen des Kriegsministers gebunden. Doch schon bevor Moltkes Aufstieg begann, glich der Generalstab einer Denkfabrik; ihr Direktor stand dem König und Kriegsherrn als höchster militärischer Berater zur Seite. Konservativen Offizieren und den meisten Truppenkommandeuren galt der Stab allerdings noch immer als fünftes Rad am Wagen der Armee.

1828 wird Leutnant Helmuth von Moltke ins «Topographische Bureau» versetzt. Fortan arbeitet er gleichsam im Vorzimmer des Generalstabs. Um Karten anzufertigen, unternimmt er monatelange Reisen nach Schlesien und ins Großherzogtum Posen, Preußens polnische Provinz. In Berlin bleibt Helmuth in Familiendingen allein auf die Ballhorns verwiesen. Louis hat zunächst in Kiel, dann an der Universität Heidelberg ein Studium der Rechte begonnen. Die Jurisprudenz ist für Louis ein Brotstudium, gegen das er starke Abneigung empfindet. Vergeblich sucht Helmuth, den Bruder aufzumuntern: «Du würdest mit weit mehr Interesse die Kriminalordnung studieren, wenn Du wüsstest, dass Du übers Jahr schon Einen danach rädern oder köpfen lassen wirst.»[37] Louis hört in Heidelberg Vorlesungen bei Anton Friedrich Thibaut, Professor für römisches Recht. Thibaut genießt nicht nur den Ruf eines bedeutenden Gelehrten, sondern gilt auch als ein Musiker von Rang. Im Dachzimmer seines Hauses in der Karlstraße veranstaltet der Professor regelmäßig Gesangsabende. Thibaut lädt Louis zu solchen Abenden häufig ein. «Die Jurisprudenz», erklärt Thibaut, «ist mein Geschäft, mein Musiksaal ist mein Tempel.»[38] Das entspricht ganz und gar dem Geschmack Louis Moltkes. Robert Schumann, Student der Rechte in Heidelberg, besucht ebenfalls den Singverein. Wenn Thibaut, so Schumann, «ein Händelsches Oratorium bei sich singen lässt – jeden Donnerstag sind über 70 Sänger da –, uns so begeistert am Klavier accompagniert und dann am Ende zwei große Tränen aus den schönen, großen Augen rollen, ... so weiß ich oft nicht, wie ich Lump zu der Ehre komme, in einem solchen heiligen Hause zu sein und zu hören.»[39]

Im Gegensatz zu Schumann geht Louis ins Abschlussexamen, 1831 auf Schloss Gottorf. «Louis ist denn vor zwei Stunden mit Ernst und fester Stimmung zum Schloss gegangen», berichtet Henriette, «sein Gemütszustand in diesem entscheidenden Augenblick hat mich sehr beruhigt und erfreut ...»[40] Louis besteht das Examen, wenn auch mit eher durchschnittlichen Noten. Neun Jahre lang dient er nun am schleswigschen Ober- und Landgericht in Gottorf. Ohne Louis kann Helmuth zu den Ballhorns kein rechtes Verhältnis entwickeln. Marie Ballhorn, seine Tante, ist vor einigen Jahren gestorben. «Die kalte Verwandtschaft hat mich stets empört»,[41] klagt Helmuth über Witwer Ballhorn und dessen zwei Söhne, Helmuths Vettern. Der Onkel gewährt kleine Anleihen, besteht aber auf einer Rückzahlung. Vom Soldatenstand hält Ballhorn nichts; zum Unterhalt des Leutnants trägt er wenig bei. Am Heiligen Abend lädt man den Neffen gewöhnlich ins Haus; als es 1830 unterbleibt, nimmt Helmuth es gelassen. Gelegentlich aber spürt er seine Einsamkeit: «Vor allem mit den Abenden hapert's gewaltig», gesteht er Henriette, «da fehlt's mir gar zu sehr, dass ich nicht, in bequemer Gemütlichkeit in Deinem Sofa sitzend, mir von Lene etwas vorerzählen, von Guste etwas vormusizieren lassen und mit Dir plaudern kann». Die Porträts von Lene und Guste, so Helmuth, könne er ansehen, solange er wolle, «keine schmiert mir mehr ein Stück Butterbrot, und ich verliere regelmäßig die untere Hälfte, welche mit der Butterseite auf den Tisch fällt».[42] Henriette spart sich vieles vom Munde ab, um ihren Sohn zu unterstützen. Dennoch nagt Helmuth am Hungertuch, frühstückt nie und speist oft auch am Abend nicht. Miete, Heizung und Licht verschlingen den Großteil seiner Bezüge. Erst 1833 bessert sich die Lage: Er wird zum Premierleutnant befördert, in den Großen Generalstab versetzt, erhält eine Solderhöhung und kann für einige Wochen seinen Bruder Adolph bei sich aufnehmen.

Adolph von Moltke, neunundzwanzig Jahre alt und überaus schüchtern, ist bei Brüdern wie Schwestern gleichermaßen sehr beliebt. Gesundheitlich gilt er seit eh und je als das Sorgenkind der Familie. Adolph leidet unter einer schwachen Lunge. Während Henriette ihre Fürsorge verdoppelte, wandte der Vater sich mehr seinen anderen, gesunden Kindern zu.[43] Auffällig begabt, hatte Adolph ein Studium der Rechts- und Verwaltungswissenschaften aufgenommen, zunächst in Heidelberg, dann in Berlin und schließlich in Kiel. Sein Examen hat er mit Auszeichnung bestanden. Denn anders als Louis betreibt Adolph die Jurisprudenz mit Leidenschaft. Seit fünf Jahren ist er Sekretär in der Pinneberger «Landdrostei». Dort lernt er als

Referendar die Tätigkeit eines dänischen Oberbeamten kennen.[44] 1833 lebt Adolph für einige Wochen mit Helmuth in Berlin. Aus dieser Zeit stammt eine Zeichnung, die Helmuth unbemerkt angefertigt haben will. Sie zeigt den *studiosus iuris* am Schreibpult, in Lehrbücher vertieft, mit Pantoffeln, Federkiel und Tintenschürze, die qualmende Lesepfeife im Munde. Tee oder Kaffee sowie zwei Ersatzpfeifen stehen am Rande des Pultes bereit. Der Betrachter ahnt, wie eng sich das Verhältnis der Brüder gestaltet und mit welchem Fleiß auch Adolph an seiner Laufbahn gearbeitet hat. Als Erwachsene stehen sich Adolph und Helmuth von allen Brüdern am nächsten. Das Leistungsprinzip haben beide tief verinnerlicht.

Ohnehin ist die Adelskultur des dänischen Gesamtstaates stärker verbürgerlicht als anderswo. Die Aristokratie hat viele Maßstäbe und Regeln des Bürgertums übernommen: die hohe Bedeutung des Privatlebens, die Aufwertung der inneren Welt des Menschen im Vergleich zu seinem sozialen Rang, das Bildungsstreben und Leistungsdenken, den Grundsatz des Wettbewerbs im Wirtschaftsleben. Was Adelige und Bildungsbürger verbindet, ist der Glaube, vor allem aufgrund der persönlichen Kultur, nicht wegen der eigenen Herkunft Ansprüche auf leitende Stellungen im Staate erheben zu dürfen. Tatsächlich kann Dänemarks Adel seine Führungspositionen in Politik, Diplomatie und Gutswirtschaft weiter behaupten. Anders als in Preußen hat der Offiziersdienst aber für sein Selbstverständnis an Bedeutung verloren.[45] Natürlich gibt es weiter Trennendes, etwa die seit Generationen erprobte Familiendisziplin des Adels. So achten auch die Moltkes in der Familie auf eine feste Rangfolge und treten nach außen stets geschlossen auf. «Bei jedem», schreibt Helmuth seinem Bruder, «der nicht von seinen Zinsen sondern von seinen Leistungen lebt, ist freilich Gesundheit und langes Leben das Stammkapital.»[46]

Weil die Familie über kein Vermögen verfügt, ist für die Brüder der Erwerb eines anderen «Stammkapitals» so selbstverständlich, dass Helmuth es nicht einmal erwähnt: An der Kriegsschule, im Topographischen Büro und im Großen Generalstab, an der Universität, in der Pinneberger Landdrostei oder in der Dachstube Thibauts, aber auch im Museum, im Theater, in der Oper und im Laufe ungezählter Lektürestunden legen die Moltkes den Grundstein für einen verblüffend weiten Bildungshorizont. Ohne ihn bliebe auch Helmuths Laufbahn nicht verständlich. Schon früh verkörpert er das Bildungsideal der Heeresreform. Wie Scharnhorst ist auch Moltke mehr Gelehrter denn Troupier. Hätte er seinen Neigungen folgen können, wäre er Professor der Geschichte geworden, gesteht Moltke später; ein Weltbürger, den es mehr an den Tiber als an die Spree zieht: Bald beherrscht er sieben Sprachen, verfasst eine Novelle, schreibt politische Artikel und übersetzt Gibbons Monumentalwerk über den Verfall und Untergang Roms. Moltkes großartigen Bericht von seiner Besteigung der Petersdomkuppel, für Louis bestimmt, liest man beinahe atemlos.[47] Er schätzt Goethe, Byron, Scott, sogar Heine, vor allem Mozart; Wagner hingegen ist ihm zu laut. Musik hört Moltke noch an seinem letzten Lebenstag. Für Walkürenritte aber kann den «Großen Schweiger» niemand begeistern. Kern seines Wesens bleibt die Sachlichkeit. Er selbst empfindet sich noch immer als gehemmt, leidet unter seiner Zurückhaltung als Zeichen geringen Selbstwertgefühls.

Das «Stammkapital» von Lene und Guste ist vor allem ihr Familienadel. Und bei jeder Kapitalverschwendung droht Bankrott. Als Adolph seinen Bruder 1833 in Berlin besucht, ist Guste schon seit Monaten die Antwort auf einen Heiratsantrag schuldig. Der Bewerber heißt John Heyliger Burt Esquire, ein Witwer aus England, vermögend und offenbar recht hartnäckig. Burt ist Vater dreier Kinder: John Junior, elf Jahre, Jeanette, neun Jahre, und Mary, sieben Jahre alt. Guste steht der Familie nahe; mit dem Tod von Ernestine Burt, Johns Ehefrau, hat sie vor zwei Jahren eine gute Freundin verloren. Um Guste wirbt der Witwer, wie es scheint, mit Nachdruck; doch die Vierundzwanzigjährige kann für Burt nur Zuneigung empfinden. Ratsuchend wendet sich Mutter Henriette an Helmuth. Jede Heirat sei ein Wagnis, beruhigt der Junggeselle, «in welches wir uns blindlings hineinstürzen» –, denn «den kennen und beurteilen wollen, an den wir unser Los knüpfen, ist zu viel verlangt, wenn wir uns ja selbst nicht einmal kennen und beurteilen».[48] Immerhin seien Vernunftehen oft glücklicher als Liebesheiraten. Warum also nicht eine Verbindung wagen, «die auf Vernunft und ruhiger Neigung» gründe? Ehelosigkeit jedenfalls sei ein «negatives Glück», und «die Ruhe seines Lebens um den Preis aller Freuden des Lebens zu erkaufen, kommt mir vor, wie wenn jemand sich die Augen aussticht, um nie etwas Unangenehmes zu sehen».[49] Jede Eheschließung ähnele einer Lotterie; niemand wisse, welches Los er ziehe. «Ich will nicht leugnen, dass ich sehr für die parties de raison bin; eine leidenschaftliche Neigung ist nur der Abnahme fähig.»[50] Dass Burt ebenso reich wie geistreich sei, habe nur eine untergeordnete Bedeutung, behauptet Helmuth, wohl nicht ganz folgerichtig. Auf Gustes Entscheidung habe Burts Reichtum aber gewiss keinen Einfluss.[51]

John Heyliger Burt Esquire ist sein Wohlstand angeboren. Ein *squire* entstammt der *gentry*,[52] jener Schicht englischer Großgrundbesitzer, der Jane Austen in ihren Romanen ein literarisches Denkmal gesetzt hat. Sozialgeschichtlich ist die *gentry* das Ergebnis der Verschmelzung des niederen Adels mit bürgerlichen Landbesitzern. Ein Angehöriger der *gentry* verfügt weder über einklagbare Vorrechte noch über förmliche Adelstitel. Doch was Vermögen, Ansehen, Ehrvorstellungen und Lebensführung betrifft, ähnelt die *gentry* dem Landadel Mitteleuropas. Anders aber als ein preußischer Junker bewirtschaftet der *landed gentleman* seinen Grundbesitz nicht selbst; ein Squire lebt gewöhnlich als Rentier.[53] Eben das tut auch John Burt. 1817 hat er von seinem Vater, John Heyliger Burt Esquire Senior, tausende Pfund Sterling und die westindische Zuckerrohrplantage St. Johns geerbt. Die Plantage liegt auf Saint Croix, der größten Jungferninsel, umfasst rund hundertsechzig Hektar und wird unter der Leitung eines Verwalters von Sklaven bewirtschaftet. In Westindien stellen die Burts schon seit Generationen Gouverneure und Richter. Der Name Heyliger deutet auf Verbindungen zu Pieter Heiliger, dem Gouverneur von Sint Eustatius auf den Niederländischen Antillen, unter dessen Führung 1739 einige Holländer nach St. Croix ausgewandert waren.[54]

Die Inseln St. Croix, St. John und St. Thomas gehörten im
17. Jahrhundert der Dänischen Westindischen Handelskompanie,
stehen nun unter dem Schutz der dänischen Krone und werden
durch Gouverneur Peter von Scholten regiert. Aber nicht Dänen,
sondern Engländer bilden auf St. Croix die größte Kolonistengruppe,
darunter steinreiche Pflanzerdynastien wie die McEvoys, die in
Kopenhagen ein Stadtpalais besitzen und über gute Beziehungen
zum dänischen Hof verfügen.[55] Vor allem englische Pflanzer haben
St. Croix im Laufe des letzten Jahrhunderts in eine riesige Zuckerrohrplantage verwandelt. Aber nicht alle Landbesitzer leben auch
auf der Insel. John Burt, im herrschaftlichen Colton House nahe
Lichfield in der Grafschaft Staffordshire geboren, hat seine Plantage
noch niemals zu Gesicht bekommen. Judith Robinson, Johns Mutter,
hatte zusätzlich Geld und Grundbesitz in die Ehe mit Burt Senior
eingebracht, der 1805 High Sheriff von Staffordshire geworden war,
ein uraltes, inzwischen zeremonielles Amt, das aber großes Ansehen
verbürgte. Als Burt Senior 1817 während der Rückreise von Saint
Croix auf hoher See mit seinem Schiff spurlos verschwand, erbte
John, der ältere seiner beiden Söhne, die Plantage.

Drei Jahre nach dem Tode des Vaters machte der junge Squire die
Reise seines Lebens. Charles Selby, ein Freund der Burts, hatte vor-
geschlagen, John möge einige Wochen auf Schloss Güldenstein in
Holstein verbringen. Auch Selby besaß Plantagen auf Saint Croix.
Er hatte eine verwitwete Gräfin Rantzau geheiratet, deren Mann
dänischer Gesandter in London gewesen war.[56] Nun schmückte sich
Charles mit dem klangvollen Titel eines Barons von Selby-Gülden-
stein und lebte gemeinsam mit seiner Frau auf dem schlossähnlichen
Herrensitz nahe Eutin, der aus dem Besitz der Gräfin Rantzau
stammte.

Burt folgte der Einladung kurz nach Abschluss seines Studiums
in Oxford. Auf Güldenstein lernte der Squire Selbys Schwägerin
kennen, eine verwitwete Majorin von Staffeldt, und Marie Johanne
Ernestine, ihre einzige Tochter. Burt blieb erheblich länger als vorge-
sehen; schließlich bat er die Majorin um die Hand Ernestines. Frau
von Staffeldt stimmte zu, erhob aber zur Bedingung, dass die Burts

Auguste von Burt

in ihrer Nähe wohnen müssten. So verschlug es einen Engländer aus Staffordshire mit Grundbesitz in der Karibik nach Holstein unter die Regierung des dänischen Königs.

In Kiel erwarben die Burts 1823 nach ihrer Hochzeit auf Güldenstein und der Geburt von John Junior ein Haus nahe dem alten Stadtfriedhof, Sophienblatt 318. Als Käufer trug sich nicht der Squire, sondern Ernestine in die Kataster ein.[57] Vielleicht sollte das Heim dem Zugriff möglicher Gläubiger im Falle eines geschäftlichen Bankrotts entzogen werden. Um Baumaßnahmen durchzuführen, ließen die Burts nach der Geburt von Jeanette und Mary ihr Haus für fünf Jahre von der Grundsteuer befreien.[58] Ernestine Burt starb früh, keine dreißig Jahre alt, am 12. Dezember 1831. Für die drei Halbwaisen lagen am Heiligen Abend ein Stickteppich von der Hand der Mutter und Spielzeug auf dem Gabentisch, das sie noch ausgewählt hatte. Die Geschenke ihrer Mutter verwahrten Jeanette und Mary zeitlebens wie Heiligtümer. Danach führte Großmutter Staffeldt dem Witwer sechs Jahre lang den Haushalt. So gut es ging, übernahm sie auch die Mutterrolle. Besonders Jeanette und Mary schlossen sich eng an sie an.[59] Die Aussicht auf eine Stiefmutter hat beide sicher mit Sorge erfüllt.

Guste freilich ist eine warmherzige, selbstlose, tiefreligiöse Natur. «Guste bleibt sich immer gleich: ruhig, gemütlich, wohltätig und aufopfernd.»[60] Erweckungspredigern steht sie so nahe, dass sich sogar die fromme Mutter Sorgen macht. Als Guste hört, ein Komet werde bald auf die Erde stürzen, lebt sie Tag und Nacht in Erwartung der Apokalypse. «Es geht so weit», klagt Henriette, «dass sie mir neulich schrieb, ich hätte nur vorige Nacht alle die Ungläubigen um mich versammeln mögen, um die turmhohen schwarzen Gewölke zu sehen, die den hoch oben strahlenden Mond umringten, dieser ewige Regen und die unerhörten Stürme, alles mahnt die Menschen an ihr baldiges Ende …»[61] John Heyliger Burt heiratet Auguste von Moltke am 21. Mai 1834 in Kiel.

Trauzeuge ist Adolph von Moltke, der selbst eine Hochzeit plant. Nach fünfjähriger Lehrzeit in Pinneberg hatte er das Netzwerk der Familie genutzt. Der Vater schrieb an den König; auch Kanzler von Brockdorff, Präsident am Oberappellationsgericht in Kiel und Bruder der Majorin von Staffeldt, setzte sich für Adolph ein,[62] der 1835 als Büroleiter in die «Holsteinische Landesregierung» nach Glückstadt wechseln konnte. Ursprünglich hatte es ihn nach Kopenhagen in die «Deutsche Kanzlei» gedrängt; seine Versetzung aber war gescheitert.[63]

Die Herzogtümer Schleswig und Holstein sind fest in den Behördenbau des dänischen Verwaltungsstaates eingebunden. Ihre administrative Spitze bildet die «Schleswig-Holstein-Lauenburgische Kanzlei», kurz: Deutsche Kanzlei. Der dänische König, zugleich Herzog von Schleswig und Holstein, lässt sich in den Herzogtümern durch einen Statthalter auf Schloss Gottorf vertreten, der seinerseits die «Schleswig-Holsteinische Regierung» führt, die gemeinsame Provinzialregierung von Holstein und Schleswig. Schloss Gottorf beherbergt zudem alle leitenden Provinzialbehörden für das Herzogtum Schleswig. Die Holsteinische Landesregierung in Glückstadt, Adolphs Dienststelle, ist die oberste Verwaltungsbehörde des Herzogtums Holstein.[64]

Weil der König ihn nun in den Staatsdienst aufgenommen hat, kann Adolph seine Verlobung ins Auge fassen. Die Braut heißt Auguste von Krohn, eine Hofdame der Herzogin Friederike zu Anhalt-Bernburg. Die Krohns stehen dem «Haus Glücksburg» nahe, der Dynastie Schleswig-Holstein-Sonderburg-Glücksburg also, die nicht regiert, aber mit vielen europäischen Herrscherfamilien verwandt ist. Augustes Eltern wohnen in Louisenlund an der Schlei, einer Residenz des Hauses Glücksburg. Mutter Charlotte ist lebenslustig und selbstbewusst; Adolph kommt mit ihr nur mit Mühe zurecht, denn «meine Persönlichkeit vereinigt sich schwer mit denen, die von ihr abweichen …»[65] Oberst August Friedrich von Krohn, Augustes Vater, dient als Hofmarschall der Herzoginwitwe Louise von Sonderburg-Glücksburg. Deren Tochter Friederike ist eine Jugendfreundin Augustes. Friederike hat den geisteskranken Herzog von Anhalt-Bernburg geheiratet, residiert nunmehr auf Schloss Ballenstedt bei Quedlinburg, reist aber so oft wie möglich in ihre holsteinische Heimat.[66] Geadelt worden sind die Krohns erst 1834; nur so konnte Auguste «hoffähig» werden und ihr Amt bei Herzogin Friederike in Ballenstedt übernehmen. Die Krohn, glaubt Mutter Henriette, sei «ein gutes Mädchen, der es auch nicht an Verstand fehlt, gebe denn Gott, dass sie ihn glücklich mache!»[67] Wohl fühlt sich Auguste in Ballenstedt offenbar selten.[68]

Adolph hat seine Braut über Lene kennengelernt; sie ist mit Auguste befreundet. Ähnlich wie Helmuth sucht er beim anderen Geschlecht die Eigenschaften seiner Schwester Guste. «Den Abend bei Burts auf Mariens Geburtstag bewegte es mich wunderbar, ich musste Dich immer mit Guste vergleichen, und ich dachte mir: Ach, wenn sie doch auch nur im Inneren wäre wie diese, wie könntest Du glückhaft sein!». Auf einem Ball im Gottorfer Schloss machte Adolph das erste Mal den Versuch, der Hofdame näher zu treten, glaubte, sie mache sich über ihn lustig, und verbrachte den Rest des Abends in einer Fensternische. «Das Lächerliche ist mir von jeher die empfindlichste Seite gewesen, die ich den Menschen darbieten

konnte, und da ich nun einmal so übermäßig leicht verletzt und gekränkt bin, so kannst Du Dir denken, wie unangenehm mich das
berührte.»[69] Die Schwestern trugen ihn zum Jagen. Während Guste
oft wiederholte, wie lieb sie Auguste von Krohn doch habe, schrieb
Lene ihrem Bruder einen Brief, in dem sie ihm seine Unentschlos-
senheit vor Augen führte und Adolph zu ermutigten suchte.

Nun aber kann er sein Glück kaum fassen. Früher habe er stets
geglaubt, schreibt Adolph der Verlobten, «es müsse ein Mädchen von
sehr untergeordneten Anlagen und Fähigkeiten ... ohne alle Bildung
und Talente sein, ein natürlich gutes, mir aber an Bildung, Verstand
und Lebensansprüchen weit untergeordnetes Mädchen ..., welches
mich lieben und sich an meiner Hand glückhaft fühlen könnte ...»[70]
Adolph kämpft gegen Gefühle der Minderwertigkeit. Wie Helmuth
führt auch er alle Selbstzweifel auf eine lieblose Kindheit zurück.
«Die Schicksale und Erfahrungen meiner frühsten Jugend, wo ich gegen meine durch Talente und äußere Gaben ungemein bevorzugten
Geschwister lange sehr zurückgesetzt und mehr wie billig vernachlässigt wurde, ... haben mir von meiner eigenen Persönlichkeit eine
so geringe Meinung gegeben, dass ich's immer für unmöglich hielt,
dass irgend ein Mensch mich leiden könnte ...»[71] Die Frage, ob seine
Braut durch den Wechsel vom Hofleben in die Kleinstadt unglücklich
werden könnte, beschäftigt ihn lebhaft. In Glückstadt, klagt er, habe
kaum jemand Sinn für Literatur, «und wenn ich längere Zeit hier
gewesen bin und immer nur mit Akten verkehrt habe, so ist mir
ordentlich, als wenn ich ganz leer und für alles Gute und Schöne ab-
gestorben wäre».[72] Adolph schätzt Beethoven, Haydn und Spohr, hat
Horaz, Wieland, Goethe, Jean Paul, Novalis und Hippel gelesen, Heinrich Heine als «prächtige Gift-Blume»[73] empfunden. «Nur Pflichtge-
fühl und äußere Notwendigkeit haben mich schon sehr früh der Poesie entfremden ... können; allein die Sehnsucht nach jenem reichen
poetischen Leben ist mir geblieben ...»[74] Sein Leitstern ist Goethe.
«Ich glaube, dass kein Schriftsteller so beruhigend und stärkend auf
meine wunderlich aufgeregte Natur einzuwirken vermag wie dieser.»[75] Dabei weiß er durchaus, dass Zweifel am künftigen Glück
Augustes mit der Trennung seiner Eltern zu tun haben könnten.[76]

Aber auch Schulden aus dem Studium bereiten nun Sorgen: «Zum ersten Mal in meinem Leben fange ich jetzt an, es oft recht innig zu beklagen, dass ich kein reicher Mann bin, um Dir ein äußeres Schicksal bereiten zu können, was Deinem inneren Wert entsprechend wäre.»[77] Und wie Helmuth entwickelt auch Adolph, wohl durch das Verhalten des Vaters, im Umgang mit Frauen große Behutsamkeit. «Ich habe immer einen tiefen Abscheu gegen die große Zahl derjenigen Männer gehabt, welche ohne ernstliche Absichten rücksichtslos in das innere Heiligtum des weiblichen Herzens einzubrechen wagen …»[78] Adolph ähnelt Helmuth auch in anderen Dingen: «Im Übrigen ist mir diese ganze Geselligkeit ungemein lästig und unbefriedigend, und ich freue mich immer sehr, wenn man mich einmal ruhig in meinen vier Wänden lässt …»[79]

Die Verlobung mit Auguste ist keine bloße Zweckverbindung. «Oh! Du mein liebes, liebes Mädchen», schwärmt er, «Du mein ganzes Glück, meine Freude, meine Hoffnung, mein Stolz, Du mein Alles!»[80] Als Adolph wieder einmal ernsthaft erkrankt, es sogar fraglich erscheint, dass er seinen Beruf weiter ausüben kann, glaubt er, für seine Braut nur eine Last zu sein, und deutet die Möglichkeit einer Entlobung an. Auguste ist dadurch ernsthaft verstimmt.[81] Erst viele weitere Briefe und besonders ein Wiedersehen unter vier Augen festigen abermals den Ehewunsch. «Meine ganze Seele war bei Dir, in Dir, mit Dir, Du unaussprechlich liebes Engelsmädchen!», jubelt er nach dem Treffen. «Um alles in der Welt möchte ich den heutigen Tag nicht missen! Auguste, Du hast nun alles zerstört, was sich bisher dem ungetrübten Genusse meines Glückes hindernd entgegen stellte, und noch niemals habe ich auch nur eine Ahnung gehabt von der Seligkeit, die mich umfängt, wenn ich an die schönen Minuten zurückdenke, die ich in Deinen Armen verlebt habe. Meine Auguste, mein Glück, mein Leben! Du bist nun für immer mein und nur mein, jetzt fühle ich es klar und deutlich wie mein eigenes Leben …»[82] Auguste nennt Adolph gegenüber Dritten stets «Moltke». Auch in der Ehe wird sie die Starke, die Gefestigte bleiben. Adolph von Moltke und Auguste von Krohn heiraten am 17. Oktober 1837 in Louisenlund. Bei der Trauung trägt der Bräutigam die Uniform des dänischen Beamten.

DRITTES KAPITEL

Unter dem Halbmond

Nation im Spiegel

Dass Helmuth von Moltke die inneren Kreise der Macht betrat, hing auch mit einer Reise zusammen. Vier Jahre lang diente er als Militärberater im Osmanischen Reich. Westeuropäern war das Land nahezu unbekannt. Die meisten verbanden mit den Osmanen allenfalls Geschichten aus Tausendundeiner Nacht. Moltke hingegen war Gestalten wie Sultan Mahmût, Hafiz Pascha, Abdul Meschid Khan, Said-Bey oder Chosrew Pascha, dem greisen Seraskier, tatsächlich begegnet. Er kannte Smyrna, Stambul, Brussa, Malatya, Mossul und die Ruinen von Rum Kalesi aus eigener Anschauung, war in einem Tatarensattel durch Bulgarien geritten und auf einem Schlauchfloß den Tigris hinabgefahren, hatte die antiken Ruinen in Zeugma bestaunt, das Haupttor des Serails von Istanbul durchschritten und die abgeschlagenen Häupter jener Unglücklichen betrachtet, die auf Befehl des Sultans hingerichtet worden waren. Moltke hatte eine Pestwelle überlebt, die Kuppel der Hagia Sophia, ein Aquädukt des Kaisers Valens und den gewaltigen Galata-Turm bestiegen; ägyptische Sklavinnen, die weniger als ein Maultier kosteten, wollten sich von ihm kaufen lassen; er hatte in türkischen Herbergen, den «Han», übernachtet, die weder mit Speisen noch Betten aufwarten konnten und deren Fenster keine Verglasung besaßen, Moltke hatte während des Ramadans wie ein Muselmane gefastet, im Hammam gebadet, das Taurus-Gebirge in orientalischer Tracht überquert und war mit einer Karawane aus sechshundert Kamelen durch die Wüste Mesopotamiens gezogen. Mehr noch: Alle diese Abenteuer hatte er ebenso fesselnd wie glaubwürdig zu Papier gebracht und mit der Veröffentlichung seiner *Briefe über Zustände und Begebenheiten in der Türkei* Sorge getragen, dass alle Welt davon erfuhr. Und vor allem: Moltke hatte gekämpft. Preußische Offiziere seiner Generation konnten das selten von sich behaupten. Die Jüngeren hatten überhaupt keinen Feldzug erlebt, und Kriegserfahrung ist in jeder Armee nun einmal das, was den Novizen vom verdienten Ordensmitglied unterscheidet. Die Schlacht bei Waterloo lag mehr als zwanzig Jahre zurück, als Moltke im November 1835 das Marmarameer erreichte, auf dessen «tiefem Blau einzelne Segel wie Schwäne schimmerten»; am Horizont leuchtete Konstantinopel mit einem «Wald von Minaretts, von Masten und Zypressen».[1] Während Russland, Österreich und Preußen, zu einer «Heiligen Allianz» verbunden, jahrzehntelang in Westeuropa Frieden wahrten, führte das Osmanische Reich fast dauerhaft Krieg.

Dank seiner Zeit unter dem Halbmond schlüpfte Moltke, zum Hauptmann befördert, in die Rolle des Praktikers inmitten eines Heers von Theoretikern. Das war nicht selbstverständlich. Denn er selbst hat von einem Scheitern seiner Mission am Bosporus gesprochen, den eigenen Wirkungskreis in der Türkei als gering veranschlagt, und bei Nizib, der ersten Schlacht seines Lebens, war er in den Strudel einer haarsträubenden Niederlage geraten. Aus alledem ging Moltke ohne den Verlust seines Ansehens hervor. Sein Kriegsherr, König Friedrich Wilhelm III., verlieh ihm in Berlin sogar den Orden Pour le Mérite. Wie nur konnte das gelingen?

Sultan Mahmût II., König der Könige, Großherr und Kalif des Osmanischen Reiches, ist ein furchteinflößender Charakter. Von allen Herrschern des Abend- und Morgenlandes hat er im 19. Jahrhundert wohl die meisten Hinrichtungen befohlen. 1835 regiert er von Stambul aus, wie die Türken das ehemalige Konstantinopel nennen, große Teile des Balkans, Kleinasien, Nordafrika, Ägypten und die übrige arabische Welt bis zu den Grenzen Persiens. Aber die Imperialpolitik der Großmächte Europas und das revolutionäre Selbstbestimmungsrecht der

Völker haben dem Osmanenstaat seit der Landung Napoleons 1798 in Ägypten eine Dauerkrise beschert. England, Russland, Frankreich und Österreich setzen alles daran, die Pforte in Bessarabien, auf dem Balkan, in Nordafrika und an der unteren Donau zu beerben. Im Innern rumoren die unterworfenen Völker, Christen zumeist: Griechen, Bulgaren, Rumänen, Serben und Kroaten. Das Osmanische Reich verwandelt sich in den kranken Mann am Bosporus. Sein Überleben verdankt der schwerkranke Patient vor allem dem Zwist über die Teilung des Erbes, aber auch dem Geschick vieler Großherren, ihre Feinde gegeneinander auszuspielen.

Sultan Mahmût, durch eine Palastrevolution und den Mord an seinem Bruder zur Macht gelangt, ist in dieser Kunst ein Meister. Kenner behaupten, Nakşidil, seine verstorbene Mutter, stamme aus Martinique, habe eigentlich Aimée du Buc de Rivéry geheißen und sei die Cousine von Napoleons Gattin Joséphine gewesen. Auf der Heimreise von ihrer Klosterschule in Frankreich hätten algerische Seeräuber sie gefangen genommen und schließlich dem Sultan geschenkt. Fest steht, dass Nakşidil für die Haremsfrauen Verbesserungen erreichte und Frankreich zeitlebens bewunderte. Nun lässt sich Mahmût, ihr Sohn, «Der Reformer» nennen. Mit «Reform» ist vor allem das Vaka-i Hayriye, das «Wohltätige Ereignis» gemeint, ein Blutbad, dem am 14. Juni 1826 sechstausend Janitscharen zum Opfer gefallen waren. Das Massaker beendete die vierhundert Jahre lange Geschichte der Prätorianer des Islams, die einen Staat im Staate gebildet hatten.

Nun scheint der Weg frei für die Sekbān-ï-ğedīd: neue, dem Sultan treu ergebene Truppen, deren Aufbau, Bewaffnung und Schulung am Muster europäischer Heere ausgerichtet sind. Um die konservativen Führungsschichten bei der Finanzierung der Sekbān-ï-ğedīd zurückzudrängen, benötigt Mahmût eine leistungsfähigere Verwaltung. Und so begründet er nicht nur eine neue Armee, sondern zugleich neue Behörden. Sie treiben so viele Sondersteuern ein, bis über 70 Prozent der Staatsausgaben in die Rüstung fließen.[2] Vor allem eine Hoffnung treibt den Sultan: Syrien mithilfe der Sekbān-ï-ğedīd dem Griff seines Vasallen Muhammad Ali zu entwinden. Mahmût und Ali

ähneln einander. Pascha Muhammad Ali ist in Ägypten vom Tabak-
händler zum unumschränkten Herrscher aufgestiegen. Nach dem
Massaker an den Mameluken, die in Kairo eine vergleichbare Stellung eingenommen hatten wie die Janitscharen in Stambul, war auch
ihm dank einiger Militärberater aus Frankreich der Aufbau einer
westlich ausgerichteten Armee mitsamt einer neuen Militärverwal-
tung gelungen. Danach hatte das ägyptische Heer 1831 unter der
Führung von Ibrahim Pascha, dem Adoptivsohn Muhammad Alis,
Syrien erobert. Unbedingt will der Sultan die wohlhabende Provinz
zurückgewinnen.

Als Moltke nach einer mehrmonatigen abenteuerlichen Reise am
23. November 1835 Stambul erreicht, liegt ein zweiter Syrienfeld-
zug in der Luft. Der Aufbau der Sekbān-ï-ǧedīd ist in vollem Gange.
Moltke hat seine Reise als Privatmann angetreten. Ursprünglich
wollte er nicht nur Konstantinopel besuchen, das alte Byzanz, von
dem er bei Gibbon viel erfahren hatte, sondern auch Griechenland
und Italien, die klassischen Stätten des Altertums. Weil er versprach,
auch militärische Erkundungen einzuziehen, haben ihm seine Vorgesetzten sechs Monate Urlaub bewilligt, bei Weiterzahlung des
halben Gehalts.

Stambul, Weltstadt und Schmelztiegel der Völker, hat mit dem
biedermeierlichen Berlin so gut wie nichts gemein. Die Metropole
verschlägt Moltke den Atem: «Die Sonne funkelte hell und warm
am Himmel, und nur ein dünner Nebel umhüllte durchsichtig den
feenhaften Anblick. Zur Rechten hatten wir Konstantinopel mit seiner bunten Häusermasse, über welche zahllose Kuppeln, die kühnen
Bogen einer Wasserleitung, große steinerne Hanns mit Bleidächern,
vor allem aber die himmelhohen Minaretts emporsteigen, welche
die sieben riesengroßen Moscheen … umstehen.»[3] Auf Vermittlung
des Grafen von Königsmarck, Preußens Gesandtem am Goldenen
Horn, erhält der Hauptmann eine kurze Audienz bei Sultan
Mahmût. Dann bezieht er Unterkunft im Dorf Büyükdere nördlich
von Stambul am Westufer des Bosporus, Sommerresidenz vieler
Gesandtschaften aus Europa.

Helmuth von Moltke in seinem Zimmer in Bujukdere am Bosporus (Handzeichnung, 1837, Ausschnitt)

Sofort durchstreift Moltke, von einer militärischen Eskorte begleitet, mit seinem Messtisch die Gassen von Stambul. Zuverlässige Stadtpläne gibt es nicht.[4] Kinder wollen mit ihm Freundschaft schließen, weil sie den Offizier am Messtisch für einen Straßenverkäufer mit Süßigkeiten halten. Noch neugieriger sind viele Frauen. Einige bitten Moltke, sie zu zeichnen, obwohl der Islam dergleichen streng verbietet: «Nun ist nichts leichter als das: ein großer weißer Schleier, aus dem zwei schwarze Augen, ein Endchen Nase und breite zusammenstoßende Augenbrauen herausschauen – hätte ich eine Lithographie davon gehabt, so hätte ich es jeder einzelnen als ihr Porträt überreichen können, und alle würden es sehr ähnlich gefunden haben.»[5] Die Orientalinnen, staunt Moltke, schlichen «tief verhüllt wie Gespenster umher».[6] Entsetzt bemerkt er, dass sie in Harems gesperrt, streng bewacht und von allem Umgang, außer mit anderen Frauen, geschieden werden: «In diesem Punkte sind alle Muselmänner einverstanden, und die Reformen werden gewiss zu allerletzt in die Harems eindringen.»[7] Wer sich durch die Märchen aus Tausendundeiner Nacht verleiten lasse, in der Türkei ein Paradies der Liebesabenteuer zu vermuten, kenne die Verhältnisse wenig: «Bei den Türken herrscht in dieser Beziehung die trockenste Prosa.»[8] Verkehre eine Muslimin mit einem «Rajah», einem christlichen Untertanen des Sultans, «so wird sie noch heute, im Jahre 1836, ohne Gnade ersäuft und der Rajah gehenkt. Ich bin selbst Zeuge dieser letzteren Barbarei gewesen.»[9]

Mit Wohlwollen aber beschreibt Moltke, der Gehemmte, türkische Verlobungssitten: «Die Ehe ist im Orient rein sinnlicher Natur, und der Türke geht über das ganze ‹Brimborium› von Verliebtsein, Hofmachen, Schmachten und Überglücklichsein … hinweg zur Sache.»[10] Menschenjagd, Menschenhandel und Sklaverei sieht er ebenfalls in einem eher milden Licht. Moltke vergleicht sie – fälschlicherweise – mit der preußischen Erbuntertänigkeit, die vor knapp dreißig Jahren durch die Reformen des Freiherrn vom Stein aufgehoben worden ist.[11]

Kaum fassen aber kann es der uniformierte Gelehrte, dass sogar hohe Würdenträger Wahrsager und Traumdeuter befragen, nicht lesen können, keine Fremdsprachen beherrschen und felsenfest behaupten, die Erde sei flach wie ein Teller. Der Preuße findet «das Land der Faulheit hier und eine ganze Nation in Pantoffeln», wie er gleich anfangs nach Hause schreibt. Alles in allem gewinnt er den Eindruck, eine Reise in ferne Vergangenheiten zu durchleben. Die Türkei sei ein Land, «welches aus dem Zeitalter des Untergangs des Römischen Reiches in das Zeitalter der Dampfschiffe, Kreditvereine, der Landwehrpflicht, der Spinnmaschinen und Schnellpresse, der Konstitutionen und Reformen hineinragt».[12]

Solche Rückständigkeit schreibt Moltke einer Hauptursache zu: dem Islam. Im Osmanischen Reich ist er Glaubensbekenntnis, Gesellschaftsgesetz und Staatsordnung zugleich. «Die Trägheit, welche ein glücklicher Himmel und ein reicher Boden nährt, aber ganz besonders die Religion machte den Orient stationär». Der Islam stehe der «Fortbildung des Geistes, der Entwicklung des gesellschaftlichen Zustandes und der Förderung materieller Interessen hemmend»[13] entgegen. Die meisten Türken, so Moltke, würden unbedenklich einräumen, dass Europa wirtschaftlich, militärisch und wissenschaftlich weit überlegen sei; dennoch komme niemandem in den Sinn, Europäer auch nur für gleichwertig zu halten: «Dieser unbesiegliche Stolz wurzelt in der Religion selbst, welche dem Rechtgläubigen sogar gebietet, den Gruß eines Christen ‹selam aleikon› – Heil Dir – nicht mit dem üblichen ‹aleikon selam›, sondern nur mit ‹aleikon› zu beantworten, was allenfalls auch ‹Fluch Dir› heißen kann.»[14]

Wenige Tage, bevor Moltke die Stadt verlassen und nach Athen weiterreisen möchte, erhält er, abermals durch Königsmarck vermittelt, eine Audienz bei Chosrew Pascha. Der Kriegsminister, «Seraskier» genannt, ist die Seele der Regierung. «Mehmed Chosrew Pascha», weiß auch Moltke, «ist nächst dem Großherrn der mächtigste Mann im Reiche».[15] Chosrew unterstützt den Sultan beim Aufbau des Heeres. Die Hauptstadt hat er mit einem Netz eigener Spione überzogen. «Der Seraskier», beobachtet Moltke, «redet fast nur in scherzhaftem Ton, aber die Mächtigen zittern bei seinem Lächeln.»[16] Mit dem Hauptmann spricht Chosrew über den Generalstab und die Landwehr. Dass eine Verpflanzung solcher Wehrformen an den Bosporus kaum vorstellbar erscheint, ist ihm bewusst: «Mir kommt es manchmal vor, als ob der Seraskier Mehmed Chosrew die Reform in seinem geheimsten Innern mit der tiefsten Ironie behandele; aber sie ist ihm das Mittel zur Macht, und Macht ist die einzig wahre, ungebändigte Leidenschaft dieses Greises.»[17] Um einer europäischen Armee immerhin nahe zu kommen, benötigt Chosrew Unterstützung von außen. Fast alle Großmächte verfolgen Ziele, die denen der Pforte stracks zuwiderlaufen. Nur der König von Preußen tritt am Goldenen Horn kaum in Erscheinung. Der Ruf seiner Armee hingegen ist bis an die Ohren des Sultans und sicher auch in den Seraskier-Palast gedrungen.[18]

Chosrew bittet Moltke, seine Abreise zu verschieben. König Friedrich Wilhelm III. erhält aus Stambul die Bitte um eine längere Beurlaubung seines Offiziers.[19] Am 8. Juni 1836 verwandelt sich Moltkes Bildungsreise in ein Kommando «zur Organisation und Instruktion der dortigen Truppen».[20] Fortan zahlt der König das volle Gehalt. Vom Sultan bezieht Moltke darüber hinaus monatlich eine hohe Besoldung. Vor allem das Geld hält den Hauptmann in der Türkei. Am 27. August 1837 trifft überdies Verstärkung ein. Zwei weitere Offiziere aus dem Generalstab und ein Ingenieur-Offizier erreichen den Bosporus: Karl Freiherr von Vincke, Friedrich Fischer und Heinrich von Mühlbach, allesamt Hauptleute wie Moltke. Vincke, Fischer und Moltke kennen einander aus dem Generalstab. So schlüpft Mühlbach, der Ingenieur-Offizier, von Anfang an in die Rolle des Außenseiters. Vincke erscheint in Begleitung seiner Ehefrau, Fischer und Mühlbach reisen mit je einem Unteroffizier. Sie alle ziehen in ein gemeinsames Quartier nach Pera unweit von Büyükdere.

Zufrieden aber können die Preußen nicht sein. Türkische Offiziere behandeln Moltke, Vincke, Fischer und Mühlbach leidlich höflich. Soldaten gehorchen zwar den Weisungen der Preußen, salutieren jedoch niemals. Von Frauen oder Kindern hören sie häufig Beschimpfungen. Zwar dürfen christliche Untertanen der Pforte ihre Religion immerhin ausüben; doch auch von Seiten der Regierung bedeutet Toleranz keinesfalls Respekt oder wenigstens Gleichgültigkeit wie etwa bei Friedrich dem Großen, sondern erscheint als Ausdruck der Verachtung für den Ungläubigen.[21] Die meisten Türken halten ihr Reich für ebenso machtvoll und glänzend wie eh und je. Im überwiegenden Teil der Oberschicht und bei fast allen anderen Untertanen des Sultans sind westliche Neuerungen unerwünscht. Bereits schüchterne Reformversuche haben Aufstände entzündet. Meist werden Neuerungen im Inneren, nicht die tiefgreifenden Veränderungen außerhalb des Reiches für den Niedergang verantwort-

lich gemacht – falls man ihn überhaupt wahrnimmt. Eine echte
Militärreform aber würde wie in Preußen den Umbau von Staat und
Gesellschaft erfordern; das jedoch ahnt höchstens der Seraskier.
Kurzum: Die Instrukteure sollen eine unlösbare Aufgabe lösen. Jede
Schützengilde einer deutschen Kleinstadt, verzweifelt Moltke, ge-
währe ein militärischeres Schauspiel als die Sultansgarde: «Kaum
begreift man, wie es möglich gewesen ist, im ganzen Umfang des
Osmanischen Reiches eine solche Menge übel aussehender Individuen zusammenzubringen.»[22] Doch der Hauptmann fügt sich in
sein Schicksal, besichtigt die Dardanellen, um Vorschläge für ihre
Befestigung zu unterbreiten, bereist Rumelien, Bulgarien, die Dob-
rudscha, erstellt Karten, verfasst Denkschriften; ob sie gelesen werden, bleibt mehr als zweifelhaft. Aber seine Arbeit ist fruchtbar,
wenn nicht für das Osmanische Reich, so doch für den Offizier, der
sie leistet.

1838 verschärfen sich die Spannungen um Syrien. Als der Sultan
die Mobilmachung befiehlt, wünscht sich «Baron Bey», wie die Türken Moltke nennen, schon längst nach Berlin zurück. Stattdessen
schickt ihn der Seraskier mit Mühlbach zu den osmanischen Hauptstreitkräften, der sogenannten «Taurus-Armee». Sie steht unter
dem Befehl von Hafiz Pascha, einem geborenen Tscherkessen. Ihr
Sammelpunkt ist Malatya in Ostanatolien. Die feindlichen Truppen
konzentrieren sich bei Aleppo, angeführt von Ibrahim Pascha.
Moltke und Mühlbach besteigen am 2. März 1838 in Stambul einen
Dampfer nach Samsun. Zwei Wochen später erreichen sie nach
einem mühsamen Ritt das Hauptquartier der Taurus-Armee.
«Hafiz» bedeutet «Gelehrter». Als gelehrt gelten im Osmanischen
Reich Menschen, die das Lesen und Schreiben beherrschen. Hafiz
Pascha spricht Türkisch, Arabisch und Persisch, kann außerdem alle
Suren des Korans aus dem Gedächtnis hersagen. Für Moltke ist
Hafiz Pascha der «Aufgeklärteste von allen», obwohl auch er an der
Kugelform des Planeten zweifelt. Von der Überlegenheit euro-
päischer Kriegführung scheint Hafiz Pascha überzeugt; auf seine
Ratgeber aus Preußen, die «Müsteschare», scheint er hören zu wol-
len. Karten gibt es allerdings keine. Hafiz Pascha verlässt sich auf

Kurden, die in der Taurus-Armee als Pfadfinder dienen. Auch die beiden Preußen erkunden das Land, die Gebirgspässe über den östlichen Taurus und die Quellgebiete von Euphrat und Tigris bis zur syrischen Grenze. In fast allen Siedlungen oder Dörfern sind Moltke und Mühlbach die ersten Europäer. Beide lernen, sich den Einheimischen verständlich zu machen. Moltke beherrscht das Türkische schließlich beinahe fließend.

Vor Beginn des Feldzugs befiehlt Sultan Mahmût eine «Strafexpedition» gegen die Kurden. Viele haben sich dem Zugriff osmanischer Werber und Steuereintreiber durch Flucht in die Berge entzogen. Dort sind sie nicht dem Großherrn in Stambul, sondern eigenen Fürsten untertan, Sayd-Bey zum Beispiel, der selbst Steuern erhebt, Raubzüge anführt und in seiner Bergfeste Sayd-Bey-Kalessi unangreifbar scheint. Während Mühlbach eine Expedition unter Hafiz Pascha gegen die Kurden im Karsann-Dagh-Gebirge begleitet, schließt sich Moltke einer Abteilung von dreitausend Soldaten an, die gegen Sayd-Bey-Kalessi zieht. Ihr Kommandeur ist Unterführer Mehmet-Pascha. Moltke reitet als Kundschafter voraus und studiert die Lage des Felsennestes. Andere, mit den Türken verbündete Kurden haben die Festung schon umzingelt. Am Fuße der Mauern von Sayd-Bey-Kalessi, umringt von kurdischen Kriegern, erlebt der Achtunddreißigjährige seine Feuertaufe. Den Lesern der *Briefe aus der Türkei* schildert er das Ganze ebenso knapp wie nüchtern: «Als ich mit einem stattlichen Schimmel erschien und die Kurden sich um mich her drängten, pfiff auch gleich eine Kugel durch die Blätter des Nussbaumes, unter welchem wir hielten.»[23] Moltke erklettert im Schutz der Dunkelheit mit kurdischen Scouts die umliegenden Höhen, lässt am folgenden Tag einige Mörser in Stellung bringen und dann das Feuer eröffnen; bald ist Sayd-Bey, «ein großer, schöner Mann mit ausdrucksvollem Gesicht»,[24] zu Verhandlungen im türkischen Heerlager bereit. Der Kurdenhäuptling und sein Gefolge kommen mit dem Leben davon. Die Festung aber wird geschleift.

Nach dem Fall von Sayd-Bey-Kalessi unterstützt Moltkes Abteilung die Truppen von Hafiz Pascha im Karsann-Gebirge auf halbem Wege zwischen Diyarbakir und dem Vansee. Mit voller Absicht verbreitet das türkische Heer überall Angst und Schrecken. Fliehen die Kurden aus ihren Dörfern, werden sämtliche Häuser angezündet; vergeblich erhebt Moltke Einspruch. Entschließen sich die Bewohner zum Widerstand, schafft man Artillerie heran oder fasst die jeweilige Siedlung im Rücken, so etwa das Bergdorf Papur. Baron Bey ist bei der Umgehungsabteilung und reitet auf einem Maulesel, weil er, vom Fieber geschüttelt, nicht laufen kann. Mitten im Gefecht bemerkt er einen türkischen Unteroffizier, der mit abgewandtem Gesicht in «Gottes blaue Luft» feuert. Wohin er geschossen habe, will Moltke erfahren: «Es schadet nichts, Väterchen», entgegnet der Schütze: «Will's Gott, so hat's getroffen.»[25]

Papur wird erobert und geplündert. Das Verhalten der Sieger ist für die Preußen ein Schock: «Männer und Weiber mit blutenden Wunden, Säuglinge und Kinder jeden Alters, abgeschnittene Köpfe und Ohren, alles wurde den Überbringern mit einem Geldgeschenk von 50 bis 100 Piaster bezahlt. Mühlbach wusch den verwundeten Gefangenen die Wunden aus und verband sie, so gut es gehen wollte; der schweigende Kummer der Kurden, die laute Verzweiflung der Frauen gewährten einen herzzerreißenden Anblick. Das schlimmste ist, wie soll man einen Volkskrieg im Gebirge ohne jede Scheußlichkeit führen?»[26]

Indem man solche Scheußlichkeiten nicht begeht, hätte Mühlbach wohl geantwortet, der bei Hafiz Pascha mit Erfolg gegen Prämienzahlungen für Köpfe und Ohren Einspruch erhebt.[27] Mit dem Begriff «Volkskrieg» meint Moltke, jedenfalls in seinen *Briefen aus der Türkei*, die Auseinandersetzung zwischen einer regulären Armee und nichtstaatlichen Kämpfern. Wie den preußischen Reformern, Gneisenau vor allem, steht ihm dabei jener Krieg vor Augen, der sich 1809 in den Gebirgslandschaften der Iberischen Halbinsel entfaltet hatte und dessen Brutalität die Radierungen Goyas in das Gedächtnis noch unserer Gegenwart gebrannt haben: Napoleons Kampf gegen die spanische Guerilla. In der kollektiven Erinnerung auch des preußischen Offizierskorps bleibt dieser Kampf so lebendig, dass ein «Volkskrieg» ohne «Scheußlichkeiten» jedenfalls für Moltke offenbar undenkbar scheint. Angeblich eherne Gesetze des Kriegshandwerks sind außerdem geeignet, den Leser in der Heimat milder zu stimmen; an den Übergriffen in Papur ist der Ratgeber schließlich mittelbar beteiligt.

Im April 1839 bricht das Heer nach Süden auf. In einem neunundzwanzigtägigen Regenmarsch überschreitet es den Taurus. Die meisten Soldaten tragen schlecht sitzende Schuhe, weil sie die Stiefel fünfmal am Tag für religiöse Waschungen aus- und anziehen.[28] Etwa sechstausend sterben, erkranken oder desertieren. Mitte Mai erreichen noch etwa dreißigtausend Männer das Lager bei Birecik am Westufer des Euphrat nahe der syrischen Grenze. Das ägyptische Heer Ibrahim Paschas lagert nur wenige Kilometer entfernt. Ibrahim wird von französischen Militärs beraten, an ihrer Spitze Colonel Joseph Anthelme Sève, ein ehemaliger Offizier Napoleons, der zum Islam übergetreten ist und seitdem Soliman Pascha heißt. Für die Ägypter ist er al-Faransawî, «der Franzose».[29] Mühlbach lässt das Lager bei Birecik wochenlang verschanzen.

Ob man für den Fall eines Rückzugs Brücken an das Ostufer des Euphrats schlagen lassen soll, wie Mühlbach glaubt, oder aber die Kampfmoral durch den Brückenbau schwächen würde, wie Moltke fürchtet, ist unter den Preußen umstritten. Beide aber empfehlen die Defensive und wollen einen Angriff im Lager erwarten. Verstärkungen sind im Anmarsch. Zudem misstrauen Moltke und Mühlbach der osmanischen Truppe. Alle Lagerwachen wenden ihr Antlitz niemals gegen den Feind, sondern blicken stets zu den eigenen Leuten; die Taurus-Armee besteht überwiegend aus zum Dienst gepressten Kurden. Mindestens die Hälfte des Heeres wartet nur darauf, sich schnellstmöglich davonzustehlen. Doch Hafiz Pascha verliert die Geduld. Jeden Tag kommen Deserteure aus dem feindlichen Lager herüber, schlecht ernährt und mangelhaft ausgerüstet. Gegen den Widerspruch der Müsteschare schiebt Hafiz seine Armee aus dem sicheren Lager bis dicht an die Grenze nach Nizib vor. Auch die Ägypter rücken heran, vierzigtausend Mann mit hundertsechzig Geschützen. Ibrahim Pascha meidet den Frontalangriff, versucht stattdessen in Sichtweite der Türken eine Umgehung. Das wäre die Gelegenheit, rät Moltke, den Ägyptern selbst in die Flanke zu fallen.

Doch Hafiz Pascha verweigert jeden Angriff. Dann möge man, um der Umfassung zu entkommen, sofort zurück ins Lager von Birecik ziehen. Hafiz Pascha will die Stellung halten. Moltke bietet seinen Rücktritt an. Hafiz Pascha verweigert auch das. Danach streiten Moltke und Mühlbach über das Vorgehen in der kommenden Nacht: Mühlbach fordert einen Großangriff auf das feindliche Biwak im Schutz der Dunkelheit. Moltke redet lediglich einem Feuerüberfall das Wort. Hafiz Pascha gestattet den Überfall. Das Scharmützel beunruhigt die Ägypter, führt aber darüber hinaus zu nichts. Der Schweizer Ferdinand Perrier, ein Adjutant Soliman Paschas, hat im Rückblick Mühlbach Recht gegeben.[30]

Am nächsten Morgen, dem 24. Juni 1839, fällt die Entscheidung: «Alles stand seit einer Stunde bereit, und die Soldaten hatten ihre Tornister hinter sich gelegt, um bequemer zu feuern». Auf große Entfernung beginnt eine Kanonade. «Die Kanonenkugeln», so Moltke, «kamen wie die Granaten von oben herab, auch so matt, dass man sie mit den Augen verfolgen konnte; dieser Umstand war besonders ungünstig für uns …» Die Nerven der Soldaten sind zum Zerreißen gespannt: «Wenn zuweilen eine Granate in eine Kolonne einschlug und dort krepierte, so stäubten ganze Kompagnien vorläufig auseinander.»[31] Die Auflösung der Schlachtreihe beginnt an ihrem linken Flügel. Mehrere Munitionswagen explodieren. Osmanische Gardekavallerie prescht ohne Befehl nach vorn, kommt nicht einmal über die Linien der eigenen Infanterie hinaus, wird durch Geschützfeuer verwirrt, macht kehrt und überrennt die türkischen Fußtruppen. Hafiz Pascha geht mit der Fahne einer Gardeeinheit voran; als er sich umblickt, folgt ihm niemand. Schon beschießen Kurden ihre Offiziere; nun löst sich das Heer endgültig auf. Die ägyptischen Soldaten töten Gefangene, plündern Leichen, Zelte und Verwundete. Zu einem Nahgefecht kommt es nirgends. Verglichen mit europäischen Schlachten sind die Verluste gering.

Die Fluchtbewegung tausender Menschen reißt auch Moltke und Mühlbach fort. «Uns kam es besonders darauf an, einen Vorsprung vor den Flüchtlingen zu gewinnen, denn sobald der Rückzug angefangen, waren alle Bande der Disziplin gelöst.»[32] Ohne Lebens-

mittel und Gepäck reiten die Preußen zwei Tage und eine Nacht fast
ununterbrochen nach Norden. In Maraş schließen sie sich achtzig
Reitern an, um Malatya zu erreichen. Unterwegs stoßen Moltke und
Mühlbach auf das osmanische Reservekorps, dem Vincke zugeteilt
ist: «Wir fielen sogleich über seine Esswaren, seine Kleider und
Wäsche her, ... so dass er nicht weniger geplündert war als wir
selbst.»[33]

Während Mühlbach zurückbleibt und Vincke vorauseilt, beginnt
Moltke, durch einen Tataren geführt, in Sivas einen Gewaltritt. Er
will rechtzeitig das Dampfschiff in Samsun erreichen und holt
Vincke tatsächlich ein. «Von einem Bergrücken mit prächtigem Laub-
wald erblickten wir endlich das flimmernde Meer und brachen ... in
Freudengeschrei aus; in gestrecktem Galopp ging es zwei Stunden
den steilen Hang hinunter in die Quarantäne von Samsun. Aber
eine türkische Quarantäne dauert nicht länger, als nötig ist, um ein
Empfehlungsschreiben des Paschas zu lesen oder 50 Piaster auf ein
Sofakissen hinzuzählen». An Bord des österreichischen Dampfers
sehen Moltke und Vincke nach anderthalb Jahren zum ersten Mal
wieder Stühle, Tische, Spiegel, Messer und Gabeln. Und vor allem:
«Wir forderten zu allererst Kartoffeln, die wir ... am schmerzlichs-
ten entbehrt hatten, und eine Flasche Champagner, um auf unseres
Königs Gesundheit an seinem Geburtstage hier auf den Wellen des
Schwarzen Meeres zu trinken.»[34] Als die Preußen Stambul errei-
chen, ist Sultan Mahmût gestorben – und mit ihm die Politik der
Reformen.

Die Taurus-Armee gibt es nicht mehr. Ihr Zusammenbruch stellt
den Preußen ein wenig schmeichelhaftes Zeugnis aus. Weder Mühlbach noch Moltke kann die Deutung der Niederlage durch Vorgesetzte und Öffentlichkeit gleichgültig bleiben. Statt aber ihre
Haltung abzustimmen, kommt es zum Streit. Mühlbach schiebt alle
Schuld auf Moltke, mündlich gegenüber Königsmarck in Stambul,
schriftlich in seinem Bericht für den Chef des Ingenieurkorps in
Berlin. Das schlachtentscheidende Versäumnis, behauptet Mühlbach, sei der Verzicht auf einen Großangriff in der Nacht zum

24. Juni gewesen. Moltke verfasst für Königsmarck seinerseits einen Bericht. Sachlich – und gerade deshalb überzeugend – greift er Mühlbach nicht persönlich an, erklärt aber, dass ein Großangriff mitten in der Nacht wegen der Unzuverlässigkeit osmanischer Soldaten unmöglich gewesen wäre. Ursache für die Niederlage seien die maroden Verhältnisse des Türkenheeres. Dass auf ägyptischer Seite die Verhältnisse kaum andere waren, verschweigt der Hauptmann nicht, erwähnt es aber nur am Rande. Königsmarck übergibt Moltkes Bericht den Gesandten Österreichs und Russlands, aber auch dem Fürsten Hermann von Pückler-Muskau, der einige Jahre lang Afrika bereist hat und nun auf dem Rückweg in Begleitung von Krokodilen, Ibissen und seiner äthiopischen Geliebten, der schönen Machbuba, einen Zwischenhalt in Stambul eingelegt hat. Tatsächlich leitet Pückler den Bericht an die *Augsburger Allgemeine Zeitung* weiter, allerdings mit einer «Anmerkung» versehen, in der Pückler die Haltung Mühlbachs zum Nachtangriff vertritt.

Als Moltke im Januar 1840 nach Berlin zurückkehrt, muss er Überzeugungsarbeit leisten. Sofort schreibt er für General von Krauseneck, den Chef des Generalstabs, eine *Darstellung des türkisch-ägyptischen Feldzugs*.[35] Sie wird vervielfältigt und durch Krauseneck jedem Generalstabsoffizier zur Durchsicht empfohlen. Danach verfasst Moltke seine *Briefe über Zustände und Begebenheiten in der Türkei aus den Jahren 1835 bis 1839*.[36] Grundlage des Buches sind jene Briefe, die er über seinen Vetter Eduard Ballhorn in Berlin an die Familie in Schleswig und Holstein geschrieben hat. Auch Freunde und Bekannte haben sie gelesen, denn die Reise «erregt viel Gespräch, und es ist des Verwunderns kein Ende», wie Schwester Lene berichtet hatte. «Dennoch bin ich die», so Lene damals, «die sich am meisten verwundert und Dich in der weiten Ferne wie einen, der auf einem Seile in der Luft tanzt, anstarrt und Gott herzlich bitten, Dich wieder glücklich auf bekannter Erde abzusetzen. ... Lebe wohl, Du lieber, kühner Bruder, Gott gebe Dir ein recht glückliches Los.»[37]

Das Werk erscheint 1841 zwar anonym, doch jeder Offizier in Berlin kennt den Verfasser. Die *Briefe* erreichen ein breites Publikum, werden in mehrere Sprachen übersetzt, darunter ins Türkische, erleben bis ins 21. Jahrhundert neunzehn deutsche Auflagen und gehören mittlerweile zu den Klassikern der Reiseliteratur. Das Buch hält Europa einen Spiegel vor, der ihrem Antlitz schmeichelt. Moltke selbst hat sich in Stambul weniger als Holsteiner, Preuße oder Deutscher wahrgenommen denn als Europäer. Ihre Kraft schöpfen die *Briefe* nicht zuletzt aus seinem nüchtern-klaren Schreibstil. Weil das Buch die Leser fesselt, trägt es noch immer dazu bei, Moltkes Wirksamkeit in der Türkei zu überschätzen.[38] Am Bosporus haben nur zwei Spuren seiner Reise die Zeitläufte überdauert: das Moltke-Denkmal im Park der Sommerresidenz der Deutschen Botschaft in Tarabya, errichtet 1889, und die Legende, nach der Preußens berühmter Feldmarschall sein Handwerk in der Türkei erlernt habe.[39] Das freilich kann nur behaupten, wer die *Briefe aus der Türkei* niemals gelesen hat. Der Reisebericht ist Moltkes eigentliche Ernte. Er verschafft ihm erstmals auch in der Öffentlichkeit Ansehen. Bei seinem Aufbruch war er ein unbekannter Generalstabsoffizier; nach seiner Rückkehr genießt Moltke in der Armee und bei Hofe den Ruf eines kampferprobten, klugen Orientexperten, den nur widrige Umstände in eine Niederlage hineingezogen haben. Mühlbach übrigens hat nie ein Buch geschrieben.

VIERTES KAPITEL

Familienkongress

Zwischen den Nationen

Von der Konfirmation bis zu seinem achtundvierzigsten Lebensjahr lebte Helmuth von Moltke in einer Epoche, die Historiker das «Zeitalter der Restauration» genannt haben. Eine Zeitspanne der Gegensätze: Altes hatte weiter Bestand, Neues bildete sich immer drängender heraus. Die fünfunddreißig Jahre vom Wiener Kongress bis zum Scheitern der Revolution von 1848 waren die Zeit des Biedermeiers, des Behaglichen, Kleinbürgerlichen und Häuslichen. Nach den Feldzügen Napoleons, nach mehr als zwanzig Jahren kriegerischer Verheerungen, wurde der Frieden eine Generation lang für alle europäischen Staaten zum höchsten Gut. Die Zeit der «vermiedenen Kriege»[1] begann. Zugleich waren es Jahrzehnte der Verdächtigungen und Verhaftungen, der Unruhen, Verfolgungen und Demonstrationen. Immer mehr Menschen forderten Teilhabe an der Macht. Unter der Oberfläche des Biedermeiers brodelte es, und das Donnergrollen schwoll die ganze Zeit an. Zuerst war es nur eine Studentenrevolte, später eine bürgerliche Oppositionsbewegung und dann, 1848, eine europäische Revolution. Bis dahin geschah wenig, aber es änderte sich viel.

Die erste Hälfte von Moltkes Lebensspanne fiel in jene Zeit, in der Reisende noch Postkutschen benutzten, aber auch schon mit Dampfschiffen und Eisenbahnen, einer Erfindung aus England, unterwegs waren. Im Deutschen Bund machte die Strecke zwischen Nürnberg und Fürth den Anfang – mit englischer Lokomotive und englischem Lokführer. Die nächsten Trassen wurden meist privat verlegt, ohne Abstimmung mit benachbarten Bauvorhaben. Moltke kaufte mit seinen Ersparnissen aus der Türkei, etwa 10 000 Taler, Aktien der «Berlin-Hamburg-Eisenbahn», eines Privatunternehmens, zu dessen Verwaltungsrat er sieben Jahre lang gehörte. Trotz Schwierigkeiten bei der Kapitalbeschaffung, die das Unternehmen an den Rand des Scheiterns brachten, gelang der Trassenbau durch sechs Reichsstädte und Länder. Die Strecke berührte Preußen, Mecklenburg-Schwerin, Lauenburg, Holstein, Lübeck und Hamburg. Bald erzielte besonders der Güterverkehr beträchtliche Gewinne;[2] sie bescherten auch Moltke hohe Renditen.

Das Eisenbahnnetz wuchs rasant. 1840 gab es im Deutschen Bund Schienenstränge mit einer Gesamtlänge von über fünfhundert Kilometern. Zehn Jahre später waren es mehr als sechstausend Kilometer. Die Eisenbahn wurde zum Motor der wirtschaftlichen Entwicklung. Das Preußen von 1815 war im Grunde noch ein Agrarstaat gewesen. Nun aber schossen Industrien wie Pilze aus dem Boden, in den Städten lebte das Bürgertum nicht mehr nur vom Hof oder vom Staatsdienst. Zugleich entstand eine Fabrikarbeiterschaft und mit ihr die «soziale Frage». Viele Handwerker sanken zu Tagelöhnern herab, weil die Industrie ihre Kleinbetriebe unrentabel werden ließ. Lohnverfall, Ausbeutung, Arbeitslosigkeit und Hungersnöte führten zu ersten Massenauswanderungen nach Nordamerika.

Restauriert, weitgehend wiederhergestellt also, hatte der Wiener Kongress weder die soziale noch die geistige Lage der vornapoleonischen Epoche, wohl aber Europas innenpolitische Ordnung. 1815 schlossen der russische Zar, der österreichische Kaiser und der preußische König eine «Heilige Allianz». Sie war nicht, wie üblich, das Bündnis einer Staatengruppe gegen eine andere, sondern die Allianz absolut regierender Herrscher gegen eine Revolution, von der sich alle gemeinsam bedroht fühlten; ein Pakt gegen demokratische, liberale und nationale Kräfte, die der Bastille-Sturm geweckt und der Kampf gegen Napoleon entfesselt hatte.

Demokraten bevorzugten die republikanische Staatsform, sahen den Angelpunkt im Ermitteln des «Volkswillens» durch ein allgemeines Wahlrecht – das auch sie freilich nicht den Frauen zugestehen mochten. Liberale waren Anhänger der konstitutionellen Monarchie und vertraten eine Weltanschauung, die mehr den Einzelnen und seine Freiheitsrechte betonte. Gemeinsam forderten Demokraten und Liberale eine Verfassung und die Herstellung der nationalen Einheit. Die «Nation» oder das «Volk» mitsamt einem Rechtsdokument als Richtschnur des Zusammenlebens im Staate sollten Grundlage auch der Macht des Herrschers werden. Das aber hätte zwei tragende Säulen der Allianz untergraben: Gottesgnadentum und monarchisches Prinzip. Dank der Gnade Gottes, lehrten hochkonservative Rechtsgelehrte, liege die Staatsgewalt allein in der Hand des Königs. Aufgrund dieses Prinzips dürfe der Herrscher seine Befugnisse höchstens freiwillig beschränken; eine Verfassung könne nur Begrenzung, niemals Grundlage seiner Machtquelle sein. In jedem Fall bleibe er «Führer der Entwicklung».[3] So erklärte Friedrich Wilhelm IV., seit 1840 König von Preußen, Gott habe ihn erleuchtet; dank mystisch-sakraler Eingebungen, die ihn vor allen anderen Sterblichen auszeichneten, glaubte sich der König berechtigt, jederzeit in die Geschäfte des Staates einzugreifen: «Es gibt Dinge», raunt er, «die man nur als König weiß, die ich selbst als Kronprinz nicht gewusst habe und nun erst als König erfahren habe.»[4]

Nicht wiederhergestellt hatte der Wiener Kongress das alte, 1806 aufgelöste «Heilige Römische Reich deutscher Nation». Stattdessen war aus fünfunddreißig Fürstenstaaten und den letzten vier freien Reichsstädten der Deutsche Bund entstanden, ein locker gefügter Staatenbund, in dem Österreich wie selbstverständlich den Platz der Präsidialmacht einnahm. Zum Deutschen Bund gehörten auch der König von Großbritannien und Irland als König von Hannover, der König der Niederlande als Großherzog von Luxemburg sowie der König von Dänemark als Herzog von Holstein und Lauenburg. Das war nicht das «deutsche Vaterland», für das die Freiwilligen 1813 gegen Napoleon gekämpft hatten. Aus preußischer Sicht lag in der langsam anrollenden Nationalbewegung aber nicht nur eine Gefahr, sondern auch eine Chance. Während der Nationalismus für den österreichischen Vielvölkerstaat Sprengstoff bedeutete, konnte er für Preußen, die einzige fast ausschließlich «deutsche» Großmacht, zur Verführung werden. Doch vorläufig erkauften Preußen und die Allianz fast vierzig Jahre lang Europas äußeren Frieden mit einem inneren Dauerkrieg zwischen Herrschern und Beherrschten. Nicht zufällig suchten die Restaurationsmächte mit der Romantik das Mittelalter wiederzubeleben, das christliche Königtum, das Rittertum, die feudalen Gefühlswerte von Treue und Gefolgschaft. Und keine der drei Bundesmächte tat das mit mehr Begeisterung als Moltkes Preußen.

«Romantik» ist ein schillernder Begriff; klar ist immerhin, dass die Romantik das Übergewicht antiker Klassik im Bildungskanon allmählich verdrängte. Helmuth von Moltke, der Kenner Homerischer Epen und Übersetzer Gibbons, darf insofern noch als ein Vertreter des 18. Jahrhunderts gelten. Aber auch er fand Gefallen an den Romanen von Sir Walter Scott, an Gestalten wie Ivanhoe, King Richard und Robin of Locksley. Die neue Lust am Mittelalter spiegelte nicht zuletzt den halbbewussten Wunsch, der Staatsmaschine Leben einzuhauchen, dem rauen, weltlichen Vernunftstaat eine «Seele» zu verleihen – und diese Seele sollte nicht national, sondern christlich und romantisch sein. Neuerdings begann die preußische Armee ihren Zapfenstreich mit dem Choral *Ich bete an die Macht der Liebe.* Friedrich Wilhelm IV. galt als «Romantiker auf dem Thron».

Es entstand eine Frömmigkeit von oben, die Heinrich Heine gehörig auf die Nerven ging: «Mir missfiel dieses philosophisch-christliche Soldatentum, dieses Gemengsel von Weißbier, Lüge und Sand. Widerwärtig, tief widerwärtig war mir dieses Preußen, dieses steife, heuchlerische und scheinheilige Preußen, dieser Tartuffe unter den Staaten.»[5] Doch Heine blieb ein Außenseiter, denn die Maler, Denker und Schriftsteller der Romantiker entdeckten ebenfalls das Religiöse, wenn auch nicht unbedingt das Christentum. Caspar David Friedrich zum Beispiel malte die Natur als mystisch-religiöses Ereignis. Bei Novalis oder Friedrich Schlegel lebte der Mensch nicht in der Gnade Gottes, sondern schöpfte alles aus sich selbst: Bibel, Kirche, Sakramente und Rituale wurden überflüssig.[6]

Die Romantiker predigten eine Gefühlsreligion. Das hinterließ Spuren sogar bei Theologen. Friedrich Schleiermacher, der Gründervater romantischer Frömmigkeit, verband die Erfahrung des Glaubens weder mit moralischer Reinigung noch mit jenseitiger Belohnung; ihr sozialer Nutzen lag für ihn nicht in der Ethik des Dienens oder im wirtschaftlichen Fleiß. Die Religion Schleiermachers war überhaupt nicht zweckgebunden, sondern «heilige Musik», die «alles Tun des Menschen begleiten»[7] sollte; heilig zwar, aber eben doch Begleitmusik, keinesfalls Ausgangs- und Fluchtpunkt der Lebensgestaltung. Es ging nicht um moralisches Handeln, sondern um Gefühlsanschauung. Fouqué, nicht Goethe oder Schiller, war der meistgelesene deutschsprachige Autor.[8] Das Publikum liebte die feierlichen Bilder seiner Märchen, Geistergeschichten und Ritterdramen – besonders den Feenzauber der *Undine*. Rittertum und Adel waren für Fouqué die nobelste Blüte der Menschheit. Napoleon hingegen galt ihm als Höllenbrut der Revolution. Der fromme, etwas versponnene Schwärmer entwickelte ausgerechnet am Beispiel Friedrichs des Großen das Idealbild eines volkstümlich-christlichen Königs.[9] Die Beliebtheit Fouqués aber verdeutlicht, dass es auch eine Frömmigkeit von unten gab, ebenso unangestrengt wie selbstverständlich.

So wurde der deutschsprachige, protestantische Norden im Laufe der ersten Jahrzehnte des 19. Jahrhunderts von einer «Erweckungsbewegung» erfasst. Die Eifrigsten unter den Erweckten gaben sich nicht nur gegenüber «Vernunftglauben» und Aufklärung feindselig, sondern hielten auch von der Amtskirche wenig. Den Übergang vom Unglauben oder von bloßer Kirchenzugehörigkeit zur Fülle eines erweckten religiösen Bewusstseins hatten viele wie eine Wiedergeburt erlebt.[10] Die Erweckten betonten den gefühlsmäßigen Charakter ihres Glaubens. In kleinen Gruppen trafen sie sich zu Gebeten, Bibellesungen, Gesprächen und zum Sammeln von Spenden.[11] Es ging um die Unterbringung «gefallener» Frauen, die Pflege von Waisenkindern, die Vermittlung von Arbeit für Arme oder Landstreicher, um die «Bekehrung» von Juden und Heiden. Erweckte lebten in der Erwartung des nahen Gottesreiches; an dessen Errichtung wollten sie mitwirken.

Die Betonung des Gefühligen in Politik, Theologie, Literatur und
religiöser Bewegung entfaltete für das Bündnis von Thron und Altar
eine ebenso zweischneidige Wirkung wie für die nationalen Kräfte.
Einerseits konnte die Monarchie das Gottesgnadentum auch dank
der romantischen Kultur bis ins 20. Jahrhundert retten, erschien
doch die Verfolgung von national denkenden Liberalen und Demokraten, den «Demagogen», später der Sozialdemokraten, als Verteidigung einer gottgewollten Lebenswelt. Andererseits untergrub die
Abkehr vom Rationalismus der Aufklärung die Bindung an den
preußischen Vernunftstaat – denn ein Vernunftstaat war die Monarchie in ihrem Militär- und Verwaltungsbau noch immer. Das Ästhetisieren des Religiösen und die Erweckungsbewegung schwächten
Preußens Amtskirche und damit auch das Bündnis zwischen Thron
und Altar. Und obwohl Nationalismus kein Merkmal der Romantik
war,[12] hielt das Bewegte, Dunkle, Leidenschaftliche, das Maß- und
Regellose des Romantischen reichlich Spielmaterial für das Kriegerische und die Nationalidee bereit.

Als Helmuth von Moltke seine Arbeit im Generalstab wieder aufnimmt, hat sich in der Familie manches verändert. Das Leben mit
Lene, Guste und Victor, «Vips» genannt, im Klosterstift Preetz hat
die Religiosität Henriettes offenbar vertieft. «Möchtest Du Gott»,
heißt es etwa in einem Schreiben an Adolph, «immer mehr erkennen, wenn er auch prüfend Dir naht. Ein reiner Glaube und festes
Vertrauen gibt Mut und Kraft in jeder Lage des Lebens! Was entbehrte man auch an Ehre und zeitlichen Gütern! Sind sie doch alle
vergänglich, und nur das Bewusstsein treu erfüllter Pflicht ist ein
bleibendes Gut; dies möge Gott auch Dir bewahren.»[13] Viele Stiftsdamen führten eigene Haushalte, auch Henriette, und widmeten
sich karitativen Aufgaben, der Mitarbeit in wohltätigen Vereinen
zum Beispiel. 1830 war Henriette dann aber mit beiden Töchtern
von Preetz nach Schleswig in die Langenstraße 3 gezogen, in ein
kleines Giebelhäuschen ohne Garten.[14] «Und Dir, liebes Mütter

chen, wünsche ich», schrieb Helmuth, «dass Du in stiller Häuslichkeit in Deinem Schleswig fortan zum Wohl Deiner Kinder gesund,
ruhig und heiter recht lange noch wirken mögest. Amen!»[15] Henriette dachte bei ihrem Umzug an ihre ledigen Töchter; auf eine gute
Partie ließ sich im dörflichen Preetz kaum hoffen, sehr wohl aber in
der Beamten- und Residenzstadt Schleswig. An der Schlei musste
sie zudem keinen ehelichen Zwist mehr befürchten.

Denn Friedrich Philipp hatte zwei Jahre zuvor als Generalmajor
den Dienst in Schleswig quittiert und war erst nach Reinbek, dann
nach Wandsbek und schließlich nach Neumühlen bei Kiel gezogen.
Als es einmal so aussah, als käme er zurück an die Schlei, schien
Henriette entschlossen, Schleswig wieder zu verlassen.[16] Helmuth
empfand das Abschiedsgesuch des Vaters als Fehler: «Allein die Idee
war in ihm zu fest geworden, er fühlte sich zu unglücklich in seiner
militärischen Lage, als dass er bedacht hätte, dass jede andre ohne
alle Tätigkeit und bei noch geringerer Einnahme ihm noch weniger
Glück verspreche. … Das schlimmste ist nur, dass das Unglück nicht
sowohl in Vaters Verhältnissen, sondern in ihm selbst liegt.»[17]

Reiselustig wie eh und je, lief der Fünfundsechzigjährige in Begleitung eines Freundes nach Wien – wenigstens den größten Teil des
Weges. In Budapest lernte er ein ungarisches Fräulein kennen, das
«jung, schön und reich war. Sie würde die Meinige geworden sein,
denn sie liebte mich trotz meines Alters leidenschaftlich. Ich hatte
aber meiner erwachsenen Kinder wegen nicht den Mut, um sie anzu-
halten.»[18] Weil das Reisen seine Finanzen abermals zerrüttet hatte,
war Friedrich Philipp 1833 durch einen Gnadenbeweis des Königs
wieder Offizier geworden. Friedrich VI. ernannte Moltke zum Stadt-
kommandanten von Kiel, übertrug ihm sogar den gut dotierten
Ehrenposten der Chefstelle eines Infanterieregiments. In Kiel rumor-
ten die Studenten, forderten Demokratie und nationale Einheit. Es
komme zu «tumultarischen Auftritten», berichtete Friedrich Philipp;
«der König ist sehr böse über die Kieler Ereignisse und befiehlt mir, so
viele Jäger und Dragoner vom Urlaub einzuberufen, als ich nötig
hätte, um die Unruhe zu dämpfen …». Ein Student, offenbar betrun-
ken, hatte die Schildwache vor Moltkes Haus angegriffen; er musste

mit der Todesstrafe rechnen. «Ich ... möchte jetzt so vieles darin geben, wenn ich ihn retten könnte.»[19] Dann, auf einer Reise nach Paris,
verließ ihn eine Frau, der Friedrich Philipp überaus zugetan war – für
Moltke, wie es scheint, etwas Neues. «Nun verlor ich auch die Lust,
ferner zu dienen, ja selbst, zu leben.»[20] 1839 erhielt Moltke im Range
eines Generalleutnants seinen nunmehr vierten, diesmal endgültigen
Abschied. Einige Wochen später bestieg er in Begleitung nur eines
Dieners seinen Einspänner und ließ sich von einem Schimmel Richtung Süden ziehen: Der inzwischen Einundsiebzigjährige wollte Helmuth in der Türkei besuchen.[21] Ungefähr die Hälfte des Weges brachten der Pensionär, sein Diener und der Schimmel hinter sich; kehrt
machte das Gespann erst in Preßburg. Nichts könnte den kopflosen
Wagemut, die planlose Rastlosigkeit des Friedrich Philipp Victor von
Moltke wohl treffender bezeichnen als dieses Unternehmen.

Henriette hatte Helmuth in der Türkei von ihrem «einsamen Stüb-
chen»[22] aus brieflich umsorgt, fürchtete «diese orientalischen
Krankheiten»,[23] die Pest vor allem, flehte Gottes Segen auf ihn
herab, las in der Zeitung über Helmuths Mission am Bosporus,
warnte den Sohn vor dem Missbrauch von Opium, riet ihm zum
täglichen Genuss einer Flasche Wein, der Gesundheit wegen, las La-
martines *Voyage en Orient*, um Helmuth gedanklich in Stambul zu
begleiten, dankte Gott, «der mir einen so lieben, guten Sohn gegeben»,[24] und berichtete über das Befinden der Familie. Das Ehepaar
Burt war auf Gustes Wunsch mit beiden Töchtern von Kiel nach
Schleswig in die Nähe der Mutter umgezogen, in das Bjelkesche
Palais, den stattlichsten Adelshof der Stadt.

Dort lebten die Burts mit anderen vornehmen Familien als Mieter.
John Junior, dreizehn Jahre alt, besuchte das Johanneum in Lüneburg,
ein altes Gymnasium mit gutem Ruf, und schwärmte für die Philoso-
phiestunden des Direktors Karl Haage: «Plato trägt er mit der lebhaf-
testen Begeisterung vor; ebenso Sophokles. Vor allem bin ich gespannt
auf die Horaz-Stunde; denn dies ist mein erklärter Lieblings-Schrift-
steller.»[25] Jeanette und Mary besuchten das Friedrichsberger Institut,
eine private Mädchenschule in Schleswig. Höhepunkt ihrer Kindheit

war eine Familienreise nach Karlsbad.[26] Mary sehne sich nach der Schildkröte, die Helmuth ihr versprochen habe, berichtete Henriette in die Türkei. «Einstweilen hat sie einen Esel, der ihr viel Freude macht. Sie ist noch immer gleich lebhaft und originell»[27] – so originell, dass die damals Zehnjährige einmal unbemerkt mit «Sally», ihrem Esel, nach Kiel aufbrach, um die Großmutter, die Majorin von Staffeldt, zu besuchen.[28] Die Großmutter rief die Enkelin mit den tiefbraunen Augen meist «Kaffeeböhnchen», litt immer fühlbarer unter dem Star und war in die Kieler Residenz ihres Bruders gezogen, einem der hochrangigsten Beamten des dänischen Königs: Cai Lorenz Graf von Brockdorff diente dem Monarchen als Kanzler der Herzogtümer Schleswig und Holstein, als Kurator der Universität und als Präsident des Oberappellationsgerichts in Kiel.[29] Hatte er an der Schlei zu tun, kam Brockdorff täglich ins Bjelkesche Palais, um seine Großnichten Mary und Nette zu besuchen. Auch Landgraf Carl von Hessen-Kassel, Freimaurer und Vorgesetzter von Friedrich Philipp, war bei den Burts hin und wieder zu Gast.

Henriette hatte in jedem Brief an den «lieben, teuren Helmuth» ihre Hoffnung ausgedrückt, dass er aus der Türkei bald heimkehren möge. «Meine lieben Sternbilder sind Dir alle nachgezogen, ich finde sie nicht mehr. Das heißt, sie gehen mir in dieser Jahreszeit wahrscheinlich bei Tage ungesehen vorüber und bringen Dir meinen Segen bei Nacht.»[30] Post aus Stambul machte in der Familie die Runde, wurde sogar nach Kopenhagen übersandt, zu Fritz, Betty und den «Hegermännern»: «Der Inhalt Deiner Briefe gewährt uns so manche interessante Stunde, wir folgen Dir in Freude und Gefahr in gleicher inniger Teilnahme. Möge doch nur immer ein schützender Engel Dich begleiten und Dich uns glücklich und unbeschadet wieder zuführen.»[31] Am Silvesterabend 1836 hatte Henriette, an der Wassersucht leidend, ihren letzten Brief verfasst: «Gewiss gibt es keine Erscheinungen auf dieser Erde, sonst würde ich Dir diesen Abend erscheinen. Aber sicher bin ich, dass Du am Abend auch in Gedanken bei uns bist. Ach, möchtest Du nur recht gesund und zufrieden sein! ... Da schlägt des Jahres letzte Stunde! 12. Was wird das neue uns bringen? Reichen Segen und Gesundheit für Dich, mein teurer Helmuth, darum bitte ich Gott in dieser Stunde, und bald eine liebende Gefährtin an Deiner Seite, die Dir eine frohe Häuslichkeit verschafft. Du bist in dem Alter, da man nicht mehr mit blinder Leidenschaft wählt. … Aber nachgerade musst Du auch darauf bedacht sein, Dir eine liebende Gefährtin zu suchen, in späteren Jahren wird man zu diffizil und der vereinzelte Mann ist im späteren Alter ein hilfloses Geschöpf. … Möge Dir die Vorsehung nun ein Deinem Herzen würdiges Wesen zuführen! Dies möchte ich so gerne noch erleben, wie innig würde ich mich Deines Glückes freuen!»[32]

Als Lene am Morgen des 20. Mai 1837 die Stube ihrer Mutter betrat, lag Henriette von Moltke, geborene Paschen, sechzig Jahre alt, bewusstlos auf dem Boden. Durch einen Eilboten rief Lene ihren Bruder Adolph aus Louisenlund – er besuchte die Krohns – nach Schleswig. Die Mutter starb noch am Abend, ohne das Bewusstsein wiedererlangt zu haben. «Auguste!», klagte Adolph, «das Herz, das mich nächst Dir am meisten liebte, hat ausgeschlagen. Das Auge, das mich von meiner Geburt an mit unermüdlicher Sorgfalt bewachte, ist geschlossen und die Hand erkaltet, die noch vor Kurzem mit so inniger, liebevoller Teilnahme unser Bündnis gesegnet hat!»[33] Besonders aber litten Guste und Lene, die bei der Mutter aufgewachsen waren. Hauptmann von Moltke empfing die Hiobsbotschaft in der Türkei.

1840 ziehen die Burts nach Itzehoe. Der Squire kann von dort aus Hamburg schneller erreichen, den Sitz seiner Bankiers und Handelsagenten. Sie führen das Geschäft mit Westindien. John Burt ist Teilhaber einer «Partenreederei», in der mehrere Eigner Anteile, sogenannte «Parten», an einem Handelsschiff halten.[34] Nach Hamburg reist Burt wie fast alle Itzehoer nicht über Land, sondern mit dem Schiff. Die «Stör», ein Raddampfer der Reederei «Martens & Company», pendelt auf Elbe und Stör täglich zwischen beiden Städten. Andererseits liegt Itzehoe nicht allzu weit von Kiel und Großmutter Staffeldt entfernt, denn mit der Bramstedter Landstraße gibt es einen Anschluss an die Chaussee nach Kiel.[35] Eigentlich aber muss Burt sich nur darum sorgen, so Adolph, «wie er den ganzen, langen Tag ausfüllen will».[36]

Itzehoe ist neben Glückstadt und Altona Holsteins wichtigste Stadt. Zwar leben an der Stör nur etwa sechstausend Menschen; doch in Itzehoe garnisoniert das Zweite Königlich Dänische Dragonerregiment mitsamt seinem adeligen Offizierskorps. Vor allem ist die Stadt Sitz der Ständeversammlung von Holstein. 1831 hatte König Friedrich VI. solche Versammlungen in Jütland, Inseldänemark und in den Herzogtümern Schleswig und Holstein gestattet – vor allem, um politischen Forderungen des Bürgertums die Spitze zu nehmen, das auch in Dänemark immer selbstbewusster auftritt. Aber das aktive Wahlrecht ist an einen hohen Zensus geknüpft. Nur etwa drei Prozent der Bevölkerung kann es tatsächlich ausüben.[37] Außerdem dürfen die Stände – Bauern, Bürger und Adelige – den König lediglich «beraten»; zu entscheiden haben sie nichts. Aber durch die Scheinparlamente entsteht eine politische Öffentlichkeit; ihre Vorkämpfer in der Ständeversammlung auch persönlich zu kennen, ist für Geschäftsleute wie Burt kein Nachteil.

Ein Jahr vor dem Umzug hat Guste in Schleswig ihr erstes Kind geboren. Zu Ehren der verstorbenen Mutter von John Junior, Jeanette und Mary heißt das Mädchen Ernestine. John Junior beginnt nach dem Ende seiner Lüneburger Schulzeit ein Studium der Rechte in Berlin. Nicht nur brieflich schließt er sich Adolph von Moltke an, den er als väterlichen Ratgeber und Förderer betrachtet.[38] Mary, «Marie» genannt, und Jeanette, die alle Welt nur «Nette» ruft, wachsen in der Obhut von Guste heran. Die Mädchen nennen Guste wie selbstverständlich Mutter. Nette, die Ältere, gilt als sanftmütig und folgsam; Mary ist lebhaft und eigenwillig. Ihre Streiche erinnern den Squire an das Betragen eines Lausbuben – wohl deswegen gibt er ihr den Spitznamen «Peter».

Die Burts bewohnen ein herrschaftliches, dreistöckiges Gebäude mit repräsentativer Fensterfront, nur einen Steinwurf vom Klosterdamenstift entfernt. Das Haus Hinterm Klosterhof 23 wird siebzehn Jahre lang Sammelpunkt der Moltkes bleiben, in dem man sich wenigstens zum Weihnachtsfest trifft.[39] Helmuth nennt es «Hotel

Das «Hotel Burt» in Itzehoe (rechts).
Fotografie aus dem Jahr 1903

Burt» oder «das warme Nest hinter dem Klosterhof».[40] Die Dienstboten leben mit der Familie: Diener Frahm, Kutscher Karl, Kinder-
mädchen Lise und natürlich Marie Schnack, die schon in Kiel und
Schleswig die Familie bekocht hat. «Ihre Erzählungen von mir», so
Mary, «enden immer mit demselben Refrain: ‹Sie waren aber doch
ganz furchtbar unartig.›»[41]

Die Ehe der Burts ist keine glückliche. Nach außen führen Guste
und John ein Leben in Ruhe und Wohlstand. Burt mag es behaglich,
neigt zum Lachen und Scherzen. Aber er pflegt Eigenheiten, hält auf
feste Gewohnheiten, trinkt Alkohol im Übermaß und trifft höchst
ungern Entscheidungen. «Papa is so strange and never can make a
resolution»,[42] klagt schon die fünfzehnjährige Mary. Ob es zur Kur
nach Karlsbad oder auf die Insel Föhr gehen soll, kann man im
Hause Burt wochenlang erörtern. «Papa ist auch zu dem allerkleins-
ten Entschluss so schwierig.»[43] Und vor allem: Der Squire wirt-
schaftet chaotisch. Bald steht fest, dass John Junior nach dem Ende

seines Studiums nach St. Croix wird reisen müssen, um die Verhältnisse zu ordnen. Burt zwingt seine Familie zu äußerster Sparsamkeit. Dass Adolph und Helmuth ihrer Schwester gelegentlich
größere Summen vorschießen, ist für Guste «eine große Erleichterung».[44] Dem Squire scheint es nicht unangenehm, wenn man seiner Ehefrau finanziell unter die Arme greift. Für die Erziehung von
Ernestine tut er wenig. Und gegenüber seiner Frau verhält er sich
oft so aufbrausend oder gleichgültig, dass Mary für die Stiefmutter
Partei ergreift: «Mir wird es oft schwer, die Thränen zurückzuhalten,
wenn ich sehe, dass dies liebe, herrliche Wesen unter dem Egoismus
und der Apathie eines Mannes leiden soll.»

Nicht nur in Itzehoe entstehen alsbald Gerüchte; ob wegen Alkohol, Schürzenjägerei oder Schulden, bleibt im Dunkeln: «Papas Ruf
geht durch's ganze Land und jeder kann nur mit Verachtung auf ihn
sehen.»[45] Auch John Junior beklagt einen großen Mangel «des
durchgreifenden Willens, der Autorität, der sich die übrigen Haus-
genossen unterzuordnen haben».[46] Reist der Squire nach Hamburg,
quartiert er sich im luxuriösen, brandneuen «Streit's Hôtel» am
Jungfernstieg ein. Helmuth und Adolph übernehmen bei Reisen in
die Elbstadt diese Gewohnheit. Rang und Geltung standesgemäß
nach außen vorzuführen, um beides zu bewahren, gehört seit Jahrhunderten zur Lebensführung des Adels.[47] Helmuth und Adolph,
die Bescheidenen, können sich dem weitgehend – aber eben nicht
völlig – entziehen.

Am 15. Januar 1841 bringt Guste im Hotel Burt einen Sohn zur
Welt. Er wird auf den Namen Henry getauft, nach einem jüngeren
Bruder des Squires in England.[48] Die Paten des kleinen «Punchy»
sind Hans Adolph Graf von Brockdorff, Landrat in Neumünster, ein
Verwandter von Großmutter Staffeldt; Friedrich Philipp, der als
Pensionär nun in Wandsbek bei Hamburg lebt und die Burts häufig
besucht; und Oberstleutnant Johannes von Ewald vom Zweiten Dragonerregiment, ein Kamerad von Friedrich Philipp aus den Napoleonischen Kriegen, mit dessen Tochter Konstanze sich Guste befreundet. Punchy und Ernestine, «Erne» genannt, werden von Constance

erzogen, einer Gouvernante aus Frankreich.[49] Einmal reist sogar
Henry Burt, Punchys Namensgeber, aus England an und verbringt
einige Monate in der Störstadt. Jeanette und Mary schenkt er zwei
schottische Terrier, die seitdem im Haus herumtollen.[50] Onkel
Henry und der Squire scheiden im Streit.[51] Sonst aber vergehen die
Tage beschaulich. Guste liest mit Mary und Nette allmorgendlich
die Bibel.[52]

Während die Mutter danach ihre Haushaltsführung übernimmt,
erhalten Mary und Nette durch Privatlehrer Unterricht im Zeichnen, Tanzen und in Französisch. Mary ist sprachbegabt und wird
später auch Italienisch fast spielerisch erlernen. Englisch sprechen
beide Mädchen fließend. Der Squire unterhält sich mit ihnen stets in
seiner Muttersprache.[53] John Junior liest seinen Schwestern englische Bücher vor, *Robinson Crusoe* zum Beispiel. Ob es auf der
Sklavenplantage des Vaters auch so schön aussehe wie auf dem
Eiland von Robinson Crusoe, wollte Mary einmal erfahren.[54]

Zum Lunch oder für den Tee versammelt sich die Familie im
«Saal», dem großen Salon. Nach dem Dinner verrichten die Frauen
gemeinsam Handarbeiten. Oft sitzt auch Guste am Klavier – Nette
und Mary spielen gelegentlich vierhändig –, während der Squire
Zigarren und Portwein genießt. Werden am Abend Lesezirkel veranstaltet, kommen Dramen wie *Die Braut von Messina* zum Vortrag. Sonntags ist der Kirchenbesuch in St. Laurentii verpflichtend.
Mit Besuchern unternimmt man Ausflüge nach Schloss Breitenburg, wo der Squire dann üblicherweise einige Kugeln im Mauer-
werk zeigt; sie sollen von Truppen Wallensteins stammen, die im
Dreißigjährigen Krieg die Breitenburg belagert haben.

Ab und zu sind alle bei der Familie Moltke-Grünholz zu Gast.
Magnus Graf von Moltke-Grünholz lebt unweit von Itzehoe und
führt den Titel eines dänischen Kammerherrn. Dessen Tochter
Sophie, eine Cousine Helmuths, ist mit Mary befreundet.[55] Zu Be-
kannten in Kiel und Schleswig halten die Burt-Töchter brieflich
Verbindung.[56] Mary hat im Friedrichsberger Institut Marie von
Wasmer kennengelernt, eine lebenslange Freundin. Aus Kieler
Tagen stammt ihre Bekanntschaft mit Adelina Sylvestra von Har-

ten, achtzehn Jahre älter und später Mutter des Dichters Detlev von
Liliencron. Beide verbindet nicht zuletzt, dass sie miteinander Englisch sprechen können.[57] Adelina, Tochter eines deutsch-amerikani-
schen Generals, in England erzogen, war gelegentlich schon bei den
Burts in Colton House zu Gast. Sie gilt als träumerische, «ätheri-
sche»,[58] tiefreligiöse Natur. Religiös ist auch Mary, keinesfalls aber
ätherisch. Der Umfang ihrer Bibliothek bleibt bescheiden. Reiten
und Tanzen zieht sie dem Lesen eindeutig vor. Mary beherrscht
Menuett, Gallopade, Quadrille und Kottilon, liebt Entrechat und
Walzer. Da kommt es zupass, dass die Burts ein reges Gesellschafts-
leben führen. Der Squire und Guste werden zu Bällen des Prinzen
von Holstein-Glücksburg und des Grafen Rantzau geladen, dem
«Verbitter» – Stiftsprobst – des adeligen Klosters Itzehoe und Gouverneur im Herzogtum Lauenburg.[59]

Nach ihrer Konfirmation sollen im April 1841 endlich auch Nette
und Mary in der Gesellschaft debütieren. Konferenzrat von Bülow
veranstaltet in Itzehoe einen Ball. Auf seinem Fest erscheint die
Blüte des holsteinischen Adels. «Ein alter Freund des Burtschen
Hauses erzählt, dass das Gesicht des schweigsamen Squires mit be-
rechtigtem Stolz auf seine beiden reizenden Töchter geschaut habe,
die in sehr geschmackvollen rosa Kreppkleidern und mit natürlichen
Rosen im Haar, ohne es selbst zu ahnen, der Gegenstand allgemeiner
Bewunderung waren. Der Glanz des Festes schien beide Mädchen
anfangs zu blenden, bis die Ballmusik den ersten Walzer begann und
die Freude am Tanzen die mädchenhafte Befangenheit besiegte.»[60]
In der «berühmten Nacht»,[61] wie Nette ihr Debüt schwärmerisch
nennt, lernt die älteste Burt-Tochter einen Neffen Bülows kennen,
den wohl begehrtesten Junggesellen des Abends: Cai Lorenz Freiherr von Brockdorff aus dem Hause Kletkamp.[62] Der Siebenund-
zwanzigjährige entstammt einer uradeligen Familie, mit der Nette
und Mary über Großmutter Staffeldt verwandt sind. Sein Bruder,
Heinrich Christian Graf von Brockdorff, besitzt das riesige Gut Kletkamp bei Lütjenburg in Ostholstein. Auf seinem Gutsbezirk leben
über eintausendzweihundert Menschen. Kletkamp gilt als Herzstück adeligen Grundbesitzes in Holstein.[63] Auch Cai Lorenz besitzt

ein Vermögen. Er hat die Rechte studiert und ist nun als «Auskulant», als Beisitzer ohne Stimmrecht, beim Oberkriminalgericht in Glückstadt tätig. Brockdorff trifft Nette nach dem Ball mehrfach, natürlich stets im Beisein Dritter. Im Hotel Burt hofft Nette fortan auf ihre Verlobung.

Umso dringlicher erscheint für Guste die Heirat ihres Lieblingsbruders. Schon Henriette und Lene hatten Helmuth in der Türkei bedrängt, an sein eheliches Glück zu denken. Moltke ist nun vierzig Jahre alt, lebt in Berlin entfernt von der Familie und kann trotz aller Dienstgeschäfte, zu denen auch Soireen und Hofgesellschaften gehören, ein Gefühl der Einsamkeit in seinen Briefen nicht immer unterdrücken. Guste aber kennt eine Kandidatin, von der sie glaubt, dass sie zu ihrem Bruder passen würde; ihm selbst wäre der Gedanke einer solchen Verbindung wohl nicht gekommen. Doch die Schwester rückt das Mädchen in sein Blickfeld: Mary Burt, Stieftochter und «Kaffeeböhnchen», gerade fünfzehn Jahre jung. «Soll ich einmal heiraten, so möchte ich ein Mädchen wählen, das Du erzogen hast»,[64] hatte er Guste vor Jahren einst geschrieben. Der Altersunterschied – ihn und Mary trennt ein Vierteljahrhundert – erscheint Moltke wohl eher als Gelegenheit, die Befangenheit gegenüber dem «Brimborium von Verliebtsein, Hofmachen, Schmachten und Überglücklichsein»[65] zu überwinden. Liebe ist anfangs nicht im Spiel. Dass Mary keiner märkischen Adels-, sondern einer englischen Pflanzerfamilie entstammt, kann einen Wahlpreußen wie Moltke kaum schrecken. Kastengeist bedeutet dem Gelehrten in Uniform weniger als anderen Offizieren. Dabei ist Mary von Adel; eine standesgemäße Wahl wäre sie durchaus, zumal Helmuth Vernunftehen bevorzugt, und der Besitz des Squires spielt mit Sicherheit eine Rolle.

Vor Jahren war die schöne Gräfin Reichenbach als Heiratskandidatin durchgefallen, weil sie über kein Vermögen verfügte.[66] In dieser Hinsicht wäre allerdings Nette die bessere Wahl. Majorin von Staffeldt und Großtante Selby-Güldenstein haben sie zur Nutznießerin des Selby-Staffeldtschen «Familienfideikommisses» bestimmt.[67] Fideikommisse, ein Rechtsprivileg des Adels, sollen den

wirtschaftlichen Kern einer Familie über Generationen hinweg bewahren. Durch sie legt der Erblasser für sein Erbe, in der Regel
Grundbesitz, nicht nur eine feste Erbfolge fest; Fideikommisse un-
tersagen überdies eine Teilung des Vermögens, den Verkauf von
Land oder Immobilien sowie die Aufnahme von Hypotheken. Das
bedeutet: Nur die ältere Tochter, nicht Mary, wird künftig durch das
Vermögen von Großmutter und Großtante versorgt werden können. Aber Nette scheint mit Brockdorff so gut wie verlobt; und sowohl Guste als auch Helmuth sind offenbar der Meinung, dass ihm
Mary mit ihrer Lebenslust besser zu Gesicht stünde.

Im April 1841 reist der Hauptmann nach Itzehoe zur Brautschau,
zieht sofort Guste ins Vertrauen, die schon am Sonntag, dem 2. Mai,
Mary unter vier Augen befragt, ob sie Onkel Helmuth heiraten
wolle. Die Fünfzehnjährige zeigt weder Überraschung noch Widerwillen oder Freude; nur zu begreiflich, dass sie, halb gelähmt, keine
Antwort findet. Eine Woche lang flüchtet Mary immer wieder in
den Hausgarten, um ungestört an ihrem Lieblingsplatz, einer Jas-
minlaube, das Für und Wider abzuwägen. Moltke sieht älter aus als
seine vierzig Jahre. Helmuths Briefe aus der Türkei hat Guste im
Familienkreis verlesen. Sicher schätzt Mary ihren Onkel; gesehen
hat sie ihn bislang aber nur zweimal. Am 9. Mai, als sich der Urlaub
des Hauptmanns seinem Ende nähert, wagt sich Moltke zur Jasmin-
laube hinaus. Ob sie ihm fürs Leben angehören wolle, fragt er, oder
ob es ihr Wunsch sei, dass er abreisen solle? Mary bittet, er möge
bleiben.[68] Vielleicht gibt den Ausschlag, dass sie die geliebte Stiefmutter und Schwester des Bewerbers nicht enttäuschen mag. Dem
Squire fällt die Aussicht auf eine Trennung schwer. Er will sicher-
gehen, dass Mary das Ganze reiflich überlegt hat, und bis zu ihrem
sechzehnten Geburtstag warten. Eine Verlobungszeit von einem
Jahr erhebt er zur Bedingung. Auch Großmutter Staffeldt stimmt
zu, versichert Moltke doch schriftlich, er wolle ihr «Kaffeeböhnchen» wie seinen Augapfel hüten. Knapp vier Wochen nach der Verlobung stirbt Majorin von Staffeldt in Kiel.

Die Verbindung der fünfzehnjährigen Halbengländerin mit dem
vierzigjährigen Offizier aus Preußen erregt nicht nur in Itzehoe

einiges Aufsehen; hinter vorgehaltener Hand bezweifelt auch die Familie, dass Helmuth richtig gewählt hat. Die Verhandlungen über den Ehevertrag führen der Squire, John Junior, Adolph Moltke und Landrat von Brockdorff, der Patenonkel Punchy Burts. Adolph, der Jurist, hat den Vertrag erstellt. Den Löwenanteil von Marys Mitgift zahlt nicht der Squire, sondern John Junior – was sowohl bei John als auch beim Bräutigam für Unmut sorgt. Trotzdem verfällt Burt stets in schlechte Laune, sobald die Aussteuer zur Sprache kommt.[69] Das Bezahlen, so John Junior, «schreitet in einem elenden Schneckengange fort, der nur notdürftig aus wirklich schlechten Nachrichten über Dürre in St. Croix und die Preise in Kopenhagen entschuldigt werden kann».[70] Erst zwei Jahre später wird der Squire seine Schulden begleichen.

Ein geplanter Besuch der Burts in Berlin während der Verlobungszeit entfällt: Ernteschäden auf Saint Croix bereiten dem Squire schlaflose Nächte.[71] Um aber Helmuth aufzumuntern, möchte ihm Burt über John Junior in Berlin ein Brautbild zustellen lassen. Mary sitzt in Itzehoe einem Künstler mehrfach Modell. Als Schmuck wählt sie für die Sitzungen Geschenke von Helmuth. Und sie legt jenes Kleid an, das sie getragen hat, als Guste ihr von der Brautwerbung erzählte.[72] Die Kreidezeichnung hängt Moltke über seinen Schreibtisch, zwischen die Porträts von Sultan Mahmût und General von Krauseneck, seinem Chef im Generalstab: «Der Ausdruck Deines Gesichtes ist so gut aufgefasst, und wenn ich es lange ansehe, möchte ich manchmal sagen: ‹Nun, Mariechen, sprich doch auch mal ein Wort!›»[73] Die Verlobten sehen sich vor der Hochzeit zweimal: zur Sommerkur des Squires auf der britischen Insel Helgoland – ein eher steifes Wiedersehen – und in Itzehoe zum Weihnachtsfest. Nach dem Heiligen Abend veranstaltet Burt zu Ehren von Helmuth und Mary einen Ball. Dass Cai Lorenz von Brockdorff wider Erwarten fernbleibt, enttäuscht Nette über die Maßen.[74] Mary beschimpft Brockdorff als «elenden, kleinlichen Kurmacher»,[75] sieht aber ein: «Es ist auch wohl zum Theil seine Blödigkeit, die ihn so lange warten lässt.»[76]

Helmuth und der Squire treten der «Itzehoer Liedertafel» bei, wenn auch nur als fördernde Mitglieder.[77] Seit Anfang der vierziger Jahre verbreiten Liedervereine und Sängerfeste die Nationalidee bei deutsch- wie dänischsprachigen Untertanen des Königs. Bald gibt es in den Herzogtümern sechzig Singvereine. Die Itzehoer Liedertafel verzeichnet etwa hundert Mitglieder, darunter Handwerker, Kaufleute, Offiziere und Beamte. Im städtischen Kulturleben erringt der Honoratiorenverein schnell eine führende Stellung.[78] Seine Statuten stellen allen Mitgliedern anheim, «den Sinn für Gesang zu beleben und den reichen Schatz deutscher Volkslieder allen Volksklassen zugänglich zu machen».[79] Liedertafeln vereinen, mehr noch als Turner, Schützen und Burschenschaften, das Romantische mit der Nationalidee. «Schleswig-Holstein meerumschlungen», die Hymne Carl Gottlieb Bellmanns, die ein deutsches, nicht übernationales Schleswig-Holstein besingt, wird durch die Itzehoer auch in anderen Ländern des Deutschen Bundes verbreitet.

Nach dem Weihnachtsfest müssen die Verlobten einander wieder Briefe schreiben. «Beweglich ist sie nur an Posttagen»,[80] berichtet John Junior über seine Schwester. Mary schreibt so gut wie jeden Tag – entweder nachts, sobald alle Hausbewohner in ihren Betten liegen, oder frühmorgens, wenn die Familie noch schläft. Die Verlobung von Onkel und Stiefnichte verwirrt selbst die Beteiligten: «Du hast es», scherzt Mary mit Helmuth, «doch nicht ganz richtig gemacht: Henry ist nicht mein Vetter, sondern mein Neffe als der Sohn meiner Schwägerin; Papa behauptet freilich, er ist mein Bruder, Neffe *und* Vetter; aber das kann ich nicht herausfinden.»[81] Mary scheint entschlossen, ihren Verlobten alsbald zu lieben. Wo es Wertschätzung gebe, hofft sie, könne Liebe nicht ausbleiben. «Was mich bei Dir so rühren kann, ist die übergroße Bescheidenheit Deines Charakters und vor allem die Gutmütigkeit, die Du bei jeder Seele an den Tag legst.»[82] Mit seinen Eigenarten will sie fertig werden: «Ich weiß wohl, dass es im Moltkeschen Charakter liegt, sich wenig zu äußern und mitzuteilen. Du hast auch oft etwas in Deinem Wesen, was zurückhaltend scheint und manche hautain – Hochmut – nennen.»[83] Aber der Altersunterschied verunsichert die Braut.

Mary Burt als Verlobte.
Kreidezeichnung eines
unbekannten Künstlers
(1841)

Umso mehr zeigt sie Bereitschaft, sich anzupassen: «Ich habe Sorge, ob ich Dir als Frau auch alles sein kann, weil ich noch so jung und unerfahren bin. Darum will ich mich nun bestreben, nicht widerspenstig oder strong headed zu sein, damit ich Dir immer nachgebe, wenn ich Unrecht habe. Ich habe noch gar kein tournure, und mir fehlen noch so ganz alle geselligen Gaben. Darum will ich mich so gern überall von Dir leiten lassen. Dazu gehört freilich viel Geduld von Deiner Seite, mir alle Verstöße nachzusehen, die ich noch machen werde.»[84]

So viel Hingabe, Bescheidenheit und Selbstaufgabe weckt sogar den Neid des Bruders. «Obgleich es meine leibliche Schwester ist», schreibt John Junior nach Berlin, «muss ich doch gestehen, Du bist ein ungeheuer beneidenswerter Kerl. Wie Du es schon von anderer

Seite gehört, sie lebt nur für Dich und in Dir.»[85] Und tatsächlich:
«I shall find the greatest pleasure in keeping the house in order and
take care for you to please you in all.»[86] Vor allem gefiele es Helmuth, künftig auch deutsche Briefe zu erhalten; postwendend
schreibt Mary fortan nicht mehr auf Englisch und unterzeichnet
stets mit «Marie». Heißblütiges, warnt Helmuth, dürfe die Braut
nicht von ihm erwarten. «Die aus der Verschiedenheit unseres Alters
hervorgehende Art, zu empfinden, macht, dass ich, ohne unwahr zu
werden, Dir nicht dasselbe lebhafte Gefühl bieten kann, wie sich's in
Deinen schönen Augen ausspricht und wie Du es wohl als Erwide-
rung fordern darfst.»[87] Folgendes wünsche er sich von einer Ge-
mahlin: «Freundliches und gleichmäßiges, womöglich heiteres tem-
per. Nachgiebigkeit in Kleinigkeiten, Ordnung in der Haushaltung,
Sauberkeit im Anzuge und vor allen Dingen, dass Du mich lieb be-
haltest». Dann würde er auch gar nicht ungern unter dem «kleinen
Pantoffel» stehen, «und es wird Deine Aufgabe sein, mich durch
Sanftmut, Nachgiebigkeit und Güte auch dahin zu bringen».[88]
Moltke hofft, durch Maries Lebendigkeit offener zu werden. Seinen
Vorsprung an Lebenserfahrung hält er für gering. Auf keinen Fall
solle sie um ihre Jugend kommen: «Du wirst noch eine lange Reihe
von Jahren eine junge, hübsche Frau sein und sollst, so hoffe ich, alle
Freuden genießen, welche die Welt einer solchen bietet ...»

Brieflich kommt das Paar einander näher. Bald schon tauchen
Spitznamen auf. Während Helmuth es bei «Mariechen» belässt,
zeigt Marie sich erfinderischer: «Engels Männchen», «lieber Herzens Helmuth», «süßer Engels Helmuth» und sogar, warum auch
immer, «gelbes Vieh». Als der Hochzeitstag heranrückt, empfindet
die «schöne Engländerin»,[89] wie Marie von Bekannten auch genannt
wird, schon mehr als bloß Vertrauen: «Nur noch einen Kuss auf
Mund, Augen, Stirn, Hände und Adieu, Du lieber Helmuth, bleib'
mir gut, so gut wie ich Dir bin.»[90]

Die Hochzeit soll am 27. April 1842 stattfinden, dem Geburtstag der
verstorbenen Großmutter; weil aber Marie Wasmer verhindert ist,
wird das Fest um eine Woche vorverlegt.[91] Lene, Fritz, Louis, Adolph

und Vips versprechen ihr Kommen. Damit werden die Geschwister sich in Itzehoe zum ersten Mal seit mehr als zehn Jahren wiedersehen; Wilhelm, der Älteste, ist schon 1834 gestorben. Nicht zu Unrecht nennt Helmuth die Hochzeit einen «Familienkongress».[92] Der Bräutigam, zum Major befördert, trifft am 18. April mit eigener Kutsche aus Berlin ein, um Marie so stattlich wie möglich heimzuführen. Auf die Itzehoer macht das Gespann sicher Eindruck, denn die Pferde sind ein Geschenk des Sultans. Am nächsten Tag reisen drei Brautjungfern an: Sophie von Moltke-Grünholz, Marie von Wasmer und Mathilde von Mesmer-Saldern. Die vierte Brautjungfer ist Nette. Am Abend, dem Polterabend, singen alle vier *Wir winden Dir den Jungfernkranz*, die Haare der Braut mit weißen Rosen schmückend.[93] Fritz und Betty kommen aus Ringsted auf Seeland; sie haben den weitesten Anreiseweg. Fritz, der den Bräutigam zum «Geschlechte der Zugvögel»[94] rechnet, hat seine Lehrtätigkeit bei den Kadetten aufgegeben und ist Zollinspektor geworden, zweifellos dank eines Bittgesuchs beim dänischen König.[95] Nur etwa sechs Monate nach dem Familienkongress wird ihn der Monarch zum Postmeister in Apenrade ernennen und mit einer Lebensstellung versorgen – trotz zweiundzwanzig anderer Bewerbungen, einer abweichenden Personalempfehlung der Postdirektion und obwohl Fritz kein Stellengesuch an die Direktion gerichtet hat.[96] Ähnlich wie der preußische Monarch empfindet auch der König von Dänemark für seine Offiziere eine besondere Fürsorgepflicht. Das Betragen des Vaters 1809 in Stralsund hat wohl ebenfalls eine Rolle gespielt. Die Ernennung festigt Fritzens Bindung an das Königshaus; umso mehr, als er beim Umzug nach Apenrade durch ein Schiffsunglück fast sein gesamtes Hab und Gut verlieren und nur aufgrund einer Gratifikation des Monarchen den Bankrott vermeiden wird: «Die Ostsee schmeckte nach Schokolade», dichtet Fritz, «auch Kaffee und Tee war darein, die Betten, die standen im Bade, o Du armes Postmeisterlein!»[97]

Der erste Gast, der sich am Hochzeitstag einstellt, ist John Junior aus Berlin. Er berichtet von den Renovierungsarbeiten in der Wohnung des Brautpaares am Potsdamer Platz. Dann kommt Louis in

Begleitung seiner Frau Marie, «Mie» genannt, eine geborene von Krogh, Tochter des leitenden Forstbeamten im Königreich Dänemark. Seine Frau hatte Louis auf einem Ball der Burts in Schleswig kennengelernt; Mie Krogh ist mit Guste befreundet.[98] Die Grandezza Mie Moltkes, Muster einer «dame châtelaine»,[99] beeindruckt auch Helmuth. Adolph schwärmt für ihr «tiefes Gemüt, ihr einfaches Herz und ihre ganz ausgezeichnete Bildung».[100] Mie, Louis und Töchterchen Johanna – «Hannemusse» – leben in Burg auf Fehmarn. Nach seinem Studium hat Louis sieben Jahre lang bei der Schleswig-Holsteinischen Regierung des Statthalters auf Schloss Gottorf gedient und zuletzt in der «Rentekammer» von Kopenhagen ausgeholfen, Dänemarks oberster Finanzbehörde.[101] Seit knapp einem Jahr ist er Amtmann und Landvogt der Landschaft Fehmarn. Nun endlich kommt es ihm zugute, dass er während des Studiums «das Lübische Recht und das Danske-Recht und Christians V. Recht und Waldemars Recht und das Jütische Recht und Gott weiß was für Recht»[102] gepaukt hat. Denn in Burg, seinem Amtssitz, gilt das Lübecker Stadtrecht, auf der übrigen Insel aber das Neue Fehmarnsche Landrecht. Adolph hat mit Erfolg seine Versetzung von der Holsteinischen Regierung zum Holsteinischen Obergericht in Glückstadt betrieben, auch die notwendige Prüfung bestanden. Übergeordnet ist dem Gericht nur das Kieler Oberappellationsgericht, der höchste Gerichtshof der Herzogtümer Schleswig, Holstein und Lauenburg.[103] Als Gerichtsrat in Glückstadt ist Adolph nun Vorgesetzter des Freiherrn von Brockdorff,[104] des «elenden Kurmachers». Finanziell sorglos kann er dennoch nicht leben. «Ich besitze kein Vermögen, sondern es ruhen im Gegenteil Verpflichtungen gegen die jüngeren, unversorgten Geschwister auf mir ...»[105]

Lene war nach dem Tod Henriettes für kurze Zeit zum Vater nach Neumühlen gezogen, hatte dann aber 1838 den Witwer ihrer Freundin Andresen geheiratet: Johann Peter Christian Bröker, damals zweiunddreißig Jahre alt, Pastor im Flecken Uetersen bei Hamburg.[106] Bröker stammt aus einer Schleswiger Handwerkerfamilie, steht der Erweckungsbewegung nahe, beteiligt sich lebhaft am Ent-

wurf eines neuen Katechismus und wirkt in Uetersen als erster
Direktor der Armenverwaltung.[107] Einmal im Monat leitet Bröker
in seiner Wohnung, dem Hauptpastorat, die Sitzungen des Armen-
kollegiums. Die Mitglieder handeln als Vormünder der Armen, können deren Häuser jederzeit betreten und die Betroffenen zur Arbeit
verpflichten.

Unverheiratet ist nur noch der einunddreißigjährige Vips, der
«Deubelsjung».[108] Seine Erziehung hatte Henriette schon in Preetz
vor allem Lene überlassen. Pastor Henssler, der Vips konfirmierte,
bedauerte früh, «dass es ihm aber durchaus an Fähigkeiten man-
gele».[109] Henriette hatte während seiner Schulzeit in Barkau gemut-
maßt, er sei wohl sechs Jahre in der Entwicklung zurückgeblieben.
Vips fiel durch jede Prüfung. «Der Mensch ist inkurabel!»,[110] kom-
mentierte Friedrich Philipp. Eine Stelle beim preußischen Tele-
grafendienst, durch Helmuth vermittelt, hat er ebenso aufgegeben
wie Pläne, in den Militärdienst einzutreten. Nun zieht er als Hei-
matloser ohne Beruf von einem Verwandten zum nächsten. Seine
Geldangelegenheiten besorgen Friedrich Philipp, Helmuth und
Adolph.[111]

Die Trauung in Itzehoe leitet Archidiakon Theodor Jess, der am
Palmsonntag des Vorjahres Nette und Marie eingesegnet hat.[112]
Weil die Kutsche der Brautjungfern verspätet eintrifft, haben Nette
und die Freundinnen der Braut alle Mühe, sich durch das Gedränge
in der Laurentiuskirche einen Weg zum Altar zu bahnen. Während
der Predigt verweist Jess auf die Verpflichtungen, die aus dem
Altersunterschied des Brautpaares für den Ehemann erwachsen
würden – Moltke begreift das als Standpauke. Als der Archidiakon
den Segen erteilt, knien Helmuth und Marie auf dem Teppich, den
Ernestine Burt auf ihrem Sterbebett für den Heiligen Abend gestickt
hat.[113] Danach versammelt sich die Familie im Hotel Burt zum Fest-
mahl mit Musik. Tischreden werden gehalten. Der «ganz besonders
beliebte Onkel Adolph»[114] behauptet, schmunzelnd wahrscheinlich,
dass da, wo man eine Hochzeit feiere, oft auch eine heimliche Braut
anwesend sei; drei Tage später wird Nette ihre Verlobung mit Brockdorff verkünden. Als Helmuth und Marie von Moltke sich von der

Tafel erheben, erklingt Mendelssohns «Es ist bestimmt in Gottes Rat, dass man vom Liebsten, was man hat, muss scheiden». Tränenreich nimmt Marie Abschied von Eltern und Geschwistern. Über Pinneberg und Wandsbek, wo Friedrich Philipp die Eheleute kurzfristig aufnimmt, reist das Paar in ein neues, altes Leben zwischen Biedermeier und anrollender Nationalrevolution.

FÜNFTES KAPITEL

Revolution

Aufbruch der Nationen

Der Funke zündete in Paris. 1848, im Februar, führten Unruhen zur Abdankung des Königs und zur Ausrufung der Zweiten Republik. Auch in Italien, Ungarn, Tschechien, Polen und in den Staaten des Deutschen Bundes gab es Tumulte. In Wien musste Staatskanzler Metternich, Galionsfigur der Restauration, nach blutigen Zusammenstößen aus der Stadt fliehen. In Mannheim, Heidelberg, Köln, Breslau und anderen Städten forderten die Revolutionäre das Ende stehender Heere, die Gründung von Milizen, Presse- und Versammlungsfreiheit, die Einberufung eines bundesweiten Parlaments und Herstellung der deutschen Einheit.

Am 18. März brach in Berlin der Aufstand los. Pflaster wurden aufgerissen, Barrikaden errichtet, zwischen Militär und Volk entbrannte ein stundenlanger Straßenkampf. Dann befahl der König den Abzug seiner Truppen. Friedrich Wilhelm IV. genehmigte die Bildung einer Bürgerwehr, erließ den Aufruf *An meine lieben Berliner*, ritt ohne Leibwache mit schwarz-rot-goldener Schärpe durch die Stadt, bewilligte ein preußisches Parlament, stellte eine Verfassung in Aussicht, redete davon, dass Preußen in Deutschland aufgehen werde, und ehrte im Schlosshof aufgebahrte Barrikadenkämpfer: «Mütze ab!», schrie ein Berliner, als das Königspaar auf dem Balkon erschien – und der Monarch entblößte sein Haupt. «Nun fehlt bloß noch die Guillotine»,[1] murmelte die Königin, weiß vor Angst.

Für viele Offiziere bedeutete der Abzug aus Berlin die schwärzeste Stunde seit der Katastrophe bei Jena und Auerstedt. Ihr Kriegsherr, Inhaber der obersten Kommandogewalt, legte sein Schicksal in die Hände seiner Bürger. Der Militärstaat kapitulierte, so schien es. Die preußische Abgeordnetenversammlung sollte in der Singakademie, das deutsche Parlament in der Frankfurter Paulskirche zusammentreten. Das «Vorparlament», ebenfalls nach Frankfurt einberufen, traf Vorbereitungen für gesamtdeutsche Wahlen. Danach wollte man eine Nationalverfassung in Angriff nehmen. Der politische Nationalismus, glaubten viele, hatte auch in Preußen seinen Siegeslauf begonnen.

Für Dänemark, den Mehrvölkerstaat, bedeutete die Nationalidee eine Zerreißprobe. Das Land gehörte zu den Verlierern der Napoleonischen Kriege. Seit dem Kongress in Wien und dem Verlust von Norwegen umfasste der Gesamtstaat nur noch die Herzogtümer Lauenburg, Holstein und Schleswig sowie Jütland mit den dänischen Inseln. Zugleich untergrub der wirtschaftliche und soziale Wandel im Gefolge der Industrialisierung den gesamtstaatlichen Patriotismus, der noch im Zeitalter Napoleons in beiden Herzogtümern selbstverständlich gewesen war.[2] Zwar lebte die Masse der Bevölkerung weiter auf dem Lande; aber besonders in den Städten Holsteins entstand ein Bildungs- und Besitzbürgertum, das nicht nur den Führungsanspruch des Adels anzweifelte, sondern bald auch deutschnationale und liberale Ziele ins Auge fasste. Im Herzogtum Schleswig entwickelte sich aus dem Unterschied zwischen Dänisch und Deutsch allmählich ein Gegensatz. Dort sprachen die Menschen im Süden vor allem Deutsch, im Norden überwiegend Dänisch.

Drei Strömungen entstanden: eine Autonomiebewegung, die Los-von-Kopenhagen-Partei und der dänische Nationalliberalismus. Für die Autonomie setzte sich namentlich Uwe Jens Lornsen ein, Landvogt auf Sylt. Lornsen war ein treuer Untertan der Krone, aber ihre absolutistische Regierungsform hielt er für überholt. Deshalb forderte der Landvogt die Selbstbestimmung beider Herzogtümer mittels einer eigenen Verfassung *innerhalb* des Gesamtstaats. Als

Sprachrohr der Los-von-Kopenhagen-Partei galt Friedrich Christoph Dahlmann, Geschichtsprofessor in Kiel. Wie Lornsen wünschte Dahlmann eine Verfassung für Schleswig und Holstein; darüber hinaus erstrebte er aber das Aufgehen beider Herzogtümer in einem deutschen Nationalstaat. Wichtige Ideengeber für Dänemarks Nationalliberale waren Pastor Nikolai Grundtvig und der Jurist Orla Lehmann. Grundtvig – Dichter, Pädagoge und Gründer der Volkshochschulbewegung – wollte ebenfalls den nationalen Verfassungsstaat, allerdings unter dänischen Vorzeichen. Die Anhänger Orla Lehmanns wünschten im Herzogtum Schleswig das Dänische als Amtssprache, wollten auf Holstein und Lauenburg verzichten, Schleswig aber einem dänischen Nationalstaat einverleiben: «Danmark til Ejderen!», riefen sie, «Dänemark bis zur Eider!». Dem hielten Deutschliberale ihr «Up ewig ungedeelt!» entgegen, ein «Auf ewig ungeteilt!», das sie dem Ripener Vertrag von 1460 entnahmen.

Um den Forderungen jedweder Farbe die Spitze zu nehmen, hatte der König die Wahl von beratenden Ständeversammlungen in Jütland, Inseldänemark, Schleswig und Holstein gestattet.[3] Den Zerfall des Gesamtstaates vermochte auch das nicht abzuwenden. Denn wegen einer dynastischen Streitfrage spitzte sich das Gegeneinander immer mehr zu. Das regierende Haus der Oldenburger drohte im Mannesstamm zu erlöschen. In Dänemark wäre die weibliche Nachkommenschaft erbberechtigt gewesen, in den Herzogtümern aber die Augustenburger Linie des Hauses Oldenburg, an ihrer Spitze Herzog Christian August. Die Vertreter der Los-von-Kopenhagen-Partei scharten sich hinter dem «Augustenburger». Doch der König wies dessen Ansprüche zurück. 1846 erklärte Christian VIII. in einem «Offenen Brief», die weibliche Erbfolge gelte auch in den Herzogtümern. Das war die Lunte am Pulverfass. Unruhen brachen aus, Polizei und Militär mussten eingreifen. Über die Presselandschaft des Deutschen Bundes fegte gleichsam ein Zeitungs-Orkan hinweg; die «schleswig-holsteinische Frage» stand mit einem Schlag allerorts auf der Tagesordnung.[4] Die Ständeversammlungen in Itzehoe und Schleswig beschlossen ihre Selbstauflösung. In Neumünster sprach eine Honoratiorenversammlung im Beisein des königlichen

Amtmanns dem Monarchen ihr Misstrauen aus; daraufhin wurde
Amtmann von Brockdorff, der Patenonkel «Punchy» Burts, entlas-
sen. Vergebens drängte die Deutsche Kanzlei auf eine mildere
Strafe.[5] Als in Kopenhagen die «Eiderdänen» nach dem Tod Christians VIII. seinen Nachfolger, Friedrich VII., im März 1848 auf ihre
Seite zogen, begann ein Kampf, den man in Holstein und Südschleswig *Erhebung*, in Dänemark und Nordschleswig *Aufruhr* nannte.
Nord und Süd fochten um die Loslösung halbwegs unabhängiger
Südprovinzen aus einer Union: eine Art Nordischer Sezessionskrieg,
der tausende Opfer forderte, Nachbarn trennte und Familien entzweite – so auch die Moltkes.

Adolph von Moltke erlebt die Revolution in Kopenhagen. 1843, ungefähr ein Jahr nach dem «Familienkongress», hatte ihn der König
als Vertreter für Staatsrat Rathgen, einen Freund Adolphs, in die
Deutsche Kanzlei berufen.[6] Auguste zog mit Lottchen und Friederike nach Louisenlund zu den Eltern. Dort starb Lottchen im Alter
von nur sechs Jahren. Als aus der Vertretung eine Dauerstelle wurde,
siedelten Auguste und Friederike nach Kopenhagen über. Am
11. September 1845 kam in der dänischen Hauptstadt der erste Sohn
zur Welt. In Gedenken an Adolphs ältesten Bruder nannten die
Eltern ihn Wilhelm.

Der Deputierte von Moltke bewegte sich mehr als vier Jahre in
der Umgebung des Herrschers – offenbar zur allseitigen Zufriedenheit, denn der Monarch entlohnte ihn großzügig.[7] Moltke wurde
Kammerherr und Ritter des Dannebrog, erhielt also, wie schon
Adam Gottlob ein Jahrhundert zuvor, den ältesten Verdienstorden
der Monarchie. Dänisch lernte er nicht, die Hofsprache in Kopenhagen war Deutsch. «Ich lebe hier in stillem, einförmigen Frieden
mit meinen alten, guten Dänen, von deren Fragen und Bestellungen
ich schlechterdings kein Wort verstehe.»[8] Nur der Schwiegervater
schien unzufrieden. «Gott wolle mich den Tag noch erleben lassen»,
schrieb er Auguste, seiner Tochter, «wo Du mit Mann und Kindern
wieder Dein Haus aufschließt auf heimischem Boden, wo die deutsche Brust wieder die deutsche Luft atmet und der deutsche Hand-

druck von einem deutschen Herzschlag begleitet wird ...»[9] Obwohl fachlich eigentlich nicht zuständig, beriet Adolph eine Delegation der Berlin-Hamburg-Eisenbahn, in dessen Vorstand sein Bruder Helmuth saß. Der dänische Minister verlangte eine Trassenführung durch Lauenburg; das aber hätte die Baukosten stark erhöht. Man einigte sich auf eine Stichbahn ins Lauenburgische.[10] Die Übereinkunft hat Adolph in der Deutschen Kanzlei sicher gefördert. Sein Vorgesetzter, Joseph Graf von Reventlow-Criminil, nahm 1846 wegen des «Offenen Briefes» seinen Abschied. «Das Gerücht ging, die ganze deutsche Canzlei wolle ihren Abschied fordern.»[11] Helmuth wünschte Adolph «ein fettes holsteinisches Amt, fern von dano-germanischen Wirren, eine große Amtswohnung mit Garten und einer runden Einnahme!»[12] Noch aber blieben alle Deputierten im Amt. Adolph reiste zur Kur nach Kissingen. Holstein suchte er zu meiden, weil er dort Anfeindungen befürchtete.[13] Nachfolger Criminils wurde Carl Graf von Moltke-Nütschau, ein dänischer Verwandter. Als Anhänger des Gesamtstaates hatte Moltke-Nütschau bei Eiderdänen wie Deutschliberalen gleichermaßen einen schweren Stand. Die März-Ereignisse setzen auch seiner Arbeit ein Ende.

In Rendsburg veranstalten am 18. März 1848 die Mitglieder der Ständeversammlungen Holsteins und Schleswigs eine gemeinsame Sitzung. «Vom Grafen bis zum Bettelmann trug alles Schwarz-Rot-Gold.»[14] Die Abgeordneten fordern Presse- und Versammlungsfreiheit, «Volksbewaffnung» sowie Schleswigs Aufnahme in den Deutschen Bund.[15] Das empört die Eiderdänen. Schon zwei Tage später erzwingen sie in Kopenhagen die Berufung von Nationalliberalen ins Kabinett. Alle Mitglieder der Deutschen Kanzlei legen ihre Ämter nieder. Beide Seiten fühlen sich in ihren Rechten auf das Herzogtum Schleswig verletzt.

Adolph flüchtet mit seiner Familie nach Kiel. Dort haben Revolutionäre in der Nacht zum 24. März eine «Provisorische Regierung» ausgerufen. Als Präsident amtiert Wilhelm Hartwig Beseler, Anwalt aus Schleswig und Schüler Dahlmanns.[16] Militärfachmann der Provisorischen Regierung wird Prinz Friedrich von Noer, der jüngere Bruder des Augustenburgers. Beseler und der Prinz wollen die Lage festigen; beide spielen den revolutionären Charakter des Aufstands herunter. Weit nach Mitternacht treten die Mitglieder der Provisorischen Regierung zu der wartenden Menge vor das Rathaus. Laut verliest Beseler eine Proklamation. Man werde, erklärt er, nur so lange im Namen des unfreien Landesherrn handeln, bis der König sich gegen die Eiderdänen durchgesetzt habe. Unter dem Glockengeläut der Nikolaikirche antwortet die Menge mit dem Lied *Schleswig-Holstein meerumschlungen*; bei der Strophe «Gott ist stark auch mit den Schwachen, wenn sie gläubig ihm vertraun'» entblößen alle ihre Häupter. Dank der Wendung vom «unfreien Landesherrn» erkennen Offiziere, Geistliche und Beamte in Holstein und Südschleswig die Provisorische Regierung mehrheitlich an.

Adolph erhält das Angebot, der Revolutionsregierung beizutreten. Doch er lehnt ab; zu stark wehren sich seine konservativen Instinkte. «Dass nämlich der König gezwungen und unfrei» sei, konnte er in Kopenhagen nicht entdecken. Adolph bleibt ein Anhänger des Gesamtstaats – zumal sich in der Provisorischen Regierung die von ihm «seit Jahren aus Überzeugung ... bekämpfte, auflösende demokratische Richtung in nicht geringem Maße geltend zu machen scheint ...»[17] Den Krieg, der nun entbrennt, hält er für eine Katastrophe. Adolph bringt seine Kinder und Auguste, hochschwanger, ins mecklenburgische Gersdorf auf das Gut der Paulys, der Freunde seiner Mutter, reist dann allein zu Helmuth nach Koblenz, um zu erkunden, ob eine Anstellung im preußischen Dienst möglich erscheint, verfügt doch die Familie über keinen Unterhalt mehr. In Gersdorf kommt am 23. Mai 1848 der zweite Sohn, Helmuth, zur Welt. «Ich kann mir», schreibt Adolph an seine Guste, «Dein Freude strahlendes Angesicht lebhaft denken, meine liebe, süße Frau, wenn Du den kleinen Säugling in die Arme schließt, und alle meine hiesigen Bekannten behaupten, dass auch ich ein ganz anderes Gesicht bekommen habe, nachdem diese Nachricht bei mir eingetroffen ist.»[18]

Adolph wünscht «den deutschen Waffen» Erfolg, fühlt sich selbst als «geborener Deutscher», nimmt aber «als treuer Untertan meines Königs, als vieljähriger dänischer Staatsbeamter und fühlender Mensch an dem Schicksale so vieler teurer Freunde und Verwandter auf beiden Seiten Anteil».[19] Eine Rückkehr in den Staatsdienst hält er für undenkbar. Die Revolution, glaubt Adolph, werde zu einer neuen Weltordnung führen. Das habe durchaus seine Berechtigung. Aber: «Wer dazu mitwirken will, muss notwendig entweder der neuen Zeit angehören oder seine bisherigen Überzeugungen aufgeben und verurteilen.» Er selbst spüre keinerlei Neigung, «bei der jungen Welt in die Schule zu gehen». Und überhaupt: «Wer würde gleichwohl mit alten Steinen ein neues Gebäude errichten wollen?»[20] Adolph möchte auswandern und Landwirtschaft betreiben. Einige Beamte in Holstein verweigern der Provisorischen Regierung den Gehorsam; so etwa der neue, königstreue Amtmann von Neumünster. Er wird von der Regierung in Kiel entlassen und durch Cai Lorenz von Brockdorff ersetzt, der sich dem Aufstand angeschlossen hat. Cai und Nette ziehen von Glückstadt nach Neumünster in ein altes Stadtpalais, das herrschaftliche Amtshaus.[21]

Nur Stunden nach der Ausrufung der Provisorischen Regierung überrumpelt der Prinz von Noer mit ein paar hundert Mann die Besatzung der Festungsstadt Rendsburg. Am Gelingen hat ein ortskundiger Leutnant erheblichen Anteil: Alfred von Krohn, Adolphs Schwager. Aufgewachsen in Rendsburg, war der junge Krohn nach seiner Kadettenzeit in Kopenhagen wie Helmuth von Moltke zur preußischen Armee übergetreten und hatte die Kriegsschule in der Burgstraße besucht. Anfang März noch kämpfte er mit seiner Artilleriebrigade gegen die Revolutionäre auf den Barrikaden der Hauptstadt. Danach wurde Krohn als Instrukteur nach Holstein entsandt.[22] Nun steht der Achtundzwanzigjährige Schulter an Schulter mit Freischartruppen, die das schwarz-rot-goldene Banner jener Bewegung führen, die er in Berlin bekämpft hat. Beim Husarenstreich des Prinzen in Rendsburg tragen Soldaten beider Seiten dänische Uniformen. Der Sezessionskrieg spaltet nicht nur die Rendsburger wie der Blitzschlag die Eiche: Wer «nach Norden» gehen wolle, verkündet der Prinz einer verblüfften Besatzung, möge das tun, und zwar auf der Stelle; natürlich verlässt kein Holsteiner seine Heimat – wohin sollte er sich wenden? Sie alle erhalten eine weiße Armbinde und gehören fortan zur «schleswig-holsteinischen Armee». Dänischsprachige Offiziere müssen Rendsburg auf ihr Ehrenwort, nicht gegen Schleswig-Holstein zu kämpfen, verlassen.[23]

In Itzehoe erleben die Burts, wie eine Bürgerwehr und ein «Deutscher Verein» entstehen, die Männer einander nicht mehr mit «Herr», sondern nur noch als «Bürger» anreden, sich das Zweite Dragonerregiment der Erhebung anschließt und unter den Klängen der Schleswig-Holstein-Hymne Richtung Rendsburg marschiert.[24] Den Befehl über alle Feldtruppen soll Adolphs Schwiegervater übernehmen: Oberst August Friedrich von Krohn, Vater von Alfred und Auguste. Um ihm das Kommando anzubieten, reist der junge Krohn auf Bitten des Prinzen von Noer nach Glückstadt.[25]

August Friedrich von Krohn, sechzig Jahre alt, ist in Holstein einer der wenigen Offiziere, die über Kriegserfahrung verfügen. 1809 war er wie Friedrich Philipp von Moltke gegen Schill gezogen. 1813 hatte Krohn in der dänischen Armee auch den Krieg gegen die Alliierten mitgemacht. Danach allerdings diente er jahrzehntelang als Hofmarschall der Herzoginwitwe Louise von Sonderburg-Glücksburg. Krohn entscheidet sich für die Sache des Südens. Mit seinem Sohn reist er zum Prinzen nach Rendsburg. Auguste von Moltke lebt fortan in ständiger Angst um Vater und Bruder.[26] Ihre Sorgen sind berechtigt: Vater Krohn, zum General ernannt, versammelt viertausend Mann nördlich von Flensburg, ist den dänischen Hauptstreitkräften weit unterlegen, zögert allzu lange mit dem Rückzug und wird am 9. April 1848 im Gefecht bei Bau völlig geschlagen. Seine Freischaren verflüchtigen sich wie Nebel in der Sonne. Nur einige reguläre Verbände erreichen die schützenden Mauern von Rendsburg. Ganz Schleswig fällt in dänische Hände. Der Erhebung droht das Scheitern.

Bei Bau hat ein dänischer Offizier, den Helmuth und Fritz seit ihrer Kadettenzeit kennen, schwere Verwundungen erlitten: Friedrich Hegermann-Lindencrone, der «Pulsög»-Spieler aus Rolighed. Noch am Kampftag lässt sich der Verletzte zu Fritz Moltke ins Posthaus von Apenrade tragen. Bevor er stirbt, bittet er seinen Jugendfreund, letzte Grüße an Eltern und Geschwister auszurichten. Der

Vater in Kopenhagen überlässt Fritz als Dank eine Taschenuhr, die
Friedrich Hegermann bei Bau getragen hat.[27]
Auch für Fritz und Betty ist die Erhebung eine Katastrophe. Dank
der Postmeisterstelle konnten beide ein gesichertes Leben führen.
Würde Helmuth in Berlin das Treiben der Familie in Apenrade sehen
können, hatte Fritz gescherzt, «so ließest Du Preußen und dessen
hochwürdigen Generalstab im Stich und suchtest Deinen Regress an
unseren Erdbeeren, Stachelbeeren, Kirschen, Seewasser, Kinder-
geschrei nebst Zubehör».[28] Doch nun gerät Postmeister Moltke zwischen die Fronten. In Apenrade, einer Hafenstadt mit rund viertausend Bewohnern, kann man Nachttöpfe erwerben, auf deren Böden
die Gebrüder Augustenburg abgebildet sind, beide unter dem Galgen,
die Schlinge um den Hals: «Ihr zwei Verräter möget wissen, dass alle
Dänen auf Euch pissen!»[29] Nationalkampf und soziale Frage verbinden sich in Apenrade zu einer hochexplosiven Mischung. Dänisch
gesinnte Kleinbürger, Arbeiter und Seeleute gehen auf die Straße, um
eine Anerkennung der Provisorischen Regierung durch die städtischen Kollegien zu verhindern. Trotzdem unterstellt sich Apenrade
der Kieler Regierung. Aufgrund eines Zensus, der das Wahlrecht an
das Eigentum koppelt, überwiegt im Magistrat das deutschfreund-
liche, wohlhabende Bürgertum.[30] Nicht zufällig hat Fritz Moltke im
letzten Jahr bei den Wahlen zur Ständeversammlung gegen den
Kandidaten des Augustenburgers haushoch verloren.
Als nun Bürgermeister Schow auch den Postmeister auffordert,
seine Ergebenheit zu erklären, verweigert Fritz die Gefolgschaft. Er
sei, antwortet Moltke, durch einen Eid an den König gebunden. Befehle aus Kiel könne er nur befolgen, wenn sie nicht im Widerspruch
mit den Weisungen der königlich-dänischen Postdirektion stün-
den.[31] Das ist der Bruch. Moltke überwirft sich mit Männern, die in
Apenrade das Sagen haben und zu denen er nach seiner Herkunft
und sozialen Stellung eigentlich gehört. Kadettenzeit, Offiziersdienst, die Übertragung des Postmeisteramtes und eine rettende
Gratifikation des Königs nach dem Schiffsunglück beim Umzug aus
Ringsted lassen kaum eine Wahl: Fritz Moltke wählt die Sache des
Nordens.

Helmuth hat das Verhalten des Generals von Krohn im Gefecht bei Bau ohne Rücksicht auf familiäre Bande öffentlich gerügt. Seine Erklärung für die Niederlage wirft ein Schlaglicht auf Moltkes Sicht der Beziehung zwischen Politik und Militär. Krohn, so Moltke, habe den Rückzugsbefehl verzögert, weil er Flensburg aus Prestigegründen nicht habe aufgeben wollen, mitten im Krieg also Politisches über Militärisches gestellt habe.[32]

Auf Drängen der Provisorischen Regierung, die nach Rendsburg flüchtet, wird Krohn seines Kommandos enthoben. Bei Freischärlern und Demokraten hat er jedes Ansehen verspielt. Aber er genießt noch immer den Rückhalt des Prinzen von Noer. Und so wechselt er als geschäftsführender Minister ins neue «Kriegsdepartement», bleibt also in leitender Stellung. Es gilt, mit gerade einmal siebenundvierzig Mitarbeitern eine Armee aus dem Boden zu stampfen. Zum Antreiber wird Krohns Ehefrau, die Mutter Augustes. Charlotte von Krohn, eine geborene Thomsen, wird bald allerorts nur «Kriegsministerin» genannt. Unermüdlich führt sie zahllose Briefwechsel, durchforstet Aktenstapel, leitet ein Rendsburger Lazarett, wirkt als Vorsitzende des patriotischen «Landes-Unterstützungs-Vereins», spricht mit Beseler und Vertretern der Presse, später auch mit Heinrich von Gagern, als er sein Amt als Paulskirchenpräsident aufgibt und selbst für Schleswig-Holstein in den Krieg zieht. Charlotte Krohn ist für viele die Seele der Bewegung.[33] In Rendsburg, weiß auch ihr Ehemann, ist sie «so in ihrem Element, dass wohl nur die größte Gefahr sie wird zum Weggehen bewegen können, und ich fürchte, dass sie entfernt vom Kriegsschauplatz die Ruhe nicht würde ertragen können».[34]

So lässt das Kriegsdepartement, wenn auch nur mit linker Hand, Kanonenboote bauen, denn das Paulskirchenparlament hat die Gründung einer Reichsflotte bewilligt. Anlass ist die Blockade holsteinischer Seestädte durch Kriegsschiffe des Königs von Dänemark. In der Nationalversammlung vermengen sich nationale, antidänische Freiheitsvorstellungen der Demokraten mit handelsliberalen Ideen des Bürgertums und den Seemachtvorstellungen der Konservativen. Das alles mündet in eine Flottenbegeisterung, die in der

Marine den Ausdruck der neuen Einheit in Freiheit zu erkennen glaubt. Bald kreuzen auf Ost- und Westsee, wie man die Nordsee noch nennt, erstmals Kriegsschiffe unter schwarz-rot-goldener Flagge, darunter der *Brandtaucher*, das erste U-Boot des Deutschen Bundes.

Die Entscheidung aber – das wissen alle – wird nicht zur See, sondern auf dem Lande fallen. Den Kern des neuen Heeres bilden holsteinische Verbände der dänischen Armee, ein paar tausend Mann, denen massenhaft Freiwillige zuströmen – mehr, als man anfangs bewaffnen und bekleiden kann.[35] Die Aushebung, Ausbildung und Operationsführung leiten Offiziere aus Preußen. Nach Einführung der allgemeinen Wehrpflicht entsteht ein 35 000-Mann-Heer, bestens versorgt und modern bewaffnet. Das politische Herz der Streitkräfte aber schlägt in den «Freikorps». Dort sammeln sich Freiwillige aus ganz Deutschland, die aus dem studentischen, kleinbürgerlichen oder handwerklichen Milieu stammen und nicht nur für nationale, sondern auch für demokratische Belange zu Felde ziehen. Meist treibt sie der politische Nationalismus des Vormärz, der in mancherlei Hinsicht dem Denken der Aufklärung verpflichtet bleibt. Noch überträgt die Nationalidee den Gedanken des Rechtes auf persönliche Entwicklung und Würde kurzerhand vom Einzelnen auf die Nation. Aber mit Einführung der Wehrpflicht treten die Freikorps in den Hintergrund. Fortan vermischt sich bei den meisten Soldaten ein unscharfer lokaler Patriotismus mit dem Gefühl, für die Wahrung angestammter Rechte zu fechten. Deutschliberales oder Demokratisches spielt kaum noch eine Rolle. Im schleswig-holsteinischen Heer behalten konservative und bürgerliche Offiziere dauerhaft die Oberhand, anders als etwa in Baden.[36] Die Krohns und ihr Kriegsdepartement gründen eine Armee der Revolution – aber keine revolutionäre Armee.

Unter dem Druck der Revolution beschließen die Gesandten des Deutschen Bundes die Anerkennung der Provisorischen Regierung. Wichtiger noch: In ihrem Auftrag entsendet der König von Preußen zwölftausend Soldaten. Seit über dreißig Jahren ist das der erste

Oberstleutnant Helmuth von Moltke als Chef des Generalstabes des IV. Armeekorps. Gemälde von Richard Lauchert, um 1839

Krieg, der durch das Eingreifen von Bundestruppen alle deutschen Staaten betrifft. Ende April besetzt das Bundesheer unter der Führung des preußischen Generals von Wrangel das Herzogtum Schleswig. Einen Augenblick lang jubelt das schwarz-rot-goldene Deutschland über den Vormarsch königlich-preußischer Truppen. Nun sind die Kämpfe voll entbrannt. Alle Sicherheit scheint aufgehoben.

Als in Apenrade preußische Truppen einziehen, muss Fritz das Posthaus räumen, lässt Hab und Gut zurück, flüchtet über die Ostsee nach Odense auf Fünen, kommt dort als Armeepostmeister unter und wird aufgrund seiner Königstreue zum Ritter des Dannebrog geschlagen.[37] Helmuth indessen bietet Adolph und seiner Familie Zuflucht bei sich an, zunächst noch in Koblenz, wohin er 1846 versetzt worden ist, dann in Magdeburg, als man ihn im Sommer zum Generalstabschef des Vierten Armeekorps ernennt. Auch Louis fordert er auf, zu ihm zu kommen. Dessen Lage als Amtmann in Burg ist schwierig geworden. Auf Fehmarn befürchtet man eine Invasion der Dänen. Ohne Zutun des Amtmanns gründet der Justizrat von Leesen eine Miliz. Leesen fühlt sich zum Inselführer berufen, bewaffnet eine Leibwache, reist nach Ostholstein, um Freischärler anzuwerben, und verfasst Eingaben für die Provisorische Regierung. Als einer seiner Anhänger auf das Haus eines Bürgers schießt, der sich Leesens Miliz verweigert, wird der Täter vom Amtmann vorgeladen, erscheint jedoch nicht, sondern droht, «dass das bewaffnete Volk ihm beistehen und seine Arretierung mit Gewalt verhindern werde». Die Aufregung, warnt Louis, habe «einen höchst bedenklichen Grad erreicht».[38]

Am 15. April ankert die dänische Kriegskorvette *Galathea* vor Fehmarn, über vierzig Meter lang und mit dreißig Kanonen bestückt. Ein Offizier und zwei Matrosen gehen an Land. Der Offizier befiehlt allen Beamten, sich mitsamt den Staatskassen an Bord der *Galathea* zu begeben. Leesen und mehrere Bewaffnete, darunter Detlev von Liliencron, treten ihm entgegen. Ein dänischer Matrose wird erschossen, der andere entkommt, der Offizier geht in Gefangenschaft. Umgehend entsendet das Kriegsdepartement Truppen nach Fehmarn, um die Insel vor dänischer Vergeltung zu schützen. Frauen und Kinder werden nach Heiligenhafen und Großenbrode evakuiert.

Nun macht Leesen gegen Moltke Stimmung, wirft ihm vor, die Volksbewaffnung zu verzögern. Tatsächlich weigert sich Louis, den Milizdienst als Zwangspflicht durchzusetzen, und betrachtet das Ganze, so Leesen, als Schutzmaßnahme «des Besitzenden gegen den Besitzlosen».[39] Der Amtmann wird auf offener Straße als «Däne» beschimpft. Louis bittet die Provisorische Regierung um seine Abberufung. Stattdessen kommen zwei Sonderbotschafter; sie haben alle Hände voll zu tun, die Stimmung zu beruhigen.[40] Vorerst aber kann Louis auf der Insel bleiben. Auch Helmuth und Adolph schmieden Rückzugspläne. Jetzt Landbesitz erwerben, nicht zuletzt als Sammelpunkt der Familie, oder gemeinsam in Australien neue Wurzeln schlagen – Helmuth spielt mit dem Gedanken einer Auswanderung nach Adelaide oder in die Karibik.[41]

Man hält, so gut es geht, zusammen. Aber die Kampflinien des Sezessionskrieges verlaufen quer durch die Familie. John Junior fühlt sich als Deutscher. Doch einen Großteil seines Lebens wird er freiwillig und gerne in Kopenhagen verbringen. Adolph, Louis und Fritz haben dem König von Dänemark einen Treueid geleistet. Helmuth dient als Offizier des Königs von Preußen. Dänemark und Preußen aber befinden sich im Kriegszustand. Louis und Adolph wiederum verlieren den Gesamtstaat nie aus den Augen und wähnen sich zwischen Volk, Dänenkönig und Revolutionsregierung zerrieben. Schwiegervater Krohn führt das Kriegsministerium der Erhebungsarmee. Adolphs Ehefrau hält, jedenfalls politisch, nicht zu ihrem Mann, sondern zur Sache des Vaters.[42] Fritz wiederum denkt strikt königstreu, lehnt jede Teilnahme an der Erhebung ab und geht so weit, Helmuths Briefe nicht mehr zu beantworten. Helmuth findet das seinerseits «unfreundlich und beinahe lächerlich»,[43] sieht aber die «holsteinischen Wirren … freilich aus einem mehr deutschen Gesichtspunkte an».[44] Als ihn die Anregung erreicht, ein Kommando in der Armee des Südens zu übernehmen, wehrt er keineswegs ab; eine offizielle Anfrage aber bleibt schließlich aus.

Militärisch wendet sich nach dem Eingreifen der Preußen das Blatt. Bald müssen die dänischen Truppen sogar große Teile Jütlands räumen. Zu Lande bleibt Preußen überlegen, besitzt aber keine Flotte, die Inseldänemark in Verlegenheit bringen könnte. Darüber hinaus weitet sich der Krieg zu einer internationalen Frage aus. Der Zar ist verstimmt, weil Preußen scheinbar mit Revolutionären an einem Strang zieht, und droht, russische Truppen zu entsenden. Das ruft auch London auf den Plan. Die englische Regierung wünscht weder russische noch preußische Streitkräfte an den Zugängen zur Ostsee. Bald verhandeln Diplomaten aus Berlin und Kopenhagen unter russisch-englischem Druck in Malmö über eine Waffenruhe.

Die Ständevertreter in Rendsburg haben Wahlen zu einer *Verfassunggebenden Landesversammlung* ausgeschrieben. Ähnlich wie die *Philadelphia Convention* der Amerikanischen Revolution oder Frankreichs *Assemblée Nationale* nach dem Schwur im Ballhaussaal soll die Landesversammlung eine Verfassung für Schleswig-

Holstein beschließen. Helmuth fürchtet, Adolph könnte kandidieren.[45] Tatsächlich lässt sich sein Bruder für den Wahlbezirk Barkau, Herzogtum Holstein, in die Versammlung wählen. Sie tritt am 15. August in der Kieler Schlosskirche zusammen. Man könne, rechtfertigt Adolph seinen Sinneswandel, «die Revolution missbilligen und ist gleichwohl verpflichtet, sich der vollzogenen Revolution mit aller Kraft und Treue anzuschließen ...»[46] Die Revolutionäre, so scheint es, wollen nun doch mit alten Steinen ein neues Gebäude errichten. Obwohl die Landesversammlung schließlich ein Zensuswahlrecht einführt, dem sicher auch Adolph das Wort geredet hat, gilt ihr «Staatsgrundgesetz» als freiheitlichste Verfassung des Revolutionsjahres. Allerdings kommt es nicht unter Moltkes antreibender Mitwirkung, sondern trotz seines Bremsens zustande.[47]

Ungeachtet einer Welle des Protestes in den deutschen Staaten und entgegen dem Beschluss der Paulskirche schließen Berlin und Kopenhagen am 26. August 1848 den Waffenstillstand von Malmö. Er ist auf sieben Monate befristet. Für die Revolutionäre in Berlin, Frankfurt und Kiel markiert der Vertrag den Scheitelpegel. Überall verebbt die Stoßkraft der Bewegung. Ihr Schicksal entscheidet sich am Besitz der Bajonette. Preußens Armee bleibt in der Hand des Königs. Viele Soldaten glauben, dass sie die Revolution nicht unterdrücken, sondern im Gegenteil vor der Anarchie beschützen. Im Herbst rücken Truppen unter dem Befehl des Generals von Wrangel, der in Preußen nun offenbar dringender gebraucht wird als in Schleswig-Holstein, wieder in die Hauptstadt ein. Wrangel findet keinen Widerstand. «Möchte man sich doch in Holstein nicht täuschen», warnt Helmuth seinen Bruder in Kiel, «wir sind an der äußersten Grenze des zu Duldenden angelangt .... Die Zeit ist ernst, ein Bruch fast unvermeidlich, ein Bruch mit der Revolution in Preußen und mit Deutschland, soweit es in Frankfurt repräsentiert ist.»[48] Doch vorerst wird ein Bruch vermieden. Die Nationalversammlung weicht zurück, stimmt nun doch für den Waffenstillstand, um die Möglichkeit einer Verständigung mit den alten Mächten zu bewahren.

Eine «Gemeinsame Regierung» auf Schloss Gottorf soll die Provisorische Regierung ersetzen. Artikel 7 des Vertrags von Malmö entsprechend, wird sie vom dänischen wie vom preußischen König mit fünf Schleswig-Holsteinern besetzt, «die allgemeine Achtung und Ansehen genießen».[49] Die zwei Schleswiger sollen vom dänischen Monarchen, die zwei Holsteiner vom preußischen König ernannt werden. Auf den Präsidenten will man sich verständigen. Die Auswahl aller Regierungsmitglieder wird stillschweigend der deutschen Seite überlassen. Ein Sondergesandter der Paulskirche, Max von Gagern, erstellt für den preußischen Unterhändler in Malmö eine Kandidatenliste. Damit die Dänen zustimmen, fasst Gagern ausschließlich Vertreter der Mitte ins Auge. Ganz oben auf seiner Liste steht der Name Adolph von Moltke.[50]

Die Moltkes verfügen über Verbindungen nach Dänemark; auch hat sich Adolph im Kriege nicht als Demokrat oder Nationalist hervorgetan; zudem gehört die Familie zwar dem Adel an, doch sie verfügt weder über Grund und Boden, noch lebt sie schon seit Generationen im Lande, hat also keinen Sitz in der schleswig-holsteinischen Ritterschaft, der uralten Vertretung des landsässigen Adels. Adolph ist weniger der aristokratischen als der bürokratischen Elite zuzurechnen. Er selbst denkt konservativ im Sinne des Prinzen von Noer, der keine politische oder soziale Revolution wünscht, sondern beide Herzogtümer unter seiner Führung einigen und dann – wenn es die Umstände gestatten – entweder dem Deutschen Bund anschließen oder sie unter dem Dach des Gesamtstaates halten möchte. In der Landesversammlung hat Adolph sich Ansehen auch bei Liberalen und Demokraten verschafft. Kurzum: Als Kandidat der Mitte erscheint er überaus geeignet.

Das Amt des Präsidenten der Gemeinsamen Regierung übernimmt Theodor Graf Reventlow-Jersbek, Bruder von Friedrich Graf Reventlow, einem ehemaligen Mitglied der Provisorischen Regierung. Adolph hat eine Beteiligung zunächst abgelehnt, wird dann aber doch am 22. Oktober durch die Landesversammlung als Stellvertreter Reventlows in die Regierung berufen. Für seine Kandidatur kann er Teile der Linken hinter sich bringen.[51] Aber die «fünf

Könige von Gottorf»[52] stoßen bei Demokraten und Liberalen auf
wenig Gegenliebe. Mit Reventlow-Jersbek, dem Freiherrn von
Heintze und Adolph von Moltke überwiegt der Adel. Die zwei bürgerlichen Regenten, Alexander Preusse und Paul Boysen, stammen
aus der alten, königstreuen Beamtenschaft. Dänisch gesinnte Kreise
wiederum halten die Regierenden in Gottorf für Rebellen. Innen-
politisch ist der Spielraum für die «fünf Könige» also begrenzt,
zumal der Malmöer Vertrag bestimmt, dass die Gesetzgebung für die
Dauer des Waffenstillstands ruhen muss. Aber das Staatsgrundgesetz
bleibt in Kraft. Damit verfügen beide Herzogtümer zum ersten Mal
über eine verfassungsmäßige Regierung.

Dem Streit um die Legitimität der fünf Regenten, der bald zwischen Deutschen und Dänen entbrennt, will Moltke ausweichen; er
gedenkt, stattdessen «in den Kampf der sozialen Frage»[53] einzutreten. In Dithmarschen und auf vielen ostholsteinischen Gütern sorgen die «Insten» für Unruhe, Tagelöhner, die mehr Lohn und kür-
zere Arbeitszeiten fordern. Auf Bitten der Ortsobrigkeiten musste
schon die Provisorische Regierung mehrfach Soldaten entsenden,
gründete aber zugleich eine Instenkommission, die Missstände un-
tersuchen sollte und der drei der fünf Regenten, nämlich Heintze,
Preusse und Boysen, angehört haben.[54] Darüber hinaus sind seit
Kriegsbeginn mindestens dreißig Arbeitervereine mit fünftausend
Mitgliedern entstanden. Die Instenunruhen und die frühe Arbeiterbewegung sind weder sozialistisch noch kommunistisch; aber Konservative wie Moltke wittern Gefahren, empfinden angesichts von
Ausbeutung und Elend gleichwohl auch eine moralische Verpflichtung zum Handeln.

Am 20. November befiehlt Friedrich Wilhelm IV. seinen Offizieren
in Schleswig-Holstein die Rückkehr. Zwar geht es nur um etwa dreißig Männer; doch sie alle haben so hohe Kommandos, dass die «fünf
Könige» um die «fernere Existenz»[55] des Erhebungsheeres fürchten.
Sogar der neue Oberbefehlshaber, General Eduard von Bonin,
kommt aus Preußen. Die Offiziere spielen für die Gemeinsame
Regierung auch politisch eine Rolle. Sie sollen die «offene Anar-

chie»[56] verhindern, eine soziale und demokratische Revolution im Keim ersticken. Reventlow-Jersbek entsendet Moltke nach Berlin mit dem Auftrag, beim König die Rücknahme der Anordnung zu erwirken. Der Prinz von Noer unterstützt Moltke, wohnt mit ihm im «Mainhards Hotel» Unter den Linden.[57] Die Lage ist schwierig, zumal fünfzig Pioniere des Erhebungsheeres in Rendsburg disziplinarische Strafmaßnahmen Bonins öffentlich als übertrieben gerügt haben. Der General und die Gemeinsame Regierung betrachten das als Meuterei. Zwischen den preußischen Offizieren und ihren Soldaten aus Schleswig-Holstein steigt die Spannung. Moltke in Berlin müsse erklären, drängt Reventlow-Jersbek, dass die Gottorfer Regierung «mit dem größten Unwillen dergleichen Wühlereien vernimmt und jeder Anarchie aufs nachdrücklichste entgegenzutreten entschlossen ist».[58] Kurzum: «Sie werden gewiss Gelegenheit haben, die Machthaber uns etwas günstiger zu stimmen.»[59]

Um Adolph über die Unruhen zu berichten, reist der junge Journalist und Historiker Theodor Mommsen nach Berlin.[60] Seine Nachrichten könnten düsterer kaum sein. In Rendsburg ist ein Kriegsgericht unter dem Vorsitz des Generals von Krohn zusammengetreten. Adolphs Schwiegervater hat die fünfzig Pioniere verhaften und ins Zeughaus bringen lassen. Eine Volksmenge wollte sie befreien, angefeuert durch den Demokratischen Verein. Truppen aus Schleswig-Holstein sollten die Menge zerstreuen, verweigerten aber den Befehl.

Erst eine Kompanie Württemberger konnte die Ruhe wiederherstellen. Das Kriegsgericht verurteilt vierzig Pioniere zum Tode. Außerdem erkennt es auf «Decimation»: In der Kompanie soll jeder zehnte Soldat erschossen werden. «Hier in Rendsburg ist man heute sehr aufgeregt. Bürger und Soldaten geben dem General Unrecht. Der Hass gegen die preußischen Offiziere ... macht sich überall geltend.»[61] Bonin verlegt siebentausend Soldaten nach Rendsburg, allesamt nicht aus Schleswig-Holstein. Das Urteil des Kriegsgerichts schickt er der Gemeinsamen Regierung. Die «fünf Könige» sollen es bestätigen und mildern. Doch die Landesversammlung und Angehörige der ehemaligen Provisorischen Regierung bemängeln Fehler in der Form, fordern die Einberufung eines neuen Gerichts, das nicht nur aus Offizieren, sondern auch aus Unteroffizieren und Soldaten besteht. Bonin schäumt vor Wut, droht mit Rücktritt.[62] Erst eine Abordnung von Bürgern aus Schleswig und eine Petition schleswig-holsteinischer Offiziere können ihn umstimmen. Am Ende wird kein Pionier erschossen. Die «fünf Könige» fassen lediglich eine Auflösung der Kompanie ins Auge.[63] Adolph kann nach langen, aufreibenden Verhandlungen am Ende den Verbleib der preußischen Offiziere erreichen.

SECHSTES KAPITEL

Reaktion

Scheitern der Nation

Die «fünf Könige» sind vom Wohlwollen des Herrschers in Berlin abhängig. Auf Betreiben des dänischen Ministerpräsidenten Adam Wilhelm von Moltke – Dänemarks erstem konstitutionellen Regierungschef – hat Friedrich VII. alle Mitglieder der Gemeinsamen Regierung zu Rebellen gestempelt. Nur das Drängen des Gesandten aus London bewirkt, dass Friedrich seine Bereitschaft andeutet, einen letzten Verständigungsversuch zu unternehmen. Preusse und Adolph Moltke scheinen eher zum Rücktritt entschlossen, weil der König sie soeben zu Aufrührern erklärt hat.[1] Der englischen, preußischen und russischen Diplomatie ist an einer Verständigung aber so sehr gelegen, dass auch Preusse und Moltke schließlich nachgeben. Die Kriegsgegner tauschen Sondergesandte aus – ohne Erfolg. Dänemark kündigt den Vertrag von Malmö.

Die Mitglieder der Gemeinsamen Regierung legen ihre Ämter nieder. Sie werden durch eine «Statthalterschaft» Beselers und des Grafen Friedrich von Reventlow ersetzt. Für die Führung eines Krieges besitzen die «fünf Könige» keinen Rückhalt. Adolph Moltke hat sechs Monate amtiert. Der Kampf entbrennt aufs Neue.

Adolph bleibt in Berlin, nunmehr als inoffizieller Mittelsmann. Um ihn zu unterstützen, reist Reventlow-Jersbek in die preußische Hauptstadt, im Gepäck ein Schreiben der Statthalterschaft. Am 28. März 1849, einen Tag nach Ablauf des Waffenstillstands von

Malmö, ist Friedrich Wilhelm IV. von der Nationalversammlung zum deutschen Kaiser gewählt worden. Das Schreiben aus Gottorf enthält Glückwünsche zur Kaiserwahl. Auch die Landesversammlung schickt fünf Abgeordnete, die dem König gratulieren sollen. Beide Statthalter überlassen es Moltke und Reventlow-Jersbek, ob «mit der fraglichen Beglückwünschung Abstand zu nehmen sein möchte, bis auch die Regierungen anderer Deutscher Staaten damit hervortreten».[2] Nicht zu früh will man sich aus der Deckung wagen. Tatsächlich ist die Kaiserkrone für den König von Preußen kaum mehr als ein «aus Dreck und Letten gebackener Reif».[3] Seine Verweigerung bedeutet für die Nationalversammlung das Ende. Moltke und Reventlow-Jersbeck, die in Berlin Freundschaft schließen, haben das Schreiben aus Gottorf nie übergeben.

Der König hält wieder alle Fäden in der Hand. Friedrich Wilhelm IV. will ein großmütiger Sieger sein. Wenige Tage vor Ausbruch der Barrikadenkämpfe hatte er selbst eine Verfassung gewähren wollen; und auch Friedrich Wilhelm möchte die nationale Einheit unter Preußens Führung – nur soll es keine revolutionäre, sondern eine antirevolutionäre Einheit sein. Zunächst die «Freiheit»: Der König gewährt eine Konstitution «von oben». Sie garantiert alle wesentlichen Grundrechte, Presse- und Versammlungsfreiheit und ein frei gewähltes Abgeordnetenhaus. Das berüchtigte Dreiklassenwahlrecht ist von der Paulskirchenverfassung weit entfernt, bedeutet aber keinen «Sonderweg». In England etwa ist das Wahlrecht ebenfalls an Besitz- und Einkommensverhältnisse gebunden. Dann die «Einheit»: Noch kann der König im Deutschen Bund fast nach Gutdünken walten, denn Österreich ist durch seine eigene Revolution gelähmt. So begründet Friedrich Wilhelm die «Deutsche Union», einen Bund von achtundzwanzig deutschen Fürsten, dem sich nur Bayern und Württemberg verweigern. Ansonsten hat die Union bereits den Umfang des späteren Deutschen Reiches. Schließlich das «Recht»: Sogar die Liberalen spielen mit. In Erfurt wird ein zweites Mal an einer kleindeutschen Verfassung gearbeitet, diesmal allerdings unter preußischen Vorzeichen.

*«Schloss Rantzau»: Der Dienst- und Wohnsitz Adolph von Moltkes,
Administrator der Grafschaft Rantzau*

Adolph wird von den Statthaltern mit der Ernennung zum kommissarischen «Administrator» der Grafschaft Rantzau belohnt. Paul Boysen, ehemals Mitglied der Gemeinsamen Regierung, hat sich für Moltke eingesetzt.[4] Oberbeamte beziehen hohe Gehälter. Aber der Landdrost von Pinneberg und der Administrator in Rantzau sind die reichsten unter den reichen Beamten des Landes. Man nennt den Landdrost, den Administrator und den Amtmann in Reinbek, nur halb im Scherz, die drei Fürsten von Holstein.[5] Staatsrechtlich betrachtet «administriert» – verwaltet – Adolph das Gebiet im Namen des dänischen Königs für die Grafen von Rantzau. 1721 soll der regierende Graf einem Brudermord zum Opfer gefallen sein; seitdem gilt dessen Herrschaft als verwaist. Tatsächlich gehört sie längst zur Krone.[6] Der Administrator übt auch eine richterliche Gewalt aus, denn die Trennung zwischen Justiz und Verwaltung gibt es bei den unteren Behörden nicht.[7]

Holstein ist in vierzehn «Ämter» geteilt; es gibt keine zwei Ämter,

deren Verwaltungsbau völlig übereinstimmt. Geleitet werden die
Ämter von Oberbeamten. In beiden Dithmarschen heißen sie «Land-
vogt», in der Herrschaft Herzhorn «Intendant», in der Stadt Altona
«Oberpräsident», in der Herrschaft Pinneberg «Landdrost», in der
Grafschaft Rantzau «Administrator»; meist jedoch tragen sie den
Titel «Amtmann». Dank der richterlichen Tätigkeit erhalten die
Oberbeamten Gebühren, sogenannte Sporteln, die einen Großteil
ihrer Einkünfte ausmachen. Allerdings hat die Statthalterschaft alle
Sporteln gestrichen und in die Staatskasse geleitet.[8]

Die Administratoren nehmen ihren Wohn- und Dienstsitz stets
auf «Schloss Rantzau» nahe Barmstedt, einem malerischen Herrenhaus, das mit seinen Nebengebäuden auf drei Inseln im Rantzauer
See thront. Der Administrator verfügt über Sekretäre und Schreiber,
mit deren Hilfe er neben der Grafschaft auch die Herrschaften Herzhorn, Sommerland und Grönland bei Glückstadt verwaltet. Weil aber
ein neuerlicher Feldzug bevorsteht, lässt Adolph seine Familie von
Louisenlund zu Helmuth nach Magdeburg reisen.

Auch Marie drängt, Auguste möge das Kriegsgebiet sofort verlassen: «Bitte, liebste Auguste, … komme ohne alles weitere Schreiben,
setze Dich gleich auf mit den Kindern und dem Mädchen; eine Wiege
für Helmuth habe ich schon im Hause.»[9] Theodor Graf Reventlow
bietet auf seinem Gut Jersbek bei Hamburg ebenfalls Asyl: «Den Ihri-
gen würde der ruhige Landaufenthalt im Grünen und Garten besser
bekommen als die Sonne und der Schatten am Paradeplatz in Magdeburg.»[10] Auguste reist mit den Kindern zu ihrem Schwager, ist aber
empört, weil Adolph vor Annahme der Stelle in Rantzau nicht ihren
Rat eingeholt hat, glaubt, er habe «aus Stolz oder falschem Ehrgefühl» kein höheres Gehalt gefordert, und sieht ihren Vorwurf bestätigt, dass Adolph seit dem Verlassen der Deutschen Kanzlei für
seine «bürgerliche Existenz … keine festen und bestimmten Schritte
vorzunehmen wusste».[11] Auguste ist nervös: Vor wenigen Monaten
hat sie ihr fünftes Kind, Marie, geboren.[12]

Bonins schleswig-holsteinische Armee und die Bundestruppen, geführt durch den preußischen General von Prittwitz, rücken nach

zwei Siegen abermals bis Jütland vor. Doch schon am 10. Juli 1849
wird auf Druck der Großmächte ein neuer, für Schleswig-Holstein
ungünstiger Waffenstillstand abgeschlossen. Inzwischen hat im
Deutschen Bund die Gegenrevolution gesiegt. Damit verliert die Erhebung zuerst moralisch, dann auch militärisch jede Unterstützung.
Trotzdem verweigern Statthalterschaft und vor allem die Landesversammlung eine Annahme des Waffenstillstands. Adolph aber ist
dafür und redet einer – notfalls gewaltsamen – Auflösung des Parlaments das Wort.[13] Eine Hamburger Zeitung wirft ihm vor, «dass ich
mich hier», so Adolph, «in Berlin aufhielte, um mein Vaterland zu
verraten und zu verkaufen …».[14] Man könne, gibt auch Friedrich
Graf Reventlow zu bedenken, «nur durch das Zutrauen der Mehrheit, nicht durch Bajonette regieren».[15]

Moltke erreicht in Berlin zwar die Entsendung eines Sonderbot-
schafters, des Grafen Eulenburg; doch die Kluft zwischen Preußen
und Schleswig-Holstein kann auch Eulenburg nicht überbrücken.
Um Adolph zu unterstützen, schicken die Statthalter im August
einen «Vertreter der Herzogtümer» nach Berlin: Rochus von Liliencron, den Onkel des Dichters. Völlig erschöpft und überlastet, wohl
auch nervlich am Ende seiner Kräfte, erleidet Adolph am Schreibtisch gegen drei Uhr nachts «eine Art Blutsturz».[16] Zunächst helfen
Liliencron und Eduard Ballhorn; dann muss Guste Burt zur Pflege
ihres Bruders nach Berlin eilen. «Heute liegt er schon seit 9 Uhr auf
dem Sofa, hat auch die Erlaubnis, im Lehnstuhl sitzend ein wenig
aus dem Fenster zu sehen», beruhigt Liliencron Auguste in Magdeburg.[17] Adolph verlässt Berlin, erholt sich mit seiner Familie bei den
Paulys in Gersdorf und reist schließlich Anfang November weiter
nach Rantzau.

Im Frühjahr 1850 zielt die Erhebungsarmee ohne Verbündete in
den Kampf. Denn nun hat die Regierung Österreichs sich zurückge-
meldet, findet ihr «deutsches Haus» von Preußen besetzt und beschließt, rücksichtslos aufzuräumen. Schon mobilisieren Berlin und
Wien gegeneinander, als der Zar Partei für Österreich ergreift: Er
will nichts Neues wie die Deutsche Union, sondern den alten Bund

der Heiligen Allianz. 1850 kapituliert Preußen in Olmütz ähnlich bedingungslos wie 1807 in Tilsit – nur dass es sich diesmal nicht auf einen Krieg einlässt. Die Union wird aufgelöst, der alte Deutsche Bund wiederhergestellt. Außerdem muss Friedrich Wilhelm IV. die Einheit der Herzogtümer Schleswig und Holstein aufgeben. «Der König von Preußen», klagt Vater Krohn, «ist ein guter, lieber Mann, ein kluger Herr, gescheit und witzig, aber ein Herrscher ist er nicht.»[18]

Für das südliche Schleswig wird eine dreiköpfige Verwaltungsspitze in Flensburg eingesetzt und mit einem Preußen, einem Dänen und einem Engländer als Schiedsrichter besetzt. Schwedisch-norwegische Truppen sollen die Ordnung im Herzogtum sichern. Berlin und Kopenhagen schließen endgültig Frieden. Der Süden bleibt auf sich allein gestellt. Trotzdem verzichtet die Statthalterschaft auf eine Volksbewaffnung und die Berufung von Freischaren, «denn sollen wir untergehen», erklärt Friedrich Graf Reventlow, «so wollen wir mit Ehren untergehen und uns nicht schließlich selbst zerreißen und beschmutzen».[19] Noch deutlicher wird Boysen: «Zwei Feinde sind es, die uns drohen: die Despotie Dänemarks von der einen und die Demokratie von der anderen Seite ...»[20]

Auf Fehmarn erklärt eine Volksversammlung, man sei deutsch und verwahre sich gegen Bindungen an Dänemark.[21] Louis Moltke wird nun so angefeindet, dass er ein zweites Mal um seine Abberufung bittet und mit Mie die Insel für immer verlässt. Fritz Moltke hat die Stellung als Feldpostmeister auf Seeland aufgegeben und sich nach Apenrade in sein altes Amt zurückgewagt. Umgehend erhält er eine Misstrauensadresse, gerichtet an den «Expostmeister in Apenrade».[22] Er habe sich, liest Moltke, als «verdänter» Offizier den Feinden angeschlossen: «Sie aufzufordern, wieder abzudanken und die Stadt von Ihrer jetzt unehrenhaften Anwesenheit zu befreien, würde wohl nur ein frommer Wunsch bleiben. Sollten wir uns hierin nicht irren, so fühlen wir uns gedrungen, gegen Sie die Erklärung abzugeben, dass so viel Hochachtung wir gegen Ihren Bruder, den Herrn Adolph von Moltke, wegen seiner gegen Schleswig-Holstein erprobten Treue hegen, das Gegenteil dieses Gefühls uns gegen Sie als Staatsbürger erfüllt. Mit eventueller Verachtung» – es folgen einhundertzehn Unterschriften. Dänische und deutsche Zeitungen veröffentlichen das Schreiben. «Den danske Slesviger» verlacht das Ganze als «complet Narreproduct». Der Polizeichef Apenrades – ausgerechnet – ruft dazu auf, dem Postmeister so oft die Fenster einzuwerfen, bis er verschwindet. Nun rühren sich auch die dänisch Gesinnten. Blutgeruch liegt in der Luft. Oberstleutnant Rappe, Stadtkommandant der schwedisch-norwegischen Truppen, stellt sich schützend vor Moltke. Dann tritt Fritz seinen Anklägern öffentlich entgegen: «Sie fordern mich auf, mein Amt und die Stadt freiwillig zu verlassen, und ich antworte freimütig hierauf mit einem entschiedenen Nein, das werde ich nicht … Sie können mich kränken, mich beleidigen, mir das Leben verbittern, nun gut, ich werde es nur als ein Opfer betrachten, welches ich meiner Pflicht bringe … Und hier ist die Grenze Ihrer Macht. Ich kann mein Eigentum verlieren; nun, ich habe es schon einmal freiwillig preisgegeben und betrachte das Zurückerhaltene als ein Geschenk. Meine Freiheit können Sie mir ebenso wenig rauben als ein ruhiges Gewissen, beides führe ich mit mir, sie sind nicht von äußeren Verhältnissen … bedingt. Nur der ist frei, welcher sich nicht von Neigungen und Leidenschaften beherrschen lässt … Ich bin ebenso froh bei trockenem Brot als im Überfluss, also kann man mir nichts nehmen als das Leben; nun wahrlich, ich werde der Hand nicht fluchen, die mich von dieser Welt des Irrwahns, der Lieblosigkeit und der Treulosigkeit befreit. … Hier stehe ich, der einzelne Mann, Ihnen gegenüber … Handeln Sie nun so, wie Sie es dereinst verantworten können.»[23]

Das war eine Luther-Antwort, vermischt mit einer Prise Kant. Frei ist das vernunftgemäße Handeln, kein Handeln unter dem Zwang von Leidenschaften. Solches Handeln entlang von Maximen, die jederzeit als Prinzip einer allgemeinen Gesetzgebung gelten können, wird gleichzeitig zur Pflicht. Die dreiköpfige Landesverwaltung entlässt den Bürgermeister. Danach verlieren die Anhänger des Südens in Apenrade so schnell an Boden, dass eine Fluchtbewegung einsetzt. Für die deutsche Partei der Stadt bedeutet sie das Ende. Kant und der Postmeister aus Apenrade meinen das Gegenteil des nationalen Aufruhrs, den das dritte Kriegsjahr nun abermals entfacht. Militärisch fällt die Entscheidung in der größten Schlacht, die seit Menschengedenken nördlich von Trave und Stör geschlagen wird. Am 25. Juli 1850 treffen bei Idstedt über sechzigtausend dänische und schleswig-holsteinische Soldaten aufeinander, darunter die Erste Dänische Division unter der Führung eines Generals von Moltke. Dänemarks Armee behält die Oberhand. Die Schlacht bei Idstedt besiegelt die Niederlage des Südens. Schleswig-Holstein hat den Krieg verloren.

Das Weihnachtsfest 1850 können Helmuth und Marie nach mehrjähriger Pause wieder in Itzehoe verleben. Helmuth findet Muße für einen Abstecher nach Rantzau: «Nachdem ich mich im tiefen Schnee tüchtig verirrt, gelangte ich endlich durch einen prachtvollen Buchenwald an eine Zugbrücke. Im Schlosshof traten mir zwei riesenhafte weiße Gestalten entgegen, die sich erst nachher als Schneemänner auswiesen, und ich fuhr ordentlich zusammen, als die Turmuhr gerade über mir 8 Uhr schlug. Etwas beklommen trat ich in das Haus, fand aber Adolph und Auguste beim Tee und ihn doch weit besser, als ich befürchtet hatte.»[24] Adolph erholt sich von einem neuen Lungenleiden. Ruhe nach dem Waffenlärm benötigen nicht nur die Moltkes.

Dänemark hat bei Idstedt gesiegt, gewinnt jedoch keineswegs den Frieden. Die Regierungen in England, Russland und Österreich wollen endgültig Ruhe schaffen. Daher wünschen sie keine eiderdänische Politik; um das Machtgleichgewicht zu sichern, erzwingen sie eine Wiederherstellung des Gesamtstaats. Der Sieger, fordern sie, möge sich versöhnlich zeigen. So beruft das Kopenhagener Kabinett im Mai 1851 eine Notabeln-Versammlung, die Gruppe «Achtbarer Männer», nach Flensburg. Sie soll eine Rückkehr zur Staatseinheit vorbereiten. Für Holstein wird neben fünf anderen Persönlichkeiten auch Adolph von Moltke zum Abgeordneten ernannt.

Die Fördestadt ist eine Hochburg der Dänen. «Hier herrscht ein großer dänischer Enthusiasmus; bei unserem Eintreffen», berichtet Adolph, «waren viele Fenster mit Dannebrogfahnen dekoriert, sonst sind wir von dieser Seite nicht weiter belästigt worden, obgleich sich alle Augen auf uns richteten.»[25] Zu Unrecht fürchtet Theodor Reventlow um Adolphs Sicherheit.

Dänen stellen in der Versammlung die Mehrheit. Im Auftrag der Holsteiner verfertigt Adolph ein Gutachten über die künftige Verwaltungsordnung.[26] Aber die Notabeln sind zerstritten. «Die verschiedenen Parteien ... standen sich still und stumm einander gegenüber, niemand kannte den anderen – es wehte ein eisig kalter Wind durch die Versammlung. Die Dänen ... sind junge, kräftige, offenbar talentvolle Männer, die Schleswiger meistens sehr widerlich, die ganze Umgebung und Atmosphäre drückt nieder und beengt.»[27] Beide Fraktionen fassen so entgegengesetzte Beschlüsse, dass man die Versammlung bald wieder auflöst. Adolph kehrt zurück nach Rantzau.

Als Helmuth und die Burts in Apenrade Fritz und Betty besuchen, wird es ein heikles Wiedersehen. Der Krieg hat Spuren hinterlassen: «Er sowohl als Betty schien ein wenig verändert.»[28] Taktvoll meidet Helmuth jedes politische Gespräch, eine Gewohnheit, die er und Fritz beibehalten werden. Die Vergangenheit belastet das Beisammensein, nicht zuletzt auch das Leben von Fritz und Betty in Apenrade.

Im Sommer 1852 erlöst ihn die Postdirektion: Fritz wird Postmeister in Flensburg. Die Versetzung ist eine finanzielle Belohnung. In ihrer Empfehlung für Friedrich VII. verweist die Postdirektion auf Moltkes Königstreue.

Auch die Rantzauer fahren nun auf sicheren Gleisen. Unter dem dänischen König erhält der Administrator wieder Sporteln. 1852 kommt Friedrich, zwei Jahre später dann Ludwig, der vierte Sohn, zur Welt. «Hier ist es recht still», freut sich Adolph, als Auguste in Kiel einen Badeurlaub genießt, «der kleine Fritz aber, welcher noch nicht ein einziges Mal geschrien hat, ungewöhnlich wohl und munter. Die Amme ist äußerst sorgsam und stolz auf ihn, so dass Du Dir seinethalben keine Sorgen zu machen brauchst.»[29]

Am Ende haben weder Deutschnationale noch Eiderdänen ihre Kriegsziele erreicht. Rechtlich sei die Lage in Schleswig-Holstein nun so verwickelt, soll Englands Außenminister gewitzelt haben, dass nur drei Menschen sie überhaupt verstanden hätten: der erste sei Prinzgemahl Albert gewesen, der sei tot; der zweite ein deutscher Gelehrter, der habe darüber den Verstand verloren; der dritte sei er selbst, Palmerston – er aber habe leider alles vergessen. Und tatsächlich: Während die Eiderdänen in Kopenhagen mit dem Grundgesetz von 1849 den Durchbruch zum Parlamentarismus feiern, bleibt in den Herzogtümern die absolutistische Regierungsform in Kraft.[30] Beseler wird des Landes verwiesen, der Prinz von Noer reist ins französische Exil und sein Bruder, Herzog Christian August, erwirbt ein Gut im fernen Schlesien. Viele Demokraten fliehen nach Amerika. Gegen August Krohn, den Gatten der «Kriegsministerin», leitet die Regierung in Kopenhagen einen Prozess wegen Hochverrats ein. Aber Charlotte ist mit ihrem Mann rechtzeitig nach Ballenstedt entkommen. Cai Brockdorff verliert seine Amtsmannschaft in Neumünster, die ihm die Provisorische Regierung zugesprochen hatte, wird allerdings nicht ins Elend gestoßen; in Holstein geht holsteinischer Uradel kaum unter.

Schon nach wenigen Wochen findet Brockdorff in Itzehoe als Polizeimeister eine neue Verwendung; ein städtisches, nicht königliches Amt, das nur mit Juristen besetzt wird, für Cai also keine Demütigung bedeutet. Der Polizeimeister sorgt mit elf Gehilfen nicht nur für Ordnung; er leitet auch das Polizeigericht, zuständig bei allen geringfügigen Klagen. Für Guste Burt und Nette Brockdorff bringt die Niederlage auch ihr Gutes: Mutter und Tochter leben wieder in derselben Stadt.[31] Nette und Cai bekommen außer zwei Söhnen noch vier Töchter; Romantiker werden sie als «Rosen von Holstein» bewundern.[32] Louis Moltke gelingt erst drei Jahre nach seiner Flucht von Fehmarn die Rückkehr in Amt und Würden. 1853 kommt er als Rat der Lauenburgischen Regierung nach Ratzeburg.

Adolph führt, wenn auch nur kommissarisch, die Geschäfte eines Administrators in Rantzau. Die Anerkennung aus Kopenhagen erfolgt 1857 – ergänzt um das «Kommissariat» des Rittergutes Kaden zwanzig Kilometer nördlich von Hamburg.[33] Im selben Jahr reist er nach Kopenhagen, um die Bedingungen für eine Übernahme des leitenden Ministeramtes in Holstein auszuhandeln.[34] Carl Graf von Scheel-Plessen, «Oberpräsident des Herzogtums Holstein», droht aus Protest gegen die Politik der Eiderdänen mit Rücktritt. Adolph lehnt es schließlich ab, die Spitzenstellung zu übernehmen.

Dass man ihn überhaupt für das Amt in Erwägung zieht und er ungeachtet seiner Tätigkeit für den Süden fünfzehn Jahre lang auf Schloss Rantzau residieren wird, hat er vor allem seiner vorsichtigen, vermittelnden, stets geräuschlosen Ämterführung zu verdanken. Ob als Deputierter der Deutschen Kanzlei in Kopenhagen, als Angehöriger der Landesversammlung in Kiel, als Mitglied der Gemeinsamen Regierung in Schleswig, als Abgeordneter der Notabeln-Versammlung in Flensburg oder als Administrator der Grafschaft Rantzau – Adolph Moltke hat sich weder als dänischer Monarchist noch als glühender Deutschnationalist betragen. Er gilt als gemäßigter Konservativer, unannehmbar für Eiderdänen oder deutsche Demokraten, nicht aber für Anhänger des Gesamtstaates und deutsch gesinnte Liberale. Allgemein geschätzt wird sein Charakter. Er verbinde, lobt das *Pinneberger Wochen-Blatt*, «mit einer seltenen Humanität ein in allen Verhältnissen sich gleichbleibendes Wohlwollen gegen Reich und Arm, Vornehm und Gering».[35] Standesdünkel ist auch diesem Moltke fremd.

Anders als Adolph, Louis und Fritz konnte Helmuth den Sezessionskrieg im Windschatten verfolgen. Kein Ereignis aber hat sein politisches Weltbild so tief berührt wie die Revolution von 1848. Moltke erlebte die Märzereignisse in Koblenz, als Generalstabsoffizier beim Achten Armeekorps. Im katholischen Rheinland, das erst seit dem Wiener Kongress zu Preußen gehört, war der Zerfall staatlicher Macht besonders offenkundig. «Hoch Freiheit und die Republik, dann sind wir auch die Preußen quitt!»,[36] sang man dort vielerorts. Marie schickte er um ihrer Sicherheit willen zu Bekannten nach Bad Ems. Moltke erwartete Zusammenstöße zwischen Militär und Bevölkerung, wollte Blutvergießen aber vermeiden, setzte aufs Hinhalten, Ausweichen, Standhalten. Noch beim Zusammentritt des Frankfurter Vorparlaments sah er in der Verfassungsbewegung den natürlichen Weg zur Einheit.

Mit Blick auf Schleswig und Holstein hätte er ursprünglich das Miteinander von Deutschen und Dänen gerne beibehalten. Doch Sezessionskrieg und Nationalismus zwangen auch ihn, Farbe zu bekennen. Mit Ausbruch der Feindseligkeiten unterstellte er plötzlich, Dänemark habe seit fünfzig Jahren eine «antigermanische Politik» betrieben, und schlug sich zur Los-von-Kopenhagen-Partei. «Über Euch Schleswig-Holsteiner», schrieb er Nette, «kann ich mich nur freuen. Die Dänen werden Euch wohl nicht unterkriegen.»[37] In Berlin aber schien der Liberalismus bald nicht mehr Herr der Bewegung; hinter ihm drängte die Arbeiterschaft, die Lehre vom Kampf zwischen Besitzlosen und Besitzenden, die Utopie einer klassenlosen Gesellschaft, kurz: der Kommunismus. Wer wie Moltke den Liberalen zuneigte, an Krone, Eigentum und Königsheer aber festhalten wollte, fühlte sich zur Parteinahme gedrängt, glaubte zur Gegenseite übertreten zu müssen, wurde konservativ: «Ich kann mich», gestand er Nette, «über das, was in Deutschland vorgeht, freuen … – aber es kann doch nur etwas aus der Sache werden, wenn Ordnung und Gesetz fortbestehen und wenn sich irgendeine zentrale Gewalt erhält.»[38]

Ende Juni 1848 reiste Helmuth nach Berlin, um eine Abteilung im Großen Generalstab zu übernehmen. Die Stadt hatte sich verändert: Adelige waren auf ihre Güter geflüchtet, Offiziere zeigten sich meist in Zivil, am Brandenburger Tor und am Königsschloss wachte die Bürgergarde. «Das ist eine traurige Gesellschaft», befand Moltke nach einem Besuch in der Singakademie, «es wird gepredigt, nicht gesprochen; viel Worte und wenig Inhalt. … Eine Stunde ging darauf hin, um zu bestimmen, ob acht oder sechzehn Mitglieder zu einer Kommission gewählt werden sollten. Bei den Abstimmungen ist ein guter Teil der Abgeordneten noch vollkommen unschlüssig, ob sie Ja oder Nein votieren; sie stehen auf, sehen sich um, setzen sich nieder, kurz, es ist klar, dass die Leute gar nicht wissen, worum es sich handelt. Und das sind unsere Gesetzgeber!»[39] Gegen das

«Stockpreußentum»[40] blieb er weiter eingenommen und hoffte, die Revolution nicht nach rückwärts, sondern nach vorwärts zu überwinden.

Erst im September, als er nach Magdeburg übergesiedelt war, um die Chefstelle im Generalstab des Vierten Armeekorps zu übernehmen, fiel eine innere Entscheidung für die Gegenrevolution. Fortan dachte er in Freund-Feind-Mustern, wollte mit vierzigtausend Mann Ordnung schaffen in Berlin, in Preußen, in Deutschland. Nun beschimpfte er die preußischen Abgeordneten als «Bande», verurteilte die Rolle demokratischer «Schwätzer» und vermochte der «verdammten Politik» nichts mehr abzugewinnen.[41] Gegenüber Adolph verteidigte Helmuth auch den Waffenstillstand von Malmö. Der Sache des Südens erteilte er nun, merkwürdig schroff, eine Absage. Man möge dort, warnte er Adolph, doch nicht glauben, Preußen werde um einer untergeordneten Sache willen Krieg gegen halb Europa führen; in Berlin würden die Königstreuen das Ringen Schleswig-Holsteins nunmehr ohne jedes Wohlwollen verfolgen.[42] Auf eigene Faust entsandte Moltke Truppen aus Magdeburg in die aufrührerischen Kleinstädte der Nachbarschaft. Noch immer wünschte er keineswegs die Wahrung grundherrlicher Vorrechte oder einen Absolutismus altpreußischer Prägung; aber diese beiden Schlüsse glaubte er ziehen zu müssen: Erstens sollten in Preußen künftig nur noch die Könige Revolutionen machen; zweitens musste Deutschland in Preußen, nicht etwa Preußen in Deutschland aufgehen.

Die Revolution hätte ein Wendepunkt deutscher Geschichte sein können; sie war es nicht. Sie scheiterte am Widerstand der Könige und Fürsten, an der Gegenwehr von Offizieren wie Helmuth Moltke, am Widerstand königstreuer Beamter wie Fritz Moltke, am Schwanken von Konservativen wie Louis und Adolph Moltke; vor allem aber scheiterte sie an ihrer eigenen Schwäche. Liberale und Demokraten kämpften auf getrennten Wegen. Nationalliberale und gemäßigte Konservative hatten ursprünglich auf die Kraft der kleinen Schritte gesetzt; eine Revolution war ihnen unerwünscht. «Wo das

Gesetz mit Füßen getreten wird», so Adolph, «geht das Prinzip alles rechtlichen Zustands mit zu Grunde; auch der edelste Zweck darf nicht mit illegalen Mitteln erreicht werden. Wer den Teufel zum Fuhrmann macht, braucht nicht zu fragen, wohin die Reise geht.»[43] Doch einmal in Gang gesetzt, unterstützten viele Liberale die Bewegung: «Man kann die Revolution missbilligen», glaubten sogar eher Konservative wie Adolph, «und ist gleichwohl verpflichtet, sich der vollzogenen Revolution mit aller Kraft und Treue anzuschließen». Aber weder der liberale Weg der Vereinbarung *mit* den alten Mächten noch die demokratische Strategie des Kampfes *gegen* die alten Mächte führten zum Erfolg.[44]

Doch was einmal misslang, musste nicht für alle Zeiten unmöglich bleiben – weder in Preußen noch in Schleswig-Holstein. Denn die nationalen und liberalen Strömungen hatten ihre Stoßkraft keineswegs voll eingebüßt. In den fünfziger und sechziger Jahren wird das Bürgertum sogar mit dem dann reißenden Fortschritt immer mächtiger werden. Und in den frühen sechziger Jahren liegen die Anfänge einer organisierten Arbeiterbewegung. Österreich und Preußen treten in einen Wettbewerb um die Gunst des deutschen Bürgertums, beide in einem scheinbar unaufhaltsamen Parlamentarisierungsprozess begriffen, beide darauf aus, den Strom der Nationalbewegung auf ihre eigenen Mühlen zu lenken. Im Gefolge der geplatzten Einheitsträume vollendet sich die Politisierung aller Schichten der Gesellschaft. Aber in Berlin sprudeln die Quellen monarchischer Macht wie eh und je: Hof, Armee, Staatsdienst, das Vorrecht des Königs von Gottes Gnaden in der Außenpolitik und seine Befehlsgewalt als Kriegsherr. Vorerst wird Preußen bleiben, was es durch die Revolution geworden ist: halb absolutistische Monarchie, halb Verfassungsstaat.[45]

Der politische Nationalismus des Vormärz entlud sich an der Spree durch eine Revolution, in Schleswig-Holstein in einem Bürgerkrieg. Von der Elbe bis hinauf zur Königsau verwandelte sich der Unterschied zwischen Deutsch und Dänisch zu einem Gegensatz, den es vorher nicht gegeben hatte. Modernes und Vormodernes spielten in-

einander. Einerseits ging es um dynastische, vormoderne Erbfolge-
fragen; zum Schauplatz eines Krieges wurden beide Herzogtümer
andererseits erst durch die nationalistische, moderne Massenbewegung, die sich dies- und jenseits des Eiderstroms entfaltet hatte.
Die Opferzahl und das Maß an Gewalt gegen Zivilisten oder Gefangene, auch die Übergriffe von Zivilisten auf das Militär, blieben im
Vergleich zu späteren Auseinandersetzungen gering. Bewusst führte
das Kriegsdepartement in Rendsburg den Kampf als Kabinettskrieg.
Aus dänischer Sicht war der «Dreijährige Krieg» ein Sieg über Aufruhr und Angriffslust. Vor allem Grundtvig prägte in der Folge das
Feindbild vom herrschsüchtigen Deutschen. Die Abneigung gegen
den Nachbarn im Süden wird ein Jahrhundert lang zum Kern der
dänischen Nationalidee gehören.[46] Auf deutscher Seite zogen viele
den Schluss, die Herstellung der Einheit sei eine Frage militärischer
Macht. «Das Wahre in der großen Bewegung Deutschlands», glaubte
nicht nur Helmuth von Moltke, «ist der unleugbare Drang nach
Vereinigung, und wenn die Kabinette den einzig möglichen, ihnen
jetzt gebotenen Weg zu diesem Ziel, mag man ihn das Aufgehen in
Preußen nennen oder anders, nicht einschlagen, so kann allerdings
in einer späteren Periode ein neuer Ausbruch erfolgen.»[47] Um einer
abermaligen Entladung zuvorzukommen, musste aus Moltkes Sicht
ein neuer Anlauf zur Einheit unternommen werden; dann aber nicht
von unten, durch den Druck der Massen, sondern von oben, durch
den preußischen König und seine Armee.

SIEBENTES KAPITEL

Alsen

Verunsicherung der Nation

Königen und Fürsten blieb kaum Zeit zum Atemholen. Wie Phoenix aus der Asche stieg der Nationalismus abermals empor und mit ihm, eng verschwistert, kam auch das Liberale frisch zu Kräften. Es gelang nur kurz, die Nationalidee aus dem öffentlichen Leben zu verbannen. Ihre Bewegungsmacht schöpfte aus vier neuen Quellen, entsprungen auf dem Boden wirtschaftlicher, sozialer, geistiger und politischer Entwicklungen. Wirtschaftlich feierten die Hauptträger der Nationalidee, die bürgerlichen Schichten, stürmische Erfolge. Nach 1850 vollzog sich der Durchbruch zur Industriellen Revolution – in gerade einmal zwei Jahrzehnten! Angetrieben durch eine weltweite Hochkonjunktur und das stetige Wachstum beim Eisenbahnbau, entstanden neue Leitsektoren: Eisen, Stahl, Kohle und Maschinen. Der Siegeszug von Großunternehmen, Aktiengesellschaften und Großbanken begann. Die Erfindung der Telegraphie, schnellere Postverbindungen und eine aufblühende Presselandschaft erweiterten das Umfeld wirtschaftlichen Handelns. Gleiches war dem «Deutschen Zollverein» durch das Niederreißen von Zollschranken schon vor der Revolution gelungen. Nach der Revolution verhinderte Preußen den Beitritt der Habsburgischen Länder. Der Zollverein wahrte sein kleindeutsches Gesicht. Viele hielten das für eine Vorentscheidung. Fest stand immerhin: Mit dem Erfolg der Wirtschaftsbürger erhielt die Nationalbewegung neuen Schwung.[1]

*Marie von Moltke,
Fotografie. Datum
unbekannt*

Im Sozialen erweiterte der Nationalismus seine geselligen Formen. Organisatorisch schien er gefestigter denn je. Sänger, Schützen,
Turner und Burschenschaftler bildeten gesamtdeutsche Verbände.
Hunderte von Schiller-Feiern verherrlichten die «Nationalkultur».
Schützen-, Turn- und Sängerfeste gerieten zu Großkundgebungen
für die nationale Sache. In Preußen gewann die Deutsche Fortschrittspartei, das parlamentarische Sammelbecken der Bewegung, schon in
ihrem Gründungsjahr die Wahlen.

Geistesgeschichtlich entfaltete der Schreibtisch-Nationalismus
eine neue Spielart. Seit Mitte des Jahrhunderts prägte die Histo-
rikerschule der «Borussen» das Geschichtsbild, hochberühmte Professoren, allesamt protestantisch, liberal und Anhänger der Nationalidee. Droysen, Sybel und Mommsen erfanden eine historische
Mission. Die Geschichte Preußens, erklärten sie, laufe darauf hinaus,

dem deutschen Volk den Einheitsstaat zu schenken.[2] Treitschke, Droysens Schüler, verwarf das Leitbild der Unparteilichkeit, wie es Ranke vorgezeichnet hatte. Weil der Abgrund zwischen Arbeitern und Bürgern immer tiefer klaffte, waren Historiker aus Treitschkes Sicht zum Brückenschlag berufen. Geschichtsschreibung wurde zur vaterländischen Predigt, geriet zum Heilmittel gegen den Lauf der Geschichte, offenbarte Wechselwirkungen zwischen reißendem Fortschritt und der Sehnsucht nach Verwurzelung.[3]

Politisch schwelte der Zwist um Schleswig-Holstein weiter. Das hielt die Nationalisten in Bewegung. Auch lockten Großnationen wie Frankreich oder England immer noch als Vorbild. 1859 verlor Österreich den Krieg gegen Napoleon III., Frankreichs neuen Kaiser, und gegen das Königreich Piemont-Sardinien. Die Schlachten bei Magenta und Solferino bildeten den Auftakt für die Einigung Italiens. Auch dadurch bekam die Nationalbewegung wieder Aufwind. Nach dem Muster der *Società Nazionale Italiana* entstand der *Deutsche Nationalverein*, eine Allianz liberaler und demokratischer Kräfte, die für den Einheitsstaat unter Preußens Führung warb.[4]

Industrielle Revolution, Sänger, Schützen, Turner und Burschenschaftler, Fortschrittspartei, kleindeutsche Historiker und Nationalverein – alles deutete auf einen Sieg der nationalen Sache. Auch ohne Krieg und Revolution schien die Einheit fast zum Greifen nahe. Doch dann geschah Verblüffendes. Und die Moltkes hatten daran großen Anteil.

Helmuth und Marie von Moltke führen eine ruhige, wohl auch glückliche Ehe. Helmuth sei, beobachtet John Junior, «ein ganz anderer Mensch geworden: Heiter und zugänglich. Vorigen Sommer deutete ich sein mürrisches Wesen immer als persönliche Abneigung gegen mich; davon habe ich aber jetzt längst zurückkommen müssen; freilich, eine Frau muss ihn stärken.»[5] Marie kennt keine Launen, gibt sich gleichmäßig heiter. Spott und Häme bleiben ihrem Wesen fremd. Das Rollenvorbild ist Mic Moltke, die «dame châtelaine» und Ehefrau von Louis, deren Geschick im gesellschaftlichen Umgang und bei der Haushaltsführung sie bewundert.[6]

Marie schenkt Helmuth alle Zuneigung, zu der sie überhaupt imstande scheint. «Mir kommt es vor», schwärmt sie lange nach der Heirat, «als röche Dein Brief nach Männchen, wie ich so gerne Dein Gesicht riechen mag, und besonders hinter den Ohren Dich küsse.»[7] Verspürt Marie «Kopfweh an der linken Seite, dann hast Du sie gewiss an der rechten.»[8] Immer tiefer gestaltet sich die Bindung. «Mein größtes Glück», weiß Helmuth, «ist meine kleine Frau …»[9] Geht Marie auf Reisen, umsorgt sie den Ehemann von Ferne: «Bitte schlafe doch nicht bei offenem Fenster. John, bin ich überzeugt, hat sich seine Erkrankung dadurch verschafft. Du schläfst so schnell ein und so fest, dass Dir die Hitze nicht so hinderlich ist wie vielen Menschen.»[10] Genießt sie Badekuren bei Fritz und Betty, und kommen die Burts gleichfalls dorthin, ist auch Helmuth nicht um Ratschläge verlegen. «Dein Hausmittel», scherzt er, «Ernestine am Schreien zu hindern, indem Du sie unter Wasser hältst, ist bis zu einer gewissen Grenze in der Zeitausdehnung gewiss probat, bei konsequenter Durchführung wird sie vielleicht gänzlich verstummen.»[11] Dass Marie kinderlos bleibt, hat die Ehe offenbar nie gefährdet. «Wenn Gott uns keine Kinder schenkt», glaubt Marie, «so tut er es nur, um mich zu bewahren, dass ich mich nicht ganz an diese Welt hängen soll. So weiß er es mit jedem Menschen zu machen, dass ihm etwas fehlt und er nicht zu überglücklich in dieser Welt ist, um ihn durch einen unerfüllten Wunsch an die Vergänglichkeit alles Irdischen zu mahnen.»[12]

Ihrem Gatten passt sich Marie vollkommen an. «Mein Herz», dichtet sie, «ward Dein, mit Seele, Leib und Leben. Hab ich, seit Du mein Gatte bist, Dir ganz mich hingegeben.»[13] Als Verlobte hatte sie bedauert, dass England «nur halb»[14] ihr Vaterland sei; nun liest sie das *Militär-Wochenblatt*, erkennt an der Uniform jedes Soldaten dessen Truppenteil und kann sogar wie jeder Rekrut das Schloss eines Infanteriegewehrs zerlegen. Ihre Bibliothek besteht aus Andachtsbüchern, Werken über Pferdezucht und Darstellungen des Siebenjährigen Krieges. Läuft ein Haushund davon, gilt er als «Deserteur»; muss Marie das Bett hüten, ist sie «revierkrank». Dienstboten erhalten bevorzugt eine Anstellung, wenn sie über tadellose

Militärzeugnisse verfügen. Zu den Hohenzollern blickt sie «wie ein Kind zu edlen Märchengestalten»[15] empor. Das Wort «verfassungsmäßig», erzählt Fritz Brockdorff, Nettes Sohn, «und überhaupt alles Politisieren war in dem engen Kreise des Moltkeschen Hauses streng verpönt; das politische Glaubensbekenntnis, dem man dort folgte, ließ sich in das eine Wort ‹Königstreue› zusammenfassen und weiterer Kommentare bedurfte es nicht».[16] Helmuth muss seine Frau ermahnen, auch liberale Auffassungen gelten zu lassen: «Übrigens, liebes Herz, gehe nicht darauf aus, die politischen Ansichten Anderer zu bekehren, lass Jedem seine Meinung. ... Du bist nun mal schwarzweißer Reaktionär, und das ist mir schon ganz recht, lass aber die ‹freie Presse› dem, der sie liebt.»[17]

Schon früh wächst Henry Burt in die Rolle eines Ersatzkindes hinein. Besonders Helmuth ist von Punchy angetan. «Der Junge ist fast um einen Kopf gewachsen», berichtet er, «sehr stark und fett und wirklich liebenswürdig, wenn er seiner kleinen Nichte Bilder erklärte und mit den dicken Fingerchen Klavier spielte.»[18] Kaum zwei Wochen später, nach einem Besuch in Itzehoe, keimt abermals Zuneigung auf: «Die Kinder», so Moltke, «sind noch viel allerliebster geworden als früher, besonders der Junge, ich kann Dir nicht helfen, ist unvergleichlich. Kräftig, groß, artig und lustig.»[19] Hinterm Klosterhof lebt nur noch Ernestine bei den Eltern. Henry besucht ein Internat in Eppendorf, während John Junior auf St. Croix bemüht ist, die Plantagenwirtschaft am Leben zu erhalten.

Johns Lage ist schwierig. Als der Zuckerpreis stabil war, am Anfang des Jahrhunderts, hatte die Plantage hohe Gewinne abgeworfen. St. Croix spielte eine Hauptrolle beim Atlantischen Dreieckshandel zwischen Europa, Afrika und der Karibik, der mit Sklaven, Zucker und Rum Umsätze erzielte. 30 000 Menschen lebten auf der Insel, davon 26 000 Sklaven. Dann der Umschwung: Mit Napoleons Kontinentalsperre eroberte die «Weiße Schlesische Zuckerrübe» den europäischen Markt.[20] Der Preis für Zuckerrohr fiel ins Bodenlose. Bald taumelten auf St. Croix auch große Farmen dem Ruin entgegen. Revolten auf den Plantagen und der Aufstieg des Liberalismus in Dänemark taten ein Übriges. 1847 hatte die Kopenhagener Regierung beschlossen, die Sklaverei nach einer Übergangsdauer von zwölf Jahren abzuschaffen – ohne Entschädigung für die Besitzer. 1848 verkürzten die Sklaven ihre Wartezeit. Eine Rebellion zwang Gouverneur von Scholten, sie sofort in die Freiheit zu entlassen. Scholten konnte ein Blutbad auf St. Croix vermeiden. Seine Garnison behielt die Lage einigermaßen im Griff.[21] Aber zwei Jahre später rumort es noch immer. John Junior trifft auf eine «rohe Neger-Bevölkerung, die ihre Freiheit nicht einem freien Akt der Staatsgewalt, sondern ihrer eigenen Gewalt verdankt ...». Auf St. Johns arbeiten viele ehemalige Sklaven der Plantage. Anderen Farbigen ist das ein Dorn im Auge. Sie streuen Gerüchte, behaupten, John Junior sei unmenschlich und grausam – ohne Erfolg. Mit St. Johns führt er die einzige Farm der Insel, deren Besitzerfamilie niemals gewechselt hat. «So haben die Neger doch noch bis zu einem gewissen Grade das Gefühl, dass sie in mir ihrem angestammten Herrn gehorchen».

Sorgen bereiten die langen Trockenzeiten. «Ja, Sie ahnen nicht», schreibt er Auguste in Rantzau, «was eine tropische Dürre ist: Wenn die Felder erst rötlich, dann gelb werden, bald weder Milch noch Gras mehr zu haben ist, das Regenwasser, von dem wir allein leben, in den Zisternen ausgeht, das Vieh stirbt, kurz: Es ist, als ob von allen Seiten der blasse Tod sie anstarre». Nur selten kann John das Leben im Gutshaus oder die Aussicht von den Höhen der Plantage hinunter nach Christianstadt und auf das Karibische Meer genießen. Er fühlt sich einsam, obwohl eine «Frau von Moltke»[22] auf der Insel lebt, mit der er aber offenbar kaum Umgang pflegt. John Junior flüchtet ins Schreiben. Für den Reichstag in Kopenhagen verfasst er einen offenen Brief zur Sklavenfrage.[23] Er ist geistig beweglich, humorvoll, ein glänzender Briefeschreiber; aber St. Johns für die Familie zu sichern, scheint unter den veränderten Umständen kaum möglich. Das «Hotel Burt» erhält schlechte Nachrichten aus der Karibik. Der Squire muss einen Teilhaber, Mr. MacCutchie, ins Geschäft ziehen. Als Marie ihre Eltern in Itzehoe besucht, im Gepäck den Roman *Uncle Tom's Cabin*, gerät sie mit dem Vater über die Sklavenfrage in Streit.[24] Wohl durch ihr Zureden reist der Squire erstmals nach Westindien, um die Lage vor Ort zu erkunden. Während Ernestine im «Hotel Burt» bei der Mutter bleibt, zieht Henry, vierzehn Jahre jung, zu Marie und Helmuth nach Magdeburg.

Helmuths berufliche Wünsche haben sich erfüllt. Seit 1848 leitet er in Magdeburg den Generalstab eines Armeekorps. Damit, so glaubt er, sei die Karriere abgeschlossen. Lange, sehr lange deutet wenig auf eine höhere Laufbahn. Der Durchbruch vollzieht sich als Doppelschritt. Zunächst wird Moltke Adjutant des Prinzen von Preußen, danach tritt er an die Spitze des Generalstabs.

Prinz Friedrich von Preußen ist der Sohn des Thronfolgers, des späteren Königs und Kaisers Wilhelm des Ersten. 1888 wird er als Kaiser Friedrich III. für neunundneunzig Tage todkrank den Thron besteigen. Seine Mutter Augusta, eine geborene Prinzessin von Sachsen-Weimar, schaut auf Goethe, nicht auf Friedrich den Großen, schätzt den europäischen Westen, nicht Ostelbien oder gar Russland. Sie hält Hof in Koblenz, wo ihr Gatte, Kronprinz Wilhelm, als Gouverneur der Rheinprovinz und Westfalens amtiert. Beide misstrauen dem König in Potsdam. Eine konservative, prorussische «Kamarilla» hat Friedrich Wilhelm IV. völlig umstellt. So nennt man nach spanischem Beispiel ein Vorzimmerregiment, wie es die Brüder Gerlach und der Flügeladjutant Edwin von Manteuffel, der Historiker Heinrich Leo und der Intendant der königlichen Gärten, Ludwig von Massow, ausüben. Nun sucht der kinderlose Monarch, zugleich Familienoberhaupt der Hohenzollern, für Prinz Friedrich Wilhelm einen Adjutanten und Erzieher aus den Reihen des Heeres.

Augusta und Wilhelm sind empört, als der König ihren Vorschlag, Gustav von Alvensleben, zurückweist und seinen eigenen Kandidaten, Helmuth von Moltke, durchsetzen will. Bedeutet das nicht, dass man den Prinzen unter die Fuchtel der Kamarilla zu stellen gedenkt, in Gestalt eines Aufpassers in Uniform? Dabei glaubt auch der König, ein künftiger Monarch dürfe sich nicht nur ans Altpreußische binden, sondern müsse nationalem wie westeuropäischem Denken aufgeschlossen werden. Dafür am besten geeignet erscheint ihm Oberst von Moltke, ein weltgewandter Offizier, der im Osmanischen Reich einen Feldzug erlebt hat: ein Mann mit Moral, Takt und vor allem: Bildung. Der Monarch kennt den Oberst recht gut. Beim Prinzen Karl von Preußen, dem Bruder des Königs, hat Moltke schon vor der Revolution Adjutantendienste verrichtet, ebenso beim Onkel des Herrschers, Prinz Heinrich, «dem Römer», der dreißig Jahre in der Ewigen Stadt zugebracht hat. Helmuth verfügt, könnte man sagen, über Prinzenerfahrung. Karl von Reyher, Chef des Großen Generalstabs, hat seinen Untergebenen wärmstens empfohlen. Nun steht Moltke im Niemandsland zwischen Potsdam und Koblenz.

Er reist in die Höhle der Löwin, führt in Koblenz mit Augusta ein langes Gespräch. Moltke überwindet ihren Widerstand, weil er behauptet, er sei sowohl konservativ als auch liberal, kein Mann der Reaktion, aber auch nicht der Revolution, dabei den Koblenzern näher als den Kreisen in Potsdam. Das ist vollkommen richtig. Sein Verständnis von Herrschaft gipfelt in der Vorstellung einer starken, aufgeklärten Reformmonarchie, die sich beständig an der Spitze des Fortschritts und der nationalen Entwicklung hält. Er hofft auf die «großdeutsche Lösung», einen Krieg gegen Österreich will er vermeiden: «Es wäre, als wenn zwei Eifersüchtige sich in einem Pulverturm schießen wollten.»[25] Unter dem Druck der wirtschaftlichen und sozialen Verhältnisse, glaubt Moltke, werde die Einheit wie eine reife Frucht vom Baume fallen; vielleicht nicht heute oder morgen, wohl aber in seiner Lebenszeit. Zum «Junkerstaat» jedenfalls fühlt er keine Verbindung.[26] Moltke verkörpert Bildung und Soldatentum, bürgerliches Leistungsdenken und militärischen Korpsgeist, preußische Vergangenheit und deutsche Zukunft, nationale Träumerei und das Sachlich-Nüchterne der Industriellen Revolution – verständlich, dass «Potsdamer» wie «Koblenzer» ihn loben.

So bereist Helmuth von Moltke im Gefolge des Prinzen Friedrich Europa. Er trifft Queen Victoria in Balmoral, übernachtet auf Schloss Windsor und im Buckingham Palace. In einer Londoner Buchhandlung stößt er auf die englische Ausgabe seiner *Geschichte des russisch-türkischen Feldzugs*. Dem Vorwort ist zu entnehmen, dass der Verfasser, ein Major Moltke, verstorben sei. Helmuth erlebt die Krönung des Zaren in Moskau, besichtigt Sankt Petersburg, spricht in Paris mit Napoleon dem Dritten. Der Kaiser habe nichts «von dem finsteren Ernst seines großen Onkels, nicht die imperatorische Haltung und das berechnete Auftreten», bemerkt Moltke. «Er ist ein ganz einfacher, ziemlich kleiner Mann, dessen stets ruhiges Gesicht entschieden den Eindruck gemütlichen Wohlwollens macht.»[27] Nicht minder scharf beobachtet Eugénie, Napoleons Kaiserin. «Der Begleiter des Prinzen», staunt sie, «ein General Moltke (oder so ähnlich), ist ein wortkarger Herr, aber nichts weniger als ein Träumer; immer gespannt und spannend, überrascht er durch die treffendsten Bemerkungen.»[28]

Der Squire wiederholt das Schicksal seines Vaters. Etwa ein Jahr bleibt er in Westindien, besteigt dann ein Schiff nach Southampton, um von dort aus über Hamburg heimzukehren, und erkrankt auf See an «hitzigem Fieber».[29] Sein Zustand verschlechtert sich rasch. Am Ende bringt man ihn, seinem Wunsche gemäß, hinauf an Deck. John Heyliger Burt Esquire stirbt am 25. Juli 1856 unweit der englischen Küste. Den Leichnam lässt der Kapitän auf See bestatten. Trotz so mancher Fehler, tröstet Helmuth seine Frau, «für die ihm Gott ein milder Richter sein möge, hatte er so viel herzliche Gemütlichkeit, dass man ihn doch lieb haben musste. ... Wie traurig, so allein zu enden, da er hoffen konnte, in wenigen Tagen alle die Seinigen wiederzusehen.»[30] Guste zieht mit Ernestine in eine Mietwohnung nach Altona.[31] Henry kommt zu Onkel Fritz und Tante Betty nach Flensburg. Punchy sei, meldet Marie, «bedeutend größer, hübscher und schlanker geworden, und sonst prächtig und liebenswürdig wie bisher».[32] Der Junge verhalte sich reizend, «und ich glaube, er wird nicht allein sehr liebenswürdig, sondern auch ein sehr hübscher Mensch. Wenn er nur auch etwas Tüchtiges lernte und würde.»[33]

John Junior erbt die Plantage. Sie ist so verschuldet, dass die Gläubiger im ersten Jahr sämtliche Einnahmen erhalten. Gustes Witwenrente, festgesetzt im Ehevertrag, kann John ebenso wenig auszahlen wie die Erbanteile der Geschwister. Mit Cai Brockdorff reist er nach Kopenhagen, um neue Kredite auszuhandeln. Marie glaubt nicht an schnelle Hilfe: «Für jetzt, solange die Einnahme an die Creditoren geht, weiß ich kaum, was in Copenhagen viel bewirkt werden kann.»[34] Bei der Auflösung des «Hotel Burt» wird alles Silber versteigert. Das Meiste kaufen Marie Moltke und die Brockdorffs. «Die Hamburger Juden haben nichts bekommen und sind höchst unbefriedigt abgezogen, es ist Alles in der Familie geblieben.»[35] John Junior, der Jurist, drängt nicht in den dänischen Staatsdienst, sondern lebt einige Jahre auf Colton House bei Onkel Henry, bleibt unverheiratet und lässt sich schließlich in Kopenhagen nieder. Auf eigene Rechnung übersetzt er die Tragödie *Lord William Russell* aus der Feder des Norwegers Andreas Munch ins Englische, Deutsche und Dänische.[36] Die Zuckerernte, ätzt Helmuth, werde nicht ausreichen, um auch nur die Einbände zu bezahlen.[37] Moltke hält wenig vom «harmlosen, gemütlichen»[38] John. Doch *Lord William Russell* erlebt mehrere Auflagen. In der literarischen Welt macht sich John Junior einen Namen. Trotzdem müssen Helmuth und Adolph helfen, Gustes Unterhalt zu sichern.

Schwierigkeiten bereitet auch die Versorgung von Lene. Wie Henriette und Guste ist Lene Bröker in der Ehe nicht glücklich geworden. Von ihrem kleinen Vermögen, einem Paschen-Erbteil, fordert Bröker die Hälfte. «Ich arbeite endlich daran», schreibt sie Helmuth, «meine Empfindungen bei dieser Gelegenheit und über die Art, wie dabei zu Werke gegangen wird, wieder zu dämpfen. ... Da wir keine Sonderung des Vermögens gemacht, so gehört, glaube ich, Bröker die Hälfte meines Vermögens, die andere Hälfte meinen Kindern, wenigstens sieht er es so an. ... Nun aber kein Wort mehr über das schreckliche Geld.»[39] Die Brökers müssen sieben Kinder ernähren – fünf gemeinsame und zwei Töchter aus den beiden anderen Ehen des Pastors. Manchmal hat Lene kein Geld, um Kleinigkeiten für das Weihnachtsfest zu kaufen. «Da kam Dein Geschenk», dankt sie Helmuth, «mir war, als ob ein ganzes Füllhorn des Reichtums über mich ausgegossen sei. Die Kinder ließen mich nicht lange in dieser stillen Betrachtung, sie jubelten laut: ‹Wie niedlich und allerliebst von Onkel Helmuth, wie sorgt er immer so väterlich für uns!›»[40]

Helmuth verwaltet Lenes Vermögen. Aus eigenen Mitteln bezahlt er vierteljährlich eine Summe zum Unterhalt. Immerhin verdient Johannis, Lenes ältester Sohn, schon Geld auf einem Handelsschiff, das zwischen Ostasien und Hamburg pendelt. «Seine Figur ist untersetzt und nervig, seine Hände wie von Holz, sein Gesicht ernst und fest», schwärmt die Mutter, «man sieht es ihm an, dass er der Gefahr lange ins Auge gesehen, ohne zu zagen. Seine Augen in dem tiefbraunen Gesicht sind die alten seelenvollen, sie bitten um Liebe, die er unter seinen nahen Gefährten so lange entbehrt.»[41] Lenes zweiter Sohn, Ernst, bittet offenbar um Geld; jedenfalls hält ihn die Mutter für einen Verschwender. Und als Adolph, der dritte Sohn, seinen Assessor nicht bestehen kann, vermag auch Onkel Helmuth nicht mehr zu helfen: «Kann er sein Examen nicht machen, so bleibt er unter den Subalternen. Protektion hilft ihm nun nicht mehr, wie bisher, weiter.»[42]

1857 stirbt Generalstabschef Reyher. Sein gleichsam natürlicher Nachfolger ist für «Potsdamer» wie «Koblenzer» Helmuth von Moltke. «Wieder ist eine wichtige Stelle zu besetzen», vermerkt Leopold von Gerlach, das Haupt der Kamarilla, «der Beste ist Moltke».[43] Über die Besetzung der Chefstelle im Generalstab entscheidet aber nicht mehr der König, sondern Wilhelm von Preußen. Der Vater von Moltkes Prinz Friedrich vertritt den erkrankten Monarchen, wird 1858 Regent und 1861, nach dem Tode Friedrich Wilhelms IV., als Wilhelm I. König von Preußen. Moltke ist auch für Wilhelm «der Beste».

Am 29. Oktober 1857 übernimmt Generalmajor Helmuth von Moltke sein Amt. Als erster «Chef des Generalstabs der Armee» hat er seine Ausbildung überwiegend nicht in der Truppe, sondern auf der Kriegsschule, im Großen Generalstab und in den Korpsstäben erhalten. Mehr Ansehen allerdings würde ein hohes Truppenkommando verbürgen. Was vom Zeitalter der Aufklärung herrührt, wirkt auch ins nächste Jahrhundert hinein, nämlich der Gegensatz zwischen Front- und Stabsoffizier, Tatmensch und Vordenker, Altadeligem und bürgerlich Neuem. Reyher, Sohn eines Dorfkantors, hatte seine Laufbahn als Unteroffizier begonnen, und dann viele nichtadelige Offiziere in den Generalstab gezogen. Dort zählen Leistung und Wissen, weniger die Herkunft. Genie sei Arbeit, behauptet auch Moltke. Umgekehrt belächeln ihn viele Truppenführer als Schulmeister. Später wird man erzählen, Moltke habe während der Schlacht bei Gravelotte seinen Degen nicht ziehen können, weil er in der Scheide festgerostet gewesen sei. Die Spötter übergehen zwei Umbrüche des Kriegsbildes, angestoßen durch zwei Revolutionen von Weltrang: die Französische und die Industrielle.

Frankreichs Revolution verdankte ihr militärisches Überleben dem Massenaufgebot von 1793. *Levée en masse* und die Einbindung der Wirtschaft in den Krieg schufen das erste Massenheer der Neuzeit. Die Revolutionsarmee konnte riesige Verluste ersetzen und Offensiven stets erneuern – durch blutige, regellose Massenangriffe, die auf Vernichtung des Gegners zielten. Alle Hoffnung auf Einhegung militärischer Gewalt durch chirurgische, defensive Strategien schien zerstoben. Für die Aufklärer war Krieg ein Übel; die Franzosen verherrlichten ihn als heiligen Nationalkampf. Die Revolutionäre überschritten alle Grenzen, die einer Entwicklung zum «Totalen Krieg» entgegenstanden. Zeitgenossen beklagten die Entfesselung Bellonas. «Ist ein wo nicht ewiger, doch Jahrhunderte dauernder Friede möglich», prophezeite Heinrich von Berenhorst, Militärschriftsteller und Offizier Friedrichs des Großen, «und soll je der dritte Planet von der Sonne an gerechnet aufhören, einem Stalle voller wütender Hunde zu gleichen, so wird dieses scheinbare Mirakel nicht durch das Fortschreiten der Kultur, der Mündigkeit und des Verstandes der unseligen Bewohner dieses Planeten, sondern durch Hunger, Pest, Verödung seiner Oberfläche herbeigeführt werden müssen.»[44]

Die Revolutionäre kämpften nicht für klare politische Ziele, sondern für den Sieg einer Weltanschauung. Mittel zum Zweck war die Indienststellung aller menschlichen, wirtschaftlichen, militärischen und propagandistischen Mittel für den Krieg; den Revolutionären ging es nicht um die Niederwerfung des Gegners, sondern um die moralische, eine Zeitlang auch um die biologische Vernichtung des Feindes. «Die Preußen», drohte der *Moniteur*, «könnten Paris erreichen, aber sie werden nicht mehr hinauskommen.»[45] Beim Russlandfeldzug Napoleons oder während des Guerilla-Krieges in Spanien entfiel vollends die Trennung von Zivil und Militär, die Grenze zwischen Beobachter und Teilnehmer. Der Krieg erreichte neue Ausmaße. In Russland etwa traten Scharen russischer Bauernweiber in Erscheinung, «die mit Stöcken in der Hand um einen gefällten Kiefernstamm tanzten, zu dessen beiden Seiten ungefähr sechzig nackte Gefangene auf dem Boden, mit den Köpfen aber auf dem Baumstamm lagen, auf welche die Furien nach dem Takt eines Nationalliedes, das sie miteinander heulten, mit den Knitteln losschlugen, während mehrere Hundert bewaffnete Bauern als Wächter dieser schrecklichen Orgie ruhig zusahen». Die Gequälten, so der Augenzeuge, stießen «ein herzzerreißendes Gejammer aus und schrien unaufhörlich: ‹La mort, la mort!›»,[46] den Tod, den Tod!

Ein Halbjahrhundert später hat die Industrielle Revolution der Welt neue, tödlichere Waffen beschert, von der Fernartillerie bis zum Zündnadelgewehr. Nun können Massenheere mit der Eisenbahn schneller bewegt und per Telegraph besser gelenkt werden. So etwas müssen Fachleute vorher berechnen, und eben das ist die Pflicht des preußischen Generalstabs. Er trägt schon jetzt, bei Moltkes Amtsantritt, für die Planung von Aufmärschen und Operationen die Verantwortung – jedenfalls in Friedenszeiten. Krauseneck, Reyhers Vorgänger, gehörte zu den Vorreitern einer militärischen Nutzung der Eisenbahn. So sind Truppenbewegungen auf der Schiene in Preußen seit den vierziger Jahren weder selbstverständlich noch völlig ungewöhnlich.[47] Auch Moltke hat sein Ohr am Puls der Zeit. Aber es fällt schwer, das Wissen vom Wandel des Kriegsbildes bei Truppenführern zu verbreiten, denen das «Immer feste druff!» als der Weisheit letzter Schluss zu gelten scheint. Außerdem muss Moltke Befehle des Kriegsministers befolgen, der seinerseits im Schatten des Militärkabinetts steht. Und über allem thront die Kommandogewalt des Monarchen.

Seit Friedrich dem Großen, König und Heerführer in einer Person, haben die Hohenzollern ihre Kommandogewalt wörtlich verstanden, auch als Unterpfand für die Treuebeziehung zwischen Heerkönig und Streitmacht. Weil kein Nachfolger über das Feldherrntalent Friedrichs des Großen verfügte, zog stets ein Oberbefehlshaber mit dem König gemeinsam ins Feld; diese Doppelspitze und die Offiziere beider Gefolge sorgten für Verwirrung, am schlimmsten beim Erfurter Kriegsrat, der 1806 Preußens Niederlage gegen Napoleon vorausging. Seitdem sind die Armeen beweglicher, die Bedingungen von Technik und Nachschub schwieriger geworden. Kein Einzelner kann mehr alles überblicken. Moltke, dem Kenner der Geschichte, ist das Wort «Kriegsrat» ein Gräuel. Lediglich *eine* Meinung, von *einem* Berater, meint er, dürfe an das Ohr des Königs dringen. Und dieser Berater könne nach Lage der Dinge nur der Generalstabschef sein. Mit seiner Auffassung steht Moltke vorerst allein.

König Wilhelm I. ist Preußens zweiter Soldatenkönig. Alles Militärische scheint seinem Wesen artverwandt. Ähnliches gilt für Kriegsminister Albrecht von Roon. Wie Moltke im Generalstab ausgebildet, kann er, anders als Moltke, mit Nationalismus und Liberalismus nichts anfangen – ein konservativer, kantiger Pommer, der Machthaben mit Rechthaben gleichsetzt. Roon und der König kennen die Schwächen ihres Heeres. Nur die Hälfte aller Wehrpflichtigen rückt jedes Jahr in die Kasernen. Finanzielle Zwänge haben das Heer mit dem Wachstum der Bevölkerung nicht Schritt halten lassen. Die Streitkräfte aller anderen Großmächte sind zahlenmäßig überlegen. Zweifel am Wert der Landwehr treten hinzu. Und wirklich: Die Truppe ist nur noch ein Schatten ihrer selbst. Gegründet von Scharnhorst und Boyen im Zuge der Heeresreform, sollte die Landwehr für den Kampf gegen Napoleon eine Bürgerarmee neben dem Linienheer bilden. Das aber rückte sie in die Nähe jener Milizen, die Preußens Könige und ihre Berufsoffiziere seit den Tagen Friedrichs des Großen nur selten geschätzt haben. Daher haben Roons Vorgänger die Landwehr vernachlässigt. Solches Misstrauen gründet vor allem, aber nicht nur, in militärischen Bedenken. König Wilhelm hält die Landwehr auch politisch für unzuverlässig. Ihre bürgerliche Prägung erscheint ihm verdächtig. Anders die Linienarmee: Im preußischen Heer entstammen fast zwei Drittel aller Offiziere dem Adel. Kein Wunder, dass Wilhelm ein Zurückdrängen der Landwehr und die Vergrößerung der Linie um das Doppelte wünscht.

Beide Ziele möchte Roon einerseits durch eine Verlängerung der Dienstzeit um sechs Monate auf drei Jahre und die Erhöhung der jährlichen Rekrutenzahl erreichen; andererseits will er die Landwehr vom Schlachtfeld in die Etappe verbannen. «Qualitätsheer» – so lautet Roons Schlagwort, mit dem er seine Ziele umreißt. Fachleute erheben Bedenken. Eine Vergrößerung des Heeres, erklären sie, sei zweifellos geboten; doch das Abschnüren der Landwehr passe schlecht ins Zeitalter der Massenarmeen. Ein «Klasse statt Masse» des Altpreußen Roon prallt auf ein «Masse statt Klasse» der Anwälte des Völkerkrieges.[48] Helmuth von Moltke muss keine Stellung beziehen. Vom Chef des Generalstabs erwarten Wilhelm und Roon nicht Hilfe bei der Schärfung des Schwertes im Frieden, sondern Vorschläge für dessen Einsatz im Kriege.

Weil im Landtag das Abgeordnetenhaus über Budgetrechte verfügt, muss der Kriegsminister einen Gesetzentwurf vorlegen, sobald der Wehretat nicht ausreicht. Doch im Parlament verfügen die Liberalen über eine sichere Mehrheit. Roons Vorlage scheitert. Erstens verkörpert die Landwehr das liberale Leitbild einer Volksarmee. Zweitens halten die Abgeordneten mehrheitlich eine dreijährige Ausbildung für zu teuer. Drittens argwöhnen sie, der König wolle die Rekruten durch eine Verlängerung der Dienstzeit buchstäblich auf Linie bringen, um die Armee als Prätorianergarde zu verwenden. Viertens missfällt ihnen die königliche Kommandogewalt, denn sie entzieht das Heer dem Boden der Verfassung. Im Kern dreht sich der Streit um den Besitz der Bajonette: Königsheer oder Parlamentsarmee?

Immer mehr verhärten sich die Fronten. Als der Chef des Militärkabinetts, Edwin von Manteuffel, schon an einen Staatsstreich denkt, Wilhelm stattdessen seine Abdankung erwägt und der Parlamentarismus in Preußen kurz vor dem Durchbruch steht, kann Roon den König bewegen, ein letztes Notmittel zu ergreifen: die Ernennung Bismarcks zum Ministerpräsidenten.

Otto von Bismarck, Preußens Gesandter in Paris, gilt als Reaktionär allerhärtester Sorte – ein rotes, besser: schwarz-weißes Tuch nicht nur für Liberale. Dass er die Heeresreform im Zweifel auch gegen das Parlament durchsetzen will, ist kein Geheimnis. Tatsächlich nimmt Roon sein Reformwerk in Angriff, bezahlt durch Steuern, die der Ministerpräsident ohne Zustimmung des Landtags erhebt. «Nicht auf Preußens Liberalismus sieht Deutschland, sondern auf seine Macht», poltert Bismarck im Parlament. «Nicht durch Reden und Majoritätsbeschlüsse werden die großen Fragen der Zeit entschieden – das ist der große Fehler von 1848 gewesen –, sondern durch Blut und Eisen.»[49] Eine Kampfansage: Bismarck schiebt den Landtag beiseite und setzt auf die preußische Kriegsmacht. Nun scheint der Chef des Generalstabs gefordert.

Die Heilige Allianz ist zerbrochen, Europa in Bewegung geraten. Der Krimkrieg hat Österreich und Russland aus Freunden in Feinde verwandelt, entzweit über der Frage, wer das Osmanische Reich auf dem Balkan beerbt. Auch Frankreich spielt nicht länger mit. Abermals sorgt ein Bonaparte für Unruhe, für Krieg und Kriegsgeschrei. Napoleon III. gelingt es, den Mittelpunkt europäischer Politik von Wien nach Paris zu verlagern. Ähnlich wie der gekrönte Putschist in Frankreich steht auch Bismarck unter Erfolgszwang. König Wilhelm kann ihn jederzeit entlassen. An Gegnern, die auf seinen Sturz hinwirken, besteht kein Mangel. Mitten im Strom wechselt niemand die Pferde; der Ministerpräsident sucht deshalb geradezu politische Krisen. Und weil man einen Erfolgreichen selten entlässt, benötigt Bismarck ständig Erfolge, ist also in der Anwendung seiner Mittel nicht wählerisch. «Prinzipien haben heißt, mit einer Stange quer im Mund einen Waldlauf machen.»[50] Welches Ziel er sich steckt, hängt davon ab, was gerade erreichbar scheint.

1863 liegt eine Reichsgründung in weiter Ferne; auf sie hat Bismarck keineswegs von Anfang an gezielt. Die Worte vom «nationalen Schwindel» kommen ihm rasch über die Lippen. Denkbar aber erscheint eine Ausweitung preußischer Macht auf Kosten von Österreich. Denn in Schleswig und Holstein lodert abermals die Glut zum Brandherd auf. Am 15. November 1863 ist König Friedrich VII. von Dänemark gestorben. Sein Nachfolger billigt unter dem Druck der Eiderdänen die «Novemberverfassung». Sie gliedert das Herzogtum Schleswig in den dänischen Gesamtstaat ein. Das aber verletzt die «Londoner Protokolle», jene Friedensabsprachen, die vor elf Jahren den Krieg um Schleswig und Holstein beendet haben. Gleichzeitig hat wieder ein Augustenburger die Bühne betreten: Erbprinz Friedrich, ältester Sohn von Herzog Christian August. Der Erbprinz meldet seinerseits Ansprüche an und erklärt, auch er fühle sich an die Protokolle nicht gebunden. «Mein Recht ist eure Rettung!»,[51] ruft er den deutsch Gesinnten zu und beschwört das Staatsgrundgesetz von 1848.

Wieder schwappt eine Woge nationaler Begeisterung durch alle Länder des Bundes. Vereine, die den Augustenburger unterstützen, schießen hundertfach wie Pilze aus dem Boden. Versammlungen, Bittschriften, Spendenaufrufe und Zeitungsartikel – allerorts fordern Nationalisten die Ausrufung eines «Herzogtums Schleswig-Holstein». Aus dem Wunsch nach Selbstregierung ist vollends ein nationales Anschlussprogramm entstanden.[52] Großdeutsche und Kleindeutsche, Liberale und Demokraten, der Augustenburger und sogar die Fürsten der deutschen Mittelstaaten ziehen plötzlich an einem Strang. Schon besingt Theodor Storm, Demokrat reinsten Wassers, den «heiligen Krieg» und alte «Gräber in Schleswig»:[53]

Nicht Kranz noch Kreuz; das Unkraut wuchert tief;
Denn die der Tod bei Idstedt einst entboten,
Hier schlafen sie, und deutsche Ehre schlief
Hier dreizehn Jahre lang bei diesen Toten.

Wacht auf, ihr Reiter! Schüttelt ab den Sand,
Besteigt noch einmal die gestürzten Renner!
Blast, blast, ihr Jäger! Für das Vaterland
Noch einen Strauß! Wir brauchen Männer, Männer!

Der «Bierhausenthusiasmus»[54] lässt Bismarck vollkommen kalt. Er stellt sich auf den Boden des Völkerrechts, weist die Ansprüche des Herzogs von Augustenburg zurück und fordert schlicht, die Protokolle zu beachten. Dem können England und Russland als Garantiemächte schlecht widersprechen. Beide Staaten bleiben neutral. Die

Regierung in Wien findet sich plötzlich an der Seite ihres alten Rivalen wieder. Sie herrscht über ein Vielvölkerreich, muss nationale Strömungen unterdrücken und daher Preußen unterstützen. Der Deutsche Bund beschließt eine «militärische Exekution». Auch die dänischen Streitkräfte rüsten zum Krieg.

Auf dem Höhepunkt nationaler Erregung trifft im Generalstabsgebäude, Behrenstrasse 66, ein Gast aus Kopenhagen ein. General Cai von Hegermann-Lindencrone, jüngster aller «Hegermänner», besucht auf dem Weg nach Petersburg seinen Freund aus der Kadettenzeit. Das Generalstabsgebäude unweit des Brandenburger Tores, ein stattliches Palais, dient den Moltkes auch als Wohnsitz. Beim Aufenthalt Cai Hegermanns bleibt die Stimmung gedämpft. Als der dänische General sich zum Gehen wendet, begleitet Moltke, Preußens Generalstabschef, ihn die Treppe hinab zur Eingangshalle, «wo er mich fragte», so Hegermann, «ob es mit unserer alten Freundschaft aus sein sollte, falls unsere hohen Herrscher miteinander in Unfrieden geraten sollten. Ich antwortete, dass unsere persönlichen gegenseitigen Gefühle gewiss unter allen Verhältnissen dieselben bleiben würden, wenn wir auch unter gewissen Voraussetzungen wie die genannten in der äußeren Welt voneinander geschieden werden sollten.»[55] Helmuth belastet die Aussicht auf einen Krieg im Lande seiner Herkunft, zumal er weiß, welche Schwierigkeiten Adolph, Louis und Fritz erwarten.

Die meisten Beamten in Holstein weigern sich, dem neuen König von Dänemark die Treue zu schwören. Andere leisten den Eid, flüchten aber nach Jütland oder auf die dänischen Inseln. Eine dritte Gruppe wählt den schwierigsten Weg. Sie schwört Christian IX. die Treue, bleibt aber trotz der dänenfeindlichen Stimmung im Amt – verständlich, dass der Administrator in Rantzau zögert. Die Verweigerer wollen einen der ihren nach Rantzau entsenden, um auch Adolph von Moltke ins nationalliberale Lager zu ziehen. Die Wahl fällt auf Paul Henrici, einen früheren Kollegen aus Glückstadt. Doch Henrici mag nicht «einem Manne, zu dem ich stets aufzusehen gewohnt war, in solcher Angelegenheit meinen Rat aufdrängen …»[56]

Schließlich bleibt Henrici in Glückstadt. Adolph von Moltke leistet den Eid und hat sofort unter einem «argen Terrorismus»[57] zu leiden. Helmuth bietet Asyl in Berlin, schlägt vor, sein Bruder solle aus gesundheitlichen Gründen den Abschied nehmen. Und wirklich macht Adolph das Lungenleiden immer stärker zu schaffen. Auf Drängen von Helmuth, der fast alle Kosten übernahm, hat er unlängst mit Auguste ein Erholungsjahr auf Madeira genossen. Guste Burt war mit Ernestine von Altona ins «Wieshäuschen» nach Rantzau gezogen, um Haushalt und Kinder zu betreuen. Durch das Jahr auf Madeira fühlt sich Adolph scheinbar gestärkt; jedenfalls bleibt er in Rantzau.[58] Louis Moltke, zweiter Rat der Lauenburgischen Regierung in Ratzeburg, hält ebenfalls aus, obwohl auch er den Eid offenbar leistet. Pastor Bröker aus Uetersen sitzt als Abgeordneter in der holsteinischen Ständeversammlung. Nach dem Tode König Friedrichs VII. legt Bröker sein Mandat umgehend nieder, steht also wohl dem Augustenburger nahe.[59] Postmeister Fritz Moltke in Flensburg hingegen hält auch dem neuen dänischen Monarchen die Treue.

Am Tag vor dem Heiligen Abend 1863 überschreiten Truppen aus Sachsen und Hannover die Grenze zum Herzogtum Holstein. Alle dänischen Streitkräfte haben sich hinter das Danewerk zurückgezogen, eine 15 Kilometer lange Verteidigungsanlage nahe der Stadt Schleswig. In Holstein und Lauenburg übernehmen zwei Kommissare eine Zwangsverwaltung im Namen des Bundes.[60] Den Einzug des Augustenburgers bereitet ein Komitee von Honoratioren vor, darunter Henrici. Man möge, lautet ein Vorschlag, die Eidleister gewaltsam vertreiben. Vergeblich drängt Henrici auf Mäßigung. Es bleibt dabei, «so sehr es auch zu bedauern sei, dass ein so hoch angesehener Oberbeamter wie der Kammerherr von Moltke wahrscheinlich der erste sein werde, der von dieser Maßregel betroffen werde ...».[61]

Schon am 27. Dezember versammeln sich in Elmshorn, von Rantzau nur einen Steinwurf entfernt, 20 000 Menschen, Bürgerliche vor allem, um den Augustenburger zum «Herzog von Schleswig-Holstein» auszurufen. Drei Tage später erklärt «Friedrich VIII.», nunmehr von Kiel aus regieren zu wollen. Der Antrag auf Vertreibung aller Eidleister findet in Elmshorn keine Mehrheit. Zu tief sitzt die Angst vor dem Chaos, vor dem «Vierten Stand», den Arbeitern, und der sozialen Revolution. Doch in den Zeitungen tobt weiter ein Sturm. Die *Hamburger Presse* druckt Bittschriften, deren Unterzeichner die «Beseitigung» des «in dänischen Interessen wirkenden Kammerherrn von Moltke auf Rantzau»[62] fordern. Empörte Kirchgänger melden den *Schleswig-Holsteinischen Blättern*, Moltke habe Amtspflichten vorgeschützt, «um nicht an einem allgemeinen Bettage mit andächtig angehörten Reden der Pastoren Harder und Gardthausen teilnehmen zu müssen».[63] Beide Pastoren predigen Deutschnationales. Die Stimmung verschlechtert sich weiter, als Ende Januar auch preußische Truppen in Holstein einziehen, von der Bevölkerung frostig empfangen. «O, wie ich diese Canaille hasse!»,[64] verzweifelt nicht nur Theodor Storm. Aber für Adolph sind die härtesten Tage vorüber. Der neue Zivilkommissar aus Preußen verkündet, «die treuen Beamten gegen Bedrohung und Verjagung durch das Volk zu schützen».[65]

Wie aber soll es weitergehen? Zur treibenden Kraft wird Helmuth von Moltke. Der Generalstabschef drängt Bismarck, aus militärischen Gründen die Einverleibung beider Herzogtümer anzustreben. Ein neues, unabhängiges Fürstentum, behauptet Moltke, müsse zum Satelliten der Habsburger werden. Das risse ein Loch in die preußische Nordflanke. Doch jeder Alleingang, weiß Bismarck, wäre gefährlich. Die Großmächte, Österreich zumal, würden nicht untätig bleiben. Und so hält Bismarck den Wiener Außenminister von Rechberg im Boot. Beide verständigen sich auf eine «Pfandbesetzung»: Das Herzogtum Schleswig will man gemeinsam erobern.[66] Die Militärs sollen ihre Operationen auf Schleswig beschränken. Das Eingreifen anderer Großmächte möchten Bismarck und Rechberg dadurch vermeiden. Als ihr Ultimatum verstreicht, die Novemberverfassung innerhalb von 48 Stunden aufzuheben, überschreiten österreichische und preußische Truppen im Alleingang die Eider. Das Danewerk müssen die Verteidiger frühzeitig räumen. Der Rückzug von 38 000 Soldaten bei klirrendem Frost löst in Dänemark

Schockwellen aus.[67] Befehlshaber werden entlassen, andere rücken an ihre Stelle, General Cai von Hegermann-Lindencrone zum Beispiel, der nun Dänemarks Streitkräfte in Jütland führt. Generalstabschef Helmuth von Moltke ist nicht bei den Truppen. Der König hat Moltke in Berlin gelassen. Nun aber, als der Feind in die Festung Fredericia, hinter die Wälle von Düppel und auf die Insel Alsen zurückweicht, macht sich bei der preußischen Führung Unsicherheit breit. Moltke wird nach Flensburg ins Hauptquartier gerufen.

Helmuth trifft an der Förde auch Fritz und Betty, seit nunmehr dreißig Jahren verheiratet und ebenfalls kinderlos. Postmeister Moltke hat täglich Anfeindungen erlebt. «Der arme Fritz», schreibt Helmuth, «ist ganz grau geworden. Geht mir übrigens ebenso.»[68] Auf dem Alten Friedhof haben die Deutschsprachigen den «Idstedt-Löwen» beschädigt. Das Denkmal des Bildhauers Hermann Bissen, errichtet zur Feier des Schlachtensieges, zeigte das dänische Wappentier, vier Meter hoch, den Blick stolz nach Süden gerichtet. 1859 hatten für den Löwen viele Menschen in Inseldänemark und Nordschleswig gespendet, auch der dänische Generalleutnant Moltke, Kommandeur bei Idstedt, und Cai von Hegermann-Lindencrone.[69] Die Bilderstürmer konnten den Bronzelöwen zwar köpfen, nicht aber seinen Rumpf vom Sockel stürzen. Feldmarschall Wrangel, Oberbefehlshaber der Verbündeten, hat weitere Angriffe verboten. Helmuth bittet den Feldmarschall, auch Fritz Moltke zu schützen. «Wrangel hat ihn unter den Arm genommen und ist mit ihm durch die Stadt spaziert ...»[70] Überhaupt tritt der Generalstabschef für die nun Schwächeren ein. «Ich wirke dahin, dass den dänisch redenden Schleswigern kein Unbill geschieht und aller Schutz angedeiht.»[71]

Auch Henry Burt ist in Flensburg – als Leutnant der Königlich Preußischen Armee. «Punchy» kennt die Fördestadt aus seiner Schulzeit. Nach dem Tod des Squires war er zu Fritz und Betty gezogen, hatte sich mehr für Gesang als für das Gymnasium begeistert, die Schule vor dem Abitur abgebrochen, in Berlin sein Fähnrichsexamen bestanden, war auf Anraten Helmuths in ein Mindener Infanterieregiment eingetreten und hatte binnen Jahresfrist den Rang eines Leutnants erreicht. Geht es um Henrys militärische Laufbahn, stellt auch Marie Moltke ihre Sachkunde unter Beweis: «Beim 15ten Regiment», schreibt sie Helmuth, «sollen zwei junge Leute abgewiesen worden sein wegen des großen Andrangs. Das 25te Regiment ist nicht so zu empfehlen.... Lass ihn lieber zu den Jägern kommen, es ist doch eine sehr hübsche Waffe und mit den Leuten leichter umzugehen.»[72] Helmuth setzt in Berlin die Anerkennung von Henrys Adel durch. Seit einigen Monaten führen der Leutnant und Guste den Namen «von Burt».[73] Seit Kriegsbeginn bangt Guste um das Leben ihres Sohnes. Henry tut wenig, um seine Mutter zu beruhigen. «Mein lieber Henry!», mahnt Onkel Helmuth, «aus dem anliegenden Schreiben wirst Du ersehen, dass Deine Mama in großer Sorge um Dich ist. ... Es genügt ja, wenn du nur ein Briefcouvert schickst und mit Bleistift darauf schreibst: ‹All is well›». Moltke legt sich bei Wrangel für Henry ins Zeug, weist darauf hin, dass der Leutnant die dänische Sprache beherrsche – «vielleicht braucht man noch jemand zu besonderen Aufträgen».[74]

Strategisch rät der Generalstabschef, Düppel rechts liegen zu lassen und gegen Hegermann in Jütland vorzurücken. Von der Weisung, die Operationen auf Schleswig zu beschränken, hat Moltke keine Ahnung. Das wiederum kann Wrangel nicht glauben. Er vermutet eine nichtamtliche Aufforderung zum Handeln, erkundigt sich deshalb bei Moltke nicht genauer, lässt Kolding besetzen, die nächste jütische Stadt, und übergeht schließlich sogar Anordnungen aus Berlin, seine Truppen zurückzurufen. Bismarck sorgt für Wrangels Entlassung, und Moltke kehrt in die Hauptstadt zurück. Auf Bitten von Roon wird der Generalstabschef fortan gelegentlich zum Vortrag beim König befohlen.[75] Es bleibt dabei: Moltke ist gegen einen Sturm auf die Düppeler Schanzen. Statt unnötig Blut zu vergießen, warnt er, solle man besser Hegermanns Streitkräfte in Jütland vernichten, bevor eine Ausschiffung nach Inseldänemark gelänge. Doch der Ministerpräsident ist für einen Angriff auf Düppel. Man müsse, erklärt Bismarck, den Krieg zügig beenden, um eine Einmischung Englands und Russlands zu vermeiden. Der Kriegsherr folgt Bismarck, nicht Moltke. König Wilhelm macht aus dem Vormarsch in Jütland eine Nebenoperation. Die Einnahme von Düppel erklärt er zum Hauptziel. Moltke bleibt nur die Genugtuung, dass Leutnant von Burt sich in Jütland hervortut. Der König verleiht Henry den Roten Adlerorden. «Für einen so jungen Offizier wie Du ist das von doppeltem Wert», lobt Moltke, ungewohnt lebhaft, «was wird Deine Mama stolz und glücklich darüber sein! Sage Oberstleutnant von der Goltz, dass ich ihm aufrichtig dankbar dafür bin, dass er sich Deiner so wohlwollend annimmt und dir Gelegenheit gewährt hat, Dich vorteilhaft hervorzutun.»[76]

Während der Generalstabschef in Berlin Briefe verfasst, zahlt die Armee für die Erstürmung der Düppeler Schanzen einen hohen Blutzoll. Alle überlebenden Dänen weichen von der Düppelseite auf die Insel Alsen zurück. Österreicher und Preußen besetzen beinahe ganz Jütland. Aber wegen der Streitkräfte auf Alsen, die den Rücken der Verbündeten bedrohen, können Hegermanns Truppen einige Teile der Halbinsel halten. Am 9. Mai 1864 unterbricht ein Waffenstillstand die Operationen. Zur Siegesparade auf dem Schlachtfeld von Düppel ist Helmuth von Moltke, wieder im Hauptquartier, nicht eingeladen.

In Berlin pflegt Marie verwundete Soldaten, reist dann für einige Wochen zu Nettes Familie nach Cismar in Ostholstein. Dort ist Cai Brockdorff dänischer Amtmann. 1857, nach dem Tode des Squires, hatte Brockdorff sich um die Amtsmannschaft in Segeberg bemüht, landete aber im dörflichen Cismar.[77] Marie trifft in Schleswig auch ihren Gatten. Mit Helmuth besucht sie ein Lager der Preußen. Als Soldaten die Generaluniform erkennen, bricht Jubel aus. Ob das nicht ein erhebender Augenblick für sie gewesen sei, will jemand später von Marie erfahren. «Nein, wirklich nicht, in dem Moment schämte ich mich vor den Soldaten; es tat mir so leid, dass die Truppen sahen, dass Moltke verheiratet ist; ein Offizier muss frei sein, und nach meiner Meinung darf er aus dem Grunde nicht verheiratet sein.»[78] Eben das war die Auffassung Friedrichs des Großen. Was das Heiraten betrifft, kennt Maries Friedrich-Verehrung aber offenbar Grenzen.

In der Langenstraße sieht Helmuth zum ersten Mal das Giebelhäuschen, in dem vor siebenundzwanzig Jahren seine Mutter verstarb.

Ein Zeichenlehrer, der nun dort lebt, führt Moltke durch die Wohnung. «Sie ist so niedrig, dass ich die Hand an die Decke legen konnte, aber sonst doch sehr freundlich und nett. Das Grab auf dem neuen Kirchhof ist gut gehalten, und da es ganz ohne Inschrift war, habe ich in der Eisengießerei eine Tafel bestellt, die an das Gitter genietet wird.»[79] Der Zeichenlehrer überlässt ihm ein Aquarellbild des Hauses.[80] In Familiendingen ist Moltke nicht immer preußisch nüchtern.

Adolph entwirft nach der Erstürmung von Düppel sein Abschiedsgesuch. Zu vergiftet erscheint ihm in Rantzau die Stimmung der Menschen. In Ratzeburg ist Landdrost von Kardorff, der Vorgesetzte von Louis, gestorben. Adolph hofft auf dessen Stelle oder auf Auszahlung einer Pension.[81] Nun hilft der preußische Bruder. Helmuth und Adolph beschließen, an Bismarck zu schreiben. Adolph verfasst eine Denkschrift über die Lage der Beamten in Holstein und Schleswig. Der Generalstabschef schreibt einen Begleitbrief, betont die Treue Adolphs zum dänischen König. «Ich glaube dies ausführen zu sollen», so Helmuth, «um den loyalen und konservativen Standpunkt des Verfassers zu bezeichnen, über den ich nur beiläufig bemerke, dass er mein Bruder ist.»[82] Alle Eidleister, erklärt Adolph in seinem Memorandum für Bismarck, würden von «dem materiellen Ruin ihrer bürgerlichen Stellung und ihrer Familien bedroht!»[83] Der Ministerpräsident verspricht Unterstützung.[84] Aber nicht alle «dänischen» Beamten bleiben im Dienst.

Im Juni endet der Waffenstillstand. Moltke hat einen Plan für die Eroberung von Alsen entworfen. Über Manteuffel erfährt der König davon; Wilhelm billigt das Unternehmen. Mit der Ausführung beauftragt der König seinen Generalstabschef. Am 29. Juni 1864, morgens zwei Uhr, setzt die erste Angriffswelle bei Sottrupskov über den Alsensund, 2500 Soldaten in 600 Booten. Henry von Burt, Adjutant am Satrup-Holz, dem Ablegeort, unterrichtet den Prinzen Friedrich Karl von Preußen, Nachfolger Wrangels, vom Beginn der Invasion. «Die erste Meldung, dass drei Brigaden übergeschifft seien, brachte der Leutnant von Burt.»[85] Dann reitet Henry zurück und setzt mit der zweiten Welle hinüber. In einer eroberten Düppel-

Schanze beobachtet Moltke das Schauspiel: das Übersetzen der Kähne, das Abwehrfeuer der Dänen, die Antwort preußischer Batterien, das Donnern des dänischen Panzerschiffs *Rolf Krake*. Um 5 Uhr 30 ist alles vorbei. «Alsen erobert, Henry und ich gesund, gib Nachricht nach Rantzau»,[86] telegrafiert er seiner Frau. Die Dänen haben 3148, die Preußen 372 Soldaten verloren. Nun steht einer Eroberung von ganz Jütland nichts mehr im Wege. «Wir wollten Hegermann zu Leibe gehen, er hat sich aber durch Einschiffung dieses Besuchs entzogen»,[87] meldet Helmuth vielleicht auch erleichtert. In Kopenhagen breitet sich Mutlosigkeit aus. «Frieden um jeden Preis», lautet nach Düppel die Losung. Die alte Regierung tritt ab, die neue bittet um Waffenruhe. In Wien beginnen Verhandlungen über den Frieden.

Mit «poor little Denmark»[88] empfindet der Generalstabschef Mitleid. Helmuth wohnt bei Fritz und Betty in Flensburg. «Da wir von beiden Seiten vermeiden, über Politik zu sprechen, so geht Alles gut.»[89] Viele Dänen verlassen die Stadt. «Jetzt ist auch die letzte der ihnen befreundeten Familien nach Kopenhagen gezogen», schreibt Helmuth bedauernd. «Die beiden alten Leute werden den Winter hindurch Whist en deux spielen.»[90] Dann erkrankt Betty. Am 27. Oktober findet sie nach langen, schlaflosen Nächten etwas Ruhe, so scheint es. «Sie schlief denn auch in Fritz' Armen ein. Aus Furcht, sie zu wecken, mag er mehrere Stunden so gesessen haben, gegen acht kam er zu mir und sagte: ‹Ich weiß nicht mehr, ob Betty schläft oder tot ist!›»[91] Um dem Witwer zu helfen, eilen Guste und auch Ernestine herbei, die doch noch geheiratet hat – einen fast mittellosen Lehrer aus Norwegen namens Knudson. «Das Hauswesen», so Helmuth, «nimmt unter Gustes und Ernestines Händen seinen Fortgang, und so hoffe ich, dass nun etwas Ruhe eintreten wird.»[92] Zwei Wochen später, am 15. November, trifft die Nachricht ein, John Junior sei am Vortag in Kopenhagen überraschend gestorben. «Der einzige Trost, den man bis jetzt schöpfen kann, ist, dass der arme John ein einsames Krankenlager nicht gehabt hat. ... Ich habe ihm», klagt Helmuth, «manches harte und lieblose Urteil abzubitten. Wenn man so am Grab eines Menschen steht, so tut einem das Leid und es ist zu spät.»[93]

Leutnant von Burt besteht sein Examen an der Kriegsakademie, wird nach Berlin versetzt und erhält den Auftrag, in den Herzogtümern topografische Aufnahmen zu machen, vor allem aber die Stimmung der Bevölkerung zu erkunden. Helmuth überlässt seinem Ziehsohn den Messtisch aus Stambul. «Eure spezielle Instruktion», rät der Onkel, «kenne ich nicht, aber ich glaube, es wird gut sein, wenig zu sprechen, viel zu hören und die Augen offen zu halten. ... Nun Adieu, mein alter Junge, mache Deine Sache gut.»[94]

Louis in Ratzeburg bekommt einen neuen Vorgesetzten: Die Kommissare des Bundes ernennen den Grafen von Kielmannsegge zum Ersten Regierungsrat. In der Landdrostei an der Herrenstraße müssen Kielmannsegge, Louis von Moltke und der Dritte Regierungsrat von Linstow ein Gutachten über die verwickelte Berechnung der Sporteln in allen Ämtern, Gerichten und Magistraten des Herzogtums Lauenburg erstellen.[95]

Adolph in Rantzau schwankt zwischen Anpassung und Verweigerung. Auf Vermittlung Henricis trifft er den Augustenburger und bietet seine Dienste an.[96] Gegenüber Helmuth gesteht er, an den Abschied zu denken. Der Generalstabschef rät, ein solches Gesuch nicht politisch, sondern gesundheitlich zu begründen. Andernfalls könne Adolph seine Pension verlieren, eine Folge, «über welche Deine finanzielle Lage Dir nicht gestattet, Dich hinweg zu setzen».[97] Adolph versorgt inzwischen sechs Kinder: Wilhelm, siebzehn, Helmuth, sechzehn, Marie, fünfzehn, Friedrich, elf, Ludwig, neun, und Louise, acht Jahre alt. Friederike ist einige Jahre zuvor gestorben. Auf der Schlossinsel im Rantzauer See erhalten die Kinder Unterricht von Hauslehrern, darunter Karl Schaubach, Theologe und später Hofprediger Kaiser Wilhelms des Zweiten. Adolph beschäftigt keine Demokraten oder Liberale, «die in der Borniertheit politischer Leidenschaften befangen sind, denn davon will ich meine Kinder auf jeden Fall bewahrt haben».[98]

Die Kinder erleben, so scheint es, eine unbeschwerte Jugend. Als Helmuth der Jüngere, «Helly» genannt, Jahrzehnte später Rantzau besucht, gerät er ins Schwärmen: «Welch ein Jugendzauber liegt doch über diesem Stückchen Erde. ... Es war doch eine schöne Zeit und wir alle können nicht dankbar genug sein, dass sie ohne Missklang vor uns steht.»[99] Schmeckt Helly Gravensteiner Äpfel, weckt das Erinnerungen an den Baum, «der neben dem Rantzauer Hause stand und das Ideal unserer jungenhaften Apfelbegehrlichkeit war».[100] Helly – Patenkind, «Prachtstück»[101] und Lieblingsneffe von Onkel Helmuth – besucht das Christianeum in Altona und drängt auf eine militärische Laufbahn. Wilhelm, der Älteste, steht in Altona vor dem Abitur, leidet aber wie sein Vater unter einer schwachen Lunge. Onkel Helmuth sorgt dafür, dass Wilhelm auf ein Gymnasium nach Wiesbaden in milderes Klima wechselt. Soldatische Neigungen sucht der General dem Neffen auszureden. «Wer die Fähigkeit und die Mittel hat, zu studieren – und diese sind auf eine absehbare Reihe von Jahren Dir gesichert – dem öffnen sich in der Zivilkarriere jedenfalls bessere Aussichten als im Militär.»[102]

Alle Geschwister von Wilhelm und Helly leben noch auf der Insel im Rantzauer See. Friedrich, Patenkind von Fritz, ist der Liebling des Postmeisters. «Er ist ein so herzensguter, ordentlicher, folgsamer und fleißiger Knabe, dass er uns mit jedem Tage lieber wird», schwärmt Fritz, als der Junge einige Zeit in Flensburg verbringt. Doch auch Friedrich kränkelt. Das Kind werde «immer mitteilsamer, gesprächiger, scherzt und lacht gern, kurz: Er würde uns nur Freude machen – wenn er nur gesund wäre.»[103] Für den Postmeister bleibt Friedrich zeitlebens der «Fritz mit dem goldenen Herzen».[104] Auch John Junior mochte den kleinen Friedrich und hoffte, «dass die Erlernung der Wissenschaften für ihn so wenig Prügel mit sich bringen möge wie möglich».[105]

Am 30. Oktober 1864 schlossen Dänemark, Österreich und Preußen den Frieden von Wien. König Christian IX. verlor alle Rechte an den Herzogtümern Schleswig, Holstein und Lauenburg. Nach vierhundert Jahren war der dänische Gesamtstaat am Ende. Der Augustenburger ging leer aus. Statt eines «Herzogtums Schleswig-Holstein» entstand ein «Kondominium»: Österreich und Preußen verwalteten die Herzogtümer gemeinsam, über die Köpfe der Bevölkerung hinweg. Nun regierte in Schleswig ein preußischer Gouverneur, in Holstein ein österreichischer Statthalter. Das endgültige Schicksal der Herzogtümer blieb offen. Alle Rechte an Lauenburg überließ Österreich für 2,5 Millionen Taler den Preußen.[106] Louis schwor den Treueid auf Lauenburgs neuen Herzog, König Wilhelm von Preußen. Das lauenburgische Ministerium in Berlin leitete kein Geringerer als Otto von Bismarck. Er wälzte die Kaufkosten für Lauenburg auf Lauenburg ab. Auch «die up ewig Ungedeelten müssen einmal Preußen werden»,[107] orakelte Bismarck vertraulich.

Was die Entwicklung des Kriegsbildes betraf, ließ zweierlei eine Rückkehr zur Einhegung militärischer Gewalt erhoffen: Der Vorrang des Politischen über das Militärische und die Entnationalisierung der Streitkräfte. Bismarck war es gelungen, die Kriegführung seinen diplomatischen Zielen anzupassen. Und auf den Einsatz von Milizen, in der liberalen Presse beständig gefordert, hatten die Verbündeten verzichtet. Mit Nationalisten, mit Demokraten sogar, wollte auch Moltke nicht kämpfen. Darüber hinaus hatten weder der Generalstabschef noch die österreichischen Heerführer gegen «poor little Denmark» ihre volle Kriegsstärke ins Feld geführt. Verglichen mit den Freiheitskriegen blieben die Verluste gering. War Bellona abermals gezähmt? Soviel stand fest: Bismarck hatte die nationale Bewegung ausgeschaltet, vor den Kopf gestoßen und siegreich überholt. Das Gesetz des Handelns lag wieder in den Händen der Regierung.

Das preußische Heer hatte an Ansehen gewonnen, auch sein Generalstabschef. Der König befahl Moltke nun häufiger zum Vortrag. Sogar bei Familiendingen fragte ihn Wilhelm um Rat, etwa bei der Auswahl des militärischen Erziehers für Prinz Wilhelm, den künftigen Kaiser Wilhelm den Zweiten.[108] Die Mehrheit der Liberalen feierte den Feldzug weder als Nationalkrieg noch als Sieg für Deutschlands Einheit. Im Gegenteil: Sie betrachtete das Ganze als Polizeiaktion antinationaler Mächte.[109] Tatsächlich stehen Düppel und Alsen keineswegs für den Kampf um Deutschlands Vereinigung, sondern für den vorletzten Kabinettskrieg um die Ausweitung preußischer Macht. Aber die Verunsicherung wuchs. In nur sechs

Monaten hatten Bismarcks und Moltkes Soldaten erreicht, was der Nationalbewegung zwanzig Jahre lang missglückt war: die Trennung beider Herzogtümer vom dänischen Gesamtstaat. Der Ministerpräsident nahm das Nationale unter Beschlag. Den Idstedt-Löwen ließ er in Kisten verpacken. Fortan sollte der Löwe das Berliner Zeughaus bewachen.

ACHTES KAPITEL

Zwei Kriege

Gründung des Nationalstaats

Ein entsetzlicher Anblick: Gegenüber, ganz nahe, dicht an der Chaussee, die nach Königgrätz führt, wanken Hunderte aus dem Hola-Wald hinaus, streben nach Westen, halbbetäubt, mit zerrissenen Uniformen, die Wunden unverbunden. Vom Roskosberg aus können Moltke, Bismarck, der König und Prinz Friedrich Karl fast die Gesichter der Flüchtenden erkennen. Vier Stunden lang haben die Soldaten gelitten. Noch immer hageln Granaten und Schrapnells in das Waldstück hinein, zersplittern Stämme und Äste, töten oder verwunden viele Männer, die im Hola-Wald ihre Stellungen halten. Leichen bedecken den Boden. Schutz gibt es nirgends. Die Grenze des Erträglichen scheint längst überschritten. Der König gibt seinem Pferd die Sporen. «Ich werde euch», fährt er die Flüchtenden aus dem Hola-Wald an, «noch einmal vorschicken, schlagt euch wie brave Preußen!»[1] – ein eher peinlicher Auftritt. Wilhelms Nerven sind zum Zerreißen gespannt.

Halb links, etwas weiter entfernt, erleben Preußen und Österreicher im Swiep-Wald ähnliche Schrecken. Adjutanten, die von dort auf den Roskosberg sprengen, melden fürchterliche Verluste. Hinter dem Hola- und Swiep-Wald, auf den Höhen von Langenhof, Lipa und Chlum, ist das Blitzen von zweihundert Geschützen zu erkennen. Feldzeugmeister Ludwig von Benedek, Heerführer der Österreicher, setzt auf Zermürbung. Seine Batterien entfachen ein unerhörtes, gewaltiges Feuer. Niemand auf dem Roskosberg hat

Ähnliches erlebt, weder Moltke bei Nizib noch Friedrich Karl bei
Düppel. Prinz Friedrich Karl ist Oberbefehlshaber der Ersten Armee,
die gerade vor aller Augen verblutet. Wer auf dem Roskosberg das
Fernglas über das Schlachtfeld schweifen lässt, von Benatek im Norden bis Stresetitz im Süden, könnte glauben, es tobe ein Winter-
sturm: Pulverdampf wabert über Abhänge, Hügel und Täler.
Doch es ist Sommer, der 3. Juli 1866, ein verregneter Nebeltag.
Im Rücken steht das Dörfchen Sadowa in Flammen. Davor, jenseits
der Bistritz, kämpfen fast eine halbe Million Menschen – mehr als
während der «Völkerschlacht» 1813 bei Leipzig.[2] «Moltke, Moltke»,
murmelt der König, «wir verlieren die Schlacht.» – «Eure Majestät
werden heute nicht nur die Schlacht, sondern den Feldzug gewinnen»,[3] erwidert der Generalstabschef, «kühl bis ins Herz hinan»,[4]
glaubt Bismarck. Der Ministerpräsident, in der Uniform eines Land-
wehrmajors, sehr nervös, bietet Moltke ein Zigarrenetui an. Dass
der Generalstabschef sorgfältig die beste Zigarre auswählt, nimmt
Bismarck als beruhigendes Zeichen.

Dann, gegen 12 Uhr 30, richtet Bismarck sein Fernglas auf etwas,
das wie eine Baumreihe aussieht. Doch die Baumreihe, kein Zweifel,
bewegt sich. In ihre Richtung, nach Norden, feuern österreichische
Geschütze. Bismarck reicht Moltke das Fernglas. Der Generalstabschef betrachtet das Ganze, lenkt dann sein Pferd zum Monarchen
hinüber. «Die Schlacht ist entschieden, und zwar zu Höchstdero
Gunsten.» Was das heißen solle, blafft der König, den Hola- und
Swiep-Wald vor Augen. Man täte wohl besser daran, die Schwierigkeiten dort unten zu lösen. «Nein», entgegnet Moltke, «der Erfolg
ist vollkommen. Wien liegt zu Füßen Eurer Majestät.»[5] Der Generalstabschef weiß: Die «Baumreihen» sind die Spitzen der Zweiten
Armee unter der Führung des Kronprinzen Friedrich. Das Eingreifen der Zweiten Armee haben auf dem Roskosberg alle sehnlichst
erwartet. Endlich fallen die Truppen des Kronprinzen in die Flanke
des Gegners. Trotzdem ist Moltkes Vorhersage mutig. Die Legende
wird sie als Ergebnis mathematischer Berechnung verklären. In
Wahrheit droht noch immer ein Zusammenbruch der Ersten Armee.
Und verliert König Wilhelm, der Kriegsherr, die Nerven, wird auch

sein Diener, der Generalstabschef, scheitern. Daher muss Moltke beruhigen, versichern, erklären, versprechen. Tatsächlich geht Wilhelm nicht von der Fahne.

Aber erst drei Stunden später, nach der Einnahme von Chlum durch das Garde-Korps der Zweiten Armee, ist die Schlacht wirklich entschieden. Moltke besichtigt die Walstatt. «An manchen Stellen war das Feld förmlich bedeckt mit Leichen von Menschen und Pferden. Gewehre, Tornister, Mäntel ... lagen überall herum. Es gab schreckliche Verwundungen, niemand konnte helfen. Ein Offizier flehte uns an, ihn totzuschießen. Die Krankenträger arbeiteten ohne Unterlass, aber die Zahl der Verstümmelten war zu groß.»[6] Welche Last ihn bedrückt hat, trotz äußerer Kühle, wird Moltke später verraten: «Ein besiegter Feldherr! Oh, wenn der Laie nur eine entfernte Vorstellung hätte, was das bedeuten will! Der Abend von Königgrätz im österreichischen Hauptquartier – wenn ich mir den vorstelle – solch ein verdienter, tapferer und fähiger General wie Benedek!»[7] Moltkes Sieg verändert Europa. Politisch wird nichts mehr so sein wie zuvor.

«Der Krieg von 1866», erläuterte Moltke im Rückblick, «ist nicht aus Notwehr gegen die Bedrohung der eigenen Existenz entsprungen, auch nicht hervorgerufen durch die öffentliche Meinung und die Stimme des Volkes; es war ein im Kabinett als notwendig erkannter, längst beabsichtigter und ruhig vorbereiteter Kampf nicht für Ländererwerb, Gebietserweiterungen oder materiellen Gewinn, sondern für ein ideales Gut – für Machtstellung. Dem besiegten Österreich wurde kein Fußbreit seines Territoriums abgefordert, aber es musste auf die Hegemonie in Deutschland verzichten.»[8] Das war ebenso offen wie treffend. Der Sieben-Wochen-Feldzug von 1866 gilt als «industrialisierter Kabinettskrieg»: nicht unter dem Druck, sondern gegen die öffentliche Meinung beschlossen, geführt unter den Bedingungen der Industrialisierung. Menschenmassen, neben denen sich Wallensteins Heere winzig ausnahmen, gelangten mit Eisenbahnen ins Operationsgebiet, wo Kommandeure sie per Telegraph lenkten. Neue, industriell gefertigte Waffen bestanden die

Probe: Geschütze mit gezogenen Gussstahlrohren und die Hinterlader der Infanterie, das preußische Zündnadelgewehr. Erstere schossen genauer als Glattrohrkanonen, letztere schneller als jeder Vorderlader. Das Zündnadelgewehr konnte man außerdem auch im Liegen handhaben. Der Schütze war also besser gedeckt.

Aber Gussstahlrohre, Hinterlader und industrielle Entwicklung fielen bei Königgrätz weniger ins Gewicht als der Unterschied zwischen den Militärkulturen.[9] Mit Beginn des Krieges hatte König Wilhelm die Verantwortung für alle Operationen dem Chef des Generalstabs übertragen.[10] Damit übernahmen Moltke und die Truppenstäbe nun auch im Krieg die Rolle von «Gehirn» und «Nervenbahnen». Benedeks Armee konnte Vergleichbares nicht bieten.[11] Dank der neuen Bedeutung der preußischen Stäbe erntete ihr Chef die Früchte einer jahrzehntelangen Entwicklung.

Moltke war nicht der Schöpfer, sondern nur der Vollender des modernen Generalstabs. Doch als Leiter aller Operationen setzte er auch Ureigenes durch. Seine Strategie einer «Konzentration nach vorn» hielten fast alle Fachleute für ein hohes Wagnis. Moltke schob Lehrsätze über die Vorteile der «inneren Linie» beiseite, glaubte auch nicht an die Notwendigkeit einer Sammlung aller Streitkräfte vor der Schlacht. Um den Aufmarsch zu beschleunigen, teilte er seine Truppen in drei Armeen auf der «äußeren Linie», einem Bogen von etwa 300 Kilometern, und vereinigte sie erst auf dem Schlachtfeld – und zwar durch eine konzentrische Bewegung für einen Umfassungsangriff. «Kleine» Armeen ließen sich leichter versorgen und schneller bewegen; vorausgesetzt, eine Institution wie der Generalstab plante und lenkte das Zusammenspiel von Telegraph, Straße und Schiene. Aber es gab auch Nachteile. Kam eine Heeresgruppe aus Zufall oder durch feindliche Angriffe von der Marschrichtung ab, brach der Zeitplan zusammen. Dann bestand die Gefahr, dass der Gegner einzelne Armeen jeweils mit Übermacht schlug.

Benedek setzte dagegen auf Altbewährtes, auf die Vorteile der «inneren Linie»: kurze Nachrichtenwege, schneller Einsatz von Reserven und die Möglichkeit, feindliche Heeresgruppen getrennt zu besiegen. So stand bei Königgrätz die Entscheidung auf des Messers

Schneide. Moltke unterliefen Fehler, schwere sogar;[12] doch er beging weniger Fehler als sein Gegner. Das entschied über Sieg und Niederlage – nicht nur, aber vor allem. Darüber hinaus gab es in Schlesien und der Lausitz ein dichteres Schienennetz als in Böhmen. Moltke konnte seine Streitkräfte schneller ins Operationsgebiet verlegen. Weil die Österreicher das wussten, setzten sie ihre Mobilmachung als erste in Gang. Solche Rüstungen lieferten Bismarck einen Kriegsgrund gegenüber den Großmächten Europas, der preußischen Öffentlichkeit und gegenüber dem eigenen König. So offenbarte die Vorgeschichte des Feldzugs von 1866 zum ersten Mal jene Wechselwirkung zwischen diplomatischer und militärischer Logik, die Europas Geschichte auch im nächsten Jahrhundert prägte.[13]

Die Ursachen des Krieges wurzelten in dem alten Gegensatz zwischen Österreich und Preußen. Sein Anlass war der Streit um Schleswig und Holstein. Bismarck wollte die Kriegsbeute Preußen einverleiben, Rechberg ein unabhängiges Herzogtum errichten. Moltke schlug vor, das Land selbst zu befragen. Die erste Frage wäre: «deutsch oder dänisch?», die zweite «augustenburgisch oder preußisch?» an jene, die sich für «deutsch» entschieden hätten. «Viele der großen Grundbesitzer und höheren Verwaltungsbeamten würden sich jetzt in letzter Richtung aussprechen.»[14] Daran aber hatte Rechberg keinerlei Interesse. Wer wie Bismarck die Herzogtümer Preußen zuschlagen, Österreich aber nicht entschädigen wollte, musste das Schicksal der Monarchie in die Hände der Streitkräfte legen. Das bereitete auch Bismarck Sorgen.

Die meisten Beobachter rechneten mit einem Sieg der Kaiserlichen, nicht zuletzt die Regierungen in Sachsen und Hannover. Sie schlossen mit den Habsburgern ein Bündnis. Moltke neigte zum Deutschnationalen, empfand den Kampf als Bruderkrieg. Doch als der Entschluss zum Feldzug gefasst war, lebte der Generalstabschef regelrecht auf. «In der Juninacht 1866», erzählte Bismarck, «in der ich ihn zu mir eingeladen hatte, um mich zu vergewissern, ob der Aufbruch des Heeres nicht um 24 Stunden verfrüht werden könnte, bejahte er die Frage und war durch die Beschleunigung des Kampfes angenehm erregt. Indem er elastischen Schrittes den Salon meiner Frau verließ, wandte er sich an der Tür noch einmal um und richtete in ernsthaftem Tone die Frage an mich: ‹Wissen Sie, dass die Sachsen die Dresdener Brücke gesprengt haben?› Auf meinen Ausdruck des Erstaunens und Bedauerns erwiderte er: ‹Aber mit Wasser, wegen Staub›.»[15]

Moltkes Schlachtensieg vertrieb Österreich aus Deutschland. Umso dringlicher musste die Wiener Regierung Spannungen im Innern entschärfen. Der österreichisch-ungarische Ausgleich (1867) spaltete den Vielvölkerstaat in zwei gleichberechtigte Teile. Kaiser Franz Joseph, nun auch König von Ungarn, stimmte der Auflösung des Deutschen Bundes zu. Schleswig, Holstein, Hannover, Kurhessen, Nassau und die Freie Stadt Frankfurt am Main wurden preußische Provinzen. Das Königreich der Hohenzollern erreichte die größte Ausdehnung seiner Geschichte. Sachsen gehörte fortan zum «Norddeutschen Bund»: In ihm fasste Bismarck 22 deutsche Staaten und die drei Freien Städte nördlich des Mains, also Hamburg, Bremen und Lübeck, zu einem Bundesstaat zusammen. Bismarck selbst führte als «Bundeskanzler» die Regie. Neben dem «Bundesrat» als Vertretung aller Bundestaaten, dem eigentlichen Regierungsorgan, war ein «Reichstag» an der Gesetzgebung beteiligt. Die Abgeordneten wurden nicht nach dem Dreiklassen-, sondern nach dem allgemeinen und gleichen Männerwahlrecht gewählt. Norddeutscher Bund und Reichstag waren Bismarcks Abschlagszahlung für die Nationalisten.

Erste militärische Erfolge hatten schon vor Königgrätz Erstaunliches bewirkt. So führte die Nachricht vom Sieg bei Nachod zu einem Ausbruch patriotischer Begeisterung. Bismarck, noch in Berlin, konnte sich nirgendwo zeigen, ohne dass eine jubelnde Menge ihn umringte – zum ersten Mal in seiner Amtszeit. Bürger überschütteten den König mit Briefen, in denen von Ergebenheit und Zuneigung die Rede war. Schon kündigte sich an, was nach der Schlacht bei Königgrätz tatsächlich eintrat: die Spaltung der nationalen Bewegung.[16] Viele Liberale hielten den «Konfliktminister» nun für einen großen Staatsmann. Bismarck gestand den Verfassungsbruch ein und erreichte eine nachträgliche Billigung der Haushalte durch das Parlament. Aus jener Gruppe Liberaler, die den Ministerpräsidenten im Landtag unterstützten, entstand die Nationalliberale Partei. Sie fand vor allem bei Industriellen, Bankiers und protestantischen Bildungsbürgern Unterstützung. Diejenigen, die Freiheit vor Einheit stellten, sammelten sich in der Deutschen Fortschrittspartei. Sie bildeten im Reichstag die schwächere Fraktion. So entfaltete Moltkes Schlachtensieg auch im Innern eine umstürzende Wirkung. Seit die bürgerliche Opposition auf dem Hambacher Fest ihre Forderung nach Volksherrschaft und nationaler Einheit erhoben hatte, vor dreiundvierzig Jahren, galt Preußen als ein Hort der Reaktion. Erst Königgrätz überwand die Abneigung vieler Liberaler gegen das Heerkönigtum.

Die Schlacht machte Moltke zum hochberühmten Mann. Auf einer Fahrt nach Schlesien zum Beispiel schlug ihm allerorts Begeisterung entgegen: «Die Reise ist bisher eine fortgesetzte Ovation gewesen», schrieb er seiner Frau, «alle Kirchtürme flaggen, wo wir hinkommen, die Schlagbäume sind mit Blumen und Tannenreisern umwickelt. In Patschkau war die Stadt illuminiert, die alten Türme mit bengalischer Flamme beleuchtet. An einer Stelle mein Porträt in Lebensgröße, Transparent; an einer anderen, Inschrift: ‹Der den Feldzugsplan erdacht, der ihn zu Ende gebracht, Moltke hat es gut gemacht.›»[17] König Wilhelm verlieh ihm den Schwarzen Adlerorden, Preußens höchste Auszeichnung, ernannte Moltke zum Chef eines Regiments, das einst Gneisenau befehligt hatte, und schenkte dem Generalstabschef 200 000 Taler. Auf dem Bahnhof in Berlin nahm Marie ihren Gatten nach seiner Rückkehr aus Böhmen freudestrahlend in Empfang. «Ein so schneller Feldzug ist unerhört», schrieb Moltke seinem Vetter, «gerade nach fünf Wochen sind wir nach Berlin zurückgekehrt».[18]

«Ohne Zweifel entscheidet Landeigentum über die Hingehörigkeit einer Familie. In diesem Sinne ist gerade der älteste Stamm des Geschlechts seit nun fast 100 Jahren heimatlos»,[19] erklärt Moltke in

«Schloss» Kreisau, 1880

seiner *Kurzen Familiengeschichte*. Dank der königlichen Dotation kann Helmuth nach einem neuen Stammsitz Ausschau halten. Der General denkt an Mecklenburg, wird aber nicht fündig. Marie ist für Holstein, aber auch dort findet sich kein passender Besitz.[20] Endlich, nach einer Generalstabsreise in Schlesien, kauft Moltke 1867 für 240 000 Taler das Rittergut Kreisau: 400 Hektar mitsamt Schloss, freilich etwas heruntergekommen, ungefähr 50 Kilometer südwestlich von Breslau am Fuße der Mittelsudeten nahe Schweidnitz gelegen. «Das ganze Land ist wie ein Garten, und wohin man fährt, ist's wunderschön.»[21] Ein Lebenstraum geht in Erfüllung. «Mein Lieblingsgedanke», hatte er Adolph einst geschrieben, «ist noch immer, dass wir uns nach und nach auf einem Grundbesitz sammeln ...»[22]

Nun schlagen die Moltkes tatsächlich Wurzeln. Für 78 Jahre und vier Generationen wird Kreisau zum Sammelpunkt der Familie. Moltke verwandelt das Gut in ein Fideikommiss. Wilhelm, Adolphs ältester Sohn, soll der künftige Gutsherr werden. Wilhelm von Moltke dient seit dem Abbruch seines Jurastudiums in einem Dragoner-Regiment, das in Schlesien garnisoniert. 1866 gehörte es zur Reserve, war an der Schlacht bei Königgrätz nicht beteiligt.[23] Nun lässt Onkel Helmuth seinen Neffen zu den Dragonern in Ludwigslust versetzen, eine vornehme Truppe, deren Offiziere am Hof der Großherzöge von Mecklenburg-Schwerin verkehren. Außerdem liegt Ludwigslust näher an Wilhelms Elternhaus, der Landdrostei in Rantzau. Dort ist Adolph nur noch Beamter auf Abruf. Preußens erster Oberpräsident in Schleswig-Holstein, ein Baron von Scheel-Plessen, nimmt auf den Augustenburger keinerlei Rücksicht. Nationale Vereine lässt Scheel-Plessen unterdrücken, auf dänische Gesetze verweisend. Umsonst hat Adolph den Augustenburger umworben. In den Herzogtümern haben die Siege preußischer Waffen nur ein schwaches Echo gefunden. Kein Wunder, dass Theodor Storm die Anregung Fontanes, eine Düppel-Hymne zu verfassen, eher zurückhaltend aufnimmt: «Liebster Fontane! Hol Sie der Teufel!»[24] Scheel-Plessen führt in Holstein und Schleswig die preußische Kreisordnung ein. Adolph, obwohl kränkelnd, arbeitet bis an den Rand der Erschöpfung: Trennung von Justiz und Verwaltung, Einführung der allgemeinen Wehrpflicht, Anwendung preußischer Steuergesetze, Vorbereitung der Wahlen zum ersten «Kreistag». Adolph stellt weitere Mitarbeiter ein. Ihr Gehalt zahlt er aus eigener Tasche.[25] Immerhin schickt die Regierung den Assessor von Platen zur Unterstützung nach Rantzau.

Die Grafschaften Rantzau und Pinneberg sollen unter der Leitung eines Landrats den neuen Kreis Pinneberg bilden. Die Grafschaft Pinneberg, größer als Rantzau, leitet Landdrost Graf Baudissin. Der Graf ist zwanzig Jahre jünger als Adolph und ein Beamter mit großer Erfahrung. Weil Adolph an der Pensionsgrenze steht, kommt für den neuen Posten des Landrats eigentlich nur Baudissin in Frage.[26] Das ahnt wohl auch Adolph. In einer Darstellung der eigenen Laufbahn für den Baron von Scheel-Plessen verschweigt er seine Tätigkeit in der Gemeinsamen Regierung, die wohl einflussreichste Stellung, die er jemals erreicht hat. Der Monarch in Kopenhagen hatte die «fünf Könige von Gottorf» als Rebellen gebrandmarkt – keine Empfehlung für eine Übernahme in den königlich preußischen Dienst.

Einmal mehr hilft der Bruder. Helmuth schreibt an Graf Eulenburg, den Berliner Innenminister. General von Moltke legt nahe, das Amt des Pinneberger Landrats dem Landdrost von Moltke zu übertragen. Eulenburgs Antwort lässt auf sich warten. «Die Faulheit unseres Ministeriums des Innern», seufzt Helmuth, «ist unberechenbar».[27] Doch welcher Beamte in Preußen könnte dem Sieger von Königgrätz einen Gefallen verweigern? Eulenburg wählt Adolph von Moltke.[28] Am 6. April 1868 ernennt König Wilhelm I. den Bruder seines Generalstabschefs zum preußischen Landrat. Es herrscht Residenzpflicht: Adolph und Auguste müssen von Rantzau nach Pinneberg ziehen, in die ehemalige Landdrostei, Dingstätte 23, ein großes Palais mit 25 heizbaren Räumen.[29] Der Unterhalt des Hauses würde die Mittel eines Landrats weit überfordern. Doch ehemals dänische Beamte beziehen ihre früheren Gehälter. Da Adolph mehr als doppelt so viel wie ein gewöhnlicher Landrat verdient, kann er das Palais unterhalten.[30]

Auch Louis in Ratzeburg arbeitet am Umbau der Verwaltung. Mie Moltke, seine Frau, ist einige Wochen nach Königgrätz gestorben. 1868 geht der Witwer in Pension, als sein Vorgesetzter, Graf Kielmannsegge, das Herzogtum verlässt und Bismarck als Ersatz einen preußischen Finanzrat nach Ratzeburg entsendet.[31] Nachfolger im Amt des Zweiten Rates wird Gustav Poel, der Schwiegersohn von Louis.[32]

Cai Brockdorff findet ebenfalls Aufnahme im preußischen Dienst. 1866 wird er Amtmann, dann Landrat des neuen Kreises Segeberg in Holstein.[33]

Postmeister Fritz nimmt in Flensburg den Abschied. Gemeinsam mit Guste zieht er in eine Wohnung nach Lübeck, die Stadt ihrer Kindheit. Nach Kreisau reisen Louis, Fritz, Guste und Henry fast jeden Sommer. Die Brockdorffs sind nur gelegentlich zu Gast.[34] Helmuth lässt das Schloss erneuern, einen Park anlegen und beschäftigt sich mit Landwirtschaft. Marie leitet die Einrichtung der Räume.

Im November 1868 reisen Helmuth und Marie nach Segeberg zur Silberhochzeit von Cai und Nette.[35] Den Winter verbringt das Ehe-

paar in Berlin. Anfang Dezember besucht Marie im Niederländischen Palais einen Basar zugunsten wohltätiger Zwecke. Nach
ihrer Rückkehr scheint sie nur erkältet, erkrankt aber an rheumati-
schem Fieber, einer springenden Entzündung der Gelenke. Heftige
Schmerzen im rechten Fuß gehen auf den anderen über, erfassen die
linke Körperseite, bis die Kranke nur noch den rechten Arm bewegen kann. Ärzte verabreichen Morphium. Helmuth ruft Guste aus
Lübeck herbei. «Mama, die Arme kann ich Dir nicht entgegenstre-
cken»,[36] begrüßt Marie ihre Stiefmutter. In den nächsten zwei
Wochen kommt eine Entzündung der Herzwand hinzu. Immer häufiger verliert Marie das Bewusstsein. Ist sie bei Sinnen, spricht sie
mit Helmuth über Pläne für Kreisau.[37] Die Zeitungen berichten von
ihrer Erkrankung. Ein «Chemikus» aus Mainz schreibt an die «Frau
Generalin von Moltke», verspricht ein auf «chemische Prinzipien
begründetes Mittel».[38] Sogar der Leibarzt des Königs scheint ratlos.
Guste wacht Tag und Nacht am Bett ihrer Stieftochter, kommt kaum
aus den Kleidern. «Es war ein schrecklicher Vormittag», berichtet
Helmuth nach Lübeck, «krampfhaftes Hin- und Herbewegen der
Unterkiefer. Heftiges Zittern mit den Händen. Mit ihren großen
schwarzen Augen sah sie uns unverwandt an. Dabei volles Bewusstsein und kein Laut der Klage.»[39] Dann, in einem wachen Augenblick,
nimmt Marie Abschied von Guste und Helmuth. Nette eilt aus
Segeberg herbei, trifft am Vormittag des Heiligen Abends im Generalstabsgebäude ein, wird von der Schwester aber nicht mehr erkannt. Die Familie sammelt sich am Krankenbett. «Wir saßen alle an
ihrem Bett», so Guste, «mir machte sie ein Zeichen – sprechen
konnte sie nicht mehr – welches Gott mir eingab, richtig zu verstehen, ich sollte aus ihrem Schreibtisch einen Ring holen. Dann steckte
sie ihn mit zitternden Händen, und nachdem sie vorher in fliegender
Hast den Kopf und die Schultern ihres Mannes betastet, zur Prüfung, ob er es sei, an den vierten Finger seiner Hand, dann wurde sie
ganz ruhig und nach einigen schweren Atemzügen war ihre Seele
entflohen.»[40]

Mary von Moltke, geborene Burt, stirbt am 24. Dezember 1868
im Alter von nur 42 Jahren. Helmuth, berichtet Guste, «drückte

die lieben braunen Augen zu und sank dann auf die Knie und beugte das graue Haupt tief auf seine Hände und dankte Gott, dass er den Kampf beendet und das geliebteste Leben zu sich genommen».[41]

Moltke benachrichtigt Adolph, Louis und Fritz. «Sie hat ein selten glückliches Leben genossen und ist des traurigen Alters überhoben.»[42] Die Familie schließt sich um Helmuth zusammen. Sophie, Nettes Tochter, sucht tröstende Worte: «Lieber Onkel Helmuth! ... Mit ihr sind die liebsten, glücklichsten Erinnerungen unserer Kindheit und Jugend verbunden ...»[43] Louis ringt um Fassung: «Die Nachricht von Mariens schnellem Abscheiden hat hier viele nasse Augen gemacht ...»[44] Lene ist um den Witwer besorgt: «Du gehst nun noch eine Weile über diese arme Erde allein und eilst dann in ihre offenen Arme. ... Und nun nichts mehr für heute, mein Herz tut mir so weh und meine Tränen trüben meine Augen. Gott breite alle seine Liebe und Gnade über Dich aus.»[45] Nette legt Rosen in den Sarg. Eine Flut von Beileidsbriefen, Handschreiben, Kondolenzkarten, Trauertelegrammen, Visitenkarten und Kranzspenden erreicht das Generalstabsgebäude: von Prinz Friedrich Karl, Oberbefehlshaber bei Alsen und 1866 Kommandeur der Ersten Armee: «Möge Gott Sie trösten, der es allein vermag, und Ihnen besonders in den schweren Tagen, die jetzt folgen, nahe sein»;[46] von Kronprinz Friedrich; von Karl Freiherr von Vincke, dem Gefährten aus der Türkei, nun Abgeordneter der Nationalliberalen im Norddeutschen Reichstag; von Baron Carl Scheel-Plessen, dem Kieler Oberpräsidenten; von Graf Bethusy-Huc, einem Gutsnachbarn in Schlesien: «Glücklich ist der zu preisen, dem das Schicksal eine solche Lebensgefährtin zuführte, und es gehört zu den schwersten Prüfungen, sie zu verlieren.»[47]

Am Trauergottesdienst im Generalstabsgebäude nimmt auch die Königin teil. Sie drängt Guste, nach Berlin überzusiedeln, damit der Witwer nicht vereinsamt. Maries Sarg überführt Moltke persönlich nach Kreisau. Der Verlust schweißt Nette und Helmuth zusammen. «Lieber Helmuth!», schreibt Nette am Tag ihrer Rückkehr nach Segeberg, «nicht mehr bei Dir zu sein und in den Räumen, an denen die lieblichsten so wie jetzt die wehmütigsten

Henry von Burt, Adjutant
des Feldmarschalls

Erinnerungen hängen, wird mir sehr schwer. ... Der gemeinsame Schmerz hat uns nahe zusammengeführt, wenn ich auch vor dem Deinen stille zurücktreten will. ... Dass der Geist unserer geliebten Marie mitten unter uns fortlebt, wollen wir freudig glauben. ... Cai grüßt Dich auf das Herzlichste, mein lieber Helmuth. ... Er versteht so ganz, was wir verloren. Er liebte und verehrte unsere Marie so wie sie es verdiente. Unsere Kinder alle hängen mit unendlicher Liebe an ihr.»[48]

In Kreisau bauen Arbeiter auf dem Steinberg eine Grabkapelle nach den Entwürfen des Gutsherrn. «Das Gebäude», berichtet Moltke seiner Schwägerin in Pinneberg, «wird nahe vom Schloss auf einem kleinen Waldhügel errichtet, von wo aus man eine weite und liebliche Aussicht über das Gut und das Gebirge hat.»[49] Guste zieht mit Fritz ins Generalstabsgebäude. Der König ernennt Leutnant Henry von Burt zu Moltkes Adjutanten. «So fehlt es nicht an solchen in meiner Umgebung, die in naher und inniger Beziehung zu Marie gestanden haben.»[50]

Der Kreistag richtet ein Festessen aus. Sein Vorsitzender, Landrat Adolph von Moltke, geht in Pension. Zur feierlichen Verabschiedung am 1. Juni 1870 ist Regierungsrat von Rumohr aus Schleswig nach Pinneberg gekommen, um Moltke den Kronenorden zu überreichen. Warum habe man, mäkelt die Oberrechnungskammer in Potsdam, Orden und Papiere nicht postalisch übersendet? Preußische Sparsamkeit macht auch vor dem Bruder des Königgrätz-Siegers nicht Halt.[51] Nun will Adolph für die Konservative Partei in den Reichstag einziehen. Aber seine Gesundheit bereitet immer größere Sorgen. Auguste und Adolph beschließen, wie im Vorjahr in Begleitung ihrer Töchter, Marie und Louise, nach Kreisau zu reisen. Danach wollen sie am Luganer See ausgiebig kuren.[52] Als Alterssitz möchten Adolph und Auguste ebenfalls eine Wohnung in Lübeck beziehen. Endlich soll der Kranke sich pflegen, im Sommer auf dem Land, während der Wintermonate im südlichen Klima.

Helmuth, Henry, Guste und Fritz sind schon seit Ende Mai in Schlesien. Auch Louis verbringt den Sommer auf Kreisau. Helmuth pflegt den Park, kümmert sich um die Landwirtschaft, plant eine Badereise nach Gastein und unternimmt Ausflüge mit den Geschwistern, so auch am Nachmittag des 12. Juli, einem Dienstag, als er mit Adolph, Auguste, Marie und Louise im offenen Wagen spazieren fährt. Er selbst führt die Zügel, lenkt den Wagen an einer Furt durch die Peile. Auf dem Steg, der neben der Furt das Flüsschen quert, ruft ein Telegraphenbote herüber, reicht sein Telegramm dem Kutscher, der es öffnet, liest und die Fahrt wortlos fortsetzt, offenbar aber nicht mehr ganz bei der Sache ist, jedenfalls lenkt er das Fahrzeug an einen Prellstein. «Als er nach etwa einer Stunde wieder vor dem Wohnhaus anlangte, sprang er rasch vom Wagen und sagte zu seinem Bruder, der ihm ins Haus folgte: ‹Es ist eine dumme Geschichte, ich muss noch diese Nacht nach Berlin.› Er ging darauf in sein Arbeitszimmer, wo er bis zur Teestunde verblieb. Still, aber freundlich wie immer, saß er in der Mitte des kleinen Kreises, bis er plötzlich aufstand, mit der Hand auf den Tisch schlug und ausrief: ‹Lasst sie nur kommen, mit oder ohne Süddeutschland, wir sind gerüstet.›

Ohne eine weitere Erklärung zu geben, ging er dann wieder in sein Zimmer, wo er bis zur Abreise verblieb.»[53] Das Telegramm hat Oberst von Stiehle geschickt, dienstältester Abteilungschef im Berliner Generalstab. Die Anwesenheit des Chefs, meldet Stiehle, sei dringend erwünscht. Krieg gegen Frankreich stehe bevor. Stunden später reisen Helmuth und Henry mit dem Nachtzug von Schweidnitz in die preußische Hauptstadt.

Auch Bismarck hält Krieg für wahrscheinlich, unterbricht den Urlaub auf seinem Gut in Varzin, bereitet eine Sitzung des Reichstags vor und telegraphiert an Moltke wie Roon die Bitte, sich am Abend des 12. Juli gegen 18 Uhr 30 zum Diner in seiner Dienstwohnung einzufinden. Moltke kommt verspätet. Der Generalstabschef schaue stets, wird Bismarck später erzählen, zehn Jahre jünger oder älter aus, je nachdem, ob die Aussichten auf Krieg sich besserten oder schwänden.[54] Moltke, Bismarck und Roon sprechen über die spanische Thronkandidatur des Erbprinzen Leopold von Hohenzollern-Sigmaringen, der aus einer Nebenlinie des Königshauses stammt.

Ein Blick zurück: Schon Mitte März versammelte Wilhelm I. im Berliner Schloss einen Kronrat. Der König und Fürst Karl Anton von Hohenzollern-Sigmaringen, Leopolds Vater, beschränkten sich aufs Zuhören. Bismarck, Moltke, Roon, Kronprinz Friedrich, Hermann von Thiele, Staatssekretär im Auswärtigen Amt, Rudolph von Delbrück, Chef des Bundeskanzleramtes, und Alexander von Schleinitz, Minister des königlichen Hauses, erörterten vier Stunden lang Gründe und Gegengründe für eine Thronbesteigung in Spanien. Bismarck unterstützte die Kandidatur nach Kräften – nicht als Herausforderung Frankreichs zum Kriege, sondern als Mittel, Napoleon abzuschrecken.[55] Moltke dachte seit längerem ähnlich.[56] Der Generalstabschef zeigte sich bestens unterrichtet, hatte vorher mit Offizieren aus Spanien gesprochen. Moltke wusste, dass die spanische Armee selten dem eigenen König, sondern meist ihren Generälen zu folgen gewohnt war; dennoch befürwortete er eine Kandidatur, «im Interesse des Landes, des monarchischen Prinzips und der Familie unseres Königshauses».[57]

Monate später, am 2. Juli, ersuchte die Regierung in Madrid den Erbprinzen tatsächlich, den spanischen Thron zu besteigen. Es folgte ein Aufschrei der Nationalisten in Frankreich. Sie wähnten sich eingekreist, wollten «Rache für Sadowa» nehmen: Das rasche Kriegsende nach der Schlacht bei Königgrätz hatte es Napoleon III. verwehrt, als Vermittler «Kompensationen» auf linksrheinischem Gebiet zu erhalten.

Dann, am 6. Juli, hielt Antoine Agénor de Gramont, Napoleons Außenminister, eine Brandrede vor der Gesetzgebenden Kammer. Gramont drohte mit Krieg und entsandte seinen Botschafter Benedetti nach Ems, wo der preußische König einen Kuraufenthalt verbrachte. Benedetti sollte den Chef des Hauses Hohenzollern drängen, eine Rücknahme der Kandidatur zu erwirken.[58]

Nun, am 12. Juli, in der Dienstwohnung des Ministerpräsidenten, glauben Bismarck, Moltke und Roon, am Vorabend historischer Ereignisse zu stehen.[59] Alle denken, berichtet Herbert von Bismarck, Sohn des Ministerpräsidenten und Augenzeuge des Treffens, «dass bei dem Größenwahnsinn und der Kriegslust der Franzosen der Friede kaum erhalten werden könnte; es wurde erwogen, ob es sich empfehle – wenn das mit Ehren möglich wäre – diesen Krieg, dessen Blutigkeit und Langwierigkeit man voraussah, noch einmal zu vermeiden».[60] Bismarck mutmaßt, eine Kriegsdrohung der Spanier könne die Lage verändern, hält Widerstand aus Madrid aber für unwahrscheinlich. Moltke strahlt Zuversicht aus. Niemals zuvor sei Preußen aufgrund seiner Heeresverfassung und militärischen Ausrüstung in der Lage gewesen, mit solchen Aussichten auf Erfolg Krieg zu führen.[61] In 13 Tagen könne er die Armee mobilisieren.[62] Tatsächlich hat Moltke seit 1866 alles getan, um Mobilmachung und Aufmarsch weiter zu beschleunigen.[63] Umso eher scheinen Bismarck, Roon und der Generalstabschef nun geneigt, den Fehdehandschuh aufzunehmen. Moltkes «Kampflust, seine Schlachtenfreudigkeit», so Bismarck im Rückblick, sei der «Durchführung der von mir für notwendig erkannten Politik ein starker Beistand gewesen».[64] Der Ministerpräsident lässt Innenminister Graf Eulenburg rufen. Eulenburg soll nach Ems reisen und König Wilhelm den Einflüsterungen Benedettis entziehen. Moltke, Bismarck und Roon halten alle Mittel der Diplomatie für erschöpft. Anders als gelegentlich behauptet, stellen sie am 12. Juli die Weichen aber nicht endgültig auf Krieg;[65] diese Entscheidung liegt ohnehin in den Händen des Königs.

Nun aber überbringt Eulenburg die Nachricht, Erbprinz Leopold habe auf den Thron verzichtet. Moltke, so Herbert von Bismarck, «bekam vor Verdruss über diese Wendung einen ganz roten Kopf, da er nun umsonst die Reise gemacht zu haben glaubte und der Krieg, den er schon fest ins Auge gefasst hatte, wieder in die Ferne gerückt schien».[66] Auch Roon und Bismarck wirken niedergeschlagen. Der Ministerpräsident will nach Varzin zurückkehren,[67] spielt wohl sogar mit dem Gedanken an Rücktritt. «Sie sind schön raus», soll Moltke erklärt haben, «Sie gehen nach Varzin zurück und bauen dort ihren Kohl; wir aber als Soldaten müssen aushalten und zusehen, wie sich der König die französische Ohrfeige gefallen lässt.»[68]

In Paris gibt sich jedoch die Kriegspartei mit dem Thronverzicht keineswegs zufrieden.[69] Am nächsten Tag, dem 13. Juli, schickt Gramont den Botschafter in Ems noch einmal zum König. Die Hohenzollern, fordert Gramont, sollen für alle Zeiten auf den spanischen Thron verzichten. Frankreich lässt Preußen die Wahl zwischen Krieg und Demütigung – jedenfalls nach den Begriffen nationaler Ehre, wie sie 1870 gelten. Der Vertreter des Auswärtigen Amtes in Ems, Geheimrat Abeken, setzt Bismarck im Auftrag des Königs telegraphisch über die Vorfälle in Kenntnis. «Seine Majestät stellt Euer Exzellenz anheim, ob nicht die neue Forderung Benedetti's und ihre Zurückweisung sogleich, sowohl unsern Gesandten, als in der Presse mitgeteilt werden sollte.»[70] Erst jetzt drängt Bismarck entschlossen zum Krieg, kürzt Abekens «Depesche aus Ems» und verfälscht sie durch seine Kürzung zur «Emser Depesche» – nicht, wie er in seinen *Gedanken und Erinnerungen* behauptet, zügig-genialisch im Beisein von Moltke und Roon, sondern sorgfältig, wohl allein und ohne Dramatik.[71] Was bei Abeken nach einer Fortsetzung diplomatischer Verhandlungen klingt, gewinnt bei Bismarck den Ton einer Fanfare als Antwort auf Frankreichs Herausforderung. Die «Emser Depesche» entfaltet in der Presse schlagartig Wirkung. In Frankreich kaum wahrgenommen, verändert sie östlich des Rheins die psychologische Lage. Aus dynastischem Gerangel wird eine Angelegenheit der deutschen Nation. Selbst in Süddeutschland empören sich Menschen über die Brandrede Gramonts und das scheinbar unverschämte Verhalten des Botschafters Benedetti.

Die Idee der Nation zielt auf Überwältigung der Masse durch Gefühle. Im Kern beruht sie auf der Vorstellung von einer Gemeinschaft aller Lebenden mit den Toten und Ungeborenen. In Zeiten der Gefahr, besonders im Krieg, fordert diese Idee die Treue des Einzelnen bis hin zur Bereitschaft, auf dem «Altar des Vaterlandes» das eigene Leben zu opfern. 1864 und 1866 antwortete die Mehrheit der Menschen in Preußen auf solche Ansprüche gar nicht, zögerlich oder gemäßigt. 1870 wird die Mehrheit, nicht nur in Preußen, von Gefühlen der Opferbereitschaft übermannt. Das Abgrenzen vom Fremden gehört zu den Merkmalen jeder Nation. In Bismarcks und Moltkes Epoche ist das Kennzeichen der deutschen Bewegung seit den Napoleonischen Kriegen der Hass auf Frankreich.[72] Deshalb verwandeln sich Norddeutscher Bund und süddeutsche Staaten fast über Nacht in eine nationale Gemeinschaft der Verteidigung gegen die Herausforderung durch Frankreich. Am 19. Juli 1870 erklärt die Pariser Regierung Preußen den Krieg.

General Helmuth von Moltke ist der erste gesamtdeutsche Feldherr. Er befehligt nicht nur die preußisch-norddeutschen Heere, sondern auch alle bayerischen, württembergischen und badischen Truppen. Seinen Korpsführern lässt er bewusst etwas Spielraum. «Überhaupt – Gehorsam ist Prinzip, aber der Mann steht über dem Prinzip.»[73] Die Moltkes erleben den Krieg keineswegs nur auf dem Feldherrnhügel. Adjutant Henry von Burt ist zwar ständig an Helmuths Seite; doch die Neffen Wilhelm und Helly gehören zur kämpfenden Truppe, ebenso Fritz und Ludwig von Brockdorff, Nettes Söhne. Schon in der ersten Schlacht, bei Weißenburg am 4. August, erlebt Helly die Wucht des Krieges. Dabei ist Helly Soldat aus Leidenschaft. «Der Junge», bemerkt Onkel Helmuth, «geht immer freudig auf seinen Dienst.»[74] Als Teil der Dritten Armee unter Kronprinz Friedrich stößt Hellys Regiment bei strömendem Regen auf Verbände der französischen Elsass-Armee. «Jetzt kamen wir», berichtet Fähnrich Helmuth «Helly» von Moltke, später Moltke der Jüngere genannt, «durch Altenstadt. Hier, mitten im Dorf, fiel der erste Mann des Regiments. ... Er sank plötzlich um und stürzte der Länge nach auf das Pflaster. Niemand hatte einen Schuss gehört ... Ich sehe den Mann noch vor mir, wie er auf die Treppenstufen eines Hauses gelegt wurde, er war bereits tot. Die Augen starrten gläsern vor sich hin, sein Rock war ihm aufgerissen, das blutige Hemd hing heraus. Der erste Tote macht wohl auf jeden einen unvergesslichen Eindruck.»[75]

Als Hellys Regiment das Vorfeld französischer Linien erreicht, hasten die Preußen dem Gegner entgegen, über freies Gelände, ohne Deckung, mitten im Feuer der Franzosen. «Rechts und links neben mir fielen die ersten Leute. Ich erinnere mich eines Gefühls des Erstaunens, wie meine Nebenleute fielen. Ich hörte deutlich das Klatschen der Kugeln auf den Knochen. Die Leute ließen das Gewehr fallen und stürzten vorne über das Gesicht. Hier fiel einer und dort einer, die Reihen lichteten sich, endlich waren wir an dem Misthaufen und warfen uns nieder. Ich weiß, dass ich das letzte Stück mit ganz übergebeugtem Oberkörper lief, gewissermaßen niedergedrückt von der Wucht des Feuers und dass mir der Gedanke durch den Kopf fuhr, ob dies wohl unrecht von mir sei. Atemlos warfen wir uns hin. Jetzt eröffneten auch wir das Feuer, ich schätzte die Entfernung auf 400 Schritte ...»[76] Hellys Hauptmann befiehlt den Sturmangriff, stirbt aber schon nach wenigen Sekunden; sein Stellvertreter, ein Oberleutnant, ersetzt ihn für Augenblicke, bevor auch er tödlich getroffen zu Boden stürzt. Nun läuft Moltke die Reihen der liegenden preußischen Schützen entlang, jagt sie auf, treibt an, drängt zum Angriff. Vor dem Ansturm der Preußen flüchten die Franzosen aus ihren Stellungen. Wie im Rausch beginnt die Verfolgung. «Wir gingen immer vor, von Zeit zu Zeit, wenn der Gegner sichtbar wurde, machten wir Halt und feuerten, eine flammende

Begeisterung erfüllte uns in dem Gefühl des Sieges. Die Ermüdung war verschwunden, die Leute lachten und jubelten und sahen sich mit leuchtenden Augen an, dabei ging es immer vorwärts, unbekümmert um das, was rechts und links passierte.»[77] Den Gefechtsbericht muss am Abend Fähnrich von Moltke verfassen. Alle Offiziere der Kompanie sind gefallen.

Die Verluste in den Grenzschlachten sind auf beiden Seiten gewaltig.[78] Bereits während der ersten Wochen übertrifft der Krieg an Umfang und Gewalt alles, was Europäer seit der Schlacht bei Waterloo erlebt haben.[79] Aber Planung und Aufmarschtaktik zahlen sich aus. Nach den Schlachten bei Weißenburg und Wörth erzwingt Moltke am 2. September bei Sedan nahe der luxemburgischen Grenze einen gewaltigen Aufmarsch- und Umfassungssieg; ein Sieg, den er wieder mit der Eisenbahn zustande bringt. Auch 1870 gelingt es, schnell aufgestellte, rasch an die Front geführte, aus Gründen des Nachschubs weit verstreute Massenheere erst auf dem Schlachtfeld zusammenzufassen. Preußen-Deutschland besiegt Frankreich nicht, weil es bevölkerungsstärker, wirtschaftlich weiterentwickelt oder gesellschaftlich «moderner» ist; es siegt, weil man im Generalstab genauer über die Auswirkungen des sozialen und wirtschaftlichen Wandels auf die Kriegführung nachgedacht hat, daher die Soldaten schneller bewegt, besser versorgt und im Gefecht wirkungsvoller befehligt.[80]

Aber selbst Moltke lässt sich überraschen. Anders als Königgrätz bringt Sedan keine Entscheidung. Zwar gerät der französische Kaiser mitsamt 100 000 Soldaten in Gefangenschaft; doch überzogene Forderungen aus dem preußischen Hauptquartier machen es der neuen, republikanischen Regierung unmöglich, angesichts der aufgepeitschten Stimmung im Land Frieden zu schließen. So verhindern deutsche und französische Nationalisten eine Begrenzung des Krieges. Moltke fordert die Einverleibung von Elsass und Lothringen. Nur so, glaubt er, sei Preußen vor künftigen Angriffen sicher. Auch für ihn ist der Krieg gegen Frankreich eine Herzenssache. Bei

Bismarck stehen die Regeln der Staatsräson höher als alle Regungen des Nationalismus; bei Moltke ist es häufig umgekehrt. Damit trägt der Generalstabschef zur Entgrenzung des Kampfes, zum Abgleiten in den industriellen Volkskrieg, maßgeblich bei.[81]

So muss die Regierung in Paris, das Moltke nun belagern lässt, den Kampf fast zwangsläufig weiterführen. Über Linientruppen verfügt sie kaum. Stattdessen heben die Franzosen, namentlich Léon Gambetta, Milizen in den Provinzen aus. «Franctireurs» ohne Uniform zerstören Schienen, sprengen Brücken, zerschneiden Telegraphendrähte oder erschießen deutsche Soldaten aus dem Hinterhalt. Moltke nennt sie nicht «Franc-tireurs», Freischützen, sondern «Franc-voleurs», Freidiebe. Und die Deutschen üben Vergeltung. Sie zünden Häuser an, aus denen geschossen wurde, töten außer Partisanen auch Zivilisten, denn beide sind schwer zu unterscheiden. Immer höher werden die Verluste. Moltke beruft Reservisten und Landwehrsoldaten ins Feld. Den 300 000 Deutschen, die im August nach Frankreich marschiert sind, folgen weitere 700 000 Soldaten! Roons Losung «Klasse statt Masse» erreicht ihre Grenzen. «Wie kurz oder wie lange dieser furchtbare Krieg noch dauert», klagt Moltke, «und mit wem wir einmal Frieden abzuschließen haben werden, das übersieht auch hier niemand! Ein ganzes Volk in Waffen ist nicht zu unterschätzen.»[82] Die Front scheint überdehnt, es mangelt an Nachschub.

Wie soll man den zerfasernden Krieg beenden? Bismarck fordert die Beschießung der Hauptstadt. Das würde, glaubt er, das Kriegsende erzwingen, bevor die anderen Großmächte eingreifen können. Moltke widerspricht. Es gehe nicht um die Eroberung von Städten. Ziel sei die Vernichtung der feindlichen Streitmacht. Wer sich zum Krieg entschließe, müsse so handeln, als ob es überhaupt nur das Schwert gebe. Es gelte, die französische Bedrohung ein für allemal zu beseitigen. Nicht das Auswärtige Amt, sondern der Generalstab leite die Operationen. Jeder Entschluss zum Krieg, entgegnet Bismarck, sei eine politische Entscheidung. Jede militärische Operation müsse daher den Erfordernissen der Politik genügen. Eine Demütigung Frankreichs würden weder England noch Russland tatenlos hinnehmen. Bismarck, der Politiker, wünscht aus politischen Gründen den Waffenstillstand. Moltke, der Militär, fordert aus militärischen Gründen einen «Exterminationskrieg». Der König entscheidet zugunsten von Bismarck.[83]

Rund um Paris hat sich der Bewegungs- in einen Grabenkrieg verwandelt. Der König und Moltke nehmen Quartier in Versailles. Helly und Fritz Brockdorff gehören zu den Belagerungstruppen. «Eben bin ich», berichtet der Generalstabschef, «mit Henry hinaus gewesen und habe Helmuth eine große Blechbüchse mit Magdeburger Sauerkraut, eine zweite mit dem dazugehörigen Pökelfleisch, einen Sack mit Erbsen und zwei Flaschen Champagner gebracht. Die armen Kerle werden einen fröhlichen Abend haben.»[84] Am 23. Dezember wird Fritz Brockdorff schwer verwundet. Moltke eilt ins Lazarett. Auch Nette, seit dem Vorjahr Witwe, will sofort ihren Sohn besuchen, erhält aber über Moltke ein Telegramm, dass der behandelnde Arzt verfasst hat: «Leutnant Brockdorff gute Nacht verbracht. Beklemmungen und Hustenreiz geringer. Demzufolge subjektives Wohlbefinden besser. Feldlazarett des Gardekorps. Stabsarzt Bahl.»[85] Moltke möchte Ludwig Brockdorff in die Etappe versetzen, scheitert aber an seinem Widerstand.

Während die deutschen Armeen Paris belagern, kann Bismarck seine Verhandlungen mit den süddeutschen Staaten über ihren Beitritt zum Norddeutschen Bund erfolgreich abschließen. Am 18. Januar 1871 ruft Großherzog Friedrich von Baden im Spiegelsaal von Versailles Wilhelm I. zum Deutschen Kaiser aus. Er müsse nun, trauert der König, vom alten Preußen «Abschied nehmen».[86]

Wilhelm hat recht. Die Reichsgründung macht Preußen zwar zur deutschen und Deutschland zur europäischen Vormacht; doch Bismarcks Bündnis mit der nationalen Idee impft der Monarchie den Todeskeim ein. Bald wird der Kaisertitel das Königtum verschatten. Neben und in einem geeinigten Deutschland muss Preußen nach und nach seine Selbstständigkeit verlieren. Wie alle modernen euro-

päischen Nationalstaaten des 19. Jahrhunderts ist das Deutsche Reich
eine Kriegsgeburt. Damit jedenfalls schlägt es keinen Sonderweg
ein, sondern fügt sich in eine lange Tradition. Idee und Wirklichkeit
schon des vormodernen Staates sind in Kriegen entstanden.[87]

Im Ringen zwischen Bismarck und Moltke ermöglicht der Macht-
spruch des Königs den Frieden mit Frankreich. Paris kapituliert. Das
Deutsche Reich gewinnt eine neue Provinz: Elsass-Lothringen.
Moltke ist das zu wenig. Frankreich, glaubt der Generalstabschef,
erhalte die Gelegenheit zur Wiedererstarkung. Eine andere Großmacht für alle Zeiten niederzuhalten, hält Moltke ernsthaft für
möglich. Dreierlei folgert er aus dem Erlebten. *Erstens:* Die Barbarisierung des Krieges sei schwer aufzuhalten. «Möchten nur überall»,
hofft er, «die Regierungen stark genug sein, um zum Krieg drän-
gende Leidenschaften der Völker zu beherrschen.»[88] Jeder künftige
Krieg werde zum Volkskrieg, seine Dauer sei nicht abzusehen, «es
kann ein Siebenjähriger, es kann ein Dreißigjähriger werden».[89]
Dass es im Jahrhundert der Volkssouveränität nicht mehr allein Könige oder Kabinette sind, die über Krieg und Frieden entscheiden,
hat Moltke anfangs begrüßt. Jetzt aber rückt der Nationalismus für
ihn ins Licht einer wahnhaften Besessenheit. *Zweitens:* Weil die
Franzosen nach Revanche dürsteten, ein abermaliger Waffengang
also unvermeidlich sei, müsse Deutschland die Koalition seiner Gegner notfalls durch einen Präventivschlag sprengen. 1875 drängt er
deshalb zum Krieg gegen Frankreich, 1887 zum Krieg gegen Russland. Beide Male scheitert Moltke am Widerstand Bismarcks. *Drittens:* Deutschland dürfe nicht hoffen», warnt Moltke, «durch eine
rasche und glückliche Offensive ... sich in kurzer Zeit von dem
einen Gegner zu befreien, um sich dann gegen den anderen zu
wenden. Wir haben eben erst erlebt, wie schwer es ist, selbst den
siegreichsten Kampf gegen Frankreich zu beenden.»[90] Mit den
Schwierigkeiten eines Zweifrontenkrieges gegen Frankreich und
Russland, die Moltke fortan am Kartentisch zu lösen versucht,
kommt der Generalstabschef nicht mehr zu Rande. Wie oft und wie
sehr er in seinen Aufmarschplänen die Gewichte einer Offensive

nach Westen oder Osten verschiebt – unter den Bedingungen des industrialisierten Volkskrieges, in dem Widerstand nicht mehr durch einige Schlachten zu brechen ist, sucht Moltke nach der Quadratur des Kreises. Einen Zweifrontenkrieg kann die Mittelmacht Deutschland – wenn überhaupt – nicht rasch gewinnen.

Die Folgerungen können für den Generalstab nur lauten: Verzicht auf außenpolitische Abenteuer, strategische Beschränkung auf das Planen defensiver Operationen, militärpolitische Abstimmung mit zivilen Behörden. Seinen Schülern im Generalstab das zu vermitteln, hat Moltke niemals vermocht. Stattdessen herrscht weiter der Geist reiner Fachlichkeit. Um Unlösbares zu lösen, hantieren Moltkes «Halbgötter» mit immer neuen Plänen. Dadurch bereiten sie lediglich Feldzüge vor, nicht aber den Gesamtkrieg. Noch wird der Hang des Generalstabs, die Welt lediglich vom militärfachlichen Standpunkt her zu betrachten, durch den «Eisernen Kanzler» berichtigt. Wie aber würde es aussehen, wenn Bismarck abtreten müsste? Ein Gegengewicht könnte der Liberalismus kaum bilden. Längst schätzt das Bürgertum den kriegerischen Erfolg, verehrt jene, denen man so offenkundig vieles verdankt: das Militär, den Kaiser, Bismarck – und den Generalstabschef Helmuth von Moltke.

Nach seiner Rückkehr aus Frankreich reist Moltke zu Adolphs Beerdigung: Am 7. April 1871 ist sein Bruder sechsundsechzigjährig während der Kur in Lugano gestorben. Wilhelm und Helly, Adolphs älteste Söhne, überführen den Sarg nach Barmstedt. Das Hotel «A. Béha», in dem Adolph verstarb, wird Helmuth später besuchen. «Aber vom Balkon aus», schreibt er an Wilhelm, «und selbst vom Bette konnte sein Blick auf die Waldhänge des St. Salvator und über die Magnolienbäume auf die reizenden Ufer jenseits des weiten Seespiegels schweifen. Diese prachtvolle Natur und die guten Nachrichten vom Kriegsschauplatz und über seine Söhne werden gewiss noch manche Freude und Sonnenblicke in seine letzten Tage gebracht haben.»[91]

NEUNTES KAPITEL

Moltke-Kult

Selbstbild der Nation

Helmuth von Moltke steht auf olympischen Höhen. Der General-
stabschef wird in den Grafenstand erhoben und zum Feldmarschall
ernannt. Ein Alltag als lebendes Denkmal hat Tücken. Wo Moltke
auch auftaucht, wohin immer er reist, fast überall erkennen ihn
Menschen. Am Bahnhof von Ratibor, während eines Ausflugs in die
Hohe Tatra zum Beispiel, versammeln sich schon frühmorgens
Schaulustige, «um Onkel Helmuth abfahren zu sehen»,[1] seufzt
Helly, der Moltke begleitet. Beflissene Eisenbahner, Untertanen des
Kaisers von Österreich, stellen unaufgefordert einen Salonwagen
für Moltke bereit, «was uns sehr angenehm war, da er rundherum
Fenster hatte und man so einen freien Blick auf die wirklich reizende
Gegend des Riesengebirges und der Sudeten hatte».[2] Doch solche
Verehrung ist Moltke meist unangenehm. Helmuth und Helly
beschließen, nach der Ankunft in Schmecks, ihrem Kurort, das
Inkognito möglichst zu wahren. In der Kleinstadt zu Füßen des
Tatra-Gebirges bleiben die Moltkes tatsächlich unerkannt.

Obdach aber finden sie nur in einem dürftigen Gasthof, in einem
«ganz kleinen Zimmerchen mit einem mäßigen Bett, einem kleinen
Fenster nach dem Hof und einer rechten Kellerluft. Onkel Helmuth
war sehr indigniert».[3] Immerhin schläft er im Bett, während Helly
auf dem Sofa nächtigt. Die Kellner bedienen mit Unlust. Die Küche
ist fast ständig geschlossen. Vergeblich bittet Moltke um ein besse-
res Zimmer. «Der Direktor hatte ihm auf die Schulter geklopft und

gesagt: ‹Ja, schauen's, Sie können froh sein, dass Sie überhaupt noch
untergekommen sind und nicht auf Stroh liegen müssen.›»[4] Moltke,
ernsthaft verstimmt, will Schmecks am nächsten Tag wieder verlassen. «Sie sehen uns», schimpft er, «nicht für voll an. ... Wenn wir
aber abreisen, werde ich mich einschreiben: Graf Moltke, Generalfeldmarschall, Ritter pp., mit allen Titeln und Würden!!!!»[5] Doch
Helly möchte in der Hohen Tatra ausgiebig wandern. Als er den Onkel abends zum Speisesaal begleitet, bleibt der Neffe am Saaleingang
zurück. Dann fragt er den Kellner, «ob der Graf Moltke schon hin-
eingegangen wäre. Nun hättest Du sehen sollen! Wer? Der Graf
Moltke? Der Feldmarschall? Der berühmte – oh! Und von Mund zu
Mund ging die Kunde! Auf einmal waren alle Kellner geschmeidig
und aufmerksam, auf einmal stürzte der Wirt herbei und wies uns
Plätze an, auf einmal hieß es: ‹Was befehlen Exzellenz? Ich würde
eigens für Ew. Gnaden kochen lassen, bitte Exzellenz, hier Platz zu
nehmen, hier ist ein gepolsterter Stuhl, hier zieht es nicht, dieser
Wein ist zu empfehlen, nein, nicht der, Exzellenz, das ist nur ein
Landwein.› ... Und Onkel Helmuth, ruhig und behaglich sich fixie-
ren lassend, blinzelt mir über den Tisch zu und flüstert: ‹Es muss
mich doch jemand erkannt haben› – dass er aber nicht unzufrieden
war mit dem gebrochenen Inkognito, sah ich an dem leisen Schmun-
zeln seiner Mundwinkel!»[6]

    In fast jeder Stadt des Reiches nannten Bürgermeister eine
Straße nach Moltke, meist in den Vierteln, die im Baufieber der
Gründerjahre entstanden. Aachen, Berlin, Bremen, Dresden, Görlitz, Hamburg, Köln, Lübeck, Magdeburg, München und Parchim
verliehen ihm die Ehrenbürgerwürde. Ein schlesisches Regiment,
eine Lokomotive, ein Fort der Festung Straßburg und ein Kriegs-
schiff erhielten seinen Namen. «Es ist ein schönes, stolzes Schiff»,
lobte Helly, «ganz weiß gestrichen, führt 12 schwere Geschütze und
430 Mann Besatzung. Unter dem Bugspriet ist Onkel Helmuths
Kopf in riesiger Größe angebracht und die Mannschaft trägt den
Namen ‹Moltke› auf der Mütze.»[7] Die *Graf Moltke*, schrieb der Ge-
feierte an Guste, sei «dreihundertfünfzig Fuß lang, also ebenso lang,
wie der ‹König Wilhelm›».[8]

*Denkmal für den Generalfeldmarschall Helmuth von Moltke
am «Großen Stern» in Berlin*

Die «Graf Moltke'sche Familienstiftung», eine Gründung des Feldmarschalls, unterhielt Invalidenhäuser in Parchim und Berlin. Sie boten Veteranen der preußischen Armee und Gutsbauern aus Kreisau Unterkunft und Versorgung. Besuchte Moltke ein Konzert, im Saal der Berliner Singakademie zum Beispiel, verebbten bei seinem Erscheinen alle Gespräche: Künstler und Zuschauer erhoben sich von ihren Plätzen.[9] Denkmäler wurden noch zu seinen Lebzeiten errichtet, das erste 1876 in Parchim. Wo einst der Herrgottswinkel gewesen war, hingen in vielen Wohnzimmern nun die Bilder von Kaiser Wilhelm, Bismarck und Moltke.

Im Juni 1871 will ganz Preußen, so scheint es, die Rückkehr der Truppen nach Berlin mit einem gewaltigen Triumphzug feiern. An den Fassaden der Kunstakademie Unter den Linden hängen riesige Porträts der «Reichsgründer» Bismarck und Moltke, ausgeführt durch Direktor Adolph Menzel persönlich. Moltke übergeht solche Dinge, als er Fritz am 15. Juni über den Vorabend des Zuges berichtet: «Kolossale Tribünen sind erbaut von der Lennéstraße bis zum Brandenburger Tor für wohl 100 000 Menschen. Am Halleschen und Leipziger Tor stehen die Riesenstatuen der Germania und Alsatia, die in dem beständigen Regen wohl wieder zusammenklappen, wenn man ihnen nicht einen Riesen-Paraplü in die Hand gibt. Der ganze Belle-Alliance-Platz ist von zwei großen Tribünen bedeckt, die bis zum zweiten Stockwerk der Häuser hinaufreichen, ebenso Opernplatz, Universität und Lustgarten. Zahllose Mastbäume für Flaggen und Wimpel fassen die ganze Via triumphalis ein und Unter den Linden steht vom Tor bis zum Palais eine Allee von Kanonen und Mitrailleusen, Achse an Achse, über 1000 Stück, aber kaum der vierte Teil der eingenommenen.»[10] Den Sieg über Österreich hatten die Berliner wenige Jahre zuvor mit einem zwei Kilometer langen Triumphzug gefeiert; damals stand die Skulptur der «Borussia» am Marschweg. Nun sollen die Truppen einen sechs Kilometer langen Triumphzug bilden; am Ende der Strecke, im Lustgarten des Schlosses, thront die «Germania». Das Brandenburger Tor ziert ein Spruchband: «Welch eine Wendung durch Gottes Führung» – so hatte der

König den Sieg bei Sedan noch auf dem Schlachtfeld gedeutet. Moltke wird mit Hauptmann von Burt im Wagen auf seinem Weg durch Berlin erkannt. Hurra-Rufe begrüßen den Feldherrn: «Hätte ich nur eine Schlacht verloren», raunt er Punchy zu, «so würden sie jetzt sagen: ‹Da fährt der alte Esel.›»[11]

Am 16. Juni 1871 – einem ungewöhnlich heißen Tag – zieht Kaiser Wilhelm hoch zu Ross an der Spitze von 42000 Mann unter Glockengeläut in die Reichshauptstadt ein. Hunderttausende säumen die Straßen. Kapellen spielen «Heil Dir im Siegeskranz». Viele Fensterplätze mit Blick auf die Strecke hat man eigens vermietet. Schaulustige besteigen die Dächer. Sogar auf dem Brandenburger Tor drängen sich zahllose Menschen. Hinter dem Kaiser reiten preußische, sächsische und bayerische Prinzen. Als Dreigestirn, etwas abgesetzt, folgen Bismarck, Moltke und Roon. Schon längst hat Wilhelm ihnen mit Worten gedankt, die den Weg in alle Schulbücher finden werden: «Sie, Kriegsminister von Roon, haben unser Schwert geschärft; Sie, General von Moltke, es geleitet, und Sie, Graf von Bismarck, haben seit Jahren durch die Leitung der Politik Preußen auf seinen jetzigen Höhepunkt gebracht.»[12] Es folgen 81 erbeutete Fahnen und Adler, getragen von Unteroffizieren, dann das Gardekorps, danach ein Bataillon des Königs-Grenadier-Regiments, schließlich Abordnungen aus allen deutschen Heeren: Bayern, Sachsen, Württemberger, Badener, Hessen, Mecklenburger, Hanseaten. «Die Garden sahen süperb aus», schwärmt Baronin Spitzemberg, eine Freundin der Bismarcks, «so männlich, sonnenverbrannt, bärtig, das allzu stramme preußische Wesen etwas gelockert durch den Feldzug, boten sie wirklich den schönsten Anblick für ein patriotisches Herz.»[13] Die einzigen Frauen, die beim Umzug mitwirken, warten auf dem Pariser Platz, dem «Empfangssalon» der Hauptstadt: 50 «Ehrenjungfern» begrüßen den Kaiser mit einem Lorbeerkranz als Allegorie der «weiblichen» Stadt, die sich dem Sieger schenkt.[14] Am Abend leuchtet Victoria auf dem Brandenburger Tor im Glorienschein elektrischer Lampen. «Wie soll ich's zusammenfassen», rätselt der Schriftsteller Moses Auerbacher, «ich habe Weltgeschichte von Angesicht zu Angesicht gesehen. Das Dasein hat eine

*Begrüßung Kaiser Wilhelms vor dem Brandenburger Tor am 16. Juni 1871.
Holzstich von Wilhelm Camphausen, 1875*

Erfüllung, der nichts mehr gleichkommen kann ... Ich kann Dir den
Triumphzug nicht schildern.»[15] Die Feierlichkeiten haben mehrere
Soldaten das Leben gekostet: Sie sind an Hitzschlag gestorben.

Der «Sedantag», Deutschlands erster Nationalfeiertag, verstetigte
Moltkes Schlachtensieg. Sedantag und Moltke-Kult wurden zwei
Seiten derselben Medaille. Der Sedantag ging nicht auf Anordnungen von oben zurück; er wurzelte in Vorschlägen aus kirchlichen
Kreisen, unter anderem des Deutschen Protestantenvereins, einer
Vereinigung nationalliberaler Christen.[16] Zur Feier der Reichsgründung waren zunächst auch andere Möglichkeiten im Gespräch: der
18. Januar als Tag der Kaiserproklamation oder der 10. Mai, an dem
der Frieden von Frankfurt unterzeichnet worden war. Keiner der
Vorschläge fand Gehör. «Was weiß das Volk vom 10. Mai?», fragte
ein Redakteur der *Schlesischen Zeitung*. «Man kann dem Volke
nicht aus vernünftigen Gründen beweisen, dass die Wahl eines anderen Tages zweckmäßiger wäre, ... es hat nun einmal die Szene ins

Gedächtnis geschlossen, wo die letzte Feldarmee des Feindes der genialen Kriegskunst unseres Feldherrn unterlag.»[17] Die Überwältigung der Masse durch Gefühle nationaler Bindung, im Kriege ungleich verstärkt, machte aus Moltke und Sedan zwei Erinnerungsorte der Deutschen.[18] «Erinnerung» meint das Gedächtnis einer sozialen Gruppe, zum Beispiel einer Nation. Kollektive Erinnerungen bestimmen, wie eine Gruppe ihr Gewordensein wahrnimmt. Sie prägen das Selbstbild jeder Nation. «Orte» meint Ankerpunkte im kollektiven Gedächtnis, die mit einem Überschuss an Bedeutung verknüpft sind: Erzählungen, Mythen, Denkmäler, Personen, Bauwerke, Bilder, Fahnen, Ereignisse, Feste. Ihre Bedeutung kann sich ändern oder völlig verlieren. Was also machten Sedanfeier und Moltke-Kult aus dem Selbstbild der Deutschen?

Der Sedantag wurde für ein halbes Jahrhundert *der* Nationalfeiertag – mit Freudenfeuern, Paraden, Gottesdiensten, Schulfeiern, Liedern, Reden, Beflaggung, Umzügen von Turnern, Veteranen und Kriegervereinen, Tanzabenden, Feuerwerk, kurzum: mit einer Hochstimmung, die kein anderer Nationalfeiertag auch unserer Gegenwart jemals erreicht hat. «Sedantag, mein Gott, da war wirklich noch was los», erinnerte sich ein Augenzeuge, der die Feiern als Kind miterlebte, «das war eine Stimmung – ich finde für die heutige Zeit keinen anderen Vergleich –, als ob die deutsche Nationalmannschaft die Fußballweltmeisterschaft gewonnen hätte, und zwar jedes Jahr aufs neue.»[19] Kein Gesetz und keine Debatte im Reichstag, behauptete Franz von Holtzendorff, Mitglied im Protestantenverein, schade Sozialisten, Demokraten und Jesuiten mehr als die Feiern am Sedantag.[20] Holtzendorff meinte alle Verlierer der Einheit.

Die Reichsgründung, so seltsam es klingt, ist auch eine Geschichte der Zusammenbrüche. Erstens: Deutsch sprechende Untertanen des Habsburger Kaisers, 1848 noch Teil der Nation, gehörten fortan nicht mehr zum Reich. Viele Zeitgenossen empfanden das als Bruch mit der Geschichte. Zweitens: Katholiken schlüpften in die Rolle einer Minderheit. Für sie bedeutete die Gründung des Reiches den Zusammenbruch des Vertrauten.[21] Der Bischof von Mainz untersagte am Sedantag das Läuten der Glocken. Die Feier, glaubte er, stehe für den Sieg

Sedantag in Frankfurt am Main, 2. Juni 1895

des protestantischen Preußentums über den Katholizismus.[22] Drittens: Als Verlierer fühlten sich nichtdeutsche Volksgruppen in Posen, Elsass-Lothringen und Schleswig-Holstein. Mit der Reichsgründung schienen ihre eigenen nationalen Hoffnungen vollends zerbrochen. Viertens: Traditionsreiche Staaten wie Kurhessen und Hannover waren 1871 endgültig untergegangen – für viele Menschen ein verstörender Zusammenbruch, den sie lange nicht vergessen konnten. Und fünftens: Zu den Verlierern gehörten auch diejenigen, die eine Teilung der Macht mit den Fürsten weiterhin ablehnten: Demokraten der Fortschrittspartei und der Arbeiterparteien zum Beispiel.[23] Dem «heiligen Sedan»[24] konnten Sozialisten nichts abgewinnen. Gegen die Einverleibung Elsass-Lothringens hatten sie öffentlich Einspruch erhoben.[25] Bürgerliche Demokraten erholten sich, jedenfalls parlamentarisch, von Moltkes Schlachtensieg nie mehr. 1884 endete die Geschichte der Fortschrittspartei – ein weiterer Zusammenbruch. Danach erkannte das Bürgertum die rechtliche Sonderstellung der Armee als Königsheer fast einhellig an.

So prägten Moltke-Kult und Sedantag das Selbstbild der Nation als kleindeutsch, preußisch, protestantisch und nationalliberal. Beides stand zugleich für das gestörte Verhältnis zum Nachbarn im Westen; schließlich erinnerte der Sedantag auch an die «Erbfeindschaft» zwischen Frankreich und Deutschland. Die Bedeutung der Erinnerungsorte «Moltke» und «Sedan» ist damit keineswegs erschöpft. Denn das Selbstbild jeder Nation wird auch durch die Macht der Bilder geprägt. Viele Maler entdeckten ein neues Motiv: Feldmarschall Helmuth von Moltke.

«Malerfürst» Franz von Lenbach zum Beispiel erscheint mehrfach in Berlin und Kreisau, um Vorstudien für seine Moltke-Porträts zu betreiben. So berichtet Moltke seinem ältesten Neffen aus Berlin, dass der Maler «plötzlich wie ein Meteor … auf der Durchreise von Friedrichsruh nach München» erschienen sei. «Er will … mit seiner Frau hierherkommen und will zwei Gemälde von mir mitbringen, eins für die Nationalgalerie, eins für mich, was mir sehr angenehm war, da ich versprochen habe, mich für den Feldmarschallsaal in Lichterfelde malen zu lassen.»[26] Die preußische Kadettenanstalt in Berlin-Lichterfelde, auf deren Innenhof man den Idstedt-Löwen inzwischen verlegt hat, stellt ihren Schülern seit eh und je Porträtbilder hoher Offiziere vor Augen: Vorbilder, denen die Kadetten nacheifern sollen.[27] Lenbach ist mit Magdalena von Moltke aus der reichsgräflichen Linie des Geschlechts verheiratet.[28] Unter Malern gilt der Feldmarschall, im Gegensatz zu Bismarck, als williges Modell. Im Salon des Kreisauer Schlosses erhält ein Moltke-Bildnis von Lenbach den Ehrenplatz an der Wand gegenüber dem Bismarck-Porträt.[29]

Lenbach gilt mit Recht vor allem als Verherrlicher Bismarcks. Zum Moltke-Maler wird eher Anton von Werner, Mitglied der Akademie der Künste in Berlin. Er wandelt, seltsam genug, auf den Spuren französischer Vorbilder.[30] Die *Proklamierung des Deutschen Kaiserreiches* (1877) ist wohl sein bekanntestes Werk. Eine erste Ausführung, die sogenannte Schlossfassung, stellt nicht den Kaiser samt Generalstabschef und Reichskanzler in den Mittelpunkt, sondern die Versammlung hochrufender Offiziere. Sie tra-

Die Proklamierung des Deutschen Kaiserreiches am 18. Januar 1871 im
Spiegelsaal von Versailles. Gemälde von Anton von Werner, 1885
(Friedrichsruher Fassung)

gen Uniformen aller deutschen Armeen. Die Schlossfassung bebildert ihre Waffenbrüderschaft.[31] Den Kaiser muss der Betrachter
beinahe suchen. Die Sicht auf Bismarck und Moltke wird nur deshalb nicht verstellt, weil sich in der Menge zwei Lücken eröffnen.
Erst die Friedrichsruher Fassung feiert vor allem das Dreigestirn
Preußens.

Zwei andere Gemälde, den Zeitgenossen ähnlich bekannt, spiegeln
und prägen die Rolle Moltkes im Bewusstsein der Öffentlichkeit.
Graf Moltke in seinem Arbeitszimmer in Versailles (1872) zeigt den

Generalstabschef während der Pariser Belagerung in seinem Quartier in der Rue Neuve. Der lesende Feldherr mit Brille wirkt wie ein Bildungsbürger in seiner Bibliothek. Briefe auf dem Boden erinnern an einen zerstreuten Professor. Nur die Uniform und eine Stabskarte auf dem Schreibtisch verweisen auf Militärisches. Offenbar ist das Zimmer kein Lesekabinett, sondern die Schaltzentrale des Heeres. Befehle erteilt Moltke nicht mehr vom Feldherrnhügel, sondern in der Stille seines Büros. Werners Gemälde überträgt den Glauben an die Beherrschbarkeit der Welt auf den Generalstabschef als Wissenschaftler des Krieges. Es beschwört die Öffnung des Schwertadels für den Leistungsbegriff der Bürger. Werner befördert das Heerkönigtum der Hohenzollern ins Museum – ebenso wie den ererbten Führungsanspruch des Adels. Der Betrachter soll ahnen: Der industrialisierte Krieg hat beides in die Geschichtsbücher verbannt.

Moltke mit seinem Stabe vor Paris (1873), gemalt im Auftrag des Schleswig-Holsteinischen Kunstvereins, nutzt eine fotografische Vorstudie. Sie zeigt Absonderliches: Moltke mit Uniform auf einem Holzbock «reitend». Doch der Feldmarschall steht in der Tradition des Adels als «Meister der Sichtbarkeit:»[32] Die Aristokratie wahrt ihr Ansehen auch durch Bilder, Symbole und Zeichen. Dafür nimmt der Feldherr den Holzbock in Kauf.

Werner bebildert das Verhältnis zwischen Führung und Volksheer, genauer: die Stellung Moltkes und seines Generalstabs in der deutschen Armee.[33] Moltke, hoch zu Ross, betrachtet von einer Anhöhe aus das Seine-Becken. Hinter ihm blicken Offiziere auf Karten, deuten ins Gelände oder führen ernste Gespräche – offenbar Mitglieder des preußischen Generalstabs. Unter der ausgestreckten Hand des Generals von Podbielski, der neben Moltke steht, ist in weiter Ferne die Kuppel des Invalidendoms erkennbar. Im linken Vordergrund beziehen Soldaten ein Lager. Rote Manschetten und Raupenhelme verdeutlichen: Es handelt sich um Angehörige der württembergischen und bayerischen Armee. Am rechten Bildrand errichten Fernmelder einen Telegraphenmast. Preußische Truppen, Artilleristen darunter, marschieren auf der Straße, die zwischen Moltke und dem Telegraphenmast in Richtung Paris verläuft. Die

*Feldmarschall Helmuth
von Moltke, um 1873.
Fotografische Vorstudie für
das Gemälde «Moltke mit
seinem Stabe vor Paris»*

Soldaten jubeln, als sie ihren Feldherrn bemerken. So feiert das Bild
den Zusammenhalt aller Deutschen im Kriege; einmal mehr zeigt es
Moltke und den Generalstab als Gehirn des Heeres; auch die Volks-
tümlichkeit des Feldherrn darf nicht fehlen; vor allem aber malt
Werner eine Art Dreiergespann: Moltkes Generalstab lenkt mithilfe
moderner Technik die begeisterte Volksarmee auf ihrem Weg zum
Sieg.[34] In der Mitte des Bildraumes steht keineswegs der Feldherr,
sondern die Armee.

In der Schlachtenmalerei der Einigungskriege fehlt die Darstellung des Helden.[35] Nicht die heroische Tat, sondern die Geschlos-
senheit der Nation hat das Reich errungen – so jedenfalls sehen es
die Maler. Bei Anton von Werner lassen Moltkes Verstand, sein
nüchternes Denken, kurzum: die Tugenden des Bürgergelehrten das
Volksheer triumphieren.[36] Ansehen genießt Moltke nicht als Offizier von Adel, sondern aufgrund seiner Leistung für die Nation. Der
gemalte Krieg bebildert keinen Untertanengeist; er offenbart die
Sicht auf den Feldherrn als Vollstrecker der kämpfenden Bürger-

«Moltke mit seinem Stabe» vor Paris. Gemälde von Anton von Werner, 1873

nation. So steht der Erinnerungsort «Moltke» nicht nur für die Aufwertung des Militärischen; er steht auch für eine Beschlagnahme des Militärischen durch den Bürger.

Wie alle Erinnerungsorte entgrenzten «Moltke» und «Sedan» den Blick des Einzelnen. Zollverein, Eisenbahnbau, Verstädterung und Industrialisierung hatten vor 1871 die wirtschaftlichen Märkte ins Nationale geöffnet; nach 1871 erweiterten der Sedantag und die Moltke-Verehrung auch den kulturellen Markt ins Nationale – freilich getragen durch eine Politik der Nationalisierung von oben. An deutschen Universitäten, spottete ein Schweizer Historiker, werde die Geschichte schwarz-weiß-rot ausgemalt. Volksschulen und Gymnasien erhielten neue Geschichtsbücher. Das Sprechen der deutschen Sprache wurde in Schulen, Behörden und Kirchen zur Pflicht. Kriegervereine pflegten militärische Traditionen. Schon bald überschritt die Zahl ihrer Mitglieder die Millionengrenze.[37] Sedantag und Moltke-Kult gehörten, neudeutsch gesprochen, zum Nationbuilding: Sie verbanden hanseatische Kaufleute, bayerische Forstarbeiter, rheinische Intellektuelle und ostpreußische Bauern zu einer Nation.

Generalfeldmarschall Helmuth von Moltke in seinem Arbeitszimmer im
neuen Generalstabsgebäude, 1873

Im Juni 1871 steht im neuen Generalstabsgebäude am Königsplatz
die Chefwohnung für Moltke bereit. Ihre Ausstattung hat der Kaiser
mit 12 000 Talern aus seiner privaten Schatulle bezuschusst. Das
neue Generalstabsgebäude, ein Riesenbau, innerhalb von vier Jahren
nach Entwürfen von August Fleischinger und Gustav Voigtel errichtet, erhebt sich fast genau dort, wo heute das Bundeskanzleramt
steht. Am Königsplatz 6 arbeitet die am meisten geachtete, auch
geheimnisumwittertste Dienststelle des Reiches. 175 Offiziere gehören zum Stab, viermal mehr als beim Tode Reyhers.[38] Moltkes
Ruf der Unfehlbarkeit geht nun auf sie über. Nach dem Krieg gegen
Frankreich unterstellt der König dem Generalstab die Kriegsakademie. Unter Moltke entwickelt sie sich zu einer Fachhochschule, die
ihren Offizieren keine staatsbürgerliche Bildung mehr vermittelt.
Viele Lehrer stammen aus dem Generalstab, oft aus der Historischen Abteilung. «Was in der Kriegsgeschichte publiziert wird», er-

klärt Moltke, «ist stets nach dem Erfolg appretiert; aber es ist eine
Pflicht der Pietät und der Vaterlandsliebe, gewisse Prestigen nicht zu
zerstören, welche die Siege unserer Armee an bestimmte Persön-
lichkeiten knüpfen.»[39] Anders gesagt: In der Öffentlichkeit ist das
Ansehen des Heeres einschließlich Moltkes zu schonen. Das merkt
man den Arbeiten der Historischen Abteilung wahrhaftig an. Ihre
Darstellung des Deutsch-Französischen Krieges[40] hinterlässt keinen
Zweifel: Ausbildung, Zuschnitt und Einsatz von Roons «Qualitäts-
heer» haben den Sieg an die deutschen Fahnen geheftet. Erst nach
Moltkes Amtszeit wird der Generalstab berechnen, wie kurz die
Personaldecke in Wirklichkeit war.[41]

Helmuth, Fritz, Guste und Henry beziehen die Chefwohnung im
Südostflügel des ersten Stockwerks, umsorgt von Dienern, Portiers,
Kutschern, Köchinnen und Zimmermädchen. Auf dem Parkettboden
und an den Griffen der Türen prangt neben den drei Hühnern der
Moltkes auch das Wappen der Burts. Darauf hat Moltke bestanden. Eine fast endlose Zimmerflucht: Empfangssaal, Arbeitszimmer,
Schlafzimmer, Konferenzsaal, «Silberzimmer», Teezimmer, Musik-
salon, Rauchkabinett, Speisesaal, die Räume der Familie, Wirtschafts-
räume – das Ganze ist Moltke im Grunde zu groß.[42] Der Konferenzsaal etwa wird nur an Weihnachten genutzt. Am Heiligen Abend
stapeln sich dort Geschenke aus allen Gegenden des Reichs. Besonders
viele Gaben kommen jedes Jahr aus Schlesien und Holstein.[43] Überaus prachtvoll ist das Arbeitszimmer des Hausherrn geraten. Vom
großen Balkon des Raumes aus kann Moltke auf Tiergarten, Kroll-
Oper, Königsplatz, Moltkestraße und den Spreebogen blicken, über
den sich die Alsenbrücke spannt. Auf dem Königsplatz ist der Bau der
Siegessäule im Gange. Nach ihrer Einweihung am Sedantag 1873
wird sie an die Einigungskriege erinnern. Das Rauchkabinett ist im
türkischen Stil gehalten, als Erinnerung an den Aufenthalt im Osmanischen Reich. Im Musikzimmer, ganz in Weiß und Gold mit einem
Bechstein-Flügel, versammeln sich die Bewohner des Hauses fast
jeden Abend. Henry unterhält die Familie mit seinem Gesang. «Er
hatte eine Träne in der Stimme, so rührend konnte er singen.»[44]

Henry von Burt verwaltet das Vermögen, regelt Angelegenheiten der Familie, liest abends im Teezimmer Literarisches vor – bevorzugt Fritz Reuter oder Charles Dickens – und spielt mit dem Feldmarschall Whist. Burt bleibt ledig. In Kreisau erscheint er ab und zu in Begleitung von Herren oder mit seinem langjährigen Diener. Friedrich Dressler, der Gesanglehrer Henrys, wächst in die Rolle eines Hausfreundes hinein. Alljährlich probt er im Empfangssaal mit Damen aus dem Umkreis des Hofes für ein Konzert zugunsten wohltätiger Zwecke. Kommt Louis aus Ratzeburg in die Hauptstadt, spielt er im Musikzimmer seine Violine oft über Stunden. Nach der Pensionierung hat er sich ganz der Musik verschrieben.[45] Guste führt den Hausstand. Abends sitzt sie nur noch selten am Flügel, hört offenbar lieber den Gesang ihres Sohnes. Eine wahre «Musikratte»[46] ist nicht zuletzt Fritz. Gehen kann der Postmeister freilich nur unter Schmerzen. «Spielten wir, und er konnte nicht bei uns sitzen, so mussten wir jedes Mal die Tür aufmachen, damit er uns in seinem etwas entfernt liegenden Zimmer hören konnte, wo er, seine Pfeife rauchend, in seinem großen Lehnstuhl saß: eine liebenswürdige, geduldige Natur, die niemals ein Wort der Klage über die schweren Leiden laut werden ließ.»[47] Fritz ähnelt so sehr Richard Wagner, dessen Musik er nicht schätzt, dass Passanten ihn auf der Straße verwechseln: «Meister – welches Glück trifft Berlin!»[48] Graf Kuno von Moltke, wie die Ehefrau Lenbachs der reichsgräflichen Linie entstammend, spielt im Generalstabsgebäude für den berühmten Verwandten oft Cello, manchmal Klavier. «Robert Schumann», so Dressler, «würde auch von ihm gesagt haben, er brauche nur seine Hände auf die Klaviatur zu legen, und eine ethische Komposition sei entstanden.»[49] Kuno komponiert Orchester- und Regimentsmusik, darunter *Des Großen Kurfürsten Reitermarsch*. Seine Schwester, Gräfin Dankelmann, bekannte Salonnière der Hauptstadt, spielt mit dem Feldmarschall recht häufig Whist.[50]

In Kreisau verbringen die Moltkes jeden Sommer. Ist der Feldmarschall vor Ort, wehen eine preußische und eine reichsdeutsche Flagge. Am Schloss beschattet die Friedenseiche den Eingang, gepflanzt zur Feier des Friedens von Frankfurt. Rechts und links der großen Eingangstreppe starren zwei Beutekanonen aus Frankreich. Alle anderen Geschütze, die der Kaiser seinem Feldmarschall geschenkt hat, rufen nun, zu Glocken umgeschmolzen, Gläubige in ihre Kirchen. Moltke sorgt im Dorf für einen Bahnanschluss. Das erspart den Kutschweg nach Schweidnitz. «Ich sitze fest in meinem Kreisau wie die Auster in ihrer Schale.»[51] Bei jedem Wetter spaziert er täglich auf den Kapellenberg hinauf, wie der Steinberg nun heißt, und besucht die Ruhestätte von Marie. Die Kapelle sei, schreibt er Nette 1882, «von einem Rosenstamm bis ans Dach überwachsen, der Hunderte von Blüten trägt».[52] In der Kapelle steht das Pauluswort: «Die Liebe ist des Gesetzes Erfüllung.»[53]

Als Witwensitz für die Frau des Kreisauer Gutsherrn erwirbt er das Berghaus. Es thront auf einer Anhöhe am Rande des Waldes, vom Schloss etwa 20 Fußminuten entfernt. «Ich gedachte dasselbe für die künftige Fideikommisswitwe einzurichten, da Schwiegermütter in einer jungen Wirtschaft niemals wünschenswert sind.»[54] Die ersten Moltkes im Berghaus sind Auguste, Adolphs Witwe, und ihre Tochter Louise. Manchmal ist «Kriegsministerin» Krohn zu Gast, Augustes rüstige Mutter.[55] Dressler hat Auguste im Berghaus besucht. Sie habe sich, erzählt er, «so behaglich eingerichtet, dass eine wohltuende, beruhigende Stimmung einen anheimelte, sobald man nur über die Schwelle trat. Die Zimmer waren mit schönen alten Möbeln aus der Zeit der Königin Luise ausgestattet, an den Wänden hingen wertvolle Familienbilder ... Im Salon stand auch ein ehrwürdiger Flügel und Frau Moltke bat mich, ihn auch einmal zu benutzen.»[56] 1882 lässt Marie, Augustes Tochter, das Berghaus für viel Geld renovieren.[57]

Marie, das Patenkind von Mary Burt, hat den schwerreichen Industriellen Eugen von Kulmiz geheiratet. Eugens Vater, Carl von Kulmiz, ist der Begründer eines Stahl- und eines Chemie-Unternehmens, der Silesia AG, im niederschlesischen Saarau. Eugen herrscht über ein Imperium: Schlösser, Gutshöfe, Bergwerke, Keramik- und Porzellanfabriken, Anteile am Eisenbahnbau. Auch Moltke in Kreisau ist längst Millionär; doch verglichen mit der

Verwandtschaft in Saarau, die zur Spitze des neuen Wirtschafts-
bürgertums gehört, bleibt sein Vermögen bescheiden.

Der Patriarch sorgt für alle 18 Nichten und Neffen, vor allem
aber für die «vier Riesen», Adolphs hochgewachsene Söhne. Drei
von ihnen heiraten sozial gleich- oder gar höherrangig. Nur Ludwig,
der Jüngste, bleibt ledig. Er betreibt Landwirtschaft aus Neigung
und übernimmt die Verwaltung von Kreisau. «Aus Ludwigs ebenso
seltenen wie vagen Briefen», klagt Moltke, «erfahre ich nicht viel,
wie es in Kreisau steht – mit der Ernte wahrscheinlich schlecht, so
vielversprechend sie war. Die Landwirtschaft ist ein zu unsicheres
Geschäft.»[58] 1889 kauft der Feldmarschall für Ludwig das Gut
Wernersdorf am Zobtenberg unweit von Breslau und trägt alle
Schulden, die auf Wernersdorf lasten, vollständig ab.

Friedrich von Moltke, der «Fritz mit dem goldenen Herzen» und
Liebling John Juniors, hat beim Umzug von Guste und Fritz nach
Lübeck die Geschwister begleitet und dort offenbar die Schule besucht.[59] Nach dem Abitur studiert er Jura in Straßburg und Berlin,
wohnt zeitweise im Generalstabsgebäude. Onkel Helmuth zahlt ihm
«Zulagen» in einer Höhe, die dem Sold eines preußischen Hauptmanns entspricht. Nach dem Examen wird Friedrich 1882 Regierungsassessor in Oppeln.[60] Er heiratet Julie Zuckschwerdt, Tochter
eines schwerreichen Bankiers aus Magdeburg, der im internationalen Zuckerhandel ein Vermögen verdient und die Nationalliberalen
im Landtag vertreten hat.[61] Julie, eine kluge, freundliche Frau, gilt
als große Kennerin Goethes und als Freundin der Künste. Sie versteht viel von zeitgenössischer Malerei, sammelt Bilder und kann
darüber fesselnd erzählen.[62] Der Feldmarschall hat das Paar in Oppeln besucht. «Sie haben ihr Nest doch sehr hübsch eingerichtet.»[63]
Friedrich ist ein empfindsamer, ausgleichender Charakter. Als es
zwischen Wilhelm, seinem Bruder, und Henry Burt zu Streitigkeiten kommt, bemüht er sich um Vermittlung: «So viel ist mir mindestens jetzt schon klar», schreibt Friedrich an Henry, «dass be-
dauerliche Missverständnisse unterlaufen. Wie die Dinge aber auch
liegen mögen, jedenfalls möchte ich Dich dringend bitten, die Sache

recht ruhig aufzufassen und Dich nicht unnötig von ihr aufzuregen. Es wird schon alles zu einem guten Ende kommen. Ich beschränke mich für heute auf die Bitte, lieber Henry, nicht schlecht von meinem Bruder Wilhelm zu denken.»[64] In Oppeln kommt am 29. November 1884 der einzige Sohn, Hans-Adolf, zur Welt. Nur wenige Monate später wird Friedrich von Moltke Landrat des oberschlesischen Kreises Tost-Gleiwitz. Dort bekleidet der Dreiunddreißigjährige nun das gleiche Amt wie sein Vater in Pinneberg fünfzehn Jahre zuvor.

Helly, Moltkes Patenkind, hatte aus Begeisterung für die Armee das Christianeum schon in der Sekunda verlassen. Der Feldmarschall sorgte für seine Versetzung zur Potsdamer Garde. Nach dem Krieg gegen Frankreich besucht Helly die Kriegsakademie. Bei einem Urlaub in Schweden lernt er Ende der siebziger Jahre Eliza von Moltke-Huitfeldt kennen, Tochter des steinreichen Grafen Wladimir von Moltke-Huitfeldt, der auf Schloss Ovesarum bei Lund residiert. «Ich war», berichtet der Graf, «mit meiner Familie in dem Seebade Marienlyst ... bei Helsingör ... Als ich eines Tages von einem Ausfluge nach Kopenhagen zurückkehrte, überraschte mich meine Frau mit der Mitteilung, zwei junge preußische Offiziere hätten sich ihr genähert. Ich erschrak. Zwei preußische Offiziere? Mon Dieu, man bleibt doch immer Däne! Als ich aber die Namen höre, Herr von Blankenburg und Herr Helmuth von Moltke, Neffe des Feldmarschalls, beruhigt mich das etwas; denn wie die deutschen Moltkes auch seit Jahrhunderten keine näheren Beziehungen mehr zu uns hatten, so gehörten sie doch immer zur Familie.»[65]

Eliza ist ein nach innen gekehrter, wohl auch melancholischer Mensch. «Es gibt so weniges», weiß Helly, «an dem Du wirklich Freude hast.»[66] Offenbar bedrückt sie das Gefühl, eine unglückliche Jugend erlebt zu haben. Außerdem leidet Eliza an Schwerhörigkeit, Folge einer fast tödlichen Scharlacherkrankung in ihrer Kindheit. Beim Großvater, einem Diplomaten, hat sie einige Jahre in Paris verbracht. Eliza spricht fließend Französisch, spielt Klavier und kann Helly, der das Cello wie ein Meister beherrscht, am Flügel begleiten.

Eliza und Helmuth von Moltke (d. J.)

Helly trifft auf eine Verwandte im Geiste: «Es war so schön, bei Dir Interessen zu finden, die auf alles eingingen.»[67] 1879 feiert das Paar seine Hochzeit. Der Feldmarschall gratuliert dem Neffen zu der «trefflichen Familie, in die er hineinheiratet».[68]

Helly und Eliza leben in Potsdam. Sie bekommen vier Kinder: Wilhelm, Astrid, Else und Adam. Wie sein Vater und sein Onkel ist auch Helly hochgebildet. Er spricht Französisch, Schwedisch und Dänisch, zeichnet und malt. «Man kann sich bei einigen Bildern so viel, bei anderen so wenig denken, alle aber sehen einen stumm und bedeutsam an, als wollten sie sagen: Willst Du mich verstehen, so denke über mich nach. Vergiss Dich und Deine Zeit, und die Welt, in der Du lebst, und versetze Dich in meine Zeit und in meine Welt.»[69] Sein literarischer Held ist Goethe. Am meisten schätze er den *Faust*: «Das Größte, was unsere deutsche Literatur je geschaffen hat.»[70] Bei topographischen Arbeiten im Gelände hat er das Buch stets in der Tasche: «Du solltest mich sehen», schreibt er Eliza, «wenn ich über meinen Messtisch gebeugt stehe und einsam mitten im wehenden Buschgras laut Monologe aus ‹Faust› dekla-

Familienbild aus Kreisau: Ludwig von Moltke, Eliza von Moltke, Feldmarschall Helmuth von Moltke (stehend) und Helmuth von Moltke der Jüngere

miere, während ich mit dem Zirkel die Entfernung abgreife. Bisweilen muss ich selbst über mich lachen ...»[71]

Wilhelm, ältester der «vier Riesen», heißt bei den Brüdern «der Zwerg». Trotz seiner ungewöhnlichen Körpergröße ist er ein gutes Stück kleiner als alle anderen. Auch ihm räumt Onkel Helmuth manche Hürde beiseite. 1875 holt Moltke ihn in den Generalstab, lässt Wilhelm dann zur Elite der Kavallerie versetzen, zum Regiment Garde du Corps in Berlin. Wilhelm besucht die Kriegsakademie, wohnt im Generalstabsgebäude, nimmt Violinunterricht bei Dressler. Mit dem Erben von Kreisau verfährt Moltke überaus streng. «Mein lieber Wilhelm! Wenn in Zukunft Dir jemand anbieten sollte, Deine Rechnungen zu bezahlen – ein Fall, der allerdings in Praxis recht selten vorkommt –, so möchte ich Dir raten, ihn nicht 14 Tage auf Antwort warten zu lassen.»[72] Moltke regiert in das

Leben des Neffen hinein. Vierteljährlich bezahlt er den Unterhalt, übernimmt auch Wilhelms Schulden, spart aber nie mit Ermahnungen. «Glaube mir, wer nicht in der Jugend lernt, mit Wenigem auszureichen, der wird auch im Alter mit Vielem nicht fertig. Sei versichert, dass ich weit mehr geneigt sein werde, Deine Lage in Zukunft zu verbessern, wenn ich mich überzeugen kann, dass Du zu wirtschaften verstehst, als umgekehrt.»[73] Wilhelm steht mit Graf und Gräfin Bethusy-Huc in Verbindung. Moltkes Gutsnachbarn leben im oberschlesischen Bankau, verbringen die Wintermonate aber in Berlin. Den Heiligen Abend 1866 hat Wilhelm bei Eduard und Emmy Bethusy-Huc in der Hauptstadt gefeiert.[74] Der Feldmarschall kennt den Grafen seit seiner Zeit als Adjutant des Kronprinzen Friedrich. Und bei der Gräfin gibt es stets Hausmusik. «Ihre auffallend schöne Altstimme», erzählt Dressler, «war dem Feldmarschall lieber als die berühmten parlamentarischen Diners ihres Gatten. Dies liebenswürdige Paar trat später bekanntlich in verwandtschaftliche Beziehungen zur Moltkeschen Familie.»[75] Wilhelm heiratet die älteste Tochter des Hauses, Ella von Bethusy-Huc. Sie schenkt ihm sechs Kinder: Leonore, «Leno» genannt, Helmuth, den alle, auch der Feldmarschall, «Muthi» rufen, Margarete, Monika, Peter und schließlich Carl-Viggo.

Hauptmann Henry von Burt erkrankt an einer Nervenschwäche. 1883 unternimmt er mit seiner Mutter eine Erholungsreise in die Schweiz, bricht in Zürich zusammen und wird in ein Sanatorium überwiesen. Bei Guste macht sich seit der Aufregung in Zürich eine Schwäche des Herzens bemerkbar. Als sie am 27. März 1883 Ernestine besucht, die inzwischen mit Knudson in Potsdam lebt, erliegt sie einem Herzinfarkt.[76] Moltke lässt Guste in Kreisau auf dem Kapellenberg neben Marie bestatten. Henry bittet um seine Entlassung. Er verbringt Monate in der Heilanstalt Kreischa bei Dresden, kauft dann ein Haus in Blasewitz nahe der sächsischen Hauptstadt. «Das ansehnliche Grundstück», berichtet Dressler, «lag an der Elbe, und der schöne Garten gewährte einen schönen Blick auf den von Schiffen belebten Strom und die gegenüberliegenden Höhen. Die Bezie-

Eliza von Moltke, 1897

hungen, die Herr von Burt von seiner Adjutantenzeit beim Feldmarschall her zum sächsischen Königshof hatte, eröffneten ihm alle
Kreise der Dresdener Gesellschaft, und in seinem schönen Heim
fand sich bald die Intelligenz der sächsischen Hauptstadt.»[77] Moltke
besucht Henry in Blasewitz. Aber nach Berlin kehrt Burt nicht mehr
zurück. 1887 erschießt sich sein langjähriger Diener. Wieder bricht
Burt geistig zusammen, muss sich in eine Nervenheilanstalt begeben. «Der arme Henry!»,[78] klagt Moltke.

An Henrys Stelle als Adjutant des Feldmarschalls tritt Helly von
Moltke, der mit Eliza und den Kindern ins Generalstabsgebaude
zieht. Eliza übernimmt die Rolle von Guste. Ihre Kinder erfüllen die
riesige Wohnung mit Leben. Gelegentlich begleiten sie den Feldmarschall bei einer Ausfahrt. «Alle Berliner», erinnert sich Astrid,

«grüßten ihren Moltke, was uns Kinder mit großer Ehrfurcht erfüllte.»[79] Eliza übernimmt repräsentative Pflichten. «Heute verkauft sie», berichtet Moltke, «im Wohltätigkeitsbasar im Kriegsministerium, ... dazu Hof- und Privatbälle und Gesangsverein von 42 Damen der Gesellschaft, welche nächstens ein Konzert für das Magdalenen-Stift geben wollen und in meinem großen Saal üben.»[80] Helly stürzt sich in die Stabsarbeit. Der Name Moltke verpflichtet. «Ich fühle von Tag zu Tag mehr», schreibt er Eliza, «dass ich Kraft habe, es zu etwas zu bringen, und der Gedanke an Dich ist mir der immer sprudelnde Quell, aus dem ich mir Stärke schöpfe, vorwärts zu gehen, vorwärts, vorwärts, wie ich es Dir und meinem Namen schuldig bin.»[81] In Berlin erhält die Familie Verstärkung, als Landrat Friedrich von Moltke 1889 im Ministerium für Geistliche Angelegenheiten die Leitung der Abteilung Schul- und Unterrichtswesen übernimmt. Von seinem neuen Arbeitszimmer aus hat Hellys Bruder einen schönen Blick auf die Prachtstraße Unter den Linden.[82] Für einige Wochen wohnt Friedrich im Generalstabsgebäude, bis er mit seiner Familie eine Wohnung am Tiergarten bezieht.

Die Kinder der Neffen behandelt der Feldmarschall wie seine Enkel. Hans-Adolf, Friedrichs Sohn, stellt bei einer Schüleraufführung in Potsdam den Kreon in der *Antigone* so überzeugend dar, «dass die Kritik sein Spiel mit dem Wort ‹verblüffend› bezeichnete».[83] Als sich Hans-Adolf von der Diphtherie erholt, ist Moltke erleichtert.[84] Einen Narren aber hat er an Muthi gefressen, Wilhelms ältestem Sohn, dem übernächsten Gutsherrn von Kreisau. Dabei ist Muthi schlecht in der Schule. Der Feldmarschall lässt Altersmilde walten: «Dass Muthi lieber Schlittschuh läuft als in der Schule schwitzt, kann ich ihm nicht so sehr verdenken ...»[85] Um jede Versetzung muss der Junge bangen: «Ist Muthi aufgerückt oder haben seine Lehrer beim Examen *da capo* gerufen?»[86] In Kreisau spielt er mit den Beutekanonen. «Klein-Helmuth klettert herum und ruft nach Papa in die Kanone hinein. Heute war er ungnädig. Ich glaube, er bekommt einen Zahn.»[87] Natürlich erhält Muthi Ratschläge von «Opapa», verbunden mit kleinen Geldgeschenken: «Wenn Du den ganzen Betrag in Dein Sparkassenbuch anlegtest, so wärst Du ein Geizhals, wenn Du ihn in kurzer Zeit verläpperst, so wärst Du ein Verschwender. Das richtige liegt in der Mitte.»[88] Auch im Klosterinternat Rossleben bei Naumburg ist Muthi zu Streichen aufgelegt. 1889, in seinem zweiten Jahr, verbietet ihm die Schulleitung, in den Osterferien nach Hause zu fahren. Muthis Lehrer erläutern die Strafe dem Feldmarschall, nicht Wilhelm.[89] Moltke ist der *pater familias*, der noch über dem leiblichen Vater steht.

Alle Brüder gehen Moltke im Tode voraus. 1853 stirbt Vips, 1874 Fritz, 1889 auch Louis. Nur Lene in Uetersen wird Moltke überleben.[90] «Mir geht es leidlich», erklärt er, «ich bin nicht krank, aber alt. Wenn ich noch einen Sommer in Kreisau erlebe, so will ich zufrieden scheiden.»[91] Am 26. Oktober 1890, seinem neunzigsten Geburtstag, übermittelt Cai von Hegermann-Lindencrone, Kriegsfeind und Jugendfreund, Glückwünsche aus Kopenhagen. «Wir haben uns», dankt ihm Moltke, «im Leben so selten gesehen, nur in früher Kindheit, dann standen wir uns gewaffnet als Feinde gegenüber, und doch haben wir treue Freundschaft bis ins höchste Alter bewahrt ... Hoffentlich narben die Wunden, welche den Überlebenden geschlagen sind.»[92] Die Feierlichkeiten mit Fackelzug, Militärmusik, Liedertafel, Raketen und Feuerwerk ähneln einem Staatsakt.

Aber es gibt auch andere Zeichen. Onkel Helmuth, empört sich Helly, habe «einen Drohbrief bekommen, der Schreiber sagt ihm: Du hast Dein Leben lang von dem Schweiße der Arbeiter geprasst ...»[93] Schon vor Jahren hatte der Feldmarschall gegrübelt, wie einem Aufruhr des Vierten Standes zu begegnen wäre: «Man kann in Berlin auf 80 000 Sozialisten und dreimal so viel Neugierige rechnen; letztere bilden die Hauptschwierigkeit. Aber man wird gewiss nicht fackeln: Gegen Tumultuanten in freier Straße anreitende Kavallerie und flache Hiebe, gegen Barrikaden Schrapnells.»[94] Auch Helly sieht schwarz: «Wir leben aber», warnt er Eliza, «in einer Zeit, wo es von unten auf gärt und sich rührt an aller Welt Ecken. Hier in Berlin, in der großen Stadt, wo mit vielen Menschen viel Not und Elend zusammengekommen ist, fangen die Geister mehr und mehr

*Helmuth von Moltke (d. Ä.) im Gespräch mit konservativen Abgeordneten
im Deutschen Reichstag, 1889*

an sich zu erhitzen. ... Es werden schlimme Zeiten kommen, wenn noch nicht bald, so werden sie kommen, wir beide werden noch mitten drin stehen in dem Sturm.»[95] Allein das Heer sei ein Schutzwall gegen die Revolution.[96] Für Linksliberale und Sozialdemokraten kann Helly nur Abscheu empfinden. Im Reichstag, klagt er, würden sie sitzen, «diese humanen Schlafmützen, bis auch über ihnen der Staatsbau zusammenbricht und sie unter seinen Trümmern begräbt, bis das Geheul des blutig roten Sozialismus durch die Straßen gellt, bis die Fackeln der Volkshefe das junge Deutsche Reich in Asche legen und unsere Feinde ihren Fuß auf den Nacken unseres zerrissenen Volkes setzten».[97] Das Werk der Reichsgründer hat aus seiner Sicht Risse bekommen.

Generalfeldmarschall Helmuth Graf von Moltke steht am Ende des Weges. Nun möchte er sich und seiner Familie erklären, was vom Tage übrig bleibt – was der Menschen sei, was er hoffen dürfe, was

Helmuth von Moltke.
Pastellbild von Franz von
Lenbach, Kreisau 1888

er tun und was er wissen könne. Moltkes *Trostgedanken*[98] enthalten die Früchte seiner Erfahrungen im Leben, Denken und Glauben. Kein Wort von Schlachten und Verdiensten; das alles ist offenbar nur Staub und Schatten. Moltke geht es um das Geschöpf im Angesicht der Schöpfung. Der Mensch, behauptet er, sei ein dreifach geteiltes Wesen; die Seele umfasse zwei Einheiten: die Vernunft und das Gemüt, die «Vernunft-Seele» und die «Seele des Empfindens». Beides stehe der dritten Einheit gegenüber – nämlich dem Körper als «etwas uns selbst Fremdes». Die Frage, was der Mensch sei, beantwortet Moltke als Gnostiker: Das Eigentliche seien Geist oder Seele. Der Vordenker des Generalstabs hält nicht nur den Körper, sondern auch die Vernunft für eine Dienerin des Gemüts. Der Mensch, glaubt Moltke, werde durch seine «Seele des Empfindens» beherrscht. Freilich erscheine die Vernunft als «lichter Funken des Göttlichen». Mit ihrer Hilfe könne der Mensch die Geheimnisse des

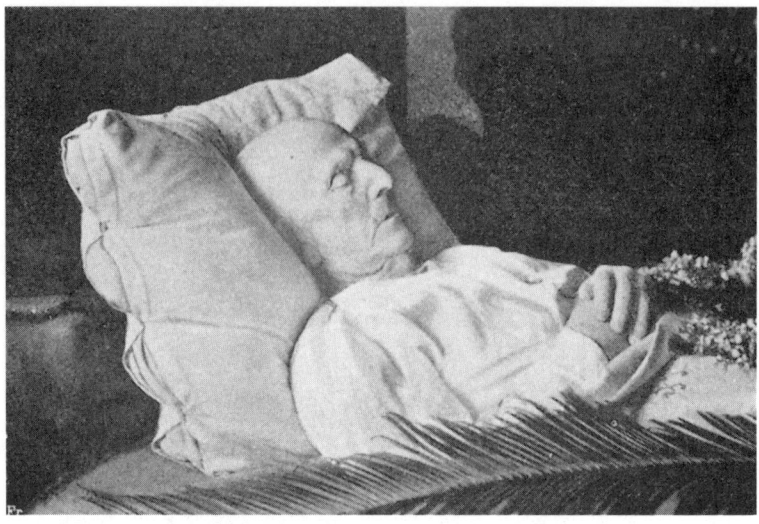

Der Generalfeldmarschall auf dem Totenbett im Generalstabsgebäude, 1891

Universums enträtseln. «Nirgends Willkür in der Natur, überall Gesetz.» Ziel aller Vernunft sei das Entschleiern der Wahrheit. Dass Vernunft und Weltordnung einander entsprechen, dass unser Verstand zum Entschlüsseln des Kosmos wahrhaftig taugt, versetzt ihn in Ehrfurcht und Staunen: «Der denkende Geist schweift durch die endlosen Fernen der leuchtenden Sterne, er wirft das Senkblei aus in die unergründliche Tiefe des kleinsten Lebens, nirgends findet er Grenzen, aber überall die Regel, den unmittelbaren Ausdruck des göttlichen Gedankens.» Naturgesetze und menschlicher Verstand erscheinen Moltke als Abglanz des Göttlichen: «Vernunft und Weltordnung sind konform, sie müssen gleichen Ursprungs sein.» Die Frage, was der Mensch wissen könne, beantwortet Moltke mit der Zuversicht seiner Epoche: im Diesseits grundsätzlich alles.

Und wie verhält sich die Vernunft zum Glauben? Immerhin sträube sich der Verstand gegen Wunder, «des Glaubens liebstes Kind». Solche Zweifel, behauptet Moltke, seien keineswegs gegen die Religion gerichtet, sondern nur gegen ihre dogmatische Vermittlung. Kern aller Religionen sei nicht das Dogma, sondern die Moral. Weil das Gute stets dem Vernünftigen entspreche, gebe es keinen Widerspruch zwischen Moral und Vernunft. Im Gegenteil: Das Christentum etwa habe die Welt aus der Barbarei zur Gesittung emporgehoben, die Sklaverei beseitigt, die Arbeit geadelt, die Frau dem Manne gleichgestellt und den Blick auf das Jenseits gelenkt. Massenmord, Inquisition und Dreißigjähriger Krieg seien das Ergebnis dogmatischen Denkens, der Streit über Dinge, «an welche das menschliche Begriffsvermögen nicht heranreicht». Eine Richtschnur biete das Gewissen; es sei erkennbar göttlichen Ursprungs, predige die Moral bei Anhängern aller Religionen – den heiligen Wert der Familie zum Beispiel. Das also soll der Mensch tun: moralisch handeln.

Und was darf er hoffen? Entstehung und Entfaltung des Lebens, weiß Moltke, würden bei jedem Menschen einen so unermesslich großen Aufwand erfordern, dass seine Vernichtung mit dem Tode eine ebenso unermessliche Verschwendung wäre; diese Möglichkeit dürfe man getrost verwerfen, denn sie wäre unermesslich unvernünftig. Das Walten der Vernunft jedoch könne man in der Schöpfung überall erkennen. Daher dürfe der Mensch auf das Weiterleben seiner Seele hoffen. Ob er es wünschen solle, stehe auf einem anderen Blatt. Denn wäre es, fragt Moltke, wirklich erstrebenswert, unser Leben, Denken und Handeln wie auf einem Tisch ausgebreitet zu sehen? Die Unsterblichkeit stellt er sich als Beobachten und Miterleben irdischer Dinge aus einer höheren Sphäre vor, als ein Emporgehoben-Werden auf jene Stufe, von der aus sich alle Rätsel des Daseins lösen. Nicht nur der Verstand, vor allem das Gemüt müsse «der Seele verbleiben, wenn sie unsterblich ist». Denn nur das Gemüt befähige zur Liebe. Und die Liebe sei «die reinste, die göttliche Flamme unseres Wesens». Für Moltke ist die Liebe zum Mitmenschen Ausdruck der Liebe zu Gott. Im Diesseits könne allein die Liebe den Tod überdauern: «Und die Liebe zu denen, die vor uns hinscheiden, wie zu denen, die wir hier hinterlassen, ist wohl sicher das Bleibende.»[99] Über Wert oder Unwert, Sinn oder Nichtigkeit menschlichen Daseins werde von der Liebe her entschieden.[100]

Moltke hofft auf einen milden Richter. Dem Kriegsherrn bleibt am Ende nur die Liebe.

Helmuth Karl Bernhard von Moltke stirbt am 24. April 1891 im Generalstabsgebäude. Sein letzter Blick, berichtet Helly, gilt dem Bildnis von Marie.

ZEHNTES KAPITEL

Wilhelminisches

Licht und Schatten der Nation

Unter der *Hansa* zieht die Landschaft wie in einem Wandel-Panorama vorüber: Fuhlsbüttel mit der Luftschiffhalle, die grünen Hügel von Blankenese, das Gewimmel im Hamburger Hafen. Dampfer grüßen den Zeppelin durch Sirenen- und Pfeifengeheul. LZ 13, eine Riesenzigarre am Himmel: 18 700 Kubikmeter Wasserstoffgas sorgen für Auftrieb. Rauchen ist an Bord streng untersagt. Auch Böen können die *Hansa* gefährden. Vor zwei Jahren, im Juni 1910, ist LZ 5 nach der Teilnahme an einer Parade verunglückt. Die Begeisterung für Luftschiffe hat einen Dämpfer erhalten.[1] Armee und Marine nutzen Zeppeline für militärische Zwecke. Im Fahrgastraum der *Hansa* blicken an den Tischreihen die Passagiere links und rechts aus ihren Fenstern, allesamt Offiziere des Generalstabs, darunter Helmuth «Helly» von Moltke. Die *Hansa*, 148 Meter lang, gehört der Deutschen Luftschiffahrts-Aktien-Gesellschaft – der ersten Fluggesellschaft weltweit.[2]

Es herrschen günstige Winde. Elbabwärts beschleunigt das werkneue Schiff, ausgerüstet mit drei Maybach-Motoren, auf über 100 Kilometer in der Stunde. Nach knapp sechzig Minuten schwebt die *Hansa* über Cuxhaven, dann über der Nordsee. Doch am Horizont droht eine Sturmfront. Es bleibt wenig Zeit, um die Eigenschaften des Schiffes vorzuführen: bis auf wenige Meter über dem Wasser abzusinken, um dann wieder aufzusteigen, gleichmäßig, ruhig, ohne Erschütterung und schließlich zum Festland zurückzu-

Helmuth von Moltke, Chef des Generalstabs der Armee, auf einer Postkarte,
um 1912

kehren, in geringer Höhe, so dass die Passagiere Einzelheiten auf
dem Boden erkennen. «Ein herrliches Gefühl», schwärmt Moltke,
«so in der Luft zu schweben, dem Vogel gleich, sich zu erheben,
sich zu senken, wie es beliebt ...»[3]

Auf dem Rückflug gleitet das Luftschiff über die Elbe und einige
Windungen der Pinnau; linker Hand ziehen die Dächer und Schorn-
steine Elmshorns vorüber; danach eine grüne Insel inmitten der
Geest: ein kleiner Buchenwald, der vor Jahrzehnten Wilhelm, Helly,
Friedrich und Ludwig so unermesslich groß erschien; dahinter Voss-
loch, der Weiler westlich von Barmstedt, wo Adolph und Auguste
ihre «vier Riesen» mit Warmbier und Butterbrot verwöhnten; und
dann, endlich: Rantzau. «Da liegt das alte Haus unserer schönen Jugend auf seiner kleinen Insel, umgeben von Grün und Wasser. Jeden
Fleck kann ich erkennen, jeden Fleck, auf dem wir gespielt, die
Bäume, in die ich meinen Namen geschnitten, die Fenster, hinter
denen ich gewohnt habe, die Brücken, über die wir gegangen sind.
Wie unverändert ist das alles, und wie tief in die Erinnerung einge-

graben.»[4] Das Herrenhaus, das Gerichtshaus, der Garten, in dem Moltke ein paar Winternächte lang fror, um Hasen zu schießen, die den Kohl gefressen hatten, der Teich mit den Karauschen, die Tannen, in die Helly und Wilhelm geklettert waren, um sich vor der Zeichenstunde zu drücken – «alles wie Spielzeug aufgebaut, und auch hier wieder Kinder wie damals, die heraufstarren, im Spielen unterbrochen, die wohl glücklich sind, wie wir es waren, und die denken, dass dies herrliche Dasein nie ein Ende nehmen werde, wie wir es dachten!»[5] Fast sieht der Leser die Träne im Auge des Schreibers. Wehmut klingt durch, unüberhörbar, ein Seufzen und Sehnen, vielleicht der unbestimmte Wunsch, die Lasten des Erwachsenenlebens abschütteln zu dürfen. «Die Propeller knatterten», so Moltke, «und in ihren Tönen hörte ich den Kinderjubel der alten Zeit, die Stimmen der Eltern, das Rauschen der Blätter, das Raunen der vergangenen Tage. Wie fern, wie weltenfern liegt diese Zeit hinter dem, der jetzt da oben in den Lüften schwebt und fühlt, wie Vergangenheit, Gegenwart und Zukunft sich mischen.»[6] Wohlbehalten kehrt die *Hansa* nach Fuhlsbüttel zurück. Ein Schiff wie seine Zeit: technisch modern, ohne Maß und brandgefährlich.

Glanz und Gloria, Galauniformen und Festgarderoben, Garderegimenter und Kaisermanöver, Stapelläufe und Flottenparaden, Zeppeline und die *Imperator*, größer sogar als die *Titanic* – das Deutsche Reich hatte einen Aufstieg ohnegleichen vollzogen. In der Wilhelminischen Epoche, von Bismarcks Entlassung 1890 bis zum Ende des Weltkriegs 1918, durchdrang ein nie gekanntes Kraftgefühl weite Kreise der Gesellschaft.[7] Das jedenfalls musste glauben, wer mit Angestellten, Lehrern, Apothekern, Rechtsanwälten oder Handwerksmeistern sprach – mit Angehörigen der bürgerlichen Mittelschicht also, angesiedelt irgendwo zwischen Landadel, Großindustrie und höherer Beamtenschaft ganz oben und Kleinbauern, Arbeitern, Dienstboten und Tagelöhnern ganz unten. Das Wilhelminische Zeitalter war im Großen und Ganzen eine Epoche wirtschaftlicher Blüte. Die Universitäten des Reiches genossen allerorts hohes Ansehen. Technische Neuerungen, vor allem die allgemeine Elektrifizierung, daneben aber auch der Beginn der Motorisierung und die Anfänge des Funkwesens, eröffneten neue Märkte,. Schon unter Bismarck hatte sich das Reich weitgehend von einem Agrar- in einen Industriestaat verwandelt. Doch erst in Wilhelminischer Zeit entwickelte die Industrie einen Schwung wie nirgendwo sonst in Europa. Während es in England nur noch langsam, in Frankreich noch langsamer voranging und Russland erst in den Anfängen der Industrialisierung steckte, entfachte Deutschland ein technisch-industrielles Feuerwerk. Wirtschaftlich war das Kaiserreich einer der modernsten Staaten weltweit.

Gleichzeitig erfuhr das Gedankengebäude des Nationalismus in Europa vier Änderungen. Erstens: Die liberalen Bestandteile zerfielen. Sie wurden durch Blöcke aus den Steinbrüchen der Fremdenfeindlichkeit, des Weltmachtstrebens und der Kriegsneigung ersetzt. Ein völkisch-rassischer Nationalismus überlagerte die politisch-liberale Nationalidee.[8] Zweitens: Der Glaube, dass die Bildung unabhängiger Staaten das Privileg nur einer Handvoll Nationen sei, deren wirtschaftliche, politische und kulturelle Beständigkeit über jeden Zweifel erhaben schien, zerbrach. Dieses Recht beanspruchten nun auch Gruppen, von denen die wenigsten Europäer vorher gehört hatten: Esten, Waliser, Basken. So nahm die Zahl nationalistischer Bewegungen fortlaufend zu.[9] Drittens: Immer mehr Menschen schienen davon überzeugt, dass «nationale Selbstbestimmung» einzig und allein durch staatliche Unabhängigkeit zu verwirklichen sei. Bisher waren nur wenige nationale Bewegungen so weit gegangen.[10] Und viertens: Vor allen anderen Dingen entschied nunmehr die Sprache über die Zugehörigkeit zu einer Nation. War sie vorher nur *ein* Merkmal neben anderen gewesen, rückte sie jetzt in eine Spitzenstellung.[11]

Die Ursachen für diesen Wandel sind ebenso vielfältig wie strittig. Fest steht: Die europäischen Staaten wetteiferten immer fieberhafter um den Erwerb von Kolonien in Übersee; nicht zuletzt der Zusammenprall mit außereuropäischen Kulturen, ergänzt durch große Auswanderungswellen, machte aus der Epoche des Imperialis-

*Kaiser Wilhelm I.,
um 1887/88*

mus das Zeitalter der Fremdenfeindlichkeit.[12] Außerdem änderte sich die internationale Lage. Seit dem Berliner Kongress von 1878 hatten die Europäer bis zum Beginn des Wilhelminischen Zeitalters um 1890 den Erdball weitgehend unter sich aufgeteilt. Jeder Gewinn für den einen Nationalstaat musste künftig für den anderen einen Verlust bedeuten. Dieser zugespitzte Wettstreit verschärfte die Gefühle nationaler Bindung. Und schließlich: Die Entwicklungen in den Naturwissenschaften begünstigten den Durchbruch politischer Lehren, die Nationales mit Biologischem untermauerten. Die Sozialdarwinisten, angeregt durch Darwins Evolutionstheorie, betrachteten Nationen, Völker und Rassen als Lebewesen, die in einem beständigen Kampf ums Dasein dem Recht des Stärkeren folgten – naturgesetzlich auch folgen mussten.[13] In Großbritannien zum Beispiel zog die National Service League rund 100 000 Mitglieder in ihren Bann. Die Propaganda der Liga verband wahnhafte Vorstellungen in Fragen nationaler Sicherheit mit dem Glauben an die Überlegenheit der britischen Rasse.[14] Im Deutschen Reich forderten 40 000 Alldeutsche mehr «Lebensraum», die Förderung deutschsprachiger Siedler jenseits der Grenzen und Maßnahmen im Sinne eines rassisch begründeten Antisemitismus.[15]

Die Wandlungen des Nationalismus wurden überall in Europa durch die Mittelschichten getragen. Ihr Glauben an die Bedeutung der Nation überhöhte den eigenen gesellschaftlichen Rang. Es betäubte zudem Ängste vor einer sozialen Bedrohung von unten. Denn der gesteigerte Nationalismus beantwortete nicht zuletzt den Siegeszug neuer Weltanschauungen und vor allem den Aufstieg der Arbeiterbewegung. In dieser Sorge fühlten sich viele Bürger des Deutschen Reiches mit ihrem Herrscher eng verbunden. Auch deshalb blieben Außenpolitik und Kriegswesen zwei Bereiche, in denen der Kaiser und seine Berater Entscheidungen mehr oder weniger ohne das Parlament treffen konnten.[16] Wilhelms Offenheit für technische Neuerungen, besonders seine Begeisterung für die «bürgerliche» Flotte, trug ihm gleichfalls Zustimmung ein.

Darüber hinaus verkörperte Wilhelm II. einen tiefgreifenden Umbruch: Dass er nicht nur Kaiser, sondern zudem König von Preußen war, hatten die meisten Zeitgenossen, ja sogar er selbst, schon halb vergessen. Auch Preußens Ministerpräsident regierte nicht mehr nebenbei als Reichskanzler, sondern der Reichskanzler regierte nebenbei als Ministerpräsident. In Wilhelminischer Zeit kam die innere Nationbildung der Deutschen vorläufig zum Abschluss.

Männliche Deutsche einte der Militärdienst. Die Frage «Wo haben Sie gedient?» wurde zu einer Floskel nationaler Verständigung. Lange vor den Zeiten des Massentourismus machte die Versetzung eines Rheinländers nach Schlesien oder eines Pommern ins Elsass die Nation gleichsam erfahrbar. In der Armee lernten Rekruten das Handhaben der Waffe *und* den Dienst für die Nation.[17] Damit gewann die Ausgestaltung militärischer Erinnerungsorte weiter an Gewicht. Was die Verehrung des Feldmarschalls Moltke betraf, nahm seine Familie auf die Deutung nachhaltig Einfluss.

*Kaiser Wilhelm II.,
nach 1890*

Kreisau ist zum Wallfahrtsort geworden. Seit dem Tod des Feldmarschalls pilgern jeden Sonntag Hunderte zum Schloss, nunmehr im
Besitz des Grafen Wilhelm von Moltke. Mit der Bahn, auf Wagen
oder zu Fuß kommen sie oft von weit her, um das Gut zu bestaunen,
um im Park an der Peile entlangzuspazieren oder Blumen vor die
Grabkapelle zu legen.[18] Gelegentlich sind Wilhelm oder Ella bereit,
Besuchern das «Feldmarschallzimmer» zu zeigen. In Moltkes Schlaf-
raum im Erdgeschoss scheint die Zeit wie eingefroren. Die Perücke
auf dem Porzellanständer, die Totenmaske, ein Gipsabdruck seiner

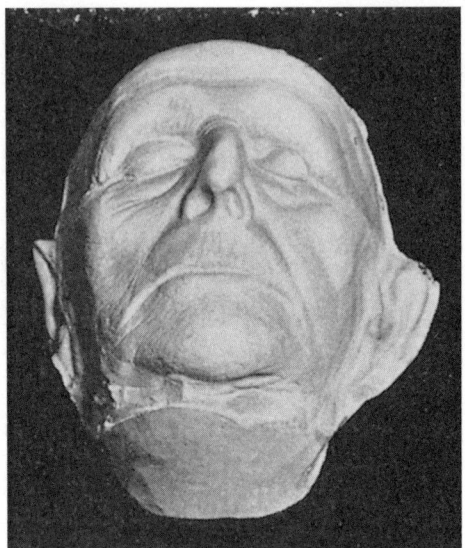

Die Totenmaske des
Feldmarschalls

Hand, das Bett, die Orden und Urkunden der Ehrenbürgerschaften, die große Ahnentafel an der Wand – ein wenig erinnert das Ganze an einen Tempel.

Nur im Sommer leben Wilhelm und Ella im Schloss. Graf Moltke ist Kommandeur der Garnison in Hannover. Dort beziehen die Moltkes jeden Winter eine Wohnung mit vierzehn Zimmern und Personal.[19] Das Sorgenkind bleibt Muthi. Als der Junge an Diphtherie erkrankt, zwingt ihn sein Vater mit der Reitpeitsche am Bett, die Medikamente zu nehmen. Es kommt sogar schlimmer. Die Tuberkulose, an der Muthi bald ebenfalls leidet, können die Mediziner nicht heilen. Keineswegs aber vertraut Ella nur den Künsten der Ärzte. In Kreisau trifft sie heimlich eine Zigeunerin im Souterrain des Schlosses, die ihr aus der Hand die Zukunft liest.[20]

Wieder und wieder wird man es in der Familie später erzählen: Eine Frau mit blauer Kette, behauptet die Zigeunerin, werde Kreisau einmal großes Glück bescheren. Zeitlebens hat Ella auch mit Spiritisten zu tun, mit Séancen und dem Beschwören von Geistern.[21] Offen-

Gipsabdruck von Moltkes rechter Hand

bar drängt sie Missionarinnen aus Boston an Muthis Krankenbett, Angehörige der Christian Science, die der Volksmund «Gesundbeter» nennt. Und der Erbe von Kreisau gesundet wahrhaftig. Dass er seine Heilung der Christlichen Wissenschaft verdankt, hat Muthi, wie es scheint, niemals bezweifelt.

«Opapa» bleibt allgegenwärtig. 1891, einige Monate nach dem Tod des Feldmarschalls, versammelt sich die Familie an Moltkes Geburtstag zu einer Gedenkfeier auf dem Kapellenberg. «Am Tage», so Friedrich von Moltke, der Abteilungsleiter im Berliner Ministerium, «sah die kleine Kapelle mit den drei geschmückten Särgen und brennenden Kerzen sehr festlich aus ... Am freundlichsten erstrahlte sie aber gegen Abend. Vor der geöffneten Tür sang ein Männerchor aus Schweidnitz einen Choral. Dann sprach der Pastor ein Gebet und eine zum Gedächtnis des Tages geschriebene Ansprache von Schaubach. Der Segen des Geistlichen schloss die kleine, stille Feier, an welcher nur Angehörige teilgenommen hatten.»²² Einer jedoch

Grabkapelle auf dem Kapellenberg in Kreisau

bleibt der Feier absichtlich fern: Henry von Burt. Er möchte jede Begegnung mit Wilhelm vermeiden. Henry hat auf Vermittlung von Joseph Kürschner in Stuttgart, Berater der Deutschen Verlags-Anstalt, einen Vertrag über den Druck aller Helmuth-Briefe an Mary Burt geschlossen. Gleichzeitig lässt Wilhelm die *Gesammelten Schriften* des Feldmarschalls durch Mittler in Berlin verlegen. Oberstleutnant von Leszczynski aus der Kriegsgeschichtlichen Abteilung des Generalstabs hat die Papiere für Wilhelm gesichtet. Der Generalstab, klagt Friedrich, schwinge sich zum «Wächter des Nachlasses» auf.[23]

Henry fühlt sich übervorteilt, denkt an eine gerichtliche Klage gegen Wilhelm, droht sogar, den Kaiser einzuschalten, und bittet Helly, auf Wilhelm einzuwirken, «um dem Andenken unseres großen verewigten Onkels und der deutschen Nation das Schauspiel eines ... auf materielle Interessen hinausführenden Konfliktes zu ersparen».[24] Wegen der *Schriften*, klagt Henry, «habe ich mit meinen Angehörigen» – gemeint sind Ernestine und die Ballhorns – «nicht allein eine namhafte Einbuße an dem mir in Aussicht gestellten Honorar erlitten, sondern ich bin auch schwer an meiner Gesundheit geschädigt und in meinem Gemüt gekränkt. ... Lieber Helmuth, ich habe Dir in Zeiten der Not treu zur Seite gestanden, tue Du mir Gleiches jetzt.»[25]

Aber nicht Helly, sondern Friedrich, der Jurist, wirkt als Vermittler. «Hast Du irgendwelche Sorgen, lieber Henry, die ich Dir tragen helfen kann, so zähle immer auf mich.»[26] Allerdings plagen auch Friedrich Bedenken: «Der Feldmarschall und Liebesbriefe, dachte ich, das ist ein gewagtes Unternehmen. Dass sie solche Schätze bergen, wie Du mir gezeigt, ahndete ich freilich nicht.»[27] Friedrich beschwichtigt, erläutert, verhandelt, reist nach Blasewitz, schreibt an Kürschner in Stuttgart.

Am Ende kommt eine finanzielle Lösung zustande, der Henry und sein Verlag zustimmen. Moltkes Briefe aus der Verlobungszeit erscheinen in den *Gesammelten Schriften*.[28] «Ich bin froh und dankbar», schreibt Friedrich nach Blasewitz, «dass die Liebe zu unserem teuren Entschlafenen uns wieder zusammengeführt hat.»[29] Geld freilich musste das Seinige tun.

Danach verliert sich Henrys Spur. Ferdinand Graf Harrach hat ihm ein Denkmal gesetzt. Harrachs Gemälde *Moltke mit seinen Adjutanten Oberst Leutnant de Claer und Hauptmann von Burt, in seinem Observatorium vor Paris* (1876) lässt den Standort des Generalstabschefs während der Kämpfe um die Hauptstadt wie eine Opernloge erscheinen. Zu den Armeen im «Parkett» halten nur die Adjutanten Verbindung: Oberstleutnant Otto Clemens de Claer und Hauptmann Henry «Punchy» von Burt.[30]

Die *Gesammelten Schriften* sind für fast alle Historiker zur Grundlage ihrer Beschäftigung mit Moltke dem Älteren geworden.[31] Doch die Herausgeber, Wilhelm Graf Moltke, Moltke der Jüngere und Preußens Generalstab, haben «Prestigen» geschont. Helly berichtet in seiner *Vorrede zum dritten Bande* über die Sorge des Feldmarschalls: «Leicht könne es geschehen», habe Moltke gefürchtet, «dass durch die Mitteilung persönlicher Erlebnisse das Bild eines Mannes, das rein und erhaben in der Geschichte dastehe, in hässlicher Weise verunstaltet und der ideale Nimbus, der es umgebe, zerstört werde.»[32] Wilhelm verfasst eine «Vorrede zum Werke». Die Familie, erklärt er, wolle Moltkes Lebensbild «nicht in ihrem engen Kreise allein hell und treu für immer» bewahren, «sondern es so, wie er selbst in Schrift und Wort davon gezeugt hat, dem deutschen Volke ... darreichen.»[33] In solchen Sätzen schwingt der Ton religiöser Offenbarungen mit.

Was die Herausgeber dem deutschen Volke nicht darreichen möchten, kennzeichnen sie auf den Originalen mit blauem Buntstift. «Der arme Herr», hatte Moltke 1864 den König bedauert, «scheint nicht die Kraft zu haben, sich der jemaligen Stimmung der ihn umringenden Meinung zu entziehen»[34] – blauer Buntstift. «Morgen haben wir», meldete Moltke im Januar 1890, «die feierliche Bestattung der Kaiserin Augusta – eine schöne Gelegenheit, sich wieder eine Erkältung zu holen»[35] – blauer Buntstift. «Gegen Tumultuanten in freier Straße anreitende Kavallerie und flache Hiebe, gegen Barrikaden Schrapnells»[36] – blauer Buntstift. Die *Lebensgeschichte* von Moltkes Vater haben die Herausgeber fast bis zur Fälschung verstümmelt: kein Wort von Liebschaften, homosexuellen Erfahrungen, Selbstmordgedanken, Scheidungswünschen, Streitigkeiten um das Paschen-Erbe oder von der französischen Ehrenlegion.[37] Die Leser der *Schriften* erfahren nichts über den Selbstmord des langjährigen Dieners von Henry, wenig über Moltkes Hineinregieren in das Leben des ältesten Neffen, nichts von seiner Protektion für die Verwandten, nichts über Henrys Zusammenbrüche oder über Lieblosigkeiten des Squires, nichts über Lenes Schwierigkeiten mit Probst Bröker und erst recht nichts vom Streit über Urheberrechte. Man könnte die Liste verlängern. «Er wird durch die Veröffentlichung verklärt auferstehen»,[38] hofft Friedrich, der Neffe – und zwar mit Recht.

Fast täglich spricht Helly mit dem Kaiser. Beide kennen sich aus ihrer Dienstzeit in einem Potsdamer Garderegiment.[39] Seit langem verbindet sie eine Art Freundschaft. Moltke ist Wilhelm auch als Adjutant und Hausgenosse des Feldmarschalls mehrfach begegnet. Traf man sich bei Kaisermanövern, 1881 in Itzehoe zum Beispiel, suchte der Thronfolger die Nähe seines Regiments-Kameraden. «Prinz Wilhelm», so Moltke, «ritt gestern lange mit mir. Ich glaube, er ist froh, einen alten Bekannten unter den Massen fremder Menschen zu finden.»[40] Als Wilhelm 1888 zur Eröffnung des Reichstags seine erste Thronrede hielt, empfand Moltke Bewunderung: «Die letzten Sätze der Rede sprach er mit schöner, durchdringender Stimme, jede Spur von Befangenheit war gewichen, und er stand da, fest und stolz, der kraftvolle, selbstbewusste Herrscher eines mächtigen Reiches. ... Es war ein schöner, großartiger Akt.»[41] Im Todesjahr des Feldmarschalls macht Wilhelm seinen alten Bekannten zum Flügeladjutanten; seither zählt Moltke zur Umgebung des Herrschers.

Kaiser Wilhelm II. wird Europas erster Medienmonarch. In der Öffentlichkeit fast ständig von Kameraleuten umgeben, lässt er sich beinahe überall filmen: bei Reden, Festen, Manövern, Paraden und Jagden, sogar auf seiner Jacht *Hohenzollern*, mit der er im Sommer jährlich die «Nordlandreise» unternimmt. Auf sein Äußeres achtet Wilhelm peinlich genau, wechselt bis zu sechsmal täglich die Uniform, bedrängt auch die Kaiserin, eine Prinzessin von Schleswig-Holstein, strenge Diät zu halten.[42] Die Hohenzollern-Monarchie will er ins Massen- und Medienzeitalter führen. Seinen Großvater verherrlicht der Kaiser als «Wilhelm den Großen»; verglichen mit ihm seien Bismarck und Moltke allenfalls «treue Diener», eigentlich aber nur «Handlanger und Pygmäen» gewesen.[43]

Solche Abwege sind auch die Folge seiner altmodischen, sozu-

sagen verspätet absolutistischen Auffassung vom Amt des Herrschers.
Wilhelms «persönliches Regiment» halten schon Zeitgenossen für
unvereinbar mit den vielschichtigen, bewegten, oft gegenläufigen
Strömungen in Wirtschaft, Gesellschaft, Armee, Verwaltung und
Regierung.[44] Ohnehin vermeidet Wilhelm das Studium der Akten. In Potsdam
oder Berlin trifft man den «Reisekaiser» eher selten. Die Flügeladju-
tanten müssen seine Reiselust teilen, auch Helmuth von Moltke und
Graf Kuno von Moltke, der Komponist und Bekannte von Dressler.[45]
So erleben Helly und Kuno den Besuch des Kaisers beim entlassenen
Bismarck in Friedrichsruh.[46] Helly fährt zur Beerdigung des Zaren
Alexander nach Petersburg, bestaunt Eremitage, Reitschule, Kasan-
Kathedrale und den Marstall mitsamt Prachtkutschen aus der Zeit
Katharinas der Großen. In Moskau wird er Zeuge der Krönung von
Zar Nikolaus II.: «Es war eine so unbeschreibliche Pracht, dass wir
ganz betäubt waren. ... Man fasst sich an die Stirn und fragt sich, ob
man bei klarem Verstande ist oder ob man Fieberphantasien hat.»[47]
Die schöne Zarin, so scheint es, beeindruckt ihn sehr: «Die Kaiserin
sah vortrefflich aus. Sie hatte frische Farben, strahlende Madonnen-
augen ...»[48] Er jagt Bären vor den Toren von Petersburg und führt
mit Zar Nikolaus ein langes Gespräch: «Der Abschied des Zaren von
Moltke war sehr freundschaftlich.»[49] Helly reist zur Thronbesteigung
Alfons XIII. nach Madrid, wundert sich über eine Corrida, «bei der
neun Stiere, einige zehn bis zwölf Pferde und zwei Menschen umgebracht wurden».[50] Im Namen Wilhelms II. empfängt er auf dem
Bahnhof in Potsdam am Vormittag den Kronprinzen von Siam, am
Nachmittag den Schah von Persien. Moltke trifft Christian IX. in
Kopenhagen, den greisen «Düppel-König»: «Ich glaube, man findet
auf der Welt keinen zweiten Hof von gleicher natürlicher Menschlichkeit und Freundlichkeit ...»[51]

Der Kaiser hält ihn in seiner Nähe: von 1891 bis 1893 als Flügeladjutant, von 1893 bis 1896 als Kommandeur der Schlossgarde-
Kompanie in Berlin. Dabei fühlt Moltke den Drang zum Truppendienst. Nur bei Manövern findet er ganz zu sich selbst: «Wie das
arabische Pferd den heißen Hauch der Wüste, so atme ich in lan-

gen, tiefen Zügen den Pulvergeruch ein. Hier ist mein Element, hier mein Leben, Fühlen, Denken. ... Was gibt es Schöneres als das Soldatenleben? ... Ich glaube, ich bin zum Feldsoldaten geboren ...»[52] Die Hofluft droht jeden Ehrgeiz zu ersticken. «Für meine Zukunft ist es nötig, dass ich nach langer, zwanzigjähriger Pause einmal wieder an die Front komme.»[53] 1896 lenkt der Kaiser ein, ernennt Moltke zum Chef des Kaiser-Alexander-Gardegrenadier-Regiments. Die Truppe garnisoniert in Potsdam, pflegt Verbindungen mit der Romanow-Dynastie. «Der Vorhang fällt, ein neues Stück beginnt!»[54]

Ganz neu ist das Stück allerdings nicht. «Der Kaiser war sehr gnädig und gütig gegen mich, ich musste ihm noch viel von Onkel Helmuth erzählen»,[55] so Moltke über ein langes Gespräch im Neuen Palais. Auf diesen Hauptsäulen fußt weiter die Laufbahn, nämlich der gnädigen Güte des Kaisers und dem Ansehen Onkel Helmuths. Andererseits sind Kameraden und Vorgesetzte sich einig: Moltke ist ein fähiger, kluger, hochbegabter Offizier. 1899 wird er «General à la suite», Stadtkommandant von Potsdam und Kommandeur der Ersten Garde-Infanterie-Brigade. Damit kehrt Moltke in die engere Umgebung des Kaisers zurück, befehligt sogar eine Truppe in Potsdam, seit eh und je die Stadt der Garden. Nun besitzt Moltke nicht nur das Ohr des Kriegsherrn, sondern ordnet auch das Schaufenster des Heeres.

Der Kaiser bleibt freundlich gewogen. Sogar in Briefen, die Militärisches behandeln, wählt Wilhelm die Anrede «Lieber Julius!»,[56] vielleicht als – freilich schiefe – Anspielung auf den cäsarenhaften Onkel und Feldherrn. 1900 will Moltke nach China, zur deutschen Expeditionstruppe, die helfen soll, den Boxeraufstand niederzuschlagen. Dass die Chinesen durchaus Grund zur Gegenwehr haben, ist Moltke bewusst: «Denn wenn wir ganz ehrlich sein wollen, so ist es Geldgier, die uns bewogen hat, den großen chinesischen Kuchen anzuschneiden.»[57] Das ist zwar ehrlich, wirft aber auch ein Licht auf Moltkes brennenden Ehrgeiz. Doch der Kaiser verweigert ihm ein Kommando in China, «weil er, wie er sagt, mich nicht entbehren kann.»[58]

Die Enttäuschung sitzt tief. «Es ist sehr komisch, so ganz unent-
behrlich zu sein und sich dabei so ganz überflüssig vorzukom-
men.»[59] Besonders die Nordlandreisen gehen ihm schwer auf die
Nerven. Im norwegischen Bergen besuchen Kuno, Helly und der
Kaiser Mitte Juli 1902 zu dritt «einen alten Schleswig-Holsteiner,
der eine niedliche Villa auf einem Bergvorsprung hat, mit schöner
Aussicht über die Reede der Stadt, und dann seinen Nachbarn, einen
alten norwegischen Schiffskapitän».[60] Moltke betätigt sich als Dol-
metscher, wohl durchaus nicht ungern. Was er verabscheut, ist der
Kasinoton, der auf «Kalauer gestimmte Grundton unseres Kreises»;[61] er leidet unter der Langeweile und dem Müßiggang, den alle
an Bord missbilligen – «alle bis auf einen, leider».[62] Oft ist Moltke
der einzige, bei dem sich der Kaiser keine Grobheit erlaubt. 1902
steigt er zum Generaladjutanten und Kommandeur der Ersten
Garde-Infanterie-Division auf.

Das Leben an der Seite des Reisekaisers erzwingt lange Trennungen
von Eliza. Wie Ella auf Kreisau sucht auch Eliza die Nähe spiritisti-
scher Kreise, veranstaltet Séancen mit der Arbeiterfrau Anna Rothe,
dem bekanntesten Medium des Reiches. Jahre später wird man
Rothe als Betrügerin entlarven.[63] Mit Schriftstellern tritt Eliza
ebenfalls in Verbindung, mit Hermann Sudermann etwa, dessen
Bücher sie schätzt. «Ich behalte mir», schreibt sie Sudermann, «mein
Urteil über ‹Es war› noch vor … Augenblicklich bin ich mitten in der
Handlung drin und warte mit Spannung, was ein böses, leichtsinni-
ges, charakterloses Weib auch aus einem edlen Manne machen wird,
dem es, ich fürchte es, an Charakter fehlt!»[64]

Die Begegnung ihres Lebens aber hat Marie von Sivers vermit-
telt, eine Freundin Elizas.[65] Sivers arbeitet für jenen Privatgelehrten,
der die Theosophie, später die Anthroposophie begründet: Rudolf
Steiner. Seine Theosophie, die «Gottesweisheit» also, ist wie die
Freimaurerei nur Eingeweihten zugänglich. Geisterlehre und Got-
tesweisheit gehören um 1900 zu eng verschränkten Lebenswelten.
Auch durch den Niedergang des Spiritismus gewinnt Steiner neue
Anhänger: Wassily Kandinsky, Piet Mondrian, Maria Montessori,

Christian Morgenstern. Theosophen wirken, anders als Spiritisten, nicht im Untergrund der Gesellschaft. Steiner hält Vorträge, verfasst Bücher, leitet Seminare.[66] Eine seiner ersten Schülerinnen ist Eliza von Moltke. Im Juli 1904 bittet Eliza ihren lieben «Dr. Steiner» um «etwas geistige Hülfe».[67] Steiner zieht sie in den inneren Kreis seiner Esoterischen Schule. Astrid, Elizas ältere Tochter, folgt den Spuren ihrer Mutter. Sie tritt der *Theosophischen Gesellschaft Adyar* bei. Ella Moltke auf Kreisau gehört der Gesellschaft Adyar ebenfalls an.[68] Astrid verehrt Steiner als «den großen Eingeweihten» und hört «Stimmen aus der Geisterwelt».[69] Else, Astrids Schwester, bekommt ein Kind von ihrem Musiklehrer, einem Herrn Koennecke, der ebenfalls spiritistische Neigungen pflegt. Um Else heiraten zu können, lässt Koennecke sich scheiden.[70] Das Paar zieht nach Dresden. «Sie soll sehr wohl aussehen», so Moltke, «und ganz dicke Backen bekommen haben, widmet sich mit großem Eifer ihren häuslichen Verrichtungen, hält ihr Haus wie ein Schmuckkästlein und ist der Ansicht, dass nie auf der Welt eine glücklichere Frau gelebt habe als wie sie. Das ist ja sehr schön und nachdem ich Alles in mir heruntergewürgt habe, was meinen eigenen Empfindungen entstammte, kann ich mich auch darüber freuen, dass die Else das gefunden hat, was sie sich ersehnt hat.»[71] Auch Eliza bleibt Theosophin *und* Spiritistin.[72] In ihrem Haus veranstaltet sie zehn Séancen, tritt, wie sie glaubt, über ein Medium mit dem Geist Uriel in Verbindung.[73] Fast immer ist Steiner bei den Séancen dabei.

Moltke erhebt keinerlei Einspruch. Im Gegenteil: Mit Steiner zu reden, ermuntert er Eliza, sei für sie stets eine Erfrischung und Stärkung.[74] «Ich verkehrte», erinnert sich Steiner, «seit 1904 im Hause des Herrn von Moltke. Ich wurde zu jedem einzelnen Besuch eingeladen. Die Einladung ging nicht etwa bloß von Frau von Moltke aus, sondern auch von Herrn von Moltke. Ich habe die allergrößte Verehrung für Herrn von Moltke. Aber ich habe mich nie aufgedrängt. Die oft viele Stunden lang dauernden Unterhaltungen umfassten immer Weltanschauungsfragen.»[75] 1904 ist Steiners Weltanschauung theosophisch. Die Gäste an Bord der *Hohenzollern* staunen nicht schlecht, als bei der Nordlandreise auch Theosophisches zur Sprache kommt. «Wir saßen unserer fünf oder sechs zusammen», so Moltke, «und da ich der Einzige war, der von diesen Dingen etwas wusste, musste ich das Wort führen. Erst lachten einige, dann wurden sie immer ernster, und zuletzt hörten sie mir zu wie dem Pastor in der Kirche.»[76] Kein Zweifel: Moltke beschäftigt sich mit Steiners Theosophie; doch ein Theosoph wird er zeitlebens nie.[77] Für Religiöses und Philosophisches scheint Moltke stets offen. So gilt ihm Steiner vor allem als fesselnder, hochgebildeter, zuweilen auch tröstlicher Gesprächspartner – mehr aber nicht. Moltke ist Lutheraner. Was zum Beispiel katholische «Reichsfeinde» betrifft, hat er eine feste Haltung: «Und welche Macht verkörpert doch dieser Glaube, der sich auf die breite Basis der Denkunfähigkeit der großen Masse der Menschen gründet!»[78] Allerdings gerät Moltke auch bei Luthers Theologie zuweilen ins Grübeln. «Ich kann es nicht begreifen, weshalb es für einen Gott, der die Liebe sein soll, nötig war, ein blutiges Opfer des Unschuldigen zu verlangen, um sich mit den Schuldigen zu versöhnen ...»[79] Und dennoch: Moltke bleibt, anders als Eliza, ein kirchlich gebundener, eher liberaler Protestant.[80]

Im Sommer 1902 erwarten Wilhelm, Ella und Muthi in Kreisau zwei Besucherinnen. Angekündigt haben sich Jessie Rose Innes, eine Südafrikanerin, und ihre achtzehnjährige Tochter. In Dresden, im «Weißen Hirschen» oberhalb der Stadt, hatte Jessie eine Anzeige gelesen: Schlesischer Landeshaushalt sucht zahlende Gäste, die Bridge spielen können.[81] Jessie und Dorothy, das einzige Kind, haben auf ihrer Europareise in Frankreich, Italien und Deutschland schon vieles gesehen; noch nicht aber ein schlesisches Landgut.[82] Als sie Kreisau erreichen, bereitet die Begrüßung wohl Schwierigkeiten. Muthi, 27 Jahre alt, kann mit Jessies Tochter kaum reden. Er spricht kein Englisch, sie wenig Deutsch. Weil sich Jessie und Dorothy zum Essen umkleiden möchten, gehen beide auf ihre Zimmer im oberen Stockwerk. Als Dorothy zurückkehrt und die Treppe hinabsteigt, stockt Ella der Atem: Ihr junger Gast trägt ein weißes Kleid – und eine blaue Kette.[83]

Muthi findet an Dorothy offenbar Gefallen, schlägt nach dem Essen und einer Bridge-Partie vor, gemeinsam zu musizieren. Dorothy spielt Klavier, Muthis Gesang begleitend. Auch der Erbe von Kreisau gehört zu den «Musikratten» der Familie. Wegen seiner lückenhaften Schulbildung konnte Muthi nicht studieren. Eine Laufbahn als Berufsoffizier haben Diphtherie und Tuberkulose verhindert. Für ihn, den Großneffen des Feldmarschalls, reicht es nur zum Reserveoffizier. Die Leidenschaft des Einzelgängers wird der Gesang. Bei Jessies Tochter geht er, wie es scheint, nun ebenfalls leidenschaftlich zu Werke. Jessie jedenfalls lässt in den nächsten Tagen packen, entzieht Dorothy dem glühenden Verehrer. Vor dem «jungen Teutonen», wie sie Muthi bespöttelt, flüchten die Frauen zunächst nach Paris und anschließend zurück in die Kapkolonie. Fast drei Jahre lang muss Muthi Briefe schreiben.

Von den Traditionen des preußischen Landadels trennt Dorothy ein Abgrund. James Rose Innes, Dorothys Vater, Südafrikaner in dritter Generation, ist ein allseits gerühmter Jurist und Politiker, im Ton verbindlich, aber unbeugsam immer dann, wenn Freiheitsrechte beschnitten oder Farbige benachteiligt werden.[84] Und benachteiligt werden Schwarze in Südafrika ständig. Acht Jahre lang hat er in der Cape House of Assembly, dem Parlament der Kolonie, den Wahlkreis Victoria East vertreten. Seinen Sitz verdankte er den Stimmen der Schwarzen. Unterstützung fand er vor allem bei John Tengo Jabavu, Südafrikas einflussreichstem Führer der Farbigen.[85] In zwei Kabinetten hatte Innes das Amt des Justizministers bekleidet: von 1890 bis 1893 unter Premierminister Cecil Rhodes, dem Namensgeber Rhodesiens, einem Rassisten, den Innes persönlich nicht schätzt; und von 1900 bis 1902, während des Zweiten Burenkriegs, in der Regierung von Sir Gordon Sprigg, dem Anführer der Liberalen.

Stets verfolgte Innes eine Politik der Aussöhnung und der Vermittlung. Als Lord Kitchener, Kommandeur der Briten während des Buren-Feldzugs, das Kriegsrecht auch in Kapstadt ausrufen wollte, leistete Innes hartnäckig Widerstand.[86] «Er war der rechtlichste Mann, den man sich denken kann, und der kleinste technische oder moralische Fehltritt war ihm fürchterlich.»[87] Innes wird seine Laufbahn als Oberster Richter der Kapkolonie beschließen, geadelt und allseits geschätzt. Jessie, seine Frau, geborene Pringle, stammt aus einer bekannten Siedlerfamilie des Landes. Ihr Vater war der Halbbruder von Thomas Pringle, dem «Vater» der südafrikanischen Literatur. Jessie setzt sich für die Rechte von Frauen ein und wagt auch sonst Unerhörtes: In Rondebosch, dem Wohnort der Innes, erlernte sie 1896 das Fahrradfahren: «Ich muss einfach lachen, wenn ich auf meine Beine sehe und an meine Wunden denke», schrieb sie James, «ich denke, Du wirst kaum mehr Glück haben, wenn Du anfängst. Ich will es bald richtig können und meinen Spaß haben.»[88]

Als die Familie 1905 London besucht, reist auch Muthi in die britische Hauptstadt. Einige Wochen zuvor ist Wilhelm, sein Vater, 58-jährig in Hannover an den Folgen eines Schlaganfalls gestorben. Der junge Teutone, nunmehr Graf Moltke, bittet um Dorothys Hand. Besonders ihrem Vater fällt die Zustimmung schwer. Dorothy Rose Innes und Helmuth von Moltke heiraten 1905 in Pretoria. Als Graf und Gräfin von Moltke kehren sie nach Kreisau zurück.

Helly steht an den Pforten der Macht. Durch das persönliche Regiment Kaiser Wilhelms II. und die halbparlamentarische Form der Regierung entscheidet das Verhältnis zum Herrscher mehr denn je über Besetzung und Ausübung hoher Ämter. Im Februar 1904 hat der Kaiser Moltke zum Generalquartiermeister ernannt, eine Stellung, die ihn zum künftigen Chef des Generalstabs bestimmt.[89] Gleichzeitig bleibt er Generaladjutant, wahrt also die Nähe zum Herrscher.

In der Chefwohnung des Generalstabsgebäudes lebt inzwischen Generaloberst Graf Alfred von Schlieffen. «Mit Schlieffen», so Moltke, «komme ich sehr gut aus. Er ist höflich und bisweilen liebenswürdig gegen mich.»[90] Fachlich haben Schlieffen und Moltke oft eine verschiedene Meinung. «Man kann sich», behauptet Moltke, «keine größeren Gegensätze denken als unsere beiderseitigen Ansichten.»[91] Das verwundert, denn Schlieffen versteht sich als Schüler des älteren Moltke.[92]

1905 entwirft der Generalstabschef einen Operationsplan, von dem Schlieffen behauptet, er fuße auf den Lehren des Feldmarschalls. Mehr noch: Der sogenannte Schlieffen-Plan soll die Schwierigkeiten lösen, mit denen Schlieffens Lehrer am grünen Tisch nicht zurechtkam. Der Plan erscheint wie ein Erfolgsrezept für den Krieg an zwei Fronten. Schlieffen setzt auf einen Blitzsieg im Westen. Weil Durchbrüche an der befestigten Grenze unmöglich erscheinen, soll der rechte Flügel des deutschen Westheeres über Belgien und Holland – zwei neutrale Staaten – weit nach Nordfrankreich vorstoßen, dann nach Süden einschwenken, die französischen Streitkräfte in einer gewaltigen Schwingbewegung umfassen, gegen die Schweizer Grenze drücken, einkesseln und schließlich vernichten. Danach will Schlieffen alle Truppen an die Ostfront werfen, wo er anfangs nur die eigene Grenze sichern und die Hauptlast des Kampfes den Österreichern überlassen möchte. Der Schlieffen-Plan, militärisch überaus gewagt, ist politisch mit schwerwiegenden Nachteilen belastet: Die Verletzung der belgisch-holländischen Neutralität wird auch England in den Krieg gegen Deutschland treiben.

In zweifacher Hinsicht steht Schlieffen tatsächlich in der Nachfolge Moltkes.[93] Zum einen möchte auch er die Politik aus der Kriegführung verbannen. Seinen Entschluss, im Falle eines Feldzugs gegen Frankreich die Neutralität von Belgien und Holland zu verletzen, teilt er dem Reichskanzler gar nicht erst mit. Schlieffens Schüler im Generalstab denken ähnlich. Nun rächen sich die allzu enge Verflechtung zwischen Generalstab und Kriegsakademie, der Wegfall staatsbürgerlicher Bildung, die Verwandlung der Akademie in eine militärische Fachhochschule.[94] Zum anderen beschränkt sich auch Schlieffen auf ein einziges Ziel: die Vernichtung des Feindes. Hinhalten, Ermatten oder Teilerfolge sind seine Sache nicht. Doch in drei wichtigen Punkten weicht Schlieffen von Grundsätzen des älteren Moltke ganz und gar ab. Während der Feldmarschall nach dem Krieg gegen Frankreich eine defensive Planung an der Westfront verfolgte, hat Schlieffen für jede Defensive nur Geringschätzung übrig.[95] Sein Offensivkult spiegelt die Stimmlagen in Bismarckzeit und Wilhelminischer Epoche – Zurückhaltung damals, Kraftgefühl jetzt.

Zudem leidet Schlieffen, so könnte man sagen, unter schwerer Umfassungssucht: Sedan, das Lehrbeispiel einer Umfassungsschlacht, hat den Schönheitsnerv deutscher Strategen gekitzelt. Nicht zufällig kürt Schlieffen den Umfassungssieg bei Cannae 216 v. Chr. zum Urbild des künftigen Krieges. So läuft der Schlieffen-Plan auf eine Art Riesen-Sedan hinaus. Das Wort «Durchbruch» taucht jedenfalls in Schlieffens Weisungen gar nicht mehr auf. Schließlich verfällt der Generalstabschef, anders als Moltke, einem Planungswahn. Hatte der Feldmarschall die Strategie noch als ein «System von Aushilfen» bezeichnet, als «die Kunst des Handelns unter den schwierigsten Bedingungen»,[96] plant Schlieffen nicht bloß den Aufmarsch und die Eröffnung der Operationen, sondern den Gesamtverlauf des Feldzugs im Westen, jedenfalls in großen Zügen.

Und so offenbart der Schlieffen-Plan unter der Oberfläche des Kraftgefühls auch eine tiefe Verunsicherung. Zwar umfasst die Kriegsstärke der deutschen Armee 1902 bereits zwei Millionen Soldaten;[97] doch das Lenken solcher Völkerheere ist für den Generalstab, zumal in einem Zweifrontenkrieg, eine neue Herausforderung. Schlieffens Planungswahn überdeckt die Ahnung, dass eine Armee im Herzen Europas den Völkerkrieg an zwei Fronten nicht zu gewinnen vermag. In Wahrheit rechnet Schlieffen mit deutschen Geistertruppen. Der Schlieffen-Plan setzt auf Armeen, die vorläufig nur auf dem Papier bestehen.[98]

Was nach Abschluss der Kesselschlacht geschehen soll – etwa in dem Fall, dass Frankreich einen zweiten Gambetta findet –, hat Schlieffen niemals bedacht. Dass Karthago den Krieg gegen Rom trotz Hannibals Schlachtensieg verlor, gibt Schlieffen keineswegs zu denken. Der Generalstabschef plant Feldzüge, nicht aber den Krieg. Fast unwirklich erscheint daher, was Helly über die Generalstabsreisen mit Schlieffen berichtet: In Elsass-Lothringen, lobt er den Chef, «ließen Sie uns, einem gewaltigen Panorama gleich, den Aufmarsch eines Volkes in Waffen sehen. Wir sahen, wie in gedrängter Fülle sich Korps an Korps reihte, wie die Reservedivisionen sich zu neuen Korps verbunden zusammenschlossen, um einzurücken in die Reihen der Streiter, wir sahen die Landwehrbrigaden sich formieren, die Besatzungstruppen zusammentreten, wir sahen die gewaltigen Heeresmassen wie eine breite Woge sich über die Grenze ergießen und restlos einem Ziele zustreben, von einem Willen gelenkt.»[99] Vorerst kämpfen solche Massen nur vor Schlieffens geistigem Auge.

Schon 1905 will der Kaiser Moltke ins Amt berufen, nach einjähriger Lehr- und Bedenkzeit. «Sie kenne ich», erklärt der Monarch, «und zu Ihnen habe ich Vertrauen … der Graf Schlieffen, den ich gefragt habe, sagt mir, er habe Sie nun ein Jahr beobachtet und könne mir keinen besseren Nachfolger vorschlagen als Sie … Sie sind eine bekannte Persönlichkeit in der Armee, jeder schätzt Sie und wird Ihnen wie ich Vertrauen entgegenbringen.»[100] Dennoch stellt Moltke seine Eignung in Frage. Auch andere Offiziere erheben Bedenken, verweisen auf Moltkes geringe Generalstabserfahrung.[101]

Moltke selbst sind die Kaisermanöver zuwider. Die Leitung von Völkerheeren, überaus schwierig und unerprobt, könne man während der Übungen, klagt er dem Kaiser, nicht annähernd erlernen. Denn niemand dürfe gegen den Obersten Kriegsherrn «verlieren». «Ew. Majestät werden bemerkt haben, dass es immer schwieriger wird, Offiziere zu finden, die gegen Ew. Majestät führen wollen. Das kommt daher, weil jeder sich sagt, ich werde ja doch nur abgeschlachtet.»[102] Sage und schreibe siebzehn Jahre lang hat der Monarch bei jedem Kriegsspiel das Feld als Sieger verlassen. Er habe, beteuert Wilhelm, «keine Ahnung davon gehabt, dass nicht auf beiden Seiten mit gleichen Waffen gekämpft worden sei».[103]

Moltke schlägt eine Probezeit vor. «Lassen Ew. Majestät mich doch in diesem Jahr einmal die Kaisermanöver anlegen. Geht es gut, können Ew. Majestät mich ja behalten …»[104] Bei den Herbstmanövern 1905 gibt es keine malerischen, aber ganz und gar unzeitgemäßen Kavallerieschlachten, auch keine militärische Beteiligung des Kaisers. Die Übung gilt als Erfolg. Der Kaiser ernennt Helmuth von Moltke am 1. Januar 1906 zum Chef des Generalstabs.

Seine Beförderung hinterlässt in Hof- und Regierungskreisen keinen günstigen Eindruck.[105] Bei vielen Generälen sorgt die Ernen-

nung für Entsetzen.[106] Moltke habe, beteuert Wilhelm, «die nötigen
Führereigenschaften, den nötigen Schneid und keine Sorge vor Verantwortung und einen Namen mit gutem Klang in Heer und
Land».[107] Helly kann führen, hat Schneid und einen guten Namen,
zeigt auch Rückgrat gegenüber dem Kaiser, doch die Last der Verantwortung spürt er sehr wohl. Wenn jemand in Rantzauer Zeiten,
so Moltke, ihm erklärt hätte, «dass ich einmal berufen sein würde,
die Stelle Onkel Helmuths einzunehmen, würde ich ihn mit tiefem
Bedauern für unheilbar geistig gestört angesehen haben. Und nun
sitze ich doch hier in denselben Räumen, in denen er dereinst gewal-
tet hat ...»[108] Der Geruch, in diese Räume nur als Günstling des
Herrschers gelangt zu sein, wird ihm zeitlebens anhängen.[109]

Dorothy Gräfin von Moltke, die neue Herrin von Kreisau, leitet mithilfe ihrer «Mamsell» einen sehr großen Haushalt: viele Dienstmädchen, zwei Diener, ein Jäger mitsamt Paradeuniform, mehrere
Kutscher unter der Leitung des Oberkutschers Herrmann.[110] Zweimal in der Woche kommen am frühen Morgen die Gärtner, bringen
neue Pflanzen ins Haus. Deutsch lernt Dorothy immer besser; feh-
lerfrei sprechen wird sie es nie. Ella, die Witwe, lebt meist in Hannover, kommt aber gerne nach Kreisau, übernimmt dann ungefragt
ihre alte Rolle als Herrin des Gutes.

Im Berghaus ist Auguste, Adolphs Witwe, 1902 hochbetagt gestorben. «Was man mit der Mutter verliert», so Helly, «weiß ich aus
eigener Erfahrung. Mit ihrem Fortgang wird das lebendige Band
zerschnitten, das einen selbst mit der eigenen Jugend und allen ihren
schönen Erinnerungen verbindet. Es bleibt eine große Leere und ein
Gefühl der Einsamkeit.» Louise, Hellys Schwester, erhält eine Ge-
sellschafterin: Manon Schönberg, «Schönchen» genannt, die auch
den Haushalt führt, unterstützt von Taetz, dem Kutscher, und
Ernestine, der Köchin.[111]

Dorothy hat mit Muthi auch die Christliche Wissenschaft geheiratet. «Aber in der Christian Science», jubelt sie, «habe ich eine ratio-
nale Antwort auf alle meine Fragen gefunden, und ich bin nur eine
von vielen Tausenden; ich habe den wundervollsten Frieden gefun-

Das junge Paar: Dorothy und Muthi in Südafrika, 1905

den, das Allheilmittel für alle Furcht und den stärksten Beweggrund nicht nur für ein reines und rechtes Leben, sondern auch für reines und rechtes Denken.»[112] Graf Moltke betätigt sich immer häufiger als Heiler, meist in Berlin, gelegentlich aber auch im Dorf Kreisau.

Überhaupt sorgt Muthi für Verblüffung. Als erster Graf Moltke will er nicht nur im Sommer, sondern das ganze Jahr über als Landwirt in Schlesien leben. An Jagden, dem uralten Ausdruck adeliger Lebensform, nimmt er nicht teil, «und es wird schwierig für ihn», ahnt Dorothy, «dann in diesem schießwütigen Land zu sein, denn es gibt viel Gerede und Erstaunen, wenn ein Junker nicht so lebt wie alle anderen».[113] Damit nicht genug: «Ich habe vergessen», berichtet sie nach Südafrika, «euch zu erzählen, dass Helmuth jedem seiner Arbeiter ein kleines Stück Land zu eigen gegeben hat, was ich für sehr gut und richtig halte.»[114] Kein Wunder, dass Muthi bei seinen Gutsleuten beliebt ist. Stirnrunzeln erntet er in der Familie. Margarete, Muthis Schwester, die Dietrich von Trotha geheiratet hat, einen Gutsbesitzer und Kavallerieoffizier ganz aus der Nähe, trifft wohl den Nerv: «Er hatte ja eigentlich Sänger werden wollen.»[115]

Das alles aber überstrahlt Dorothy: ihre offene Art, ihre Heiterkeit und Herzensgüte – die Frau von einem anderen Kontinent, von der lange spricht, wer sie getroffen hat.[116] Dorothy verkörpert einen Bruch, eine Wende, einen neuen Anfang. Und doch: «Onkel Ludwig in Wernersdorf, die Berghäusler, Onkel Eugen und Tante Marie Kulmiz, sie alle liebten sie glühend.»[117] Auch Margarete von Trotha, «Ete» genannt, die Schwägerin, ist mit Dorothy bald eng befreundet. Doch kommen die Trothas nach Kreisau, prallen Welten aufeinander. Dann kreuzen der Offizier und Gutsbesitzer mit alldeutschen Neigungen und die Liberale aus Südafrika die Klingen. «Er ist ein heftiger Antisemit», staunt Dorothy, «und ich glaube, dass er im Grund meint, jeder Fehler im Vaterland kommt entweder vom jüdischen oder vom englischen Einfluss! Persönlich ist er sehr nett, aber, ach, seine Meinungen! Darum scheint Onkel Ludwig, verglichen mit meinem verehrten Herrn Schwager, fast wie ein Sozialdemokrat. Ich sitze atemlos dabei, wenn er seine Anschauungen darlegt.»[118]

In Ella, die Judenhass nicht ausstehen kann, findet sie eine Verbündete mit Lust am Streitgespräch.[119] Nur gut, dass auch Schönchen mit Überliefertem zu brechen vermag. «Wir haben den Tennisplatz in Ordnung gebracht», meldet Dorothy. Häufig kommt Schönchen für ein Match aus dem Berghaus herunter. Manchmal aber bleibt das Alte übermächtig, bei der Einrichtung des Schlosses zum Beispiel. In Südafrika, erklärt Dorothy ihren Eltern, «bauen und möblieren wir die Häuser immer nach Geschmack und Vermögen, aber hier ist ein Haus voll mit Tradition, die natürlich sehr stark ist und sich leider auch auf viele sehr hässliche Möbelstücke erstreckt, die nicht weggeräumt werden dürfen».[120] Frauentennis und Feldmarschallzimmer – in Kreisau geraten die Dinge in Bewegung.

Dorothy von Moltke mit ihrem Sohn Helmuth James, um 1907

Aber der Anfang bleibt schwierig. «Dieses Leben eines Junkers ist nichts für Leute, die so jung sind wie wir, und besonders für Helmuth bietet es nicht annähernd genug Betätigungsfeld für seine Energie ...»[121] Immer häufiger spielt Muthi mit dem Gedanken, sich nur noch der Christlichen Wissenschaft zu widmen. «Helmuth sagt oft ganz wehmütig: ‹Wenn ich nur Mayer hieße!›»[122]

Und so möchten Dorothy und Muthi ihr erstes Kind, einen Sohn, am 11. März 1907 im Erkerzimmer des Schlosses geboren, auf keinen Fall Helmuth, sondern Louis-James nennen. Doch weil die Familie, bedauert Dorothy, «so entsetzt darüber war, dass er kein ‹Helmuth› sein sollte, mussten wir der Tradition folgen».[123] So wird aus Louis-James ein Helmuth James.

Am 3. April, spätnachmittags, findet die Taufe nicht etwa in einer Kirche, sondern im Feldmarschallzimmer statt. Und der «Altar», ein Tisch aus dem Speisesaal, steht nicht vor einem Kreuz, sondern vor der Ahnentafel. Der Stammbaum ist als Eiche dargestellt. Am oberen Ende, auf jüngeren Zweigen, gibt es freie Plätze. Das Kind ist in jenes Hemd gekleidet, das Großvater Wilhelm als Täufling in den Armen von Auguste getragen hatte. Hineingeboren in eine lange Vergangenheit des Geschlechts, verkörpert der Säugling zugleich die Zukunft der Familie. Dem Erstgeborenen, der Schloss und Grafentitel erben wird, stehen elf Paten zur Seite, darunter Ella, Jessie – zur Geburt aus Südafrika herbeigeeilt –, Ludwig aus Wernersdorf, Eugen von Kulmiz und Generalstabschef Helmuth von Moltke, der zur Feier des Tages eine Ansprache hält.[124] «Es war eine bewegende Szene», so Dorothy, «das einfache historische Zimmer, die alten Moltkes sehr berührt von den Erinnerungen, ... und dieser jüngste aller Moltkes, unbewusst der Vergangenheit und Zukunft, gleichwohl äußerst interessiert an der Gegenwart.»[125] Den Taufspruch hat Dorothy gewählt: «Denn ich bin gewiss, dass weder Tod noch Leben, weder Fürstentümer noch Gewalten, weder Gegenwärtiges noch Zukünftiges, noch keine andere Kreatur mag uns scheiden von der Liebe Gottes, die in Christus Jesus ist.»[126] Man singt ein Lied, der Pastor erteilt den Segen. «Das Wetter war hell und sonnig.»[127]

ELFTES KAPITEL

In den Abgrund

Katastrophe der Nation

Tag der Urteilsverkündung: In Berlin-Moabit drängen sich die Schaulustigen bei strömendem Regen am Eingang des Kriminalgerichts. Zwanzig Polizisten sorgen für Ordnung. Der Ansturm ist gewaltig. Einlass erhält nur, wer eine Platzkarte vorweist. Auffallend viele Juristen ziehen als Zuschauer ins Gebäude: hohe Richter, Anwälte, Referendare – für einen Platz im Gerichtssaal haben sie ihre Verbindungen genutzt. Rund um den Prozess sind mehr als 300 Karikaturen erschienen, ganz zu schweigen von den täglichen Artikeln der Reporter.[1] Sogar im Ausland erörtert die Presse den Fall. Der Kläger: Graf Kuno von Moltke, ein Freund des Kaisers, nunmehr aller Ämter und Würden ledig, 60 Jahre alt, ehemals Flügeladjutant, dann Militärattaché in Wien, schließlich Generalleutnant und Stadtkommandant von Berlin.[2] Der Beklagte: Maximilian Harden, 46 Jahre alt, Journalist und Herausgeber des Wochenblatts *Die Zukunft*. In der öffentlichen Wahrnehmung haben beide längst ihre Rollen vertauscht. Der Freund des Kaisers ist zum Beschuldigten geworden. Was hat man in den sechs Prozesstagen nicht alles zu hören bekommen! Moltke habe seine frühere Gattin geschlagen, Frauen als «Klosetts», jede Ehe als «Nutzuchtanstalt» bezeichnet; auf Knien soll Fürst Eulenburg, der engste Vertraute des Kaisers, Kuno angefleht haben, mit Gräfin Moltke geschlechtlich nicht zu verkehren. Besonders die Taschentuchszene bleibt im Gedächtnis. «Eines Tages», so Moltkes Exfrau vor Gericht, «hatte Graf Philipp Eulenburg nach einem Besuche sein Taschentuch im Zimmer des Grafen Moltke vergessen. Als Graf Moltke das Taschentuch fand, drückte er es inbrünstig an seine Lippen und sagte: ‹Meine Seele! Mein Lieb!›»[3] Andere Zeugen haben glaubwürdig versichert, dass Offiziere der Garde an homosexuellen Orgien beteiligt waren. «Homosexuell» – 1907 ist das neue Wort in aller Munde.[4] Moltke und seine Freunde – das scheint nun klar – konnten den Monarchen gleichsam umzingeln: «Wir bilden», hatte Moltke behauptet, «einen festen Kreis um den Kaiser, keiner kommt zu ihm ohne uns.»[5] Am Vortag, den 26. Oktober, gab es die Schlussplädoyers: Ein Offizier mit solchem Charakter, rief Hardens Anwalt, müsse «aus der Umgebung Seiner Majestät entfernt werden! Herr Graf Moltke soll eine ‹ideale, überschwängliche› Natur sein! Was soll Europa denken, wenn es so etwas liest! Unser großer Nationaldichter Schiller hat nicht gedichtet ‹die Würde des Klosetts›, sondern die ‹Würde der Frauen›! Empörend ist es, dass gesagt werden kann, ein Mann, der Frauen als Klosetts bezeichnet, sei ein deutscher Mann! Nein! Nein! Nein! Unsere Frauen, unsere Mütter, unsere Töchter sind durch solches Wort geschändet!»[6] Für Hardens Anwalt gehören Homosexuelle, zumal wenn sie pöbeln, nicht zur Nation. Danach sprach der Anwalt des Klägers, dessen Plädoyer stark abfiel; schließlich Moltke, ein schlechter Redner, der Rettung beim Feldmarschall suchte, etwa so, wie Ertrinkende sich an Strohhalme klammern: «Heute, am Geburtstage des seligen Feldmarschalls Moltke, sollte ich in Uniform die Linden entlanggehen, wo es mir nun von den Zeitungshändlern gellend entgegengerufen wird, wie man den Namen Moltke in den Schmutz zieht. Damals herrschte Jubel an diesem Tage Unter den Linden. Und heute – man möchte heute rufen ‹Kreuzige ihn!›, wo man damals ‹Hosianna!› rief.»[7] Sicherheitshalber erinnerte Harden das Schöffengericht daran, dass der Kläger nur ein entfernter Verwandter des Feldmarschalls sei. Die Hof- und Adelswelt steht unter Schock. «Ich bin geradezu krank über den Prozess Moltke-Harden, der sich derzeit in Moabit abspielt», vertraut die Baronin Spitzemberg ihrem Tagebuch an, «hätte nicht geglaubt, dass gesetzlich derartige Dinge dürfen öffentlich besprochen werden.»[8]

Kuno von Moltke, 1907

Das Urteil erwarten alle mit Spannung. Als Moltke und Harden das Spalier der Zuschauer vor dem Eingang durchschreiten, gibt es lebhafte Kundgebungen.[9] Pünktlich um 10 Uhr 30 beginnt Amtsrichter Kern mit der Urteilsbegründung. «Es muss hier ausdrücklich darauf hingewiesen werden», so Kern, «dass nicht etwa hier festgestellt ist, der Graf Moltke habe strafbare Betätigung der Homosexualität an den Tag gelegt. Es ist lediglich als festgestellt erachtet worden: Er ist homosexuell und hat diesen Trieb anderen gegenüber nicht unterdrücken können. ... Das Urteil lautet dahin: Der Angeklagte ist der fortgesetzten Beleidigung nicht schuldig, er wird freigesprochen. Die Kosten werden dem Privatkläger Grafen Moltke auferlegt.»[10]

Manche Zuschauer jubeln. «Wohl selten», kommentiert die *Tägliche Rundschau*, «hat die Rechtspflege eines modernen Staates einen Prozess geführt, der in der gleichen Weise die öffentliche Sittlichkeit verpestete, das Vertrauen der unteren Klassen zu den höheren, ja zum Throne erschüttert und das eigene Land vor dem Auslande rücksichtsloser an den Pranger gestellt hat, wie dieser Moltke-Harden-Prozess. Widerwärtigeres und Unbegreiflicheres ist nie in einem deutschen Gerichtssaal geboten worden. Man gab in Moabit einen Kursus in der Kenntnis perverser Laster und lud die

ganze Welt zum Auditorium ein.»[11] Das Ansehen des Kaisers und
der Monarchie ist schwer beschädigt.

Fast zwölf Monate zuvor, im November 1906, verbrachte Wilhelm II. gemeinsam mit seinen Männerfreunden ein paar Tage auf
Schloss Liebenberg. Das Schloss in der Uckermark gehört Philipp
Fürst zu Eulenburg-Hertefeld, Diplomat und engster Vertrauter des
Monarchen. Der Besuch sorgte in der Presse für Wirbel. «Irgendein
Moltke»,[12] so das Gerücht, werde bald Reichskanzler Bülow ersetzen – gemeint waren Generalstabschef Helmuth von Moltke oder
Oberpräsident Friedrich von Moltke, sein Bruder, seit drei Jahren
Leiter der ostpreußischen Verwaltung.

Am 17. November ging Harden zum Großangriff über. In der
Zukunft veröffentlichte er einen Artikel, mit dem er sich scharf gegen
die Liebenberger wandte. Der Artikel fußte auf Angaben von Moltkes
Exfrau und des Diplomaten Friedrich von Holstein, ehemals Graue
Eminenz am Hofe des Kaisers.[13] Fürst Eulenburg, so Harden, ermuntere den Monarchen zu seinem Persönlichen Regiment. Hinter dem
Vorhang ziehe der Fürst alle Fäden. Eulenburg habe für seine Freunde
bestens gesorgt. «Ein Moltke ist Generalstabschef, ein anderer, der
ihm noch näher steht, Kommandant von Berlin ... Lauter gute Menschen. Musikalisch, poetisch, spiritistisch; so fromm, dass sie vom
Gebet mehr Heilswirkung erhoffen als von dem weisesten Arzt; und
in ihrem Verkehr, mündlichen und brieflichen, von rührender Freundschaftlichkeit. Das alles wäre ihre Privatangelegenheit, wenn sie nicht
zur engsten Tafelrunde des Kaisers gehörten und ... von sichtbaren
und unsichtbaren Stellen aus Fädchen spönnen, die dem Deutschen
Reich die Atmung erschweren.»[14] Harden legte nahe, dass Eulenburg
und Kuno Moltke homoerotische Neigungen besaßen.

1906 ist Homosexualität eine Straftat. Sie gilt gemeinhin als
schlimme Verirrung. Hardens Angriffe sollen den Kaiser von «unmännlichen, weichlich-weibischen Beratern»[15] trennen, die Harden
für Fehlschläge der Außenpolitik verantwortlich macht, besonders
für das Scheitern in der Marokkokrise (1905/06). Fürst Eulenburg
sorge, mutmaßt Harden, für eine weiche, unmännliche, zu friedfertige Haltung des Kaisers.

Tatsächlich ähneln die Liebenberger von Ferne einer Nebenregierung.[16] Im Mittelpunkt des Freundeskreises stehen Fürst Eulenburg, Graf Moltke und Axel von Varnbüler, Württembergs Gesandter in Preußen. Alle Mitglieder sind von Adel und etwa gleich
alt, alle haben eine militärische oder diplomatische Laufbahn einge-
schlagen, alle besitzen künstlerisches Talent, alle vertreten rassisti-
sche oder antisemitische Ansichten, fast alle beschäftigen sich mit
Hellseherei, Spiritismus oder Hypnose. Und alle haben homosexuelle oder doch homoerotische Neigungen.[17] Moltke etwa heißt bei
den Liebenbergern «Dachs», «der Süße» oder «Tütü». Den Kaiser
nennen sie hinter seinem Rücken «das Liebchen». Bismarck, 1898
verstorben, nannte die Liebenberger eine «Kamarilla der Kinäden»[18]
– eine Nebenregierung verweiblichter Männer. Bei der Ernennung
Helmuth von Moltkes zum Generalstabschef hat Eulenburg wohl
keine Rolle gespielt. Helmuth von Moltke jedenfalls gehört nicht
zum Liebenberg-Kreis. Bülow aber ist auch dank der Einflussnahme
von Eulenburg Reichskanzler geworden.[19] Für Kuno hat sich der
Fürst gleichfalls verwendet.[20] Baronin Spitzemberg, meist gut unterrichtet, nennt Moltke in ihren Tagebüchern eine «Kreatur»[21]
Wilhelms des Zweiten.

Weder als Offizier noch als Historiker geeignet, stieg Kuno 1903
in den Generalsrang auf und rückte an die Spitze der Historischen
Abteilung im Generalstab. Der bisherige Leiter, Leszczynski, führte
weiterhin alle Geschäfte, besoldet aus einer schwarzen Kasse. Ein Ar-
meewitz besagte, der Monarch habe Moltke berufen, «um die neu zu
schaffende musikalische Abteilung des Großen Generalstabs zu gründen
und später als deren Chef das europäische Konzert zu dirigieren!»[22]

Die Vorwürfe Hardens schockierten den Kaiser. Eulenburg und
Moltke mussten ohne Anhörung zurücktreten. «Was schon so lange
drohend am Himmel hing», notierte Baronin Spitzemberg, sei nun
«als Blitz» niedergegangen: «Kuno Moltke hat wegen perverser Ver-
gehungen den Abschied einreichen müssen ...»[23] Gleichzeitig forderte Wilhelm seine Freunde auf, ihre «Ehre wiederherzustellen».
Wollte Moltke einen sozialen Selbstmord vermeiden, musste er
Harden wegen übler Nachrede verklagen.

Nach Hardens Freispruch befiehlt Wilhelm II. die Aufhebung des Urteils – ein krasser Rechtsbruch. Doch der Staatsanwaltschaft scheint eine Wiederaufnahme ebenfalls geboten. Justitia tritt schützend vor den Kaiser. Im zweiten Moltke-Harden-Prozess muss vor Gericht auch Kunos Nichte erscheinen, Magdalena Schweninger, geschiedene von Lenbach, geborene Gräfin von Moltke. Nach ihrer Trennung vom Münchener Malerfürsten hat Magdalena den Mediziner Ernst Schweninger geheiratet, damals Leibarzt Otto von Bismarcks. Im Zeugenstand untermauert das Ehepaar die Glaubwürdigkeit von Kunos geschiedener Frau, Hauptzeugin im ersten Prozess. «Ich persönlich», so Magdalena vor Gericht, «habe schon aus meiner Kinderzeit ebenfalls die Erinnerung, dass mein Onkel Kuno ein etwas süßlicher und weibischer Mann war. Ich habe auch selbst die Freundschaft zwischen Moltke und Eulenburg wiederholt zu beobachten Gelegenheit gehabt und sie ist mir als eine besonders sentimentale und mir unsympathische aufgefallen ...»[24] Dennoch wird Kunos Exfrau vom Gericht für hysterisch erklärt. Unter gelindem Druck von oben sprechen die Richter den Angeklagten schuldig. In der Öffentlichkeit wird Harden nun als jüdischer Störenfried beschimpft, der Dreck aufwühlen wolle.[25] Moltkes Ehre scheint wiederhergestellt. Der Reichskanzler drängt Harden, auf eine Berufung zu verzichten. Dazu erklärt sich Harden schließlich bereit, freilich unter der Bedingung, dass Moltke öffentlich eine Ehrenerklärung abgebe, wonach er, Harden, nicht aus Sensationslust, sondern allein aus Sorge um die Nation gehandelt habe. Kuno unterschreibt die Erklärung. Die Reichskanzlei übernimmt für Harden alle Prozesskosten. Doch weil man Eulenburg des Meineids überführt und seine sexuelle Beziehung zu einem Fischer aus Bayern ans Licht kommt, bleibt das Ansehen der Monarchie – und auch das Selbstbewusstsein des Kaisers – schwer erschüttert.[26]

Immer häufiger wird die angeblich gesunde Vergangenheit der Bismarckzeit mit der scheinbar entarteten Gegenwart verglichen. Die Macht der Liebenberger ist gebrochen. Nach den Prozessen gibt es nur noch einen Mann in einflussreicher Stellung, der über ein enges, auch persönliches Verhältnis zum Kaiser verfügt: Generalstabschef Helmuth von Moltke.[27]

Kaiser Wilhelm II. mit Helmuth von Moltke, 1911

Im Generalstab herrscht Weltuntergangsstimmung. Koloniale Rivalitäten, die Gärung durch nationale Minderheiten in Österreich-Ungarn, auch im Osmanischen Reich, und die Furcht vor der Arbeiterschaft, die auf Mitsprache, ja sogar auf Revolution drängt, nähren beim Generalstabschef das Gefühl, am Rande des Abgrunds zu stehen. Das Denken in Freund-Feind-Bildern, für die Generation der «Wilhelminer» bezeichnend,[28] ist ihm in Fleisch und Blut übergegangen. Zudem argwöhnt er allerorts Schwäche, Verweichlichung, Entartung: «Das deutsche Volk ist doch in seiner Gesamtheit eine erbärmliche Gesellschaft. ... Überall wird heruntergerissen, mit Schmutz beworfen, verleumdet und gelogen, und das alles unter dem Mantel tugendhafter Entrüstung. Heuchelei, wohin man sieht, engherziger Egoismus und krasser Materialismus.»[29] Auch Manöver können seine Stimmung nicht bessern. «Wir sind in einer schrecklich friedensmäßigen Anschauung befangen», so Moltke über den Zustand des Heeres, «es graut mich, wenn ich all diesen Unfug mit ansehe, über dem die Hauptsache, sich ernsthaft und mit bitterlicher Energie auf den Krieg vorzubereiten, völlig vergessen wird.»[30] Als der Generalstabschef nach drei Manövern den Schwarzen-Adler-Orden erhält, ist er nicht erfreut, sondern verzweifelt: «Ich habe mich förmlich geschämt. Onkel Helmuth gebrauchte einen siegreichen Feldzug dazu, um diese höchste preußische Auszeichnung zu erringen. Wir Epigonen machen das mit drei Manövern ab!!!»[31] «Wir Epigonen» – in dieser Wendung liegt ein Schlüssel für das Verständnis der Schwarzseherei, die in Preußens Generalität keine Seltenheit ist. «Wir Epigonen» – zwei Worte, die das angeschlagene Selbstwertgefühl einer Kriegerkaste andeuten, die noch nicht aus dem Schatten ihrer Vorväter treten konnte und gleichzeitig ahnt, dass die eigene Welt durch neue Kräfte, neue Ideen dem Untergang geweiht ist – eine Geistesart, die verblüffend an das Denken der preußischen Heerführung vor der Niederlage bei Jena und Auerstedt 1806 erinnert.[32]

1907 haben die Bürger des Deutschen Reiches sechsunddreißig Jahre lang im Frieden gelebt. Kein Wunder, dass nichtmilitärische Gruppen an Bedeutung gewinnen. Für Moltke ist das ein Anlass zur Sorge. «Der steigende Wohlstand im Lande», warnt er, «der reiche Erwerb einer blühenden Industrie, eines gewaltig wachsenden Handels, birgt aber die Gefahr in sich, dass der Sinn für den Wert und die Bedeutung der kriegerischen Leistungsfähigkeit des Volkes abgeschwächt wird.»[33] Solche Warnungen vor Verweichlichung oder gar Entartung spiegeln nicht zuletzt die Ängste der Offiziere vor dem Verlust an sozialer Bedeutung.

Die Fin-de-siècle-Stimmung greift immer mehr um sich. So verfasst der Militärschriftsteller Colmar Freiherr von der Goltz, ehemals Lehrer an der Kriegsakademie und einer der geachtetsten Generäle des Heeres, eine historische Studie, die große Wirkung entfaltet: *Von Roßbach nach Jena und Auerstedt.*[34] Sie gerät zum Tadel der Gegenwart im Spiegel der Vergangenheit. «Roßbach», der Sieg Friedrichs des Großen über die französische Armee im Siebenjährigen Krieg, erscheint als Gleichnis für die Schlacht bei

*Die Moltkebrücke mit dem Generalstabsgebäude in Berlin. Im Hintergrund
Reichstagskuppel und Siegessäule, um 1900*

Sedan. Ein «neues Jena» drohe, warnt Goltz, sollte die Wehrkraft
der Nation nach einem großen Schlachtensieg abermals erschlaf-
fen. Denn die Niederlage gegen Napoleon gründe in der «Einwir-
kung des in seichter Aufklärung, falscher Humanität, Genuss- und
Selbstsucht entarteten Zeitgeistes auf das Heer».[35]

Die Untergangsstimmung speist sich nicht zuletzt aus dem Aufstieg der Sozialdemokratie.[36] Die «Umsturzpartei» verkörpert nicht
bloß eine Massenbewegung; sie ist eine Lebensform. Es gibt Arbei-
terbühnen, Arbeiterküchen, sozialistische Frauenvereine, Arbeiter-
sportler, Arbeitersänger und eine Arbeiterjugend. Die SPD scheint
ausschließlich der internationalen Arbeiterschaft, nicht aber der
bürgerlichen Nation verpflichtet. Doch ihr Kampf im Inneren verliert langsam an Schärfe. Allmählich wird aus der Revolutions- eine
Reformpartei. Unter der Hand gewinnen die «Revisionisten» um
Eduard Bernstein an Einfluss.[37] Sie wollen in Staat und Gesellschaft

hineinwachsen, um bald selbst die Regierung zu stellen – Wandel durch Annäherung, könnte man sagen. Die wirtschaftliche Blüte der Wilhelminischen Zeit entfaltet politische Folgen. Arbeitskräfte sind knapper geworden. Die Gewerkschaften fangen an, eine Rolle zu spielen. Das eherne Lohngesetz der Arbeitgeber, so niedrige Löhne wie möglich zu zahlen, kann nicht mehr uneingeschränkt gelten. Auch die Sozialdemokratie beginnt, sich im Kaiserreich ein wenig wohler zu fühlen.

Doch im Offizierskorps wird der innerparteiliche Wandel kaum bemerkt, auch nicht von Generalstabschef Helmuth von Moltke. Schon als Dreißigjähriger befürchtete er eine Revolution, den Sturz der Monarchie und Terror im Innern. Das Attentat auf Kaiser Wilhelm I. entfesselte seine Gewaltphantasien. «Wir haben», polterte er 1878, «unsere deutsche Ehre verloren, wenigstens fühle ich so, und haben sie verloren durch die Schuld dieser Bestien, die nicht verdienen, dass ein deutsches Weib sie geboren hat, die selbst die Tiere ausstoßen würden, wenn sie Vernunft hätten, denn sie stehen weit unter den Tieren und wälzen sich mit ihren ekelhaften Leibern im Schmutz. ... Hätte ich nur einen von diesen Burschen unter meinen Fingern, hätte ich zwanzig oder hundert gegen mich, ich wollte meinem Gott auf den Knien danken und mit Freude, wie ich sie nie gekannt, zum Kampfe gehen gegen diesen Auswurf der Menschheit.»[38] Für Liberale brachte Moltke kein Verständnis auf. «Sie nennen sich Volksbeglücker und haben nicht acht auf das namenlose Elend, das sie über dasselbe Volk bringen werden, das sie beglücken wollen; wenn sie sich doch ein Beispiel nehmen wollten an den Girondisten der Französischen Revolution, edle Männer mit den besten Absichten, die die Früchte ihrer Volksbeglückung auf dem Schafott der Guillotine fanden.»[39] Noch als Generalstabschef glaubt Moltke, die deutsche Armee werde durch Sozialisten unterwandert. «Je mehr vaterlandslose Demagogie an der Arbeit ist, Unfrieden und Zwietracht zu säen zwischen den deutschen Stämmen und Ständen», warnt er seine Offiziere im Generalstab, «je mehr sie daran arbeitet, die letzte und festeste Stütze von Staat und Monarchie zu untergraben, desto mehr wird es unsere Pflicht, uns fest zusammenzuschließen zur Wahrung der heiligen Güter, die eine große Vergangenheit uns überliefert hat.»[40]

Dorothy in Kreisau erfasst mit sicherem Blick das Besondere der Stimmung: «Es freut mich», berichtet sie nach Südafrika, «dass die Deutschen ein albernes Schreckgespenst haben, das sie ebenso nervös macht wie die Engländer. Wo jedem echten Briten bei dem Wort ‹deutsche Invasion› ein Schauer den Rücken hinunterläuft, haben die Worte ‹Sozialdemokraten› und ‹Revolution› dieselbe Wirkung auf seinen Vetter im Vaterland.»[41]

Weltpolitik und Flottenrüstung, vom Nationalismus bürgerlicher Schichten befeuert, führen das Reich in eine außenpolitische Sackgasse. Das Bündnissystem verfestigt sich in zwei feindliche Blöcke. Bald stehen die Mittelmächte Deutschland und Österreich-Ungarn den Flügelmächten England, Frankreich und Russland gegenüber. Statt sich selbst für die Lage verantwortlich zu machen, wähnt die Reichsleitung, gerade auch Moltke, Deutschland in lebensbedrohlicher Einkreisung umzingelt. «Alles behauptet», klagt der Generalstabschef, «dass wir der Störenfried seien, und niemand sieht ein, dass Deutschland nichts weiter will, als in Ruhe gelassen werden.»[42] Besonders England, die Seemacht, sieht das nicht ein. Viele Inselbewohner fühlen sich von der Flottenrüstung des Reiches bedroht. Für Moltke gerät nicht so sehr Frankreich, schon gar nicht Russland, sondern vor allem England zum Feindbild. Seit eh und je schimpft er über ein Volk «mit der hochmütigen Anmaßung gegen außen, den abgeleierten Phrasen der Humanität auf der Zunge und im Herzen nichts als Gewinnsucht, Baumwolle und Handelspolitik».[43] England verfolge eine «selbstsüchtige Interessenpolitik»[44] – offenbar im Gegensatz zum Reich. Für die «Einkreisung» macht Moltke «die langjährige, von König Eduard VII. eingeleitete Wühlarbeit»[45] verantwortlich. England strebe nach «Weltherrschaft», wolle einen «unbequemen Konkurrenten auf dem Weltmarkt»[46] aus dem Weg räumen. Solche Verfolgungsängste sind wohl auch ein Nachhall der Stimme des Kriegsherrn. Wilhelms Englandfeindlichkeit ist berüchtigt, hat doch die britische Regierung wegen der Flottenrüstung, des Kaisers liebstes Kind, ihre *splendid isolation* verlassen.[47]

Auch eine Prise Rassismus spielt mit. Moltke liest Bücher von Houston Stewart Chamberlain, Standardwerke für Antisemiten, rechnet fest mit einer «Auseinandersetzung zwischen Germanentum und Slawentum».[48] Die Romanen seien «auf dem absterbenden Ast, wir Germanen sind ja noch jünger, werden aber seinerzeit wohl denselben Weg gehen, um Jüngeren Platz zu machen. In der Beziehung ist es mit den Nationen wie mit dem einzelnen Menschen.»[49] Zeitweise geht ihm seine Arbeit sozusagen wider die rassische Natur. «Ich habe große Lust, auch zu packen und hinaus zu ziehen in die Welt, dem Frühling entgegen. Aber ich liege an der Kette der Pflicht und knurre nur mürrisch wie ein alter Kettenhund. Ich bin aber zu sehr Germane, als dass das Sehnen nach der Natur mir nicht in allen Gliedern spukte, ich werde es nie befriedigen können.»[50]

Moltke ist überzeugt, dass Kriege ein unvermeidliches Schicksal der Menschheit seien und zum Fortschritt beitragen könnten. «So hat auch Deutschland seine Kulturaufgabe zu erfüllen. Die Erfüllung solcher Aufgaben vollzieht sich aber nicht ohne Reibungen, da immer Widerstände zu überwinden sind; sie können nur durch Krieg zur Entfaltung kommen.»[51] Klar ist immerhin: «Eine geistige Weiterentwicklung der Menschheit ist nur durch Deutschland möglich.»[52] Moltke denkt als Sozialdarwinist. Spätestens seit 1904 lebt er in der Erwartung eines «unvermeidlichen» Krieges: «Keiner hat einen Begriff davon, welches Gewitter sich über uns zusammenbraut, statt mit heiligem Ernst sich auf Schweres vorzubereiten, zerhackt sich die Nation gegenseitig.»[53] Und 1909 schreibt er nach Saarau: «Die Auseinandersetzung zwischen Germanentum und Slawentum ... wird aber kommen ... Ich habe ein großes und schönes Zutrauen zu den Herren, die neben mir stehen werden, wenn's ‹los geht›. Das ist unendlich wertvoll.»[54] Der friedliche Ausgang der Zweiten Marokkokrise stört ihn erheblich: «Wenn wir aus dieser Affäre wieder mit eingezogenem Schwanz herausschleichen ... dann verzweifle ich an der Zukunft des Deutschen Reiches. Dann gehe ich. Vorher aber werde ich den Antrag stellen, die Armee abzuschaffen und uns unter das Protektorat Japans zu stellen, dann können wir ungestört Geld machen und versimpeln.»[55]

Mangelndes Selbstwertgefühl, Untergangsstimmung, starre
Feindbilder, das Denken in rassischen und sozialdarwinistischen
Bahnen, angereichert mit der Erwartung eines «unvermeidlichen»
Krieges – beim Vordenker und Lenker des deutschen Millionenhee-
res hat sich Hochgefährliches verfestigt.

Im Sommer 1907 wechselt der preußische Innenminister Theobald
von Bethmann Hollweg als Staatssekretär ins Reichsamt des Innern.
Eine undankbare Aufgabe: Immer schwerer ist das Reich zu regieren.
Die innenpolitischen Kräfte blockieren sich gegenseitig.[56] Bernhard
von Bülow, Reichskanzler und Ministerpräsident, hat seine «Samm-
lungspolitik» verworfen. Nun möchte er mit dem «Bülow-Block»
regieren. Statt durch versöhnliche Töne gegenüber dem Zentrum, der
Katholikenpartei, parlamentarische Mehrheiten zu sammeln, hat er
mit schrill nationalistischen Tönen ein Bündnis zwischen Nationalliberalen und Konservativen geschmiedet. Für die Nachfolge Bethmanns, den man liberaler Neigungen verdächtigt, schlägt Bülow
einen hochkonservativen Beamten vor: Oberpräsident Friedrich von
Moltke, Bruder des Generalstabschefs. Am 24. Juni 1907 wird Moltke
Innenminister des Königreichs Preußen.

Schon länger gilt Friedrich, Besitzer des Gutes Klein-Bresa in
Schlesien, als fähiger, kluger und dank seiner Frau auch als «wohl-
habender»[57] Spitzenbeamter. Im Abgeordnetenhaus hat er politische
Erfahrung gesammelt.[58] Der Innenminister gehört zum Preußischen Staatsministerium, der Regierung des Königreichs Preußen.
Sie tagt unter dem Vorsitz des Ministerpräsidenten. Leitet der König
die Versammlung, begeben sich die Minister zum «Kronrat» ins
Schloss. Nur der Monarch kann die Minister entlassen. Vier Schlag-
worte prägen Moltkes Amtszeit: Vereinsrecht, Sprachenpolitik, Ver-
waltungs- und Wahlrechtsreform.

Zunächst legt Moltke im Staatsministerium den Entwurf eines
Vereins- und Versammlungsgesetzes vor, das Bülow auch in den
Reichstag einbringen möchte.[59] Doch für politische Vereine plant
Moltke zu strenge Auflagen. Staatssekretär Bethmann lehnt den Ent-
wurf ab, nennt ihn gar «reaktionär».[60] Der Reichskanzler muss dem

linksliberalen Flügel seines «Bülow-Blocks» Zugeständnisse machen. Politische Versammlungen unterliegen aber weiterhin polizeilicher Aufsicht. Zudem dürfen Angehörige nationaler Minderheiten solche Treffen nicht in ihrer Sprache abhalten.[61] Bei der «Polenpolitik» hingegen weiß sich Moltke mit Bülow einig. Die «Germanisierung» in Posen, Westpreußen und Schlesien treiben Innenminister und Reichskanzler gemeinsam voran. Mehr als zwei Millionen Menschen mit polnischer Muttersprache leben auf dem Staatsgebiet des Reiches.[62] Seit Friedrich dem Großen haben alle Hohenzollernkönige ihre polnischen Steuerzahler und Soldaten als vollwertige Untertanen der Krone betrachtet. Erst der Krieg von 1870 und die Parteinahme vieler Posener für die Sache Frankreichs änderten die Haltung der Staatsmacht. Danach führte der Glaube, die Sprache sei Hauptmerkmal des Nationalen, zu einem «Sprachenkampf». Deutsch wurde für alle Behörden verbindlich.

Nun möchte Bülow den Gebrauch des Polnischen weiter zurückdrängen. Künftig soll auch der Religionsunterricht, bisher eine polnische Nische, nur noch in Deutsch stattfinden.[63] Den Höhepunkt, besser: Tiefpunkt aller Germanisierungsversuche bilden Regelungen, an denen Moltke mitwirkt. Das Gesetz vom 20. März 1908 gestattet eine Zwangsenteignung Polnisch sprechender Landeigentümer zugunsten deutschsprachiger Siedler. «Eins aber steht weit über dem Nationalitätsprinzip», wettern Sozialdemokraten im Reichstag, «das ist das Prinzip der Humanität.»[64] Vergeblich: Sogar den Konservativen ist das Ringen zwischen «Germanen» und «Slawen» wichtiger als die Unantastbarkeit des Eigentums.

Als der Kaiser 1809 Reichskanzler von Bülow durch Bethmann Hollweg ersetzt, bedeutet das für Moltke nichts Gutes. Bethmann, Sohn eines Bankiers aus Frankfurt am Main, gilt als gemäßigt, reformfreudig und offen für die Anliegen bürgerlicher Parteien. Moltke hingegen eilt der Ruf voraus, nur den ostelbischen Landadel im Blick zu haben.[65] Bethmann möchte eine «Diagonale» zwischen politischen Kräften bilden, will Unterstützung bei Konservativen, Liberalen und Zentrum gewinnen. So scheitert Moltke im Staatsministerium mit dem Versuch, «gegen eine etwaige Vorherrschaft der polnischen Sprache»[66] einen «Sprachenparagraphen» für alle Versicherungen in Preußen zu erlassen. Die Mehrheit sieht kein Bedürfnis für solche Regelungen – eine Ohrfeige für Innenminister von Moltke. Den Anstoß für eine Verwaltungsreform geben Abgeordnete, nicht Moltke. Doch der Innenminister macht sich ihr Ansinnen zu eigen: «Die Lebendigkeit der Verwaltung», warnt Moltke, «erstickt in ihren eigenen bürokratischen Würgebändern.»[67] Die Schwierigkeiten liegen auf der Hand: zu viele bürokratische Regeln, zu viele Beamte, unklare Zuständigkeiten, lange Bearbeitungszeiten.[68] Auch der Kaiser lässt wissen, er sei ein «Gegner bürokratischen Unwesens».[69] Am 18. Februar 1909 beruft Wilhelm den Kronrat ein. Im Berliner Stadtschloss verdeutlicht Moltke die Dringlichkeit einer Reform: «Übermaß an Zentralisation, Mangel an Übersichtlichkeit, Einheitlichkeit und Beweglichkeit.»[70] Man beschließt, eine Kommission ins Leben zu rufen. Am Ende verändert sich wenig. Das liegt auch an Moltke, der Vorschläge meist abblockt.[71]

Die Reform des preußischen Wahlrechts, schon in der Amtszeit von Bülow begonnen,[72] beschäftigt den Innenminister besonders. Während alle anderen deutschen Staaten zum allgemeinen, gleichen, direkten und geheimen Wahlrecht übergehen und auch der Reichstag frei gewählt wird, hält Preußen an seinem verhassten Dreiklassenwahlrecht fest, das den übergroßen Einfluss des Landadels sichert. Die Beteiligung an den Wahlen zum Reichstag ist durchweg recht hoch. Bei den ungleichen, öffentlichen und indirekten Wahlen zum Abgeordnetenhaus hingegen bleiben viele Wähler zu Hause.[73] Schon seit langem fordern Sozialdemokraten und Linksliberale eine Übertragung des Reichstagswahlrechts auf Preußen. «Ist das wohl», fragt Dorothy 1908, «der Anfang einer nationalen Bewegung, eine konstitutionellere Regierungsform zu erlangen? Das hoffe ich aufrichtig, denn ein Land mit der Bildung und Modernität Deutschlands kann nicht ewig mit einer Regierungsform weitermachen, die nicht einmal vorgibt, repräsentativ zu sein.»[74] Ende 1909 kündigt Bethmann eine Reform des Wahlrechts an.

«Es wird interessant sein», schreibt Dorothy ihren Eltern, «ob die hiesige Regierung die versprochene Wahlrechtsreform durchbringt. Ich fürchte: nein. Aber das gegenwärtige System ist eine Schande für ein Kulturvolk, findet ihr nicht?»[75] Im Staatsministerium gibt es Streit zwischen Bethmann und Moltke. Schon früher hat der Innenminister «vor einer Demokratisierung des Wahlrechts»[76] gewarnt. Zwar müsse, so Moltke, «eine gewisse Perspektive für die Zukunft eröffnet werden»; es sei jedoch «äußerste Vorsicht erforderlich. Denn was preisgegeben wird, lässt sich nicht mehr rückgängig machen.»[77] Damit liegt Moltke auf der Linie des Kaisers. «Wilhelm II. will damit in Ruhe gelassen werden ... Da Süddeutschland in steigendem Maße der Demokratie verfällt, beruht die gedeihliche Entwicklung des Reiches immer mehr auf Preußen allein.»[78] Aber im Staatsministerium stößt Moltke auf Gegenwehr, als er sich sogar gegen die Einführung geheimer Wahlen sträubt.[79] An öffentlichen Wahlen hält selbst die Konservative Partei nicht länger fest.

Besuche im Generalstabsgebäude bedeuten für den Innenminister wohl eine Erholung. Gelegentlich muss Friedrich mit seinem Bruder auch Dienstliches besprechen. So schlägt das Vorhaben eines jungen bayerischen Offiziers aus der Trigonometrischen Abteilung hohe Wellen: Wilhelm Filchner, Abenteurer durch und durch, plant eine «Deutsche antarktische Expedition». Mit Ernest Shackleton und Fridtjof Nansen, erfahrenen Polarforschern, hat er schon Rat gehalten. Für eine Vorexpedition nach Spitzbergen benötigt Filchner nun Geld. Helmuth von Moltke lädt Wissenschaftler, Journalisten, Vertreter der Wirtschaft, den Gesandten Bayerns und den preußischen Innenminister zu einem Vortrag Filchners in den Konferenzsaal des Generalstabs. «Ich gab», erzählt Filchner, «meinen Plan bekannt und gab meinen Kostenvoranschlag vor, den ich auf eine runde Million Mark berechnet hatte. Weiter führte ich aus, dass man in England und in Japan Südpolexpeditionen ausrüste und dass damit der Augenblick für Deutschland gekommen sei, sein Interesse an der Polarforschung dadurch zu bekunden, dass es ebenfalls eine Expedition nach der Arktis ausschickt.»[80] Die Anspielung auf das Ansehen der Nation verfängt. Der Generalstabschef ergänzt Filchners Vortrag «mit einem warmen Appell an die Versammlung, nach besten Kräften mitzuhelfen, dass die deutsche Forschungsexpedition zustande komme».[81] Filchner erhält für sein Unternehmen die Mittel. 1912 wird er wichtige Förderer in der Antarktis namentlich ehren. Im «Prinzregent-Luitpold-Land» gibt es seitdem ein paar eisfreie Felsen, die an Helmuth und Friedrich von Moltke erinnern: die «Moltke-Nunataks».[82]

Muthi hat mit Kreisau auch einen Sitz im Herrenhaus geerbt, dem Oberhaus des preußischen Landtags. «Er hat hier in jeder Hinsicht», bemerkt Dorothy, «eine isolierte und schwierige Position, denn er ist in vielen Dingen so anders als seine Standesgenossen, und hierzulande ist keiner an Überraschungen dieser Art gewöhnt.»[83] Nicht ein einziges Mal beteiligt sich Muthi an den Debatten.

Friedrich und Julie von Moltke übernehmen Dorothys Einführung in die Gesellschaft. «Heute stellte uns Tante Julie bei Gräfin Brockdorff vor», meldet Dorothy im Januar 1910, «der Haupthofdame der Kaiserin, und dann gehen wir zu Frau von Bethmann Hollwegs Empfang.»[84] Vor dem Ball, auf dem Dorothy sich dem Kaiser vorstellen soll, veranstaltet Julie eine Tanzprobe, zu der auch zwei Hohenzollernprinzen erscheinen.

Am 29. Januar geht es zum Kaiserball ins Schloss Bellevue: «Schloss Bellevue liegt tief im Tiergarten und ist sehr alt. Es ist auch sehr schön eingerichtet, und alles sieht so bewohnt aus, benutzt und individuell. Der ganze Palast wird mit Kerzen erleuchtet, mit einer Öllampe hier und da, und das Licht ist wunderbar mild und schön. Der Ballsaal ist oval und weiß, mit einigen schönen grünblauen Marmorsäulen. 100 bis 150 Leute waren da ...» Auguste Victoria, die Kaiserin, spricht mit Dorothy ein paar Worte Englisch. Der Kaiser schüttelt ihr die Hand, «aber ich glaube nicht, dass er wusste, wer ich war». Beim Abendessen kann sie das Herrscherpaar in Ruhe betrachten: «Er ist ein gut aussehender Mann mit schwarzem Schnurrbart, stahlgrauem Haar und sehr lebhaften Augen. Die Kaiserin hat schöne weiße Haare und sieht sanft, freundlich und ziemlich dumm aus.»[85]

Helmuth von Moltke,
um 1910

Danach besucht Dorothy weitere Bälle, erlebt den Glanz der Wilhelminischen Epoche: «Und dann die Uniformen, chinesische, japanische und türkische wie auch alle europäischen, und die Dutzende von Pagen, die an den Wänden entlang standen in roten Anzügen mit weißen Rüschen vorne und an den Ärmeln. Es war eine geradezu blendende Pracht und Farbe, und oben von der Galerie sah der Saal wie ein kostbarer persischer Teppich aus.»[86]

Im Januar 1910, als Dorothy durch die Ballsäle der Reichshauptstadt tanzt, ahnt Friedrich von Moltke sein politisches Ende. Trost sucht er beim Ehepaar von Oriola, schon seit Jahrzehnten enge Freunde der Moltkes. Waldemar Graf von Oriola, ein Enkel von Achim und Bettina von Arnim, lebt mit seiner Gattin Marie im Schloss Büdesheim nordöstlich von Frankfurt.[87] Der Graf, von Haus aus Jurist, vertritt im Reichstag die Nationalliberalen. Waldemars Mutter, eine Berliner Salonnière, war oft bei Dresslers Chorproben im Generalstabsgebäude – gut möglich, dass sich Waldemar und Friedrich am Rande eines Konzerts kennengelernt haben. In der Hitze des Gefechts um die Wahlrechtsreform feiert Friedrich ihre langjährige Freundschaft, auch als Schutzwall gegen eine Welt von Feinden: «Vier Menschenkinder», schreibt er Marie, «die sich verstanden und freuten, die nie eine Klage gegeneinander hatten, die es froh waren, … dass sie sich unter der Blindheit und Torheit und Bosheit der großen Schaar eng zusammenfanden, um diese kurze Wegstrecke des ungemessenen Ewigkeitslebens Hand in Hand zu gehen. Und damit Gott befohlen! Und einen Gruß an Waldemar auf der Schwelle eines Jahres, dem wir mit festem Blick entgegengehen wollen, da es gewiss ist, dass es viel Verdruss und Enttäuschung in seinem Schoße birgt. Treulichst der Ihre, Fritz Moltke.»[88] Der Tonfall erinnert an Adolph, den Vater.

Am 10. Februar 1910 legt Bethmann im Landtag den Entwurf für ein neues Wahlgesetz vor. Die Abgeordneten sollen künftig direkt gewählt, der Zensus und die öffentliche Wahl aber beibehalten werden. Die Stimmen von «Kulturträgern» – Männer mit mindestens dreijährigem Studium, aber auch Unteroffiziere aus Heer und Marine – erhalten größeres Gewicht. Von den Soldaten erwartet die Regierung eine konservative Gesinnung.

Sozialdemokraten und Linksliberale lehnen den Entwurf rundweg ab. «Vorigen Sonntag», berichtet Dorothy, «gab es überall große Demonstrationen gegen das neue Reformgesetz und überall sprachen die Leute so, als ob so etwas wie die Französische Revolution bevorstünde! Dabei war es wirklich ziemlich harmlos …»[89] Auch die Konservativen weisen das Gesetz in Bausch und Bogen zurück. Jede Lockerung des Zensus muss ihre parlamentarische Machtstellung gefährden. «Die Linke», erinnert sich Bethmann, «glaubte ein Interesse daran zu haben, mich im In- und Auslande als reaktionären Dunkelmann zu verketzern, die Rechte verfolgte mich als verkappten Demokraten.»[90] Das Zentrum wünscht ebenfalls Änderungen. Friedrich von Moltke aber verzichtet auf Verhandlungen mit den

Fraktionen im Landtag – eine Missachtung des Parlaments, die sogar bei einem Minister in Preußen verblüfft. «Und die Mutter blickte stumm auf dem ganzen Tisch herum»,[91] spöttelt im Abgeordneten-haus ein Liberaler, der offenbar den *Struwwelpeter* schätzt. Um eine Niederlage im Parlament zu vermeiden, muss Bethmann den Entwurf Ende Mai zurückziehen. Die Reform ist kläglich gescheitert. Das Dreiklassenwahlrecht bleibt bis 1918 in Kraft. Am 18. Juni 1910 tritt Innenminister Friedrich von Moltke zurück.[92]

Moltke erkrankt. «Es wäre sehr gut», rät der Generalstabschef, «wenn Hans-Adolf sich der Dinge etwas annehmen würde.»[93] Hans-Adolf, der einzige Sohn, sechsundzwanzig Jahre alt, hat in Berlin, Heidelberg und Königsberg Jura studiert und seinen Militärdienst als Leutnant der Reserve in Breslau abgeschlossen. Nun arbeitet er bei der Regierung in Potsdam.[94] Zeitweise hat Hans-Adolf an eine Pianistenlaufbahn gedacht. Zwei Jahre lang, bis 1900, konnte er in Klein-Bresa mit Bronisław Huberman, einem «Wunderkind» mit polnisch-jüdischen Wurzeln, üben. Friedrich hat den Jungen in Klein-Bresa beherbergt und ihm eine musikalische Ausbildung ermöglicht. Später wird Huberman einer der wichtigsten Geiger des 20. Jahrhunderts.

Hubermans Mäzen kehrt 1911 in die «leidige Politik»[95] zurück. In Tilsit kandidiert er für die Wahlen zum Reichstag, «um den Versuch zu machen, den einen litauischen Reichstagswahlkreis noch einmal vor der Demokratisierung zu retten».[96] Moltke fällt durch. Das ist der Schlusspunkt einer politischen Laufbahn, in der wenig gelang. Dorothy jedenfalls findet «Onkel Fritz … sehr enttäuschend. Tante Julie war charmant, als sie letzte Woche hier war, so kultiviert, voller Interessen und ganz unabhängig. Die deutsche Frau ist dem Mann geistig weit voraus, jedenfalls in der Junkerklasse, und hat einen viel weiteren Horizont.»[97]

ZWÖLFTES KAPITEL

Marne

Niederlage der Nation

Der Generalstabschef denkt im Geiste Schlieffens. Den Zweifron-
tenkrieg will auch er in zwei aufeinanderfolgende, offensiv geführte
Einfrontenkriege verwandeln. Pläne für einen Einzelkrieg gegen
Russland legt Moltke zu den Akten. An Schlieffens Vorgaben ändert
er aber so viel, dass ein «Moltke-Plan» entsteht.[1]
Erstens streicht er den Marsch durch Holland. Moltke fürchtet eine
Blockade, will Rotterdam als «Luftröhre» für den Handel erhalten.
Der Verzicht auf den Vorstoß nach Holland macht eine Umgehung
der Festung Lüttich unmöglich. Das führt – zweite Änderung – zu
dem Entschluss, Lüttich gleich am Beginn des Krieges im Handstreich
zu erobern: ein militärisch umstrittenes Wagnis. Vor allem erhöht das
Vorhaben den Druck auf Moltke, in jeder diplomatischen Krise schnell
zum militärischen Handeln überzugehen. Alle Armeen der Welt
machen Pläne. Aber nur der Moltke-Plan sieht den blitzartigen Übergang von der Mobilmachung zur Kriegseröffnung vor.[2] Dritte Veränderung: Hatte Schlieffen im Westen noch mit einem defensiven
Gegner rechnen können, glaubt Moltke zu Recht an französische
Offensiven. Daher will er die eigenen Truppen in Elsass-Lothringen
stärken, also nicht jeden freien Verband an den rechten Flügel verschieben. Diese Maßnahme verwässert den Schlieffen-Plan. Moltke
aber zieht notwendige Schlüsse aus den Rüstungen in Russland und
Frankreich. Während seiner Amtszeit entwickeln sich die Heeresstär-
ken in Europa immer mehr zu Ungunsten des Reiches. Auf die deut-

schen Rüstungen kann der Generalstabschef nicht unmittelbar Einfluss ausüben. Zuständig sind Kriegsministerium und Reichskanzlei.[3] Doch Moltkes Stimme hat in der Rüstungspolitik Gewicht. Die Hauptdebatte dreht sich um jene Frage, die schon Roon beschäftigt hat: Güte oder Zahl? Da der Moltke-Plan mit Geistertruppen rechnet, ist der Generalstabschef auf das Millionenheer festgelegt. Der Kriegsminister bekommt es mit Reichstag und Schatzamt zu tun; er muss auf die Qualitätsarmee setzen.[4]

Ohnehin besaß die Flotte lange Zeit Vorrang. Erst 1911, nach der Zweiten Marokkokrise, leitet Bethmann eine Rüstungswende ein. Die Kriegsmarine steht dem Reichskanzler im Weg. Er möchte mit England zu einem Ausgleich gelangen. Bethmann fordert die Rückbesinnung auf das Heer, drängt den Kriegsminister zu einer Heeresvorlage, zumal die Rüstungen im Zarenreich Druck auf Berlin entfalten. Sie bedrohen das Gleichgewicht der Landstreitkräfte.[5] Spätestens 1917, glaubt man im Generalstab, werde die russische Aufrüstung so weit gediehen sein, dass eine Durchführung des Moltke-Plans unmöglich erscheint.[6]

Darüber hinaus erwartet Moltke keinen Blitzsieg, sondern einen Volkskrieg. «Der erste Schuss», ahnt er 1905, «wird sicher das Signal zu einem allgemeinen europäischen Massaker werden, an dessen Gräuel man nur mit Schaudern denken kann.»[7] Zwar gibt es Politiker und Generäle, die härtere Anstrengungen bei der Rüstung fordern als Moltke;[8] aber auch der Generalstabschef wünscht eine bessere Ausschöpfung der Wehrpflicht, drängt auf das «Volk in Waffen». Mit vielen Forderungen scheitert er am Widerstand von Reichskanzler und Kriegsminister. Wie schon sein Onkel, der Feldmarschall, kann auch Moltke die politische Führung nicht lenken. Kaiser und Reichskanzler bestimmen den Kurs, keineswegs der Generalstab.[9] Europas Rüstungsspirale kann das nicht bremsen.

Allerorts verschärft der Wettlauf die krisenhafte Stimmung. Bei jeder Krise wiederum ertönt der Ruf nach mehr Rüstung.[10] «Es wäre zum Lachen», klagt Dorothy, «wenn es nicht so ernst wäre, wie trotz menschlicher Weisheit, Kultur und Zivilisation die Nationen sich eifersüchtig gegenüberstehen und alljährlich Millionen für Waffen ausgeben, deren einziger Zweck es ist, andere Menschen zu töten, die nach der Religion, zu der sie sich bekennen, ihre Brüder sind.»[11]

Montenegro, Serbien, Bulgarien und Griechenland überziehen im Herbst 1912 das Osmanische Reich mit Krieg. Während in Europa neue Spannungen entstehen, sind Dorothy und Muthi zu Gast im Generalstabsgebäude. «Ich hatte meinen ersten richtigen Kontakt mit Onkel Helmuth», meldet Dorothy ihren Eltern. «Onkel Helmuth meint, dass es vielleicht Krieg gibt aus dem einfachen Grund, dass alle sich seit langem darauf vorbereitet haben, und solch ungeheure Waffenarsenale sind immer eine Gefahr.»[12] Über den Eigenschwung der Rüstungsschaukel ist sich Moltke im Klaren. «Aber er glaubt auch», so Dorothy, «dass absolut kein Grund zu einem Krieg besteht.»[13] Moltke hofft auf ein Bündnis zwischen Deutschland und England – «dann hätten sie die Führung in der Welt. An dieser ganzen Spannung ist König Edward schuld.»[14] Die antideutsche Stimmung auf der Insel werde ausschließlich durch Journalisten und Politiker erzeugt. «Diese Meinung teile ich nicht ganz»,[15] wagt Dorothy einzuwenden. Vertraulich äußert Moltke eine Sorge: «Wenn Krieg kommt, kommt er hoffentlich bald, bevor ich zu alt bin, die Dinge richtig zu meistern.»[16] Krankheit und Alter machen Moltke zu schaffen, verstärken die Sorge vor Überforderung. Gegenüber seiner Nichte Marie von Kulmiz nennt er sich selbst in diesen Wochen «ein altes Haus ..., das doch schon anfängt, rissig und baufällig zu werden».[17]

Als der Balkankrieg die Nervosität wachsen lässt, stellt die Regierung in London ein militärisches Eingreifen gegen die Mittelmächte in Aussicht. Empört ruft der Kaiser am 3. Dezember seine wichtigsten Militärberater zusammen, neben Moltke auch den Chef des Admiralstabs, Josias von Heeringen, und den Marinestaatssekretär, Admiral Alfred von Tirpitz. Moltke drängt auf einen Präventivkrieg, «je eher, je besser».[18] Russland, so Moltke, werde nach Abschluss seiner Rüstungsprogramme spätestens in fünf Jahren losschlagen. Dem müsse man zuvorkommen, denn das Kräfteverhältnis gestalte sich für die Mittelmächte immer ungünstiger. Tirpitz widerspricht nicht, will aber noch zwei Jahre warten. Erst 1914 könne man den Nord-Ostsee-Kanal für die Schlachtflotte nutzen. Die Marine, versetzt Moltke, werde auch dann nicht fertig sein. Am Ende gibt es nur den Entschluss, die Öffentlichkeit auf einen Krieg mit dem Zarenreich vorzubereiten. Doch propagandistisch geschehen wird nichts.[19] Unter Historikern hat die Konferenz große Berühmtheit erlangt. Man sah in ihr einen Beleg für die planmäßige Absicht, 1914 durch das Auslösen eines Krieges den Griff nach der Weltmacht zu wagen. Davon ist zu Recht kaum noch die Rede.[20] Gleichwohl kommt in der Versammlung eine gefährliche Haltung zum Ausdruck. Mehr und mehr setzt sich die Ansicht durch, dass die Zeit gegen die Mittelmächte arbeite. Namentlich der Generalstabschef wirbt nun lebhaft für einen Präventivkrieg.

So zeigt sich Moltke 1913 bei einem Staatsbesuch des belgischen Königs in Potsdam überaus kampfbereit.[21] Der Krieg gegen Frankreich, droht er dem Monarchen, stehe nahe bevor. «Die kleinen Staaten haben einen großen Vorteil, mit uns zu gehen, denn die Konsequenzen werden hart sein für jene, die gegen uns sein werden.»[22] Moltke hofft, im Kriegsfall deutsche Truppen ohne Gegenwehr durch Belgien führen zu können. Hinter seinem Willen zum Krieg stehen in erster Linie die russischen Rüstungen. Hinzu tritt eine Gestimmtheit, die Untergangsglauben, Kriegserwartung und mangelndes Selbstwertgefühl verbindet – und den Gedanken, dass die eigene Lebensuhr abläuft. «Die Jahre», schreibt er Anfang 1914, «fliegen, je älter man wird, desto schneller. Im Mai werde ich 66 Jahre, ein Greis!»[23] Dorothy plagen andere Sorgen. «Ich wünschte, Deutschland wäre nicht so eng mit Österreich liiert, denn für Deutschland ist der Vorteil gering, und wir scheinen durch Österreich ständig ‹fast› in einen Krieg verwickelt zu werden.»[24]

Während Bethmann Präventivkriege ablehnt und auf Bismarck verweist, setzt Moltke sich mit seinem österreichischen Kollegen Conrad von Hötzendorf ins Benehmen, der ebenfalls zum Losschlagen drängt. Im Frühsommer 1914 treffen beide in Karlsbad zusammen. Es ist ihnen ein Leichtes, sich gegenseitig zu überzeugen, dass ein Präventivkrieg notwendig sei. Zurück in Berlin, legt Moltke dem

Staatssekretär des Auswärtigen Amtes nahe, die deutsche Politik «auf die baldige Herbeiführung eines Krieges einzustellen».[25] Seine Angst vor den Rüstungen in Russland nimmt allmählich panische Züge an.[26] Gleichzeitig fürchtet Moltke, der Krieg werde «die Kultur des gesamten Europas auf Jahrzehnte hinaus vernichten».[27] Auch die Siegchance des Deutschen Reiches hält der Generalstabschef eher für gering. Mit anderen Worten: Er fordert eine Politik des Säbelrasselns, obwohl er um die grauenhaften Folgen eines Krieges weiß und daran zweifelt, dass sein Operationsplan ein Siegesrezept liefert. Bildlich gesprochen, treibt die Angst vor dem Tod Moltke zum Selbstmord.

Am 28. Juni 1914 werden der österreichische Thronfolger und seine Frau in Sarajewo von einem serbischen Nationalisten ermordet. Was in den nächsten Wochen geschieht, entscheidet sich in einem kleinen Kreis um die gekrönten Häupter in Wien, Berlin und Petersburg. Die Verantwortlichen in Großbritannien und Frankreich beantworten meist Schachzüge, die von Franz Joseph I., Wilhelm II. und Nikolaus II. mit ihren Beratern entwickelt werden. Nach dem Attentat von Sarajewo hat Moltke lange nicht geglaubt, dass ein Krieg unmittelbar bevorsteht. Noch am 18. Juli kurt er in Karlsbad, rechnet keineswegs mit Feindseligkeiten.[28] Bis zum 23. Juli, dem Tag des österreichischen Ultimatums an Serbien, bleibt die Routine im Generalstab gewahrt.[29] Noch drei Tage später erscheint es für Moltke denkbar, einen Krieg zwischen Österreich-Ungarn und Serbien auf den Balkan zu begrenzen.[30]

Erst nach der Wiener Kriegserklärung, als sich immer deutlicher abzeichnet, dass die russische Regierung Serbien keineswegs aufgeben wird, kommt es zu Zusammenstößen zwischen «Falken» und «Tauben».[31] Auf der einen Seite stehen Moltke und die Generäle, die den Moltke-Plan auslösen wollen. Auf der anderen Seite ringen Bethmann und seine Diplomaten um eine gemäßigte Linie. Sie versuchen noch immer, den Konflikt zu begrenzen. Doch der Generalstabschef, so Bethmann im Rückblick, habe unausgesetzt zur Eile gedrängt und «erklärte ... den militärischen Zwang für absolut. Ich habe meine Ansicht der seinigen anpassen müssen.»[32] Keineswegs hätte der Kanzler sich anpassen müssen, aber Bethmann ist eben kein Bismarck.

Am Vormittag des 30. Juli 1914 unterläuft Moltke die Bemühungen des Reichskanzlers um eine Vermittlung in Wien. Der Generalstabschef schickt Hötzendorf, seinem österreichischen Kollegen, ein Telegramm: «Für Österreich-Ungarn zur Erhaltung, Durchhalten des europäischen Krieges letztes Mittel. Deutschland geht unbedingt mit.»[33] Österreichs Außenminister ist verwirrt. «Wer regiert: Moltke oder Bethmann?»[34] Das Telegramm verschärft die Lage zwar nicht, denn als es eintrifft, hat Bethmann seinen Diplomaten schon angewiesen, in Wien nicht mehr auf eine Vermittlung zu drängen; doch es beweist: Spätestens seit dem 30. Juli will Moltke die Auslösung des Krieges – um jeden Preis. Erst danach, spätabends, treffen Nachrichten über die Generalmobilmachung in Russland ein. Damit scheint endgültig klar, dass Bethmanns Rechnung, den Krieg zu begrenzen, nicht aufgeht. «Dieser Krieg», so Moltke am 31. Juli, als auf den Krieg selbst drängt, «wird zu einem Weltkrieg auswachsen, in den auch England eingreifen wird. Nur wenige können sich eine Vorstellung über den Umfang, die Dauer und das Ende dieses Krieges machen. Wie das alles enden soll, ahnt heute niemand.»[35] Am 31. Juli 1914 verhängen der Kaiser und Bethmann den Zustand «drohender Kriegsgefahr». Jetzt tickt das Uhrwerk. Deutschlands Streitkräfte bereiten die Mobilmachung vor.

Eine denkwürdige Szene: Am 1. August, gegen 16 Uhr 30, versammeln sich Bethmann, Moltke, Tirpitz und Erich von Falkenhayn, Preußens Kriegsminister, im Stadtschloss. Der Kaiser unterzeichnet den Mobilmachungsbefehl. «Ich bestimme hiermit: Das deutsche Heer und die kaiserliche Marine sind nach Maßgabe des Mobilmachungsplans für das deutsche Heer und die kaiserliche Marine kriegsbereit aufzufüllen. Der 2. August wird als erster Mobilmachungstag festgesetzt.»[36] Auch das französische Heer macht mobil. Auf dem Rückweg zum Generalstab erhält Moltke die Weisung, noch einmal ins Stadtschloss zu kommen. Freudig gestimmt, tragen ihm Wilhelm und Bethmann den Inhalt einer Depesche vor. Der deutsche Botschafter in London habe erklärt, England werde Frankreich neutral halten, falls Deutschland Frankreich nicht angreife. Erleichtert befiehlt der Kaiser, statt im Westen jetzt im Osten aufzumarschieren. «Nun brauchen wir nur den Krieg gegen Russland zu führen!»[37] Moltke verschlägt es die Sprache. Der Westaufmarsch ist ein im Minutentakt geplantes, riesenhaftes Unternehmen. Sehr erregt behauptet er voller Entrüstung, dass eine Überführung des Heeres von West nach Ost nicht in Frage komme. Andernfalls würde keine Armee, sondern ein bewaffneter Haufen ohne Verpflegung an die russische Front gelangen. «Ihr Onkel», schnauzt Wilhelm, «hätte mir eine andere Antwort gegeben!»[38]

Moltke ist nur auf eine einzige Eröffnung des Krieges eingestellt. Alle anderen Möglichkeiten hat er im Voraus verworfen. Ein Generalstab muss aber für jede Lage verschiedene Pläne bereithalten. Dafür hat Moltke nicht gesorgt – das ist das erste, unfassbare Pflichtversäumnis des deutschen Generalstabs. Jahre später wird nicht nur der Chef der Eisenbahnabteilung im Generalstab erklären, ein Wechsel des Aufmarsches vom Westen in den Osten wäre möglich gewesen.[39] Der Onkel, darf man vermuten, hätte tatsächlich eine andere Antwort gegeben.

Nun aber erklärt sein Neffe, dass der Aufmarsch nicht mehr aufzuhalten und Frankreich in jedem Fall mit Krieg zu überziehen sei. Moltke prophezeit, dass andernfalls die Franzosen, ebenfalls mobil, den Deutschen in den Rücken fallen würden. «Die Stimmung wurde immer erregter und ich stand ganz allein da.»[40] Kaiser und Kanzler reden auf den Generalstabschef ein. Offenbar droht Bethmann mit Rücktritt. Doch Moltke, äußerst aufgeregt, mit bebenden Lippen, beharrt auf seinem Standpunkt. Falkenhayn nimmt ihn beiseite. «Er behauptet», so Falkenhayn später, «völlig gebrochen zu sein, weil diese Entscheidung des Kaisers ihm zeigt, dass dieser immer noch auf Frieden hofft. Ich tröste Moltke. Seine Ideen über die Gedanken Seiner Majestät teile ich, kann aber darin nichts für Moltke Verletzendes finden ...»[41] Zu Recht: Denn die Entscheidung, gegen wen das Reich Krieg führt, fällt nicht der Generalstab. Diese Entscheidung ist der politischste aller politischen Entschlüsse. Doch Moltke will endlich den Sprung ins Dunkle wagen, sich von nichts und niemandem mehr aufhalten lassen. «Jetzt fehlt nur noch, dass auch Russland abschnappt»,[42] hört ihn Admiral Müller schimpfen. Am Aufmarsch, beharrt Moltke, dürfe nichts geändert werden. Andernfalls könne er «keine Verantwortung übernehmen».[43] Ein Rücktritt am Tag der Mobilmachung – das ähnelt einer Erpressung. Und Moltke dringt durch. Am Ende überzeugt er den Kaiser, im Westen aufzumarschieren. Danach, verspricht Moltke, werde es immer noch möglich sein, «beliebig starke Teile des Heeres nach dem Osten zu überführen». Wenigstens die Besetzung Luxemburgs, entsetzt sich Bethmann, dürfe unter keinen Umständen erfolgen. Abermals ist Moltke dagegen. Man benötige, behauptet er, die Luxemburger Bahnen. Der Generalstabschef möge, erklärt der Kaiser verdrossen, «statt ihrer andere Bahnen benutzen».[44] Offenbar hatte schon Falkenhayn im Kriegsministerium, wo ihn die Nachricht von der Depesche aus London erreichte, den Einmarsch in Luxemburg stoppen lassen.[45] Nun befiehlt auch Wilhelm, dass die 16. Division in Trier nicht nach Luxemburg vordringen dürfe. «Mir war zumute», klagt Moltke, «als ob mir das Herz brechen sollte. ... Damit war ich entlassen.»[46]

Zurück im Generalstab, stürmt er wortlos ins Arbeitszimmer, im Gesicht rote und blaue Flecken. Moltke bekommt einen Weinkrampf. «Ich war wie gebrochen und vergoss Tränen der Verzweiflung.»[47] Nur eines bringt er «immer wieder» hervor: «Gegen die Franzosen und die Russen will ich Krieg führen», schluchzt Moltke, «aber nicht gegen einen solchen Kaiser.»[48] Eliza fürchtet, ihr Gatte habe einen leichten Schlaganfall erlitten. Weil Moltke sich nicht mehr zu beruhigen vermag, schickt sie nach Wilhelm von Dommes, Oberstleutnant im Generalstab und enger Freund der Familie. Auch Moltkes Adjutant, Hans von Haeften, bestätigt: «Sein ganzes Nervensystem war hierdurch auf das Schwerste in Mitleidenschaft gezogen.»[49] Der Generalstabschef fühlt sich als Opfer: «Ich habe die Eindrücke dieses Erlebnisses nicht überwinden können, es war etwas in mir zerstört, das nicht wieder aufzubauen war, Zuversicht und Vertrauen waren erschüttert.»[50] Dann legt ihm Oberstleutnant Tappen eine Depesche für die Division in Trier auf den Schreibtisch. Der Generalstabschef soll den Haltebefehl bestätigen. Moltke verweigert die Unterschrift. «Machen Sie mit der Depesche, was Sie wollen»,[51] erklärt er; eine kindische Geste. Statt Moltke unterzeichnet Tappen das Schriftstück.

Während die deutsche Armee in den Krieg marschiert, brütet der Generalstabschef etwa fünf Stunden lang scheinbar untätig in seinem Arbeitszimmer. An einer der mittleren Wände hängt das Bild des Feldmarschalls.[52] Offenbar betet Moltke viel, wenn auch sicher nicht «unablässig».[53] Kein Zweifel: Moltke durchleidet eine psychische Krise. Innere Spannung drängt zur Entladung. Seine Angst vor den Völkerschlachten einerseits und andererseits die schwache Hoffnung, den «unvermeidlichen» Krieg 1914 vielleicht noch gewinnen zu können, zerren am Nervenkostüm. Etwas Leichtfertiges wie Falkenhayns «Wenn wir auch darüber zugrunde gehen – schön war's doch!»[54] wäre ihm nie über die Lippen gekommen. Moltke spürt, keine Frage, seine Verantwortung. Wahrhaft verantwortlich aber wäre es gewesen, der Reichsleitung ohne Rücksicht auf das eigene Ansehen die Schwäche der strategischen Lage einzugestehen und auf Zurückhaltung zu drängen.[55] Darauf hat Moltke jahrelang verzichtet – das ist das zweite, schwere Pflichtversäumnis des Großen Generalstabs.

Gegen 23 Uhr befiehlt ihn der Kaiser abermals ins Schloss. Wilhelm klärt auf: Die Depesche des deutschen Botschafters in London fuße leider auf einem Missverständnis. In Wahrheit hätten die Engländer nie gesagt, dass sie Frankreich neutral halten würden. Sie hätten lediglich erkennen lassen, dass sie selbst zunächst neutral bleiben würden, wenn Deutschland einen reinen Ostkrieg führte. «Nun können Sie machen, was Sie wollen»,[56] winkt der Kaiser ab. Sofort befiehlt Moltke die Besetzung von Luxemburg. Der Westaufmarsch nimmt seinen Lauf.

Berlin erlebt einen Sturm der Erregung. Die Nachricht von der Ausrufung «drohender Kriegsgefahr» wird vielerorts mit Erleichterung begrüßt. «Na endlich!», beschreibt die *Tägliche Rundschau* die Stimmung der wartenden Massen. «Wie ein Erlösungsschrei geht's

durch die Menge. Kein Jubel wird laut, kein Hoch wird laut, alle
Minen sind ernst – die unheimliche Spannung, die auf ganz Berlin
lastet, löste sich in einem befreiten Aufatmen: Also doch!»[57] Das
innenpolitische Leben scheint wie stillgestellt. Im Reichstag stimmt
sogar die SPD für Kriegskredite. Andere Volksvertretungen, das britische Parlament, die französische Nationalversammlung und die
russische Duma, verabschieden ähnliche Gesetze. Alle Parteien des
Reiches schließen mit dem Kaiser einen Burgfrieden. Das «Augusterlebnis» ist eine europäische Erscheinung. Schul-
klassen ziehen geschlossen ins Feld. Frauen und Mädchen verab-
schieden am Straßenrand die ausrückenden Truppen mit Blumen.
Viele erwarten einen kurzen Krieg, wollen Weihnachten zu Hause
feiern. Allerorts überwiegt das Gefühl, nicht nach Ruhm oder Eroberung zu streben, sondern die Freiheit und Werte der Nation zu
verteidigen.[58] Einhellig aber ist die Begeisterung im Reich keineswegs. Der «Geist von 1914» erfasst vor allem die Städter und das
Bürgertum.[59] Bei Minderheiten hingegen muss der deutsche Natio-
nalrausch eher Sorgen auslösen.

In Nordschleswig lassen Oberpräsident Detlev von Bülow und General von Röhl, Militärbefehlshaber des Neunten Armeekorps, viele
Dänisch sprechende Bürger rechtswidrig verhaften – «vorsorglich»,
wie es heißt.[60] Auch dänische Zeitungen werden verboten. Nach
Ausspruch der Kriegsgefahr haben die Militärbefehlshaber im Reich
die vollziehende Gewalt übernommen. Sie unterstehen allein dem
Kaiser. Friedrich Wilhelm von Loebell, der preußische Innenminister,
erteilt am 3. August dem Oberpräsidenten von Bülow die Weisung,
alle Verhaftungen und Verbote rückgängig zu machen. Doch Loebell
stößt bei Bülow auf taube Ohren. Der Innenminister schaltet den
Generalstab ein. Moltke lässt mitteilen, er lege Wert darauf, «dass
der große nationale Zug, der durch unser Volk geht, nicht durch ein-
seitige Maßnahmen beeinträchtigt»[61] werde. Der Generalstabschef
befürwortet die Freilassung aller Verhafteten. Doch weder Bülow
noch Röhl weichen zurück. Schon beginnt die Presse in Dänemark,
sich mit dem Fall zu beschäftigen. Verärgert tadelt Loebell die «Un-

fähigkeit eines Oberpräsidenten», auch den «Eigensinn eines Generals», und entsendet Friedrich von Moltke, Mitglied des Herrenhauses, als Vermittler nach Holstein. In Altona, Röhls Dienstsitz, nimmt Moltke Verhandlungen auf. Rasch kann er die Lage entschärfen. Die meisten Verhafteten kommen frei. Dänische Zeitungen dürfen wieder erscheinen. Bülow wird beurlaubt und durch Friedrich von Moltke ersetzt.[62]

Mit Julie und Maria, der jüngsten, unverheirateten Tochter, siedelt Moltke in die Stadt über, in der vor 77 Jahren seine Großmutter Henriette verstarb. «Soweit es die Zeitumstände gestatten», schreibt er an Marie von Oriola, «führen wir hier ein zufriedenes Dasein. Wir leben, da – Gottlob! – alle kleinstädtische Geselligkeit ausgeschaltet ist, in fast ländlicher Beschaulichkeit. Das große, geräumige Haus ist von einem Park mit alten Bäumen umgeben. Aus ihm gelangt man in wenigen Minuten aus herrlichem Buchenwald an die von Segeln belebte, blaue Schlei. ... Zu meiner großen Freude ist Julie von Land und Leuten eingenommen. ... Dass es für mich ohnehin ein beglückendes Bewusstsein ist, gerade in dieser Zeit, wo die Sorge von Haus zu Haus geht, meiner lieben Heimatprovinz den Rest meiner Kräfte widmen zu dürfen, brauche ich nicht zu betonen.»[63]

Auch im Haus des Oberpräsidenten gibt es Sorgen. Ende 1913 hat Hans-Adolf eine Ausbildung für den diplomatischen Dienst begonnen.[64] In der Gesandtschaft Athen bewies er Gewandtheit im Umgang und eine schnelle Auffassungsgabe. «Ich kann nicht umhin», schrieb sein Vorgesetzter an Bethmann, «unseren diplomatischen Dienst zu beglückwünschen zu dem ganz besonders tüchtigen Zuwachs, den derselbe in der Person des Herrn von Moltke gefunden hat.»[65] Im Mai 1914 als Attaché an die Botschaft nach Konstantinopel versetzt, in deren Park das Denkmal des Feldmarschalls steht, muss er die Metropole nun wieder verlassen. Leutnant Hans-Adolf von Moltke zieht an die Ostfront.

Am 2. August 1914 setzt sich das Räderwerk des deutschen Aufmarsches rasch in Bewegung. Während nur eine einzige Armee den Schutz der Ostgrenze übernimmt, versammeln sich sieben Armeen

im Westen. Noch am 2. August schickt der Generalstabschef dem
Auswärtigen Amt eine Denkschrift.[66] Moltke fordert nichts Geringeres als eine Revolutionierung des Krieges. Das Ziel, so Moltke,
dürfe nicht mehr allein die Vernichtung der feindlichen Streitkräfte
sein. Den Gegnerstaat selbst müsse man von innen heraus zersetzen.
Das Schüren von Aufständen oder Unruhen in Südafrika, Indien
und Ägypten soll das Britische Empire untergraben, die Unterstützung russischer Sozialisten das Zarenreich. Das ist eine Vorläufer-
idee des totalen Krieges, entwickelt – ausgerechnet – von einem
konservativen General des Königs und Kaisers.[67]

Anfang August speisen Muthi, Dorothy und der siebenjährige
Helmuth James im Generalstabsgebäude. Muthi will eine Sonder-
sitzung des Herrenhauses besuchen. Ihre drei anderen Söhne
haben Dorothy und Muthi vermutlich in Kreisau gelassen: den
fünfjährigen Joachim Wolfgang, Jowo genannt, Wilhelm Viggo,
Jahrgang 1911, und den Jüngsten, Carl Bernd, 1913 geboren. Auf
ihre Söhne setzt Dorothy große Hoffnungen. «Ich träume davon,
dass sie sich eines Tages als Segen für die Welt erweisen.»[68] Solche
Träume bezieht Dorothy nicht auf den Ruhm der Familie oder auf
eine glänzende berufliche Laufbahn. Mit einer Selbstverständlichkeit, die verblüfft, auch beeindruckt, verknüpft Dorothy ihre Wünsche mit der Hoffnung auf überpersönliches Handeln für Freiheit
und Frieden. «Es ist ein merkwürdiger Gedanke», gesteht sie den
Eltern, «dass Ihr – durch die Söhne – eine große Rolle bei der
Entstehung eines liberaleren Deutschlands haben könntet, das wiederum ein großer Faktor in der Geschichte der immer größer wer-
denden friedlichen Verständigung unter den Nationen sein wird,
eine neue Definition des Wortes ‹Patriotismus›. Und so greifen die
Räder ineinander – wie klein der Mensch ist und wie unendlich
groß!»[69]

Am 31. Juli, bei Ausrufung der Kriegsgefahr, hatte Moltke der
Familie ein Telegramm geschickt. Man könne, beruhigte er, in
Kreisau bleiben.[70] Dort wuchs die Sorge vor einem Einmarsch der
Russen. Muthi, Oberkutscher Hermann und alle Diener mussten

sich auf ihren Truppendienst vorbereiten. Pferde und Autos wurden eingezogen, Wertsachen in Kisten verpackt. Ella reiste nach Hannover. Zurück blieben Frauen und Kinder: Louise und Schönchen im Berghaus, Dorothy mit den drei Söhnen im Schloss.

Der Besuch im Generalstab verschafft Muthi und Dorothy Gelegenheit, sich aus erster Hand zu unterrichten. «Onkel Helmuth», so Helmuth James im Rückblick, «verspätete sich etwas, und als er reinkam, lief ich ihm entgegen und sagte: ‹Nun, Onkel Helmuth, wann gewinnen wir den Krieg?› Was er mir geantwortet hat, weiß ich nicht, aber ich erinnere das Gefühl der Betroffenheit, das mich überfiel: Ich fühlte plötzlich, dass man ja Kriege auch verlieren kann und dass wir diesen verlieren würden. Das Gefühl hat mich dann bei aller Begeisterung über Siege und bei aller Lektüre der Bücher über Heldentaten nie verlassen.»[71]

Noch kann Onkel Helmuth halbwegs Beruhigendes verkünden. Der Handstreich auf Lüttich ist gelungen, wenn auch unter beträchtlichen Opfern. Doch der Vormarsch durch Belgien, schwieriger als gedacht, hinterlässt eine Spur der Verwüstung. In Andenne, Tamines und Dinant massakrieren deutsche Truppen Geiseln, nicht nur Männer, auch Frauen und Kinder: 211 Tote in Andenne, 384 in Tamines, 612 in Dinant. Partisanen beschwören bei den unerfahrenen, nervösen Soldaten eine Franctireurspsychose herauf. Im kollektiven Gedächtnis haben Gambettas Heckenschützen tiefe Spuren hinterlassen.

Um die Gesundheit ihres Gatten macht sich Eliza große Sorgen. Sie beschließt, Moltke ins Hauptquartier zu begleiten. Er bedürfe, so Eliza, «dringend ihrer Pflege».[72] Die Ehefrau im Großen Hauptquartier an der Seite des pflegebedürftigen Feldherrn! Wilhelm von Dommes, den Eliza zum Kaiser schickt, um dessen Erlaubnis zu erwirken, hat mit dem Zorn Wilhelms II. zu rechnen. Dommes eilt zum Schloss, trifft Kaiser und Kaiserin mit Gefolge im Aufbruch begriffen. «Aber das ist ja ganz unmöglich», empört sich der Kriegsherr, «dass Frau von Moltke ihren Mann ins Große Hauptquartier begleitet. So schwer leidend ist der Generaloberst doch gar nicht.»[73] Die Kaiserin vermittelt. Am 16. August reist Eliza, offiziell als Leite-

*Eliza und Helmuth von
Moltke, um 1914*

rin eines Lazaretts, in Wahrheit zur Betreuung ihres Gatten, im ersten Zug mit Helmuth von Moltke und dem Kaiser ins Hauptquartier nach Koblenz. Der Chef des Militärkabinetts, General Moritz
von Lyncker, hat sich bei Falkenhayn erkundigt, ob er die Stelle des
Generalstabschefs notfalls übernehmen würde. Lyncker zweifelt,
«ob Generaloberst von Moltke bei seinem leidenden Gesundheitszu-
stande seine Stelle werde ausfüllen können».[74] Falkenhayn sagt zu.

In Nordfrankreich beginnt am 18. August die Schwenkung des rechten Flügels, um den Gegner zu umfassen. Im Großen Hauptquartier
herrscht Zuversicht. An der Ostfront allerdings ist eine schwere
Krise eingetreten. Die Achte Armee muss fast ganz Ostpreußen räumen. Moltke entscheidet, zwei Armeekorps des rechten Flügels in

den Osten zu verlegen. Bald werden ihm diese Armeen bitterlich fehlen. «Ich erkenne an», gesteht er, «dass dies ein Fehler war, der sich an der Marne rächte.»[75] Währenddessen stört der Kaiser im Hauptquartier, auch weil Moltke ihm täglich Vortrag halten muss. Von Zeit zu Zeit steigert sich Wilhelm in Blutphantasien: «‹Zwei Meter hohe Leichenhaufen – ein Unteroffizier hat mit 45 Patronen 27 Franzosen umgelegt u. a. m.› – Entsetzlich! Moltke, der neben ihm saß, litt Qualen.»[76] Eliza glaubt, ihr Gatte benötige Beistand. Sie bittet Rudolf Steiner nach Koblenz. Am 27. August treffen Moltke und Steiner für etwa 20 Minuten heimlich in Niederlahnstein bei Koblenz zusammen: mitten im Vormarsch nach Frankreich, während einer schwierigen Lage an der Ostfront und anderthalb Wochen vor Eröffnung der Marneschlacht.

Ende August, als das Hauptquartier nach Luxemburg verlegt wird, gelingt es Paul von Hindenburg, dem neuen Oberbefehlshaber der Achten Armee, und Erich Ludendorff, seinem Stabschef, den Vormarsch des russischen Heeres bei Tannenberg zu stoppen. Doch schon am 6. September beginnt im Westen der Gegenangriff auf den rechten Flügel der Deutschen. Moltke scheint einem Nervenzusammenbruch nahe.[77] Mehrfach ist der Generalstabschef «in höchster Erregung und tiefster Erschütterung ... zu einem starken Entschluss völlig unfähig».[78] Am 9. November schreibt er Eliza: «Es geht schlecht. Die Kämpfe im Osten von Paris werden zu unseren Ungunsten ausfallen. Die eine unserer Armeen muss zurückgehen, die andern werden folgen müssen. Der so hoffnungsvoll begonnene Anfang des Krieges wird in das Gegenteil umschlagen.»[79] Am rechten Flügel weichen die Erste und Zweite Armee zurück. Als Moltke endlich selbst zu den Oberkommandos an die Front hinausfährt, trifft er am 12. September die einzig noch richtige Entscheidung: Um wieder eine geschlossene Kampflinie herzustellen, ordnet er den Ruckzug auch der Dritten, Vierten und Fünften Armee an. «Der schwerste Entschluss meines Lebens, der mich mein Herzblut gekostet hat. Ich sah eine Katastrophe voraus, wenn ich das Heer nicht zurückgenommen hätte.»[80] Damit durchkreuzt Moltke gerade noch rechtzeitig die Pläne der französischen Führung, dem Gegner zwischen Paris und Verdun ein Riesen-Cannae zu bereiten. An der Marne hat Moltke zwar eine Niederlage erlitten, aber die Katastrophe vermieden. Nicht die fast übermäßigen Marsch- und Kampfleistungen haben entschieden, sondern ungedeckte Flanken; nicht die deutschen Truppen sind an der Marne besiegt worden, sondern die deutschen Generäle. Moltke, ein gebrochener Mann, wird durch Falkenhayn ersetzt. Mit seiner letzten Weisung befiehlt er die Befestigung der neuen Stellungen am Ufer der Aisne. Die Infanterie gräbt sich ein, der Bewegungskrieg ist zu Ende, der Stellungskrieg beginnt.

Schon 1914 sind alle Entscheidungen gefallen, die vier Jahre später Wirklichkeit werden. Nach der Schlacht bei Lemberg haben die Österreicher den Russen, nach der Schlacht bei Tannenberg die Russen den Deutschen, nach der Schlacht an der Marne die Deutschen den Westmächten nur noch wenig entgegenzusetzen. Dem Reich steht der befürchtete Abnutzungskrieg gegen eine kräftemäßig weit überlegene Mächtegruppe bevor. Im Zeitalter Friedrichs des Großen hätte nun wohl die Stunde der Diplomaten geschlagen. 1914 aber hat der Kriegsnationalismus die Stimmung vergiftet. Dem industrialisierten Volkskrieg sind schon so viele Menschen zum Opfer gefallen, dass nur ein Siegfrieden annehmbar erscheint. Der Wandel des Kriegsbildes und die Idee der Nation münden in die Urkatastrophe des 20. Jahrhunderts. Und ein Moltke hat daran großen Anteil. Am Ende ringt der Generalstabschef mit seinem Gewissen: «Welche Ströme von Blut sind schon geflossen, welcher namenlose Jammer ist über die ungezählten Unschuldigen gekommen ... Mich überkommt oft ein Grauen, wenn ich daran denke, und mir ist zumute, als müsste ich dieses Entsetzliche verantworten ...»[81]

In Kreisau schläft Dorothy nur noch in den oberen Stockwerken, bewacht von einem scharfen Hund. Sie lernt schießen, hat stets zwei Gewehre in Reichweite, überwacht den Gutsbetrieb, führt alle Bücher. Anfangs ist vom Krieg wenig zu spüren. Die Post wird verteilt, die Züge sind pünktlich, die Preise steigen nur mäßig. Die Schaffner in den Straßenbahnen allerdings «sind jetzt meist alle

Frauen, die überhaupt sehr viel von der Männerarbeit übernommen haben».[82] Das Augusterlebnis zieht sogar Dorothy in Bann. «Natürlich bringt jede Verlustliste viel Trauer und Sorge, aber die Zeit ist so groß, dass man stolz ist, daran teil zu haben, trotz allem Kummer und Schmerz. Das ganze Volk ist Eins, jeder persönliche Vorteil oder Streit ist vergessen, alle leben nur für das eine – Deutschlands Sieg, was gleichbedeutend ist mit Deutschlands Existenz.»[83] Dorothy lädt oft Verwundete aus Schweidnitz nach Kreisau, zum Tee oder Abendbrot. «Wir spielen mit ihnen, singen und reden, und es ist hochinteressant, von ihren Erlebnissen zu hören. Helmuth James sucht sich immer den traurigsten von allen aus und kümmert sich um ihn wie die Henne um ihr Küken.»[84]

Die vier Trotha-Jungen sind fast ständig in Kreisau. Mit Carl-Dietrich, dem ältesten Sohn Margaretes, besucht Helmuth James die Schule in Schweidnitz. Zweimal in der Woche versammelt Dorothy alle Frauen des Gutes im Schloss. Man singt, strickt, tauscht Nachrichten aus, vor allem über die Männer an der Front. Erzählt eine Kriegerwitwe vom letzten Abschied ihres Mannes, weinen viele. Helmuth James und Jowo spielen Theater – Helmuth James als Feldmarschall, Jowo als Petrus. «Der Feldmarschall möchte die Erlaubnis, zur Erde zurückzukehren, um für das Vaterland zu kämpfen, aber Petrus erlaubt es nicht, und der alte Soldat tröstet sich mit dem Gedanken an all die kleinen Moltkes in Kreisau.»[85]

Nach den Kesselschlachten in Ostpreußen verschickt das Militär russische Kriegsgefangene als Arbeiter auf die Güter, auch nach Kreisau. Dorothy lässt die Gefangenen jede Woche wiegen, um sicherzugehen, dass man sie ordentlich versorgt. «Zwei von unseren russischen Kriegsgefangenen», berichtet Dorothy, «mussten ... fort, um in einer Zuckerfabrik zu arbeiten, und als sie hörten, dass sie Kreisau verlassen müssen, weinten sie!»[86]

Indessen langweilt sich Muthi in der Etappe, dient in Tschenstochau bei einer Versorgungseinheit der Sechsten Schlesischen Armee. Er organisiert Singstunden für die Soldaten, besucht Sitzungen des Herrenhauses, liest viel, raucht viel, spielt Klavier und beginnt – nicht zum ersten Mal – eine Affäre. Als Dorothy davon erfährt, stellt sie den Gatten zur Rede, wahrscheinlich sogar vor den Augen der Familie.[87] Nicht nur in Kreisau ändert der Krieg das Verhältnis der Geschlechter. «Ich jedenfalls», so Dorothy, «bin viel energischer und unabhängiger als früher, was nur natürlich ist, wenn man Kreisau, Familie etc. auf den Schultern trägt.»[88] Ihr jüngstes Kind, eine Tochter, will Dorothy auf den Namen der Geliebten von Muthi taufen lassen.[89] Das Mädchen erhält, zum Glück für alle Beteiligten, am Ende einen anderen Namen: Asta.

Am 30. Dezember 1914 wird Helmuth von Moltke zum Chef des stellvertretenden Generalstabs ernannt. Der Leiter des Schattenstabes darf vorläufig in seiner Wohnung im «roten Kasten»[90] am Königsplatz bleiben. Feldmarschall August von Mackensen, der ihn besucht, trifft einen «innerlich gebrochenen Mann»,[91] der ehemalige Reichskanzler Bülow einen bettlägerigen Kranken. «Ich fand Moltke im Bett. Er sah krank aus, bleicher als sein Betttuch. Mit melancholischem Lächeln winkte er mir zu: … ‹Ich hatte doch recht, als ich den Posten nicht annehmen wollte.›»[92]

Über den Ausgang der Marneschlacht wird die Öffentlichkeit nicht unterrichtet. Moltke ist an Intrigen gegen seinen Nachfolger beteiligt.[93] Hindenburg, Ludendorff und Moltke drängen auf Falkenhayns Entlassung, Hindenburg sogar auf die Rückkehr von Moltke, der seinerseits unverlangt Denkschriften an den Kaiser sendet. Falkenhayn sei, so Moltke, «weder nach seinem Charakter noch nach seiner Befähigung geeignet, der erste Ratgeber Ew. Majestät auf militärischem Gebiet in diesen schweren Zeiten zu sein.»[94] Adjutant Hans von Haeften übergibt Moltkes Brandbrief. Doch eine Wiederberufung lehnt der Kaiser rundheraus ab. «Nach acht Tagen», zitiert Haeften den Monarchen, «werde der General von Moltke von neuem zusammenbrechen – genauso wie damals nach den Ereignissen an der Marne, und das sei bös gewesen.»[95] Falkenhayn bleibt im Amt. «Möge der Kaiser», klagt Moltke, «es nie bereuen, Männer beiseitegeschoben zu haben, die doch vielleicht ihm hätten nutzen können.»[96] Immer mehr erstarrt der Entlassene in einer Opferhaltung, von Eliza erbittert bestätigt. Aber für den «Hei-

ligen Krieg» gegen Feinde, die «Deutschland austilgen wollen aus
der Reihe der Kultur»,[97] rührt er weiter die Trommel. Auch von
einer nationalen «Weltmission»[98] der Deutschen bleibt Moltke fest
überzeugt.

1915 gehört er zum Gründungsausschuss der «Deutschen Gesellschaft», ein politischer Klub nach angelsächsischem Vorbild, der laut
Satzung alle Berufe, Stände und Parteien zusammenführen möchte,
um «so den Geist der Einigkeit von 1914 in die Jahre des Friedens
hinüberzutragen».[99] Aber in der Gesellschaft treffen sich keineswegs
Angehörige aller Berufe, Stände und Parteien, sondern ausschließlich
die Eliten des Landes: Großbankiers, Industrielle, Abgeordnete, Admi-
räle, Generäle, Professoren, Verleger, Botschafter, Theologen, Schriftsteller, Maler; Gerhart Hauptmann, Thomas Mann, Franz Wedekind
und Max Slevogt, Samuel Fischer und die Ullstein-Brüder, Gustav
Stresemann und Matthias Erzberger, Fritz Thyssen und Robert Bosch,
Friedrich Achelis und Albert Ballin – um nur einige zu nennen. Wer
beitreten möchte, muss durch ein Mitglied vorgeschlagen werden.
Moltke benennt fünf Personen, darunter Kuno Graf Moltke, der in
Groß Peterswitz nahe Breslau lebt, und Alfred Hugenberg aus Essen,
Medienzar und Rüstungsunternehmer, später Politiker, Feind der
Republik und Wegbereiter Adolf Hitlers.

Am 28. November 1915, um 20 Uhr 30, eröffnet Helmuth von
Moltke im Palais Pringsheim feierlich die erste Sitzung. «Meine
Herren! Während wir uns hier in gesicherter Ruhe versammeln
können, tobt draußen der Krieg, stehen unsere Brüder und Söhne
im Kampf gegen eine Welt von Feinden, bereit, täglich und stündlich
ihr Leben hinzugeben, um durch das Opfer ihres individuellen
Lebens das Leben der Gesamtheit der Nation vor dem Untergang zu
bewahren, den unsere Gegner uns zugedacht haben … Geeint wurde
unser Volk, das von Parteiungen zerrissen schien, das so oft seine
beste Kraft in kleinlichem Zwist vergeudet hatte, durch diesen Krieg.
Die heilige Flamme der Vaterlandsliebe zerschmolz die Schranken,
die der Egoismus des Wohllebens unter uns aufgerichtet hatte …
1871 wurden wir ein Reich, jetzt gilt es, dass wir ein Volk werden …
Ich danke Ihnen und heiße Sie herzlich willkommen!»[100] Dass die

Wendung vom Augusterlebnis schnell zum Mythos wird, hängt auch mit Moltke und der Deutschen Gesellschaft zusammen. Helmuth «Helly» von Moltke stirbt am 18. Juni 1916 im Reichstag, unmittelbar nach seiner Traueransprache für Feldmarschall Colmar von der Goltz. Eliza gestaltet die Totenfeier der Familie. Die Gedenkrede im Generalstab hält Rudolf Steiner.

Der Krieg, auf den Moltke so gedrängt hatte, tobte noch mehr als zwei Jahre. Je länger sich die Kämpfe hinzogen, je entsetzlicher die Verluste gerieten, je verzweifelter die Menschen im Reich hungerten, desto größer wurden die inneren Spannungen. Der Kriegsnationalismus, der zum Burgfrieden geführt hatte, spaltete die Gesellschaft nun umso tiefer.[101] Im April 1918 scheiterte die Vierzig-Tage-Offensive der deutschen Armee. Das Heer hatte weitere 350 000 Soldaten verloren, größtenteils ausgesuchte, unersetzliche Truppen. Außerdem griffen auch die Amerikaner ein, ab April jeden Monat rund eine Viertelmillion Mann. Die reißend wachsende Übermacht musste jeden Widerstand früher oder später erdrücken. Nach dreieinhalb Jahren amtlicher Schönfärberei und Siegfrieden-Propaganda nötigte Ludendorff, ausgestattet mit diktatorischer Vollmacht, die Reichsregierung am 29. September ultimativ, den amerikanischen Präsidenten öffentlich um einen Waffenstillstand zu bitten – wie aus dem Nichts, ohne jede politische, militärische oder psychologische Vorbereitung. Damit war der Verhandlungsbereitschaft des Gegners der Boden entzogen und der Kampfgeist der deutschen Truppen gebrochen. Denn welcher Soldat mochte in einem Krieg sterben, den seine Regierung schon öffentlich verloren gegeben hatte?

Ende Oktober lässt der Waffenstillstand immer noch auf sich warten. Trotzdem soll die Hochseeflotte zu einer «Entscheidungsschlacht» auslaufen. Doch in Wilhelmshaven meutern die Matrosen. Um die Lage zu beruhigen, verlegt der Admiralstab das Dritte Geschwader von Wilhelmshaven zurück nach Kiel. Am 1. November 1918 laufen die Verbände in ihren Heimathafen ein, mitsamt 47 Rädelsführern in den Arrestzellen. Die übrige Mannschaft, noch immer in höchster Erregung, erhält Landurlaub.

Oberpräsident Friedrich von Moltke hat seinen Dienstsitz 1917 nach Kiel verlegt.[102] Moltke obliegen vor allem repräsentative Pflichten. Auch führt er die Aufsicht über seine Beamten. Die Verwaltung erledigen die Regierungen in den Bezirken. Der höchste Vertreter der Beamtenschaft aber ist Friedrich von Moltke. Auch in Kiel hat das Militär die vollziehende Gewalt übernommen. Der Gouverneur, Admiral Wilhelm Souchon, ist mit der Versorgung des Dritten Geschwaders überfordert.[103] Lebensmittel sind überaus knapp geworden. Das Büro des Oberpräsidenten führt lange Listen mit den Adressen der nun wichtigen Behörden: Reichsstelle für Speisefette, Landesfettstelle, Reichsverteilungsstelle für Nährmittel und Eier, Landesverteilungsstelle für Nährmittel und Eier, Reichsstelle für Gemüse und Obst, Reichszuckerstelle, Landesfleischamt, Landesamt für Futtermittel – und das ist keineswegs das Ende der Liste.[104]

Als hungrige Matrosen massenhaft die Freilassung ihrer Kameraden fordern, spitzt sich die Lage rasch zu. Gustav Noske, Marineexperte der SPD-Reichstagsfraktion, soll in Kiel vermitteln. Demonstrationen, Schusswechsel, erste Tote, Verbrüderung zwischen Matrosen und anrückenden Truppen, die Bildung eines Soldaten- und Arbeiterrates – schnell ist eine revolutionäre Lage entstanden. Noske tritt an die Spitze des Arbeiterrates, übernimmt auch den Posten Souchons. Von Kiel aus springt der Funke auf Berlin und das Reich über. Die Unruhen sind Folge, nicht Ursache der Niederlage. Sie erleichtern das lautlose Verschwinden aller Verantwortlichen. Wie selbstverständlich, ohne Widerstand, verlassen Kaiser, Landesfürsten, Reichskanzler, Heeresleitung und bürgerliche Minister die Bühne. Zurück bleiben Sozialdemokraten, Linksliberale und Linkskatholiken, die «Reichsfeinde» von einst; für Niederlage und Kapitulation dürfen sie nun die Verantwortung übernehmen.

In Kiel erhält Oberpräsident Friedrich von Moltke einen Beigeordneten des Arbeiterrates. Heinrich Kürbis, Bezirksvorsitzender der SPD, soll Moltke über die Schulter blicken.[105] Der Beigeordnete nimmt an allen Sitzungen teil und verfügt über ein Vetorecht. Heinrich Kürbis, Vertreter der Revolution, und Friedrich von Moltke, Oberpräsident des Kaisers, verstehen sich im täglichen Umgang offenbar recht gut.[106] Wird aber auch die konservative Beamtenschaft in Schleswig-Holstein mit den Arbeiter- und Soldatenräten zusammenarbeiten? Widerstand, Reibereien, Gewalt oder ein Zusammenbruch der Lebensmittelverteilung erscheinen immerhin möglich. Moltke überwindet seinen Widerwillen gegen die Revolution, wirkt beruhigend auf alle Untergebenen ein. Ohne Zweifel ist das seine größte Lebensleistung, jedenfalls als Beamter. Am 9. November 1918, als Philipp Scheidemann in Berlin die Deutsche Republik ausruft, veröffentlicht Moltke eine Bekanntmachung: «Auf die mir heute vorgetragenen Beschlüsse des Arbeiterrates Kiel – der sich als provisorische Regierung der Provinz Schleswig-Holstein erklärt hat – über die Durchführung der innerhalb der Provinz Schleswig-Holstein geplanten Maßnahmen, habe ich mich unter Rechtsverwahrung bereit erklärt, auf dem Boden der Staats- und Reichsgesetzgebung, solange meine Pflicht und mein Gewissen mir solches gestatten, unter Zuziehung des mir benannten Beigeordneten Kürbis einstweilen weiterzuarbeiten, soweit es sich um die Aufrechterhaltung der Ruhe und Ordnung, die möglichst ungestörte Fortführung der Volksernährung und um die Wohlfahrt der Bevölkerung dienenden Aufgaben handelt. Ich richte an die mir unterstellten Behörden das Ersuchen, sich nach den gleichen Richtlinien auch innerhalb ihres Geschäftsbereichs zu verhalten.»[107]

Auf längere Zeit aber mag der sechsundsechzigjährige Moltke, von jeher ein Gegner der Demokratie, sein Amt in der Republik nicht mehr ausüben. Am 31. Dezember tritt er als Oberpräsident zurück. Friedrich von Moltke nimmt Abschied mit einer Erklärung im Amtsblatt: «Die Preußische Regierung hat mir auf mein Gesuch den Abschied aus dem Staatsdienste bewilligt. Indem ich heute mein Amt als Oberpräsident von Schleswig-Holstein ... in die Hände meines gesetzlichen Stellvertreters niederlege, spreche ich allen Behörden und Bewohnern der Provinz mit einem herzlichen Lebewohl zugleich warmen Dank aus für das reiche Maß an Vertrauen und williger Unterstützung, mit welchem sie mir überall begegnet sind. Durch solches Entgegenkommen wurde mir in sorgenvoller Zeit die Amtsführung leicht gemacht. Bei meinem Scheiden erfüllt mich der treu gemeinte Wunsch, dass meine vielgeliebte Heimatprovinz mit Gottes Hilfe aus allen Nöten und Leiden des Krieges und aus seinen unabwendbaren, schmerzlichen Folgen einer glücklichen Zukunft entgegengehen möge.»[108] Friedrich und Julie kehren zurück nach Klein-Bresa. Zum letzten Mal haben sich die Moltkes in Schleswig-Holstein in eine Revolution verstrickt.

Die Urkatastrophe des 20. Jahrhunderts forderte weltweit mehr als zehn Millionen Tote und kostete weitere achtzehn Millionen Menschen die Gesundheit. Sie brachte die Weltwirtschaft an den Rand des Ruins, beendete die Vorherrschaft Europas, führte zum Sturz der Monarchien in Deutschland, Österreich und Russland; ein grauenhaftes Gemetzel, Luftangriffe auf Zivilisten, der totale Krieg erstmals auch an der «Heimatfront» – und doch nur ein Vorspiel.

DREIZEHNTES KAPITEL

Kreisau und Wernersdorf

Krise der Nation

Der Familie, dem Deutschen Reich sogar, droht schwerer Schaden. Das jedenfalls befürchtet Hans-Adolf von Moltke, 35 Jahre alt, nun Legationsrat an der preußischen Gesandtschaft in Stuttgart. «Voller Begeisterung»[1] hat Emil Molt am 27. Mai 1919 die Gesandtschaft betreten. Molt, Theosoph und Besitzer der Zigarettenfabrik «Waldorf-Astoria», kennt Hans-Adolf aus Veranstaltungen Rudolf Steiners.[2] Der Besucher überreicht ein druckfrisches Buch: *Die «Schuld» am Kriege. Betrachtungen und Erinnerungen des Generalstabschefs H. v. Moltke über die Vorgänge vom Juli 1914 bis November 1914.*[3] Die Vorbemerkungen stammen von Steiner, der die Drucklegung bezahlt hat. 50 000 Exemplare liegen zum Versand bereit. Das Buch enthält *Betrachtungen und Erinnerungen* des jüngeren Moltke, verfasst im November 1914. Ursprünglich waren die *Erinnerungen* nur für Eliza bestimmt.[4] Doch Steiner erklärt in seinem Vorwort, die Herausgabe durch Frau von Moltke sei «eine ihr von der Geschichte auferlegte Pflicht».[5] Schließlich handele es sich um «das wichtigste historische Dokument …, das in Deutschland über den Beginn des Krieges gefunden werden»[6] könne.

Das Buch enthält Brisantes. Sein Onkel, liest Hans-Adolf, habe 1914 einen Operationsplan verfolgt, in dem schon seit eh und je die Verletzung der belgischen Neutralität in Kauf genommen worden war. Offenbar sollten die Streitkräfte des Kaisers ursprünglich auch durch Holland marschieren. In diesem Fall hätten sie jenes Land besetzt, das dem Kaiser seit 1918 Asyl gewährt, während die französische Regierung Wilhelm II. noch immer vor Gericht stellen möchte. Der Krieg, schreibt Steiner, hätte vielleicht nie stattgefunden, wenn Wilhelm II. und Bethmann Hollweg nicht «auf ihre Posten»[7] gelangt wären. Den *Erinnerungen* ist zu entnehmen, dass der Generalstabschef in den letzten Julitagen zum Losschlagen gedrängt hat. Am 1. August ist er offenbar in Tränen ausgebrochen, als ihn Kaiser und Kanzler nach einer Tragikomödie im Stadtschloss am Angriff gehindert haben. Steiner zitiert den Generalstabschef: «Die höchste Kunst der Diplomatie besteht meiner Ansicht nach nicht darin, den Frieden unter allen Umständen zu erhalten, sondern darin, die politische Lage des Staates dauernd so zu gestalten, dass er in der Lage ist, unter günstigen Voraussetzungen in einen Krieg eintreten zu können.»[8] Komme das militärische Urteil in solcher Ausschließlichkeit zur Geltung, schreibt Steiner, bedeute das ein Versagen der politischen Führung. Denn die Selbstausschaltung von Kanzler und Kaiser habe den Generalstabschef erst in seine einsame Höhe getrieben, von der aus er Ende Juli 1914 ganz allein über das Schicksal eines Millionenvolkes habe entscheiden müssen. Als Militär habe Moltke dann eine militärische Entscheidung getroffen. Dass es so weit gekommen sei, liege an einer langen Fehlentwicklung, genauer: am Weltmachtstreben der Nation. Die «Machtentfaltung im äußeren Sinne» habe das Reich in eine aussichtslose Gegnerschaft zu vielen Nachbarn getrieben. Deutschland hätte seine Kraft nicht auf die Entwicklung militärischer Macht, sondern «auf die Entwicklung seiner Kultur»[9] richten sollen.

Steiner knüpft an die Veröffentlichung des Buches hohe Erwartungen. Der Anthroposoph erhofft nichts Geringeres als einen Wandel der politischen Kultur, die Abkehr vom Weltmachtstreben und von militärischen Denkmustern. «Aus dem Unglück wird das deutsche Volk lernen müssen, dass sein Denken in der Zukunft ein anderes sein muss.»[10]

Sofort ist Hans-Adolf zur Gegenwehr entschlossen. Ein weinender Generalstabschef, der schon seit langem plante, im Kriegsfall die Neutralität Belgiens zu verletzten – das bedroht nicht nur den Ruf der Familie, sondern scheinbar auch das Wohl des Reiches. Denn in Versailles hat die deutsche Delegation den Friedensvertrag bisher nicht unterzeichnet, obwohl ein Fünf-Tage-Ultimatum der Alliierten nun abläuft. Besonders Paragraf 231 erregt die Gemüter. Deutschland erkenne an, heißt es dort, «Urheber aller Verluste und aller Schäden» zu sein, «welche die alliierten und assoziierten Regierungen und ihre Angehörigen infolge des ihnen durch den Angriff Deutschlands und seiner Verbündeten aufgezwungenen Krieges erlitten haben.»[11] Die Leitartikler deutscher Zeitungen sind vor den Kopf gestoßen. Nachdem sie jahrelang gehört und geschrieben haben, ihre Nation sei das Opfer eines Überfalls und am Ausbruch des Krieges völlig unschuldig gewesen, behaupten die Sieger das Gegenteil. Auch Steiner glaubt keineswegs, Deutschland habe den Krieg gezielt vom Zaun gebrochen, «damit es», wie die Alliierten erklären, «seine selbstsüchtige Leidenschaft nach Macht befriedigen konnte».[12] Aber eine Mitverantwortung erkennt Steiner eindeutig an.

Nicht ohne Grund befürchtet Hans-Adolf, dass Steiners Veröffentlichung den deutschen Unterhändlern schaden könnte. Er selbst gehörte im August 1914 zu jenen Truppen, die sein Onkel von der West- an die Ostfront verlegte. Im September überlebte Hans-Adolf die Kesselschlacht an den Masurischen Seen. Im Februar 1915 wurde er in die Etappe nach Brüssel versetzt, zur Politischen Abteilung des Generalgouvernements Belgien. «Sie wissen», schrieb damals sein Vater an Marie von Oriola, «dass Hans-Adolf aus seinem polnischen Schützengraben nach Brüssel abkommandiert ist. Es wurde ihm schwer, seine Kameraden zu verlassen. Uns Alten war die Nachricht umso willkommener. ... Er hat vor dem Feinde viel mitgemacht und sich brav ausgezeichnet. Mag er nun auf dem Boden seines Berufes dem Vaterland nützlich sein.»[13] Hinter der Versetzung nach Brüssel darf man die schützende Hand Onkel Helmuths vermuten.

Seit Januar 1919 verhandelt Hans-Adolf von Moltke als Geschäftsträger in Stuttgart mit Vertretern der süddeutschen Staaten. Es geht um Maßnahmen, die bei einem Scheitern der Konferenz in Versailles zu ergreifen wären, weil dann französische Truppen sehr wahrscheinlich Württemberg, Baden und Bayern besetzen würden. Hans-Adolf kennt die Stimmung der Bevölkerung. Kriegstote, Verstümmelte, Hungerwinter, Revolution und Straßenkämpfe haben den Kampfwillen erschöpft. «Hinsichtlich des Friedens», berichtet Moltke nach Berlin, «wird hier das ‹Unannehmbar› der Reichsregierung in besonnenen Kreisen durchaus gebilligt. In großen Massen des Volkes herrscht jedoch, mangels wirksamer Aufklärung, weitgehend Interesselosigkeit. Die von der Regierung veranstalteten Protestversammlungen brachten nicht den gewünschten Massenbesuch. Zwei Versammlungen in Arbeitervierteln mussten wegen zu geringer Beteiligung ausfallen.»[14] Offenkundig zählt sich Hans-Adolf zu den «besonnenen Kreisen», die den Kampf notfalls fortsetzen wollen – wie genau, bleibt freilich im Dunkeln. Und so kommen die *Erinnerungen* für Moltke zur Unzeit.

Hans-Adolf tritt mit Steiner in Verbindung und behauptet, Eliza sei ohne Zustimmung seines Vaters, des Chefs der Familie, zu einem Abdruck nicht berechtigt. Von Klein-Bresa aus unterrichtet Friedrich von Moltke das Auswärtige Amt, namentlich Victor Naumann, den Direktor der Nachrichtenabteilung. Naumann wiederum wendet sich an Eliza und den Generalstab. Hans-Adolf sucht Steiner zu überzeugen, «dass diese Publikation unmöglich sei und dass man sie in Berlin nicht werde haben wollen».[15] Steiner scheint beeindruckt. Fürs Erste untersagt er eine Auslieferung der Bücher. General Wilhelm von Dommes, ehemals im Großen Generalstab und noch immer ein Vertrauter Elizas, soll die Witwe zur Umkehr bewegen. Frau von Moltke, notiert Dommes, sei «sehr herunter durch Gewissensbisse über Veröffentlichung (geistige Welten – Brief von dort!). Frau von Moltke las mir alles vor. Sehr üble Sachen drin.»[16] Eliza habe der Drucklegung nur zugestimmt, weil Steiner behaupte, die Seele ihres Mannes fordere eine Veröffentlichung.[17]

Dommes eilt nach Stuttgart in die preußische Gesandtschaft. Hans-Adolf, so der General erleichtert, sei es gelungen, die Schrift zurückzuhalten. «Er hat von Dr. Steiner erwirkt, das Votum seines Vaters als Familiensenior und des Auswärtigen Amtes» abzuwarten. Die Haltung des Legationsrats sei klar – «nie freigeben».[18] Dann fährt Dommes zu Steiner, überreicht ihm ein Schreiben Elizas. «Der General von Dommes», liest Steiner, «der Ihnen diesen Brief bringen wird, kam gestern zu mir, durch den Generalstab ... hergerufen infolge der bevorstehenden Veröffentlichung der Aufzeichnungen ... Mein lieber, guter Doktor – ich befinde mich in einem fürchterlichen Zustand der innerlichen Qual, da ich vor etwas stehe, das ich nicht bemeistern kann innerlich ... Ich fühle, als hätte ich der lieben Seele gegenüber ein Unrecht, einen Verrat getan.»[19]

Dommes beginnt, auf Steiner einzureden. Moltkes *Erinnerungen*, so räumt Dommes ein, ließen die Führung des Reiches erschreckend unfähig erscheinen. Auf Bethmann Hollweg treffe das zu, nicht aber auf den Kaiser und Moltke. Ihnen tue man Unrecht. Ob man das wolle? Könne es vorteilhaft sein, fragt Dommes, dass Moltke postum seinen Kaiser verrate und dem Vaterland schade? Die Erinnerungen zeigten Moltke als kleinen, von Ich-Sucht erfüllten Mann, der über das eigene kleine Leid sein Vaterland vergesse. Er sei das Gegenteil gewesen.[20] Auch für die Familie wäre eine Veröffentlichung schrecklich. Schon jetzt mache sie Eliza große Vorwürfe.

Das alles kann Steiner nicht überzeugen. Dommes fährt stärkere Geschütze auf. Moltkes *Erinnerungen*, behauptet er, enthielten sachliche Irrtümer. Erstens seien die Streitkräfte des Kaisers dem Gegner nur zuvorgekommen; auch die französische Heerführung habe Truppen durch Belgien führen wollen. Zweitens habe der Schlieffen-Plan keineswegs die Verletzung der belgischen Neutralität in Kauf genommen. Drittens habe Schlieffen auch niemals die Verletzung der Neutralität Hollands geplant. Alle Einwände von Dommes sind unwahr. Ob er einen Eid schwören könne, fragt Steiner, dass Moltke solche Irrtümer tatsächlich unterlaufen seien? Dommes bejaht, ohne zu zögern.[21] Erst jetzt lenkt Steiner ein. Nach dem Gespräch werden die Bücher vernichtet. Hans-Adolf erstattet im Namen der Familie alle Druckkosten.[22]

Nicht nur Moltke und Dommes unterdrücken historische Quellen. Sogar Scheidemann, nun Reichsministerpräsident, hält Papiere unter Verschluss, die eine Hauptverantwortung der Reichsleitung und

Dorothy von Moltke mit ihren Eltern und ihren Kindern Helmuth James,
Joachim Wolfgang, Wilhelm Viggo, Carl Bernhard und Asta Maria in Holland
im Jahr 1919

der Wiener Regierung für die Auslösung des Krieges nahelegen. So
tragen außer ehemaligen Diplomaten und Generälen des Kaisers
auch Demokraten dazu bei, die Mär vom überfallenen Reich am
Leben zu halten.[23] In der jungen, zerrissenen Republik scheint nur
eines unbestritten: Den Vertrag von Versailles empfinden alle Parteien als Unrecht – auch jene Mehrheit in der Weimarer Nationalversammlung, die seiner Unterzeichnung unter dem Druck der
Sieger schließlich zustimmt. «Es bleiben der Welt», ahnt Dorothy in
Kreisau, «nur zwei Möglichkeiten: ein echter Völkerbund oder dass

Dorothy von Moltke mit ihren fünf Kindern vor Schloss Kreisau, um 1919

Deutschland ständig Pläne schmiedet, seine alte Macht wiederzu-
erlangen, und es ist gar keine Frage, was für die Menschheit klüger
und besser ist.»[24] Aber wegen der überhitzten nationalistischen
Stimmung in Europa gestattet die öffentliche Meinung der Sieger-
mächte keine Milde.[25] Der Krieg ist zu Ende; der Kriegsnationalismus bleibt in den Köpfen.

Das Deutsche Reich verlor Elsass-Lothringen an Frankreich,
Eupen-Malmedy an Belgien, Posen und Westpreußen an den neu
geschaffenen polnischen Staat, das Hultschiner Ländchen an die
Tschechoslowakei, ebenfalls in Versailles gegründet. In Schleswig
und Oberschlesien sollten Volksabstimmungen über die staatliche
Zugehörigkeit entscheiden. Fast die gesamte Handelsflotte, ein
Drittel der Kohlen- und drei Viertel aller Erzvorkommen gingen
verloren. Das Reich musste hohe «Reparationen» aufbringen. Das
Saarland, Danzig und das Memel-Gebiet unterstanden künftig der
Aufsicht des Völkerbundes. Die allgemeine Wehrpflicht wurde ver-

boten, das Berufsheer auf 100 000 Mann beschränkt. Die Bedingungen des Versailler Friedens waren hart, aber nicht hart genug, um das Reich dauerhaft zu schwächen.

Vor dieser Kulisse begann die Suche nach den Ursachen der Niederlage. Schon bald richteten sich die Blicke auf Moltke und die Schlacht an der Marne. Die Moltke-Marne-Debatte entbrannte 1919 und wurde, allmählich verebbend, bis zum Ende der Weimarer Republik geführt. Veröffentlichungen aus der Zeit des Krieges hatten die Marneschlacht als Sieg gedeutet.[26] Moltkes Name tauchte häufig überhaupt nicht auf. In den Heeresberichten des Generalstabs gab es keine «Schlacht an der Marne». 1919, nach dem Sturz aus allen Himmeln, begann mit umso größerer Wucht die Moltke-Marne-Debatte. Tonangebend waren hohe Stabsoffiziere. Für die Niederlage wurden im Kern drei Erklärungen genannt: die Ein-Mann-Theorie, die Rüstungs-Theorie und die Entartungs-Theorie.

Die Ein-Mann-Theorie schob alle Schuld auf Moltke. Sie war nach Kriegsende im Offizierskorps fast Allgemeingut.[27] Öffentlich wurde die Theorie vor allem durch General Wilhelm Groener vertreten. Groener, Nachfolger Ludendorffs in der Obersten Heeresleitung, später Reichswehrminister und Innenminister der Weimarer Republik, galt als Verehrer Schlieffens. Moltke, so Groener, habe als «Feldherr wider Willen»[28] den Schlieffen-Plan verwässert und den Sieg an der Marne verschenkt. Mit einem charismatischen Führer hätte das Deutsche Reich den Krieg gewonnen.[29] 1922 ließen Steiner und Eliza die *Erinnerungen* Moltkes doch drucken, nicht zuletzt, um solche Deutungen zu widerlegen.[30]

Die Rüstungs-Theorie erkannte an, dass Moltke mit den vorhandenen Kräften kein «Riesen-Cannae» gelingen konnte. Ihre Anhänger erklärten, an der Marne wäre bestenfalls ein strategischer Erfolg, aber keine Vernichtungsschlacht möglich gewesen. Sie schlussfolgerten, dass der Moltke-Plan bei einer noch umfangreicheren Aufrüstung zum Sieg geführt hätte. Die Grenzen der finanziellen Leistungsfähigkeit von Wirtschaft, Staat und Gesellschaft wurden kaum erörtert.[31]

Die Entartungs-Theorie nahm die Fin-de-siècle-Stimmung der Vorkriegszeit auf. Die Marneschlacht, erklärte etwa General Baumgarten-Crusius, sei die Niederlage «eines im Niedergang verfallenden Volkes»[32] gewesen. Künftig könne man Ähnliches nur durch eine Erziehung des Volkes zum «Nationalhass» verhindern. An der Marne, klagte General Horst von Metzsch, habe sich die Illusion eines Menschenalters zerschlagen, «Deutschland könne sich anders als spartanisch behaupten».[33] Ludendorff machte aus Moltke das Werkzeug der Juden, des Papstes und der Freimaurer. Sie alle wollten die germanische Rasse versklaven.[34] Ludendorff und nationalsozialistische Autoren richteten dabei ihr Augenmerk auf Steiners Treffen mit Moltke in Niederlahnstein.

Erst zwanzig Jahre nach dem Ende des Ersten Weltkriegs werden Fachleute in Uniform hinter verschlossenen Türen ganz andere Auffassungen vertreten: «Wir sind uns wohl einig darüber. Wenn unsere Gegner durchhalten wollten und durchhalten konnten, dann war dieser Krieg auch bei einem anderen Ausgang des Marne-Feldzugs nicht zu gewinnen.»[35] Zunächst aber galt die Moltke-Marne-Debatte dem Nachdenken über Mittel und Wege, wie das Deutsche Reich wieder zur Großmacht aufsteigen könnte. Die Folgerungen aus der Debatte lauteten: mehr Rüstung, Erziehung zum Nationalismus, straffere Leitung von Innenpolitik, Wirtschaft und Armee, möglichst in der Hand eines charismatischen Führers. So spiegelte und beeinflusste die Moltke-Marne-Debatte die Radikalisierung der Nationalidee.

Seit dem Bastillesturm hatte kein Ereignis die europäische Gesellschaft so grundlegend umgestaltet wie der Erste Weltkrieg.[36] Nicht nur Grenzen, Parteien, Wirtschaft, Kriegsbild und Verfassungen unterlagen tiefgreifenden Veränderungen; auch die Hauptströmungen der Denk- und Gesinnungsart, die «Mentalitäten», wurden stark verformt. Die maßlosen Kriegsziele des Deutschen Reiches zum Beispiel, 1918 im Frieden von Brest-Litowsk auf Kosten von Russland einige Wochen lang verwirklicht, ließen den Wunschtraum vom Ostimperium fortan in Reichweite erscheinen.[37] Der Gewaltorkan des Krieges,

in den Schützengräben millionenfach erfahren, senkte auch innen-
politisch viele Hemmschwellen. Hunderttausende Veteranen ström-
ten in die neuen halbmilitärischen Partei-Verbände, vom «Stahlhelm»
über den «Roten Frontkämpferbund» bis zu den «Sturmabteilungen»
der Nationalsozialisten. Ein «Neuer Nationalismus» entstand, nicht
nur im Deutschen Reich, dort aber besonders. Der Neue Nationalismus gilt als Reaktion auf ein Bündel schwerer Krisen. Weltkrieg,
Kriegszielrausch, Niederlage, Revolution und der «Schandfrieden»
von Versailles lösten allerorts Zerfallsängste aus.[38] Staat, Armee,
Wirtschaft, soziale Ordnung, Werte und Regeln waren zerbrochen.
Der alte, konservative Nationalismus der Beamten, Offiziere oder
Pastoren, der Nationalismus von Besitz und Bildung sozusagen – mo-
narchisch, obrigkeitsstaatlich, an die Zeitspanne des Wilhelminismus
gebunden – konnte radikalen Nationalisten nicht mehr genügen.
Durch den Weltkrieg, buchstäblich ein Krieg der Völker, erfuhren
«Volkstum» und «Rasse» eine starke Aufwertung. Die Bildung
deutschsprachiger Minderheiten in Polen, Litauen und in der Tschechoslowakei verstärkte diese Entwicklung. Deutschsprachige auf beiden Seiten der Staatsgrenzen hatten sich durch den Krieg zum ersten
Mal als Erlebnis- und Leidensgemeinschaft empfunden. Der amerikanische Präsident Wilson hatte zudem das «Selbstbestimmungsrecht
der Völker» endgültig zum Leitbegriff erhoben.[39]

Das «Volkstum», nicht der Staat, wurde zur Grundlage der
Nation. Kein Wunder, dass abermals der Traum von einem groß-
deutschen Reich auflebte. Auch die «Ideen von 1914» erfuhren eine
Aufwertung – die Vorstellung also, man habe für die «deutsche
Kultur» und gegen die «westliche Zivilisation» gekämpft, beson-
ders gegen die «Ideen von 1789». Die Berufung auf eine Kultur-
nation, der Stolz auf das angeblich überlegene Erbe, bot nach dem
Zusammenbruch einen Ausgleich für jeden, der Selbstwertgefühle
aus der Nationalidee schöpfte. Und schließlich rückte auch die
Macht des Staates noch stärker in den Mittelpunkt des nationalen
Gedankens. «Der Vater dieses Nationalismus ist der Krieg»,[40]
wusste Ernst Jünger, Frontoffizier und Philosoph, den manche als
Vordenker des Neuen Nationalismus verehrten. Nur durch eine

Wiedergeburt des Machtstaates, möglichst in gesteigerter Form, so glaubten radikale Nationalisten, könne man das «System von Versailles» zerbrechen.

In Oberschlesien tobt ein unerklärter Krieg. Nur mit Mühe können die Truppen des Generals Le Rond, Leiter der «interalliierten Regierungskommission», bewaffnete Kämpfe verhindern. Hans-Adolf verfolgt das Ringen als Augenzeuge. Im Februar 1920 hat ihn das Auswärtige Amt dem Grafen Praschma zur Seite gestellt. Praschma soll die Interessen des Reiches während der Volksabstimmung wahren. Am 20. März 1921 stimmen 60 Prozent der Wahlberechtigten für den Verbleib im Deutschen Reich. Mit Moltke ist das Auswärtige Amt sehr zufrieden. Das Ergebnis, notieren seine Vorgesetzten, sei «nicht zum geringsten Teile auf die Tatkraft, Umsicht und den feinen politischen Takt zurückzuführen, mit dem Herr von Moltke es stets verstanden hat, den deutschen Rechtsstandpunkt zu verteidigen.»[41]

Doch danach wachsen Le Rond die Dinge über den Kopf. Polnisch sprechende Oberschlesier entfachen einen bewaffneten Aufstand gegen die deutschsprachigen; polnische Freischärler stoßen auf deutsche Freikorps. Beide Seiten verüben Gräueltaten. Moltke vermittelt zwischen Le Rond und den «Selbstschutzverbänden» der Deutschen. «Die Zustände», meldet Dorothy nach Südafrika, «sind viel schlimmer, als die Zeitungen zugeben.»[42]

Als die Kämpfe abflauen, beschließt der Völkerbund am 20. Oktober 1921 die Teilung des Abstimmungsgebiets. Fast das gesamte oberschlesische Industriegebiet fällt an Polen. Die Deutschsprachigen, auch Moltke, empfinden die Entscheidung als Unrecht. «Die Bevölkerung», beobachtet Dorothy, «ist schrecklich verbittert, was so schlecht für die Seele des Volkes ist.»[43] Eine «Gemischte Kommission» in Kattowitz unter dem Vorsitz von Felix Calonder, ehemals Bundespräsident der Schweiz, soll die Wahrung aller Rechte der Minderheiten beider Seiten überwachen. Zur Kommission gehören zwei deutsche Diplomaten, unter ihnen Hans-Adolf von Moltke.

1924 stirbt Onkel Ludwig kinderlos in Wernersdorf. Ludwig, jüngster der «vier Riesen», war lediglich Nutznießer des Gutes, denn Wernersdorf ist im Besitz der «Graf Moltke'schen Familienstiftung». Ihr gehören zudem der Kapellenberg in Kreisau und Erinnerungsstücke aus dem Nachlass des Feldmarschalls.[44] Daher erbt Hans-Adolf das Gut zwar nicht; Ludwig aber hat verfügt, Wernersdorf dem Neffen als Nutznießer zu überlassen. Ähnlich wie das Schloss in Kreisau, erinnert das Wernersdorfer Herrenhaus an ein Museum. Zeichnungen von der Hand des Feldmarschalls schmücken die Räume, eine Skizze Anton von Werners, ein Lenbach-Gemälde, das den Feldmarschall ohne Perücke zeigt, auch eine monumentale Darstellung des Einzugs deutscher Truppen 1871 in Paris. Im Arbeitszimmer hängt Hans-Adolf ein Bild seines Großvaters Adolph von Moltke über den Schreibtisch.[45] Wie seine Mutter Julie ist auch Hans-Adolf ein leidenschaftlicher Sammler – «ob es Teppiche, Bilder oder jedwede Form der Kunst waren, er ruhte nicht, bis er den Gegenstand besaß ...»[46] Sogar den Kauf von Raffael-Zeichnungen gestattet sein Vermögen.[47] Moltke verwandelt Wernersdorf in einen Musterbetrieb. «Seine Kuhherde», erinnert sich ein Verwandter, «musste die höchsten Milcherträge bringen, seine Schweinezucht die höchsten Prämien einbringen.»[48] Moltkes Inspektor, Hauptmann von Vegesack, leitet die Wirtschaft. Pläne für Um- und Neubauten entwirft der Gutsherr selbst, der bei den Bauern recht beliebt ist. Moltkes Schwester Maria, «Mokke» genannt, die unverheiratet bleibt, lebt ebenfalls in Wernersdorf. Sie betätigt sich im Obstanbau und züchtet Hunde.[49]

Auf einem Fest bei Professor Erkelenz in Breslau – ein beliebter Arzt, der auch Friedrich von Moltke behandelt – hat Hans-Adolf im Januar 1923 die zweiundzwanzigjährige Davida «Davy» Gräfin Yorck von Wartenburg kennengelernt. Auf Bitten von Gästen sang Davida Arien aus Mozart-Opern. Die Gräfin und Moltke, ihr Tischherr, führten ein langes Gespräch.[50] «Seine Gabe der Unterhaltung», berichtet Paul Yorck von Wartenburg, Davys Bruder, «die Fähigkeit, eine Frau fühlen zu lassen, dass die Welt um sie kreise, war beglückend, zumal es nicht um eine persönliche ‹Annäherung› ging. Es war ein Tribut, den er der Weiblichkeit zu zollen für angemessen hielt, und dann lebte er einen Edelmann des achtzehnten Jahrhunderts.»[51]

Die Gräfin entstammt einem alten, hochberühmten Geschlecht. Hans-Adolf und Davida heiraten im Juni 1926 auf dem Gut der Yorcks in Klein-Öls. «Es war ein großes Fest», so Davida, «wir waren 80 Menschen beim Essen, die Brautjungfern waren im Gartensaal, Kusinen, Freunde, Erwachsene in der sogenannten Wagenremise.» Moltke staunt, wie «man sich auf seiner eigenen Hochzeit so gut unterhalten»[52] könne. Aus Rücksicht auf seinen Vater hält nur Hans-Adolf eine Rede. Man möchte Friedrich von Moltke jede Aufregung oder Rührung ersparen. «Er war ein unglaublich sensibler Mann.»[53] Als die Jungvermählten um drei Uhr nachts Wernersdorf erreichen, ist das Dorf illuminiert, «jedes einzelne Haus».[54]

Schon bald reisen Hans-Adolf und Davida über Lemberg und das Schwarze Meer an den Bosporus. Seit Mai 1924 ist Moltke als «Botschaftsrat» die rechte Hand des Botschafters Rudolf Nadolny. «Dann fuhren wir», berichtet Davida, «langsam den Bosporus herauf, und ich bekam alles erklärt ... Wir hatten in Therapia ein ganzes Haus.»[55] An die drei Dienstboten muss Davida sich allerdings gewöhnen. «Dieser Müßiggang! Ich hatte bisher so viel getan. Ich habe in Klein-Öls von morgens bis abends gearbeitet.»[56] Dass Davida sich schwertut, ahnt Nadolny, mit dem Moltke sich glänzend versteht. «Heute haben wir Frau von Moltke auf dem Weg nach Schlesien gesehen»,[57] scherzt der Botschafter, nachdem er Davida bei einem Spaziergang beobachtet hat. Nadolny lobt Moltke als bisher «besten Botschaftsrat».[58] Mit dem jungen Attaché Rudolf von Scheliha verbindet Hans-Adolf bald eine Freundschaft. Vier Jahre lang lebt wieder ein Moltke in Konstantinopel.

1926, im Jahr der Hochzeit von Hans-Adolf und Davida, kämpfen Muthi und Dorothy mit den Tücken des Fideikommiss. Weil Muthi keine Hypothek aufnehmen darf, ist die Kapitaldecke häufig zu kurz. «Wir diskutieren ständig neue Methoden», erzählt Dorothy, «wie wir unser Einkommen erhöhen können, besonders mit dem Jungen, der viel über moderne Landwirtschaft liest und selbstständig denkt.»[59]

Der Junge, «the boy», wie sie Helmuth James häufig nennt, 19 Jahre
alt, erinnert Dorothy an ihren Vater. «Ich finde oft», schreibt sie Sir
James, «starke Züge von Dir in dem Jungen, die mich tief berühren. Er
ist in seinem Urteil weniger ausgewogen als Du, hat mehr von seines
Vaters Ungestüm, aber oft sprichst Du aus ihm, wenn es sich um
Ethik oder Recht gegenüber dem Opportunismus handelt.»[60] Weil
Muthi für die Christian Science in Berlin arbeitet, wächst Helmuth
James für Jowo, Willo, Carl Bernhard und Asta trotz seiner Jugend in
die Rolle eines zweiten Familienoberhaupts hinein. Von schmaler Ge-
stalt, zwei Meter groß und mit einer Intelligenz begabt, die zuweilen
einschüchtern kann, fällt es ihm leicht, Entscheidungen zu treffen.
Dabei bleibt er offen für die Sorgen anderer. Helmuth James weckt
Vertrauen – in seiner Familie, bei den Bewohnern des Dorfes Kreisau,
im Grunde bei fast allen Menschen, die ihn kennen. «Ich kann mich
nicht entsinnen, den Jungen jemals verärgert, geschweige denn wütend
oder nervös gesehen zu haben. Solche Gelassenheit ist eine große
Quelle der Kraft, nicht nur für ihn, sondern auch für die Menschen um
ihn herum.»[61] Muthi «ist sehr stolz auf ihn, sie sind große Freunde,
und der Junge bewundert und versteht seinen Vater sehr gut».[62]

Muthi und Inspektor Mau stellen die Gutswirtschaft in Kreisau
vom Getreideanbau allmählich auf Rinderzucht um.[63] «Das Gute an
der Milch ist», erklärt Dorothy, «dass man ein laufendes Einkommen von den Ställen hat, weniger Kunstdünger braucht und der
Milchpreis gut ist.»[64]

1926 veranstaltet die evangelische Kirche ein «vaterländisches
Fest» in Kreisau. Mehrere Tausend Menschen besuchen das Gut,
durch Busse herbeigefahren; Predigten, Choräle, geschmückte Häuser,
ein Orchester. Auch Friedrich und Julie kommen aus Klein-Bresa
herüber. «Das Thema», so Dorothy, «war der Charakter des Feldmarschalls: Einfachheit, Pflichttreue und frommer Sinn, und das waren
die Ideale, die allen empfohlen wurden. Kein Anflug von Parteipolitik,
Nationalismus oder Chauvinismus. Es war wirklich gut.»[65] Verzichtet hätte Dorothy aber gerne auf die Bewirtung von sechzig Gästen
im Schloss – «das kommt davon, wenn man einen historischen Namen hat!»[66]

Helmuth James von Moltke als Student in Wien, 1928/29

Gelegentlich tauchen Beamte des Innenministeriums auf, um Leihgaben für das Moltke-Museum in Berlin auszuwählen. Dann ordnet Helmuth James das Gutsarchiv und «stößt dabei auf vieles von Interesse».[67] Doch allmählich treten die militärischen Überlieferungen der Familie in den Hintergrund. Das Andenken des Feldmarschalls pflegen die Kreisauer als Angelegenheit des Respekts, nicht mehr. Eltern wie Kinder sind Demokraten. Sie unterstützen die Weimarer Republik, wählen Parteien der Mitte.

Helmuth James studiert wie sein Großvater Jura, zunächst in Berlin. Dort befreundet er sich 1926 mit Eugenie Schwarzwald. Als eine der ersten Frauen Europas hat sie den Doktor der Philosophie erworben. Nun leitet sie die Wiener «Schwarzwald-Schule». Eugenie überredet Moltke zu zwei Semestern an der Universität Wien. In der österreichischen Hauptstadt lernt er durch die Schwarzwalds einflussreiche Künstler kennen, darunter Bert Brecht, Helene Weigel, Karl Kraus, Gottfried Benn und Carl Zuckmayer. Am Wichtigsten aber wird die Freundschaft mit der Journalistin Dorothy Thompson. Sie versucht früh, die amerikanische Öffentlichkeit vor den Gefahren des Nationalsozialismus zu warnen. Thompson schickt Moltke herum, lässt ihn Berichte schreiben und Tatsachen ermitteln. Die Journalistin und ihr Verlobter Sinclair Lewis, der als erster Amerikaner den Literatur-Nobelpreis erhalten wird, besuchen Dorothy in Kreisau. «Sinclair Lewis», schwärmt Dorothy, «ist sehr attraktiv, sehr gesprächig und unterhaltend, weitherzig und mit einem großen Sinn für Humor. Einfach, aber intelligent aussehend und fast so groß wie der Junge.»[68]

Sein Studium beendet Helmuth James an der Universität von Breslau. Auch dort ist er ständig unterwegs, kümmert sich um soziale Fragen, etwa um die Nöte von Kleinbauern, spricht mit dem preußischen Kultusminister und dem Präsidenten der Provinz Oberschlesien. Solche Möglichkeiten verdankt er zum Teil sich selbst, aber auch seinem Namen und dem Umstand, dass nur wenige Adelige bereit sind, sich für die Zukunft der Republik einzusetzen. Die Väter der Weimarer Verfassung haben alle Vorrechte der Geburt beseitigt. Adelstitel sind seit 1919 nur noch ein Teil des Namens. Helmuth James kann das nicht stören.

Ein Landrat macht ihn auf die bedrängte Lage der Kumpel im Waldenburger Kohlenrevier aufmerksam, etwa vierzig Kilometer südwestlich von Kreisau gelegen. Moltke reist nach Waldenburg. Über die Missstände ist er so entsetzt, dass er die Lage mit seinem Vetter Carl Dietrich von Trotha bespricht, der seinen Freund Horst von Einsiedel hinzuzieht. Gemeinsam mit Eugen Rosenstock-Huessy, Professor für Rechtsgeschichte in Breslau, gründen Moltke, Trotha und Einsiedel 1927 die «Löwenberger Arbeitsgemeinschaft». Sie bereitet ein «Arbeitslager» für etwa hundert junge Bauern, Studenten und Arbeiter vor. Dort werden die Zustände in Waldenburg besprochen, man hört Referate von Fachleuten, erarbeitet Lösungsvorschläge. Peter Yorck von Wartenburg, ein Bruder Davidas und Student in Breslau, nimmt ebenso teil wie Adolf Reichwein, ein junger Pädagoge und Sozialdemokrat. Erst 1929, mit dem Beginn der Weltwirtschaftskrise, lassen sich keine finanziellen Mittel mehr für die Lager beschaffen. Aber die «Löwenberger» haben Menschen zusammengeführt, die sich im Kampf gegen Hitler wiederbegegnen werden.

Die Vorboten der Weltwirtschaftskrise machen der Landwirtschaft, auch Muthi in Kreisau, immer stärker zu schaffen. Nach zwei schlechten Ernten, hohen Zinsen und drückenden Steuern müssen Dorothy und Muthi viele Dienstboten entlassen. Die Familie zieht vorläufig zu Schönchen ins Berghaus. «Wir können», beruhigt Dorothy die Eltern, «unmöglich im Schloss mit drei Hausangestellten so angenehm leben wie hier. Natürlich ist das Berghaus klein – vor allem im Vergleich zu unseren Räumen zuvor, aber es ist nicht bedrückend klein, und natürlich ist das ganze Arrangement unendlich billiger.»[69]

Am 30. März 1928, wenige Tage nachdem Helmuth James seinen einundzwanzigsten Geburtstag gefeiert und damit die Rechtsfähigkeit erlangt hat, findet in Berlin ein förmliches Familientreffen statt. Die Aufhebung des Fideikommiss wird mit nur einer Gegenstimme beschlossen. «Es ist ein ganz merkwürdiges Gefühl», wundert sich Dorothy, «dass etwas, das eine so lange Tradition hat, plötzlich annulliert werden kann. Vor der Revolution wäre es natürlich unmöglich gewesen.»[70] Danach kann Muthi Hypotheken aufnehmen. Trotzdem bleibt die finanzielle Lage schwierig. Um die Familie mit Lebensmitteln zu versorgen, baut Dorothy im Schlosspark Obst und Gemüse an. Die Moltkes, wird beschlossen, bleiben im Berghaus, das Muthi den neuen Bedürfnissen anpassen lässt. «Ihr würdet das Wohnzimmer im Berghaus nicht wiedererkennen», berichtet Dorothy den Eltern, «es ist einfach reizend, ich bin ganz begeistert davon. Meine schönen Queen-Anne-Möbel kommen zur Geltung, und außerdem geben Julius Cäsar und die Lenbach-Skizze des Feldmarschalls dem Zimmer eine wunderbare Atmosphäre.» Aber der Abschied vom Schloss fällt Dorothy nicht leicht. Sie sei ein bisschen traurig, gesteht sie, «denn ich bin da sehr glücklich gewesen und hänge sehr an dem alten Haus mit seinen großen Räumen und der würdevollen Treppe».[71] Dorothy glaubt nicht, dass ihre Kinder oder sie selbst das Schloss jemals wieder bewohnen werden. Und sie wird Recht behalten.

Im Herbst 1928 verlegt Muthi seinen Hauptwohnsitz von Kreisau nach Berlin. Die Leitung der Christian Science hat ihn zum Vorsitzenden des «Publikationskomitees» bestimmt, zuständig für die Außendarstellung der Gemeinschaft. Muthis neue Stellung bessert die Finanzen der Familie nur wenig. «Ich werde ihn», versichert Dorothy, «natürlich sehr vermissen ...»[72]

Die tägliche Leitung des Gutes übernehmen Dorothy und Inspektor Mau. Dann aber verschärft sich die Lage dramatisch. Im September 1929 erliegt Mau einem Herzinfarkt. «Er war offenbar schon einige Zeit geistig umnachtet gewesen», klagt Dorothy, «obgleich es nicht einmal seine Frau bemerkt hatte, denn er hatte manche Rechnungen zweimal bezahlt, mehr Kartoffeln und Weizen verkauft, als wir hatten, hatte das Geld dafür bekommen, und jetzt können wir die Ware nicht liefern. Schreckliche Konfusion!»[73] Zu allem Unglück erreicht die Weltwirtschaftskrise ihren Höhepunkt. Das Gut steht vor dem Konkurs. Sechzig Angestellte müssen um ihren Arbeitsplatz bangen. Und den Moltkes droht nach 62 Jahren der Verlust von Kreisau.

Muthi ruft seinen ältesten Sohn zu Hilfe. Helmuth James, der seit dem Examen bei einer Berliner Handelsgesellschaft arbeitet, wird Muthis Bevollmächtigter und damit der eigentliche Gutsherr. Als Jurist besitzt Helmuth James keine landwirtschaftliche Ausbildung, und von Betriebswirtschaft versteht er wenig. Dennoch beginnt er den Kampf um Kreisau, holt das Äußerste aus sich heraus, entwirft Pläne für die Gläubiger, bringt Ordnung in das Chaos. Ein neuer Inspektor, Adolf Zeumer, steht ihm hilfreich zur Seite. Muthi nimmt vierzehn Kilo ab, beteiligt sich aber, so gut es geht, an Gesprächen mit den Banken. Es sei eine große Hilfe, bemerkt Dorothy, «dass die Moltkes einschließlich meiner Kinder, alle die Fähigkeit haben, in den haarsträubendsten Situationen ganz ruhig und sogar fröhlich zu bleiben.»[74]

Helmuth James erlebt schlimme Tage, kürzt Löhne und entlässt Angestellte. Auto, Silber, Möbel und ein Diadem, das Dorothy vor 21 Jahren in Schloss Bellevue beim Kaiserball getragen hat, müssen veräußert, zwei Lenbach-Bilder versteigert werden. Um Holz zu verkaufen, lässt Muthi fast alle Bäume aus der Zeit des Feldmarschalls fällen. Die Kreisauer fragen in Wernersdorf an, ob Hans-Adolf eine Bürgschaft übernehmen würde. Hans-Adolf zieht Davida zu Rate. Beide wollen sechs oder sieben Kinder. Trotzdem rät Davida zur Bürgschaft: «Du musst wissen, wenn ein Gut hops gehen muss, dann darf nicht Kreisau hops gehen.»[75] Dorothy nimmt im Schloss zahlende Gäste auf. Helmuth James nutzt seine Verbindungen. Reichspräsident Hindenburg bietet an, alle Leihgaben im Berliner Moltke-Museum für das Reich zu erwerben. Darüber hinaus verkauft Helmuth James dem Reichsarchiv Papiere des Feldmarschalls.[76] Im Februar 1930 sind die Gläubiger schließlich zu einem Moratorium bereit. Kreisau erhält eine Atempause. Zeumer und Helmuth James nutzen das Moratorium, um viele Kosten zu senken. Danach bessert sich die Lage. «Das Rindvieh ist hervorragend», meldet Dorothy erleichtert, «wir haben doppelt so viele Schweine wie letztes Jahr und die Ernte verspricht gut zu werden.»[77] Kreisau ist gerettet.

«Freya Deichmann», so Dorothy im Oktober 1930, «hat letzte
Woche ihr Abitur bestanden und für alle fünf Fächer ein ‹gut› bekommen. Wenn man bedenkt, dass sie die Schule vor einiger Zeit
verlassen hatte, ist das wirklich eine hervorragende Leistung.»[78]
Helmuth James kündigt einen Besuch von Freya und ihrem Bruder
in Kreisau an. Die Kölner Bankierstochter, neunzehn Jahre jung,
hat Helmuth James im vergangenen Jahr bei den Schwarzwalds am
Grundlsee nahe Bad Aussee kennengelernt. «Helmuth kam die
Verandastufen herauf», wird Freya später erzählen, «ich stand zufällig dort oben. Ich sah ihn, und mein Herz stand still. Ich wusste
überhaupt nicht, was da passierte. Ich hatte das noch nie erlebt!»[79]
Nach den Sommertagen am Grundlsee ist auch Helmuth James
beeindruckt. «Liebe, allerliebste Freya, seit ich Sie auf dem Bahnhof Aussee aus den Augen verlor, habe ich mich auf diesen Brief
gefreut. ... Ich will damit anfangen, Ihnen zu sagen, dass dieser
Sommer ein unerhörter Höhepunkt meiner Existenz gewesen ist;
ein Höhepunkt nur im Verhältnis zur Vergangenheit; so ein Höhepunkt, bei dem man sich atemlos vor Staunen umdreht, um festzu-
stellen, was einem bisher alles gefehlt hat – um dann weiterzustei-
gen!»[80] Der Besuch von Freya und Hans Deichmann in Kreisau
wird ein Erfolg. Freya sei, so Dorothy, «ein liebes Kind und passt,
glaube ich, gut zu uns».[81] Als Dorothy im nächsten Jahr eine Reise
nach Südafrika ankündigt, beschließen Helmuth James und Freya zu
heiraten. Freya soll Dorothys Rolle in Kreisau übernehmen, sich vor
allem um Asta und Carl Bernd kümmern, die beide im schulpflichtigen
Alter sind.

Die Hochzeit im Kölner Deichmann-Haus, Georgsplatz 16, verläuft ohne Aufwand, denn die Bank von Freyas Vater hat Insolvenz
angemeldet. Das Paar zieht in eine kleine Dachwohnung im Berghaus.
Dorothy ist von Freya begeistert: «Mein junges Paar ist lieb und miteinander so glücklich, es ist ein Vergnügen, es zu sehen. Freya ist so
natürlich und impulsiv, ganz unverdorben und frisch, Helmuth ist sehr
reserviert, aber man kann an hundert kleinen Einzelheiten sehen, wie
glücklich er ist.»[82] Dorothy, die «sehr geliebt»[83] wird, so Freya, verbreitet eine warmherzige, ungewöhnlich weltoffene Atmosphäre.

Dorothy und Freya von Moltke

Wilhelm Viggo, Helmuth James, Asta Maria und Freya von Moltke mit dem amerikanischen Journalisten Edgar Mowrer und dessen Tochter Diana vor dem Berghaus, 1932

Die innenpolitische Lage spitzt sich immer mehr zu. Nach dem Erstarken von Kommunisten und Nationalsozialisten findet Reichskanzler Brüning keine parlamentarische Mehrheit. Seit Juni 1930 kann Brüning nur noch mit Notverordnungen regieren. Mehr denn je erscheint die Weimarer Republik als Demokratie ohne Demokraten. Über das Bündnis von Hugenbergs Deutschnationaler Volkspartei mit Hitlers NSDAP ist Dorothy nicht verwundert, aber verärgert. «Die politische Dummheit der deutschen Konservativen, der ehemaligen ‹herrschenden Klasse›, ist zum Heulen. Kein Wunder, dass das Land auf den Hund kam.»[84] Auch die Lektüre von Hitlers *Mein Kampf* trägt nicht dazu bei, sie zu beruhigen. «Das Buch ist gestopft voll von dem lächerlichsten Unsinn über Juden und ‹Marxismus› und so weiter. Doch hat man durchgängig das Gefühl, dass Hitler kein Schuft oder Narr ist, sondern ein Mann von tiefer Leidenschaft, der seiner Vernunft und seinem Urteil keinen Raum lässt – und das ist ein Führer von 7 Millionen Wählern!»[85] Auf Wunsch von Dorothy Thompson führt Helmuth James ein Interview mit Gregor Strasser, der dem linken Flügel der NSDAP angehört. Er habe Strasser nicht verstanden, berichtet Helmuth James über das Treffen. Es sei, als ob man mit jemandem über Astronomie spreche, der Saturn für den Mittelpunkt des Planetensystems halte.

Als Reichspräsident Hindenburg im Mai 1932 Brüning entlässt, das «Kabinett der Barone» unter Franz von Papen ernennt und es jeden Tag auf den Straßen zu blutigen Zusammenstößen zwischen Nationalsozialisten und Kommunisten kommt, sieht Dorothy die Republik am Ende. «Was für eine Chance ist vergeudet worden, Zentraleuropa zu einem Bollwerk von Freiheit und Fortschritt zu machen. Stattdessen sind wir zurückversetzt in bismarcksche Zeiten, aber ohne einen Bismarck.»[86] Man lebe, klagt sie, mehr oder weniger in einem Irrenhaus. Nationalsozialisten könnten nicht mehr zwischen Recht und Unrecht unterscheiden. «Ihre Formel ist: Nazis = Recht, andere Meinungen = Unrecht.»[87] Die Rückkehr zum «nackten Nationalismus» habe die Fortschritte der letzten achtzehn Jahre zerstört. «Es ist mehr als tragisch.»[88]

Einzig das Berghaus erscheint als «Insel des Friedens und der Zufriedenheit».[89] Aber die gemeinsame Zeit in Kreisau geht zu Ende. Im September 1932 ziehen Helmuth James und Freya nach Berlin, Bendlerstraße 42, in eine kleine Wohnung am Tiergarten. Ein paar Wochen später zieht Dorothy zu Muthi nach Berlin-Friedenau, um ihm beim Übersetzen einer Biographie von Mary Baker Eddy zu helfen, der Gründerin von Christian Science. «Ich hoffe», schreibt sie, «dass wir in einigen Jahren wieder nach Kreisau zurückkehren können.»[90] Die Hoffnung trügt.

VIERZEHNTES KAPITEL

Widerstand

Verbrechen im Zeichen der Nation

In Berlin speist Helmuth James mit Carl Ohle zu Mittag, dem ehemaligen Landrat von Waldenburg. Soeben hat Reichspräsident Paul von Hindenburg den Führer der NSDAP, einen gebürtigen Österreicher, zum Reichskanzler ernannt. Manche nennen Adolf Hitler, nur halb im Scherz, «Österreichs Rache für Königgrätz». Hitlers Regierung, meint Ohle, werde sich schnell abnutzen. Moltke widerspricht heftig. Schon jetzt sieht er die Auflösung des Rechtsstaates, Verfolgungen und den Zweiten Weltkrieg kommen. «So ist nun Hitler doch Reichskanzler», notiert Dorothy in Friedenau. «Die Lage ist ernst, weil praktisch alle Mitglieder des neuen Kabinetts darauf aus sind, die Verfassung zu brechen. Sie sind ein fürchterlicher Haufen.»[1] Die konservativen Minister in Hitlers Kabinett können Dorothy nicht beruhigen – im Gegenteil. «Ich fürchte, uns stehen stürmische Zeiten bevor mit viel Blutvergießen. Welche Blindheit – es ist wie ein grässlicher Alptraum.»[2] Dorothy sieht schwarz: «Es ist sehr ernst, die Nazis werden viel kaputtmachen, ehe sie abtreten.»[3]

Hans-Adolf erlebt den 30. Januar 1933 als Leiter der deutschen Gesandtschaft in Warschau. Nach seiner Zeit in Konstantinopel hat er in der Ostabteilung des Auswärtigen Amtes gewirkt. Schon durch die «Gemischte Kommission» mit den deutsch-polnischen Beziehungen bestens vertraut, konnte er sein Fachwissen in Berlin zwei Jahre lang erweitern. Dann folgte die Versetzung nach Warschau. Am 30. Januar hält ihm sein Pressereferent, Immanuel Birnbaum,

einen Vortrag. Moltke unterbricht Birnbaum, um «Radio Berlin»
einzuschalten. «Da kann heute etwas passieren», entschuldigt sich
Moltke nervös. Aus dem Gerät tönt es sofort: «Der Herr Reichspräsident hat den Führer der NSDAP, Adolf Hitler, zum Reichskanzler
ernannt.» Es folgt die Liste der Reichsminister, die der neue Regierungschef dem Staatsoberhaupt zur Ernennung vorgeschlagen hat.
Moltke rechnet aus: «Neurath, Blomberg, Schwerin-Krosigk, die
kenne ich gut, die sind keine Nazi. Hugenberg und Seldte sind es
auch nicht. Die Gemäßigten sind in diesem Kabinett die Mehrheit,
das wird halb so schlimm.»[4]

«Gemäßigte» wie Alfred Hugenberg und General Werner von
Blomberg, also konservative Nationalisten und erklärte Gegner der
Republik, die wie Hans-Adolf ihre Prägung im Kaiserreich erfahren
haben, unterliegen dem Irrtum, Hitler zähmen zu können. Denn es
gibt Schnittmengen zwischen alten und neuen Nationalisten. So
setzt auch Hans-Adolf auf eine Revision des Versailler Vertrages,
will die Ostgrenzen des Reiches verändern, die deutsche Minderheit
in Polen von einer Auswanderung abbringen und den Wiederaufstieg des Reiches zur Großmacht erreichen.[5] Ein großer Abstand gegenüber Demokratie, Republik und Sozialdemokratie ist im Auswärtigen Amt, überwiegend mit Adeligen besetzt, ohnehin weit
verbreitet. Nur wenige Diplomaten legen 1933 ihre Ämter nieder.[6]

Hitlers Kanzlerschaft nimmt Moltke zunächst nicht recht ernst.
Die Gattin des französischen Botschafters empfängt er mit den Worten: «Vielleicht sollte ich Sie nun so begrüßen?», die rechte Hand
mit strahlendem Lächeln zum Hitlergruß erhoben.[7] Hans-Adolf ist
kein Antisemit; Hitlers Judenhass hält er für Wahlkampfgetöse. Als
Birnbaum ihm seine Sorgen anvertraut, hört er Beschwichtigungen.
Moltke glaubt, eine Persönlichkeit wie Birnbaum, «mit militärischen und anderen patriotischen Verdiensten, würde bestimmt un-
angetastet in Dienst und Beruf bleiben können.» Er kennt Birn-
baums Familie, denn, so der Pressereferent, «mein Vater hatte im
Hause seines Vaters, als dieser Oberpräsident von Ostpreußen war,
gelegentlich Musik gemacht.»[8] Doch obwohl Moltke sich in Berlin
für ihn einsetzt, wird Birnbaum als «Volljude» und «Feind der

Volksgemeinschaft» entlassen. Ähnlich wie Ernst von Weizsäcker, der Gesandte des Reiches in Bern, hält Moltke die NS-Diktatur wohl nur für eine weitere, vorübergehende Heimsuchung.[9] Auch er, so darf man vermuten, sieht in der konservativen, ehemals kaiserlichen Beamtenschaft die eigentliche Verkörperung des Staates. Nach einem schwadronierenden Kaiser und vaterlandslosen Demokraten würde diese Beamtenschaft, so mutmaßen viele Diplomaten, nun wohl auch den proletenhaften Diktator überstehen.

Außenpolitisch scheinen sich Hans-Adolfs Hoffnungen zu erfüllen. Im November 1933 treten die deutsche und die polnische Regierung in Verhandlungen ein. Wie die Berliner Regierung möchte Moltke die außenpolitische Isolation des Reiches durchbrechen. Hans-Adolf wünscht zwar eine Veränderung der Ostgrenze, nicht aber um den Preis eines Krieges.

Am 26. Januar 1934 wird der deutsch-polnische Nichtangriffspakt geschlossen. Beide Seiten versprechen sich wechselseitige Zusammenarbeit. Die Grenzfrage wird vertagt. Dass eine Gewaltverzichtserklärung in den Schlusstext gelangt, ist vor allem das Verdienst des deutschen Gesandten.[10] Der Nichtangriffspakt gilt als Hitlers erster großer Erfolg auf der internationalen Bühne. Wahrscheinlich glaubt Moltke, er habe geholfen, die Entwicklung in friedliche Bahnen zu lenken. In Wahrheit aber wirkt er daran mit, Hitler eine Atempause für militärische Rüstungen zu verschaffen, das Ausland zu beruhigen und die Ausgangslage des Diktators zu bessern.

Die Gesandtschaft in Warschau, zur Botschaft aufgewertet, wird ein beliebtes Ziel nationalsozialistischer Führer. Die Moltkes empfangen Propagandaminister Goebbels, Außenminister Ribbentrop und Hans Frank, der den Posten des «Reichsrechtsführers» bekleidet. «Reichsforstmeister» Hermann Göring erscheint gelegentlich zur Jagd. Davida führt Emmy Göring, eine ehemalige Schauspielerin, eher widerwillig durch Warschau, um mit ihr Schuhe und Mieder zu kaufen. «Dann kam auch einmal Himmler», berichtet Davida. «Und von allen Minister-Suiten, die zu uns kamen, muss ich sagen, waren die Leute, die mit Himmler kamen, die am besten erzogenen.

Hans-Adolf von Moltke, der polnische Staatschef Józef Piłsudski, Joseph
Goebbels und der polnische Außenminister Józef Beck bei einem Empfang in
der deutschen Botschaft am 15. Juni 1934

Es war ein Prinz, und es war ein Graf dabei. Man konnte also sagen:
Sie hatten Kinderstube.»[11] Grafen und Prinzen im Gefolge des
«Reichsführers-SS» Heinrich Himmler – das ist die Folge eines langen Prozesses, in dessen Verlauf die Gräben zwischen konservati-
vem und nationalsozialistischem Denken, auch zwischen altem und
neuen Nationalismus, immer mehr zugeschüttet worden sind, bis
sie fast jede Bedeutung verlieren. Der preußische Adel schließt sich
der NS-Bewegung mehrheitlich an.[12]

    Unendlich bestürzt ist allerdings Muthi, zumal die Christian
Science vom Regime mit Argwohn betrachtet wird. Im Oktober
1933 verliert er seinen Posten. Er wird durch einen Glaubensbruder
ersetzt, der den Nationalsozialisten genehmer erscheint. Muthi habe
sich, erklärt Dorothy nicht ohne Stolz, «die ganze Zeit hervorragend
benommen. Die Moltkes sind eine Familie, bei der man sich immer
darauf verlassen kann, dass sie die Dinge großzügig sieht und nie-

mals kleinlich, und das ist etwas Großartiges.»[13] Zuweilen flüchtet sie in Galgenhumor. «Es gibt im Vaterland», erklärt Dorothy ihren Eltern, «ein Gebet für ganz kleine Kinder, das lautet: ‹Lieber Gott, mach mich fromm, dass ich in den Himmel komm.› Die neueste Form für Erwachsene ist: ‹Lieber Gott, mach mich stumm, dass ich nicht ins Lager kumm›.»[14] In Kreisau begrüßen die meisten Menschen im Dorf die «Machtergreifung» weil – wie Helmuth James vermutet – im Februar 1933 der Schweinepreis steigt. «Arme Demokratie!»,[15] seufzt Dorothy. Und wenig später: «Kreisau ist ganz Nazi, obgleich der Schweinepreis wieder gefallen ist.»[16]

Freya und Helmuth James, dem seine Prüfung zum Assessor bevorsteht, spielen mit dem Gedanken, nach Südafrika auszuwandern. «Wir schämen uns alle sehr», klagt Dorothy. «Man fühlt sich so entwurzelt, als ob man dem Land nicht angehörte.»[17] Am Ende, kurz vor ihrem Tod, zieht sie die Summe aller Beobachtungen nach einem Leben im «Vaterland»: «Tatsache ist, dass ich seit März 1933 den Staat, jeden Staat, unerträglich finde und das Wohl des Einzelnen für unendlich wichtiger halte als das Wohl des Staates.»[18] Am 23. März 1933 hat der Reichstag das «Ermächtigungsgesetz» beschlossen. Die Verfassung von Weimar ist nur noch ein Blatt Papier.

Nach ihrer Rückkehr von einer Südafrika-Reise, im Sommer 1935, leidet Dorothy von Moltke wochenlang unter Kopfschmerzen. Sie stirbt, völlig überraschend, am 11. Juni 1935 im Alter von 51 Jahren. Dorothy wird auf dem Kapellenberg begraben. Als Sir James vom Tod seiner Tochter erfährt, bricht er die langjährige Arbeit an seinen Memoiren ab. Sie werden nie vollendet. An ihrem fünfzigsten Geburtstag hatte Dorothy den Eltern geschrieben: «Aber ich möchte vor allem euch Lieben für alle Liebe danken, die ihr mir in diesen 50 Jahren erwiesen habt. Nie habt Ihr mich im Stich gelassen, und ich kann mir keine Eltern vorstellen, die verständnisvoller, selbstloser und liebevoller sein könnten.»[19]

Der Plan von Helmuth James, Richter zu werden, ist mit dem Sieg Hitlers undurchführbar geworden. Stattdessen eröffnet er eine Anwaltskanzlei, lässt sich in England zum Barrister ausbilden, spezialisiert sich auf Internationales Recht und findet in Berlin Gelegenheit, Opfern des Regimes beizustehen, die auswandern wollen. Von Jahr zu Jahr erscheint ihm das Leben unter dem Hakenkreuz unerträglicher. Die Rechtlosigkeit, die Gewalttaten und die Verfolgungen bestätigen Moltkes schlimmste Befürchtungen. Freya studiert Jura, promoviert bei Martin Wolff, den die Nationalsozialisten von seinem Lehrstuhl vertreiben. Danach übernimmt sie, so gut es geht, Dorothys Rolle in Kreisau. Täglich fährt sie mit Zeumer auf ihrer Spinne, einem zweirädrigen Pferdewagen, über die Felder.[20] Zeumer ist Mitglied der NSDAP. Er kennt die Haltung der Kreisauer Moltkes. Seine Loyalität zur Familie gibt er dennoch nie auf.

Als Freya 1937 ihr erstes Kind, Helmuth Caspar, zur Welt bringt, hat Muthi in Berlin wieder geheiratet. Für Anne-Marie, geborene Altenberg, möchte Muthi einen neuen Erb- und Rentenvertrag zu Lasten von Kreisau abschließen. Helmuth James, sein Bevollmächtigter, erhebt offenbar Einwände. Hinter vorgehaltener Hand nennen die Kreisauer Muthis Gattin bald «Rentenannie».[21]

In der «Großen Halle» kann Hans-Adolf von Moltke den Alpenblick wohl kaum genießen. Dabei ist die Aussicht am Panorama-Fenster im Berghof, Hitlers Landhaus, atemberaubend. Botschafter von Moltke nimmt am 5. Januar 1939 auf dem Obersalzberg an einer Unterredung zwischen dem Diktator, Außenminister Ribbentrop, dem polnischen Außenminister Józef Beck und Polens Botschafter in Berlin, Józef Lipski, teil.[22] Der Ton ist unterkühlt.

Nach dem Abschluss des deutsch-polnischen Nichtangriffspaktes hat die Wehrmacht fieberhaft aufgerüstet. Zug um Zug konnte Hitler, begünstigt durch eine Politik des «Appeasements» seitens der britischen und französischen Regierung, den Vertrag von Versailles untergraben. Die Wiedereinführung der Wehrpflicht, die Besetzung des Rheinlandes, der «Anschluss» Österreichs und die Annexion der Sudetengebiete, von den Westmächten 1938 im Münchener Abkommen zugestanden, um einen Krieg zu vermeiden, haben den Diktator in eine Position der Stärke befördert.

So hat Ernst von Weizsäcker, nun Staatssekretär im Auswärtigen

Amt, für das Gespräch auf dem Obersalzberg eine klare Empfehlung ausgesprochen: «Polen muss für unsere Minderheit mehr tun. ... Beck sollte spüren, dass wir die ganze Schwäche seiner Position kennen und abwarten, bis er mürber wird.»[23] Nach Becks einleitenden, verbindlichen Worten ergreift Hitler das Wort. Die Unterredung verwandelt sich in einen Monolog des Diktators. Man habe, erläutert Hitler, durchaus gemeinsame Interessen – das «Judenproblem» zum Beispiel. «Er, der Führer», notiert der Protokollant, «sei fest entschlossen, die Juden aus Deutschland herauszubringen. Man würde ihnen jetzt noch gestatten, einen Teil ihres Vermögens mitzunehmen; sie würden auf diese Weise sicherlich mehr aus Deutschland hinausnehmen, als sie besessen hätten, als sie in dieses Land eingewandert wären. Je länger sie aber zögerten auszuwandern, desto weniger würden sie mitnehmen können.»[24]

Hitler bedauert und erklärt offen, durch das Münchener Abkommen von seinem wahren Ziel abgedrängt worden zu sein: die «Liquidation der Tschechoslowakei».[25] Dann lässt er alle Zurückhaltung fahren. «Danzig ist deutsch», verkündet er, «wird stets deutsch bleiben und wird früher oder später zu Deutschland kommen.»[26] Es wäre schwierig, wirft Beck ein, die Öffentlichkeit in Polen für diese Sicht zu gewinnen. Unterstütze die polnische Regierung Danzigs Rückgliederung an das Großdeutsche Reich, versetzt Hitler, würde die Regierung in Berlin Polens Westgrenze fünfundzwanzig Jahre lang garantieren. Für das vage Versprechen, den Nachbarn ein Vierteljahrhundert lang nicht mit Krieg zu überziehen, erwartet der Diktator ein handfestes Zugeständnis: die Aufgabe Danzigs.

Moltke hat Ribbentrop vor Beginn der Unterredung gewarnt, dass die «polnische Haltung in der Danziger Frage negativ sein müsse».[27] Doch offenbar scheren sich weder Ribbentrop noch Hitler um Hinweise des Botschafters Moltke. Im Gegenteil: Nachdem Hitler entgegen dem Münchener Abkommen im März 1939 die Tschechoslowakei hat besetzen lassen, untersagt der Diktator seinem Botschafter in Warschau, weitere Verhandlungen zu führen. In einer Reichstagsrede, die Moltke persönlich verfolgt,[28] kündigt Hitler am 28. April den deutsch-polnischen Nichtangriffspakt. In den folgenden Wochen

*Blick auf die Veranda des Kreisauer Berghauses mit dem lesenden Helmuth
James von Moltke, um 1938*

betonen Moltkes Berichte aus Warschau die Bereitschaft der Polen zum Kampf.[29] Doch wieder erzielt der Botschafter keinerlei Wirkung. Schon längst stehen alle Zeichen auf Krieg.

Am 9. August 1939 wird Hans-Adolf von Moltke aus Warschau nach Berlin abberufen. Ribbentrop ordnet an, «dass der Herr Botschafter von Moltke bis auf weiteres in Berlin zu bleiben hat. Er soll keinerlei Kontakt mit irgendeiner polnischen Stelle aufnehmen. Er soll auch nicht mit seiner Botschaft in Warschau telefonieren.»[30] Hitler will sich nicht noch einmal in letzter Sekunde durch Verhandlungen von seinem Kriegskurs abdrängen lassen. «Ich fühle mich», klagt Hans-Adolf, «wie ein Hauptmann, der seine Kompanie im entscheidenden Augenblick verlässt.»[31] Die Kriegsentfesselung erlebt er als persönliche Katastrophe. Der 1. September 1939, klagt Moltke, zerstöre seine zwanzigjährigen Bemühungen.[32] Was er vermeiden wollte, ist eingetreten: Der Zweite Weltkrieg beginnt. Vergeblich bittet Hans-Adolf um eine Verwendung an der Front.[33]

Moltke bleibt im Auswärtigen Amt. Ribbentrop erteilt die Weisung, ein Weißbuch zu erstellen, das Polens «Schuld» am Ausbruch des Krieges nachweisen soll. Seine Vorgesetzten geben Moltke zu verstehen, er könne seine eigenen Berichte für die Drucklegung «frisieren».[34] Schon im Dezember 1939 erscheinen die *Dokumente zur Vorgeschichte des Krieges*,[35] 482 Schriftstücke umfassend. Die Sammlung unterschlägt alles, was die Bereitschaft zur Verständigung auf polnischer Seite belegen und die Angriffsabsicht der deutschen Regierung offenbaren könnte.[36] Als «Beweis» für Hitlers Friedenswillen stellt Hans-Adolf das Weißbuch in einer internationalen Pressekonferenz der Öffentlichkeit vor. Während Moltke, in dem Weißbuch blätternd, die «Schuld» der Polen erläutert, können einige Journalisten ein Lächeln nicht unterdrücken.[37]

Mit Beginn des Polenfeldzugs wird Helmuth James als Sachverständiger für Kriegsrecht und Internationales Recht in das Oberkommando der Wehrmacht dienstverpflichtet. Fortan gehört er zur Spionageabwehr, Abteilung Ausland. Helmuth James bezieht ein Büro im Kriegsministerium am Tirpitzufer. Für ihn und andere Völkerrechtler der Abwehr steht außer Frage, dass die Haager Konventionen von 1899 und 1907 nicht mehr zeitgemäß sind. Weil die Kriegführung nunmehr auch auf die Zerstörung gegnerischer Industrien abzielt und den Durchhaltewillen der Bevölkerung durch Flächenbombardements aus der Luft zu brechen versucht, entsteht ein rechtsfreier Raum. Im totalen Krieg trennt niemand zwischen «Kombattanten» und «Nichtkombattanten». Vor allem aber: Von Anfang an lässt Hitler den Feldzug im Osten als Rasse-, Beute- und Vernichtungskrieg führen. Schon am 22. August 1939 hat er gegenüber Befehlshabern der Wehrmacht erklärt: «Bei Beginn und Führung des Krieges kommt es nicht auf das Recht an, sondern auf den Sieg. Herz verschließen gegen Mitleid. Brutales Vorgehen. 80 Millionen Menschen müssen ihr Recht bekommen. Ihre Existenz muss gesichert werden. Der Stärkere hat das Recht. Größte Härte.»[38] Kriegführung und Besatzungsherrschaft folgen von Beginn an den Gesetzen der nationalsozialistischen Weltanschauung, nicht des Völkerrechts. Im Kriegsministerium hat die Völkerrechtsgruppe für die höheren Befehlsstellen kaum Bedeutung.[39] Dennoch versucht Helmuth James mit Unterstützung von Wilhelm Canaris, dem Chef der Abwehr, die bevorstehenden Rechtsvorschriften so anzuwenden, dass sie der Barbarisierung des Krieges entgegenwirken. Moltke kämpft für ein Anliegen, das schon die Aufklärer vor rund 200 Jahren verfolgt haben: Er ringt um die Einhegung des Krieges. So drängt er, nicht völlig erfolglos, hohe Wehrmachtsstäbe im Westen dazu, das Erschießen von Geiseln aufzugeben. Dabei schützt ihn sein Name. «Die Nazis», erinnert sich Freya, «sahen in ihm nun einmal den Rechtsnachfolger des Feldmarschalls von Moltke, den fanden die Nazis natürlich fabelhaft, weil sie Kriegsleute waren.»[40]

Indessen steht Hans-Adolf im Dienst der Propaganda. Nach dem «Blitzkrieg» im Osten und dem Sieg über Frankreich wird er Leiter der «Archivkommission», die Beuteakten politisch «verwerten» soll. Unter der Federführung Moltkes werden im März 1940 die «Polnischen Dokumente zur Vorgeschichte des Krieges»[41] veröffentlicht. Sie zielen nicht zuletzt darauf ab, die US-amerikanischen Botschafter in Warschau und Paris als «Kriegshetzer» zu belasten. Moltke sichtet auch das Archiv des französischen Außenministeriums. Die Ziele gibt Ribbentrop vor. Man müsse überlegen, so der Außenminister, «wie aus den Akten des Quai d'Orsay ganz besonders jenes Material erfasst werden könnte, aus dem sich der französische Imperialismus seit den Zeiten Richelieus in seinen Bestrebungen, den deutschen Einfluss zurückzudrängen und deutsche Territorien unter französische Herrschaft zu bringen», beweisen lasse. Ribbentrop, ehemals im Likörgeschäft tätig, verweist «skizzierend» auf den Vertrag von Chambord (1552), den Westfälischen Frieden (1648), die Französische Revolution (1789), das Zeitalter Napoleons (1799–1815), im Grunde also auf «die ganze Entwicklung bis zum gegenwärtigen Krieg».[42]

Moltkes Archivkommission prüft in Paris 9000 Aktenbestände und fertigt mehr als 1,5 Millionen Fotos an.[43] Moltke selbst trägt reiche Beute in Berliner Archive: die handschriftlichen Memoiren Richelieus, Briefe Friedrichs des Großen, Napoleons, Talleyrands, der Königin Luise, die Ratifikationsurkunde des Vertrages von Tilsit (1807) – um nur einiges zu nennen.[44] Als er die Kommission 1942 verlässt, entwickelt Hans-Adolf für Ribbentrop ein Programm zur Fortführung der Arbeit. Man müsse, empfiehlt Moltke, weiterhin solche Bestände prüfen, die eine Schuld Frankreichs an den Kriegen mit Deutschland «zu klären geeignet» seien. Und schließlich: «Für die historisch-politische Forschung und Propaganda» müsse man auch Dokumente «zur Rolle des Judentums in der internationalen Politik seit 1918»[45] veröffentlichen. Helmuth James ist entsetzt. Hans-Adolf, schreibt er an Freya, fungiere «also wieder als Nachrichter. Ich finde das einfach grässlich und es bleibt mir auch unverständlich, warum er sich zu solcher Arbeit hergibt.»[46]

Am 50. Todestag des Feldmarschalls findet in Kreisau eine Gedenkfeier statt, ohne Partei und Hakenkreuz, worauf die Familie Wert legt. Die Nationalsozialisten haben vorgeschlagen, die Grabkapelle durch ein Mausoleum zu ersetzen. Das widerspreche dem Stil des Feldmarschalls, findet Helmuth James, seit dem Tod von Muthi im März 1939 endgültig Gutsherr auf Kreisau.

Auf dem Höhepunkt deutscher Kriegserfolge – nicht etwa erst, als sich die Niederlage schon abzeichnet – haben Moltke und Peter Yorck begonnen, nach Menschen Ausschau zu halten, die sich darüber beraten würden, wie es nach Hitler weitergehen solle. An der Niederlage Deutschlands zweifeln beide nur selten. Moltke und Yorck liegt daran, eine möglichst breite Gruppe von Regimegegnern zusammenzubringen: Sozialdemokraten, Gewerkschafter, Konservative, Protestanten und Katholiken. Einzig die Kommunisten bleiben außen vor, denn nicht nur Moltke glaubt an ihre innere Verwandtschaft mit den Nationalsozialisten.

Im totalen Krieg erscheint die Nation ganz besonders als Schicksalsgemeinschaft.[47] Der völligen Vereinnahmung durch die Nationalidee inmitten eines solchen Krieges können sich am ehesten diejenigen entziehen, die in ihrer Lebenswelt und Werteordnung die Grenzen der eigenen Nation überschreiten. Eben das ist bei Helmuth James der Fall. Sein christlich geprägtes Elternhaus, die südafrikanische Mutter, ein aus der Art seiner Standesgenossen geschlagener Vater, ein internationaler Freundeskreis, auch die Verpflichtung, die Helmuth James gegenüber dem Namen der Familie empfindet, eröffnen ihm die innere Freiheit, sich von der Nation als Letztwert zu lösen.

Dreimal treffen sich Sozialdemokraten, Gewerkschafter, Konservative, Protestanten und Katholiken in den Jahren 1942 und 1943 in Kreisau. Den Kern bilden etwa zwanzig Personen. Nur Moltke und Yorck sind über alle Verbindungen unterrichtet. Die Teilnehmer eint ihr Widerspruch gegen eine terroristische, verbrecherische Diktatur. Wie kann man aus den Deutschen Demokraten machen? Warum hat die Weimarer Republik ein so schlechtes Ende genommen? Wie soll der künftige Staats- und Wirtschaftsbau aussehen? Was muss mit den Kriegsverbrechern geschehen? Ist eine Vereinigung Europas möglich? Wie bringt man Sozialismus und Kapitalismus zusammen? Die Gruppe tagt im Berghaus, in Dorothys Wohnzimmer mit den Queen-Anne-Möbeln.[48] Für jedes der drei Wochenenden gibt es bestimmte Themen, und über jedes Thema referieren Fachleute. Carl Dietrich von Trotha zum Beispiel, Beamter im Wirtschaftsministerium, verfasst mit Horst von Einsiedel eine wirtschaftspolitische Denkschrift. Beide fordern, «die Wirtschaft in eine dienende Funktion zurückzuführen, ihr einen festen Rahmen zu setzen.»[49] Dabei denken die Kreisauer durchweg europäisch. Von ihren Plänen wird später wenig voll und ganz verwirklicht; aber sie stellen die richtigen Fragen. Mit wenig Zuversicht beurteilt Moltke die Aussichten für einen Staatsstreich der Offiziere. Als Mitarbeiter der Abwehr weiß er genau, dass viele Generäle verbrecherische Befehle ausführen: «Die Generäle sind hoffnungslos.»[50] Ein Attentat auf den Diktator lehnt Moltke nicht nur aus ethischen Gründen ab. Um dem Nationalsozialismus für die Zukunft jede Grundlage zu entziehen, müsse Hitler, glaubt Moltke, das Deutsche Reich auch militärisch in die Katastrophe führen. Anders als 1918 sollen die Verantwortlichen ihre Spuren diesmal nicht verwischen können.

Helmuth James und Hans-Adolf treffen sich häufig, nicht zuletzt, um rechtliche oder finanzielle Fragen zu klären, die Kreisau und Wernersdorf betreffen. Vor allem aber sprechen sie über die politisch-militärische Lage. Seit Oktober 1937 ist Hans-Adolf Mitglied der NSDAP. Mit Ernst von Weizsäcker hat er vor dem Krieg mehrfach unter vier Augen beraten, ob man aus dem Auswärtigen Dienst ausscheiden solle. Beide kommen zu dem Ergebnis, dass «Abseitsstehen sinnlos wäre. Der Fachmann dürfe dem gefährlichen Dilettanten seinen Platz nicht räumen.»[51] Der Gedanke, dass man «Schlimmeres verhüten»[52] müsse, ist im Auswärtigen Amt als Begründung für den Verbleib im Dienst weit verbreitet. «Man lässt sein Land nicht im Stich», erklärt ein anderer Diplomat, «weil es eine schlechte Regierung hat.»[53] Helmuth James ist anderer Meinung. Er drängt seinen Verwandten, das Auswärtige Amt zu verlassen, zumal Hans-Adolf finanziell abgesichert sei.[54]

Tatsächlich zeichnet sich ab, dass es sich nicht um eine «schlechte», sondern um eine verbrecherische Regierung handelt, dass «gefährliche Dilettanten», Ribbentrop etwa, sogar an der Spitze des Auswärtigen Amtes stehen, dass konservative Diplomaten Hitler keineswegs lenken können, ihr Verbleib im Dienst vielmehr dazu beigetragen hat, das Ausland über die Natur des Regimes zu täuschen, und dass «Schlimmeres» nicht denkbar erscheint. Schon im Dezember 1939 sind etwa 60 000 Polen, darunter 7000 Juden, durch Einsatzgruppen der SS ermordet worden. Mit dem Russlandfeldzug beginnt im Sommer 1941 in den eroberten Gebieten die organisierte Massenvernichtung von Juden – der Holocaust. Innerhalb nicht einmal eines Jahres, zwischen Juni 1941 und April 1942, werden über eine halbe Million Menschen ermordet. 3,3 Millionen sowjetische Kriegsgefangene sterben in deutschem Gewahrsam. Durch den Ernährungskrieg gegen die Zivilbevölkerung sterben zusätzlich Millionen von Menschen.[55] Der Massenmord geht in einen industriell organisierten Völkermord über, entwickelt sich zu einem nie dagewesenen Zivilisationsbruch.

Über die Verbrechen der Besatzungsmacht in Polen ist Hans-Adolf sehr genau unterrichtet. Helmuth James und besonders Rudolf von Scheliha, der Weggefährte aus der Türkei, übermitteln Hans-Adolf zuverlässige Nachrichten. Scheliha soll eigentlich im Auswärtigen Amt alle Meldungen über deutsche Gräueltaten sammeln, damit ihnen die Nachrichtenabteilung widersprechen kann. Tatsächlich aber verhilft Scheliha in Polen Menschen zur Flucht, sammelt Fotografien aus den Vernichtungslagern und Unterlagen über die Verbrechen der Gestapo, arbeitet auch mit dem polnischen Widerstand zusammen.

Trotzdem hält Hans-Adolf die Bemühungen des Kreisauer Kreises für ehrenrührig. Als Helmuth James seinen Verwandten vom Gegenteil zu überzeugen versucht, lehnt Hans-Adolf jede Beteiligung rundweg ab. Wer einmal Deutschlands Niedergang und Zusammenbruch erlebt habe, erklärt er, tue nichts, um dies zu wiederholen. Und außerdem: «Ich bitte dich, Helmuth, sorge dafür, dass kein Moltke auf dem Schafott endet.»[56]

Im November 1941, als aus der Sowjetunion Nachrichten über die Ermordung von Frauen und Kindern nach Kreisau und Wernersdorf dringen, erreicht die Auseinandersetzung zwischen Helmuth

James und Hans-Adolf ihren Höhepunkt. Hans-Adolf sei wegen der Verbrechen «völlig gebrochen», schreibt Helmuth James an Freya. «Aber denkst du, jetzt fühlt er die Verpflichtung, etwas zu tun, um den Unrat zu beseitigen, der mit seiner Hilfe angesammelt worden ist? Weit gefehlt!»[57] Als Helmuth James erklärt, man müsse Nationales rechtzeitig abschreiben, versetzt Hans-Adolf «mit sichtlicher Entrüstung: Nie kann man das abschreiben.»[58] Dass Hitler Krieg und Massenmord bedeute, empört sich Helmuth James, halte man in Wernersdorf offenbar noch immer für etwas, «was kein patriotischer Mann denken, geschweige denn aussprechen» dürfe. Und weiter: «Ich sage nichts mehr. Ich habe diese Leute abgeschrieben, will von ihnen nichts mehr und will mich nur hüten, sie nicht eher gegen mich aufzubringen, als notwendig ist.»[59] Ähnlich verhält sich Hans-Adolf gegenüber Paul Yorck von Wartenburg, Davidas Bruder, als Yorck ihn für den Widerstand gewinnen möchte. «Seine sofortige Erregung zeigte», erinnert sich Yorck, «wie tief ihn die Frage anging. Es wurde ein Ausbruch von Leidenschaft, in dem er antwortete: ‹Ich habe 1916 an der Front erlebt, was der Munitionsarbeiterstreik für die kämpfende Truppe bedeutete, nie werde ich mich im Kriege dazu hergeben, einen Umsturz herbeizuführen.›»[60]

Hans-Adolf ist keineswegs furchtsam. Dem Prinzen Olgierd Czartoryski, Vertreter des Malteser-Ordens in Polen, verhilft er zur Flucht in die Schweiz. Als dem «Volljuden» Erich Kaufmann, einem ehemaligen Kollegen aus der Ostabteilung, die Deportation in ein Konzentrationslager droht, stellt er ein Gutachten aus, das Kaufmanns «nationale Verdienste»[61] betont. Weil Kaufmann weitere Fürsprecher findet, bleibt ihm die Deportation erspart. Seit Juli 1941 leitet Hans-Adolf darüber hinaus eine Kommission des Auswärtigen Amtes, die Vorschläge für die Gestaltung der Verhältnisse im besiegten Polen unterbreiten soll. Moltke schwebt eine Art Ostverschiebung des Staates bis zum Dnjepr vor, will aber die Polen sich selbst verwalten lassen. Wolle man eine dauerhafte Lösung, legt er seinen Vorgesetzten nahe, müsse die deutsche Regierung ihren Kurs mildern: Verzicht auf Massenverhaftungen, Auflösung des Konzentrationslagers Auschwitz, Einschränkung der geheimpolizeilichen

Macht, Zulassung der polnischen Sprache an Gymnasien.[62] Moltkes Vorstoß bleibt ohne Erfolg. Schon seit eh und je haben auch Spitzendiplomaten auf Hitler keinen spürbaren Einfluss. Mitte Januar 1942 vollzieht Hans-Adolf, wie es scheint, eine Kehrtwende. Ein paar Wochen zuvor hat die Gegenoffensive der Roten Armee nahe Moskau begonnen. Die militärische Niederlage des Reiches zeichnet sich ab. «Mittags hatte ich», staunt Helmuth James, «ein denkwürdiges Essen mit Hans-Adolf. Endlich liegt er zu 100 % auf unserer Linie; jetzt sogar 110 %. Aber als ich ihm vorhielt, dass sich doch nichts geändert hatte, wehrte er sich energisch. Es war mir eine große Erleichterung, denn immerhin besser zu spät, als gar nicht. Seine Beurteilung der militärischen Lage ist aber noch schwärzer als meine, aber diese Nuance kommt aus den 10 % Überschuss, die jetzt wegen früheren Fehlgewichts nachgeliefert werden.»[63] Aber an den Beratungen des Kreisauer Kreises beteiligt sich Hans-Adolf offenbar nicht.[64]

Allerdings sucht Moltke nun Abstand zum Auswärtigen Amt. Im April 1942 wechselt Hans-Adolf auf eigenen Wunsch in die Rüstungsindustrie, als Vorsitzender des Aufsichtsrates der «Berghütte Teschen».[65] Den gut bezahlten Posten[66] übernimmt Moltke mit Zustimmung Görings, der die Kriegswirtschaft des Reiches zu leiten versucht. Helmuth James ist erleichtert: «Hans-Adolf verlässt das Auswärtige Amt. Gott sei Dank. Es war ja höchste Zeit.»[67] Hans-Adolf bittet Ribbentrop aber keineswegs um den Abschied, sondern wünscht, unter Weiterzahlung seiner Bezüge «zur Disposition» gestellt zu werden. Anfangs fordert Ribbentrop, dass Moltke den Auswärtigen Dienst verlassen müsse.[68] Doch offenbar setzt sich Hans-Adolf gegen eine Entlassung zur Wehr. Jedenfalls versetzt ihn Ribbentrop schließlich in den «Wartestand»: Moltke bleibt Beamter des Auswärtigen Amtes und bezieht ein «Wartegeld».

Ende Oktober 1942 wird Scheliha verhaftet. Unter der Folter bestätigt er den Vorwurf der Gestapo, gegen Bezahlung für die kommunistische Widerstandsgruppe «Rote Kapelle» gearbeitet und als sowjetischer Spion Landesverrat begangen zu haben. Schelihas Gattin ist

vermögend.[69] Und zur «Roten Kapelle» hat Scheliha offenbar keine
Verbindung. Höchstwahrscheinlich will die Gestapo schlicht einen
langjährigen Gegner des Regimes töten.[70]

Hans-Adolf erhält die Gelegenheit, Scheliha im Gefängnis unter
«vier Augen» zu sprechen – dass die Gestapo mithört, darf aber als
sicher gelten. Scheliha erklärt, er habe alle Vorwürfe bestätigt. Hans-
Adolf ist entsetzt, hält Scheliha für schuldig. Moltke, so Paul Yorck,
«nahm alles für bare Münze, weil sie allein waren. Ich gab ihm zu bedenken, dass Besucherzellen so ausgestattet sind, dass die Gestapo
mithört und alles sieht. Das überzeugte ihn nicht. Denn Scheliha hätte
ja mit den Augen ein Zeichen geben können. Offensichtlich kam er
auch nicht auf den Gedanken, dass Einer, der Wochen verhört und ge-
foltert wurde, froh ist, wenn er endlich sterben darf.»[71] Eine Woche
nach dem Gespräch wird Moltkes Weggefährte hingerichtet.

Der «Führer» erteilt Hans-Adolf von Moltke einen neuen Auftrag.
Weil alliierte Truppen Anfang November 1942 in Nordafrika gelandet sind, will Hitler die Südflanke der «Festung Europa» sichern. Der
«Caudillo», Spaniens Diktator Franco, soll mit dem Großdeutschen
Reich ein Abkommen schließen, das ihn im Fall eines amerikanisch-
englischen Angriffs auf spanisches Hoheitsgebiet zum Krieg gegen
die Westmächte verpflichtet. Als Druckmittel steht die Möglichkeit
eines Einmarsches der Wehrmacht im Raum. Dennoch bringt Botschafter von Stohrer die Verhandlungen in Madrid nicht voran.

Mitte Dezember 1942 wird Hans-Adolf ins Auswärtige Amt gerufen. Weizsäcker hält Moltke für «das beste Pferd in unserem
Stall»[72] und erklärt, man habe ihn, Moltke, als den geeignetsten
Diplomaten für den Posten des Botschafters in Madrid ausgewählt.
Hitler erwarte Moltke mit näheren Instruktionen.[73] Moltke reist
ins «Hauptquartier»[74], genauer: ins Führerhauptquartier «Wolfs-
schanze» nahe Rastenburg in Ostpreußen. Dort erläutert Ribbentrop die Ziele der Mission und wiederholt den «Wunsch des Führers», Moltke möge den Posten in Madrid übernehmen. Moltke
habe, behauptet Ribbentrop, «keinen Augenblick»[75] gezögert.

In Wernersdorf kommt es zum Streit. Schon lange leidet Davida darunter, «dass ihr Mann dem Schuft mittelbar diente, der Hitler für sie war».[76] Bereits nach dem Beitritt zur NSDAP war es zu Spannungen gekommen. Moltke, so Davidas Bruder, «wusste, was er meiner Schwester antat, als er sich dazu verstand, das Partei-Abzeichen anzulegen – um Deutschlands willen, wie er ihr versicherte.»[77] Nun aber sorgt Moltkes Entschluss, in den aktiven Dienst zurückzukehren, bei Davida für Unverständnis. «Diesem Staat kannst Du nicht mehr dienen!» – «Ich muss!», erwidert Moltke und fügt hinzu: «um Deutschlands willen.»[78] Helmuth James kann sich die Rückkehr ins Auswärtige Amt nur so erklären, dass man Hans-Adolf die Wahl «zwischen der Botschaft in Madrid und dem KZ»[79] gelassen habe. Doch Davida, die es besser wissen muss, bestreitet eine Erpressung ihres Gatten.[80] Sogar nach dem Krieg wird sie dergleichen nie behaupten. «Meine Einwände», so Davida 1948, «dass man nach allem Vorgefallenen einen Auslandsposten nicht übernehmen könnte, ließ mein Mann voll gelten. Doch siegte seine Vaterlandsliebe schließlich über seine Bedenken ...»[81] Paul Yorck von Wartenburg, der Schwager, weiß ebenfalls von keiner Drohung: «Meine Schwester hatte ihn beschworen, nicht wieder in Dienst zu treten, doch meinte er, er könne sich dem Ansinnen um Deutschlands willen nicht entziehen, ein Grund, den meine Schwester unter den gegebenen Umständen nicht gelten ließ.»[82] Und so bleibt nur, Moltke beim Wort zu nehmen: Er kehrt zurück «um Deutschlands willen». Allen Verbrechen zum Trotz: Für Hans-Adolf von Moltke ist die Idee der Nation der höchste Richtwert.

Um selbst aus der Schusslinie zu kommen, bietet Franco Anfang Januar 1943 seine Vermittlung zwischen den Westmächten und Hitler-Deutschland an.[83] Solche Bemühungen schmettert Ribbentrop, die Stimme seines Herrn, als «völlig zwecklos»[84] ab. Man führe den Kampf nicht, belehrt der Außenminister seinen Botschafter Moltke in Madrid, «um in 15 oder 20 Jahren wieder von Neuem antreten zu müssen, was unvermeidlich wäre, wenn dieser Krieg nicht eine klare Entscheidung im Sinne einer Vernichtung der bolschewistischen Gefahr und einer endgültigen Befreiung des europäischen Kontinents von englischer und amerikanischer Bevormundung zu Folge»[85] habe.

Eine Falschmeldung, Franco verhandele heimlich mit Churchill in Lissabon, kann Moltke in letzter Sekunde entlarven – die Meldung haben offenbar nationalsozialistische Mitarbeiter der deutschen Botschaft gestreut, um den Einmarsch der Wehrmacht zu erzwingen.[86] Immerhin bewirkten die Gerüchte von einem deutschen Einmarsch, dass Franco eine Garantie über seine Bereitschaft zum Kriege im Fall eines Angriffs der Alliierten unterzeichnet.

Am 17. März 1943 besucht Moltke die Eröffnungssitzung des spanischen Parlaments, der Cortes Generales. Noch während der Sitzung verspürt er heftige Leibschmerzen, bleibt aber bis zum Ende der Debatte. Danach wird Moltke mit akuter Blinddarmentzündung in die Ruber-Klinik eingeliefert und dort von spanischen Ärzten unter der Leitung von Professor Cardenal operiert. Der Eingriff verläuft glimpflich. Doch am Nachmittag des 21. März, so der Bericht einer spanisch-deutschen Ärztegruppe, «wurde das Befinden wesentlich schlechter. Das Gesicht zerfallen. Zunge, die bis dahin feucht war, trocken. In den Abendstunden trat eine vorübergehende Besserung ein. Nachts 1.30 Uhr plötzlich Herzkollaps, kein Puls zu fühlen, Nase und Hände kalt. Gesicht ängstlich. Trotz Kampfer- und Koffein-Spritzen ließ sich Herztätigkeit nicht anregen, und der Tod trat ein.»[87]

Sofort entstehen Gerüchte. Viele Diplomaten in Madrid halten es für möglich, dass Gestapo oder SS den Botschafter ermordet haben. Hans-Adolf aber ist an den Folgen eines Blinddarmdurchbruchs gestorben.[88] Hitler und Ribbentrop übermitteln Beileids-Telegramme an die Witwe.[89] Der Tod des Botschafters bietet Franco eine willkommene Gelegenheit, Hitlers Misstrauen zu zerstreuen. «Als Zeichen meines tiefen Schmerzes», lässt Franco verlautbaren, «über das Hinscheiden des deutschen Botschafters Hans-Adolf von Moltke sowie als Beweis meiner freundschaftlichen Gefühle zu seinem Führer und der Nation, die er so würdig vertreten, verfüge ich: Dem Leichnam des verstorbenen Botschafters von Moltke werden die Ehren erwiesen, die das Gesetz für einen befehlshabenden Generalkapitän vorsieht.»[90] Dieser Rang entspricht dem eines Generalfeldmarschalls.

Als der Trauerzug und Moltkes Sarg sich mit viel Pomp über die Prachtstraße Avenida del Generalissimo zum Südbahnhof bewegen, säumen etwa 100 000 Schaulustige die Straßen. Weil Hitler kaum nachstehen kann, ordnet auch er einen Staatsakt an. Am 29. März 1943 versammeln sich im Lichthof des Landeshauses in Breslau Hunderte Trauergäste, darunter der spanische Botschafter und 53 deutsche Diplomaten, an ihrer Spitze Weizsäcker und Ribbentrop.[91] Der Staatssekretär begleitet Davida auf ihren Ehrenplatz, das «Air» von Johann Sebastian Bach erklingt, danach beginnt Ribbentrop die Trauerrede:[92] «Liebe Familie Moltke, meine Mitarbeiter im Auswärtigen Dienst, verehrte Trauergäste! Der feierliche Akt, der uns heute hier zusammengeführt hat, gilt dem Abschied von dem Botschafter des Großdeutschen Reiches, Hans-Adolf von Moltke. ... Als um die Jahreswende eine Neubesetzung der Leitung unserer Vertretung in Spanien in Aussicht genommen wurde, waren wir uns darüber klar, dass wir keinen besseren Mann als Moltke finden konnten, um diese wichtige diplomatische Mission zu übernehmen. Als ich ihn von dem Wunsch des Führers benachrichtigte, dass er diese Mission übernehmen möge, zögerte er keinen Augenblick, und so ging er Anfang des Jahres als Botschafter nach Madrid. ... Er war ein Mann, der, obwohl aufgewachsen in den Anschauungen einer vergangenen Epoche, es verstanden hat, alle guten Seiten altpreußischer Tradition in den Dienst für das neue Deutschland zu stellen und sie mit unseren nationalsozialistischen Anschauungen zu verbinden. So wurde er Mitglied der NSDAP. Ein Wort ist charakteristisch für ihn, das er einmal im Unwillen über einige unverbesserliche Abseitsstehende äußerte: ‹Wenn meine Söhne einmal groß geworden sind und sie später fragen, was tatest Du denn in dieser großen Zeit, dann will ich ihnen die Antwort nicht schuldig bleiben.› Ich kann heute in dieser Stunde vor dem ganzen deutschen Volke sagen, dass Hans-Adolf von Moltke die Antwort auf eine solche Frage nicht schuldig geblieben ist. Er hat sie durch sein Wirken für Großdeutschland gegeben ...»[93] Als Ribbentrop an seinen Platz zurückkehrt, spielt die

Helmuth James von Moltke vor dem Volksgerichtshof im Januar 1945

Kapelle das «Horst-Wessel-Lied».[94] Vor dem Lichthof feuern zwei Geschütze Salut. Der Sarg wird nach Klein-Bresa übergeführt.

Am 19. Januar 1944 wird Helmuth James in Berlin verhaftet, weil er einen Bekannten, Otto Kiep, vor dessen Verhaftung gewarnt hat. Man bringt ihn in das Kellergefängnis der Gestapo, Prinz-Albrecht-Straße 8, Zelle 17: ein Bett, ein Tisch, ein Stuhl, kein Waschbecken, keine Toilette.[95] Moltke kämpft gegen den Schmutz, läuft zudem jeden Tag in der Zelle lange Strecken. «Es sind 7 Schritt und, wenn ich kleine Schritte mache, 8 Schritt.»[96] Knapp vier Wochen später bringt ihn eine Grüne Minna ins KZ Ravensbrück, das größte Frauenkonzentrationslager des Deutschen Reiches. Nach schweren Luftangriffen auf Berlin wird das Lagergefängnis in Ravensbrück auch für männliche Häftlinge genutzt. Moltke erhält Zelle 28, die viertletzte Zelle im Obergeschoss zur Südseite hin. Helmuth James hört das Bellen der Wachhunde, kann sehen, wie

SS-Wärterinnen auf dem Appellplatz Häftlinge treten, sieht durch das schmale Fenster den Schornstein des Krematoriums, der Geruch verbrannter Leichen steigt in die Nase; er hört das Schreien der Gefolterten aus der unteren Etage und das anschließende Wimmern in den Zellen.[97] «Dies hier ist ein gottloses Land», schreibt er Freya, «seit ich hier bin, habe ich noch keine Kirchenglocke gehört, dabei ist Fürstenberg gar kein kleiner Ort. Das hauptsächliche Geräusch ist das Hundegebell, an dem wohl über einige Hundert mitwirken. Sonntags hört man während der Kirchzeit Marschlieder, offenbar der Hitler-Jugend und der Lagerinsassen, die ausgeführt werden. Das Fehlen der Kirchenglocken stört mich riesig.»[98] Als Sonderhäftling wird Moltke vergleichsweise milde behandelt. In der Polizeischule Drögen kann ihn Freya von Zeit zu Zeit besuchen. Davida schickt Schokolade, Kuchen und Geburtstagstorten. Helmuth James liest unermüdlich. Der Wechsel in seiner Lektüre gestaltet den Tag. Moltke studiert historische, landwirtschaftliche, naturwissenschaftliche und literarische Werke. Aber nur zwei Bücher begleiten ihn durch die gesamte Haftzeit: die *Gesammelten Schriften* des Feldmarschalls und – vor allem – die Bibel.[99] An seine beiden Söhne, Helmuth Caspar und Konrad, 1941 geboren, schreibt er einen langen Brief: «Wie alles war, als ich klein war.»[100]

Nach dem Scheitern des Stauffenberg-Attentats am 20. Juli kommt die Gestapo der Gruppe um Yorck und Moltke auf die Spur. Ende September 1944 wird Moltke ins «Totenhaus» des Gefängnisses Berlin-Tegel verlegt. Am 9. und 10. Januar 1945 steht er vor dem Volksgerichtshof. Präsident ist Roland Freisler, ein überaus schlauer, arroganter und überzeugter Nationalsozialist. Für seine Tobsuchtsanfälle berüchtigt, versucht er stets, die Angeklagten in eine untergeordnete Stellung zu drängen. Moltke lässt sich nicht einschüchtern, keine Sekunde lang. Während Freisler brüllt, tobt und schreit, folgt er gelassen, manchmal heiter, immer hellwach und mit großer innerer Freiheit seinem Prozess. Als Freisler aus dem Strafgesetzbuch vorlesen will, stellt sich heraus, dass kein Exemplar aufzufinden ist.

Der Volksgerichtshof verurteilt Moltke zum Tode. Vor Gericht stehe er, so Helmuth James, «nicht als Protestant, nicht als Großgrundbesitzer, nicht als Adeliger, nicht als Preuße, nicht als Deutscher, ... sondern als Christ und als gar nichts anderes.»[101] Der Auftrag, für den Gott ihn gemacht habe, sei erfüllt. In diesem Glauben ruhe seine Kraft. «Ich habe», schreibt er Freya aus der Todeszelle, «ein wenig geweint, eben, nicht traurig, nicht wehmütig, nicht weil ich zurück möchte, nein, sondern vor Dankbarkeit und Erschütterung über diese Dokumentation Gottes. Uns ist es nicht gegeben, ihn von Angesicht zu Angesicht zu sehen, aber wir müssen sehr erschüttert sein, wenn wir plötzlich erkennen, dass er ein ganzes Leben hindurch am Tage als Wolke und in der Nacht als Feuersäule vor uns hergezogen ist ... Nun kann nichts mehr geschehen.»[102] Er werde getötet, weil er gedacht habe, schließt Helmuth James.

Ein Mitgefangener, der Theologe Hanns Lilje, beobachtet ihn in den letzten Stunden. «Die eindrucksvollste Gestalt aber war Graf Helmuth von Moltke ... Ich muss ihm bezeugen, dass ich ihn nur heiter und gelassen gesehen habe. Als am Tage vor seiner Hinrichtung der Wachtmeister noch einmal seine Zelle betrat mit der Nachricht: ‹Morgen noch einmal Vernehmung – fertigmachen!›, sagte er nur in völligem Gleichmaß der Seele: ‹O ich weiß – die Hinrichtung!›, und las weiter in meiner Auslegung des letzten Buches der Bibel, die als Lektüre seine letzten Tage ausgefüllt hatte.»[103] Am 23. Januar wird Helmuth James Graf von Moltke im Hinrichtungsschuppen der Vollzugsanstalt Plötzensee erhängt. Kein Staatsakt, keine Reden, keine Salutschüsse, kein Grab: Seine Asche wird auf den Berliner Rieselfeldern verstreut.

Er habe in Kreisau «ein Gesicht» gehabt, hatte Helmuth James 1942 Freya berichtet. Eine Vision: Helmuth James besucht das Grab des Feldmarschalls auf dem Kapellenberg, wandelt auf dem bewaldeten Hügel herum, «an Mamis Grab vorbei zur Kapelle», dann an dem Friedhof der Familie entlang zur Dorfstraße. Es ist warm, die Sonne strahlt. «Ich war ein ganz alter Mann und hatte Euch alle überlebt. Ich ging langsam aber ganz stetig. Es war Dein Todestag und ich war

von Deinem Grabe gekommen. Du warst schon 20 Jahre tot. Caspar
und Konrad kamen nicht vor. ... Während ich so entlangging – als
alter Mann – dachte ich, wie ... früher Mami gestorben war und wie
wir zusammen gelebt hatten. Jetzt aber war ich ganz allein. Ich hatte
alles erreicht, was ich wollte; die Welt sah so aus, wie ich es gewollt
hatte, aber es hatte eine rasende Anstrengung gekostet und Du hat-
test den Erfolg nicht mehr gesehen. Das war der größte Schmerz: Ich
hatte Dir nicht mehr sagen können, dass die vielen Opfer und Ver-
zichte und Anstrengungen ihren Lohn gefunden hatten. Ich dachte
an diese Opfer und Mühen, und ob der Erfolg dieses wert gewesen
sei. Und dann dachte ich, obwohl es mir weh tat: Und wenn es selbst
bedeutet hat, dass ich mich habe quälen müssen, dass Du nicht gehabt hast, was Du beanspruchen konntest, dass ich keine Familie
und keine Freunde mehr habe, ... wenn es auch bedeutet, dass ich
nicht einmal ein angenehmes Alter habe, sondern mit einer Haushälterin allein hier wohne – ich musste doch so handeln und würde
es wieder tun.»[104]

FÜNFZEHNTES KAPITEL

Weltfamilie

Wandlung der Nation

Das Grollen der Artillerie ist unüberhörbar. Die Front rückt näher. Russische Kampfflugzeuge jagen am Himmel vorüber. Überall wimmeln Flüchtlinge von jenseits der Oder. Im Dorf, im Schloss, im Berghaus, auch in Dorothys Wohnzimmer, drängen sich verängstigte Menschen. Rosemarie Reichwein, «Romai» genannt, ist schon 1943 wegen der schweren Luftangriffe auf Berlin mit ihren vier Kindern ins Schloss gezogen. Nun, im Januar 1945, kommt sie jeden Abend bei Wind und Wetter ins Berghaus hinauf, um im Radio englische Nachrichten über den Verlauf der Front zu hören.[1] Romai hat ein Leben im Widerstand geführt, und ihr Mann, Adolf Reichwein, wurde in Plötzensee hingerichtet.

Kreisau erlebt einen harten, schneereichen Winter. Im Schlosshof, vor dem Berghaus sogar, stehen die Wagen der Flüchtlinge. Manchmal bleiben die Pferde in den Gespannen.[2] Er wolle nicht «gemetzelt»[3] werden, wiederholt ein Kriegsversehrter immer wieder. Die Unruhe wächst, zuletzt auch bei Freya. «Bleib zu Hause, solange Du kannst!», hat Helmuth James ihr geraten. «Das übrige Deutschland ist voller Bomben, voller Gefahren. Solange Du kannst, bleib in Kreisau!»[4] Zum Trauern fehlt beinahe die Zeit. Doch den Abschiedsbrief ihres Mannes liest Freya wohl häufig. «Nur wir zusammen sind ein Mensch. Wir sind ... ein Schöpfungsgedanke. Das ist wahr, buchstäblich wahr. Darum, mein Herz, bin ich auch gewiss, dass Du mich auf dieser Erde nicht verlieren wirst, keinen Augenblick.»[5] Anders etwa als die Stauffenbergs bleiben die Moltkes von der «Sippenhaft» verschont. Ihr Name entfaltet weiterhin schützende Wirkung. Caspar, sieben Jahre alt, wird die Nachricht vom Tode seines Vaters, so fürchtet Freya, wohl tief verstören. Ihm zu sagen, was geschehen ist, fällt ihr besonders schwer. Auch Romai hat ihren Kindern vom Sterben Adolf Reichweins nicht erzählen können. Freya sagt dem Jungen, an seinem Bett sitzend, die Wahrheit. «Warum bist Du denn so traurig?», fragt Caspar schon am folgenden Morgen. «Das weißt Du doch.» – «Immer noch wegen dem Pa?»[6] Die Frage tröstet Freya, denn wirklich verstanden hat ihr Sohn die Nachricht offenbar nicht. Sie selbst habe die Nähe zu ihrem Mann ein Leben lang nicht verloren, wird Freya später andeuten, «und deswegen war ich wohl nicht so traurig».[7] Helmuth James sei ein kurzes Leben beschieden gewesen – «aber ein vollkommen erfülltes Leben».[8]

Inspektor Zeumer meldet sich aus seiner Wohnung am Schloss telefonisch im Berghaus. «Nun ist es soweit, unser Dorf muss trecken!»[9] Auf Befehl der Partei sollen Frauen, Kinder und Alte über die verschneiten Pässe des Eulengebirges ins Böhmische flüchten. Freya und Romai wollen in Kreisau bleiben. Im tiefen Winter mit Caspar und Konrad, drei Jahre alt, durch die Berge zu irren, kommt für Freya überhaupt nicht in Frage. Romai hat von Flüchtlingen erfahren, dass auf den Trecks Babys erfroren seien.[10] Vielleicht, so hoffen beide, wird die Rote Armee in ihrem Drang, Berlin zu erstürmen, Kreisau buchstäblich links liegen lassen. Aber die meisten im Dorf wollen trecken. So bildet sich auf der Hauptstraße und im Schlosshof ein trauriger Zug. Freya verabschiedet die Menschen an den Wagenreihen.[11]

Noch größer sind die Wirren in Wernersdorf. Fast jeden Tag trifft ein Treck aus dem Osten ein. Zuweilen sind es 900 Menschen, dann 1100 Menschen, einmal sogar 1700 Menschen, die in Wernersdorf ihre Flucht für ein paar Stunden unterbrechen. So gut es geht, versorgen Davida und ihre Angestellten die Erschöpften mit Lebensmitteln. Vielen steht die Angst ins Gesicht geschrieben. Zwei

Soldaten der Wehrmacht, die auf einem Kübelwagen das Gut erreichen, erhalten Wasser und Suppe. «Bleiben Sie doch hier!», fordert Davida sie auf. «Nein, wir fahren mit dem Tod um die Wette!»,[12] lautet die Antwort. Davida muss sich außerdem um ihre acht Kinder kümmern – von der siebzehnjährigen Monika bis zur zweijährigen Renate. Bei der Taufe von Gebhardt, dem jüngsten, nun sechsjährigen Sohn, haben Peter Yorck und Helmuth James von Moltke 1938 eines ihrer ersten Gespräche führen können.[13]

Am 22. Januar 1945 betritt Edgar Freiherr von Üxküll das Gutshaus. Üxküll, ein Freund von Hans-Adolf und den Yorcks, seit Beginn des Krieges wie Helmuth James bei der Abwehr, unterhält oppositionelle Verbindungen nach Schweden. Der Freiherr fordert Davida auf, noch am Abend mit ihrer Familie den allerletzten Zug aus Breslau zu nehmen. Er habe, beteuert Üxküll, ein Abteil reserviert. «Ich verlasse Wernersdorf erst, wenn unsere Leute das Gut in einem ordentlichen Treck verlassen haben!», erwidert Davida. «Dann geben Sie mir», bittet er, «wenigstens Ihre Kinder mit!»[14] Zum Packen bleiben zwei Stunden. Danach fährt Üxküll mit den Kindern zum Breslauer Bahnhof. Die Halle ist voller Menschen. Sie alle versuchen, mit dem letzten Zug aus Breslau zu fliehen. Am Bahnsteig gibt es kein Durchkommen. Üxküll überquert mit den Kindern hinter dem Bahnhof die Gleise. Die Gruppe besteigt den Zug von der anderen, dem Bahnsteig abgewandten Seite. Der Freiherr hat – auf welche Weise auch immer – Schlüssel für den Waggon und das Abteil besorgt.[15] Und so können die Moltke-Kinder aus Wernersdorf entkommen. Sie reisen über Berlin nach Mecklenburg, auf das Gut Wiesenthal bei Neustrelitz. Dort lebt eine Schwester Davidas.

Mitte Februar müssen die Wernersdorfer trecken. Bewohner des Dorfes und der Yorcksche Haushalt aus Klein-Öls – Inspektor, Mamsell, Köchin, Hauslehrer, Dienstmädchen, Tanten und die betagte Mutter Davidas – bilden einen langen Wagenzug. An seine Spitze setzt sich Davida. Mokke, die Schwester Hans-Adolfs, erschießt vierzig Hunde, weil sie glaubt, die Tiere müssten verhungern. Lediglich neun, wohl die Besten ihrer Zucht, nimmt sie mit auf den

Treck.[16] Nur Stunden später besetzt die Wehrmacht das Gut. Wernersdorf gehört zum Verteidigungsring der «Festung Breslau». Davidas Zug treckt bis Kreisau. Viele Wernersdorfer kommen in den verlassenen Gebäuden des Dorfes unter. Davida und die alte Gräfin Yorck ziehen zu Freya ins Berghaus. Knapp drei Wochen lang bleibt der Treck in Kreisau. «Wir müssen weg von hier», erklärt dann Davida ihrem Inspektor, «wir können die Kreisauer nicht in ihren eigenen Entschlüssen hemmen.»[17] Freya versichert, sie selbst werde mindestens bis zum 11. März bleiben, bis zum Geburtstag von Helmuth James, der für Caspar und Konrad immer ein Feiertag sein solle.

Als Wernersdorf von der Roten Armee erobert und sogar Schweidnitz geräumt wird, rücken Versorgungstruppen der Wehrmacht nach Kreisau. In allen Scheunen und im Keller des Schlosses lagern die Soldaten Vorräte ein. In der alten Schlossküche hängen geschlachtete Rinder, Schafe und Schweine. In der Halle stapeln sich Uniformen und Stiefel. Der Rest des Schlosses wird «aus Respekt vor dem Namen des Feldmarschalls»[18] freigehalten. Mit kleinen Panjewagen, nicht mehr mit Lastkraftwagen, pendeln die Versorger der Wehrmacht zwischen Kreisau und der Front. Im Schlosshof herrscht geschäftiges Treiben. Die Kinder von Romai und Freya mögen die «Bonbonsoldaten»;[19] die Männer stecken ihnen Süßigkeiten zu. Freya erlebt sie anders: «Diese Leute waren alle fett, vollgefressen und Nazis; sie schwatzten noch vom Sieg und einige Tage später davon, dass auf jeden Fall weitergekämpft werde.»[20] Davida entschließt sich zum Aufbruch. Über die Grafschaft Glatz zieht ihr Treck nach Nordwesten. Im Frühsommer 1945 wird sie ihre Kinder in Mecklenburg wiedersehen. Der Treck aus Wernersdorf zieht bis Schleswig-Holstein.[21]

Die Kommandeure der Versorgungseinheit in Kreisau, ein Major und ein Leutnant, wollen den Sarg des Feldmarschalls in den Westen schaffen, fort von der sich nähernden Front. Freya erhebt Einspruch. Sie befürchtet, dass die Soldaten den Sarg irgendwann zurücklassen müssen.[22] Stattdessen schlägt Freya eine Umbettung vor. Denn auf dem Friedhof der Familie am Kapellenberg hat Helmuth James 1939 ein Doppelgrab für sich und seine Frau ausmauern lassen. Mitte März tragen sechs Feldwebel mit Stahlhelmen die schweren Eichensärge des Feldmarschalls und seiner Frau nacheinander von der Kapelle auf den Friedhof hinunter. Der Major, der Leutnant, Freya, Romai, Zeumer und der Gemeindevorsteher sind zugegen. Vom Berg Zobten grollt Gefechtslärm herüber.[23] Noch toben die Kämpfe um Breslau. Es sei, so Freya, «ganz feierlich und dabei doch so trostlos.»[24] Den Sarg von Guste, schlägt Freya vor, könne man in der Gruft von Muthi versenken. Aber der Sarg passt nicht hinein. Die Feldwebel tragen ihn wieder zur Kapelle hinauf. Das Grab, in dem Mary Burt und der Feldmarschall nun ruhen, wird mit einer schweren Kantholzplatte bedeckt.[25] Moltkes Säbel – in der Kapelle hat er auf dem Sarg gelegen – wollen die Offiziere mitnehmen, ebenso Erinnerungsstücke aus dem Feldmarschallzimmer. Freya lässt sie gewähren.

Es gehe «weiter von Tag zu Tag», so Freya, aber alles sei «wie ein Traum».[26] Romai und Freya lassen Wäsche, Kleider, Silber und Bücher unter der Kellertreppe des Berghauses und unter der Kellertreppe am Schloss einmauern. Eine Kiste mit Geschirr, Gläsern und Bestecken vergraben sie hinter dem Schloss.[27] Auf der Suche nach einer sicheren Zuflucht fährt Romai allein ins Riesengebirge. Mit Skiern steigt sie von Ober-Hohenelbe nach Pommerndorf auf fast 1000 Metern Höhe hinauf. Pommerndorf, auf einer Bergwiese schon in Böhmen gelegen, ist ein Weiler mit etwa zehn Gebäuden.[28] Romai findet ein verlassenes Bauernhaus. Dorthin wollen Freya und Romai nun flüchten.

Vor dem Berghaus wird ein großer Planwagen mit Lebensmitteln beladen; ein kleinerer Wagen soll Frau Pick, Freyas Haushälterin, und Fräulein Hirsch aufnehmen, die jahrelang das Feldmarschallzimmer betreut hat. Für die sechs Kinder wird eine Kutsche angehängt. Zwei polnische Arbeiter, die den Russen lieber ausweichen möchten, lenken die Wagen.[29] Freya und Romai fahren auf Fahrrädern voran. Am Morgen des 6. April 1945 setzt sich der kleine

Treck in Bewegung. Bei frühlingshaftem Wetter kommt er gut
voran. Die Kreisauer übernachten bei Bauern, ziehen über Michels-
dorf, Friedland und Trautenau bis Hohenelbe. Am schwierigsten ist
der Anstieg nach Pommerndorf.

Drei Wochen lang bleibt die Gruppe im Gebirge. Dann will Freya
in Kreisau nach dem Rechten sehen, setzt sich auf das Fahrrad ihres
Mannes, fährt aus den Bergen heraus und «etwa drei Stunden lang
nordöstlich»[30] bis Trautenau zurück, stellt am Bahnhof fest, dass der
nächste Zug nach Kreisau erst am folgenden Morgen eintreffen
wird, fährt weiter auf dem Rad, um zu sehen, «wie weit in Richtung
Kreisau ich wohl noch kommen könnte».[31] Am Abend, nach fast
100 Kilometern, taucht der Kapellenberg auf. Schließlich, so Freya,
«lag Kreisau vor mir, winkte das Berghaus neben der großen Akazie.
Es war zu schön, nach Hause zu kommen! ... Da war mein Haus,
mein Zimmer, mein Bett. Ich hatte an diesem Abend das Gefühl,
dass sich in dieser Heimfahrt das ganze Glück und der ganze Reichtum unseres Kreisauer Lebens noch einmal in mir zusammenfanden.»[32] Die Versorger der Wehrmacht sind abgezogen. Nach zwölf
Jahren geht das «Tausendjährige Reich» seinem Ende entgegen. Am
30. April 1945 begeht Hitler Selbstmord.

Mitte Mai wälzen sich Truppen der Roten Armee durch Kreisau. «Es
war ein toller Anblick», so Freya im Rückblick, «primitiv wirkendes
Material, Wagen hoch mit Beute beladen, zerschunden auch die
Fahrzeuge, aber die Männer waren kraftstrotzend, gesund, stark –
siegreich. Ein Strom von Vitalität ergoss sich durch das kleine, ab-
seits gelegene Dorf Kreisau ...»[33] Der Waffenstillstand ist schon in
Kraft und die Rotarmisten benehmen sich «längst nicht mehr so
wild».[34] Es gibt keine Morde, wohl aber Vergewaltigungen. In den
ersten Nächten schläft Freya in einer Scheune. Tagsüber meidet sie
jeden Blickkontakt. «Man durfte», so Freya, «niemals einen Russen
ansehen. Man durfte kein Auge mit ihm wechseln. Wenn man sie
nicht ansah, kamen sie gar nicht auf den Gedanken, wir könnten
interessant sein.»[35] Nachdem die erste Truppenwelle über Kreisau
hinweggegangen ist, beruhigt sich die Lage.

Freya holt ihren Treck aus Pommerndorf zurück. Romai zieht mit den vier Kindern ins Berghaus, denn nun belegt eine russische Kompanie das Schloss. Sie soll die Erntearbeiten überwachen. Während der ersten Wochen versuchen Soldaten, abends ins Berghaus einzudringen – immer vergeblich. Allmählich verläuft das Leben wieder in geordneten Bahnen. Zahlreiche Flüchtlinge kehren zurück. Freya fährt wieder auf der Spinne mit Zeumer über die Felder. Wohl um die Schlafstelle ihrer Kinder zu verbessern, trägt Romai, von den Russen unbemerkt, die Matratze aus dem Bett des Feldmarschallzimmers über die Wiesen zum Berghaus.

Auf die Bauernhöfe der Umgebung kommen immer mehr Polen, vertrieben aus jenen Gebieten, die Stalin für die Sowjetunion beansprucht. «Manche deutsche Bauern», so Freya, «wurden wie Sklaven gehalten, andere vertrugen sich mit ‹ihren› Polen, und fast alle wollten trotzdem so lange wie möglich zu Hause bleiben.»[36] Jeder Deutschsprachige muss eine weiße Armbinde tragen. Freya, die sich nicht daran hält, lässt die Kinder in der Obhut von Romai zurück, erreicht auf abenteuerlichen Wegen das zerstörte Berlin, wohnt bei ihrer Freundin Marion Yorck, der Witwe Peter Yorcks, in der Hortensienstraße, schreibt Briefe an englische und amerikanische Freunde, unter ihnen Dorothy Thompson und Michael Balfour, britischer Historiker und Pate von Konrad. Freya berichtet, dass die Familie noch in Kreisau lebe und dass Helmuth James getötet worden sei.[37] Alle Briefe erreichen die Empfänger.

Im August 1945 kommt Davida in Begleitung von Friedrich, ihrem ältesten Sohn, wieder nach Kreisau. Sie möchte in Wernersdorf und Klein-Bresa nach dem Rechten sehen. Wernersdorf ist völlig zerstört. Noch ein volles Jahr lang wird Davida in Klein-Bresa leben, von Gut zu Gut wandern, Klein-Öls besuchen, geöffnete Gräber schließen, in den Trümmern von Breslau nach Bekannten fahnden, die Deutschsprachigen zum Bleiben ermuntern. Als nach der Potsdamer Konferenz planmäßige Vertreibungen beginnen, rettet sie aus Klein-Bresa Familienpapiere – nicht zuletzt den Nachlass Adolph von Moltkes.

Auf Vermittlung amerikanischer und englischer Freunde, die sogar den britischen Außenminister eingeschaltet haben, erhält Freya im September 1945 Besuch in Kreisau. Wie von einer anderen Welt erscheinen zwei Diplomaten aus der britischen Botschaft in Warschau. Freya ist von «ihren englischen Hemden, englischen Röcken und ihrer englischen Art» tief beeindruckt. Die Diplomaten erklären, man werde bei russischen und polnischen Behörden anfragen, «ob die Engländer», so Freya, «uns aus Kreisau abholen»[38] dürfen. Außerdem übergeben sie Freya polnisches Geld und einen Brief von Balfour. «Du musst weg aus Schlesien», schreibt er, «leider musst Du nun auch noch weg aus Schlesien; es hilft Dir nichts.»[39]

Romai verlässt Kreisau zuerst. Freya begleitet ihre Freundin und die vier Kinder zum Kreisauer Bahnhof. Die Familie, berichtet Freya, «wartete geduldig, bis ein Zug kam. Mit Sack und Pack fanden sie Platz und verschwanden.»[40] Als nun die russische Kompanie nach dem Einbringen der Ernte aus Kreisau abzieht, plündern die Soldaten das Schloss. Es sei nichts mehr da gewesen, erinnert sich Freya: «Der Wind pfiff durch das leere Schloss!»[41]

Im Oktober 1945, vier Wochen nach dem Eintreffen der Diplomaten aus Warschau, erreicht kein Engländer, sondern ein Major der US-Army in Begleitung von zwei Sergeants das Berghaus. Die Amerikaner benehmen sich «wie auf einer militärischen Expedition im Feindesland».[42] Mit zwei großen Autos und einem Lastwagen will Major Caird die Moltkes evakuieren. Wie ein Lauffeuer verbreitet sich die Nachricht im Dorf. Viele kommen, um der Gräfin Habseligkeiten anzuvertrauen. Freya legt ebenfalls Familienpapiere in ihren Koffer, die Briefe von Helmuth James vor allem. Am nächsten Morgen brechen sie auf. Das Berghaus bleibt unverschlossen. «Wann werden wir denn wohl wiederkommen?», fragt Freya ihren Ältesten, als die drei Fahrzeuge anfahren. «In einem Jahr!»,[43] antwortet Caspar vergnügt und bestimmt. Die Wagen rollen den Hügel hinab, den holprigen, schmalen Weg zum Bahnhof entlang, überqueren die Peile-Brücke, fahren am Kapellenberg, dann an der Spielschule vorbei, die der Feldmarschall gegründet hat. Der Konvoi erreicht die Mauer des Kuhstalls, nähert sich schließlich dem Hoftor. Für einen Augenblick zieht am Fenster des Wagens das Schloss vorüber. Sieben Stunden später erreicht die Familie Berlin.

Auf Eugen Gerstenmaier kann Davida sich verlassen. Gerstenmaier – auch er ein Kreisauer und mit Peter Yorck sehr gut bekannt – stammt aus Kirchheim/Teck. Er ist Vorsitzender des Evangelischen Hilfswerks in Stuttgart. Gerstenmaier kennt eine Fabrikantenwitwe, die ihre Villa in Kirchheim dem Hilfswerk zur Verfügung gestellt hat. Dorthin schickt er Davida und ihre drei Schwestern mitsamt allen Kindern.

Davida lebt von etwas Geld, das sie mitgenommen hat, und von Schmuck, den sie verkauft. Sie näht und kocht bis spät in die Nacht. Das Geld aber ist überaus knapp. Nur Tochter Maria, die Älteste, kann schon durch Arbeit zum Unterhalt beitragen. Alle anderen Kinder sind noch im schulpflichtigen Alter. «Nun muss man sich immer auch helfen lassen», so Davida, «und würde es doch so gern selber tun wie in alten Zeiten.»[44] Um eine Witwenrente zu erhalten, muss sie Hans-Adolf postum «entnazifizieren» lassen – so bestimmen es die Gesetze der Sieger. Davida schreibt an Paulus van Husen, Hans Lukaschek, Rudolf Nadolny und Léon Noël. Sie bittet, Leumundszeugnisse zu verfassen. Der Jurist Paulus van Husen, Mitglied des Kreisauer Kreises, kennt Hans-Adolf aus der Gemischten Kommission in Oberschlesien. Hans Lukaschek – auch er ein Kreisauer – war ebenfalls Mitglied der Gemischten Kommission und bis 1933 Regierungspräsident von Oppeln. Nadolny, Hans-Adolfs Vorgesetzter in Konstantinopel, ist aus Protest gegen Hitlers Politik als deutscher Botschafter in Moskau zurückgetreten. Léon Noël war zu Beginn des Krieges Frankreichs Botschafter in Warschau.

«Die antinazistische Einstellung von Herrn von Moltke», schreibt Noël, «war in den europäischen diplomatischen Kreisen so bekannt, dass, als er in Madrid im Jahr 1943 starb, die meisten Diplomaten, die in Beziehung zu ihm gestanden hatten, sein Verschwinden der Gestapo zuschrieben.»[45] Nadolny versichert, dass Hans-Adolf nur «aus vaterländischen Gründen» der NSDAP beigetreten

Eidesstattliche Erklärung.

Der verstorbene Botschafter Dr.jur.Hans Adolf von Moltke ist
mir aus jahrzehntelanger,vertrautester Zusammenarbeit nach
seinem Charakter,seinem politischen Denken und seiner ganzen
Einstellung,auf das vertrauteste bekannt.Ich habe seit dem
Jahre 1919 in nächster Zusammenarbeit,sei es bei der oberschlesischen Abstimmung,sei es mit ihm als Deutsches Mitglied
der Gemischten Kommission in Kattowitz,sei es als Ministerial-
direktor und Leiter der Ostabteilung des Auswärtigen Amtes,zu-
sammen gestanden,und habe auch nach dem Jahre 1933,als er Botschafter in Warschau und schliesslich in Madrid war,sein ganzes
Denken und Handeln kennen gelernt.Er war abhold jeder imperia-
listischen und nationalsozialistischen Einstellung,und hat
seinerseits alles getan,das friedliche Zusammenarbeiten der
Völker der Welt zu fördern.Er hat in diesem Sinne aktiv an der
Völkerbundesarbeit teilgenommen,und das besonders bei der
Schaffung des sogenannten Genfer Vertrages.Insbesondere ist er
dafür eingetreten,dass Polen als gleichwertiges und wertvoll-
stes Mitglied der Europäischen Völkergemeinschaft zu seinem
vollen Rechte kam.Er war ein Freund Polens und hat die Bedeutung
Polens als westliche Schutzmark europäischen Kulturgutes stets
stark hervorgehoben.Sein ganzes Denken war Denken des Friedens
und der Gerechtigkeit.Das hat sich bei ihm auch nicht unter
der Hitlerherrschaft geändert.Mag er schliesslich auch gezwungen worden sein,der Partei beizutreten,so war er doch frei von
der nationalsozialistischen Ideologie und hat daraus kein Hehl
gemacht.Ich weiss auch,und zwar aus meiner vertrauten Zusammenarbeit mit dem Grafen H.J.von Moltke und Peter York von Wartenburg,eines Schwagers des Botschafters,dass der Botschafter von
Moltke von den Umsturzplänen des 20.Juli 1944 Bescheid wusste
und sie gebilligt hat.Meiner vollen Ueberzeugung nach ist daher irgend ein Vorwurf dem Botschafter von Moltke niemals zu
machen gewesen.Ich bin sogar der Ueberzeugung,dass er,wenn ihn
ein vorzeitiger Tod nicht abgerufen hätte,eine der stärksten
Stützen für die Unternehmung des 20.Juli 1944 geworden wäre.

Königstein/Taunus,den 23.Juli 1948.

(Unterschrift)

(Dr.Lukaschek)
Oberpräsident i.R.
Opfer des Faschismus.
Vizepräsident des Deutschen Obergerichts
für das Vereinigte Wirtschaftsgebiet der
Westzonen in Köln.
Die Richtigkeit der Unterschrift des Dr.Hans Lukaschek wird
hiermit anerkannt.
Königstein,den 23.Juli 1948.

(Unterschrift) Justizangestellter

als Urkundsbeamter der Geschäftsstelle
des Amtsgerichts.

*Eidesstattliche Erklärung von Hans Lukaschek für die Spruchkammer
Kirchheim/Teck vom 23. Juli 1948*

es gelang ihm die Beziehungen wesentlich zu verbessern. Vieler Deutschen Hoffnungen waren auf seine Mission gesetzt. Da erkrankte er und wurde am Blinddarm operiert. Er starb nach vier tägiger Krankheit. Eine gnädige Fügung Gottes ersparte es ihm Deutschlands Zusammenbruch, und die völlige Zerstörung seiner Lebensarbeit zu erleben.

Davida von Moltke geb. Gräfin Yorck von Wartenburg.

Erklärung Davida von Moltkes, geb. Gräfin Yorck von Wartenburg, über ihren verstorbenen Mann Hans-Adolf von Moltke vom 25. Juli 1948

sei.[46] Lukaschek betont, Hans-Adolf habe alles getan, «das friedliche Zusammenleben der Völker der Welt zu fördern».[47] Am vorsichtigsten gibt sich van Husen: «Die Gewährung einer Pension an Frau von Moltke, die mit ihren Kindern völlig mittellos ist, scheint mir die Erfüllung einer Verpflichtung gegenüber ihrem Bruder, Peter Graf Yorck, und ihrem Vetter, Helmuth Graf von Moltke zu sein ...»[48] – eine Pflicht gegen Bruder und Vetter, nicht gegenüber dem Gatten. Mit diesen Zeugnissen wendet sich Davida an die Spruchkammer in Kirchheim, betont Hans-Adolfs «Vaterlandsliebe». Er habe sich «als Vertreter Deutschlands, nicht eines Systems gefühlt»,[49] so Davida. Im August 1948 fällt die Spruchkammer ihr Urteil: Botschafter

Hans-Adolf von Moltke sei «nicht als Hauptschuldiger oder Belaste-
ter anzusehen».[50] Davida und ihre Kinder erhalten eine Pension.

In Berlin findet Freya Unterschlupf bei Marion Yorck, zieht dann
mit den Kindern zu ihrem Bruder nach Bern und wandert 1947 nach
Kapstadt aus. Sie kennt Südafrika durch zwei Besuche mit Helmuth
James. «Das schönste Land, das ich gesehen habe …»[51] Freya wohnt
in einem Vorort von Kapstadt, arbeitet acht Jahre lang als Fürsorge-
rin für Behinderte und schickt ihre Söhne auf eine englische, nicht
auf die deutsche Schule, denn die seien «fast nationalsozialistisch
da».[52] Immerhin – das erscheint als Vorteil –, die Moltkes sind in
Südafrika «völlig uninteressante Leute».[53]

Um sich der Apartheid zu entziehen, kehrt Freya 1956 nach West-
Berlin zurück. Vier Jahre später siedelt sie in die Vereinigten Staaten
über, nach Norwich, eine Kleinstadt im Bundestaat Vermont. Dort
lebt Eugen Rosenstock-Huessy, Lehrer und Freund von Helmuth
James aus dessen Studienzeit in Breslau; Rosenstock-Huessy, mit dem
Freya in Verbindung geblieben ist und der seine Frau verloren hat.
«Ich war ihm nah genug, um diejenige sein zu wollen, die mit ihm
zusammenlebt.» Für das, was sie getan habe, gebe es viele Worte: «mit
ihm leben, für ihn arbeiten, ihn betreuen, alles zusammen».[54] Freya
nennt Rosenstock-Huessy meist «Rosenstock» oder «Eugen»; Helmuth James aber bleibt stets «mein Mann».

Seit ihrer Rückkehr aus Südafrika, sucht Freya den Weg in die
Öffentlichkeit der Bundesrepublik. In Berlin fängt sie an, Schülern
über den Widerstand zu erzählen. «Ich kann überhaupt nur erzählen, nicht so gut Vorträge halten. Aber erzählen kann ich. Das habe
ich dann gemacht.»[55] Mit Annedore Leber, der Witwe des Kreisauers
Julius Leber, veröffentlicht sie 1961 ein Buch über den Widerstand.[56]
In Norwich arbeitet Freya unter der Federführung von Michael Balfour an der ersten Biographie ihres Mannes. Sie erscheint 1972 in
englischer, drei Jahre später, in Freyas Übersetzung, auch in deutscher Sprache.[57] Das Buch fußt auf den Hunderten von Briefen, die
Helmuth James ihr geschrieben hat. Die Biographie ist nicht zuletzt
Freyas Antwort auf eine Art der Geschichtsschreibung, die ihren

Einspruch herausfordert. «Über Helmuth James von Moltke und seine Freunde», lautet der erste Satz in Freyas Vorwort der deutschen Ausgabe, «ist schon viel geschrieben worden, aber die Beschreibung der Menschen ist hinter der Diskussion der Pläne aus den Jahren 1940–1943 zurückgetreten.»[58] Die Biographie stellt Helmuth James als «Anwalt der Zukunft» vor. Eben das treibt Freya an: Sie möchte erreichen, dass die Mitglieder des Kreisauer Kreises «benutzt» werden, so Freya. «Wir Menschen sind keine Eintagsfliegen, sondern kommen woher und gehen wohin. Und da, wo wir hingehen, habe ich das Gefühl, ist mein Mann noch wichtig. ... Man muss viel mehr ins Menschliche gehen, wenn man die Geschichte befragt», fordert Freya, denn «Zukunft und Vergangenheit gehören zusammen».[59] Sie stört die Entfremdung zwischen akademischer Geschichtswissenschaft und lesender Öffentlichkeit, die das «Benutzen» historischer, auch biographischer Erfahrungen erschwert. Aber Freya stößt auf Unverständnis. «Fast naiv hatte ich gedacht», berichtet sie, «die Deutschen wären froh, dass es ein paar Menschen gegeben hat, wenige, die schwache Versuche zum Widerstand gemacht haben.»[60] Das Gegenteil ist der Fall. In der jungen Bundesrepublik empfinden die meisten Menschen die Erinnerung an den Widerstand wie eine Anklage. Kaum jemand will an die Schwächen der eigenen Lebensgeschichte erinnert werden.[61] In der Bundeswehr ist in den fünfziger Jahren besonders bei den unteren Dienstgraden die Auffassung verbreitet, man wäre ein Verräter an der Nation, wenn man sich im Krieg durch Widerstand verweigert hat. Frühe «Traditionserlasse», die Stauffenbergs Attentat in die Traditionspflege der Bundeswehr aufnehmen, stoßen nicht selten auf Unverständnis.[62]

Auch an die Spitzen der Parteien, Fraktionen und Regierungen treten in den fünfziger Jahren Politiker, denen die Gedankenwelt des 20. Juli und der Kreisauer meist fremd bleibt – von den führenden Köpfen der SED-Diktatur ganz zu schweigen. Viele Kreisauer sind tief enttäuscht. Hans Deichmann etwa, Freyas Bruder, wandert nach seinen Erfahrungen als Vorsitzender einer Entnazifizierungs-Kammer nach Italien aus.[63] «Unsere Verbindung zum Widerstand», erinnert sich Helmuth Caspar, der als Mitarbeiter der BASF auf drei

Kontinenten gearbeitet hat, «gab uns einen anderen Blick auf unsere Mitbürger.» Das Deutschland der Nachkriegszeit, so Helmuth Caspar, sei den Kreisauer Moltkes «nicht ganz geheuer» gewesen. «Im Rückblick ist deutlich, dass es uns ähnlich ging, wie den Studenten 1968, die gegen den Muff in Deutschland protestierten. Sie haben auch uns von der Beklemmung befreit.»[64] Erst nach 1969, dem Jahr der «Zweiten Republikgründung», der Bildung des Kabinetts Willy Brandt, vom Wohlwollen der jungen Protestgeneration begleitet, wandelt sich allmählich die Wahrnehmung des Widerstands. Wohl nicht zufällig hat Helmuth Caspar eine Australierin, Konrad eine Tochter eines Widerstandskämpfers, Ulrike von Haeften, geheiratet. Freyas jüngerer Sohn ist früh in der Umweltpolitik tätig. 1985 zieht er mit seiner Familie nach Norwich in die Nachbarschaft der Mutter.

1989 meldet sich in Norwich Bundeskanzler Helmuth Kohl. Er werde Anfang November, erläutert Kohl telefonisch, den ersten frei gewählten polnischen Ministerpräsidenten Tadeusz Mazowiecki bei einer «Versöhnungsmesse» in Kreisau treffen. Es wäre schön, wenn ein Moltke ihn begleiten könnte – vielleicht Enkel James? Das sei unmöglich, erwidert Freya. Man wolle den Eindruck vermeiden, die Familie würde Ansprüche auf Kreisau erheben. Der Kanzler versteht und achtet ihre Haltung. Aber er will wissen, was er sagen solle, wenn die Leute fragten, warum er keinen Moltke mitgebracht habe. «Dann müssen Sie antworten, dass die Moltkes nur kommen, wenn die Polen sie einladen.»[65]

Am 9. November 1989 fällt die Berliner Mauer. Fast 80 Prozent der Westdeutschen haben eine Vereinigung von Bundesrepublik und Deutscher Demokratischen Republik nicht für möglich, einige nicht einmal für wünschenswert gehalten.[66] Nun verfolgen sie als Zuschauer vor den Fernsehschirmen verblüfft, wie sich die Losungen der Demonstranten auf den Straßen Ostdeutschlands ändern. Aus «Wir sind das Volk!» wird «Wir sind ein Volk!»[67] Nur noch in der DDR gibt es mehrheitlich ein gesamtdeutsches Bewusstsein. Aber in Europa wächst vielerorts die Sorge vor einem «Vierten Reich», sogar bei den Regierungen mancher NATO-Staaten.

Am 12. November, drei Tage nach dem Mauerfall, nehmen Mazowiecki und Kohl in Kreisau an der Versöhnungsmesse teil. Diese Geste setzt den Ton für alles Kommende: Die Vereinigungspolitik der westdeutschen, später auch der ostdeutschen Regierung, wird mit Anstößen zur europäischen Integration verbunden.[68] Die Gebäude des Gutes sind stark verfallen. Doch mit der Versöhnungsmesse wird Kreisau zu neuem Leben erwachen.

1989 stirbt Davida von Moltke. Zum 175. Geburtstag des Feldmarschalls im April 1975, beim ersten Treffen der Großfamilie nach dem Kriege, war auch sie von ihrem Wohnort, dem württembergischen Möckmühl, nach West-Berlin gereist. Mit Carl-Viggo, dem Bruder von Muthi, führte sie ein längeres Gespräch. «Seid ihr einmal am Grab der Mutter des Feldmarschalls gewesen?», wollte Davida erfahren. «Ach nein», antwortete Carl-Viggo, «die haben uns vor ein paar Jahren angeschrieben, der Friedhof wird aufgelassen.» – «Was habt ihr denn mit dem Grab gemacht?», fragte Davida. «Das haben wir der anthropologischen Gesellschaft in Kiel gegeben.» – «Warum habt ihr sie denn nicht in Wandsbek bei ihrem Mann begraben?» – «Na, das konnten wir ihr nicht zumuten, die haben sich im Leben so viel gezankt.»[69] Über ihre Vorfahren sind die meisten Moltkes recht genau unterrichtet.

Die Särge von Mary Burt und dem Feldmarschall in Kreisau, das nun Krzyżowa heißt, waren 1975 schon längst aus ihren Gräbern verschwunden – gestohlen, wohl wegen ihrer metallenen Verkleidung im Innern.[70] Der Säbel aus der Kapelle tauchte nach dem Krieg in Warschau auf. Ein Diplomat hatte das Stück käuflich erworben.[71]

Am 24. April 1991, zum hundertsten Todestag des Feldmarschalls, findet in der Berliner Staatsbibliothek eine Gedenkstunde statt. Die Familienstiftung hat geladen. Mehr als vierhundert Gäste sind gekommen. Den Festvortrag hält General Klaus Reinhardt, Kommandeur der Führungsakademie der Bundeswehr in Hamburg. Sein Vorgänger, beginnt Reinhardt, habe eine Umfrage an der Führungsakademie über die Traditionswürdigkeit des Feldmarschalls veranlasst. «Der ganz überwiegende Teil der Offiziere bejahte sie vorbehaltlos, einige teilten Moltke gewissermaßen in traditionswürdige und nicht traditionswürdige Teile auf, und wiederum einige – wenn auch nur eine Minderheit – lehnten ihn als Vorbild rundweg ab, meist allerdings mit einem bedauernden Unterton, denn seine militärische Kompetenz, sein Charakter und seine Bildung wurden von allen anerkannt. … Die Kritik richtete sich hauptsächlich gegen seine Ablehnung der Demokratie, seine Relativierung des Primats der Politik im Kriege und seine Präventivkriegsabsichten.»[72] Die Auftragstaktik, von Moltke zum Führungsprinzip erhoben, sei ein «Charakteristikum» auch der Bundeswehr. «Moltke macht also immer noch Schule.»[73]

In anderen Bereichen laufe das Denken der militärischen Führung dem Erbe Moltkes bewusst zuwider. Anders als im Großen Generalstab und an der Kriegsschule zum Beispiel, habe man in der Führungsakademie einen «umfassenderen Bildungsansatz» gewählt. «Sie bindet die Offiziere in die Komplexität heutiger Sicherheitspolitik und in die gesellschaftlichen Rahmenbedingungen unseres Berufes viel breiter ein.»[74] Zudem gebe es in der Bundeswehr kein Generalstabskorps mit eigener Laufbahn. «Heute sind die früher im Großen Generalstab wahrgenommenen Aufgaben auf mehrere Stellen innerhalb und außerhalb des Verteidigungsministeriums aufgeteilt.»[75]

Die Veranstaltung endet im Sinne aller «Musikratten» der Familie. Zwei Solisten spielen Dresslers «Letzte Melodie», komponiert zu Ehren des Feldmarschalls.

11. Juni 1998, der Geburtstag des neuen Kreisau: Bundeskanzler Kohl und Premierminister Buzek eröffnen die «Internationale Jugendbegegnungsstätte». Die Idee stammt aus den achtziger Jahren. Aber erst nach dem Fall des «Eisernen Vorhangs» sind die Dinge in Bewegung geraten.[76] Die Staatsgäste lassen sich über den Gutshof führen. Alle Gebäude leuchten in neuem Glanz. 27 Millionen D-Mark, überwiegend öffentliche Mittel, hat die Renovierung gekostet.[77] Im ehemaligen Kuhstall sind ein lichtdurchfluteter Speisesaal und ein Café untergebracht. Zwei Scheunen haben

*Freya von Moltke und Bundeskanzler Gerhard Schröder
im Berliner „Bendlerblock" am 20. Juli 2004*

sich in Säle für Theateraufführungen und Konzerte verwandelt. In
Zeumers Inspektorenhaus gibt es einen Tagungsraum. Im Schloss-
garten lernen Jugendliche ökologischen Landbau. Das Berghaus ist
zur Gedenkstätte für den Kreisauer Kreis geworden. Wer das
Schloss betreten möchte, steigt eine Freitreppe mit eisernen Ge-
ländern und Kandelabern hinauf. Über dem Eingang prangt das
Moltke-Wappen. Im Treppenhaus sind wieder zwei Schlachtenge-
mälde zu sehen, die Graf Wilhelm von Moltke, Adolphs Sohn, um
1900 aufhängen ließ. Im Feldmarschallzimmer wartet auf Kohl
und Buzek bereits das 21. Jahrhundert: ein Computer mit Internet-
zugang.

Zum zweihundertsten Geburtstag des Feldmarschalls kehren die Moltkes drei Tage lang nach Samow, Strietfeld und Toitenwinkel zurück. Friedrich von Moltke, Davidas ältester Sohn, hat das Treffen vorbereitet. Alle Familien der Nachfahren von Henriette und Friedrich Philipp sind geladen – alles in allem 166 Personen.[78] Diese Familie sei international geworden, erklärt Peter von Moltke, ein Nachfahre Hellys. Eine neue Generation der Moltkes sei «in der Fremde»[79] aufgewachsen – in den USA, in Kanada, Südafrika, England und Venezuela. «Wir sind», ergänzt Helmuth Caspar, «trotz der kontinentalen Entfernung gut vernetzt und verbunden.» Die Kreisauer Moltkes, fährt Helmuth Caspar fort, seien schon «international orientiert» gewesen, «als das in Deutschland sehr selten war, und das kennzeichnet uns bis zum heutigen Tage. … Gewissermaßen sind wir Weltbürger geworden, aber Weltbürger, die ihre Wurzeln in Deutschland durchaus pflegen.»[80] Dass Helmuth James die «deutsche Ehre» gerettet habe, hört Freya nur ungern. «Die Ehre Deutschlands und solche Dinge, davon habe ich nie viel gehalten, solange es im Nationalen blieb. Aber was die Menschheitsgeschichte angeht …, so ist der Widerstand eine wichtige Sache, und da kann auch Helmuth James mit dazugehören. Zu dieser Ansicht habe ich mich bekehrt.»[81] Sie habe Wurzeln auf beiden Seiten des Atlantiks. Das sei den «heutigen Zeiten» auch angemessen. «Es ist doch völlig Ländergrenzen und Nationen übergreifend, dass wir die Erde lebendig erhalten! Da spielt es keine so große Rolle, wo man lebt. … Ich will nicht unbedingt sagen, dass jeder so leben muss. Aber dass heute auch so gelebt werden muss, glaube ich allerdings.»[82]

Gebhardt von Moltke, der jüngste Sohn Davidas, ist beruflich den Spuren des Vaters gefolgt. Seine Laufbahn im Auswärtigen Amt führte ihn nach Liverpool, Bonn, Moskau, Yaoundé und bis nach Washington. Von 1997 bis 1999 diente er als Botschafter der Bundesrepublik Deutschland in London, danach als Botschafter bei der NATO in Brüssel.

Was bedeutet ihm der Name von Moltke? Man stehe, antwortet Gebhardt, unter hohem Erwartungsdruck. «Man ist in einer Erwartungs- und Verpflichtungshaltung, die zum Teil von der Außenwelt kommt und in der man zum Teil selbst lebt.»[83] Bei seinem Abschied aus der Botschaft in London hat er öffentlich die Langlebigkeit deutschfeindlicher Vorurteile in Großbritannien beklagt.[84]

Im Februar 2003, kurz vor Beginn des Irak-Krieges, stellt die US-Regierung in Brüssel den Antrag, Maßnahmen für den militärischen Schutz der Türkei gegen einen möglichen Angriff Saddam Husseins einzuleiten. Bundeskanzler Gerhard Schröder verweigert seine Zustimmung. Wie die Botschafter aus Frankreich und Belgien erhält Moltke die Weisung, im NATO-Rat sein Veto einzulegen. In einer erregten Debatte werfen ihm britische und spanische Diplomaten daraufhin vor, dass sich Berlin gegenüber anderen NATO-Staaten undankbar verhalte. Schließlich sei Deutschlands eigene Sicherheit jahrzehntelang vom Bündnis garantiert worden. «Don't shoot the messenger!», bittet Botschafter von Moltke, nachdem er in mehreren Sitzungen die ablehnende Haltung seiner Regierung vermitteln musste und dann – irrtümlich – glaubte, ein Einlenken ankündigen zu können. «Ich war», erinnert sich Gebhardt, «noch nie so viel in Kontakt mit meinem Außenminister Fischer gewesen wie an diesen zwei Tagen – bis Mitternacht. Er war immer erreichbar. Um die Spannungen zu lösen, hat er sich sehr, sehr eingeschaltet.»[85]

Das Konzerthaus am Gendarmenmarkt ist voll besetzt. Am Sonntag, den 11. März 2007, besucht Freya von Moltke, fast 96 Jahre alt, noch einmal Berlin. Die «Freya von Moltke Stiftung» hat aus Anlass des hundertsten Geburtstages von Helmuth James zu einem Festkonzert geladen. Musiker aus Polen, Tschechien und Deutschland haben in Kreisau als «Junges Klangforum Mitte Europa» eine Aufführung von Mahlers Sinfonie Nr. 2 «Auferstehung» vorbereitet. «Dass ich noch lebe», so Freya, «wenn der hundertste Geburtstag meines Mannes, Helmuth James von Moltke, mit großem persönlichen Einsatz und mit großer persönlicher Anteilnahme gefeiert wird, erfüllt mich mit Freude und Dankbarkeit.»[86] Bundeskanzlerin Angela Merkel hält den Festvortrag. «Unser Kontinent», so Merkel, «hat viel erreicht, aber wenn wir einmal an Südosteuropa, in Richtung West-

*Die Mitglieder des „Jungen Klangforums Mitte Europa" auf den
Eingangsstufen von Schloss Kreisau, 2006*

balkan denken, wissen wir, wie viele Brücken noch zu bauen sind.
Deshalb ist das Vermächtnis von Helmuth James Graf von Moltke
so wichtig, auch für uns heute, die wir Verantwortung tragen und
die wir zu dieser Gesellschaft beitragen: ein Vermächtnis für Frieden, für Freiheit, für Toleranz, für Achtung der Menschenrechte und
ein Vermächtnis für persönlichen Mut. Herzlichen Dank, dass ich
heute hier sein darf.»[87]

Die «Freya von Moltke Stiftung» unterhält das Begegnungszen-
trum in Kreisau.[88] Jedes Jahr führt es etwa viertausend Jugendliche
aus ganz Europa zusammen. Schloss und Berghaus gehören der
«Kreisau Stiftung für Europäische Verständigung». Man könne, so
Freya, nicht dankbar genug sein für das, was einem an Hilfestellung
von anderen Menschen zukomme. «Wenn jeder in Frieden seinen
Teil beiträgt, dann lebt sich's nicht schlecht auf dieser Erde. Ich
würde sagen, das ist genug Vision.»[89]

Schluss

Der 4. Januar 2010, ein Montag, ist kein guter Tag für Journalisten. Um 20 Uhr eröffnet die *Tagesschau* mit einem Bericht über kommunale Haushaltslöcher. Auf dem Ozean der Gewalt-, Kriegs- und Katastrophenmeldungen ist eine Flaute eingetreten. Berichte über Steuerstreitigkeiten füllen die nächste Viertelstunde. Dann verliest der Sprecher seine letzte Nachricht: «Die NS-Widerstandskämpferin Freya von Moltke ist tot. Die Mitbegründerin des sogenannten Kreisauer Kreises starb am Neujahrstag mit 98 Jahren im US-Bundesstaat Vermont. Freya von Moltke gehörte wie ihr Mann Helmuth James von Moltke zu der Widerstandsgruppe, die politische Pläne für die Zeit nach Hitler schmiedete. Auf Betreiben Freya von Moltkes wurde Gut Kreisau in Schlesien in den neunziger Jahren zu einer europäischen Begegnungsstätte ausgebaut.»[1]

So leise klingt der Schlusston in der Geschichte des Kreisauer Kreises. Für Freyas Angehörige und Freunde bedeutet ihr Tod eine Zäsur, keineswegs aber für den Blick der Öffentlichkeit auf die Familie. Mit den Moltkes verbinden die Deutschen nunmehr Kreisau, nicht Sedan oder die Marne. Ähnlich wie Stauffenberg ist Helmuth James von Moltke zum Erinnerungsort geworden. Feierten viele Deutsche vor dem Ersten Weltkrieg am Sedantag ein Hochamt, nämlich die Gründung des Nationalstaats durch den Schlachtensieg des Feldmarschalls, so vergewissert sich die Bundesrepublik jedes Jahr am 20. Juli ihrer Traditionen, denn das Grundgesetz ist ein Gegenentwurf zum Führerstaat. Frankreich hat seine Revolution. Amerika feiert die Unabhängigkeit. England spiegelt sich im Königshaus. Deutschland erinnert an den Widerstand. Kreisau ist wieder Wallfahrtsort geworden. Wiederaufstieg und Obenbleiben der Moltkes verknüpften sich eng mit der Geschichte des Krieges und den Wandlungen der Nationalidee. Dabei dürfen die Anfänge als kümmerlich gelten. Denn nach dem Verlust ihres Stammsitzes in Samow schien die Familie vom Abstieg bedroht. Als Offizier des Königs von Preußen gehörte Friedrich Philipp zu einer adeligen Bruderschaft. Dennoch ehelichte er eine Bürgerliche, die Tochter eines Millionärs. Auch in den nächsten Generationen klopfte das Glück häufig an goldene Türen. Guste und der Feldmarschall heirateten in die *gentry* ein, sicher ohne zu ahnen, wie nahe die Plantage des Squires am Abgrund stand. Friedrich, der Innenminister, vermählte sich mit einer Bankierstochter, Helly heiratete eine entfernte Verwandte aus schwerreichem Hause, Wilhelm schloss mit den Bethusy-Hucs eine höherrangige Verbindung.

Die Generation von Fritz, Helmuth, Adolph und Louis legte den Grundstein für einen weiten Bildungshorizont, der die Familienkultur bis in die Gegenwart prägt. Ohne ihn bliebe auch die Laufbahn des Feldmarschalls nicht verständlich. Helmuth von Moltke verkörperte das Bildungsideal der preußischen Heeresreform, die auf einer politischen, nicht auf einer militärischen Entscheidung fußte – nämlich auf dem Versuch, die «französische» Sicht auf Politik, Staat und Gesellschaft in der preußischen Armee zu verankern. Denn nach der Niederlage bei Jena hatten die uniformierten Anwälte des Bürgertums einen Durchbruch erzielt. Der Feldmarschall verkörperte Bildung und Soldatentum, bürgerliches Leistungsdenken und militärischen Korpsgeist, preußische Vergangenheit und deutsche Zukunft, nationale Träumerei und das Sachlich-Nüchterne der Industriellen Revolution. Adolph galt als wendiger Bildungsadeliger, als gemäßigter Konservativer, der – anders als Louis – in den holsteinischen Wirren nicht unterging. Der Administrator erschien für Anhänger des Gesamtstaats und deutsch gesinnte Liberale gleichermaßen halbwegs annehmbar. Adolphs Wechsel von dänischen in preußische Dienste gelang dank der Protektion des berühmten Bruders in Berlin. Alles in allem lag ein Schlüssel für den Wiederaufstieg der Moltkes in ihrer Zeitgemäßheit.

Friedrich Philipp von Moltke, Mitglied in Napoleons Ehrenlegion, verlagerte die Geschichte der Familie für 61 Jahre in eine Lebenswelt zwischen Dänischem und Deutschem. Ihm selbst wäre diese Überlegung zweifellos fremd geblieben. Noch in der Sattelzeit schöpfte der Adel, gerade in Mecklenburg, seine Kraft nicht aus der Hoffnung auf die Zukunft der Nation, sondern aus dem Stolz auf die Vergangenheit seiner Familien. Besonders stolz war die Vergangenheit der dänischen Moltkes. Erst 1848 verwandelte der Nationalismus dies- und jenseits der Eider die Unterschiede zwischen Dänisch und Deutsch in einen Gegensatz, den es vorher nicht gegeben hatte. Beide Seiten trieb der politische Nationalismus des Vormärz, der in mancherlei Hinsicht der Aufklärung verpflichtet blieb. Das mündete in Aufruhr und Erhebung, in eine Art Nordischen Sezessionskrieg, der tausende Opfer forderte, Nachbarn trennte und Familien entzweite – so auch die Moltkes. Die Kampflinien verliefen quer durch die Familie. Das sollte bedenken, wer zwischen Patriotismus und Nationalismus eine Trennlinie zieht. Die Biographie der Moltkes jedenfalls macht deutlich: Das «Gute» der Nationalidee ist vom «Schlechten» nicht zu trennen.

Der Einfluss der Moltkes auf die Ausprägung der Nationalidee ist kaum zu überschätzen. Den Feldzug von 1864 betrachteten die Liberalen mehrheitlich noch als Polizeiaktion, jedenfalls nicht als Nationalkrieg. Tatsächlich stehen Düppel und Alsen keineswegs für den Kampf um nationale Ziele, sondern für den vorletzten Kabinettskrieg um die Ausweitung preußischer Macht. Aber die Verunsicherung wuchs. In nur sechs Monaten hatte Bismarck auch dank Moltkes Truppenführung erreicht, was der Nationalbewegung zwanzig Jahre lang missglückt war: die Trennung beider Herzogtümer vom dänischen Gesamtstaat. Königgrätz entfaltete im Innern eine umstürzende Wirkung. Der Schlachtensieg des Feldmarschalls überwand die Abneigung vieler Liberaler gegen das Heerkönigtum. Im Krieg von 1870 schließlich verwandelten sich Norddeutscher Bund und süddeutsche Staaten scheinbar über Nacht in eine nationale Gemeinschaft der Verteidigung.

Die Überwältigung der Masse durch Gefühle nationaler Bindung, im Krieg ungleich verstärkt, machten aus «Moltke» und «Sedan» zwei Erinnerungsorte der Deutschen. Moltke-Kult und Sedantag prägten das Selbstbild der Nation als kleindeutsch, preußisch, protestantisch und nationalliberal. Ansehen genoss der Feldmarschall nicht als Offizier von Adel, sondern aufgrund seiner Leistung für die Nation. Der gemalte Krieg bebilderte keinen Untertanengeist; er offenbarte die Sicht auf den Feldherrn als Vollstrecker der kämpfenden Bürgernation. So standen die Erinnerungsorte Moltke und Sedan nicht nur für das gestörte Verhältnis zum Nachbarn im Westen oder für die Aufwertung des Militärischen. Beide bezeichneten darüber hinaus die Beschlagnahme des Militärischen durch den Bürger. Sedantag und Moltke-Kult gehörten zum Nation-Building: Sie verbanden hanseatische Kaufleute, bayerische Forstarbeiter, rheinische Intellektuelle und ostpreußische Bauern zu einer Nation.

Die bürgerliche Öffentlichkeit zeichnete den Feldmarschall als Bürgergelehrten in Uniform. Das war ein Missverständnis. Mit dem Erwerb von Kreisau stellte sich Moltke in die Traditionen des Adels. Burgen, Herrenhäuser und Schlösser bildeten seit eh und je den Mittelpunkt im Leben adeliger Familien, demonstrierten ihren Anspruch auf Herrschaft über Land und Leute. Moltke sorgte für die Anerkennung von Henrys Adel, verhielt sich als *pater familias*, der noch über dem leiblichen Vater stand, rief eine Familienstiftung ins Leben, ließ die Wappen der Moltkes und Burts im Generalstabsgebäude anbringen, zeigte sich überhaupt als Meister der Sichtbarkeit. Die Aristokratie wahrte ihr Ansehen auch durch Bilder, Symbole und Zeichen. Dafür nahm der Feldmarschall sogar Lenbachs Blitzbesuche und den Holzbock Anton von Werners in Kauf.

In Kreisau unterschieden sich die Moltkes bald nur noch wenig vom preußischen Landadel, der sie umgab. Schon der Feldmarschall, Monarchist durch und durch, betrachtete Sozialdemokraten nicht als Teil der Nation. Aber anders als bei vielen landsässigen Familien in Schlesien, Brandenburg, Pommern oder Ostpreußen blieben in Kreisau übernationale Bindungen erhalten: nach England, Dänemark und Schweden, mit der Heirat von Muthi und Dorothy auch nach Südafrika.

Für die Kultur des Familienzweigs in Kreisau bedeutete Dorothy einen Bruch, eine Wende, einen neuen Anfang. Erklärte schon Muthi recht häufig, er wolle lieber «Mayer» heißen, überwand die Familie mit Dorothy endgültig ihre altkonservativen, ständischen Züge. Dorothy verbreitete Weltoffenheit. Mit einer Selbstverständlichkeit, die verblüfft, auch beeindruckt, verknüpfte sie alle Wünsche für die Zukunft ihrer Kinder mit der Hoffnung auf deren überpersönliches Handeln – und zwar im Dienste einer «neuen Definition des Wortes Patriotismus».[2] Helmuth James konnte sich der Vereinnahmung durch die Nationalidee inmitten eines totalen Krieges auch deshalb entziehen, weil seine Lebenswelt und Weltordnung die Grenzen der eigenen Nation überschritten.

Die Dorothy-Wende wird durch einen Vergleich mit den Moltkes in Rantzau, Klein-Bresa und Wernersdorf besonders offenkundig. Adolph hatte als Hauslehrer weder Demokraten noch Liberale beschäftigt. Innenminister Friedrich von Moltke behielt ausschließlich die Ostelbier im Blick, wehrte sich gegen ernsthafte Versuche einer Wahlrechtsreform, überging die Fraktionen im Landtag und unternahm «Germanisierungs»-Versuche bei den Polnisch sprechenden Bürgern des Reiches. Hans-Adolf, Botschafter der Weimarer Republik und des NS-Regimes, betrachtete die Nation als höchsten Wert, stellte sich dafür in den Dienst der nationalsozialistischen Propaganda.

Ihr Ansehen haben die Moltkes mehrerer Generationen durch Einflussnahme auf die Öffentlichkeit zu wahren verstanden. Die *Briefe aus der Türkei* verschafften dem Feldmarschall erstmals Prestige auch jenseits der Armee. Bei seinem Aufbruch nach Stambul war er ein unbekannter Generalstabsoffizier gewesen. Nach seiner Rückkehr genoss Moltke in der Öffentlichkeit, in der Armee und am Hof den Ruf eines kampferprobten, klugen Orientexperten, den nur widrige Umstände in eine Niederlage hineingezogen hatten. Das war nicht zuletzt dem Erfolg seines Buches geschuldet. Der Kriegsgeschichtlichen Abteilung des Generalstabs erteilte er die Weisung, «Prestigen zu schonen». In der Öffentlichkeit war das Ansehen des

Heeres einschließlich Moltkes zu wahren. Die *Gesammelten Schriften* sind für fast alle Historiker zur Grundlage ihrer Beschäftigung mit Moltke dem Älteren geworden. Doch die Herausgeber, Wilhelm Graf Moltke, Moltke der Jüngere und der preußische Generalstab, haben auch dort «Prestigen geschont» – und zwar in erheblichem Umfang. Der Moltke-Harden-Prozess beschädigte nachhaltig das Ansehen des Kaisers wie der Monarchie. Nach dem Prozess gab es nur noch einen Mann in einflussreicher Stellung, der über ein enges, auch persönliches Verhältnis zum Kaiser verfügte: Generalstabschef Helmuth «Helly» von Moltke. Dass auch der jüngere Helmuth von Moltke oberster Heerführer Deutschlands wurde, trug dazu bei, ihn selbst, seine Familie, seine Nation und Europa ins Unglück zu stürzen. Ein Befund, der einseitig, fast ungerecht wirkt; dennoch entspricht er der Wahrheit. Die Gründe für seinen Aufstieg sind in einem Wort zu bündeln: Protektion. Nach seiner Ablösung gehörte Helly zum Gründungsausschuss der Deutschen Gesellschaft 1914, ein politischer Elitenverein, der das «Augusterlebnis» zu verstetigen suchte. Friedrich und Hans-Adolf unterdrückten nach Kriegsende zunächst die Herausgabe der *Erinnerungen* des jüngeren Moltke. Vergeblich: Um das Andenken ihres verstorbenen Mannes zu wahren, entschloss sich Eliza schließlich doch zur Veröffentlichung und damit zur Teilnahme an der Moltke-Marne-Debatte.

Diese Debatte begann 1919, nach dem Sturz aus allen Himmeln. Für die Niederlage des jüngeren Moltke wurden im Kern drei Erklärungen genannt: die Ein-Mann-Theorie, die Rüstungs-Theorie und die Entartungs-Theorie. Die Folgerungen aus der Debatte lauteten: mehr Rüstung, Erziehung zum Nationalismus, straffere Leitung von Innenpolitik, Wirtschaft und Armee, möglichst in der Hand eines charismatischen Führers. So spiegelte und beeinflusste die Moltke-Marne-Debatte die Radikalisierung der Nationalidee zum «Neuen Nationalismus» – er gilt als Antwort auf ein Bündel schwerer Krisen, auf Kriegszielrausch, Weltkrieg, Niederlage, Revolution und den Frieden von Versailles.

Nach dem Zweiten Weltkrieg und der Entwertung von jeder Form des Nationalismus, des Nationalstaats sogar, fanden das öffentliche

Auftreten und die publizistische Tätigkeit Freya von Moltkes in der Bundesrepublik allmählich Gehör. Für die breitere Wahrnehmung des Widerstands bedeutete die Protestgeneration von 1968 eine Wende. Nach dem Fall der Mauer spiegelte und verstärkte die Stiftung Kreisau das postnationale Selbstbild der Bevölkerung vornehmlich Westdeutschlands.

Und wie steht es um den Einfluss der Familie auf den Wandel des Kriegsbilds? Der Feldmarschall – Vollender, keineswegs Schöpfer des Generalstabs – siegte nicht, weil Preußen-Deutschland bevölkerungsstärker, wirtschaftlich weiter entwickelt oder gesellschaftlich «moderner» war; er siegte, weil man im Generalstab genauer über die Auswirkungen des sozialen und wirtschaftlichen Wandels auf die Kriegführung nachgedacht, daher die Soldaten schneller bewegt, besser versorgt und im Gefecht wirkungsvoller befehligt hatte. Während des Feldzugs gegen Frankreich trug seine Forderung nach der Einverleibung von Elsass und Lothringen zum Abgleiten in den industrialisierten Volkskrieg maßgeblich bei. Nach dem Frieden von Frankfurt kam der Feldmarschall mit den Schwierigkeiten eines Zweifrontenkrieges, die er am Kartentisch zu lösen versuchte, nicht mehr zurande. Die Folgerungen konnten für den Generalstab nur lauten: Verzicht auf außenpolitische Abenteuer, Beschränkung auf das Planen defensiver Operationen, militärpolitische Abstimmung mit zivilen Behörden. Seinen Schülern im Generalstab das zu vermitteln, hat Moltke niemals vermocht.

Und so bereiteten Schlieffen und der jüngere Moltke lediglich Feldzüge vor, nicht aber den Gesamtkrieg. Untergangsstimmung, starre Feindbilder, das Denken in rassischen und sozialdarwinistischen Bahnen, angereichert mit der Erwartung eines «unvermeidlichen» Krieges – beim jüngeren Moltke verfestigte sich Hochgefährliches. Diese Gestimmtheit trieb ihn auf dem Höhepunkt der Julikrise schließlich zum Sprung ins Dunkle.

Helmuth James versuchte seit 1939 in der Völkerrechtsgruppe des Kriegsministeriums, der Barbarisierung des totalen Krieges entgegenzuwirken – freilich nur mit geringem Erfolg. Aber er kämpfte für ein Anliegen, das im 18. Jahrhundert schon die Aufklärer verfolgt hatten: Helmuth James rang um die Einhegung des Krieges.

Stalingrad hat die Marne in Vergessenheit geraten lassen. Und so könnte sich der öffentliche Blick auf die Moltkes nur verändern, wenn die Idee der Nation abermals eine Wandlung durchliefe. Zwar sieht es im Augenblick nicht danach aus; doch möglich, sogar wahrscheinlich bleiben solche Wandlungen immer – angestoßen vielleicht durch den Umbruch des Kriegsbilds in unserer Gegenwart. Dem Terror nichtstaatlicher Banden sind die Wehrpflichtigenarmeen und Panzerheere des Nationalstaats nicht gewachsen. Die Rückkehr zur «chirurgischen Kriegführung» mit hochspezialisierten, kleinen Berufsarmeen, die heute außerdem in internationalen Verbänden operieren, hat längst begonnen. Die Schärfe des Wandels erinnert durchaus an die Revolutionierung des Krieges vor rund zweihundert Jahren.

Amerikanische Soldaten haben den Idstedt-Löwen 1945 auf Bitten der dänischen Regierung nach Kopenhagen gebracht. Als Zeichen von Freundschaft und Vertrauen soll er im September 2010 wieder auf dem Alten Friedhof in Flensburg aufgestellt werden.[3] Doch wer das Denkmal genau betrachtet, muss erkennen: Der Löwe bleibt auf dem Sprung.

Anhang

Stammtafel der Moltkes

Die Stammtafel beschränkt sich auf die wichtigste männliche
Abstammungslinie sowie auf die Personen, die in diesem Buch
eine besondere Rolle spielen.

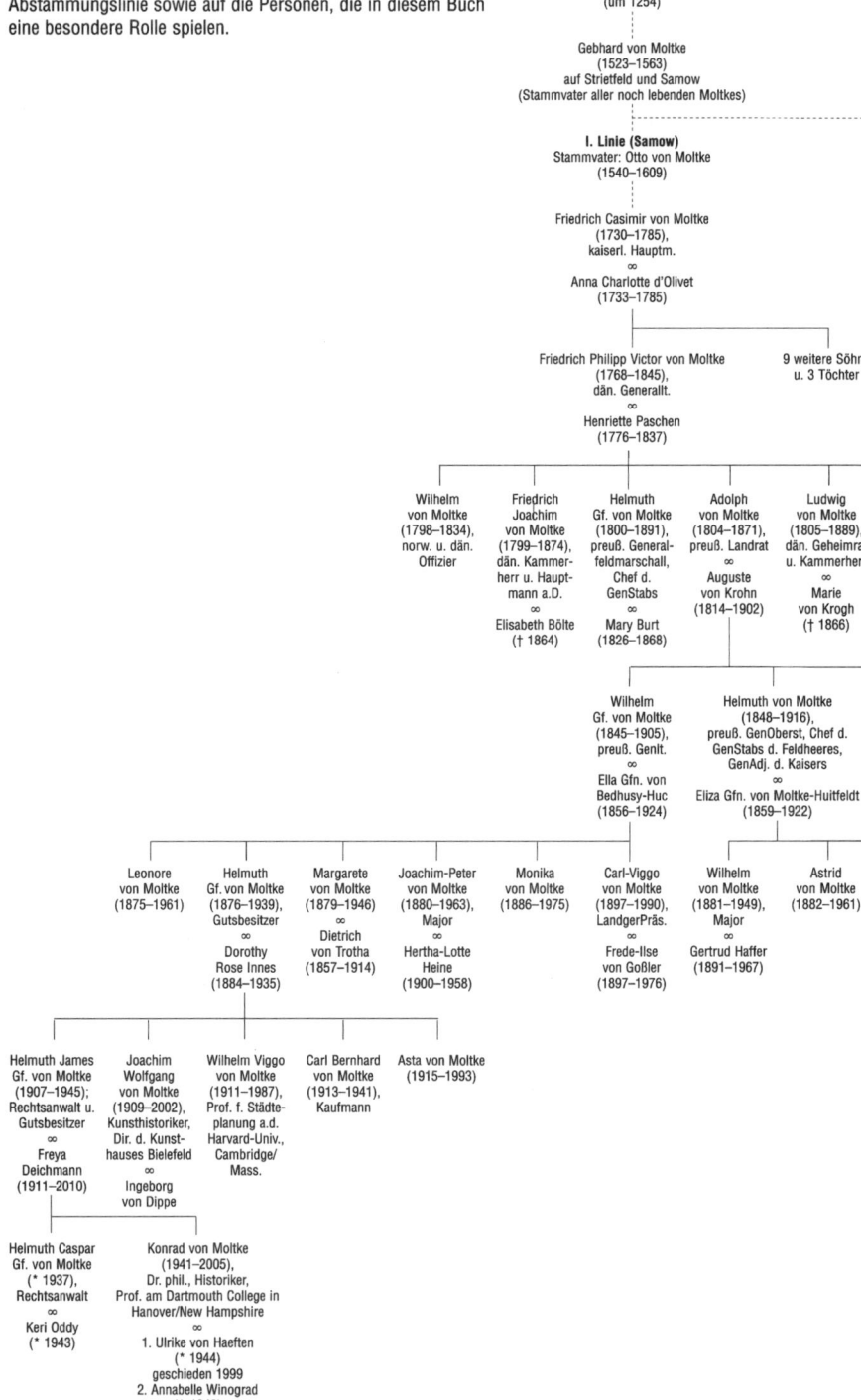

Friedrich Moltiko
(um 1254)

Gebhard von Moltke
(1523–1563)
auf Strietfeld und Samow
(Stammvater aller noch lebenden Moltkes)

I. Linie (Samow)
Stammvater: Otto von Moltke
(1540–1609)

Friedrich Casimir von Moltke
(1730–1785),
kaiserl. Hauptm.
∞
Anna Charlotte d'Olivet
(1733–1785)

Friedrich Philipp Victor von Moltke
(1768–1845),
dän. Generallt.
∞
Henriette Paschen
(1776–1837)

9 weitere Söhne
u. 3 Töchter

Wilhelm von Moltke
(1798–1834),
norw. u. dän.
Offizier

Friedrich Joachim von Moltke
(1799–1874),
dän. Kammer-
herr u. Haupt-
mann a.D.
∞
Elisabeth Bölte
(† 1864)

Helmuth Gf. von Moltke
(1800–1891),
preuß. General-
feldmarschall,
Chef d.
GenStabs
∞
Mary Burt
(1826–1868)

Adolph von Moltke
(1804–1871),
preuß. Landrat
∞
Auguste
von Krohn
(1814–1902)

Ludwig von Moltke
(1805–1889),
dän. Geheimrat
u. Kammerherr
∞
Marie
von Krogh
(† 1866)

Wilhelm Gf. von Moltke
(1845–1905),
preuß. Genlt.
∞
Ella Gfn. von
Bedhusy-Huc
(1856–1924)

Helmuth von Moltke
(1848–1916),
preuß. GenOberst, Chef d.
GenStabs d. Feldheeres,
GenAdj. d. Kaisers
∞
Eliza Gfn. von Moltke-Huitfeldt
(1859–1922)

Leonore von Moltke
(1875–1961)

Helmuth Gf. von Moltke
(1876–1939),
Gutsbesitzer
∞
Dorothy
Rose Innes
(1884–1935)

Margarete von Moltke
(1879–1946),
∞
Dietrich
von Trotha
(1857–1914)

Joachim-Peter von Moltke
(1880–1963),
Major
∞
Hertha-Lotte
Heine
(1900–1958)

Monika von Moltke
(1886–1975)

Carl-Viggo von Moltke
(1897–1990),
LandgerPräs.
∞
Frede-Ilse
von Goßler
(1897–1976)

Wilhelm von Moltke
(1881–1949),
Major
∞
Gertrud Haffer
(1891–1967)

Astrid von Moltke
(1882–1961)

Helmuth James Gf. von Moltke
(1907–1945);
Rechtsanwalt u.
Gutsbesitzer
∞
Freya
Deichmann
(1911–2010)

Joachim Wolfgang von Moltke
(1909–2002),
Kunsthistoriker,
Dir. d. Kunst-
hauses Bielefeld
∞
Ingeborg
von Dippe

Wilhelm Viggo von Moltke
(1911–1987),
Prof. f. Städte-
planung a.d.
Harvard-Univ.,
Cambridge/
Mass.

Carl Bernhard von Moltke
(1913–1941),
Kaufmann

Asta von Moltke
(1915–1993)

Helmuth Caspar Gf. von Moltke
(* 1937),
Rechtsanwalt
∞
Keri Oddy
(* 1943)

Konrad von Moltke
(1941–2005),
Dr. phil., Historiker,
Prof. am Dartmouth College in
Hanover/New Hampshire
∞
1. Ulrike von Haeften
(* 1944)
geschieden 1999
2. Annabelle Winograd
(* 1940)

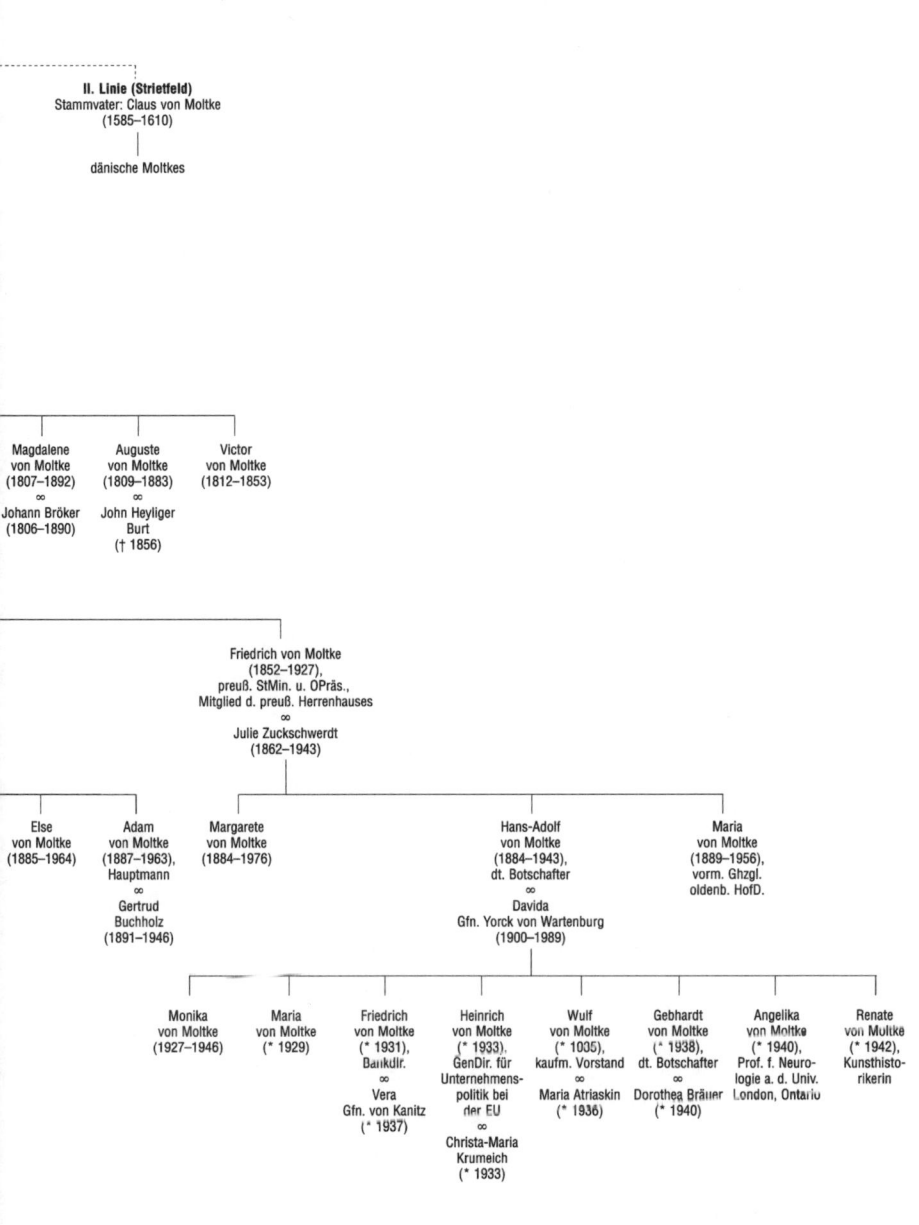

II. Linie (Strietfeld)
Stammvater: Claus von Moltke
(1585–1610)

dänische Moltkes

Magdalene
von Moltke
(1807–1892)
∞
Johann Bröker
(1806–1890)

Auguste
von Moltke
(1809–1883)
∞
John Heyliger
Burt
(† 1856)

Victor
von Moltke
(1812–1853)

Friedrich von Moltke
(1852–1927),
preuß. StMin. u. OPräs.,
Mitglied d. preuß. Herrenhauses
∞
Julie Zuckschwerdt
(1862–1943)

Else
von Moltke
(1885–1964)

Adam
von Moltke
(1887–1963),
Hauptmann
∞
Gertrud
Buchholz
(1891–1946)

Margarete
von Moltke
(1884–1976)

Hans-Adolf
von Moltke
(1884–1943),
dt. Botschafter
∞
Davida
Gfn. Yorck von Wartenburg
(1900–1989)

Maria
von Moltke
(1889–1956),
vorm. Ghzgl.
oldenb. HofD.

Monika
von Moltke
(1927–1946)

Maria
von Moltke
(* 1929)

Friedrich
von Moltke
(* 1931),
Bankdir.
∞
Vera
Gfn. von Kanitz
(* 1937)

Heinrich
von Moltke
(* 1933),
GenDir. für
Unternehmens-
politik bei
der EU
∞
Christa-Maria
Krumeich
(* 1933)

Wulf
von Moltke
(* 1935),
kaufm. Vorstand
∞
Maria Atriaskin
(* 1936)

Gebhardt
von Moltke
(* 1938),
dt. Botschafter
∞
Dorothea Bräuer
(* 1940)

Angelika
von Moltke
(* 1940),
Prof. f. Neuro-
logie a. d. Univ.
London, Ontario

Renate
von Moltke
(* 1942),
Kunsthisto-
rikerin

Anmerkungen

Einleitung

1 Zitiert nach: Herre, Moltke, S. 63.
2 Reinhardt, Einleitung, S. 10 ff.
3 Schröder, Die Spur der Ahnen, S. 132.
4 Elias, Die Gesellschaft der Individuen, S. 277.
5 Wehler, Nationalstaat und Krieg, S. 64 ff.
6 Friedrich, Blood and Iron, S. 415 ff.
7 Der Verfasser schuldet Herrn Dr. Gebhardt von Moltke, Botschafter a. D., vielfachen Dank für sein stets freundliches, geduldiges Entgegenkommen bei der mehrtägigen Nutzung des Privatarchivs, ebenso für dessen Bereitschaft, persönliche Fragen nach Familie und Laufbahn zu beantworten. Ähnliches gilt für Herrn Helmuth Caspar von Moltke, den ältesten Sohn von Helmuth James und Freya von Moltke.
8 Zitiert nach: Meding, Freya von Moltke, S. 139.

Am Anfang war Napoleon

1 Moritz Graf Brühl an Tina Gräfin Brühl. Königsberg, 8. 5. 1808. Abgedruckt in: Krosigk, Karl Graf von Brühl, S. 279.
2 Anonym, Ferdinand von Schills Braut, Bl. 5–12. Stadtmuseum Braunschweig, ehemalige Bestände Schill-Kapelle Braunschweig.
3 Den Konstruktcharakter von Nationen hat besonders prägnant Benedict Anderson betont. Seine berühmte Definition lautet: «Die Nation ist eine vorgestellte politische Gemeinschaft – vorgestellt als begrenzt und souverän.» Anderson, Die Erfindung der Nation, S. 15.
4 Wehler, Nationalismus, S. 64.
5 Safranski, Romantik, S. 178.
6 Zitiert nach: Binder von Krieglstein, Ferdinand von Schill, S. 107.
7 Jessen, «Das Volk steht auf, der Sturm bricht los!».
8 Veltzke, Zwischen König und Vaterland.
9 Friedrich Detlof Graf von Moltke (1750–1825), der als Leutnant im preußischen Infanterieregiment Nr. 20 «Stutterheim» gedient hatte, war seit 1804

Königlich Preußischer Oberjägermeister, übte also ein Hof- und Ehrenamt aus. 1776 hatte er in zweiter Ehe Charlotte Eleonore von Prittwitz und Gaffron geheiratet. Seine erste Gattin, Friederike Charlotte Antonie Gräfin von Dohna, war ihrerseits in erster Ehe mit dem Herzog Anton August von Holstein-Beck verbunden gewesen. Aus dieser Ehe stammt der Sohn Herzog Friedrich Ludwig von Holstein-Beck, der 1819 in Rendsburg der Regimentschef Helmuth von Moltkes wurde. Friedrich Detlof Graf von Moltke war Mitglied der Königsberger Freimaurerloge «Zu den drei Kronen». Vgl. Gerlach, Die Freimaurer, S. 302; Unruh, Von den Vorfahren des General-Feldmarschalls, S. 272; Zedlitz-Neukirch, Neues preußisches Adels-Lexicon, S. 422 u. 424.

10 Veltzke, Zwischen König und Vaterland, S. 146.

11 Friedrich Detlof Graf von Moltke an Unbekannt. Wolde, 28. 5. 1809. GStAPK IV. HA Rep. 15 A Nr. 9, Bl. 43–44.

12 Ibid., Bl. 44 f.

13 Moltke, Erinnerungen, Bl. 7.

14 Ibid., Bl. 8.

15 Graf Moltke an Unbekannt. Wolde, 28. 5. 1809. GStAPK IV. HA Rep. 15 A Nr. 9, Bl. 43–44, hier: Bl. 44.

16 Moltke, Erinnerungen, Bl. 8.

17 Bärsch, Ferdinand von Schills Zug, S. 266 f., S. 222 ff. Vgl. auch: Langhoff, Die Schillschen Offiziere.

18 Moltke, Erinnerungen, Bl. 8.

19 Johann von Ewald an Friedrich Philipp von Moltke. Pinneberg, 16. 8. 1809. BA-MA Freiburg, N 16/77, Bl. 23.

20 Moltke, Erinnerungen, Bl. 8.

21 Ibid.; Prinz Friedrich von Hessen an Friedrich Philipp von Moltke. Kopenhagen, 17. 6. 1809. BA-MA Freiburg, N 16/77, Bl. 22.

22 Duden. Etymologie, S. 12; Kluge, Etymologisches Wörterbuch, S. 16.

23 Smith, zitiert nach: Demel, Der europäische Adel, S. 10. Zur Familiendisziplin: Pollock, Honor, Gender and Reconciliation.

24 Sikora, Der Adel in der frühen Neuzeit, Darmstadt 2009, S. 12; Demel, Der europäische Adel, S. 8–19.

25 Holstein, Slaegten Moltkes Heraldik, S. 173.

26 Münch, Toitenwinkel und Rostock, S. 24 f.

27 Zu Gebhard von Moltke auf Strietfeld: Helmuth von Moltke, Kurze Familiengeschichte, in: Gesammelte Schriften, Bd. 1, S. 2. Zur Burganlage Strietfeld: Munser, Die untergegangene Burg, S. 8.

28 Münch, Toitenwinkel und Rostock, S. 12. Neukirchen und Belitz bei Schwaan sowie Divitz in Vorpommern waren neben Strietfeld und Toitenwinkel die beiden anderen befestigten Stammsitze der Moltkes: Ibid., S. 25.

29 Bei der Wieden, Der mecklenburgische Adel, S. 138 f. u. 141.

30 Langenhorn (Hg.), Historische Nachrichten, S. 2.

31 Bei der Wieden, Der mecklenburgische Adel, S. 142.

32 Feldbaek, Adam Gottlob Moltke, S. 23–39.

33 Raabyemagle, Introduction, in: Dies., The Palace, S. 21.

34 http://www.bregentved.dk/gbgendk.asp. Zugriff am 7.4.2010.
35 Münch, Toitenwinkel und Rostock, S. 95 ff.
36 Gothaisches Genealogisches Taschenbuch, S. 543.
37 Moltke, Erinnerungen, Bl. 2.
38 Ibid., Bl. 10.
39 Ibid., Bl. 3.
40 Archenholz, Die verlassenen Schlösser, S. 219; von Unruh, Von den Vorfahren des General-Feldmarschalls Grafen Helmuth von Moltke, S. 271–272, hier: S. 272. Der kaiserliche Feldmarschall Philipp Ludwig Freiherr von Moltke besaß ein Rittergut in Osnabrück und gehörte der Osnabrücker Ritterschaft an.
41 Moltke, Erinnerungen, Bl. 2.
42 Bei der Wieden, Der mecklenburgische Adel, S. 147 f.
43 P. M. [Pro Memoriam] von A. W. von Raben. Ribnitz, 15.6.1784. BA-MA Freiburg N 16/77, Bl. 20–20, hier: Bl. 20.
44 Moltke, Erinnerungen, Bl. 3.
45 Ibid., Bl. 3.
46 Zitiert nach: Demel, Der europäische Adel, S. 102.
47 Moltke, Erinnerungen, Bl. 10. Zur Bedeutung von Logen und Vereinen für die Beziehungen zwischen Bürgertum und Schwertadel: Pröve, Militär, Staat und Gesellschaft, S. 88 ff.
48 Moltke, Erinnerungen, Bl. 4.
49 Ibid., Bl. 5.
50 Ibid., Bl. 4.
51 Zitiert nach: Wentscher, Aus Moltkes Ahnentafel, Sp. 15.
52 Zitiert nach: Ibid., Sp. 14.
53 Ibid., Sp. 13–16, hier: Sp. 13 f. Die Angaben zur Besteuerung Paschens gelten für das Jahr 1812.
54 Moltke, Erinnerungen, Bl. 5.
55 Ibid.
56 Ibid., Bl. 6.
57 Stolz, Friedrich Philipp Victor von Moltke, S. 450.
58 Moltke, Erinnerungen, Bl. 6.
59 Ibid.
60 Ibid.
61 Wehler, Deutsche Gesellschaftsgeschichte, Bd. 1, S. 83 ff.; Wiese, Zur Opposition, S. 15 f.; Schiller, Vom Rittergut zum Großgrundbesitz.
62 Moltke, Erinnerungen, Bl. 6.
63 Henriettes Ehe-Pacten mit Friedrich Philipp Victor von Moltke. Hamburg, 9. 2.1797. Abgedruckt in: Der handschriftliche Nachlass Adolph von Moltkes, S. 228–231, hier: S. 228 u. 231.
64 Moltke, Erinnerungen, Bl. 6.
65 Ibid.
66 Die operativen Abläufe von Blüchers Flucht nach Lübeck beschreibt: Beseler, Blüchers Zug nach Lübeck.
67 Zitiert nach: Ahrens, Von der Franzosenzeit bis zum Ersten Weltkrieg, S. 535.

68 Über die Lübecker Ereignisse: Villers, Brief an die Gräfin von Beauharnais
    Villers (1765–1815), ein in Lübeck lebender Emigrant, kleidete seinen
    umfangreichen Bericht in die Form eines Briefes, den er an Napoleons
    Schwägerin richtete. Der Bericht sorgte schon bald als weitverbreitete
    Druckschrift in ganz Europa für Aufsehen.
69 Zitiert nach: Ahrens, Von der Franzosenzeit, S. 534.
70 Moltke, Erinnerungen, Bl. 7.

Bildungshunger

1   http://news.cnet.com/2300-11386_3-10001206-5.html.
    Zugriff am 18. November 2009.
2   Cocks/Cocks, Who's who.
3   Whitaker, Mapping and naming, S. 134 f. Whitaker listet zudem alle neuen
    Namen auf, die Krieger und König durchgesetzt haben – darunter auch
    Moltke. Vgl. ibid., Appendix N, S. 226. Vgl. auch J. Schmidt, Charte der Ge-
    birge.
4   Zitiert nach: Dressler, Moltke in seiner Häuslichkeit, S. 111.
5   Adolph von Moltke an Auguste von Krohn. O. O, 2. 1. 1837. Abgedruckt in:
    Der handschriftliche Nachlass Adolph von Moltkes, S. 6–7, hier: S. 6.
6   Major Henry v. Burt, der Neffe und langjährige Adjutant des Feldmar-
    schalls, berichtet nachstehende kleine Charakterzüge und Begebnisse. Ab-
    gedruckt in: Gesammelte Schriften, Bd. 5, S. 233.
7   Helmuth von Moltke an Ludwig von Moltke. O. O., März 1829. Abgedruckt
    in: Gesammelte Schriften, Bd. 4, S. 237–240, hier: S. 237 f.
8   [von Hegermann-Lindencrone], Erinnerungen von Hegermann-Linden-
    crone. Kopenhagen, 1. 10. 1891. Abgedruckt in: Gesammelte Schriften, Bd. 5,
    S. 241–251, hier: S. 241.
9   Zitiert nach: Herre, Moltke, S. 28.
10 Mehlhorn, Klöster und Stifte, S. 47.
11 Friedrich Philipp von Moltke an Henriette von Moltke. Hamburg, 9. 9. 1816.
    Abgedruckt in: Der handschriftliche Nachlass Adolph von Moltkes, S. 231–
    232, hier: S. 231.
12 Moltke, Erinnerungen, Bl. 10.
13 Kohut, Moltke und die Frauen, S. 14.
14 Hegermann-Lindencrone, Erinnerungen, S. 242.
15 Ibid., S. 244.
16 In Rendsburg wohnte Moltke unweit des Paradeplatzes in einer kleinen
    Wohnung. Vgl. Anonymus, Moltkehäuser. Seit 1890 erinnerte die Stadt
    Rendsburg mit einer eisernen Erinnerungstafel an den berühmten Bewoh-
    ner: «In diesem Hause wohnte vor 70 Jahren Generalfeldmarschall Graf von
    Moltke. Am 90. Geburtstage, dem 26. Oktober 1890, gewidmet von der Stadt
    Rendsburg.»
17 Ibid.
18 Zitiert nach: Kessel, Moltke, S. 23.

19 Zitiert nach: Lapp, Friedrich Joachim von Moltke, S. 40.
20 Zitiert nach: Demel, Der europäische Adel, S. 100.
21 Frie, Friedrich August Ludwig von der Marwitz, S. 59 ff.
22 Kessel, Moltke, S. 26.
23 Zitiert nach: Herre, Moltke, S. 32.
24 Vgl. die Kurzvita Ludwig von Moltkes in: Gesammelte Schriften, Bd. 4, S. 229–231, hier: S. 229.
25 Dressler, Moltke in seiner Häuslichkeit, S. 3.
26 Paret, Clausewitz, S. 336.
27 Walter, Was blieb von den Militärreformen 1807–1814?, S. 126.
28 Anton Neidhardt v. Gneisenau an Friedrich Wilhelm III. v. Preußen, Juni 1810. Abgedruckt in: Griewank (Hg.), Gneisenau, S. 143–151, hier: S. 150.
29 Jessen, Von Jena nach Königsberg, S. 19 ff.
30 Paret, Yorck, S. 244.
31 So aber offenbar Wehler, der von einer «demokratischen Wehrpflicht» spricht: Wehler, Deutsche Gesellschaftsgeschichte, Bd. 1, S. 467.
32 175 Jahre Ausbildung und Bildung der militärischen Führungsgruppen, in: Bald, Generalstabsausbildung, S. 19–82, hier: S. 33 f. Zur Entwicklung des Generalstabs vgl. Kraus, Vom Werden, Wesen und Wirken, S. 204 ff.; Erfurth, Die Geschichte des deutschen Generalstabes; Schössler (Hg.), Das geistige Erbe.
33 Massenbach, Über die Verbindung der Kriegs- und Staats-Kunde. Abgedruckt in: Ders., Memoiren, Bd. 3, S. 258 ff.
34 Jany, Geschichte der Königlich Preußischen Armee, Bd. 3, S. 412.
35 Regling, Grundzüge der Landkriegführung, S. 230.
36 Stübig, Die Entwicklung des preußisch-deutschen Generalstabs, S. 254.
37 Helmuth von Moltke an Ludwig von Moltke. Oels, 24. 8. 1828. Abgedruckt in: Gesammelte Schriften, Bd. 4, S. 231–234, hier: S. 231.
38 Zitiert nach: Wohlhaupter, Dichterjuristen, S. 120.
39 Ibid., S. 152.
40 Henriette von Moltke an Adolph von Moltke. Schleswig, 23. 10. 1831. Abgedruckt in: Der handschriftliche Nachlass Adolph von Moltkes, S. 112–113, hier: S. 112.
41 Zitiert nach: Kessel, Moltke, S. 48.
42 Helmuth von Moltke an Henriette von Moltke. Berlin, 10. 1. 1830. Abgedruckt in: Gesammelte Schriften, Bd. 4, S. 39–41, hier: S. 40.
43 Lebensbild des Bruders Adolf, in: Ibid., S. 107–109, hier: S. 107.
44 Sachse, Die ersten Landräte, S. 117.
45 Lohmeier, Der Edelmann als Bürger, S. 127–149; Demel, Der europäische Adel, S. 108; Jespersen, The Rise and Fall of the Danish Nobility, Bd. 2, S. 41–70.
46 Helmuth von Moltke an Adolph von Moltke. Rom, 29. 3. 1846. Abgedruckt in: Gesammelte Schriften, Bd. 4, S. 112–115, hier: S. 113.
47 Helmuth von Moltke an Ludwig von Moltke. Rom, 2. 4. 1846. Abgedruckt: Ibid., S. 267–272, hier: S. 268 ff.
48 Helmuth von Moltke an Henriette von Moltke. Berlin, 15. 5. 1832. Abgedruckt: Ibid., S. 62–64, hier: S. 63.

49 Zitiert nach: Herre, Moltke, S. 98.
50 Helmuth von Moltke an Henriette von Moltke. Berlin, 23. 7. 1833. Abge-
    druckt in: Gesammelte Schriften, Bd. 4, S. 69–71, hier: S. 70. Auguste von
    Moltke und John Burt verlobten sich Anfang Juli 1833.
51 Helmuth von Moltke an Henriette von Moltke. Berlin, 15. 5. 1832. Abge-
    druckt: Ibid., S. 62–64, hier: S. 63.
52 Haberkern/Wallach, Hilfswörterbuch für Historiker, Bd. 1, S. 240; Bd. 2, S. 583.
53 Jenkins, The Making of a Ruling Class.
54 Hall, Slave Society, S. 13.
55 Ibid., S. 11.
56 Brockdorff, Marie von Moltke, S. 2; Rumohr, Schlösser und Herrenhäuser,
    S. 368 ff.
57 Stadtarchiv Kiel, Verlassungsakte Nr. 15877.
58 Stadtarchiv Kiel R 318 Steuerlisten der Stadtrechnungen, S. 17. Frdl. Mit-
    teilung von Herrn Dr. Johannes Rosenplänter, Stadtarchiv Kiel.
59 Mary Burt an Helmuth von Moltke. Itzehoe, 10. 6. 1841. Abschrift. GStAPK
    Berlin Dahlem, Familienstiftung Moltke Nr. 25, Brief Nr. 4.
60 Friedrich Joachim von Moltke an Adolph von Moltke. Flensburg, 30. 8. 1866.
    Abgedruckt in: Der handschriftliche Nachlass Adolph von Moltkes, S. 136–
    137, hier: S. 137.
61 Henriette von Moltke an Adolph von Moltke. Preetz, 9. 9. 1830. Abge-
    druckt: Ibid., S. 102–104, hier: S. 104.
62 Friedrich Philipp von Moltke an Adolph von Moltke. Kiel, 23. 6. 1835. Ab-
    gedruckt: Ibid., S. 133.
63 Etatrat Rathgen an Adolph von Moltke. Kiel, 23. 6. 1835. Abgedruckt in:
    Adolphs Berliner Mission.
64 Bohn, Geschichte Schleswig-Holsteins, S. 78; Asmussen, Das Wirtschafts-
    leben und die Bevölkerung Glückstadts von der Gründung bis 1869, in:
    Glückstadt, S. 215.
65 Adolph von Moltke an Auguste von Krohn. Glückstadt, o. D. [27. 8. 1837].
    Abgedruckt in: Der handschriftliche Nachlass Adolph von Moltkes, S. 44–
    46, hier: S. 45.
66 Dollinger, Frauen am Ballenstedter Hof, S. 115.
67 Henriette von Moltke an Helmuth von Moltke. Schleswig, 31. 12. 1836/
    1. 1. 1837. BA-MA Freiburg N/16/32.
68 Dollinger, Frauen am Ballenstedter Hof, Bd. 1, S. 115.
69 Adolph von Moltke an Auguste von Krohn. O. O., o. D. Abgedruckt in: Der
    handschriftliche Nachlass Adolph von Moltkes, S. 27–28, hier: S. 27.
70 Adolph von Moltke an Auguste von Krohn. O. O [Glückstadt], o. D. [1836].
    Abgedruckt: Ibid., S. 3.
71 Adolph von Moltke an Auguste von Krohn. O. O [Glückstadt], 4. 2. 1837.
    Abgedruckt: Ibid., S. 11–13, hier: S. 12 f.
72 Adolph von Moltke an Auguste von Krohn. Glückstadt, o. D. Abgedruckt:
    Ibid., S. 13–15, hier: S. 14.
73 Henriette von Moltke an Adolph von Moltke. Schleswig, 27. 1. 1834. Abge-
    druckt: Ibid., S. 120–121, hier: S. 121.

74 Adolph von Moltke an Auguste von Krohn. O. O [Glückstadt], 5.3.1837.
   Abgedruckt: Ibid., S. 15–17, hier: S. 16.
75 Adolph von Moltke an Auguste von Krohn. O. O. [Schleswig], 5.7.1837.
   Abgedruckt: Ibid., S. 34–35, hier: S. 35.
76 «Ich bin recht glücklich darin, dass ich bei meinem Freunde Martens täglich ein wahrhaft rührendes Bild einer recht glücklichen Ehe, wie sie mir
   früher niemals vorgekommen war, vor Augen habe». Adolph von Moltke
   an Auguste von Krohn. O. O, 2.1.1837. Abgedruckt: Ibid., S. 6–7, hier: S. 7.
77 Adolph von Moltke an Auguste von Krohn. Glückstadt, 12.1.1837. Abgedruckt: Ibid., S. 9–11, hier: S. 10.
78 Adolph von Moltke an Auguste von Krohn. O. O [Glückstadt], 9./10.1.1837.
   Abgedruckt: Ibid., S. 8–9, hier: S. 8 f.
79 Adolph von Moltke an Auguste von Krohn. O. O [Glückstadt], o. D. [1836].
   Abgedruckt: Ibid., S. 4. Zu Adolphs Larmoyanz: «Wenn ich den Inhalt
   meiner bisherigen Briefe überblicke, so schaudert mich ordentlich vor dem
   trüben, traurigen Bilde, das sich dem Leser aufdrängt». Ibid., S. 5.
80 Adolph von Moltke an Auguste von Krohn. O. O [Glückstadt], 4.2.1837.
   Abgedruckt: Ibid., S. 11–13, hier: S. 11.
81 Adolph von Moltke an Auguste von Krohn. O. O [Glückstadt], 12.3.1837.
   Abgedruckt: Ibid., S. 20–23, hier: S. 22.
82 Adolph von Moltke an Auguste von Krohn. Glückstadt, 31.7.1837. Abgedruckt: Ibid., S. 36–37, hier: S. 36.

Unter dem Halbmond

1 Moltke (d. Ä.), Unter dem Halbmond, S. 70.
2 Kreiser, Der osmanische Staat, S. 38.
3 Moltke (d. Ä.), Unter dem Halbmond, S. 72.
4 Erst Moltke publizierte sechs Jahre später die erste Karte unter dem Titel
   «Karte von Konstantinopel, den Vorstädten, der Umgebung und dem Bosporus im Auftrag S. H. Sultan Mahmuds I. mit dem Meßtisch in 1 : 25000,
   aufgenommen in den Jahren 1836 bis 1837 durch Freiherrn von Moltke,
   Hauptmann im Königl. Preußischen Generalstabe, Berlin, Verlag von
   Simon Schropp u. Co. 1842».
5 Moltke (d. Ä.), Unter dem Halbmond, S. 170.
6 Herre, Moltke, S. 64.
7 Moltke (d. Ä.), Unter dem Halbmond, S. 95.
8 Ibid.
9 Ibid., S. 97.
10 Ibid., S. 94.
11 Ibid., S. 93.
12 Herre, Moltke, S. 63.
13 Moltke (d. Ä.), Unter dem Halbmond, S. 398.
14 Ibid., S. 394 f.
15 Ibid., S. 87.

16 Ibid., S. 88.
17 Ibid., S. 89.
18 Sultan Mahmût II. kannte beispielsweise das ins Türkische übersetzte Buch des französischen Generals Marquis de Caraman «Essai sur l'organisation militaire de la Prusse par le Général Marquis de Caraman», Paris 1831.
19 Arndt, Einleitung, S. 35. Vgl. auch Jatzlauk, Zwischen Bosporus und Euphrat.
20 Zitiert nach: Arndt, Einleitung, S. 35.
21 Ibid., S. 9.
22 Zitiert nach: Kessel, Moltke, S. 120.
23 Moltke (d. Ä.), Unter dem Halbmond, S. 287 f.
24 Ibid., S. 294.
25 Ibid., S. 304.
26 Ibid., S. 301 f.
27 Kessel, Moltke, S. 136.
28 Moltke (d. Ä.), Unter dem Halbmond, S. 398.
29 Jordan, Der ägyptisch-türkische Krieg, S. 20.
30 Ibid., S. 41.
31 Moltke (d. Ä.), Unter dem Halbmond, S. 376 f.
32 Ibid., S. 379.
33 Ibid., S. 381.
34 Ibid., S. 388.
35 Ibid., S. 382, Anm. 1. Der Herausgeber Helmut Arndt hat dort auszugsweise auch den Schlussbericht von Vincke, Fischer und Moltke aus dem Jahr 1846 für den Generalstab veröffentlicht: «Die militärische Sendung der drei königlich-preußischen Generalstabsoffiziere nach der Türkei in den Jahren 1837–1839.» Er enthält Moltkes Bericht über die Sendung zu Hafiz Pascha, den Kurdenkrieg 1838 und den Feldzug gegen die Ägypter 1839.
36 Moltke (d. Ä.), Briefe über Zustände und Begebenheiten.
37 Henriette und Lene von Moltke an Helmuth von Moltke. Schleswig, 20. 2. 1836. BA-MA Freiburg N/16/32.
38 Kreiser, Der osmanische Staat, S. 128.
39 Wallach, Anatomie einer Militärhilfe, S. 29.

Familienkongress

1 Dülffer/Kröger/Wippich (Hg.), Vermiedene Kriege.
2 Kutschik/Sprang, Die Berlin-Hamburger Eisenbahn, S. 70 ff.
3 Friedrich Julius Stahl, zitiert nach: Kroll, Monarchie und Gottesgnadentum, S. 58 f.
4 Zitiert nach: Ibid., S. 55.
5 Heine, Vorrede.
6 Safranski, Romantik, S. 134 f.
7 Zitiert nach: Ibid., S. 145.

8 Lehmann, Romantischer Don Quixote, S. 86. Die Feststellung gilt für das erste Viertel des 19. Jahrhunderts.

9 Bußmann, Friedrich der Große, S. 256 f.

10 Gäbler, «Auferstehungszeit», S. 175.

11 Clark, Preußen, S. 475 ff.

12 Schulz, Romantik, S. 129.

13 Henriette von Moltke an Adolph von Moltke. O. O., 14. 1. 1830. Zitiert nach: Gesammelte Schriften, Bd. 4, S. 4.

14 Anonymus, Moltkehäuser. Die Stadt Schleswig ließ an dem Gebäude eine Tafel mit Inschrift anbringen: «In diesem Hause wohnte lange Jahre, und zwar bis zu ihrem am 18. Mai 1837 erfolgten Tode, die Frau General von Moltke, die Mutter des Generalfeldmarschalls von Moltke.» Gerd Stolz nennt 1830, die Herausgeber der «Gesammelten Schriften» bezeichnen 1832 als das Jahr des Umzugs von Preetz nach Schleswig. Vgl. Stolz, Friedrich Philipp Victor von Moltke, S. 455; Gesammelte Schriften, Bd. 4, S. 4. Da Helmuth von Moltke am 24. 12. 1830 von Berlin an seine Mutter in Schleswig schrieb, ist die Jahresangabe von Stolz zutreffend. Vgl. Helmuth von Moltke an Henriette von Moltke. Berlin, 24. 12. 1830. Abgedruckt in: Gesammelte Schriften, Bd. 4, S. 46–49, hier: S. 46.

15 Helmuth von Moltke an Henriette von Moltke. Berlin, 13. 1. 1832. Abgedruckt in: Gesammelte Schriften, Bd. 4, S. 57–60, hier: S. 57.

16 Henriette von Moltke an Adolph von Moltke. Schleswig, 27. 1. 1834. Abgedruckt in: Der handschriftliche Nachlass Adolph von Moltkes, S. 120–121, hier: S. 121.

17 Helmuth von Moltke an Henriette von Moltke. Frankfurt a. d. Oder, 25. 3. 1828. Abgedruckt in: Gesammelte Schriften, Bd. 4, S. 12–16, hier: S. 12 f.

18 Moltke, Erinnerungen, Bl. 11.

19 Friedrich Philipp Victor von Moltke an Adolph von Moltke. Kiel, 29. 1. 1834. Abgedruckt in: Der handschriftliche Nachlass Adolph von Moltkes, S. 127–128, hier: S. 128.

20 Moltke, Erinnerungen, Bl. 12.

21 Jonas, Der frühe Moltke, S. 119.

22 Henriette von Moltke an Helmuth von Moltke. Schleswig, 13. 7. 1835. BA-MA Freiburg N/16/32.

23 Henriette von Moltke an Helmuth von Moltke. Schleswig, 17. 8. 1836. BA-MA Freiburg N/16/32.

24 Henriette von Moltke an Helmuth von Moltke. Schleswig, 13. 7. 1835. BA-MA Freiburg N/16/32.

25 John Burt Junior an Adolph von Moltke. Lüneburg, 8. 4. 1838. Abgedruckt in: Der handschriftliche Nachlass Adolph von Moltkes, S. 170–171, hier: S. 171.

26 Zum Bjelkeschen Palais: Jonas, Der frühe Moltke, S. 122; Chronik der Stadt Schleswig 1711–1836, S. 97. Zu den Besuchen des Kanzlers von Brockdorff: Friedrich Philipp Victor von Moltke an Adolph von Moltke. Kiel, 12. 1. 1834. Abgedruckt in: Der handschriftliche Nachlass Adolph von Moltkes, S. 127.

Zu Carl von Hessen-Kassel bei den Burts: Friedrich Philipp Victor von Moltke an Adolph von Moltke. Schleswig, 25.12.1837. Abgedruckt in: Der handschriftliche Nachlass Adolph von Moltkes, S.133–134, hier: S.134. Zu Jeanette und Marie Burt im Friedrichsberger Institut: Chronik der Stadt Schleswig 1711–1836, S.355, in: Gemeinschaftsarchiv des Kreises Schleswig-Flensburg und der Stadt Schleswig. Ohne Signatur. Das Institut wurde von der Tochter Georg Friedrich Schumachers geleitet, der bis 1835 Rektor der Schleswiger Domschule gewesen war und nach der Pensionierung an der Privatschule seiner Tochter arbeitete. Zur Reise nach Karlsbad: Brockdorff, Marie von Moltke, S.15.

27	Henriette von Moltke an Helmuth von Moltke. Schleswig, 31.12.1836/ 1.1.1837. BA-MA Freiburg N/16/32.

28	Bröker, Die Familie von Moltke, S.80.

29	Ahlefeldt, Cay Graf von Brockdorff, S. 336.

30	Henriette von Moltke an Helmuth von Moltke. O.O., 5.5.1836. BA-MA Freiburg N/16/32.

31	Henriette von Moltke an Helmuth von Moltke. Schleswig, 17.8.1836. BA-MA Freiburg N/16/32.

32	Henriette von Moltke an Helmuth von Moltke. Schleswig, 31.12.1836/ 1.1.1837. BA-MA Freiburg N/16/32.

33	Adolph von Moltke an Auguste von Krohn. Schleswig, 23.5.1837. Abgedruckt in: Der handschriftliche Nachlass Adolph von Moltkes, S.28–29, hier: S.28.

34	Burt trug sich als «Partikulier» in die Mitgliedsliste der Itzehoer Liedertafel ein. Vgl. Benz, Itzehoer Liedertafel, S.25, Anm.14.

35	Lange, Modernisierung der Infrastruktur, S.347.

36	Adolph von Moltke an Auguste von Krohn. O.O., 2.1.1837. Abgedruckt in: Der handschriftliche Nachlass Adolph von Moltkes, S.6–7, hier: S.7.

37	Bohn, Geschichte Schleswig-Holsteins, S.90.

38	John Burt Junior an Auguste von Moltke. Berlin, 7.3.1841. Abgedruckt in: Der handschriftliche Nachlass Adolph von Moltkes, S.171–172, hier: S.171.

39	Zu Beginn ihrer Itzehoer Zeit lebten die Burts bis zum Jahr 1841 in einem anderen Gebäude; dessen Adresse ließ sich auch archivalisch nicht mehr ermitteln. Zum Gebäude Hinterm Klosterhof 23: Anonymus, Moltkehäuser. Noch 1939 schmückte das Gebäude eine gusseiserne Erinnerungstafel: «In diesem Hause feierte der Generalfeldmarschall Graf von Moltke am 20.April 1842 seine Hochzeit mit Fräulein Maria von Burt». 2010 fällt das Gedenken prosaischer aus. Nun hängt an der Straßenseite ein Plastikschild. Dessen Text lautet ähnlich: «Hinterm Klosterhof 23. Am 20.April 1842 heirateten in diesem Hause Mary Burt und der spätere Generalfeldmarschall Helmuth von Moltke.» Zu Itzehoe als Sammelpunkt der Familie: Helmuth von Moltke an Adolph von Moltke. Braunschweig, 31.8.1841. Abgedruckt in: Gesammelte Schriften, Bd.4, S.131.

40	Bröker, Die Familie von Moltke, S.83 f.

41	Marie von Moltke an Helmuth von Moltke. Capo di Monte, 4.11.1846.

Abschrift. GStAPK Berlin-Dahlem, Familienstiftung Moltke Nr. 25, Brief Nr. 57. Zum Itzehoer Personal: Mary Burt an Helmuth von Moltke. Itzehoe, 27. 2. 1842. Abschrift. GStAPK Berlin-Dahlem, Familienstiftung Moltke Nr. 25, Brief Nr. 33.

42 Mary Burt an Helmuth von Moltke. Itzehoe, 13. 7. 1841. Abschrift. GStAPK Berlin Dahlem, Familienstiftung Moltke Nr. 25, Brief Nr. 10.

43 Mary Burt an Helmuth von Moltke. Itzehoe, 12. 11. 1841. Abschrift. GStAPK Berlin-Dahlem, Familienstiftung Moltke Nr. 25, Brief Nr. 23.

44 Auguste Burt an Helmuth von Moltke. Itzehoe, 28.–30. 8. 1843. Abschrift. GStAPK Berlin-Dahlem, Familienstiftung Moltke Nr. 25, Brief Nr. 18.

45 Mary Burt an Helmuth von Moltke. Itzehoe, 12. 11. 1841. Abschrift. GStAPK Berlin-Dahlem, Familienstiftung Moltke Nr. 25, Brief Nr. 43.

46 John Burt Junior an Auguste von Moltke. Berlin, 7. 3. 1841. Abgedruckt in: Der handschriftliche Nachlass Adolph von Moltkes, S. 171–172, hier: S. 172.

47 Zu Moltke und dem Hotel «Streit's»: Helmuth von Moltke an Auguste von Moltke. Braunschweig, 31. 8. 1841. Abgedruckt in: Gesammelte Schriften, Bd. 4, S. 111. Zur adeligen Statuswahrung und -gefährdung: Sikora, Der Adel, S. 106 ff.

48 Kirchenkreisarchiv für die Gemeinden des Kirchenkreises Rantzau-Münsterdorf, Taufeinträge 1841, S. 254, Nr. 70.

49 Helmuth von Moltke an Marie von Moltke. Magdeburg, 23. 1. 1850. Abgedruckt in: Gesammelte Schriften, Bd. 6, S. 173–174, hier: S. 173.

50 Mary Burt an Helmuth von Moltke. Itzehoe, 30. 10. 1841. Abschrift. GStAPK Berlin-Dahlem, Familienstiftung Moltke Nr. 25, Brief Nr. 20.

51 Mary Burt an Helmuth von Moltke. Itzehoe, 3. 6. 1844. Abschrift. GStAPK Berlin-Dahlem, Familienstiftung Moltke Nr. 25, Brief Nr. 46.

52 Mary Burt an Helmuth von Moltke. Itzehoe, 11. 6. 1841. Abschrift. GStAPK Berlin Dahlem, Familienstiftung Moltke Nr. 25, Brief Nr. 5.

53 Brockdorff, Marie von Moltke, S. 14.

54 Ibid., S. 9.

55 Nordmann, Schleswig-Holsteinische Beamte, S. 353. «Herr Graf von Moltke zu Grünthal» in Itzehoe war einer der Subskribenten der Kobbeschen Landesbeschreibung von Lauenburg: Peter von Kobbe, Geschichte und Landesbeschreibung des Herzogthums Lauenburg, Altona 1836, S. IV. Zu Sophie von Moltke: Mary Burt an Helmuth von Moltke. Itzehoe, 28. 6. 1841. Abschrift. GStAPK Berlin Dahlem, Familienstiftung Moltke Nr. 25, Brief Nr. 7.

56 Brockdorff, Marie von Moltke, S. 12.

57 Spiero, Detlev von Liliencron, S. 23.

58 Detlev von Liliencron, zitiert nach: Küchmeister, «Kinderland, du Zauberland …», S. 15 ff.

59 Nordmann, Schleswig-Holsteinische Beamte, S. 352 u. 377.

60 Brockdorff, Marie von Moltke, S. 21 f.

61 Mary Burt an Helmuth von Moltke. Itzehoe, 28. 6. 1841. Abschrift. GStAPK Berlin Dahlem, Familienstiftung Moltke Nr. 25, Brief Nr. 7.

62 Kurzvita in: Bill, Barockdorff, S. 122. Brockdorff war der Sohn des Hof-
   jägermeisters und holsteinischen Distriktdeputierten Ludwig Achatz Graf
   von Brockdorff auf Kletkamp und Grünhaus und der Ida Benedikte Margarete von Bülow. Zu Ludwig Achatz Graf von Brockdorff: Nordmann,
   Schleswig-Holsteinische Beamte, S. 314.
63 Schröder, Topographie, S. 42.
64 Zitiert nach: Herre, Moltke, S. 97.
65 Moltke (d. Ä.), Unter dem Halbmond, S. 94.
66 Kohut, Moltke und die Frauen, S. 18.
67 Bill, Brockdorff, S. 122.
68 Brockdorff, Marie von Moltke, S. 25.
69 Mary Burt an Helmuth von Moltke. Itzehoe, 12. 11. 1841. Abschrift.
   GStAPK Berlin-Dahlem, Familienstiftung Moltke Nr. 25, Brief Nr. 23.
70 John Burt d. J. an Helmuth von Moltke. Itzehoe, 7. 10. 1841. Abschrift.
   GStAPK Berlin-Dahlem, Familienstiftung Moltke Nr. 25, Brief Nr. 17.
71 Mary Burt an Helmuth von Moltke. Itzehoe, 6. 6. 1841. Abschrift. GStAPK
   Berlin-Dahlem, Familienstiftung Moltke Nr. 25, Brief Nr. 3.
72 Brockdorff, Marie von Moltke, S. 34.
73 Helmuth von Moltke an Mary Burt. Berlin, 22. 10. 1841. Abgedruckt in: Gesammelte Schriften, Bd. 6, S. 41; zu den Bildern Krausenecks und des Sultans:
   Helmuth von Moltke an Mary Burt. Berlin, 18. 10. 1841, S. 40–41, hier: S. 40.
74 Mary Burt an Helmuth von Moltke. Itzehoe, 21. 1. 1842. Abschrift. GStAPK
   Berlin-Dahlem, Familienstiftung Moltke Nr. 25, Brief Nr. 29.
75 Mary Burt an Helmuth von Moltke. Itzehoe, 30. 1. 1842. Abschrift. GStAPK
   Berlin-Dahlem, Familienstiftung Moltke Nr. 25, Brief Nr. 30.
76 Mary Burt an Helmuth von Moltke. Itzehoe, 19. 3. 1842. Abschrift. GStAPK
   Berlin-Dahlem, Familienstiftung Moltke Nr. 25, Brief Nr. 36.
77 Bröker, Die Familie von Moltke, S. 84. Vgl. auch Benz, 150 Jahre Itzehoer
   Liedertafel, S. 16 ff.
78 Irmisch, Geschichte der Stadt Itzehoe, S. 313.
79 Zitiert nach: Ibid.
80 John Burt d. J. an Helmuth von Moltke. Itzehoe, 7. 10. 1841. Abschrift.
   GStAPK Berlin-Dahlem, Familienstiftung Moltke Nr. 25, Brief Nr. 17.
81 Marie Burt an Helmuth von Moltke. Itzehoe, 6. 6. 1841. Abschrift. GStAPK
   Berlin-Dahlem, Familienstiftung Moltke Nr. 25, Brief Nr. 18.
82 Marie von Moltke an Helmuth von Moltke. Itzehoe, 18. 9. 1843. Abschrift.
   GStAPK Berlin-Dahlem, Familienstiftung Moltke Nr. 25, Brief Nr. 45.
83 Herre, Moltke, S. 99 f.
84 Ibid., S. 99.
85 John Burt d. J. an Helmuth von Moltke. Itzehoe, 7. 10. 1841. Abschrift.
   GStAPK Berlin-Dahlem, Familienstiftung Moltke Nr. 25, Brief Nr. 17. Ori-
   ginal in: BA-MA Freiburg, N 16/36.
86 Mary Burt an Helmuth von Moltke. Itzehoe, 8. 7. 1841. Abschrift. GStAPK
   Berlin Dahlem, Familienstiftung Moltke Nr. 25, Brief Nr. 9.
87 Herre, Moltke, S. 100.
88 Ibid., S. 101.

89 Jeanette Burt an Helmuth von Moltke. Helgoland, 20.8.1841. Abschrift. GStAPK Berlin Dahlem, Familienstiftung Moltke Nr. 25, Brief Nr. 12.

90 Marie von Moltke an Helmuth von Moltke. Itzehoe, 18.9.1843. Abschrift. GStAPK Berlin-Dahlem, Familienstiftung Moltke Nr. 25, Brief Nr. 45.

91 Mary Burt an Helmuth von Moltke. Itzehoe, 1.2.1842. Abschrift. GStAPK Berlin-Dahlem, Familienstiftung Moltke Nr. 25, Brief Nr. 30.

92 Helmuth von Moltke an Ludwig von Moltke. Berlin, 19.3.1842. Abgedruckt in: Gesammelte Schriften, Bd. 4, S. 251–253, hier: S. 252.

93 Brockdorff, Marie von Moltke, S. 38 f.

94 Mary Burt an Helmuth von Moltke. Itzehoe, 12.11.1841. Abschrift. GStAPK Berlin-Dahlem, Familienstiftung Moltke Nr. 25, Brief Nr. 23.

95 Als Offizier und ehemaliger Page besaß Fritz von Moltke auch persönlichen Zugang zum dänischen König. Vgl. Henriette von Moltke an Helmuth von Moltke. Schleswig, 17.8.1836. BA-MA Freiburg N/16/34.

96 Lapp, Friedrich Joachim von Moltke, S. 27.

97 Zum Schiffsunglück: Ibid., S. 31. Zum Gedicht: Friedrich von Moltke d. Ä. an Helmuth von Moltke. O.O., o.D. [Wandsbek, 1844]. BA-MA Freiburg N/16/34.

98 Zu Oberforstmeister Friedrich von Krogh (gest. 26.12.1844): Nordmann, Schleswig-Holsteinische Beamte, S. 118; Hase, Abriss der Wald- und Forstgeschichte, S. 112. Zur Beziehung Mie von Kroghs zu Guste Burt: Louis von Moltke an Adolph von Moltke. Schleswig, 13.11.1836. Abgedruckt in: Der handschriftliche Nachlass Adolph von Moltkes, S. 123–124, hier: S. 123.

99 Helmuth von Moltke an Ludwig von Moltke. Berlin, 19.3.1842. Abgedruckt in: Gesammelte Schriften, Bd. 4, S. 251–253, hier: S. 251.

100 Adolph von Moltke an Auguste von Krohn. Louisenlund, 15.6.1837. Abgedruckt in: Der handschriftliche Nachlass Adolph von Moltkes, S. 29–31, hier: S. 30.

101 Nordmann, Schleswig-Holsteinische Beamte, S. 52 u. 65.

102 Helmuth von Moltke an Ludwig von Moltke. Berlin, November 1828. Abgedruckt in: Gesammelte Schriften, Bd. 4, S. 234–237, hier: S. 234.

103 Jacobsen, Die Holsteinische Regierungskanzlei, S. 59.

104 Nordmann, Schleswig-Holsteinische Beamte, S. 41.

105 Briefentwurf Adolph von Moltkes, o.O., o.D. [1836]. Abgedruckt in: Der handschriftliche Nachlass Adolph von Moltkes, S. 189–191, hier: S. 191.

106 Bröker, Die Familie von Moltke, S. 76. Zu Bröker: Zeitschrift der Gesellschaft für Schleswig-Holsteinische Geschichte, 2 (1872), S. 259. Zu Lenes Freundin, Brökers zweiter Ehefrau: Henriette von Moltke an Helmuth von Moltke. Schleswig, 17.8.1836. BA-MA Freiburg N/16/32.

107 Mehnert, Die Kirche in Schleswig-Holstein, S. 117 ff. Zur Armenverwaltung in Uetersen: Mosler, Blickpunkt Uetersen, S. 77 ff. Zur Arbeit Brökers am neuen Katechismus: Zeitschrift für die gesammte [sic] lutherische Theologie und Kirche, S 181.

108 Helmuth von Moltke an Henriette von Moltke. Frankfurt a. d. Oder, 25.3.1828. Abgedruckt in: Gesammelte Schriften, Bd. 4, S. 12–16, hier: S. 15.

109 Henriette von Moltke an Adolph von Moltke. Preetz, o. D. [1829]. Abge-
    druckt in: Der handschriftliche Nachlass Adolph von Moltkes, S. 94–96,
    hier: S. 96.
110 Friedrich Philipp Victor von Moltke an Adolph von Moltke. Kiel, 22. 6. 1834.
    Abgedruckt: Ibid., S. 130–131, hier: S. 131.
111 Henriette von Moltke an Helmuth von Moltke. Schleswig, 5. 10. 1836. BA-
    MA Freiburg N/16/32.
112 Theodor Jess, 1808 in Kiel geboren, war von 1838 bis 1840 Diakon in Itzehoe
    und danach bis zu seinem Tod 1848 Archidiakon. Als Gemeindepastor hat er
    nicht gewirkt. Frdl. Auskunft von Herrn Colmorgen v. 27. 11. 2009, Archiv
    Nordelbisches Kirchenamt Kiel. Im Bestand der St. Laurenti Kirchen-
    gemeinde Itzehoe (1717–1981) gibt es keinerlei Hinweise auf die Trauung
    Helmuth von Moltkes.
113 Brockdorff, Marie von Moltke, S. 5.
114 Ibid., S. 41.

Revolution

1 Zitiert nach: Clark, Preußen, S. 564.
2 Bohn, Geschichte Schleswig-Holsteins, S. 87 f.
3 Bohn, Dänische Geschichte, S. 93 ff.
4 Geisthövel, Eigentümlichkeit und Macht, S. 221.
5 Scharff, Beselers Wirksamkeit, S. 95.
6 Nordmann, Schleswig-Holsteinische Beamte, S. 2; Joseph Graf von Revent-
    low-Criminil an Adolph von Moltke. Kopenhagen, 20. 3. 1843. Abgedruckt
    in: Adolphs Berliner Mission. Die Berufung erfolgte am 17. 3. 1843. Ende
    April 1843 trat Adolph von Moltke seinen Dienst in Kopenhagen an. Das
    Provisorium endete am 1. 9. 1844.
7 Marie von Moltke an Helmuth von Moltke. Apenrade, 30. 6. 1844. Ab-
    schrift. GStAPK Berlin-Dahlem, Familienstiftung Moltke Nr. 25, Brief
    Nr. 50. Adolph Moltke war in der Kanzlei am 1. 1. 1845 zum «Vierten
    Deputierten», seit dem 27. 11. 1846 zum «Dritten Deputierten» aufge-
    stiegen.
8 Adolph von Moltke an Auguste von Moltke. Kopenhagen, 24. 5. 1843. Ab-
    gedruckt in: Der handschriftliche Nachlass Adolph von Moltkes, S. 56–58,
    hier: S. 57.
9 August Friedrich von Krohn an Auguste von Moltke. Louisenlund,
    26. 2. 1847. Abgedruckt: Ibid., S. 155–156, hier: S. 156.
10 Kessel, Moltke, S. 168 f.
11 Marie von Moltke an Helmuth von Moltke. Capo di Monte, 21. 9. 1846.
    Abschrift. GStAPK Berlin-Dahlem, Familienstiftung Moltke Nr. 25, Brief
    Nr. 54.
12 Helmuth von Moltke an Adolph von Moltke. Rom, 29. 3. 1846. Abgedruckt
    in: Gesammelte Schriften, Bd. 4, S. 112–115, hier: S. 115.
13 Adolph von Moltke an Auguste von Moltke. Kissingen, 10. 8. 1846. Abge-

druckt in: Der handschriftliche Nachlass Adolph von Moltkes, S. 68–70, hier: S. 68.

14 Ungenannter Augenzeuge, zitiert nach: Scharff, Wesen und Bedeutung der schleswig-holsteinischen Erhebung, S. 18.

15 Skambraks, Die Entstehung des Staatsgrundgesetzes, S. 125.

16 Scharff, Beselers Wirksamkeit.

17 Adolph von Moltke an August Friedrich von Krohn. O. O., o. D. [März/April 1848]. Abgedruckt in: Der handschriftliche Nachlass Adolph von Moltkes, S. 141–146, hier: S. 142 f. In dem Schreiben, das für seinen Schwiegervater bestimmt ist, der die Erhebungsarmee befehligt, entwirft Moltke eine ausführliche, ins Grundsätzliche übergehende Rechtfertigung der eigenen politischen Haltung.

18 Adolph von Moltke an Frau Pauly. Koblenz, o. D. [Mai 1848]. Abgedruckt: Ibid., S. 88–89, hier: S. 89.

19 Adolph von Moltke an Auguste von Moltke. Koblenz, 1. 5. 1848. Abgedruckt: Ibid., S. 70–72, hier: S. 70 f.

20 Ibid., hier: S. 71.

21 Bill, Brockdorff, S. 122.

22 Priesdorff (Hg.), Soldatisches Führertum, S. 412–413 (Nr. 2672), hier: S. 412. Krohn stattete nach den Barrikadenkämpfen auf dem Weg zu seinem Regiment in Mayen Helmuth von Moltke einen Besuch in Koblenz ab: Helmuth von Moltke an Marie von Moltke. Koblenz, o. D. Abgedruckt in: Gesammelte Schriften, Bd. 6, S. 160–161, hier: S. 161.

23 Stolz, Die schleswig-holsteinische Erhebung, S. 56.

24 Irmisch, Geschichte der Stadt Itzehoe, S. 290 f.

25 Noer, Aufzeichnungen des Prinzen, S. 81.

26 Helmuth von Moltke an Adolph von Moltke. Magdeburg, 13. 7. 1849. Abgedruckt in: Gesammelte Schriften, Bd. 4, S. 131–134, hier: S. 134.

27 Lapp, Friedrich Joachim von Moltke, S. 57.

28 Friedrich von Moltke an Helmuth von Moltke. Apenrade, 2. 7. 1844. Abschrift. GStAPK Berlin-Dahlem, Familienstiftung Moltke Nr. 25, Brief Nr. 51.

29 Zitiert nach: Schultz Hansen, Demokratie oder Nationalismus, S. 449.

30 Ibid., S. 443.

31 Lapp, Friedrich Joachim von Moltke, S. 33.

32 Moltke (d. Ä.), Militärische Werke, S. 25.

33 W. S., Erinnerungen, S. 63.

34 August Friedrich von Krohn an Adolph von Moltke. Kiel, 5. 8. 1850. Abgedruckt in: Der handschriftliche Nachlass Adolph von Moltkes, S. 147–148, hier: S. 147.

35 Moltke (d. Ä.), Militärische Werke, S. 11.

36 Schlürmann, Die Schleswig-Holsteinische Armee, S. 535.

37 Lapp, Friedrich Joachim von Moltke, S. 33 f.

38 Schwalm, Volksbewaffnung, S. 238.

39 Zitiert nach: Ibid., S. 238.

40 Ibid., S. 236 ff.

41 Moltke habe, berichtete John Burt Junior im Juni 1850, ihm «die Aussicht

eröffnet, als wolle er sich hierher aus den demagogischen Wirren Deutschlands zurückziehen; er erkundigte sich auf das Genaueste nach allen
(sozial und Natur) Verhältnissen, Wärmegrade, Höhe der Berge, Produk-
tion, Vegetation, kurz: Es hatte ganz den Anstrich, als verbände er mit
diesen genauen Fragen einen praktischen Zweck; seit aber die Monarchie
sich wieder gestärkt hat und Ordnung zurückgekehrt ist, hat er wohl alle
diese Gedanken aufgegeben». John Burt Junior an Auguste von Moltke.
St. Johns/St. Croix, 10. 6. 1850. Abgedruckt in: Der handschriftliche
Nachlass Adolph von Moltkes, S. 172–175, hier: S. 174.

42 John Burt Junior an Auguste von Moltke. Kopenhagen, 27. 4. 1858. Abgedruckt: Ibid., S. 175–177, hier: S. 176.

43 Zitiert nach: Kessel, Moltke, S. 200.

44 Helmuth von Moltke an Adolph von Moltke. Koblenz, 13. 1. 1848. Abgedruckt in: Gesammelte Schriften, Bd. 4, S. 117–118, hier: S. 117.

45 Helmuth von Moltke an Adolph von Moltke. Magdeburg, 9. 9. 1884. Abgedruckt: Ibid., S. 123–125, hier: S. 123. «Allein mit Sorge erfüllt es mich, zu
denken, dass Du in der, wie es scheint, so ganz revolutionären, verfassungs-
gebenden Versammlung sein solltest.»

46 Adolph von Molke an Helmuth von Moltke, 16. 9. 1848. Zitiert nach: Kessel,
Moltke, S. 199. Die Wahlen zur Konstituierenden Landesversammlung (120
Abgeordnete) wurden am 24. 7. 1848 abgehalten. Im Wahlbezirk Fleckebye
(Herzogtum Schleswig) war ein «Graf Moltke» nominiert, der nicht gewählt
wurde. Im Wahlbezirk Siesebye (Herzogtum Schleswig) scheiterte Graf
Moltke-Grünholz. Adolph von Moltke, fälschlicherweise als «Graf» bezeich-
net, gab Louisenlund als Wohnort an und kandidierte sowohl im Wahlbezirk
Pinneberg (Herzogtum Holstein) als auch im Wahlbezirk Barkau (Herzog-
tum Holstein). Er wurde für Barkau gewählt: Skambraks, Die Entstehung
des Staatsgrundgesetzes, S. 237 ff.

47 Helmuth von Moltke beantwortete am 3. 8. 1848 einen Brief Adolph von
Moltkes v. 30. 7. 1848 aus Kiel, in dem er als Mitglied der Landesversammlung noch vor ihrer Eröffnungssitzung offenbar angekündigt hatte, in der
Konstituante «den Raum eines Wühlers» einnehmen, also hemmend gegen liberal-demokratische Bestrebungen wirken zu wollen: Helmuth von
Moltke an Adolph von Moltke. Berlin, 3. 8. 1848. Abgedruckt in: Gesammelte Schriften, Bd. 4, S. 121–122, hier: S. 122.

48 Helmuth von Moltke an Adolph von Moltke, Magdeburg, 9. 9. 1848. Abgedruckt in: Gesammelte Schriften, Bd. 6, S. 123–125, hier: S. 123.

49 Zitiert nach: Weimar, Waffenstillstand, S. 47.

50 Ibid., S. 42 f. Moltke sollte zunächst nur als Stellvertreter eines Regie-
rungsmitgliedes der Gemeinsamen Regierung angehören, rückte dann aber
nach dem Verzicht von Moltke-Nütschau und neuen Personalverhandlun-
gen selbst in ein Regierungsamt. Auf der Namenliste, die dem preußischen
Unterhändler v. Below zuging, stand auch der Name des Grafen Moltke-
Grünholz aus Itzehoe.

51 Ibid., S. 102. Moltkes Ablehnung der Nominierung: Adolph von Moltke an
Heintze. O. o., o. D. Entwurf. Abgedruckt in: Adolphs Berliner Mission.

52 Ibid.
53 Helmuth von Moltke an Adolph von Moltke. Berlin, 3.8.1848. Abgedruckt in: Gesammelte Schriften, Bd. 6, S. 121–122, hier: S. 121.
54 Regling, Die Anfänge des Sozialismus, S. 56.
55 Gemeinsame Regierung an Adolph von Moltke. Gottorf, 1.12.1848. Abgedruckt in: Adolphs Berliner Mission.
56 Jacobsen an Adolph von Moltke. Schleswig, 11.11.1848. Abgedruckt: Ibid.
57 Adolph von Moltke an Auguste von Moltke. Berlin, 8.12.1848. Abgedruckt in: Der handschriftliche Nachlass Adolph von Moltkes, S. 72.
58 Theodor Graf von Reventlow-Jersbek und Wilhelm Beseler an Adolph von Moltke. Gottorf, 4.12.1848. Abgedruckt in: Adolphs Berliner Mission. Die fünfzig Pontoniere der schleswig-holsteinischen Artillerie erklärten sich am 3.12.1848 in der «Schleswig-Holsteinischen Zeitung» mit dem 7. Bataillon des Erhebungsheeres solidarisch, das Bonin disziplinarischen Strafmaßnahmen unterworfen hatte.
59 Theodor Graf von Reventlow-Jersbek an Adolph von Moltke. Gottorf, 4.12.1848. Abgedruckt in: Adolphs Berliner Mission.
60 Jacobsen an Adolph von Moltke. Schleswig, 11.11.1848. Abgedruckt: Ibid.; Harbon an Adolph von Moltke. Schleswig, 9.12.1848. Abgedruckt: Ibid.
61 Karl Friedrich Samwer an Adolph von Moltke. Schleswig, 6.12.1848. Abgedruckt: Ibid.
62 Außenminister von Harbon an Adolph von Moltke. Schleswig, 9.12.1848. Abgedruckt: Ibid.
63 Zur Rücktrittsdrohung Bonins: Heintze an Adolph von Moltke. Schleswig, 11.12.1848. Abgedruckt: Ibid. Zur möglichen Auflösung des Pionierverbandes: Theodor Graf Reventlow-Jersbek an Adolph von Moltke. Schleswig, 11.12.1848. Abgedruckt: Ibid.

Reaktion

1 Weimar, Waffenstillstand, S. 300.
2 Friedrich Graf Reventlow und Wilhelm Beseler an Theodor Graf von Reventlow-Jersbek und Adolph von Moltke. Gottorf, 1.4.1849. Abgedruckt in: Adolphs Berliner Mission.
3 Zitiert nach: Clarke, Preußen, S. 565.
4 Paul Boysen an Adolph von Moltke. Schleswig, 24.4.1849; Paul Boysen an Adolph von Moltke. Schleswig, 20.7.1849. Abgedruckt in: Adolphs Berliner Mission.
5 Treitschke, Deutsche Geschichte, S. 561.
6 Dössel, Stadt und Kirchspiel Barmstedt, S. 121 ff.
7 Schultz Hansen, Demokratie oder Nationalismus, S. 429.
8 Sachse, Die Anfänge der preußischen Verwaltung, S. 97. Zur Streichung der Sporteln: Adolph von Moltke an Auguste von Moltke. Berlin, 5.8.1849. Abgedruckt in: Der handschriftliche Nachlass Adolph von Moltkes, S. 74–76, hier: S. 75.

9 Marie von Moltke an Auguste von Moltke. Magdeburg, 6. 4. 1849. Abgedruckt: Ibid., S. 73–74, hier: S. 73.

10 Theodor Graf von Reventlow-Jersbek an Adolph von Moltke. Jersbek, 4. 7. 1849. Abgedruckt in: Adolphs Berliner Mission.

11 Adolph von Moltke an Auguste von Moltke. Berlin, 16. 8. 1849. Abgedruckt in: Der handschriftliche Nachlass Adolph von Moltkes, S. 76–77, hier: S. 76 f.

12 Getauft am 21. April 1850: Ibid., S. 80.

13 Friedrich Graf von Reventlow an Adolf von Moltke. Schleswig, 8. 8. 1849. Abgedruckt in: Adolphs Berliner Mission.

14 Adolph von Moltke an Auguste von Moltke. Berlin, 19. 8. 1849. Abgedruckt in: Der handschriftliche Nachlass Adolph von Moltkes, S. 77–78, hier: S. 78.

15 Friedrich Graf von Reventlow an Adolph von Moltke. Schleswig, 8. 8. 1849. Abgedruckt in: Adolphs Berliner Mission.

16 Helmuth von Moltke an Ludwig von Moltke. Magdeburg, 27. 9. 1849. Abgedruckt in: Gesammelte Schriften, Bd. 4, S. 273–276, hier: S. 273.

17 Rochus von Liliencron an Auguste von Moltke. Berlin, 31. 8. 1849. Abgedruckt in: Adolphs Berliner Mission.

18 Friedrich August von Krohn an Auguste von Moltke. Ballenstedt, 20. 3. 1855. Abgedruckt in: Der handschriftliche Nachlass Adolph von Moltkes, S. 162–164, hier: S. 163.

19 Friedrich Graf von Reventlow an Adolph von Moltke. Schleswig, 16. 7. 1849. Abgedruckt in: Adolphs Berliner Mission.

20 Paul Boysen an Adolph von Moltke. Schleswig, 20. 7. 1849. Abgedruckt: Ibid.

21 Scharff, Wesen und Bedeutung, S. 22.

22 Abgedruckt in: Lapp, Friedrich Joachim von Moltke, S. 35.

23 Zitiert nach: Ibid., S. 38.

24 Helmuth von Moltke an Ludwig von Moltke. Magdeburg, 15. 1. 1850. Abgedruckt in: Gesammelte Schriften, Bd. 4, S. 276–279, hier: S. 277.

25 Adolph von Moltke an Auguste von Moltke. Flensburg, 18. 5. 1851. Abgedruckt in: Der handschriftliche Nachlass Adolph von Moltkes, S. 81.

26 Helmuth von Moltke an Otto von Bismarck. Louisenlund, 15. 6. 1864. Abgedruckt in: Boysen, Moltke und Bismarck, S. 354. Zu den Bedenken Reventlows: Theodor Graf von Reventlow an Adolph von Moltke. Jersbek, 19. 4. 1851. Abgedruckt in: Adolphs Berliner Mission.

27 Adolph von Moltke an Auguste von Moltke. Flensburg, 18. 5. 1851. Abgedruckt in: Der handschriftliche Nachlass Adolph von Moltkes, S. 81.

28 Helmuth von Moltke an Adolph von Moltke, Nov. 1851. Zitiert nach: Lapp, Friedrich Joachim von Moltke, S. 40.

29 Adolph von Moltke an Auguste von Moltke. Rantzau, 22. 8. 1852. Abgedruckt in: Der handschriftliche Nachlass Adolph von Moltkes, S. 85–86, hier: S. 85.

30 Bohn, Dänische Geschichte, S. 99.

31 Bill, Brockdorff, S. 122. Zum Amt des Itzehoer «Polizeimeisters»: Irmisch, Persönlichkeiten und Geschichten, S. 114 f.

32 Rumohr, Schlösser, S. 370.

33 Abschrift der Ernennungsurkunde von 1857, in: Landesarchiv Schleswig-Holstein Abt. 80 Ministerium für das Herzogtum Holstein Nr. 236.

34 Helmuth von Moltke an Marie von Moltke. Breslau, 25. 4. 1857. Abgedruckt in: Gesammelte Schriften, Bd. 6, S. 291.

35 Bericht des «Pinneberger Wochen-Blattes» über die Pensionierung des Landrats Adolph von Moltke v. 12. 5. 1870, in: Pinneberger Wochen-Blatt für Pinneberg, Blankenese, Wedel und Barmstadt, Nr. 41 v. 21. 5. 1870.

36 Zitiert nach: Rütten, Preußen und die Revolution, S. 131.

37 Zitiert nach: Herre, Moltke, S. 129.

38 Helmuth von Moltke an Jeanette von Brockdorff. 29. 3. 1848. Zitiert nach: Stadelmann, Moltke, S. 103.

39 Helmuth von Moltke an Marie von Moltke. Berlin, 2. 7. 1848. Abgedruckt in: Gesammelte Schriften, Bd. 6, S. 161–163, hier: S. 162.

40 Zitiert nach: Stadelmann, Moltke, S. 107.

41 Helmuth von Moltke an Adolph von Moltke. Berlin, 3. 8. 1848. Abgedruckt in: Moltke, Gesammelte Schriften, Bd. 6, S. 121–122, hier: S. 121 f.

42 Helmuth von Moltke an Adolph von Moltke. Magdeburg, 9. 11. 1848. Abgedruckt in: Gesammelte Schriften, Bd. 4, S. 123–125, hier: S. 123 f.

43 Adolph von Moltke, Paralipomena, abgedruckt in: Der handschriftliche Nachlass Adolph von Moltkes, S. 90–91, hier: S. 90.

44 Schieder, 1848/49, S. 34 f.

45 Siemann, Gesellschaft im Aufbruch, S. 309.

46 Adriansen, Der Dreijährige Krieg, S. 187.

47 Helmuth von Moltke an Ludwig von Moltke. Magdeburg, 27. 9. 1849. Abgedruckt in: Gesammelte Schriften, Bd. 4, S. 273–276, hier: S. 275.

Alsen

1 Dann, Nation und Nationalismus, S. 146; Wehler, Deutsche Gesellschaftsgeschichte, Bd. 3, S. 68.

2 Jaeger/Rüsen, Geschichte des Historismus, S. 91.

3 Flacke (Hg.), Mythen der Nationen.

4 Biefang, Politisches Bürgertum.

5 John Burt Junior an Auguste von Moltke. Berlin, 7. 3. 1841. Abgedruckt in: Der handschriftliche Nachlass Adolph von Moltkes, S. 171–172, hier: S. 171.

6 Mary Burt an Helmuth von Moltke. Itzehoe, 17. 2. 1842. Abschrift. GStAPK Berlin Dahlem, Familienstiftung Moltke Nr. 25, Brief Nr. 32.

7 Marie von Moltke an Helmuth von Moltke. Capo di Monte, 4. 11. 1846. Abschrift. GStAPK Berlin-Dahlem, Familienstiftung Moltke Nr. 25, Brief Nr. 57.

8 Marie von Moltke an Helmuth von Moltke. Capo di Monte, 4. 11. 1846. Abschrift. GStAPK Berlin-Dahlem, Familienstiftung Moltke Nr. 25, Brief Nr. 57.

9 Kessel, Moltke, S. 178.

10 Marie von Moltke an Helmuth von Moltke. Berlin, 18.8.1857. BA-MA
    Freiburg N 16/11, fol. 113.

11 Helmuth von Moltke an Marie von Moltke. Berlin, 25.6.1844. Abgedruckt
    in: Gesammelte Schriften, Bd. 6, S. 98–100, hier: S. 99.

12 Marie von Moltke an Helmuth von Moltke. Capo di Monte, 18.11.1846.
    Abschrift. GStAPK Berlin-Dahlem, Familienstiftung Moltke Nr. 25, Brief
    Nr. 58.

13 Zitiert nach: Brockdorff, Marie von Moltke, S. 126.

14 Mary Burt an Helmuth von Moltke. Itzehoe, 12.11.1841. Abschrift.
    GStAPK Berlin-Dahlem, Familienstiftung Moltke Nr. 25, Brief Nr. 23.

15 Brockdorff, Marie von Moltke, S. 84.

16 Ibid., S. 94.

17 Helmuth von Moltke an Marie von Moltke. Magdeburg, 11.1.1850. Abge-
    druckt in: Gesammelte Schriften, Bd. 6, S. 172–173, hier: S. 173.

18 Helmuth von Moltke an Marie von Moltke. Hamburg, 27.10.1846. Abge-
    druckt: Ibid., S. 126–132, hier: S. 129.

19 Helmuth von Moltke an Marie von Moltke. Berlin, 8.11.1846. Abgedruckt
    in: Gesammelte Schriften, Bd. 6, S. 132–136, hier: S. 133.

20 Die große farbige Enzyklopädie Urania-Pflanzenreich. Blütenpflanzen,
    Berlin 2000, S. 526 f.

21 Hall, Slave Society, S. 208 ff.

22 John Burt Junior an Auguste von Moltke. St. Johns/St. Croix, 10.6.1850.
    Abgedruckt in: Der handschriftliche Nachlass Adolph von Moltkes,
    S. 172–175.

23 [Heyliger Burt], En Stemme.

24 Brockdorff, Marie von Moltke, S. 69.

25 Helmuth von Moltke an Ludwig von Moltke. O. O., 27.9.1849. Abgedruckt
    in: Gesammelte Schriften, Bd. 4, S. 275.

26 Stadelmann, Moltke, S. 395 ff.

27 Zitiert nach: Herre, Moltke, S. 165.

28 Zitiert nach: Ibid., S. 168.

29 Brockdorff, Marie von Moltke, S. 71.

30 Helmuth von Moltke an Marie von Moltke. Peterhof, 18.8.1856. Abge-
    druckt in: Gesammelte Schriften, Bd. 6, S. 275–276, hier: S. 276.

31 Ibid.

32 Marie von Moltke an Helmuth von Moltke. O. O., o. D. [Berlin, Ende Dez.
    1856]. BA-MA Freiburg N 16/11, fol. 119.

33 Ibid., fol. 120.

34 Marie von Moltke an Helmuth von Moltke. Altona, 15.7.1857. BA-MA
    Freiburg N 16/11, fol. 101.

35 Marie von Moltke an Helmuth von Moltke. Flensburg, 28.5.1857. BA-MA
    Freiburg N 16/11, fol. 94.

36 Munch, Lord William Russell.

37 Kessel, Moltke, S. 229.

38 Helmuth von Moltke an Marie von Moltke. Flensburg, 17.11.1864. Abge-
    druckt in: Gesammelte Schriften, Bd. 6, S. 431–432, hier: S. 431.

39 Helene Bröker an Helmuth von Moltke. Uetersen, 10.1.1854. BA-MA Freiburg N 16/86, fol. 6.

40 Helene Bröker an Helmuth von Moltke. Uetersen, 2.1.1858. BA-MA Freiburg N 16/86, fol. 2.

41 Helene Bröker an Helmuth von Moltke. Uetersen, 7.12.1856. BA-MA Freiburg N 16/86, fol. 3.

42 Helmuth von Moltke an Lene Bröker. Berlin, 16.4.1872. BA-MA Freiburg N 16/43, Bl. 3.

43 Zitiert nach: Herre, Moltke, S. 171.

44 Georg Heinrich von Berenhorst an Georg Freiherr von Valentini. Dessau, 15.7.1812. Zitiert nach: E. v. Bülow (Hg.), Aus dem Nachlasse, S. 335.

45 Zitiert nach: Raumer, Deutschland um 1800, S. 95. Zur wissenschaftlichen Debatte um Vorläufer des «Totalen Krieges»: Wolfrum, Krieg und Frieden, S. 95 ff.

46 Bericht des englischen Generals Sir Robert Wilson, zitiert nach: Kleßmann (Hg.), Napoleons Rußlandfeldzug, S. 276.

47 Bremm, Von der Chaussee zur Schiene; Showalter, Railroads and Rifles, S. 29 ff.

48 Petter, Die Roonsche Heeresreorganisation, S. 215; Walter, Roonsche Reform.

49 Zitiert nach: Bismarck, Reden, S. 139 f.

50 Zitiert nach: Clark, Preußen, S. 595.

51 Proklamation des Herzogs Friedrich. Schloss Dolzig, 16.11.1863. Zitiert nach: Löding, Theodor Storm, S. 112; Wolf, Herzog Friedrich von Augustenburg; Hagenah, 1863, S. 321 ff.

52 Scharff, Vom übernationalen zum nationalen Staat.

53 Löding, Theodor Storm, S. 113 f.

54 Otto von Bismarck, zitiert nach: Palmer, Bismarck, S. 145.

55 Hegermann-Lindencrone, Erinnerungen, S. 249 f.

56 Henrici, Lebenserinnerungen eines Schleswig-Holsteiners, S. 67.

57 Denkschrift Adolph von Moltkes zur Lage der königlich-dänischen Beamten in den Herzogtümern Holstein und Lauenburg. Rantzau, 9.6.1864. Abgedruckt in: Boysen, Moltke und Bismarck S. 359.

58 Kessel, Molke, S. 372.

59 Allgemeine Kirchliche Zeitschrift, S. 406; Schultz Hansen, Demokratie oder Nationalismus, S. 454.

60 Angelow, Von Wien nach Königgrätz, S. 233.

61 Henrici, Lebenserinnerungen, S. 72.

62 Liste der Dokumente, S. 2.

63 Ibid.

64 Zitiert nach: Löding, Theodor Storm, S. 116.

65 Zitiert nach Hauser, Preußische Staatsräson, S. 26.

66 Clark, Preußen, S. 601.

67 Adriansen, «… werden die Dänen stehen, werden sie aushalten?», S. 30.

68 Helmuth von Moltke an Marie von Moltke. Apenrade, 30.7.1864. Abgedruckt in: Gesammelte Schriften, Bd. 6, S. 412–414, hier: S. 414.

69 Der Idstedt-Löwe, S. 85.

70 Helmuth von Moltke an Henry Burt. Flensburg, o. D. Abgedruckt in: Gesammelte Schriften, Bd. 6, S. 388–389, hier: S. 389.

71 Helmuth von Moltke an Marie von Moltke. Apenrade, 6. 8. 1864. Abgedruckt: Ibid., S. 414–418, hier: S. 417.

72 Marie von Moltke an Helmuth von Moltke. Berlin, 8. 10. 1867 [?]. BA-MA Freiburg N 16/11, Bl. 121.

73 Helmuth von Moltke an Lene Bröker. Berlin, 1. 9. 1863. BA-MA Freiburg N 16/43, Bl. 13.

74 Helmuth von Moltke an Henry Burt. Flensburg, 15. 2. 1864. Abgedruckt in: Gesammelte Schriften, Bd. 6, S. 387–388.

75 Denkwürdigkeiten aus dem Leben des Grafen Roon, S. 169.

76 Helmuth von Moltke an Henry Burt. Berlin, 22. 3. 1864. Abgedruckt in: Gesammelte Schriften, Bd. 6, S. 390–391, hier: S. 390.

77 Marie von Moltke an Helmuth von Moltke. Berlin, 20. 8. 1857. BA-MA Freiburg N 16/11, Bl. 116. Zum Besuch Marie Moltkes 1864 in Cismar: Brockdorff, Marie von Moltke, S. 101.

78 Zitiert nach: Brockdorff, Marie von Moltke, S. 106. Zu Brockdorff in Cismar: Bill, Cai Lorenz Freiherr von Brockdorff, S. 115–117 u. 122.

79 Helmuth von Moltke an Marie von Moltke. Louisenlund, 21. 6. 1864. Abgedruckt in: Gesammelte Schriften, Bd. 6, S. 399–400, hier: S. 400.

80 Vor 70 Jahren. Moltkes letzter Aufenthalt in Schleswig, in: Schleswiger Nachrichten v. 6. 10. 1957; Eine Schleswiger Mutter, in: Schleswiger Nachrichten v. 18. 5. 1937.

81 Helmuth von Moltke an Marie von Moltke. Louisenlund, 21. 6. 1864. Abgedruckt in: Gesammelte Schriften, Bd. 6, S. 399–400, hier: S. 399.

82 Boysen, Moltke und Bismarck, S. 354; Gerd Stolz, Moltke in seinen familiären Bindungen, S. 424.

83 Zitiert nach: Boysen, Moltke und Bismarck, S. 361.

84 Otto von Bismarck an Helmuth von Moltke. Karlsbad, 23. 6. 1864. Abgedruckt: Ibid., S. 362 f.

85 Helmuth von Moltke an Marie von Moltke. Hauptquartier Apenrade, 3. 7. 1864. Abgedruckt in: Gesammelte Schriften, Bd. 6, S. 400–409, hier: S. 404.

86 Zitiert nach: Ibid., S. 400.

87 Helmuth von Moltke an Marie von Moltke. Hauptquartier Apenrade, 15. 7. 1864. Abgedruckt: Ibid., S. 410–412, hier: S. 411.

88 Helmuth von Moltke an Marie von Moltke. Hauptquartier Apenrade, 30. 7. 1864. Abgedruckt: Ibid., S. 412–414, hier: S. 413.

89 Helmuth von Moltke an Marie von Moltke. Flensburg, 16. 9. 1864. Abgedruckt: Ibid., S. 422–424, hier: S. 422.

90 Helmuth von Moltke an Marie von Moltke. Flensburg, 24. 10. 1864. Abgedruckt: Ibid., S. 426–427, hier: S. 427.

91 Helmuth von Moltke an Marie von Moltke. Flensburg, 28. 10. 1864. Abgedruckt: Ibid., S. 427–428, hier: S. 428.

92 Helmuth von Moltke an Marie von Moltke. Flensburg, 6. 11. 1864. Abgedruckt: Ibid., S. 429–430, hier: S. 430.

93 Helmuth von Moltke an Marie von Moltke. Flensburg, 6.11.1864. Abgedruckt: Ibid., S.430–431, hier: S.431; Helmuth von Moltke an Marie von Moltke. Hamburg, 17.11.1864. Abgedruckt: Ibid., S.431–432, hier: S.431.

94 Helmuth von Moltke an Henry Burt. Berlin, 7.6.1865. Abgedruckt: Ibid., S.443–444, hier: S.444.

95 Vries, Bismarck, S.114.

96 Gedächtnisvermerk Adolph von Moltkes [1864]. Abgedruckt in: Der handschriftliche Nachlass Adolph von Moltkes, S.206–207.

97 Helmuth von Moltke an Adolph von Moltke. Frankfurt, 22.11.1864. Abgedruckt: Ibid., S.139.

98 Adolph von Moltke an Auguste von Moltke. Berlin, 16.8.1849. Abgedruckt: Ibid., S.76–77, hier: S.77.

99 Helmuth von Moltke d.J. an Marie von Kulmitz. S.M. Yacht Hohenzollern. Odde, 31.7.1909. BA-MA Freiburg N 78/41; Helmuth von Moltke d.J. an Marie von Kulmitz. Berlin, 3.6.1909. BA-MA Freiburg N 78/41.

100 Helmuth von Moltke d.J. an Marie von Kulmitz. Berlin, 10.10.1913. BA-MA Freiburg N 78/41.

101 Helmuth von Moltke an Marie von Moltke. Rantzau, 2.1.1850. Abgedruckt in: Gesammelte Schriften, Bd.6, S.168–169, hier: S.169.

102 Helmuth von Moltke an Wilhelm von Moltke. Flensburg, 1.11.1864. BA-MA Freiburg N 16/37, Bl.82.

103 Friedrich Joachim von Moltke an Adolph von Moltke. Flensburg, 30.8.1866. Abgedruckt in: Der handschriftliche Nachlass Adolph von Moltkes, S.136–137, hier: S.136.

104 Zitiert nach: Dressler, Moltke in seiner Häuslichkeit, S.17.

105 John Burt Junior an Auguste von Moltke. Kopenhagen, 27.4.1858. Abgedruckt in: Der handschriftliche Nachlass Adolph von Moltkes, S.175–177, hier: S.177.

106 Kaack, Ratzeburg, S.269.

107 Zitiert nach: Bohn, Geschichte Schleswig-Holsteins, S.94.

108 Röhl, Wilhelm II., Bd.1, S.138.

109 Becker, Bilder von Krieg und Nation, S.135; Reinhardt, Preußen, S.7 ff.

Zwei Kriege

1 Zitiert nach: Craig, Königgrätz, S.117.

2 Ibid., S.8.

3 Zitiert nach: Kessel, Moltke, S.479.

4 Zitiert nach: Craig, Königgrätz, S.36.

5 Zitiert nach: Ibid., S.136.

6 Helmuth von Moltke an Marie von Moltke. Horsitz, 4.7.1866. Abgedruckt in: Gesammelte Schriften, Bd.6, S.445–449, hier: S.448.

7 Zitiert nach: Craig, Königgrätz, S.178. Zu Königgrätz: Becker, «Getrennt marschieren, vereint schlagen»; Kessel (Hg.), Helmuth von Moltke, S.50–78.

8 Zitiert nach: Craig, Königgrätz, S.11.

9   Clark, Preußen, S. 613.
10   Burchardt, Helmuth von Moltke, S. 26.
11   Matuschka/Petter, Organisationsgeschichte der Streitkräfte, S. 302 f.
12   Craig, Königgrätz, S. 9; Zuber, The Moltke Myth, S. 224; Showalter, Railroads and Rifles, S. 334.
13   Showalter, Railroads and Rifles, S. 224.
14   Zitiert nach: Herre, Moltke, S. 216.
15   Bismarck, Gedanken und Erinnerungen, S. 345.
16   Winkler, Bürgerliche Emanzipation, S. 235.
17   Helmuth von Moltke an Marie von Moltke. Landeck, 14. 7. 1867. Abgedruckt in: Gesammelte Schriften, Bd. 6, S. 463–464, hier: S. 464.
18   Helmuth von Moltke an Eduard Ballhorn. Berlin, 8. 8. 1866. Abgedruckt: Ibid., S. 457–458, hier: S. 457 f.
19   Helmuth von Moltke, Kurze Familiengeschichte, in: Gesammelte Schriften, Bd. 1, S. 3.
20   Brockdorff, Marie von Moltke, S. 113.
21   Zitiert nach: Herre, Moltke, S. 251.
22   Helmuth von Moltke an Adolph von Moltke. Berlin, 9. 7. 1848, abgedruckt in: Gesammelte Schriften, Bd. 4, S. 119–121, hier: S. 119 f.
23   Kessel, Moltke, S. 496.
24   Zitiert nach: Sachse, Die Anfänge der preußischen Verwaltung, S. 99.
25   Sachse, Landräte in Pinneberg, S. 119.
26   Ibid., S. 115.
27   Zitiert nach: Kessel, Moltke, S. 497.
28   Sachse, Die Anfänge der preußischen Verwaltung, S. 102.
29   Beig, Kultur.
30   Sachse, Landräte in Pinneberg, S. 120.
31   Vries, Bismarck und Lauenburg, S. 156.
32   Kaack, Ratzeburg, S. 274. Regierungsassessor Gustav Poel war mit Louis' Tochter Betty verheiratet.
33   Storjohann, Personalhistorische Studie, S. 59 ff.
34   Helmuth von Moltke an Wilhelm von Moltke. O. O., o. D. BA-MA Freiburg N 16/37, Bl. 8.
35   Brockdorff, Marie von Moltke, S. 116.
36   Guste Burt an Auguste von Moltke. Berlin, 7. 1. 1869. Abgedruckt in: Gesammelte Schriften, Bd. 6, S. 477–479, hier: S. 477.
37   Brockdorff, Marie von Moltke, S. 117.
38   Schuffer an Marie von Moltke. BA-MA Freiburg N 16/47, Bl. 88.
39   Helmuth von Moltke an Fritz von Moltke. Berlin, 22. 12. 1868. Abgedruckt in: Gesammelte Schriften, Bd. 6, S. 473–476, hier: S. 473 f.
40   Guste Burt an Auguste von Moltke. Berlin, 7. 1. 1869. Abgedruckt: Ibid., S. 477–479, hier: S. 477.
41   Zitiert nach: Kessel, Moltke, S. 499.
42   Zitiert nach: Brockdorff, Marie von Moltke, S. 121.
43   Sophie von Terkenz [?] an Helmuth von Moltke. O. O., 25. 1. 1869. BA-MA Freiburg N 16/47, Bl. 22.

44 Louis von Moltke an Helmuth von Moltke. Ratzeburg, 25.12.1868, BA-MA Freiburg N 16/47, Bl. 40.

45 Helene Bröker an Helmuth von Moltke. Uetersen, 26.12.1868. BA-MA Freiburg N 16/86, Bl. 7.

46 Prinz Friedrich Karl von Preußen an Helmuth von Moltke. Berlin, 24.12.1868. BA-MA Freiburg N 16/47, Bl. 5.

47 Graf Bethusy-Huc an Helmuth von Moltke. Langenhof bei Wernstadt, 26.12.1868. BA-MA Freiburg N 16/47, Bl. 9; Karl Freiherr von Vincke an Helmuth von Moltke. Berlin, 25.12.1868. BA-MA Freiburg N 16/47, Bl. 39; Baron von Scheel-Plessen an Helmuth von Moltke. Kiel, 27.12.1868. BA-MA Freiburg N 16/47, Bl. 43.

48 Jeannette von Brockdorff an Helmuth von Moltke. Segeberg, 27.1.1869. BA-MA Freiburg N 16/47, Bl. 74.

49 Zitiert nach: Brockdorff, Marie von Moltke, S. 122 f.

50 Zitiert nach: Ibid., S. 125.

51 Sachse, Die Anfänge der preußischen Verwaltung, S. 53–69, hier: S. 55.

52 Anonym [Helmuth von Moltke d. J.?], Stilleben in Creisau. O. O., o. D. Abgedruckt in: Gesammelte Schriften, S. 223–259, hier: S. 233 ff.

53 Ibid., S. 233 f.

54 Wetzel, Duell der Giganten, S. 164.

55 Bastiaan Schot, Die Entstehung des Deutsch-Französischen Krieges, S. 279 ff.

56 «Die Revolution in Spanien ist ihm sehr willkommen; sie kann viel dazu beitragen, den Frieden zu erhalten; sie lähmt Napoleon, wirkt als Zugpflaster; ‹Diese spanische Fliege zieht vortrefflich!› Er hat auch gar nichts dagegen, wenn dort die Republik proklamiert wird, denn das wäre – nächst der Erhebung eines orleanischen Prinzen auf den Thron von Spanien – das, was Napoleon am meisten ängstigen und hindern würde.» Tagebuch Bernhardi. Eintrag v. 24.11.1868. Abgedruckt in: J. Becker (Hg.), Bismarcks spanische «Diversion», Bd. 1, S. 64–65, Nr. 44, hier: S. 64.

57 Für Kronprinz Friedrich Wilhelm bestimmtes Votum Moltkes beim «Geheimen Conseil» vom 15. März 1870. Berlin, 22.3.1870. Abgedruckt: Ibid., S. 421–422, Nr. 253, hier: S. 422.

58 Zu den innenpolitischen Hintergründen in Frankreich: Willms, Napoleon III., S. 223 ff.

59 Aufzeichnungen Herbert von Bismarcks aus dem Frühjahr 1871 über das Essen bei dem Bundeskanzler am Abend des 12. Juli 1870. Abgedruckt in: J. Becker (Hg.), Bismarcks spanische «Diversion», Bd. 3, S. 29–31, Nr. 835, hier: S. 31.

60 Ibid., S. 30.

61 Diese Ansicht vertrat Moltke am 16. Juli 1870 sogar öffentlich, meldet die *Magdeburger Zeitung*. Vgl. Wetzel, Duell der Giganten, S. 175. Mehrere Quellen (*Stilleben in Creisau*, Bismarcks *Gedanken und Erinnerungen*, Eulenburgs Erzählung gegenüber Walker) verdeutlichen, dass Moltke diese Ansicht auch schon am 12. Juli gegenüber Bismarck vertreten haben dürfte.

62 Erzählung von Innenminister zu Eulenburg über die Geschehnisse am 12.–14. Juli 1870 nach einem Bericht des britischen Militärattachés in Berlin,

C. P. Beauchamp Walker, mit dessen Interpretation des Berliner Entscheidungsprozesses in der Julikrise 1870. Abgedruckt in: J. Becker (Hg.), Bismarcks spanische «Diversion», Bd. 3, S. 24–25, hier: S. 25.

63 Bucholz, Moltke, Schlieffen and Prussian War Planning, S. 47–57.

64 Bismarck, Gedanken und Erinnerungen, S. 345.

65 Die Auffassung Joseph Beckers, dass auf preußischer Seite «die Würfel» nicht erst nach der provokativen Forderung Gramonts an König Wilhelm durch Botschafter Benedetti – Verzicht «à tout jamais» – gefallen seien, sondern schon bei dem inoffiziellen Berliner «Kriegsrat» am 12. Juli 1870 (Vgl. J. Becker (Hg.), Bismarcks spanische «Diversion», Bd. 3, Einleitung, S. XI–XXXV, hier: S. XIII., findet in den von Becker so verdienstvoll edierten Quellen nirgendwo Rückhalt. Im Gegenteil: Bismarck war nach dem Eintreffen der Nachricht vom Thronverzicht zur Rückkehr nach Varzin und zur Fortsetzung seiner Sommerkur entschlossen. Vgl. Tagebuch Innenminister zu Eulenburg (Berlin) zum 12. Juli 1870. Abgedruckt: Ibid., S. 23–24, Nr. 834, hier: S. 24.

66 Aufzeichnungen Herbert von Bismarcks, S. 31.

67 [Zum 12. Juli 1870] Tagebuch Innenminister zu Eulenburg (Berlin). Abgedruckt in: J. Becker (Hg.), Bismarcks spanische «Diversion», Bd. 3, S. 23–24.

68 Zitiert nach: Kessel (Hg.), Helmuth von Moltke, S. 127, Anm. 1.

69 Wetzel, Duell der Giganten, S. 98.

70 «Depesche aus Ems» und «Emser Depesche». 13–18. Juli 1870. Abgedruckt in: J. Becker (Hg.), Bismarcks spanische «Diversion», Bd. 3, S. 58–61, Nr. 854, hier: S. 61.

71 Ibid., S. 59, Anm. 2. Dort auch Hinweise auf einschlägige Forschungsliteratur; Bismarck, Gedanken und Erinnerungen, S. 344 ff.

72 Vogel, Vom linken zum rechten Nationalismus, S. 109.

73 Zitiert nach: Kessel (Hg.), Helmuth von Moltke, S. 217 f.

74 Helmuth von Moltke an Fritz von Moltke. Versailles, 12. 12. 1870. Abgedruckt in: Gesammelte Schriften, Bd. 6, S. 486–488, hier: S. 487.

75 Helmuth von Moltke d. J., Feldzugs-Erinnerungen 1870/71. Geschrieben Winter 1900. BA-MA Freiburg N 78/30, Bl. 3–203, hier: Bl. 141.

76 Ibid., Bl. 142.

77 Ibid., Bl. 143.

78 Kühlich, Die deutschen Soldaten, S. 444.

79 Förster, Helmuth von Moltke, S. 106.

80 Kühlich, Die deutschen Soldaten, S. 215 ff.; Howard, The Franco-Prussian War, S. 378 f.

81 Förster, Helmuth von Moltke, S. 109 f.

82 Zitiert nach: Ibid., S. 108.

83 Görtemaker, Bismarck und Moltke, S. 36 ff.; Anonymus, Moltke in Versailles; Salewski, Krieg und Frieden, S. 67–88.

84 Helmuth von Moltke an Fritz von Moltke. Versailles, 12. 12. 1870. Abgedruckt in: Gesammelte Schriften, Bd. 6, S. 486–488, hier: S. 487 f.

85 Helmuth von Moltke an Jeannette von Brockdorff. Versailles, 24. 12. 1870. Abgedruckt: Ibid., Bd. 6, S. 488–489, hier: S. 488.

86 Zitiert nach: Heinrich, Geschichte Preußens, S. 422.
87 Langewiesche, Nation, S. 35–54; Ders., Zum Wandel.
88 Helmuth von Moltke an Goubareff. Berlin, 10. 2. 1881. Abgedruckt in: Gesammelte Schriften, Bd. 5, S. 199–201, hier: S. 200 f.
89 Zitiert nach: Förster, Helmuth von Moltke, S. 112 f.
90 Zitiert nach: Ibid., S. 111.
91 Helmuth von Moltke an Wilhelm von Moltke. Lugano, 7. 5. 1876. BA-MA Freiburg N 16/37, Bl. 19.

Moltke-Kult

1 Helmuth von Moltke d. J. an Eliza von Moltke. Kreisau, 30. 7. 1881. Auszugsweise abgedruckt in: Meyer (Hg.), Helmuth von Moltke, Bd. 1, S. 77–79, hier: S. 77.
2 Ibid.
3 Helmuth von Moltke d. J. an Eliza von Moltke. Kreisau, 31. 7. 1881. Auszugsweise abgedruckt: Ibid., S. 79–92, hier: S. 79.
4 Ibid., hier: S. 82 f.
5 Ibid.
6 Ibid.
7 Helmuth von Moltke d. J. an Eliza von Moltke. Kiel, 7. 4. 1891. Auszugsweise abgedruckt: Ibid., S. 133–136, hier: S. 136.
8 Helmuth von Moltke an Guste von Burt. Bremerhaven, 10. 9. 1873. Abgedruckt in: Gesammelte Schriften, Bd. 6, S. 497–498, hier: S. 498.
9 Dressler, Moltke in seiner Häuslichkeit, S. 64.
10 Helmuth von Moltke an Fritz von Moltke. Berlin, 13. 6. 1871. Abgedruckt in: Gesammelte Schriften, Bd. 6, S. 490–491, hier: S. 491.
11 Zitiert nach: Dressler, Moltke in seiner Häuslichkeit, S. 116.
12 Zitiert nach: Herre, Anno 70/71, S. 259.
13 Vierhaus (Hg.), Das Tagebuch der Baronin Spitzemberg, S. 127.
14 Weigel, «Die Städte sind weiblich …».
15 Zitiert nach: Borutta, Repräsentation, S. 255.
16 Schellack, Nationalfeiertage, S. 69 ff.; Lepp, Protestantisch-liberaler Aufbruch; Vogel, Nationen im Gleichschritt, S. 37 ff., 144 ff.
17 Zitiert nach Schellack, Nationalfeiertage, S. 84.
18 François/Schulze, Einleitung, S. 16.
19 Haffner, Historische Variationen, S. 78.
20 Franz von Holtzendorff, paraphrasiert nach: Schellack, Nationalfeiertage, S. 70.
21 Langewiesche, Staatsbildung und Nationsbildung, S. 64.
22 Schellack, Nationalfeiertage, S. 88.
23 Dann, Nation und Nationalismus, S. 164.
24 «Vorwärts», zitiert nach: Schellack, Nationalfeiertage, S. 111, Anm. 1.
25 Müller, Die Deutsche Arbeiterschaft, S. 1557 f.

26 Helmuth von Moltke an Wilhelm von Moltke. Berlin, 4.1.1890. BA-MA
    Freiburg N 16/37, Bl. 59.

27 Jessen, Martis et Minervae Alumnis, S. 15–46.

28 Der Lenbach-Biograf Winfried Ranke bezeichnet Lenbachs erste Ehefrau
    irrtümlich als «Nichte» und Tochter der «verwitweten Schwägerin» des
    Feldmarschalls, einer «Gräfin Frida Moltke»: Ranke, Franz von Lenbach,
    S. 281. Eine «Gräfin» von Moltke hat es im Haus Kreisau erst nach dem Tod
    des Feldmarschalls gegeben.

29 Arnold, Zwischen Kunst und Kult, S. 156; Helmuth von Moltke an Wil-
    helm von Moltke. Kreisau, 12.7.1880. BA-MA Freiburg N 16/37, Bl. 18.

30 Gaehtgens, Anton von Werner und die französische Malerei, S. 49–51.

31 Gaehtgens, Anton von Werner, S. 27.

32 Reif, Einleitung, S. 14.

33 Zur Entstehungsgeschichte: Bartmann, Anton von Werner, S. 38 ff.

34 Becker, Bilder von Krieg und Nation, S. 459. Zu Werners Biographie: Bal-
    dus, Das Sedanpanorama, S. 59 ff.

35 Becker, Bilder von Krieg und Nation, S. 434.

36 Ibid., S. 347 f.

37 Wehler, Deutsche Gesellschaftsgeschichte, Bd. 3, S. 884.

38 Messerschmidt, Die politische Geschichte, S. 317. Meier-Dörnberg, Moltke.

39 Zitiert nach: Helmuth von Moltke d. J., Vorrede, in: Gesammelte Schriften,
    Bd. 3, S. X.

40 Großer Generalstab/Kriegsgeschichtliche Abteilung II.

41 Petter, Die Roonsche Heeresreorganisation, S. 216 f.

42 Kessel, Moltke, S. 603 ff.

43 Dressler, Moltke in seiner Häuslichkeit, S. 96.

44 Ibid., S. 15.

45 Ibid., S. 2.

46 Ibid., S. 6 f.

47 Ibid.

48 Ibid., S. 7.

49 Ibid., S. 90 f.

50 Helmuth von Moltke an Wilhelm von Moltke. Berlin, 26.3.1888. BA-MA
    Freiburg N 16/37, Bl. 52.

51 Helmuth von Moltke an Ella von Moltke. Kreisau, 3.10.1887. BA-MA
    Freiburg N 16/37, Bl. 72.

52 Zitiert nach Kohut, Moltke und die Frauen, S. 47.

53 Brockdorff, Marie von Moltke, S. VII.

54 Helmuth von Moltke an Wilhelm von Moltke. Wildbad Gastein, 24.7.1873.
    BA-MA Freiburg N 16/37, Bl. 14.

55 Zur Anwesenheit der «Kriegsministerin» im Sommer 1882: Helmuth von
    Moltke an Wilhelm von Moltke. Kreisau, 5.6.1882. BA-MA Freiburg
    N 16/37, Bl. 18.

56 Dressler, Moltke in seiner Häuslichkeit, S. 128 f.

57 Helmuth von Moltke an Wilhelm von Moltke. Kreisau, 5.6.1882. BA-MA
    Freiburg N 16/37, Bl. 18.

58 Helmuth von Moltke an Wilhelm von Moltke. Wildbad Gastein, 18. 8. 1882. BA-MA Freiburg N 16/37, Bl. 34.

59 Friedrich Joachim von Moltke an Adolph von Moltke. Flensburg, 30. 8. 1866. Abgedruckt in: Der handschriftliche Nachlass Adolph von Moltkes, S. 136–137, hier: S. 136.

60 Eine tabellarische Vita Friedrich von Moltkes in: Protokolle des Preußischen Staatsministeriums, Bd. 8/II, S. 597.

61 http://www.uni-magdeburg.de/mbl/Biografien/1443.htm. Zugriff am 29. 5. 2010.

62 Köhler, Helmuth James von Moltke, S. 53.

63 Helmuth von Moltke an Ella von Moltke. Kreisau, 16. 6. 1883. BA-MA Freiburg N 16/ 37, Bl. 35.

64 Friedrich von Moltke an Henry von Burt. Berlin, 10. 9. 1891. GStAPK, Familienstiftung Moltke, Nr. 29.

65 Zitiert nach: Dressler, Moltke in seiner Häuslichkeit, S. 111.

66 Helmuth von Moltke d. J. an Eliza von Moltke. Odde, 14. 7. 1908. Auszugsweise abgedruckt in: Meyer (Hg.), Helmuth von Moltke, Bd. 1, S. 273.

67 Helmuth von Moltke d. J. an Eliza von Moltke-Huitfeldt. Berlin, 13. 11. 1877. Auszugsweise abgedruckt in: Ibid., S. 48.

68 Helmuth von Moltke an Wilhelm von Moltke. Berlin, 27. 4. 1878. BA-MA Freiburg N 16/37, Bl. 24.

69 Helmuth von Moltke d. J. an Eliza von Moltke-Huitfeldt. Berlin, 12. 1. 1878. Auszugsweise abgedruckt in: Meyer (Hg.), Helmuth von Moltke, Bd. 1, S. 51.

70 Helmuth von Moltke d. J. an Eliza von Moltke-Huitfeldt. Berlin, 4. 10. 1873. Auszugsweise abgedruckt: Ibid., S. 45.

71 Helmuth von Moltke d. J. an Eliza von Moltke. Vichel, 11. 7. 1880. Auszugsweise abgedruckt: Ibid., S. 72.

72 Helmuth von Moltke an Wilhelm von Moltke. Berlin, 23. 12. 1866. BA-MA Freiburg N 16/37, Bl. 7.

73 Helmuth von Moltke an Wilhelm von Moltke. Berlin, 7. 12. 1866. BA-MA Freiburg N 16/37, Bl. 6.

74 Helmuth von Moltke an Wilhelm von Moltke. Berlin, 23. 12. 1866. BA-MA Freiburg N 16/37, Bl. 7.

75 Dressler, Moltke in seiner Häuslichkeit, S. 75.

76 Ibid., S. 85.

77 Ibid., S. 107.

78 Helmuth von Moltke an Wilhelm von Moltke. Berlin, 28. 3. 1887. BA-MA Freiburg N 16/37, Bl. 49.

79 Zitiert nach: Meyer (Hg.), Helmuth von Moltke, Bd. 2, S. 353.

80 Helmuth von Moltke an Wilhelm von Moltke. Berlin, 23. 2. 1886. BA-MA Freiburg N 16/37, Bl. 43.

81 Helmuth von Moltke d. J. an Eliza von Moltke-Huitfeldt. Berlin, 13. 10. 1877. Auszugsweise abgedruckt in: Meyer (Hg.), Helmuth von Moltke, Bd. 1, S. 45–46, hier: S. 46.

82 Helmuth von Moltke an Wilhelm von Moltke. Berlin, 4. 1. 1890. BA-MA Freiburg N 16/37, Bl. 59.

83 Dressler, Moltke in seiner Häuslichkeit, S. 126 f.
84 Helmuth von Moltke an Wilhelm von Moltke. Berlin, 18.12.1888. BA-MA Freiburg N 16/37, Bl. 55.
85 Helmuth von Moltke an Wilhelm von Moltke. Berlin, 23.2.1886. BA-MA Freiburg N 16/37, Bl. 43.
86 Helmuth von Moltke an Wilhelm von Moltke. Berlin, 26.3.1888. BA-MA Freiburg N16/37, Bl. 52.
87 Helmuth von Moltke an Wilhelm von Moltke. Kreisau, 14.6.1878. BA-MA Freiburg N16/37, Bl. 25.
88 Helmuth von Moltke an Muthi von Moltke. Kreisau, 22.10.1890. BA-MA Freiburg N16/37, Bl. 75.
89 Helmuth von Moltke an Wilhelm von Moltke. Berlin, 7.3.1890. BA-MA Freiburg N16/37, Bl. 61.
90 Magdalene Bröker, geborene von Moltke, starb am 3. Januar 1892 im Alter von 84 Jahren in Uetersen.
91 Helmuth von Moltke an Wilhelm von Moltke. Berlin, 23.2.1886. BA-MA Freiburg N 16/37, Bl. 43.
92 Helmuth von Moltke an Cai von Hegermann-Lindencrone. O.O., o.D. [1890] Abgedruckt in: Gesammelte Schriften, Bd. 1, S. 317.
93 Helmuth von Moltke d. J. an Eliza von Moltke-Huitfeldt. Berlin, 4.6.1878. Auszugsweise abgedruckt in: Meyer (Hg.), Helmuth von Moltke, Bd. 1, S. 60–61, hier: S. 61.
94 Helmuth von Moltke an Wilhelm von Moltke. Kreisau, 20.6.1878. BA-MA Freiburg N 16/37, Bl. 18.
95 Helmuth von Moltke d. J. an Eliza von Moltke-Huitfeldt. Berlin, 10.2.1878. Auszugsweise abgedruckt in: Meyer (Hg.), Helmuth von Moltke, Bd. 1, S. 52–53, hier: S. 52.
96 Helmuth von Moltke d. J. an Eliza von Moltke-Huitfeldt. Berlin, 10.2.1878. Ibid., hier: S. 53.
97 Helmuth von Moltke d. J. an Eliza von Moltke-Huitfeldt. Berlin, 14.6.1878. Auszugsweise abgedruckt: Ibid., S. 60–61, hier: S. 61.
98 Helmuth von Moltke, Trostgedanken über das irdische und Zuversicht auf das ewige Leben, Kreisau 1890. Abgedruckt in: Gesammelte Schriften, Bd. 1, S. 337–352.
99 Zitiert nach: Kessel, Moltke, S. 756.
100 Ähnlich deutet die *Trostgedanken* auch: Dilthey, Leben Schleiermachers, S. 474 f.

Wilhelminisches

1 Jürgen Eichler, Luftschiffe, S. 103 ff.
2 Zu den technischen Angaben: Ibid., S. 124. Zum Fahrgastraum der *Hansa*: Hansen, So sah die Welt von oben aus, S. 12. Moltke d. J. hatte schon wenige Tage nach seinem Amtsantritt als Chef des Großen Generalstabs befohlen, die Möglichkeiten zu prüfen, wie Luftschiffe zu einem offensiven Waffen-

system weiterentwickelt werden könnten. In der Folge überschätzte Moltke den Entwicklungszustand der Zeppeline und beurteilte auch die technisch-militärischen Möglichkeiten von Luftschiffen zu optimistisch: Eichler, Luftschiffe, S. 36, S. 130.

3 Helmuth von Moltke an Eliza von Moltke. Berlin, 18. 8. 1912. Auszugsweise abgedruckt in: Meyer (Hg.), Helmuth von Moltke, Bd. 1, S. 286–289, hier: S. 287.

4 Helmuth von Moltke an Eliza von Moltke. Berlin, 18. 8. 1912. Auszugsweise abgedruckt: Ibid., hier: S. 288.

5 Ibid.

6 Ibid.

7 Stürmer, Das Deutsche Reich, S. 113.

8 Wehler, Nationalismus, S. 79.

9 J. Hobsbawm, Das imperiale Zeitalter 1875–1914, S. 184 f.

10 Ibid., S. 183.

11 Ibid., S. 186 f.

12 Ibid., S. 193.

13 Hobsbawm, Nationen und Nationalismus, S. 126.

14 Clark, Preußen, S. 685; Jahr, British Prussianism.

15 Ullrich, Deutsches Kaiserreich, S. 88 ff.

16 Loth, Das Kaiserreich, S. 105.

17 Frevert, Die kasernierte Nation.

18 Dressler, Moltke in seiner Häuslichkeit, S. 128 f.

19 Köhler, Helmuth James von Moltke, S. 26, S. 28.

20 Ibid., S. 24.

21 Ibid., S. 19.

22 Friedrich von Moltke an Henry von Burt. O. O., o. D. [Oktober 1891]. GStAPK Familienstiftung Moltke Nr. 29. Nicht paginiert. Kopie aus der Bayerischen Staatsbibliothek München, Signatur: Ana 399.

23 Friedrich von Moltke an Henry von Burt. Berlin, 22. 9. 1891. GStAPK Familienstiftung Moltke Nr. 29. Nicht paginiert. Kopien aus der Bayerischen Staatsbibliothek, Signatur: Ana 399.

24 Henry von Burt an Friedrich von Moltke. Blasewitz, 8. 9. 1891. Abschrift. GStAPK Familienstiftung Moltke Nr. 29. Nicht paginiert. Kopie aus der Bayerischen Staatsbibliothek München, Signatur: Ana 399.

25 Henry von Burt an Friedrich von Moltke. Blasewitz, 8. 9. 1891. Abschrift. GStAPK Familienstiftung Moltke Nr. 29. Nicht paginiert. Kopie aus der Bayerischen Staatsbibliothek München, Signatur: Ana 399; Benachrichtigung durch die Königliche Hofbuchhandlung Ernst Siegfried Mittler und Sohn, Weihnachten 1891. Abgedruckt in: Gesammelte Schriften, Bd. 2, S. XIII.

26 Ibid.

27 Friedrich von Moltke an Henry von Burt. O. O., o. D. GStAPK Familienstiftung Moltke Nr. 29. Nicht paginiert. Kopien aus der Bayerischen Staatsbibliothek München, Signatur: Ana 399.

28 Gesammelte Schriften, Bd. 6. Der sechste Band wurde von der DVA und Mittler gemeinsam herausgegeben.

29 Friedrich von Moltke an Henry von Burt. O.O., o.D. GStAPK Familienstif-
    tung Moltke Nr. 29. Nicht paginiert. Kopie aus der Bayerischen Staatsbib-
    liothek München, Signatur: Ana 399.
30 F. Becker, Bilder von Krieg und Nation, S. 461.
31 Soweit erkennbar, haben nur Rudolf Stadelmann, Eberhard Kessel und Stig
    Förster die Originale in den Archiven erschöpfend genutzt: Stadelmann,
    Moltke und der Staat; Kessel, Moltke; Förster (Hg.), Moltke. Stadelmanns
    beeindruckende Arbeit ist durch den frühen Tod des Autors Fragment
    geblieben. Förster hat sich im Wesentlichen auf militärische Schriften
    beschränkt. Das Standardwerk zu Moltke dem Älteren ist nach wie vor die
    Biographie Eberhard Kessels, begonnen zur Zeit der NS-Diktatur. Doch bei
    allem Reichtum an Details ist dem Werk ein hagiographischer Zug, der die
    «Prestigen» schont, nicht völlig abzusprechen.
32 Helmuth von Moltke d. J., Vorrede, in: Gesammelte Schriften, Bd. 3, S. IX–XI,
    hier: S. X.
33 Wilhelm von Moltke, Vorrede zum Werke, in: Gesammelte Schriften, Bd. 3,
    S. VII–VIII, hier: S. VII.
34 Helmuth von Moltke d. Ä. an Adolph von Moltke. Frankfurt, 22. 11. 1864.
    Abgedruckt in: Der handschriftliche Nachlass Adolph von Moltkes, S. 139.
35 Helmuth von Moltke d. J. an Ella von Moltke. Berlin, 10. 1. 1890. BA-MA
    Freiburg N 16/37, Bl. 73.
36 Helmuth von Moltke d. Ä. an Wilhelm von Moltke. Kreisau, 20. 6. 1878.
    BA-MA Freiburg N 16/37, Bl. 18.
37 Friedrich Philipp Victor von Moltke, Erinnerungen aus meinem Leben.
    Abgedruckt in: Gesammelte Schriften, Bd. 1, S. 8–20. Auch Eberhard Kes-
    sel übergeht in seiner monumentalen Moltke-Biographie das Original
    der Lebensgeschichte.
38 Friedrich von Moltke an Henry von Burt. Berlin, 22. 9. 1891. GStAPK
    Familienstiftung Moltke Nr. 29. Nicht paginiert. Kopien aus der Bayeri-
    schen Staatsbibliothek, Signatur: Ana 399.
39 Helmuth von Moltke d. J. an Eliza von Moltke. Berlin, 28. 10. 1888. Aus-
    zugsweise abgedruckt in: Meyer (Hg.), Helmuth von Moltke, Bd. 1, S. 127–
    129, hier: S. 127.
40 Helmuth von Moltke d. J. an Eliza von Moltke. Itzehoe, 14. 9. 1881. Aus-
    zugsweise abgedruckt: Ibid., S. 94–95, hier: S. 94 f.
41 Helmuth von Moltke d. J. an Eliza von Moltke. Berlin, 26. 6. 1888. Auszugs-
    weise abgedruckt: Ibid., S. 124–125, hier: S. 125.
42 Clark, Preußen, S. 672.
43 Zitiert nach: Röhl, Wilhelm II., Bd. 1, S. 291.
44 Clark, Wilhelm II., S. 124 ff.
45 Zu den verwandtschaftlichen Beziehungen: Genealogisches Handbuch des
    deutschen Adels. Gräfliche Häuser A, Bd. 4, Limburg 1962, S. 298–322.
46 Helmuth von Moltke, Besuch des Fürsten Bismarck bei Sr. Majestät dem Kai-
    ser in Berlin am 26. Januar 1894. Für Liza geschrieben. Berlin, 28. Januar 1894.
    Abgedruckt in: Meyer (Hg.), Helmuth von Moltke, Bd. 1, S. 141–147, hier:
    S. 141.

47 Helmuth von Moltke an Eliza von Moltke. Moskau, 27.5.1896. Auszugs-
    weise abgedruckt: Ibid., S.177–180, hier: S.180.
48 Helmuth von Moltke an Eliza von Moltke. Petersburg, 2.10.1895. Aus-
    zugsweise abgedruckt: Ibid., S.155–162, hier: S.158.
49 Aufzeichnung Eulenburgs. Hubertusstock, 12./13.10.1895. Abgedruckt in:
    Röhl (Hg.), Philipp Eulenburgs politische Korrespondenz, Bd.3, S.1567–
    1571, hier: S.1570.
50 Helmuth von Moltke an Eliza von Moltke. Berlin, 25.5.1902. Auszugs-
    weise abgedruckt in: Meyer (Hg.), Helmuth von Moltke, Bd.1, S.203.
51 Helmuth von Moltke an Eliza von Moltke. S.M.Jacht «Hohenzollern».
    3.8.1905. Auszugsweise abgedruckt: Ibid., S.259.
52 Helmuth von Moltke d.J. an Eliza von Moltke. Itzehoe, 13.9.1881. Aus-
    zugsweise abgedruckt: Ibid., S.94.
53 Helmuth von Moltke an Eliza von Moltke. Berlin, 1.9.1896. Auszugsweise
    abgedruckt: Ibid., S.182.
54 Helmuth von Moltke an Eliza von Moltke. Görlitz, 11.9.1896. Auszugs-
    weise abgedruckt: Ibid., S.183.
55 Helmuth von Moltke (d.J.), Erinnerungen, Briefe, Dokumente, S.160.
56 Kaiser Wilhelm II. an Helmuth von Moltke. Potsdam, 10.1.1910. GStAPK
    BPH Rep.53 J lit M Nr.11, Bl.2.
57 Helmuth von Moltke an Eliza von Moltke. Kopervik, 11.7.1900. Auszugs-
    weise abgedruckt in: Meyer (Hg.), Helmuth von Moltke, Bd.1, S.196.
58 Helmuth von Moltke an Eliza von Moltke. Kiel, 10.7.1900. Auszugsweise
    abgedruckt: Ibid., S.195.
59 Helmuth von Moltke an Eliza von Moltke. Kopervik, 11.7.1900. Auszugs-
    weise abgedruckt: Ibid., S.196.
60 Helmuth von Moltke an Eliza von Moltke. Bergen, 15.7.1902. Auszugs-
    weise abgedruckt: Ibid., S.204.
61 Helmuth von Moltke an Eliza von Moltke. Berlin, 1.7.1907. Auszugsweise
    abgedruckt: Ibid., S.270; Helmuth von Moltke an Eliza von Moltke. Victoria-
    havn, 17.7.1907. Auszugsweise abgedruckt: Ibid., S.271–272, hier: S.271.
62 Helmuth von Moltke an Eliza von Moltke. Trondheim, 25.7.1904. Aus-
    zugsweise abgedruckt: Ibid., S.234–235, hier: S.235.
63 Treitel, A science for the soul, S.165.
64 Eliza von Moltke an Hermann Sudermann. Berlin, 13.6.1894. Deutsches
    Literaturarchiv Marbach am Neckar. Cotta Nachlass Sud.XIII 113, Bl.18.
65 Zander, Generalstabschef, S.441.
66 Lindenberg, Rudolf Steiner, Bd.1, S.373 ff.
67 Zitiert nach: Meyer (Hg.), Helmuth von Moltke, Bd.2, S.310.
68 Zander, Generalstabschef, S.423.
69 Zitiert nach: Meyer, Helmuth von Moltke, Bd.2, S.355.
70 Röhl (Hg.), Philipp Eulenburgs politische Korrespondenz, Bd.1, Einleitung,
    S.9–73, hier: S.48.
71 Helmuth von Moltke d.J. an Marie von Kulmiz. Berlin, 6.3.1909. BA-MA
    Freiburg N 78/41. Nicht paginiert.
72 Zander, Generalstabschef, S.457.

73 Ibid., S. 443.

74 Helmuth von Moltke an Eliza von Moltke. Karlsbad, 21.7.1914. Auszugs-
    weise abgedruckt in: Meyer (Hg.), Helmuth von Moltke, Bd. 1, S. 299.

75 Rudolf Steiner zu Erwiderungen auf das ‹Matin-Interview›. Abgedruckt:
    Ibid., S. 425–431, hier: S. 427.

76 Helmuth von Moltke an Eliza von Moltke. Molde, 17.7.1904. Auszugs-
    weise abgedruckt: Ibid., S. 233–234, hier: S. 233.

77 Zander, Generalstabschef, S. 457.

78 Helmuth von Moltke an Eliza von Moltke. Insel Florö, 4.8.1903. Auszugs-
    weise abgedruckt in: Meyer (Hg.), Helmuth von Moltke, Bd. 1, S. 227.

79 Helmuth von Moltke an Eliza von Moltke. Berlin, 23.4.1903., Auszugs-
    weise abgedruckt: Ibid., S. 222–224, hier: S. 224.

80 Zander, Generalstabschef, S. 436.

81 Köhler, Helmuth James von Moltke, S. 18.

82 Ruhm von Oppen (Hg.), Dorothy von Moltke, Einleitung, S. VII–XVIII,
    hier: S. VII.

83 Die Einzelheiten diese «Ankunfts-Geschichte», im Kreis der Familie offen-
    bar immer wieder erzählt, hat Jochen Köhler 1988 in einem Gespräch mit
    Asta Henssel, geborene von Moltke, erfahren. Asta Henssel war die Tochter
    von Dorothy und Helmuth von Moltke: Köhler, Helmuth James von
    Moltke, S. 24. Auch Helmuth James von Moltke hat seinen Söhnen die
    «Ankunfts-Geschichte» berichtet: Helmuth James von Moltke, Wie alles
    war, als ich klein war, S. 382.

84 Wright, Introduction, S. 1–14. Rose Innes, Chief Justice.

85 Wright, Introduction, S. 18.

86 James Rose Innes an Jessie Rose Innes. Kapstadt/Johannesburg, 16.9.–
    5.11.1901. Auszugsweise abgedruckt in: Wright, Selected Correspondence,
    S. 298–315, hier: S. 298 f.

87 Helmuth James von Moltke an Caspar und Konrad von Moltke, 5.2.1944.
    Abgedruckt in: Freya von Moltke/Balfour/Frisby, Helmuth James von
    Moltke, S. 9–28, hier: S. 26.

88 «I simply laugh when I look at my legs and think of my wounds. I expect
    you won't have much better luck when you begin. I am longing to be an
    expert and enjoy myself.» Jessie Rose Innes an James Rose Innes. Ronde-
    bosch, 22.4.1896. Abgedruckt in: Wright, Selected Correspondence, S. 170.

89 Helmuth von Moltke an Eliza von Moltke. Berlin, 29.1.1905. Auszugs-
    weise abgedruckt in: Meyer (Hg.), Helmuth von Moltke, Bd. 1, S. 240–246,
    hier: S. 241.

90 Helmuth von Moltke an Eliza von Moltke. St. Avold, 18.6.1904. Auszugs-
    weise abgedruckt: Ibid., S. 231.

91 Ibid.

92 Wallach, Feldmarschall von Schlieffens Interpretation, in: Foerster, Gene-
    ralfeldmarschall von Moltke, S. 49–66, hier: S. 50.

93 Rothenberg, Moltke, Schlieffen, and the Doctrine of Strategic Envelop-
    ment.

94 Stübig, Die Entwicklung des preußisch-deutschen Generalstabs, S. 258.

95 Wallach, Feldmarschall von Schlieffens Interpretation, S. 56; Howard, Men against Fire.

96 Zitiert nach: Wallach, Feldmarschall von Schlieffens Interpretation, S. 52.

97 Ibid., S. 64.

98 Ritter, Der Schlieffen-Plan, S. 248.

99 Rede Helmuth von Moltkes vor Offizieren des Generalstabs aus Anlass der Entlassung von Generaloberst von Schlieffen. Berlin, 25. 1. 1906, BA-MA Freiburg N 78/32, Bl. 20–21.

100 Helmuth von Moltke an Eliza von Moltke. Berlin, 29. 1. 1905. Auszugsweise abgedruckt in: Meyer (Hg.), Helmuth von Moltke, Bd. 1, S. 240–246, hier: S. 241.

101 Geiss (Hg.), Julikrise und Kriegsausbruch, Bd. 2, S. 17 f.

102 Helmuth von Moltke an Eliza von Moltke. Berlin, 29. 1. 1905. Auszugsweise abgedruckt in: Meyer (Hg.), Helmuth von Moltke, Bd. 1, S. 240–246, hier: S. 243.

103 Ibid.

104 Ibid., hier: S. 245.

105 Vierhaus (Hg.), Das Tagebuch der Baronin Spitzemberg, S. 454. Eintrag v. 1. 1. 1906.

106 Röhl, Wilhelm II., Bd. 3, S. 339 f.

107 Kaiser Wilhelm II. an Schlieffen, 29. 12. 1903. Zitiert nach: Kessel, Generalfeldmarschall Graf Alfred Schlieffen, S. 303 f.

108 Helmuth von Moltke an Marie von Kulmiz. Berlin, 11. 4. 1909. BA-MA Freiburg N 78/41. Nicht paginiert.

109 Groener, Lebenserinnerungen, S. 90 f.

110 Helmuth James von Moltke, Wie alles war, S. 365.

111 Ibid., S. 367.

112 Dorothy von Moltke an James und Jessie Rose Innes. Kreisau, Berlin, 1. 11. 1908. Auszugsweise abgedruckt in: Ruhm von Oppen (Hg.), Dorothy von Moltke, S. 7–10, hier: S. 9.

113 Dorothy von Moltke an James und Jessie Rose Innes. Kreisau, 2. 8. 1908. Auszugsweise abgedruckt: Ibid., S. 4.

114 Dorothy von Moltke an James und Jessie Rose Innes. Kreisau, 17. 6. 1907. Auszugsweise abgedruckt: Ibid., S. 3–4, hier: S. 4.

115 Zitiert nach: Köhler, Helmuth James von Moltke, S. 32.

116 Ibid., S. 48.

117 Zitiert nach: Ibid., S. 41.

118 Zitiert nach: Ibid., S. 44.

119 Dorothy von Moltke an James und Jessie Rose Innes. Kreisau, 17. 6. 1907. Auszugsweise abgedruckt in: Ruhm von Oppen (Hg.), Dorothy von Moltke, S. 3–4, hier: S. 4.

120 Zitiert nach: Köhler, Helmuth James von Moltke, S. 42.

121 Dorothy von Moltke an James und Jessie Rose Innes. Kreisau, 21. 3. 1911. Auszugsweise abgedruckt in: Ruhm von Oppen (Hg.), Dorothy von Moltke, S. 27–28, hier: S. 27 f.

122 Ibid.

123 Dorothy von Moltke an James Rose Innes. Kreisau, 5.4.1907. Abgedruckt: Ibid., S.1–2, hier: S.1 f.
124 Ibid., S.2.
125 Zitiert nach: Köhler, Helmuth James von Moltke, S.343 f.
126 Zitiert nach: Brakelmann, Helmuth James von Moltke, S.17.
127 Dorothy von Moltke an James Rose Innes. Kreisau, 5.4.1907. Abgedruckt in: Ruhm von Oppen (Hg.), Dorothy von Moltke, S.1–2, hier: S.1.

In den Abgrund

1 Hecht, Harden-Prozesse, S.162.
2 Moltkes Kurzbiografie in: Hergemöller, Mann für Mann, S.515–516.
3 Zitiert nach: Hecht, Harden-Prozesse, S.108.
4 Bruns, Skandale, S.52.
5 Zitiert nach: Mommsen, Homosexualität, S.283.
6 Zitiert nach: Hecht, Harden-Prozesse, S.152.
7 Ibid.
8 Vierhaus (Hg.), Das Tagebuch der Baronin Spitzemberg, S.476. Eintrag v. 25.10.1907.
9 Zitiert nach: Hecht, Harden-Prozesse, S.160.
10 Zitiert nach: Ibid., S.165.
11 Zitiert nach: Mommsen, Homosexualität, S.284.
12 Neue Gesellschaftliche Korrespondenz v. 7.11.1906. Zitiert nach: Röhl (Hg.), Philipp Eulenburgs politische Korrespondenz, Bd. 3, S.2137, Anm. 2; Vierhaus (Hg.), Das Tagebuch der Baronin Spitzemberg, S.466 f.
13 Bruns, Skandale, S.61, Anm. 31.
14 Zitiert nach: Mommsen, Homosexualität, S.279.
15 Zitiert nach: Bruns, Skandale, S.63.
16 Hull, Kaiser Wilhelm II., S.84.
17 Röhl (Hg.), Philipp Eulenburgs politische Korrespondenz, Bd. 1, Einleitung, S.9–73, hier: S.49.
18 Zitiert nach: Bruns, Skandale, S.61.
19 Röhl, Fürst Philipp zu Eulenburg.
20 Hull, Liebenberger Kreis, S.108.
21 Vierhaus (Hg.), Das Tagebuch der Baronin Spitzemberg, S.399. Eintrag v. 8.8.1900.
22 Ibid., S.436. Eintrag v. 25.11.1903.
23 Ibid., S.472. Eintrag v. 26.5.1907.
24 Zitiert nach: Hecht, Harden-Prozesse, S.316.
25 Bruns, Skandale, S.69.
26 Röhl, Fürst Philipp zu Eulenburg.
27 Hull, Liebenberger Kreis, S.113.
28 Doerry, Übergangsmenschen, S.185.
29 Helmuth von Moltke an Eliza von Moltke. Berlin, 5.3.1904. Auszugsweise abgedruckt in: Meyer (Hg.), Helmuth von Moltke, Bd. 1, S.228–229, hier: S.228 f.

30 Helmuth von Moltke an Eliza von Moltke. Berlin, 25.8.1905. Auszugsweise abgedruckt: Ibid., S. 263–264, hier: S. 263.
31 Helmuth von Moltke an Eliza von Moltke. Frankfurt a. M., 19.9.1909.
   Auszugsweise abgedruckt: Ibid., S. 276.
32 Jessen, «Preußens Napoleon»?, S. 343 ff.
33 Rede Helmuth von Moltkes beim Festessen des Deutschen Freiwilligen
   Automobil-Korps. O. O., 20.1.1913. BA-MA Freiburg N 78/32, Bl. 28–30.
34 Goltz, Von Roßbach nach Jena; Ders., Von Roßbach bis Jena.
35 Goltz, Von Roßbach nach Jena, S. 539.
36 Wehler, Deutsche Gesellschaftsgeschichte, Bd. 3, S. 1045 ff.
37 Carsten, Eduard Bernstein.
38 Helmuth von Moltke d. J. an Eliza von Moltke-Huitfeldt. Berlin, 4.6.1878.
   Auszugsweise abgedruckt in: Meyer (Hg.), Helmuth von Moltke, Bd. 1,
   S. 60–61, hier: S. 60 f.
39 Helmuth von Moltke d. J. an Eliza von Moltke-Huitfeldt. Berlin, 10.2.1878.
   Auszugsweise abgedruckt: Ibid., S. 52–53, hier: S. 53.
40 Helmuth von Moltke, Rede am Geburtstag Sr. Majestät des Kaisers,
   27.1.1914. Abgedruckt: Ibid., S. 295.
41 Dorothy von Moltke an James und Jessie Rose Innes. Berlin, 15.2.1910. Auszugsweise abgedruckt in: Ruhm von Oppen (Hg.), Dorothy von Moltke,
   S. 20–21, hier: S. 21.
42 Helmuth von Moltke an Eliza von Moltke. Berlin, 22.8.1905. Auszugsweise abgedruckt in: Meyer (Hg.), Helmuth von Moltke, Bd. 1, S. 262–263,
   hier: S. 263.
43 Helmuth von Moltke d. J. an Eliza von Moltke-Huitfeldt. Berlin, 16.2.1878.
   Auszugsweise abgedruckt: Ibid., S. 54.
44 Helmuth von Moltke, Betrachtungen und Erinnerungen. Homburg, November 1914. Abgedruckt: Ibid., S. 391–405, hier: S. 393.
45 Helmuth von Moltke (d. J.), Betrachtungen und Erinnerungen, S. 391–405.
46 Ibid.
47 Röhl, Wilhelm II., Bd. 3, S. 283 ff.
48 Helmuth von Moltke an Marie von Kulmiz. Berlin, 11.4.1909. BA-MA
   Freiburg N 78/41. Nicht paginiert.
49 Helmuth von Moltke an Eliza von Moltke. Berlin, 7.2.1905. Auszugsweise
   abgedruckt in: Meyer (Hg.), Helmuth von Moltke, Bd. 1, S. 248.
50 Helmuth von Moltke an Marie von Kulmiz. Berlin, 11.4.1909. BA-MA
   Freiburg N 78/41. Nicht paginiert.
51 Helmuth von Moltke (d. J.), Betrachtungen und Erinnerungen, S. 394.
52 Ibid., S. 395.
53 Helmuth von Moltke an Eliza von Moltke. Berlin, 5.3.1904. Auszugsweise
   abgedruckt in: Meyer (Hg.), Helmuth von Moltke, Bd. 1, S. 228–229, hier:
   S. 228 f.
54 Helmuth von Moltke an Marie von Kulmiz. Berlin, 11.4.1909. BA-MA
   Freiburg N 78/41. Nicht paginiert.
55 Helmuth von Moltke an Eliza von Moltke. Berlin, 19.8.1911. Auszugsweise abgedruckt in: Meyer (Hg.), Helmuth von Moltke, Bd. 1, S. 283.

56 Mommsen, Die latente Krise, S. 13.
57 Protokoll der Sitzung des Preußischen Staatsministeriums am 22.1.1898. Abgedruckt in: Protokolle des Preußischen Staatsministeriums, Bd. 8/I, S. 297.
58 Friedrich von Moltke an Henriette Prinzessin von Schleswig-Holstein. Berlin, 21.3.1900. Schleswig-Holsteinische Landesbibliothek Kiel, Slg. F 4/211.
59 Halder, Innenpolitik im Kaiserreich, S. 120.
60 Protokoll der Sitzung des Preußischen Staatsministeriums am 2. Mai 1908. Abgedruckt in: Protokolle des Preußischen Staatsministeriums, Bd. 9, S. 212.
61 Halder, Innenpolitik, S. 120.
62 Clark, Preußen, S. 658.
63 Ibid., S. 663.
64 Zitiert nach: Dann, Nation und Nationalismus, S. 191.
65 Kühne, Dreiklassenwahlrecht, S. 510.
66 Protokoll der Sitzung des Preußischen Staatsministeriums am 18. Dezember 1909. Abgedruckt in: Protokolle des Preußischen Staatsministeriums, S. 49.
67 Zitiert nach: Spenkuch, «Es wird zu viel regiert», S. 323.
68 Protokoll der Sitzung des Preußischen Staatsministeriums vom 6. Januar 1909. Abgedruckt in: Protokolle des Preußischen Staatsministeriums, Bd. 9, S. 226–227, hier: S. 227.
69 Ibid., S. 229–230, hier: S. 229.
70 Sitzung des Kronrats im Berliner Stadtschloss am 18. Februar 1909. Abgedruckt: Ibid.
71 Spenkuch, «Es wird zu viel regiert», S. 355.
72 Halder, Innenpolitik, S. 135.
73 Clark, Preußen, S. 642.
74 Dorothy von Moltke an James und Jessie Rose Innes. Paris, 19.11.1908. Auszugsweise abgedruckt in: Ruhm von Oppen (Hg.), Dorothy von Moltke, S. 6.
75 Dorothy von Moltke an James und Jessie Rose Innes. Berlin, 9.1.1910. Auszugsweise abgedruckt: Ibid., S. 18–19, hier: S. 19.
76 Zitiert nach: Kühne, Dreiklassenwahlrecht, S. 525.
77 Friedrich von Moltke in der Sitzung des Staatsministeriums v. 2.1.1908. Zitiert nach: Kühne, Dreiklassenwahlrecht, S. 518.
78 Protokoll der Sitzung des Preußischen Staatsministeriums am 22. November 1909. Abgedruckt in: Protokolle des Preußischen Staatsministeriums, Bd. 10, S. 46.
79 Kühne, Dreiklassenwahlrecht, S. 556.
80 Filchner, Ein Forscherleben, S. 94 f.
81 Ibid.
82 Filchner, Zum Sechsten Erdteil, S. 201.
83 Dorothy von Moltke an James und Jessie Rose Innes. Kreisau, 3.5.1910. Auszugsweise abgedruckt in: Ruhm von Oppen (Hg.), Dorothy von Moltke, S. 22–23, hier: S. 22.

84 Dorothy von Moltke an James und Jessie Rose Innes. Berlin, 9. 1. 1910. Auszugsweise abgedruckt: Ibid., S. 18–19, hier: S. 18.

85 Dorothy von Moltke an James und Jessie Rose Innes. Berlin, 30. 1. 1910. Auszugsweise abgedruckt: Ibid., S. 19–20, hier: S. 20.

86 Dorothy von Moltke an James und Jessie Rose Innes. Berlin, 3. 2. 1910. Auszugsweise abgedruckt: Ibid., S. 20.

87 Keller, Waldemar Graf von Oriola; zum Tode des Grafen: Friedrich von Moltke an Marie von Oriola. Klein-Bresa, 7. 5. 1911. Universitäts- und Landesbibliothek Münster, N Savigny, 25/80.

88 Friedrich von Moltke an Marie von Oriola. Berlin, 2. 1. 1910. Universitäts- und Landesbibliothek Münster, N Savigny 25/78. Nicht paginiert.

89 Dorothy von Moltke an James und Jessie Rose Innes. Berlin, 15. 2. 1910. Auszugsweise abgedruckt in: Ruhm von Oppen (Hg.), Dorothy von Moltke, S. 20–21, hier: S. 21.

90 Zitiert nach: Halder, Innenpolitik, S. 137.

91 Abgeordneter Fischbeck, zitiert nach: Kühne, Dreiklassenwahlrecht, S. 558.

92 Einleitung, in: Protokolle des Preußischen Staatsministeriums, Bd. 9, S. 1–39, hier: S. 16.

93 Helmuth von Moltke an Marie von Kulmiz. Berlin, 28. 11. 1910. BA-MA Freiburg N 78/41. Nicht paginiert.

94 Dulfer, Hans Adolf von Moltke, S. 6 f.

95 Friedrich von Moltke an Marie von Oriola. Klein-Bresa, 7. 5. 1911. Universitäts- und Landesbibliothek Münster N Savigny, 25/80.

96 Ibid.

97 Dorothy von Moltke an James und Jessie Rose Innes. Kreisau, 11. 7. 1911. Auszugsweise abgedruckt in: Ruhm von Oppen (Hg.), Dorothy von Moltke, S. 29–31, hier: S. 31.

Marne

1 Mombauer, Der Moltkeplan.

2 Kruse, Der Erste Weltkrieg, S. 12.

3 Stein, Die deutsche Heeresrüstungspolitik, S. 36.

4 Ibid., S. 373.

5 Stevenson, Armaments.

6 Afflerbach, Die militärischen Planungen, S. 283.

7 Helmuth von Moltke an Eliza von Moltke. Danzig, 30. 7. 1905. Auszugsweise abgedruckt in: Meyer (Hg.), Helmuth von Moltke, Bd. 1, S. 259.

8 Förster, Der doppelte Militarismus, S. 266–272, S. 298.

9 M. Schmidt, Der «Eiserne Kanzler»; Hildebrand, «Staatskunst und Kriegshandwerk».

10 Pröve, Militär, Staat und Gesellschaft, S. 37.

11 Dorothy von Moltke an James und Jessie Rose Innes. Kreisau, 19. 5. 1909. Auszugsweise abgedruckt in: Ruhm von Oppen (Hg.), Dorothy von Moltke, S. 10–11, hier: S. 11.

12 Dorothy von Moltke an James und Jessie Rose Innes. Berlin, 22.10.1912. Auszugsweise abgedruckt: Ibid., S. 35–36, hier: S. 35.

13 Ibid.

14 Ibid.

15 Ibid.

16 Ibid., hier: S. 36.

17 Helmuth von Moltke an Marie von Kulmiz. Berlin 28.11.1910. BA-MA Freiburg N 78/41. Nicht paginiert.

18 Tagebucheintrag des Admirals Georg Alexander von Müller v. 8.12.1912, vollständig abgedruckt bei: Röhl, Kaiser, Hof und Staat, S. 175–176, hier: S. 176.

19 Ein knapper Überblick des Forschungsstandes zum «Kriegsrat» bei: Strachan, Wer war schuld?, S. 247 ff.

20 Berghahn, Sarajewo, 28. Juni 1914, S. 92; Mommsen, Der Topos vom unvermeidlichen Krieg, S. 207.

21 Mombauer, Helmuth von Moltke, S. 153–167.

22 Zitiert nach: Röhl, Wilhelm II., Bd. 3, S. 1041.

23 Helmuth von Moltke an Marie von Kulmiz. Berlin, 5.4.1914. BA-MA Freiburg N 78/41. Nicht paginiert.

24 Dorothy von Moltke an James und Jessie Rose Innes. Kreisau, 7.5.1913. Auszugsweise abgedruckt in: Ruhm von Oppen (Hg.), Dorothy von Moltke, S. 38.

25 Zitiert nach: Zechlin, Motive und Taktik, S. 92.

26 Mommsen, Großmachtstellung und Weltpolitik, S. 298; Granier, Deutsche Rüstungspolitik, S. 129.

27 Helmuth von Moltke an Theobald von Bethmann Hollweg. Berlin, 29.7.1914. Abgedruckt in: Geiss, Julikrise und Kriegsausbruch, Bd. 2, S. 263.

28 «Ich freue mich sehr auf unser Zusammensein im August, wenn Du aus Bayreuth zurückkommst»: Helmuth von Moltke an Eliza von Moltke. Karlsbad, 18.7.1914. Auszugsweise abgedruckt in: Meyer (Hg.), Helmuth von Moltke, Bd. 1, S. 299.

29 Trumpener, War Premeditated?, S. 63.

30 «Die Lage ist noch ziemlich ungeklärt, die weitere Gestaltung der Dinge hängt lediglich von der Haltung Russlands ab, unternimmt dies keinen feindlichen Akt gegen Österreich, so wird der Krieg lokalisiert bleiben.» Helmuth von Moltke an Eliza von Moltke. Berlin, 26.7.1914. Auszugsweise abgedruckt in: Meyer (Hg.), Helmuth von Moltke, Bd. 1, S. 300. Vgl. auch Jansen, Der Weg in den Ersten Weltkrieg, S. 511.

31 Strachan, The First World War, S. 237. Strachan betont, dass mit Blick auf Moltke in der Julikrise von einem geschlossenen, zielgerichteten Konzept zur Auslösung des Krieges keine Rede sein könne.

32 Bethmann Hollweg, Betrachtungen zum Weltkriege, S. 130.

33 Zitiert nach: Jansen, Der Weg in den Ersten Weltkrieg, S. 330.

34 Zitiert nach: Hötzendorf, Aus meiner Dienstzeit, Bd. 4, S. 153.

35 Zitiert nach: Jansen, Der Weg in den Ersten Weltkrieg, S. 368.

36 Zitiert nach: Blasius, 4. August 1914, S. 17.

37 Zitiert nach: Helmuth von Moltke (d. J.), Betrachtungen und Erinnerungen, S. 398 f.

38 Zitiert nach: Helmuth von Moltke (d. J.), Erinnerungen, Briefe, Dokumente, S. 20.

39 Staabs, Aufmarsch an zwei Fronten, S. 52 ff.

40 Helmuth von Moltke (d. J.), Betrachtungen und Erinnerungen, S. 399.

41 Zitiert nach: Jansen, Der Weg in den Ersten Weltkrieg, S. 433.

42 Zitiert nach: Ibid., S. 431 f.

43 Helmuth von Moltke (d. J.), Betrachtungen und Erinnerungen, S. 399.

44 Ibid., S. 400.

45 Röhl, Wilhelm II., Bd. 3, S. 1160.

46 Helmuth von Moltke (d. J.), Betrachtungen und Erinnerungen, S. 400.

47 Ibid.

48 Aus den Aufzeichnungen von Hans von Haeften zu den Vorgängen am und nach dem 1. August 1914. Abgedruckt in: Meyer (Hg.), Helmuth von Moltke, Bd. 1, S. 404–405, hier: S. 404.

49 Ibid., S. 405.

50 Meyer (Hg.), Helmuth von Moltke, Bd. 1, S. 398 ff.

51 Helmuth von Moltke (d. J.), Betrachtungen und Erinnerungen, S. 400.

52 Haffner/Venohr, Das Wunder an der Marne, S. 26.

53 Schweppenburg. Der Kriegsausbruch 1914, S. 152.

54 Zitiert nach: Blasius, 4. August 1914, S. 16.

55 Afflerbach, Die militärischen Planungen, S. 283.

56 Zitiert nach: Helmuth von Moltke (d. J.), Betrachtungen und Erinnerungen, S. 400.

57 Zitiert nach: Kruse, Der Erste Weltkrieg, S. 19.

58 Hobsbawm, Das imperiale Zeitalter, S. 206.

59 Zur Forschungsentwicklung: Kruse, Der Erste Weltkrieg, S. 18 f.

60 Jansen, Der Weg in den Ersten Weltkrieg, S. 520 f.

61 Schreiben des Preußischen Innenministeriums an Admiralstab. Zitiert nach: Ibid., S. 505.

62 Friedrich Wilhelm von Loebell an Friedrich von Moltke. Berlin, 28. 8. 1914. Landesarchiv Schleswig-Holstein, Abt. 301, Nr. 4387. Nicht paginiert.

63 Friedrich von Moltke an Marie von Oriola. Schleswig, 11. 5. 1915. Universitäts- und Landesbibliothek Münster, N Savigny 25/81. Nicht paginiert.

64 Dulfer, Hans Adolf von Moltke, S. 8.

65 Gesandter Quadt an Reichskanzler Bethmann Hollweg. Athen, 15. 3. 1914. Zitiert nach: Ibid., S. 8–9, hier: S. 9.

66 Jansen, Der Weg in den Ersten Weltkrieg, S. 475 f.

67 Farrar, The Short-War Illusion, S. 21.

68 Dorothy von Moltke an James und Jessie Rose Innes. Kreisau, 30. 5. 1911. Auszugsweise abgedruckt in: Ruhm von Oppen (Hg.), Dorothy von Moltke, S. 29.

69 Dorothy von Moltke an James und Jessie Rose Innes. Kreisau, 22. 12. 1913. Auszugsweise abgedruckt: Ibid., S. 39.

70 Dorothy von Moltke an James und Jessie Rose Innes. Kreisau, 31.7.1914. Auszugsweise abgedruckt: Ibid., S. 42.
71 Zitiert nach: Köhler, Helmuth James von Moltke, S. 89.
72 Aus den Aufzeichnungen von Hans von Haeften, S. 405.
73 Ibid.
74 Ibid.
75 Helmuth von Moltke (d. J.), Erinnerungen, Briefe, Dokumente, S. 435.
76 Tagebuchaufzeichnung des Admirals Georg Alexander von Müller v. 30. 8. 1914. Abgedruckt in: Görlitz (Hg.), Regierte der Kaiser?, S. 53.
77 Helmuth von Moltke an Eliza von Moltke. Luxemburg, 8.9.1914. Auszugsweise abgedruckt in: Meyer (Hg.), Helmuth von Moltke, Bd. 1, S. 313.
78 Wilhelm Groener, zitiert nach: Jäschke, Die Ernennung des jüngeren Moltke, S. 16.
79 Helmuth von Moltke an Eliza von Moltke. Luxemburg, 9.9.1914. Auszugsweise abgedruckt in: Meyer (Hg.), Helmuth von Moltke, Bd. 1, S. 313–314, hier: S. 313.
80 Helmuth von Moltke (d. J.), Betrachtungen und Erinnerungen, S. 401.
81 Helmuth von Moltke (d. J.), Erinnerungen, Briefe, Dokumente, S. 384.
82 Dorothy von Moltke an James und Jessie Rose Innes. Kreisau, 25.8.1914. Auszugsweise abgedruckt in: Ruhm von Oppen (Hg.), Dorothy von Moltke, S. 43.
83 Dorothy von Moltke an James und Jessie Rose Innes. Kreisau, 25.8.1914. Auszugsweise abgedruckt: Ibid.
84 Dorothy von Moltke an James und Jessie Rose Innes. Kreisau, 14.12.1915. Auszugsweise abgedruckt: Ibid., S. 49.
85 Dorothy von Moltke an James und Jessie Rose Innes. Kreisau, 1.3.1916. Auszugsweise abgedruckt: Ibid., S. 50.
86 Dorothy von Moltke an James und Jessie Rose Innes. Kreisau, 17.10.1916. Auszugsweise abgedruckt: Ibid., S. 51.
87 Köhler, Helmuth James von Moltke, S. 101.
88 Dorothy von Moltke an James und Jessie Rose Innes. Kreisau, 10.8.1918. Auszugsweise abgedruckt in: Ruhm von Oppen (Hg.), Dorothy von Moltke, S. 55–56, hier: S. 55.
89 Köhler, Helmuth James von Moltke, S. 101.
90 B. v. Bülow, Denkwürdigkeiten, Bd. 3, S. 205.
91 Foerster (Hg.), Mackensen, S. 136.
92 B. v. Bülow, Denkwürdigkeiten, Bd. 3, S. 205.
93 Afflerbach, Falkenhayn, S. 223.
94 Helmuth von Moltke an Wilhelm II. Berlin, 17.1.1915. Abgedruckt in: Meyer (Hg.), Helmuth von Moltke, Bd. 1, S. 339–341.
95 Zitiert nach: Afflerbach, Falkenhayn, S. 230.
96 Helmuth von Moltke an Unbekannt. Berlin, 20.3.1916. Auszugsweise abgedruckt in: Meyer (Hg.), Helmuth von Moltke, Bd. 1, S. 364.
97 «Vorwort Moltkes für ‹Das deutsche Soldatenbuch›». Abgedruckt in: Meyer (Hg.), Helmuth von Moltke, Bd. 1, S. 322.
98 Helmuth von Moltke an den Herausgeber der «Tat». Berlin, 1.1.1916. Ab-

gedruckt in: Meyer (Hg.), Helmuth von Moltke, Bd. 1, S. 362–363, hier: S. 363.
99 Deutsche Gesellschaft 1914. Satzung. BA-MA Freiburg N 78/32, Bl. 1–4, hier: Bl. 1.
100 Ansprache Moltkes bei Eröffnung der Deutschen Gesellschaft 1914 am 28. 11. 1915. BA-MA Freiburg N 78/32 Bl. 41.
101 Wehler, Nationalismus, S. 83 f.
102 Imberger, Findbuch, S. XXIII.
103 Dänhardt, Von der Meuterei zur Revolution, S. 134.
104 Amtsblatt-Bekanntmachung. Kiel, 31. 12. 1918 in: Landesarchiv Schleswig-Holstein, Abt. 301 Nr. 4387.
105 Dänhardt, Von der Meuterei zur Revolution, S. 139.
106 «Was der Verstorbene in lauterer vornehmer Gesinnung und mit warmen Herzen und eindringlicher Sachkenntnis geleistet hat, wird ihm ebenso wie die persönliche Sympathie, die er sich bei allen erworben, die ihn näher kennen lernten, unvergessen bleiben.» Heinrich Kürbis an Julie von Moltke. Kiel, 12. 12. 1927. Landesarchiv Schleswig-Holstein. Abt. 301, Nr. 4387.
107 Zitiert nach: Dänhardt, Revolution in Kiel, S. 140.
108 Ibid.

Kreisau und Wernersdorf

1 Meyer (Hg.), Helmuth von Moltke, Bd. 2, S. 339.
2 Hans-Adolf von Moltke besuchte Anfang 1919 in Begleitung des württembergischen Arbeitsministers Hugo Lindemann mehrfach Vorträge Rudolf Steiners: Rudolf Steiner an Eliza von Moltke. o. O., 3. 5. 1919. Auszugsweise abgedruckt: Ibid., S. 235–237, hier: S. 236.
3 Meyer, Vorwort, in: Ders. (Hg.), Ibid., Bd. 1, S. 11–41, hier: S. 19.
4 Moltke d. J., Betrachtungen und Erinnerungen, S. 403.
5 [Rudolf Steiner], Vorbemerkungen, S. 383.
6 Ibid., S. 384.
7 Ibid.
8 Ibid., S. 383.
9 Ibid., S. 386.
10 Ibid., S. 387.
11 Zitiert nach: Schultze-Rhonhof, 1939, S. 80.
12 Zitiert nach: Dreyer/Lembcke, Die deutsche Diskussion, S. 154 f.
13 Friedrich von Moltke an Marie von Oriola. Schleswig, 11. 5. 1915. Universitäts- und Landesbibliothek Münster, N Savigny 75/81. Nicht paginiert.
14 Zitiert nach: Dreyer/Lembcke, Die deutsche Diskussion, S. 158 f.
15 Rudolf Steiner, zitiert nach: Das Sauerwein-Interview, S. 419
16 Die Tagebuchaufzeichnungen von Wilhelm von Dommes, S. 410.
17 Ibid., S. 411.
18 Ibid., S. 410 f.
19 Zitiert nach: Meyer, Helmuth von Moltke, Bd. 1, S. 488 f., Anm. 149.

20 Die Tagebuchaufzeichnungen von Wilhelm von Dommes, S. 411.
21 Zitiert nach: Grone, Die Unhaltbarkeit der Einwände, S. 415.
22 Die Tagebuchaufzeichnungen von Wilhelm von Dommes, S. 412.
23 Frie, Das Deutsche Kaiserreich, S. 83.
24 Dorothy von Moltke an James und Jessie Rose Innes. Kreisau, 28. 11. 1919. Auszugsweise abgedruckt in: Ruhm von Oppen (Hg.), Dorothy von Moltke, S. 62.
25 Mommsen, Der Erste Weltkrieg, S. 208 f.
26 Kolbe, Die Marneschlacht.
27 Lange, Marneschlacht, S. 153.
28 Groener, Der Feldherr wider Willen.
29 Lange, Marneschlacht, S. 153.
30 Eliza von Moltke, Vorwort des Herausgebers.
31 Lange, Marneschlacht, S. 153.
32 Zitiert nach: Ibid., S. 145.
33 Horst von Metzsch, zitiert nach: Ibid., S. 144.
34 Ludendorff, Das Marnedrama; Wallach, Das Dogma der Vernichtungsschlacht, S. 152.
35 Zitiert nach: Lange, Marneschlacht, S. 154. Ähnlich auch: Wallach, Das Dogma der Vernichtungsschlacht, S. 448 ff.
36 Wehler, Der zweite Dreißigjährige Krieg, S. 26.
37 Ibid., S. 29.
38 Wehler, Radikalnationalismus, S. 208.
39 Dann, Nation und Nationalismus, S. 275.
40 Zitiert nach: Ibid., S. 282.
41 Zitiert nach: Dulfer, Hans Adolf von Moltke, S. 12.
42 Dorothy von Moltke an James und Jessie Rose Innes. Kreisau, 13. 6. 1921. Abgedruckt in: Ruhm von Oppen (Hg.), Dorothy von Moltke, S. 67.
43 Dorothy von Moltke an James und Jessie Rose Innes. Kreisau, 18. 6. 1921. Abgedruckt: Ibid., S. 68.
44 Dorothy von Moltke an James und Jessie Rose Innes. Kreisau, 13. 4. 1928. Abgedruckt: Ibid., S. 141–142, hier: S. 142.
45 Im Moltke-Schloss zu Wernersdorf, in: Breslauer Neueste Nachrichten v. 18. 3. 1943.
46 Paul Graf Yorck von Wartenburg, Lebensbild Hans-Adolf von Moltke. Neureichenau, 11. 11. 1993. PAGvM.
47 Ibid.
48 Ibid.
49 «Mokke war Obstlieferantin von den Erkelenz, die war auch eingeladen»: Davida von Moltke, Aus meinem Leben. PAGvM.
50 Gebhardt von Moltke, Vorwort, in: Ibid.
51 Paul Graf Yorck von Wartenburg, Lebensbild Hans-Adolf von Moltke. Neureichenau, 11. 11. 1993. PAGvM.
52 Davida von Moltke, Aus meinem Leben. PAGvM.
53 Ibid.
54 Ibid.

55 Ibid.

56 Ibid.

57 Ibid.

58 Dulfer, Hans-Adolf von Moltke, S. 16.

59 Dorothy von Moltke an James und Jessie Rose Innes. Kreisau, 12. 6. 1924. Abgedruckt in: Ruhm von Oppen (Hg.), Dorothy von Moltke, S. 99–100, hier: S. 100.

60 Dorothy von Moltke an James und Jessie Rose Innes. Friedenau, 16. 10. 1932. Abgedruckt: Ibid., S. 215–216, hier: S. 215.

61 Dorothy von Moltke an James und Jessie Rose Innes. Kreisau, 25. 6. 1934. Abgedruckt: Ibid., S. 280–281, hier: S. 280.

62 Dorothy von Moltke an James und Jessie Rose Innes. Kreisau, 7. 5. 1924. Abgedruckt: Ibid., S. 97.

63 Dorothy von Moltke an James und Jessie Rose Innes. Kreisau, 13. 5. 1926. Abgedruckt: Ibid., S. 119.

64 Ibid.

65 Dorothy von Moltke an James und Jessie Rose Innes. Kreisau, 30. 4. 1926. Abgedruckt: Ibid., S. 117–118.

66 Dorothy von Moltke an James und Jessie Rose Innes. Kreisau, 31. 3. 1926. Abgedruckt: Ibid., S. 116–117, hier: S. 117.

67 Dorothy von Moltke an James und Jessie Rose Innes. Kreisau, 17. 9. 1926. Abgedruckt: Ibid., S. 125–126.

68 Dorothy von Moltke an James und Jessie Rose Innes. Kreisau, 18. 2. 1928. Abgedruckt: Ibid., S. 136.

69 Dorothy von Moltke an James und Jessie Rose Innes. Kreisau, 4. 2. 1928. Abgedruckt: Ibid., S. 134–135, hier: S. 134.

70 Dorothy von Moltke an James und Jessie Rose Innes. Kreisau, 30. 3. 1928. Abgedruckt: Ibid., S. 139–140, hier: S. 139 f.

71 Dorothy von Moltke an James und Jessie Rose Innes. Kreisau, 8. 6. 1928. Abgedruckt: Ibid., S. 147–148, hier: S. 147.

72 Dorothy von Moltke an James und Jessie Rose Innes. Kreisau, 15. 8. 1928. Abgedruckt: Ibid., S. 151–152, hier: S. 152.

73 Dorothy von Moltke an James und Jessie Rose Innes. Kreisau, 23. 12. 1929. Abgedruckt: Ibid., S. 162–163, hier: S. 162.

74 Dorothy von Moltke an James und Jessie Rose Innes. Kreisau, 28. 12. 1929. Abgedruckt: Ibid., S. 163–164, hier: S. 163 f.

75 Davida von Moltke, Aus meinem Leben. PAGvM.

76 Dorothy von Moltke an James und Jessie Rose Innes. Kreisau, 19. 12. 1930. Abgedruckt in: Ruhm von Oppen (Hg.), Dorothy von Moltke, S. 174–175, hier: S. 174.

77 Dorothy von Moltke an James und Jessie Rose Innes. Kreisau, 9. 7. 1932. Abgedruckt: Ibid., S. 204–205, hier: S. 204.

78 Dorothy von Moltke an James und Jessie Rose Innes. Stettin, 10. 10. 1930. Abgedruckt: Ibid., S. 168.

79 Zitiert nach: Köhler, Helmuth James von Moltke, S. 287.

80 Zitiert nach: Ibid., S. 290 f.

81 Dorothy von Moltke an James und Jessie Rose Innes. Kreisau, 10.11.1930. Abgedruckt in: Ruhm von Oppen (Hg.), Dorothy von Moltke, S.171.

82 Dorothy von Moltke an James und Jessie Rose Innes. Kreisau, 30.10.1931. Abgedruckt: Ibid., S.192.

83 Freya von Moltke, Erinnerungen an Kreisau, S.15.

84 Dorothy von Moltke an James und Jessie Rose Innes. Kreisau, 14.3.1931. Abgedruckt in: Ruhm von Oppen (Hg.), Dorothy von Moltke, S.183–184, hier: S.184.

85 Dorothy von Moltke an James und Jessie Rose Innes. Kreisau, 8.6.1931. Abgedruckt: Ibid., S.187–188, hier: S.187.

86 Dorothy von Moltke an James und Jessie Rose Innes. Kreisau, 3.9.1932. Abgedruckt: Ibid., S.209–210, hier: S.210.

87 Dorothy von Moltke an James und Jessie Rose Innes. Kreisau, 19.9.1932. Abgedruckt: Ibid., S.211–212, hier: S.212.

88 Dorothy von Moltke an James und Jessie Rose Innes. Friedenau, 16.10.1932. Abgedruckt: Ibid., S.215–216, hier: S.215.

89 Dorothy von Moltke an James und Jessie Rose Innes. Kreisau, 15.11.1931. Abgedruckt: Ibid., S.194–195, hier: S.195.

90 Dorothy von Moltke an James und Jessie Rose Innes. Kreisau, 7.10.1932. Abgedruckt: Ibid., S.213–214, hier: S.214.

Widerstand

1 Dorothy von Moltke an James und Jessie Rose Innes. Berlin, 30.1.1933. Abgedruckt in: Ruhm von Oppen (Hg.), Dorothy von Moltke, S.223.

2 Dorothy von Moltke an James und Jessie Rose Innes. Berlin, 28.2.1933. Abgedruckt: Ibid., S.225.

3 Dorothy von Moltke an James und Jessie Rose Innes. Hamburg, 5.3.1933. Abgedruckt: Ibid., S.226–227, hier: S.226.

4 Zitiert nach: Dulfer, Hans-Adolf von Moltke, S.24.

5 Ibid., S.20 f.

6 Döscher, Das Auswärtige Amt, S.18 ff. Aus der Riege der deutschen Botschafter trat nur v. Prittwitz-Gaffron in Washington zurück, weil er, so v. Prittwitz-Gaffron, eine politische Einstellung vertrete, «die in dem Boden einer freiheitlichen Staatsauffassung und den Grundprinzipien des republikanischen Deutschlands wurzelt». Zitiert nach: Doß, Zwischen Weimar und Warschau, S.123.

7 Zitiert nach: Dulfer, Hans-Adolf von Moltke, S.25.

8 Zitiert nach: Ibid., S.34.

9 Lau, Die Weizsäckers, S.319.

10 Dulfer, Hans-Adolf von Moltke, S.30.

11 Davida von Moltke, Aus meinem Leben.

12 Stephan Malinowski, Vom König zum Führer, S.607.

13 Dorothy von Moltke an James und Jessie Rose Innes. Berlin, 30.10.1933.

Abgedruckt in: Ruhm von Oppen (Hg.), Dorothy von Moltke, S. 255–257, hier: S. 256 f.

14 Dorothy von Moltke an James und Jessie Rose Innes. Kreisau, 22.7.1933. Abgedruckt: Ibid., S. 245–246, hier: S. 245.

15 Dorothy von Moltke an James und Jessie Rose Innes. Berlin, 20.2.1933. Abgedruckt: Ibid., S. 224–225, hier: S. 224.

16 Dorothy von Moltke an James und Jessie Rose Innes. Kreisau, 23.4.1933. Abgedruckt: Ibid., S. 230–231, hier: S. 230.

17 Dorothy von Moltke an James und Jessie Rose Innes. Kreisau, 14.4.1933. Abgedruckt: Ibid., S. 229–230, hier: S. 230.

18 Dorothy von Moltke an James und Jessie Rose Innes. Kreisau, 6.7.1934. Abgedruckt: Ibid., S. 283–285, hier: S. 284.

19 Dorothy von Moltke an James und Jessie Rose Innes. Berlin, 24.2.1934. Abgedruckt: Ibid., S. 271–272, hier: S. 271.

20 Freya von Moltke, Zum Geleit, S. 9.

21 Helmuth James von Moltke, Im Land der Gottlosen, S. 59, Anm. 15.

22 Aufzeichnung des Gesandten Schmidt. München, 5.1.1939. Abgedruckt in: Akten zur deutschen auswärtigen Politik, S. 127–132.

23 Ibid., S. 129.

24 Ibid., S. 130 f.

25 Ibid., S. 129.

26 Ibid., S. 130.

27 Zitiert nach: Dulfer, Hans-Adolf von Moltke, S. 45.

28 Weizsäcker an Botschaft in Warschau. Berlin, 22.4.1939. Abgedruckt in: Akten zur deutschen auswärtigen Politik, Bd. 6, S. 254.

29 Moltke an Auswärtiges Amt. Warschau, 6.7.1939. Abgedruckt: Ibid., S. 723–724, hier: S. 724; Moltke an Auswärtiges Amt. Warschau, 1.8.1939. Abgedruckt: Ibid., S. 871–878.

30 Aufzeichnung ohne Unterschrift, abgedruckt: Ibid., Bd. 7, S. 1.

31 Aufzeichnung des Botschafters Hans-Adolf von Moltke. Berlin, 16.8.1939. Abgedruckt: Ibid., S. 77.

32 Zitiert nach: Wiaderny, Der Polnische Untergrundstaat, S. 82.

33 Dulfer, Hans-Adolf von Moltke, S. 58.

34 Die Hassel-Tagebücher, S. 559.

35 Dokumente zur Vorgeschichte des Krieges.

36 Dulfer, Hans-Adolf von Moltke, S. 59 f.

37 http://germanhistorydocs.ghi-dc.org/sub_image.cfm?image_id=2006. Zugriff am 26. März 2010.

38 Zitiert nach: Brakelmann, Helmuth James von Moltke, S. 115.

39 Ibid., S. 113.

40 Meding, Freya Gräfin von Moltke, S. 132.

41 Polnische Dokumente.

42 Sonnleitner an Moltke. Feldmark, 19.8.1942. Politisches Archiv des Auswärtigen Amtes. Personalakte Hans-Adolf von Moltke, Bl. 73.

43 Moltke an Ribbentrop. Berlin, 8.8.1942. Politisches Archiv des Auswärtigen Amtes. Personalakte Hans-Adolf von Moltke, Bl. 74–77, hier: Bl. 74.

44 Hans-Adolf von Moltke, Übersicht der Dokumente [Berlin, 8.8.1942]. Politisches Archiv des Auswärtigen Amtes. Personalakte Hans-Adolf von Moltke, Bl. 78.
45 Moltke an Ribbentrop. Berlin, 8.8.1942. Politisches Archiv des Auswärtigen Amtes. Personalakte Hans-Adolf von Moltke, Bl. 74–77, hier: Bl. 76.
46 Helmuth James von Moltke an Freya von Moltke. Berlin, 28.5.1940. Abgedruckt in: Helmuth James von Moltke, Briefe an Freya, S. 139–140, hier: S. 139.
47 Langewiesche, Nachwort zur Neuauflage.
48 Brakelmann, Helmuth James von Moltke, S. 175.
49 Zitiert nach: Ullrich, Der Kreisauer Kreis, S. 76.
50 Helmuth James von Moltke, zitiert nach: Fernsehinterview. Freya von Moltke/Henric L. Wuermeling.
51 Weizsäcker, Erinnerungen, S. 125.
52 Zitiert nach: Dulfer, Hans-Adolf von Moltke, S. 36.
53 Ibid.
54 Ibid., S. 63 f.
55 Wolfrum, Krieg und Frieden, S. 112.
56 Davida von Moltke, Aus meinem Leben.
57 Helmuth James von Moltke an Freya von Moltke. Berlin, 13.11.1941. Abgedruckt in: Helmuth James von Moltke, Briefe an Freya, S. 317–319, hier: S. 317.
58 Ibid.
59 Ibid.
60 Paul Graf Yorck von Wartenburg, Lebensbild Hans-Adolf von Moltke. Neureichenau, 11.11.1993. PAGvM. 1916 war Moltke nicht mehr an der Front, und der große Munitionsarbeiterstreik in Berlin fand nicht 1916, sondern 1917 statt.
61 Dulfer, Hans-Adolf von Moltke, S. 65.
62 Wiaderny, Der Polnische Untergrundstaat, S. 99.
63 Helmuth James von Moltke an Freya von Moltke. Berlin, 16.1.1942. Abgedruckt in: Helmuth James von Moltke, Briefe an Freya, S. 346–347, hier: S. 346.
64 Dulfer, Hans-Adolf von Moltke, S. 66.
65 Zur Berg- und Hüttenwerks-Gesellschaft Teschen AG: Loose, Kredite, S. 272; Rudorff, Hubertushütte, S. 254.
66 Paul Graf Yorck von Wartenburg, Lebensbild Hans-Adolf von Moltke. Neureichenau, 11.11.1993. PAGvM.
67 Helmuth James von Moltke an Freya von Moltke. Berlin, 7.5.1942. Abgedruckt in: Helmuth James von Moltke, Briefe an Freya, S. 369–370, hier: S. 369.
68 Ribbentrop an Funk. Führerhauptquartier, 24.4.1942. Politisches Archiv des Auswärtigen Amtes. Personalakte Hans-Adolf von Moltke, Bl. 57–58, hier: Bl. 57.
69 Hans von Herwarth an Gebhardt von Moltke. Küps, 25.2.1991. PAGvM.
70 Sahm, Rudolf von Scheliha, S. 232–238.

71 Zitiert nach: Dulfer, Hans-Adolf von Moltke, S. 71.

72 Zitiert nach: Paul Graf Yorck von Wartenburg, Lebensbild Hans-Adolf von Moltke. Neureichenau, 11. 11. 1993. PAGvM.

73 Dulfer, Hans Adolf von Moltke, S. 74.

74 «An Weihnachten 1942 wurde er ganz plötzlich ins Hauptquartier berufen und ihm der Posten des Botschafters in Madrid angetragen». Davida von Moltke, Begleitschreiben zum Meldebogen v. 19. 8. 1948. Kirchheim/Teck, 25. 7. 1948. Staatsarchiv Ludwigsburg EL 902/18, Bü 5376, Bl. 9.

75 «Als dann um die Jahreswende eine Neubesetzung der Leitung unserer Vertretung in Spanien in Aussicht genommen wurde, waren wir uns darüber klar, dass wir keinen besseren Mann als Moltke finden konnten, um diese wichtige diplomatische Mission zu übernehmen. Als ich ihn von dem Wunsch des Führers benachrichtigte, dass er diese Mission übernehmen möge, zögerte er keinen Augenblick, und so ging er Anfang des Jahres als Botschafter nach Madrid.» Rede des Reichsaußenministers Joachim von Ribbentrop beim Staatsakt für Botschafter Hans-Adolf von Moltke. Politisches Archiv des Auswärtigen Amtes. Personalakte Hans-Adolf von Moltke, Bd. 4, Bl. 1–2; Anonymus, Der Staatsakt für Botschafter von Moltke. Nachruf des Reichsaußenministers an der Bahre des Verstorbenen, in: Neue Breslauer Zeitung v. 30. 3. 1943. Politisches Archiv des Auswärtigen Amtes. Personalakte Hans-Adolf von Moltke, Bd. 4, Bl. 182.

76 Paul Graf Yorck von Wartenburg, Lebensbild Hans-Adolf von Moltke. Neureichenau, 11. 11. 1993. PAGvM.

77 Paul Graf Yorck von Wartenburg an Jost Dulfer. Neureichenau, 11. 11. 1993. PAGvM.

78 Zitiert nach: Dulfer, Hans-Adolf von Moltke, S. 76.

79 Helmuth James von Moltke an Freya von Moltke. Berlin, 12. 1. 1943. Abgedruckt in: Helmuth James von Moltke, Briefe an Freya, S. 452–453, hier: S. 453.

80 Ibid., S. 453. Anm. 3.

81 Davida von Moltke, Begleitschreiben zum Meldebogen v. 19. 8. 1948. Kirchheim/Teck, 25. 7. 1948. Staatsarchiv Ludwigsburg EL 902/18, Bü 5376, Bl. 9.

82 Paul Graf Yorck von Wartenburg, Lebensbild Hans-Adolf von Moltke. Neureichenau, 11. 11. 1993. PAGvM; Paul Graf Yorck von Wartenburg an Ulrich Sahm. Neureichenau, 18. 01. 1991. PAGvM.

83 Ruhl, Spanien im Zweiten Weltkrieg, S. 211–217.

84 Dulfer, Hans-Adolf von Moltke, S. 83.

85 Zitiert nach: Ibid., S. 84.

86 «Die deutschen Kräfte wären in jener Nacht so gut wie sicher in Spanien einmarschiert, wenn Botschafter von Moltke den Hörer abgehoben hätte.» Josef Lazar, Erinnerungen (ca. 1960) Masch.-schriftl. Kopie. Aus der Hand von Lazars Witwe. PAGvM. Es handelt sich um unveröffentlichte, offenbar auf einem Tagebuch basierende Erinnerungen von Josef Lazar, des Pressereferenten der Deutschen Botschaft Madrid. Lazar war in die diplomati-

schen Kreise der spanischen Hauptstadt gut eingeführt. Mdl. Mitteilung von Herrn Gebhardt von Moltke (Berlin).

87 Telegramm der Botschaft Madrid (Hencke) an das Auswärtige Amt. Madrid, 22. 3. 1943. Politisches Archiv des Auswärtigen Amtes. Personalakte Hans-Adolf von Moltke, Bd. 4, Bl. 155–156, hier: Bl. 156.

88 Gebhardt von Moltke (Berlin), ein Sohn des Botschafters Hans-Adolf von Moltke, führte am 16. Januar 1996 in Madrid ein längeres Gespräch mit Dr. Juan Olaguibel, der 1943 zu den operierenden Ärzten gehört hatte. «Nach dem Gespräch», so Gebhardt von Moltke, «kam ich zu dem Schluss, dass Vermutungen über eine Vergiftung durch dritte keine Grundlage haben, sondern dass mein Vater eines natürlichen Todes gestorben war.» Vermerk über ein Gespräch mit dem spanischen Arzt Dr. Olaguibel ... am 16. Januar 1996. PAGvM. Keinerlei Anhaltspunkte für ein Fremdverschulden – in diesem Sinne äußerte sich 1990 auch Dr. C. Wissmann, der ebenfalls zu den behandelnden Ärzten in Madrid gehört hatte: C. Wissmann an Gebhardt von Moltke. Madrid, 2. 12. 1990. PAGvM.

89 Adolf Hitler an Davida von Moltke. Berlin, 22. 3. 1943. Politisches Archiv des Auswärtigen Amtes. Personalakte Hans-Adolf von Moltke, Bd. 4, Bl. 149; Joachim von Ribbentrop an Davida von Moltke. Berlin, 22. 3. 1943. Politisches Archiv des Auswärtigen Amtes. Personalakte Hans-Adolf von Moltke, Bd. 4, Bl. 150.

90 Politisches Archiv des Auswärtigen Amtes. Personalakte Hans-Adolf von Moltke, Bd. 4, Bl. 224.

91 Zu Moltkes Todesumständen und den Trauerfeiern in Madrid und Breslau: Politisches Archiv des Auswärtigen Amtes. Personalakte Hans-Adolf von Moltke, Bd. 4, Bl. 1–246.

92 Rede des Reichsaußenministers Joachim von Ribbentrop beim Staatsakt für Botschafter Hans-Adolf von Moltke. Politisches Archiv des Auswärtigen Amtes. Personalakte Hans-Adolf von Moltke, Bd. 4, Bl. 1–2.

93 Rede des Reichsaußenministers Joachim von Ribbentrop beim Staatsakt für Botschafter Hans-Adolf von Moltke. Politisches Archiv des Auswärtigen Amtes. Personalakte Hans-Adolf von Moltke, Bd. 4, Bl. 1–2; Der Staatsakt für Botschafter von Moltke. Nachruf des Reichsaußenministers an der Bahre des Verstorbenen, in: Neue Breslauer Zeitung v. 30. 3. 1943. Politisches Archiv des Auswärtigen Amtes. Personalakte Hans-Adolf von Moltke, Bd. 4, Bl. 182.

94 Zeitfolge für den Staatsakt des verstorbenen Botschafters von Moltke in Breslau am 29. 3. 1943. Politisches Archiv des Auswärtigen Amtes. Personalakte Hans-Adolf von Moltke, Bd. 4, Bl. 32–40, hier: Bl. 36.

95 Brakelmann, Einleitung, S. 22.

96 Helmuth James von Moltke, Im Land der Gottlosen, S. 52. Gefängnis-Tagebuch, Eintrag v. 20. 1. 1944.

97 Brakelmann, Einleitung, S. 28.

98 Helmuth James von Moltke an Freya von Moltke. Ravensbrück, 27. 2. 1944. Abgedruckt in: Helmuth James von Moltke, Im Land der Gottlosen, S. 200–203, hier: S. 202.

99 Zur fortwährenden Lektüre der Gesammelten Schriften vgl. z.B.: Helmuth James von Moltke, Im Land der Gottlosen, S. 178: Gefängnis-Tagebuch, Eintrag v. 30.1.1944.

100 Helmuth James von Moltke, Wie alles war, als ich klein war, S. 365–390.

101 Helmuth James von Moltke an Freya von Moltke, 10.1.1945. Abgedruckt in: Moltke/Balfour/Frisby, Helmuth James von Moltke, S. 308–314, hier: S. 312.

102 Ibid., hier: S. 313.

103 Zitiert nach: Brakelmann, Helmuth James von Moltke, S. 347.

104 Helmuth James von Moltke an Freya von Moltke. Berlin, 23.4.1942. Abgedruckt in: Helmuth James von Moltke, Briefe an Freya, S. 356–357, hier: S. 356 f.

Weltfamilie

1 Reichwein, Die Jahre mit Adolf Reichwein, S. 61.

2 Freya von Moltke, Erinnerungen an Kreisau, S. 76 f.

3 Zitiert nach: Ibid., S. 81.

4 Hermann, Freya von Moltke, S. 81.

5 Helmuth James von Moltke an Freya von Moltke. Tegel, 11.1.1945. Abgedruckt in: Helmuth James von Moltke, Im Land der Gottlosen, S. 337–343, hier: S. 342.

6 Hermann, Freya von Moltke, S. 77.

7 Ibid., S. 99 f.

8 Ibid., S. 18.

9 Freya von Moltke, Erinnerungen an Kreisau, S. 79.

10 Reichwein, Die Jahre mit Adolf Reichwein, S. 60.

11 Freya von Moltke, Erinnerungen an Kreisau, S. 80.

12 Davida von Moltke, Aus meinem Leben. PAGvM.

13 Ibid.

14 Zitiert nach: Gebhardt von Moltke. Gespräch des Verfassers mit Gebhardt von Moltke. Berlin, 31. März 2010. Transkription einer Audioaufnahme.

15 Ibid.

16 Davida von Moltke, Aus meinem Leben. PAGvM; Freya von Moltke, Erinnerungen an Kreisau, S. 82.

17 Davida von Moltke, Aus meinem Leben. PAGvM.

18 Freya von Moltke, Erinnerungen an Kreisau, S. 83.

19 Reichwein, Die Jahre mit Adolf Reichwein, S. 60.

20 Freya von Moltke, Erinnerungen an Kreisau, S. 83.

21 Reichwein, Die Jahre mit Adolf Reichwein, S. 70.

22 Friedrich, Blood and Iron, S. 410.

23 Reichwein, Die Jahre mit Adolf Reichwein, S. 61.

24 Freya von Moltke, Erinnerungen an Kreisau, S. 84.

25 Friedrich, Blood and Iron, S. 411.

26 Freya von Moltke, Erinnerungen an Kreisau, S. 86.
27 Reichwein, Die Jahre mit Adolf Reichwein, S. 61.
28 Ibid., S. 60.
29 Ibid., S. 62 f.
30 Freya von Moltke, Erinnerungen an Kreisau, S. 88.
31 Ibid.
32 Ibid., S. 89.
33 Ibid., S. 91.
34 Hermann, Freya von Moltke, S. 79.
35 Ibid.
36 Freya von Moltke, Erinnerungen an Kreisau, S. 103 f.
37 Hermann, Freya von Moltke, S. 82.
38 Freya von Moltke, Erinnerungen an Kreisau, S. 131.
39 Zitiert nach: Hermann, Freya von Moltke, S. 82 f.
40 Freya von Moltke, Erinnerungen an Kreisau, S. 129.
41 Ibid., S. 123.
42 Meding, Mit dem Mut des Herzens, S. 133.
43 Freya von Moltke, Erinnerungen an Kreisau, S. 134 f.
44 Davida von Moltke an Hans Lukaschek. Kirchheim/Teck, 11. 7. 1948. Staatsarchiv Ludwigsburg EL 902/18, Bü 5376, Bl. 6.
45 Erklärung von Léon Noël. Les Monins, 20. 8. 1948. Staatsarchiv Ludwigsburg EL 902/18, Bü 5376, Bl. 12.
46 Rudolf Nadolny, Leumundszeugnis für Botschafter Hans-Adolf von Moltke. Berlin, 23. 7. 1948. Staatsarchiv Ludwigsburg EL 902/18, Bü 5376, Bl. 7.
47 Eidesstattliche Erklärung von Dr. Hans Lukaschek. Königstein/Taunus, 23. 7. 1948. Staatsarchiv Ludwigsburg EL 902/18, Bü 5376, Bl. 8.
48 Eidesstattliche Erklärung von Dr. van Husen. Berlin, 30. 7. 1948. Staatsarchiv Ludwigsburg EL 902/18, Bü 5376, Bl. 5.
49 Davida von Moltke, Begleitschreiben zum Meldebogen. Kirchheim/Teck, 25. 7. 1948. Staatsarchiv Ludwigsburg EL 902/18, Bü 5376, Bl. 9.
50 Spruchkammer Kirchheim/Teck an das Ministerium für politische Befreiung Württemberg-Baden. Kirchheim/Teck, 23. 8. 1948. Staatsarchiv Ludwigsburg EL 902/18, Bü 5376.
51 Hermann, Freya von Moltke, S. 89.
52 Ibid, S. 111 f.
53 Meding, Mit dem Mut des Herzens, S. 140.
54 Hermann, Freya von Moltke, S. 111.
55 Ibid., S. 101.
56 Leber/Moltke, Für und wider.
57 Balfour/Frisby, Helmuth von Moltke. A Leader Against Hitler.
58 Freya von Moltke, Vorwort der deutschen Ausgabe, S. 7.
59 Meding, Mit dem Mut des Herzens, S. 139.
60 Hermann, Freya von Moltke, S. 103.
61 Ueberschär, Für ein anderes Deutschland, S. 241.
62 Baur, Das ungeliebte Erbe, S. 255 ff.
63 Ullrich, Der Kreisauer Kreis, S. 136.

64 Helmuth Caspar von Moltke, Bemerkungen zu meinem Leben. O.O., 1.1.2010. Privatarchiv des Verfassers.
65 Zitiert nach: Friedrich, Blood and Iron, S. 409.
66 Dann, Nation und Nationalismus, S. 362.
67 Ibid., S. 371.
68 Freya von Moltke hat an der Versöhnungsmesse nicht teilgenommen. 1976 war sie, in Begleitung ihres Sohnes Helmuth Caspar von Moltke das erste Mal wieder in Kreisau: Wehl, Freya von Moltke.
69 Davida von Moltke, Aus meinem Leben. PAGvM.
70 Friedrich, Blood and Iron, S. 413.
71 Ibid., S. 411.
72 K. Reinhardt, Gedanken zur Persönlichkeit, S. 7.
73 Ibid., S. 11.
74 Ibid., S. 12.
75 Ibid.
76 Ruchniewicz, Die Rezeption, S. 157.
77 Köhler, Begegnungen mit der Wahrheit, S. 3.
78 Teilnehmerliste zum Familientreffen vom 26.–29. Oktober 2000 anlässlich des 200. Geburtstages des Feldmarschalls Moltke. PAGvM.
79 Peter von Moltke, Rundbrief an die Familie. Garmisch, 19.1.1995. PAGvM.
80 Helmuth Caspar von Moltke, Bemerkungen zu meinem Leben.
81 Meding, Mit dem Mut des Herzens, S. 125 f.
82 Hermann, Freya von Moltke, S. 136 f.
83 Gespräch des Verfassers mit Gebhardt von Moltke. Berlin, 31. März 2010. Transkription einer Audioaufnahme.
84 Ibid.
85 Ibid.
86 Freya von Moltke, Geleitwort.
87 Merkel, Ansprache der Bundeskanzlerin.
88 Ullrich, Der Kreisauer Kreis, S. 137 f.
89 Hermann, Freya von Moltke, S. 155 f.

Schluss

1 «Tagesschau» vom 4.1.2010, 20.00 Uhr. URL: http://www.tagesschau. de/multimedia/sendung/ts16832.html. Zugriff am 5.1.2010.
2 Dorothy von Moltke an James und Jessie Rose Innes. Kreisau, 22.12.1913. Auszugsweise abgedruckt in: Ruhm von Oppen (Hg.), Dorothy von Moltke, S. 38–39, hier: S. 39.
3 Leppien, «Operation Lion», S. 9 ff.; Der Idstedt-Löwe, S. 133 ff.

Quellen und Literatur

Abkürzungen

Adolphs Berliner Mission: Schriftlicher Nachlass des Adolph von Moltke. Adolphs Berliner Mission. Ergänzungsband. Politische Mitteilungen von Mitgliedern und Beamten der Gemeinsamen Regierung Schleswig-Holsteins u. a. an Adolph von Moltke. 1. 12. 1848–31. 8. 1849. Berufungen. Dokumente aus einem Beamtenleben. Auszeichnungen. Bearb. v. Heinrich von Moltke. Privatdruck, Möckmühl 2008. Nicht paginiert.

Der handschriftliche Nachlass Adolph von Moltkes: Der handschriftliche Nachlass von Adolph von Moltke, treulich aufbewahrt von seiner Frau Auguste von Krohn und danach von beider Sohn Friedrich, aus dem zerschossenen Klein-Bresa bei ihrer Vertreibung gerettet von Davida Gräfin Yorck von Wartenburg, Frau des Enkels Hans-Adolf, transkribiert von Urenkel Heinrich [von Moltke], Privatdruck, Möckmühl 2008.

Moltke, Erinnerungen: In: N 16/77: Lebenserinnerungen und Urkunden Friedrich Philipp Victor von Moltkes, Bundesarchiv-Militärarchiv Freiburg (BA-MA Freiburg).

Gesammelte Schriften: Helmuth von Moltke d. Ä.: Gesammelte Schriften und Denkwürdigkeiten des General-Feldmarschalls Grafen Helmuth von Moltke, 6 Bde., Berlin 1891–1892.

Archivalien

Bundesarchiv-Militärarchiv Freiburg i. Br. (BA-MA Freiburg)
N 16/2: Stilleben in Creisau. Lebensgeschichte des Generalfeldmarschalls Hellmuth Graf von Moltke. Handschriftliche Fragmente von der Hand eines Verwandten, 4. 12. 1891
N 16/11: Briefe von Marie von Moltke, geborene Burt
N 16/32: 6 Briefe der Mutter Moltkes d. Ä.
N 16/37: 91 Briefe an den Neffen Wilhelm v. Moltke und seine Familie
N 16/39: 132 Briefe an Adolph v. Moltke und Schwägerin Auguste u. a.
N 16/43: 7 Briefe (und 2 Fragmente) an Magdalene Bröker, geb. v. Moltke
N 16/47: Beileidsbriefe zum Tode von Marie von Moltke, geb. Burt

N 16/77: Lebenserinnerungen und Urkunden Friedrich Philipp Victor von Moltkes

N 16/86: Briefe von Helene Bröker, geb. von Moltke

N 78/30: Feldzugs-Erinnerungen 1870/71. Abhandlung von Helmuth von Moltke (d. J.) Handschrift, 1900

N 78/32: Helmuth von Moltke (d. J.). Reden und Ansprachen als Regimentskommandeur und als Chef des Generalstabs der Armee. Handschriftliche Entwürfe. Hierin: u. a. Gedächtnisfeier der Schlacht von St. Privat 20. 8. 1898; Enthüllung der Moltke-Büste in der Walhalla, 10. 5. 1910

N 78/41: Briefe Moltkes d. J. an die Nichte Maria. 1909–1915

Deutsches Literaturarchiv Marbach am Neckar
Cotta Nachlass Sud. XIII 113

Geheimes Staatsarchiv Preußischer Kulturbesitz Berlin-Dahlem (GStAPK)
Familienstiftung Moltke Nr. 25
Familienstiftung Moltke Nr. 29
Brandenburgisch-Preußisches Hausarchiv (BPH) Rep. 53 J lit M Nr. 11
IV. HA Rep. 15 A Nr. 9

Gemeinschaftsarchiv des Kreises Schleswig-Flensburg und der Stadt Schleswig, Schleswig
Chronik der Stadt Schleswig, 1711–1836

Hauptstaatsarchiv Stuttgart
P 10 Bü 1017: Korrespondenz zwischen Axel Varnbüler und Cuno von Moltke

Kirchenkreisarchiv für die Gemeinden Rantzau-Münsterdorf, Wrist
Taufeinträge 1841, Nr. 70

Landesarchiv Schleswig-Holstein, Schleswig
Abt. 80, Nr. 236: Ministerium für das Herzogtum Holstein. Ernennung Adolph von Moltkes zum Administrator der Grafschaft Rantzau

Abt. 301, Nr. 4387: Akten des Ober-Präsidiums der Provinz Schleswig-Holstein betreffend Seine Exzellenz den Oberpräsidenten Staatsminister von Moltke

Abt. 309, Nr. 8205: Akte betreffend den Landrat Kammerherrn von Moltke zu Pinneberg. Enthält: dienstliche Berichte, Gehaltslisten, Lebensläufe

Politisches Archiv des Auswärtigen Amtes, Berlin
Personalakte Hans-Adolf von Moltke, Bd. 1–6

Privatarchiv Gebhardt von Moltke, Berlin (PAGvM)
Der handschriftliche Nachlass von Adolph von Moltke, treulich aufbewahrt von seiner Frau Auguste von Krohn und danach von beider Sohn Friedrich, aus dem zerschossenen Klein-Bresa bei ihrer Vertreibung gerettet von Davida

Gräfin Yorck von Wartenburg, Frau des Enkels Hans-Adolf, transkribiert von Urenkel Heinrich [von Moltke]. Privatdruck, Möckmühl 2008.

Schriftlicher Nachlass des Adolph von Moltke. Adolphs Berliner Mission. Ergänzungsband. Politische Mitteilungen von Mitgliedern und Beamten der Gemeinsamen Regierung Schleswig-Holsteins u.a. an Adolph von Moltke. 1.12.1848–31.8.1849. Berufungen. Dokumente aus einem Beamtenleben. Auszeichnungen. Bearb. v. Heinrich von Moltke. Privatdruck, Möckmühl 2008. Nicht paginiert.

[Moltke, Davida von]: Aus meinem Leben. Davida von Moltke (1900–1989) erzählt für ihre Kinder und Kindeskinder. Transkription der Audioaufnahmen von Gesprächen zwischen Gebhardt von Moltke und Davida von Moltke in den Jahren 1980 bis 1987 in der Propstei Möckmühl. Privatdruck. Nicht paginiert.

Moltke, Heinrich von (Bearb.): Liste der Dokumente aus dem Nachlass des Adolph von Moltke. Privatdruck, Möckmühl 2010.

Privatarchiv Olaf Jessen, Freiburg i. Br.
Moltke, Helmuth Caspar von, Bemerkungen zu meinem Leben. O.O., 1.1.2010.

Schleswig-Holsteinische Landesbibliothek Kiel
Sammlung F 4/211

Staatsarchiv Ludwigsburg
EL 902/18, Bü 5376

Stadtarchiv Kiel
R 318: Steuerlisten der Stadtrechnungen
Verlassungsakte Nr. 15877

Stadtmuseum Braunschweig
Anonym: Ferdinand von Schills Braut. Ein Gedenkblatt zur siebenundsechzigsten Todesfeier des für das Vaterland gefallenen Helden. Von einem alten Freiheitskämpfer hier niedergelegt am 31. May 1876

Universitäts- und Landesbibliothek Münster (ULB)
Nachlass Savigny 25/78; 25/80; 25/81

Gedruckte Quellen, Forschungen und Hilfsmittel

Adriansen, Inge. Der Dreijährige Krieg – ein Bürgerkrieg im dänisch-deutschen Gesamtstaat, in: Gerd Stolz, Die schleswig-holsteinische Erhebung. Die nationale Auseinandersetzung in und um Schleswig-Holstein von 1848/51. Mit einem Beitrag v. Inge Adriansen, Husum 1996, S. 184–191.

–: «... werden die Dänen stehen, werden sie aushalten?» Die dänisch-deutschen Kriege von 1848–50 und 1864. A.d. Dänischen v. Helmuth Bock, in: Gerhard

Paul/Uwe Danker/Peter Wulf (Hg.), Geschichtsumschlungen. Sozial- und kulturgeschichtliches Lesebuch. Schleswig-Holstein 1848–1948, Bonn 1996, S. 23–33.

Afflerbach, Holger: Die militärischen Planungen des Deutschen Reiches im Ersten Weltkrieg, in: Wolfgang Michalka (Hg.), Der Erste Weltkrieg. Wirkung. Wahrnehmung. Analyse, München/Zürich 1994, S. 280–319.

–: Falkenhayn. Politisches Denken und Handeln im Kaiserreich, München 1994.

Ahlefeldt, Louis von: Cay Graf von Brockdorff, in: Allgemeine Deutsche Biographie, Bd. 3, Leipzig 1876, S. 336.

Ahrens, Gerhard: Von der Franzosenzeit bis zum Ersten Weltkrieg 1806–1914. Anpassung an Forderungen der neuen Zeit, in: Antjekathrin Graßmann (Hg.), Lübeckische Geschichte, Lübeck 1988, S. 529–676.

Akten zur deutschen auswärtigen Politik 1918–1945. Aus dem Archiv des deutschen Auswärtigen Amtes. Serie D (1937–1945)
Bd. 5: Polen. Südosteuropa. Lateinamerika. Klein- und Mittelstaaten. Juni 1937–März 1939, Baden-Baden 1953;
Bd. 6: Die letzten Monate vor Kriegsausbruch. März bis August 1939, Baden-Baden 1956.
Bd. 7: Die letzten Wochen vor Kriegsausbruch. 9. August bis 3. September 1939, Baden-Baden 1956.

Allgemeine Kirchliche Zeitschrift. Ein Organ für die evangelische Geistlichkeit und Gemeinde, hg. v. Daniel Schenkel, 5. Jg. (1864).

Anderson, Benedict: Die Erfindung der Nation. Zur Karriere eines folgenreichen Konzepts, Frankfurt a. M./New York 1996.

Angelow, Jürgen: Von Wien nach Königgrätz. Die Sicherheitspolitik des Deutschen Bundes im europäischen Gleichgewicht (1815–1866), München 1996.

Anonymus: Der Staatsakt für Botschafter von Moltke. Nachruf des Reichsaußenministers an der Bahre des Verstorbenen, in: Neue Breslauer Zeitung v. 30. 3. 1943.

–: Eine Schleswiger Mutter, in: Schleswiger Nachrichten v. 18. 5. 1937.

–: Im Moltke-Schloss zu Wernersdorf, in: Breslauer Neueste Nachrichten v. 18. 3. 1943.

–: Moltkehäuser. Erinnerungen an den Generalfeldmarschall von Moltke, in: Schleswiger Nachrichten v. 24. 11. 1939.

–: Moltke in Versailles, in: Militär-Wochenblatt Nr. 113/114 (1902), Sp. 2967–2983.

–: Vor 70 Jahren. Moltkes letzter Aufenthalt in Schleswig, in: Schleswiger Nachrichten v. 6. 10. 1957.

Archenholz, Bogislav von: Die verlassenen Schlösser. Ein Buch von den großen Familien des deutschen Ostens, 2. Aufl., Frankfurt a. M./Berlin 1967.

Arndt, Helmut: Einleitung, in: Helmuth von Moltke. Unter dem Halbmond. Erlebnisse in der alten Türkei, hg. von Helmut Arndt, Wiesbaden 2008. S. 9–50.

Arnold, Alice Laura: Zwischen Kunst und Kult. Lenbachs Bismarck-Porträts und Repliken, in: Reinhold Baumstark (Hg.), Lenbach. Sonnenbilder und Porträts, München/Köln 2004, S. 149–177.

Asmussen, Karl: Das Wirtschaftsleben und die Bevölkerung Glückstadts von der Gründung bis 1869, in: Glückstadt im Wandel der Zeiten, hg. v. d. Stadt Glückstadt, Bd. 2, Glückstadt 1966, S. 161–236.

Bärsch, Georg: Ferdinand von Schills Zug und Tod im Jahre 1809. Zur Erinnerung an den Helden und Kampfgenossen, Leipzig 1860.

Bald, Detlef: Generalstabsausbildung in der Demokratie. Die Führungsakademie der Bundeswehr zwischen Traditionalismus und Reform, Koblenz 1984.

Baldus, Alexandra: Das Sedanpanorama von Anton von Werner. Ein wilhelminisches Schlachtenpanorama im Kontext der Historienmalerei, Bonn 2001.

Balfour, Michael/Frisby, Julian: Helmuth von Moltke. A Leader Against Hitler, London 1972.

Bartmann, Dominik: Anton von Werner. Zur Kunst und Kunstpolitik im Deutschen Kaiserreich, Berlin 1985.

Baur, Tobias: Das ungeliebte Erbe. Ein Vergleich der zivilen und militärischen Rezeption des 20. Juli 1944 im Westdeutschland der Nachkriegszeit, Frankfurt a. M. u. a. 2007.

Becker, Frank: Bilder von Krieg und Nation. Die Einigungskriege in der bürgerlichen Öffentlichkeit Deutschlands 1864–1913, München 2001.

–: «Getrennt marschieren, vereint schlagen». Königgrätz, 3. Juli 1866, in: Stig Förster/Markus Pöhlmann/Dierk Walter (Hg.), Schlachten der Weltgeschichte. Von Salamis bis Sinai, 3. Aufl., München 2001, S. 216–229.

Becker, Josef (Hg.): Bismarcks spanische «Diversion» 1870 und der preußisch-deutsche Reichsgründungskrieg, 3 Bde., Bd. 3: Spanische «Diversion», «Emser Depesche» und Reichsgründungslegende bis zum Ende der Weimarer Republik. 12. Juli 1870–1. September 1932, Paderborn u. a. 2007.

Beig, Dieter: Kultur – ein langer Weg. Die Geschichte der Pinneberger Landdrostei, Neumünster 2007.

Benz, Jörg: 150 Jahre Itzehoer Liedertafel 1841–1991. Eine Wanderung zwischen Kultur und Politik. Unter Mitarbeit v. Theodor Kröger, Itzehoe 1991.

Berghahn, Volker R.: Sarajewo, 28. Juni 1914. Der Untergang des alten Europa, München 1997.

Beseler, H.: Blüchers Zug nach Lübeck 1806. Vortrag, gehalten in der Militärischen Gesellschaft zu Berlin am 10. Februar 1892, in: Beiheft zum Militär-Wochenblatt 2 (1892), S. 86–112.

Bethmann Hollweg, Theobald von: Betrachtungen zum Weltkriege, hg. v. Jost Dülffer, Essen 1989.

Biefang, Andreas: Politisches Bürgertum in Deutschland 1857–68. Nationale Organisationen und Eliten, Düsseldorf 1994.

[Bill, Karl Heinrich]: Cai Lorenz Freiherr von Brockdorff, (*1813), preußischer Beamter in Schleswig-Holstein, in: Nobilitas. Zeitschrift für deutsche Adelsforschung (1999), S. 115–117 u. 122.

Binder von Krieglstein, Freiherr: Ferdinand von Schill. Ein Lebensbild; zugleich ein Beitrag zur Geschichte der preußischen Armee, Berlin 1902.

Bismarck, Otto von: Gedanken und Erinnerungen. Ungekürzte Ausgabe, Frankfurt a. M. 1981.

–: Reden. 1847–1869, hg. v. Wilhelm Schüßler, Berlin 1924–1935.

Blasius, Dirk: 4. August 1914. Beginn des Ersten Weltkriegs, in: Ders./Wilfried Loth (Hg.), Tage deutscher Geschichte im 20. Jahrhundert, Göttingen 2006, S. 11–26.

Bohn, Robert: Dänische Geschichte, München 2001.

–: Geschichte Schleswig-Holsteins, München 2006.

Borutta, Manuel: Repräsentation, Subversion und Spiel: Die kulturelle Praxis nationaler Feste in Rom und Berlin, 1870/71 und 1895, in: Ulrike von Hirschhausen/Jörn Leonhard (Hg.), Nationalismen in Europa. West- und Osteuropa im Vergleich, Göttingen 2001, S. 247–266.

Boysen, C.: Moltke und Bismarck. Ein Briefwechsel, in: Zeitschrift der Gesellschaft für Schleswig-Holsteinische Geschichte 62 (1934), S. 351–363.

Brakelmann, Günter: Einleitung, in: Helmuth James von Moltke, Im Land der Gottlosen. Tagebuch und Briefe aus der Haft 1944/45. Hg. u. eingel. v. Günter Brakelmann. Mit einem Geleitwort v. Freya von Moltke, 2. Aufl., München 2009, S. 11–50.

–: Helmuth James von Moltke. 1907–1945. Eine Biographie, München 2007.

Bremm, Klaus-Jürgen: Von der Chaussee zur Schiene. Militärstrategie und Eisenbahnen in Preußen von 1833 bis zum Feldzug von 1866, München 2005.

Brockdorff, Fritz Freiherr von: Marie von Moltke. Ein Lebens- und Charakterbild, 2. Aufl., Leipzig o. J.

Bröker, Helmuth: Die Familie von Moltke und ihre Beziehungen zu den Herzogtümern Schleswig und Holstein, in Archiv für Sippenforschung, 110 (1988), S. 70–91.

Bruns, Claudia: Skandale im Beraterkreis um Kaiser Wilhelm II. Die homosexuelle «Verbündelung» der «Liebenberger Tafelrunde» als Politikum, in: Susanne zur Nieden (Hg.), Homosexualität und Staatsräson. Männlichkeit, Homophobie und Politik in Deutschland 1900–1945, Frankfurt a. M./New York, S. 52–80.

Bucholz, Arden: Moltke, Schlieffen and Prussian War Planning, 2. Aufl., Providence/Oxford 1993.

Bülow, Bernhard Fürst von: Denkwürdigkeiten, hg. v. Franz von Stockhammern, 4 Bde., Berlin 1930–1931, Bd. 3: Weltkrieg und Zusammenbruch, Berlin 1931.

Bülow, Eduard von (Hg.): Aus dem Nachlasse von Georg Heinrich von Berenhorst, 2 Bde., Dessau 1845–47, Bd. 2, Dessau 1847.

Burchardt, Lothar, Helmuth von Moltke, Wilhelm I. und der Aufstieg des preußischen Generalstabes, in: Roland G. Foerster (Hg.), Generalfeldmarschall von Moltke. Bedeutung und Wirkung, München 1991, S. 19–38.

[Burt, John Heyliger], En Stemme fra St. Croix. A Voice from St. Croix, addressed to the approaching Danish Diet. Translated from the Danish by the author, o. O. 1852.

Bußmann, Walter, Friedrich der Große im Wandel des europäischen Urteil, in: Werner Pöls (Hg.), Walter Bußmann, Wandel und Kontinuität in Politik und Geschichte. Ausgewählte Aufsätze zum 60. Geburtstag, Boppard 1973, S. 255–288.

Boysen, C., Moltke und Bismarck. Ein Briefwechsel, in: Zeitschrift der Gesellschaft für Schleswig-Holsteinische Geschichte 62 (1934), S. 351–363.

Hegermann-Lindencrone, Cai von, Erinnerungen, in: Helmuth von Moltke (d. Ä.), Gesammelte Schriften und Denkwürdigkeiten des General-Feldmarschalls Grafen Helmuth von Moltke, Bd. 5: Briefe des General-Feldmarschalls Grafen Helmuth von Moltke – zweite Sammlung – und Erinnerungen an ihn, Berlin 1892, S. 239–251.

Carsten, Francis L., Eduard Bernstein. 1850–1932. Eine politische Biographie, München 1993.

Clark, Christopher: Preußen. Aufstieg und Niedergang. 1600–1947. A. d. Engl. v. R. Barth u. a., 4. Aufl., München 2007.

Clark, Christopher: Wilhelm II. Die Herrschaft des letzten deutschen Kaisers. A. d. Engl. v. Norbert Juraschitz, München 2008.

Cocks, Elijah E. / Cocks, Josiah C.: Who's who on the Moon. A biographical dictionary of lunar nomenclature, o. O. 1995.

Craig, Gordon A.: Königgrätz. A. d. Engl. v. Karl Federmann, München 1987.

Dänhardt, Dirk: Revolution in Kiel. Der Übergang vom Kaiserreich zur Weimarer Republik 1918/19, Neumünster 1978.

–: Von der Meuterei zur Revolution. Kiel als Ausgangspunkt der Novemberrevolution 1918, in: Gerhard Paul/Uwe Danker/Peter Wulf (Hg.), Geschichtsumschlungen. Sozial- und kulturgeschichtliches Lesebuch Schleswig-Holstein 1848–1948, Bonn 1996, S. 133–140.

Dann, Otto: Nation und Nationalismus in Deutschland. 1770–1990, 3. Aufl., München 1996.

Demel, Walter: Der europäische Adel. Vom Mittelalter bis zur Gegenwart, München 2005.

Denkwürdigkeiten aus dem Leben des General-Feldmarschalls Kriegsministers Grafen Roon. Sammlung von Briefen, Schriftstücken und Erinnerungen, Bd. 2, Breslau 1892.

Der Idstedt-Löwe. Ein nationales Denkmal und sein Schicksal, hg. v. Südschleswigschen Museumsverein, Flensburg 1993.

Deutsch, Karl W.: Der Nationalismus und seine Alternativen, München 1972.

Die große farbige Enzyklopädie Urania-Pflanzenreich. Blütenpflanzen, Berlin 2000.

Die Hassel-Tagebücher. 1938–1944. Aufzeichnungen vom andern Deutschland, hg. v. Friedrich Freiherr Hiller von Gaertringen, Berlin 1988.

Die Tagebuchaufzeichnungen von Wilhelm von Dommes zwischen dem 28. Mai und dem 9. Juni 1919. Abgedruckt in: Meyer, Thomas (Hg.), Helmuth von Moltke 1848–1916. Dokumente zu seinem Leben und Wirken. Mit Beiträgen v. Jens Heisterkamp, Rudolf Steiner u. a., Bd. 1: Briefe Helmuth von Moltkes an seine Frau, 1877–1915. Mit Schilderungen von Reisen mit dem älteren Moltke und von Aufenthalten am Zarenhof. Basel 1993, S. 410–413.

Dilthey, Wilhelm: Leben Schleiermachers, Bd. 2: Schleiermachers System als Philosophie und Theologie, Göttingen 1970.

Doerry, Martin: Übergangsmenschen. Die Mentalität der Wilhelminer und die Krise des Kaiserreichs, München 1986.

Dokumente zur Vorgeschichte des Krieges. Zweites Weißbuch der Deutschen Regierung, hg. v. Auswärtigen Amt der Deutschen Regierung. Unveränderter

Abdruck der vom Auswärtigen Amt der Deutschen Regierung herausgegebenen Originalausgabe, Basel 1940.

Dollinger, Petra: Frauen am Ballenstedter Hof. Beiträge zur Geschichte von Politik und Gesellschaft an einem Fürstenhof des 19. Jahrhunderts, 2 Bde., Leipzig 1999.

Döscher, Hans-Jürgen: Das Auswärtige Amt im Dritten Reich. Diplomatie im Schatten der «Endlösung», Berlin 1986.

Doß, Kurt: Zwischen Weimar und Warschau: Ulrich Rauscher, deutscher Gesandter in Polen 1922–1930. Eine politische Biographie, Düsseldorf 1984.

Dössel, Hans: Stadt und Kirchspiel Barmstedt. Eine geschichtliche Schau, Barmstedt 1936.

Dressler, Friedrich August: Moltke in seiner Häuslichkeit, 2. Aufl., Berlin 1904.

Dreyer, Michael/Lembcke, Oliver: Die deutsche Diskussion um die Kriegsschuldfrage 1918/19, Berlin 1993.

Duchhardt, Heinz: Historische Elitenforschung. Eine Trendwende in der Geschichtswissenschaft?, Münster 2004.

Duden. Etymologie. Herkunftswörterbuch der deutschen Sprache. Bearb. v. Günther Drosdowski, Paul Grebe u. a. In Fortführung der «Etymologie der deutschen Sprache» von Konrad Duden Mannheim u. a. 1963.

Dülffer, Jost/Kröger, Martin/Wippich, Rolf-Harald (Hgg.): Vermiedene Kriege. Deeskalation von Konflikten der Großmächte zwischen Krimkrieg und Erstem Weltkrieg 1865–1914, München 1997.

Dulfer, Johannes: Hans Adolf von Moltke. 1884–1943. Botschafter des Deutschen Reiches in Warschau und Madrid. Ein Lebensbild. Magisterarbeit zur Erlangung des Grades eines Magister Artium an der Universität Bonn. Unveröffentlichtes Manuskript [Bonn 1994].

Echternkamp, Jörg/Müller, Sven Oliver, Perspektiven einer politik- und kulturgeschichtlichen Nationalismusforschung. Einleitung, in: Dies. (Hg.), Die Politik der Nation. Deutscher Nationalismus in Krieg und Krisen 1760–1960, München 2002, S. 1–24.

Eichler, Jürgen: Luftschiffe und Luftschifffahrt. Mit Zeichnungen v. Otto Reich, Berlin 1993.

Elias, Norbert: Die Gesellschaft der Individuen, Frankfurt a. M. 1987.

Erfurth, Waldemar: Die Geschichte des deutschen Generalstabes von 1918 bis 1945, Göttingen 1957.

Farrar, Lancelot L.: The Short-War Illusion. German Policy, Strategy and Domestic Affairs August–December 1914, Oxford 1973.

Feldbaek, Ole: Adam Gottlob Moltke, in: Hanne Raabyemagle, The Palace of Christian VII. Amalienborg, Bd. 1: Moltke House 1749–1794. With photographs by Ole Woldby. Transl. by Henrik Strandgaard, Kopenhagen 1999, S. 23–39.

Fernsehinterview. Freya von Moltke/Henric L. Wuermeling. Reihe: Frauen im Widerstand. Phönix 2004.

Filchner, Wilhelm: Ein Forscherleben, Wiesbaden 1950.

–: Zum Sechsten Erdteil. Die zweite deutsche Südpolar-Expedition, Berlin 1922.

Flacke, Monika (Hg.): Mythen der Nationen. Ein europäisches Panorama, Berlin 1998.

Foerster, Wolfgang (Hg.): Mackensen. Briefe und Aufzeichnungen des Generalfeldmarschalls aus Krieg und Frieden, Leipzig 1938.

Förster, Stig (Hg.): Moltke. Vom Kabinettskrieg zum Volkskrieg. Eine Werkauswahl, Bonn/Berlin 1992.

–: Der doppelte Militarismus. Die deutsche Heeresrüstungspolitik zwischen Status-quo-Sicherung und Aggression 1890–1913, Wiesbaden 1983.

–: Helmuth von Moltke und das Problem des industrialisierten Volkskriegs im 19. Jahrhundert, in: Roland G. Foerster (Hg.), Generalfeldmarschall von Moltke. Bedeutung und Wirkung, München 1991, S. 103–115.

François, Etienne/Schulze, Hagen: Einleitung, in: Dies. (Hg.), Deutsche Erinnerungsorte. Broschierte Sonderausgabe, München 2001, S. 9–24.

Frevert, Ute: Die kasernierte Nation. Militärdienst und Zivilgesellschaft in Deutschland, München 2001.

Frie, Ewald: Das Deutsche Kaiserreich, Darmstadt 2004.

–: Friedrich August Ludwig von der Marwitz. 1777–1837. Biographien eines Preußen, Paderborn u. a. 2001.

Friedrich, Otto: Blood and Iron. From Bismarck to Hitler. The von Moltke Family's impact on German History, New York 1996.

Gäbler, Ulrich: «Auferstehungszeit». Erweckungsprediger des 19. Jahrhunderts. Sechs Porträts, München 1991.

Gaehtgens, Thomas W.: Anton von Werner. Die Proklamierung des Deutschen Kaiserreiches. Ein Historienbild im Wandel preußischer Politik, Frankfurt a. M. 1990.

–: Anton von Werner und die französische Malerei, in: Dominik Bartmann (Hg.), Anton von Werner. Geschichte in Bildern, München 1993, S. 49–51.

Gellner, Ernest: Nationalismus und Moderne, Berlin 1991.

Geiss, Imanuel (Hg.): Julikrise und Kriegsausbruch 1914. Eine Dokumentensammlung, 2 Bde., Hannover 1963–1964.

Geisthövel, Alexa: Eigentümlichkeit und Macht. Deutscher Nationalismus 1830–1851. Der Fall Schleswig-Holstein, Stuttgart 2003.

Genealogisches Handbuch des deutschen Adels. Gräfliche Häuser A, Bd. 4, Limburg 1962.

Gerlach, Karlheinz: Die Freimaurer im Alten Preußen 1738–1806. Die Logen in Pommern, Preußen und Schlesien, Innsbruck 2009.

Goltz, Colmar Freiherr von der: Von Roßbach bis Jena und Auerstedt. Ein Beitrag zur Geschichte des preußischen Heeres, Berlin 1906.

–: Von Roßbach nach Jena und Auerstedt. Studien über die Zustände und das geistige Leben in der Preußischen Armee während der Übergangszeit vom XVIII. zum XIX. Jahrhundert, Berlin 1883.

Görlitz, Walter (Hg.): Regierte der Kaiser? Kriegstagebücher, Aufzeichnungen und Briefe des Chefs des Marine-Kabinetts Admiral Georg Alexander von Müller. 1914–1918. Mit einem Vorw. v. Sven von Müller, Göttingen u. a. 1959.

Görtemaker, Manfred: Bismarck und Moltke. Der preußische Generalstab und die deutsche Einigung, Friedrichsruh 2004.

Gothaisches Genealogisches Taschenbuch des Gräflichen Häuser, 45 Jg., Gotha 1872.

Granier, Gerhard: Deutsche Rüstungspolitik vor dem Ersten Weltkrieg. General Franz Wandels Aufzeichnungen aus dem preußischen Kriegsministerium, in: Militärgeschichtliche Mitteilungen 38 (1985), S. 123–162.

Griewank, Karl (Hg.): Gneisenau. Ein Leben in Briefen, Leipzig 1939.

Groener, Wilhelm: Der Feldherr wider Willen. Operative Studien über den Weltkrieg, Berlin 1930.

–: Lebenserinnerungen. Jugend, Generalstab, Weltkrieg, hg. v. Friedrich Hiller Freiherr von Gaertringen, Göttingen 1957.

Grone, Jürgen von: Die Unhaltbarkeit der Einwände von General von Dommes. Abgedruckt in: Thomas Meyer (Hg.), Helmuth von Moltke 1848–1916. Dokumente zu seinem Leben und Wirken. Mit Beiträgen v. Jens Heisterkamp, Rudolf Steiner u. a., Bd. 1: Briefe Helmuth von Moltkes an seine Frau, 1877–1915. Mit Schilderungen von Reisen mit dem älteren Moltke und von Aufenthalten am Zarenhof. Basel 1993, S. 415–417.

Großer Generalstab/Kriegsgeschichtliche Abteilung II: Der Deutsch-Französische Krieg 1870/71, Berlin 1875–81.

Haberkern, Eugen/Wallach, Joseph Friedrich: Hilfswörterbuch für Historiker. Mittelalter und Neuzeit. Mit einem Geleitwort v. Hermann Oncken, 9. Aufl., 2 Bde., Tübingen/Basel 2001.

Haffner, Sebastian: Historische Variationen. Mit einem Vorwort v. Klaus Harpprecht, 2. Aufl., Stuttgart/München 2001.

Haffner, Sebastian/Venohr, Wolfgang: Das Wunder an der Marne. Rekonstruktion der Entscheidungsschlacht des Ersten Weltkriegs, Bergisch Gladbach 1982.

Hagenah, Hermann: 1863. Die nationale Bewegung in Schleswig-Holstein, in: Zeitschrift der Gesellschaft für Schleswig-Holsteinische Geschichte 56 (1926), S. 271–396.

Halder, Winfrid: Innenpolitik im Kaiserreich. 1871–1914, 2. Aufl., Darmstadt 2006.

Hall, Neville A. T.: Slave Society in the Danish West Indies St. Thomas, S. John, and St. Croix, hg. v. B. W. Higman, Baltimore/London 1992.

Hansen, Hans Jürgen: So sah die Welt von oben aus. Luftaufnahmen aus dem Zeppelin. Geleitwort v. Wolfgang Meighörner, hg. in Zusammenarbeit mit dem Zeppelin Museum Friedrichshafen, Hamburg u. a. 1999.

Hase, Walter: Abriss der Wald- und Fortgeschichte Schleswig-Holsteins im letzten Jahrtausend, in: Schriften des Naturwissenschaftlichen Vereins Schleswig-Holstein 53 (1983), S. 83–124.

Hauser, Oswald: Preußische Staatsräson und nationaler Gedanke. Auf Grund unveröffentlichter Akten aus dem schleswig-holsteinischen Landesarchiv. Mit einem Dokumentenanhang, Neumünster 1960.

Hecht, Karsten: Die Harden-Prozesse – Strafverfahren, Öffentlichkeit und Politik im Kaiserreich, München 1997.

Heine, Heinrich: Vorrede, in: Ders., Werke, Bd. 4: Französische Zustände. Die romantische Schule, 13. Aufl., Berlin/Weimar 1974.

Heinrich, Gerd: Geschichte Preußens. Staat und Dynastie, Frankfurt a. M. u. a. 1984.

Henrici, Paul Christian: Lebenserinnerungen eines Schleswig-Holsteiners, Stuttgart/Leipzig 1897.

Hergemöller, Bernd-Ulrich: Mann für Mann. Biographisches Lexikon, Hamburg 2001.

Hermann, Ingo (Hg.): Freya von Moltke. Die Kreisauerin. Gespräch mit Eva Hoffmann in der Reihe «Zeugen des Jahrhunderts», Göttingen 1992.

Herre, Franz: Anno 70/71. Der Deutsch-Französische Krieg, München 1979.

–: Moltke. Der Mann und sein Jahrhundert, Frankfurt a. M./Berlin 1988.

Hildebrand, Klaus: «Staatskunst und Kriegshandwerk». Akteure und System der europäischen Staatenwelt vor 1914, in: Hans Ehlert/Michael Epkenhans/Gerhard P. Groß (Hg.), Der Schlieffenplan. Analysen und Dokumente, Paderborn u. a. 2006, S. 21–44.

Hobsbawm, Eric J.: Das imperiale Zeitalter 1875–1914, Frankfurt a. M. 2004.

Ders./ Ranger, Terence (Hg.), The Invention of Tradition, 15. Aufl., Cambridge 2000.

–: Nationen und Nationalismus. Mythos und Realität. Mit einem Nachwort v. Dieter Langewiesche. A. d. Engl. v. Udo Rennert, Frankfurt a. M./New York 2004.

Holstein, Poul: Slaegten Moltkes Heraldik, in: Heraldik Tidsskrift, Bd. 8, Nr. 74 (1996), S. 137–174.

Hötzendorf, Conrad von: Aus meiner Dienstzeit 1906–1918, 4 Bde., Wien/Leipzig/München 1922–23.

Howard, Michael: Men against Fire. The doctrine of the offensive in 1914, in: Peter Paret (Hg.), Makers of Modern Strategy from Machiavelli to the Nuclear Age, Princeton/New Jersey 1986, S. 510–526.

–: The Franco-Prussian War. The German invasion of France 1870–1871, 2. Aufl., London 1965.

Hull, Isabel V.: Kaiser Wilhelm II. und der «Liebenberg-Kreis», in: Rüdiger Lautmann/Angela Taeger (Hg.), Männerliebe im alten Deutschland. Sozialgeschichtliche Abhandlungen, Berlin 1992, S. 81–117.

Imberger, Elke: Findbuch des Bestandes Abt. 301. Oberpräsidium und Provinzialrat der Provinz Schleswig-Holstein, Schleswig 2005.

Irmisch, Rudolf: Geschichte der Stadt Itzehoe, Itzehoe 1960.

–: Persönlichkeiten und Geschichten aus Itzehoes Vergangenheit, Itzehoe 1956.

Jacobsen, Ernst: Die Holsteinische Regierungskanzlei und das Holsteinische Obergericht in Glückstadt 1648–1867, in: Steinburger Jahrbuch (1956), S. 57–66.

Jaeger, Friedrich/Rüsen, Jörn: Geschichte des Historismus. Eine Einführung, München 1992.

Jahr, Christoph: British Prussianism. Überlegungen zu einem europäischen Militarismus im 19. und frühen 20. Jahrhundert, in: Wolfram Wette (Hg.), Schule der Gewalt. Militarismus in Deutschland 1871–1945, Berlin 2005, S. 246–261.

Jansen, Anscar: Der Weg in den Ersten Weltkrieg. Das deutsche Militär in der Julikrise 1914, Marburg 2005.

Jany, Curt: Geschichte der Königlich Preußischen Armee bis zum Jahre 1807, 3 Bde., Berlin 1928–1929.

Jäschke, Gotthard: Die Ernennung des jüngeren Moltke zum Generalstabschef, Münster 1971.

Jatzlauk, Manfred: Zwischen Bosporus und Euphrat. Helmuth von Moltke als Militärberater im Osmanischen Reich 1835–1839, in: Martin Guntau (Hg.), Mecklenburger im Ausland. Historische Skizzen zum Leben und Wirken von Mecklenburgern in ihrer Heimat und in der Ferne, Bremen 2001, S. 76–83.

Jenkins, Philipp: The Making of a Ruling Class. The Glamorgan Gentry 1640–1790, Cambridge 1983.

Jessen, Olaf: «Das Volk steht auf, der Sturm bricht los!» Kolberg 1807– Bündnis zwischen Bürger und Soldat?, in: Veit Veltzke (Hg.), Für die Freiheit – gegen Napoleon. Ferdinand von Schill, Preußen und die deutsche Nation, Köln/Weimar/Wien 2009, S. 39–57.

–: Martis et Minervae Alumnis. Die hochdefensive Modernisierung des preußischen Militärbildungswesens (1790–1800), in: Sönke Neitzel/Jürgen Kloosterhuis (Hg.), Krise, Reformen – und Militär. Preußen vor und nach der Katastrophe von 1806, Berlin 2009, S. 15–46.

–: «Preußens Napoleon»? Ernst von Rüchel. 1754–1823. Krieg im Zeitalter der Vernunft, Paderborn u. a. 2007.

–: Von Jena nach Königsberg (1806–1807). Napoleons vergessener Feldzug und die preußische Modernisierungslegende, in: Veit Veltzke (Hg.), Für die Freiheit – gegen Napoleon. Ferdinand von Schill, Preußen und die deutsche Nation, Köln/Weimar/Wien 2009, S. 15–37.

Jonas, Erasmus: Der frühe Moltke und Schleswig, in: Beiträge zur Schleswiger Stadtgeschichte 24 (1979), S. 108–131

Jordan, Karl G.: Der ägyptisch-türkische Krieg 1839. Aufzeichnungen des Adjutanten Ferdinand Perrier, Zürich 1923.

Kaack, Hans-Georg: Ratzeburg. Geschichte einer Inselstadt. Regierungssitz – Geistliches Zentrum – Bürgerliches Gemeinwesen, Neumünster 1987.

Keller, Michael: Waldemar Graf von Oriola 1854–1910. Ein konservativer Agrarier zwischen Büdesheim, Darmstadt und Berlin, in: Büdesheim 812–1992. Zur 1175-Jahrfeier hg. v. d. Gemeinde Schöneck in Hessen, Schöneck 1992, S. 299–340.

Kessel, Eberhard (Hg.): Helmuth von Moltke. Gespräche, Hamburg 1940.

–: Generalfeldmarschall Graf Alfred Schlieffen. Briefe, Göttingen 1958.

–: Moltke, Stuttgart 1957.

Kleßmann, Eckart (Hg.): Napoleons Rußlandfeldzug in Augenzeugenberichten, München 1982.

Kluge. Etymologisches Wörterbuch der deutschen Sprache. Bearb. v. Elmar Seebold, 24. erw. Aufl., Berlin/New York 2002.

Knud J. V. Jespersen: The Rise and Fall of the Danish Nobility, in: Hamish M. Scott (Hg.), The European Nobilities in the Seventheenth und Eighteenth Centuries, 2 Bde., London 1995, Bd. 2, S. 41–70.

Kobbe, Peter von: Geschichte und Landesbeschreibung des Herzogthums Lauenburg, Altona 1836.

Köhler, Jochen: Begegnungen mit der Wahrheit, in: Der Tagesspiegel v. 7. 6. 1998, S. 3.

–: Helmuth James von Moltke. Geschichte einer Kindheit und Jugend. Mit einem Nachwort v. Gabriella Sarges-Köhler, Reinbek bei Hamburg 2008.

Kohut, Adolph: Moltke und die Frauen, Berlin 1900.

Kolbe, Walther: Die Marneschlacht, Bielefeld/Leipzig 1917.

Kraus, Karl: Vom Werden, Wesen und Wirken des preußischen Generalstabs, in: Geschichte in Wissenschaft und Unterricht 9 (1958), 204–219.

Kreiser, Klaus: Der Osmanische Staat 1300–1922, 2. Aufl., München 2008.

Krieglstein, Karl Freiherr Binder von: Ferdinand von Schill. Ein Lebensbild; zugleich ein Beitrag zur Geschichte der preußischen Armee, Berlin 1902.

Kroll, Frank-Lothar: Monarchie und Gottesgnadentum in Preußen 1840–1861, in: Peter Krüger/Julius H. Schoeps (Hgg.), Der verkannte Monarch. Friedrich Wilhelm IV. ins einer Zeit, Potsdam 1997, S. 45–70.

Kronenberg, Volker/Böckenförde, Ernst-Wolfgang: Patriotismus in Deutschland. Perspektiven für eine weltoffene Nation, 2. Aufl., Wiesbaden 2006.

Krosigk, Hans von: Karl Graf von Brühl und seine Eltern, Berlin 1910.

Kruse, Wolfgang: Der Erste Weltkrieg, Darmstadt 2009.

Küchmeister, Kornelia: «Kinderland, du Zauberland ...». Detlev von Liliencron und seine Vaterstadt Kiel, in: Detlev von Liliencron (1844–1909). Facetten eines bewegten Dichterlebens. Ausstellung in der Schleswig-Holsteinischen Landesbibliothek Kiel 2009, Kiel 2009, S. 9–40.

Kühlich, Frank: Die deutschen Soldaten im Krieg von 1870/71. Eine Darstellung der Situation und der Erfahrungen der deutschen Soldaten im Deutsch-Französischen Krieg, Frankfurt a. M. u. a. 1995.

Kühne, Thomas: Dreiklassenwahlrecht und Wahlkultur in Preußen 1867–1914. Landtagswahlen zwischen korporativer Tradition und politischem Massenmarkt, Düsseldorf 1994.

Kutschik, Dietrich/Sprang, Burkhard: Die Berlin-Hamburger Eisenbahn, Stuttgart 1996.

Lange, Karl: Marneschlacht und deutsche Öffentlichkeit. 1914–1939. Eine verdrängte Niederlage und ihre Folgen, Düsseldorf 1974, S. 153.

Lange, Ulrich: Modernisierung der Infrastruktur (1830–1918), in: Ders. (Hg.), Geschichte Schleswig-Holsteins. Von den Anfängen bis zur Gegenwart, 2. Aufl., Neumünster 2003, S. 346–367, hier: 347.

Langenhorn, H. H. (Hg.): Historische Nachrichten über die dänischen Moltke's. Mit fünf genealogischen und einer heraldischen Tafel. Aus dem Dänischen übersetzt, Kiel 1871.

Langewiesche, Dieter: Nachwort zur Neuauflage. Eric J. Hobsbawms Blick auf Nationen, Nationalismus und Nationalstaaten, in: Eric J. Hobsbawm, Nationen und Nationalismus. Mythos und Realität. Mit einem Nachwort v. Dieter Langewiesche. A. d. engl. v. Udo Rennert, Frankfurt a. M./New York 2004, S. 225–241.

–: Nation, Nationalismus und Nationalstaat in Deutschland und Europa, München 2000.

–: Staatsbildung und Nationsbildung in Deutschland – ein Sonderweg? Die deutsche Nation im europäischen Vergleich, in: Ulrike von Hirschhausen/Jörn

Leonhard (Hg.), Nationalismen in Europa. West- und Osteuropa im Vergleich, Göttingen 2001, S. 49–67.

–: Zum Wandel von Krieg und Kriegslegitimation in der Neuzeit, in: Journal of Modern European History 2 (2004), S. 5–26.

Langhoff, Helmut: Die Schillschen Offiziere. Profile, Schicksale und Karrieren, in: Veit Veltzke (Hg.), Für die Freiheit – gegen Napoleon. Ferdinand von Schill, Preußen und die deutsche Nation, Köln/Weimar/Wien 2009, S. 155–175.

Lapp, Günter: Friedrich Joachim von Moltke – Postmeister zu Apenrade und Flensburg, in: Schriften der Heimatkundlichen Arbeitsgemeinschaft für Nordschleswig 20 (1969), S. 27–60.

Lau, Thomas: Die Weizsäckers, in: Volker Reinhardt (Hg.), Deutsche Familien. Historische Porträts von Bismarck bis Weizsäcker, München, 2005, S. 307–332.

Leber, Annedore/Moltke, Freya Gräfin von: Für und wider. Entscheidungen in Deutschland. 1918–1945, Berlin/Frankfurt a. M. 1961.

Lehmann, Wilhelm: Romantischer Don Quixote, in: Ders., Bewegliche Ordnung. Aufsätze, Berlin/Frankfurt a. M. 1947, S. 86–95.

Lepp, Claudia: Protestantisch-liberaler Aufbruch in die Moderne. Der deutsche Protestantenverein in der Zeit der Reichsgründung und des Kulturkampfes, Gütersloh 1996.

Leppien, Jörn-Peter: «Operation lion». Henrik V. Ringsted und der Idstedt-Löwe 1945. Ein Quellenbericht, Flensburg 1995.

Lindenberg, Christoph: Rudolf Steiner. Eine Biographie, 2 Bde., Stuttgart 1997.

Löding, Frithjof: Theodor Storm und Klaus Groth in ihrem Verhältnis zur schleswig-holsteinischen Frage. Dichtung während einer politischen Krise, Neumünster 1985.

Lohmeier, Dieter: Der Edelmann als Bürger. Über die Verbürgerlichung der Adelskultur im dänischen Gesamtstaat, in: Christian Degn/Dieter Lohmeier (Hgg.), Staatsdienst und Menschlichkeit. Studien zur Adelskultur des späten 18. Jahrhunderts in Schleswig-Holstein und Dänemark, Neumünster 1980, S. 127–149.

Loose, Ingo: Kredite für NS-Verbrechen. Die deutschen Kreditinstitute in Polen und die Ausraubung der polnischen und jüdischen Bevölkerung 1939–1945, München 2007.

Loth, Wilfried: Das Kaiserreich. Obrigkeitsstaat und politische Mobilisierung, 2. Aufl., München 1997.

Ludendorff, Erich von: Das Marnedrama. Der Fall Moltke–Hentsch, München 1934.

Malinowski, Stephan: Vom König zum Führer. Deutscher Adel und Nationalsozialismus, Frankfurt a. M. 2004.

Massenbach, Christian Ludwig August Freiherr von: Über die Verbindung der Kriegs- und Staats-Kunde und über die Regenten-Tugenden König Friedrichs II., Potsdam 1801. Abgedruckt in: Ders., Memoiren über meine Verhältnisse zum preußischen Staat und insbesondere zum Herzoge von Braunschweig, 3 Bde., Bd. 3, Amsterdam 1809, S. 258–268.

Matuschka, Edgar Graf von/Petter, Wolfgang: Organisationsgeschichte der Streitkräfte, in: Deutsche Militärgeschichte in sechs Bänden 1646–1939, hg. v.

Militärgeschichtlichen Forschungsamt, Bd. 2/Abschnitt IV, Teil 2: Militärgeschichte im 19. Jahrhundert 1814–1890, München 1983, S. 302–358.

Meding, Dorothee von: Freya Gräfin von Moltke, geb. Deichmann, in: Dies., Mit dem Mut des Herzens. Die Frauen des 20. Juli, Berlin 1992, S. 121–140.

Mehlhorn, Dieter J.: Klöster und Stifte in Schleswig-Holstein. 1200 Jahre Geschichte, Architektur und Kunst, Kiel 2007.

Mehnert, Gottfried: Die Kirche in Schleswig-Holstein. Eine Kirchengeschichte im Abriss, Kiel 1960.

Meier-Dörnberg, Wilhelm: Moltke und die taktisch-operative Ausbildung im preußisch-deutschen Heer, in: Roland G. Foerster, (Hg.), Generalfeldmarschall von Moltke. Bedeutung und Wirkung, München 1992, S. 39–48.

[Merkel, Angela]: Ansprache der Bundeskanzlerin Dr. Angela Merkel beim Festkonzert zum 100. Geburtstag von Helmuth James Graf von Moltke am 11. März 2007 in Berlin, in: Bulletin der Bundesregierung Nr. 29 – 1 v. 12. 3. 2007.

Messerschmidt, Manfred: Die politische Geschichte der preußisch-deutschen Armee, in: Militärgeschichtliches Forschungsamt (Hg.), Deutsche Militärgeschichte in sechs Bänden, Bd. 2/Abschnitt IV: Militärgeschichte im 19. Jahrhundert. 1814–1890, München 1983, S. 3–380.

Meyer, Thomas, (Hg.): Helmuth von Moltke 1848–1916. Dokumente zu seinem Leben und Wirken. Mit Beiträgen v. Jens Heisterkamp, Rudolf Steiner u. a., 2 Bde., Basel 1993. Bd. 1: Briefe Helmuth von Moltkes an seine Frau, 1877–1915. Mit Schilderungen von Reisen mit dem älteren Moltke und von Aufenthalten am Zarenhof. Bd. 2: An Eliza von Moltke und Helmuth von Moltke gerichtete Briefe, Meditationen und Sprüche von Rudolf Steiner: 1904–1915.

Moltke, Eliza von: Vorwort des Herausgebers, in: Dies. (Hg.), Generaloberst Helmuth von Moltke (d. J.). Erinnerungen. Briefe. Dokumente. 1877–1916. Ein Bild vom Kriegsausbruch, erster Kriegsführung und Persönlichkeit des ersten militärischen Führers des Krieges, Stuttgart 1922, S. VII–XV.

Moltke, Freya von: Erinnerungen an Kreisau 1930–1945, München 2003.

–: Geleitwort, in: Festkonzert zum 100. Geburtstag von Helmuth James von Moltke, Berlin 2007.

–: Zum Geleit, in: Helmuth James von Moltke, Im Land der Gottlosen. Tagebuch und Briefe aus der Haft 1944/45. Hg. u. eingel. von Günter Brakelmann. Mit einem Geleitwort von Freya von Moltke, 2. Aufl., München 2009, S. 9–10.

–/Michael Balfour/Julian Frisby: Helmuth James von Moltke. 1907–1945. Anwalt der Zukunft. A. d. Engl. v. Freya von Moltke, Stuttgart 1975.

–: Vorwort der deutschen Ausgabe, in: Freya von Moltke/Michael Balfour/Julian Frisby, Helmuth James von Moltke. 1907–1945. Anwalt der Zukunft. A. d. Engl. v. Freya von Moltke, Stuttgart 1975, S. 7–8.

Moltke (d. Ä.), Helmuth von: Briefe über Zustände und Begebenheiten in der Türkei aus den Jahren 1835 bis 1839, Berlin 1841.

[–]: Gesammelte Schriften und Denkwürdigkeiten des General-Feldmarschalls Grafen Helmuth von Moltke, Berlin 1891–1892.
   Bd. 1: Zur Lebensgeschichte des General-Feldmarschalls Grafen Helmuth von Moltke, 1892.

Bd. 2: Vermischte Schriften des General-Feldmarschalls Grafen Helmuth von Moltke, 1892.

Bd. 3: Geschichte des deutsch-französischen Krieges von 1870–71 nebst einem Aufsatz «über den angeblichen Kriegsrat in den Kriegen König Wilhelms I.» von Graf Helmuth von Moltke, Generalfeldmarschall, 2. Aufl, 1891.

Bd. 4: Briefe des General-Feldmarschalls Grafen Helmuth von Moltke an seine Mutter und an seine Brüder Adolf und Ludwig, 1891.

Bd. 5: Briefe des General-Feldmarschalls Grafen Helmuth von Moltke – zweite Sammlung – und Erinnerungen an ihn, 1892.

Bd. 6: Briefe des General-Feldmarschalls Grafen Helmuth von Moltke an seine Braut und Frau, 1892.

[–]: Moltkes Militärische Werke, Bd. 3/1: Moltkes kriegsgeschichtliche Arbeiten. Geschichte des Krieges gegen Dänemark 1848/49, hg. vom Großen Generalstab, Abteilung für Kriegsgeschichte, Berlin 1893.

–: Unter dem Halbmond. Erlebnisse in der alten Türkei, hg. v. Helmut Arndt, Wiesbaden 2008.

Moltke (d. J.), Helmuth von: Betrachtungen und Erinnerungen. Homburg, November 1914, in: Thomas Meyer (Hg:), Helmuth von Moltke, Bd. 1, S. 391–405.

–: Erinnerungen, Briefe, Dokumente, 1877–1916. Ein Bild vom Kriegsausbruch, erster Kriegsführung und Persönlichkeit des ersten militärischen Führers des Krieges, hg. v. Eliza von Moltke geb. Gräfin Moltke-Huitfeldt, Stuttgart 1922.

Moltke, Helmuth James von: Briefe an Freya. 1939–1945, hg. v. Beate Ruhm von Oppen. 2. Aufl, München 1991.

–: Im Land der Gottlosen. Tagebuch und Briefe aus der Haft 1944/45. Hg. u. eingel. v. Günter Brakelmann. Mit einem Geleitwort v. Freya von Moltke, 2. Aufl., München 2009.

–: Wie alles war, als ich klein war [Berlin, Januar 1944]. Abgedruckt in: Günter Brakelmann, Helmuth James von Moltke. 1907–1945. Eine Biographie, München 2007, S. 365–390.

Mombauer, Annika: Der Moltkeplan: Modifikation des Schlieffenplans bei gleichen Zielen?, in: Hans Ehlert/Michael Epkenhans/Gerhard P. Groß (Hg.), Der Schlieffenplan. Analysen und Dokumente, Paderborn u. a. 2006, S. 79–99.

–: Helmuth von Moltke and the origins oft he First World War, Cambridge 2001.

Mommsen, Wolfgang J.: Der Erste Weltkrieg. Anfang vom Ende des bürgerlichen Zeitalters, Frankfurt a. M. 2004.

–: Der Topos vom unvermeidlichen Krieg. Außenpolitik und öffentliche Meinung im Deutschen Reich im letzten Jahrzehnt vor 1914, in: Jost Dülffer (Hg.), Bereit zum Krieg. Kriegsmentalität im wilhelminischen Deutschland 1890–1914. Beiträge zur historischen Friedenforschung, Göttingen 1986, S. 194–224.

–: Die latente Krise des Deutschen Reiches 1909–1914, Frankfurt a. M. 1973.

–: Großmachtstellung und Weltpolitik. Die Außenpolitik des Deutschen Reiches 1870 bis 1914, Frankfurt a. M./Berlin 1993.

–: Homosexualität, aristokratische Kultur und Weltpolitik. Die Herausforderung des wilhelminischen Establishments durch Maximilian Harden 1906–1908, in: Uwe Schulz (Hg.), Große Prozesse, Recht und Gerechtigkeit in der Geschichte, 3. Aufl., München 2001, S. 279–288.

Mosler, Lothar: Blickpunkt Uetersen. Geschichte und Geschichten. Mit Beiträgen v. Margarete und Jörg Eichbaum u. Waldemar Dudda, Uetersen 1985.

Müller, Harald: Die Deutsche Arbeiterschaft und die Sedanfeiern, in: Zeitschrift für Geschichtswissenschaft 17 (1969), S. 1554–1564.

Münch, Ernst: Toitenwinkel und Rostock. Zur Geschichte einer Hassliebe, Schwerin 2002.

Munch, Andreas: Lord William Russell. Historische Tragödie. A. d. Norw. v. John Heyliger Burt, Leipzig 1860.

Munser, Bernd: Die untergegangene Burg der Moltkes auf Vogtshagen, in: Toitenwinkel. Historische Streiflichter aus acht Jahrhunderten. Schriften der Geschichtswerkstatt Toitenwinkel, H. 7/8, Rostock 2000, S. 7–14.

Noer, August Friedrich Prinz von: Aufzeichnungen des Prinzen August Friedrich von Schleswig-Holstein-Noer aus den Jahren 1848 bis 1850, Zürich 1861.

Nordmann, Gertrud: Schleswig-Holsteinische Beamte 1816–1848, Schleswig 1997.

Palmer, Alan: Bismarck. Eine Biographie. A. d. Engl. v. Ada Landfermann und Cornelia Wild, Düsseldorf 1976.

Paret, Peter: Clausewitz und der Staat. Der Mensch, seine Theorien und seine Zeit, Bonn 1993.

–: Peter, Yorck and the era of Prussian Reform 1807–1815, Princeton 1966.

Petter, Wolfgang: Die Roonsche Heeresreorganisation und das Ende der Landwehr, in: Peter Baumgart/Bernhard R. Kroener/Heinz Stübig (Hg.), Die preußische Armee. Zwischen Ancien Régime und Reichsgründung, Paderborn u. a. 2008, S. 215–228.

Pinneberger Wochen-Blatt für Pinneberg, Blankenese, Wedel und Barmstadt, Nr. 41 v. 21.5.1870.

Pollock, Linda A.: Honour, Gender and Reconciliation in Elite Culture, 1570–1700, in: Journal of British Studies 46 (2007), S. 3–29.

Polnische Dokumente zur Vorgeschichte des Krieges, hg. vom Auswärtigen Amt, Berlin 1940.

Priesdorff, Kurt von (Hg.): Soldatisches Führertum, Bd. 8, Teil 10, Hamburg 1945.

Protokolle des Preußischen Staatsministeriums 1817–1934/38, hg. v. d. Berlin-Brandenburgischen Akademie d. Wissenschaften unter d. Leitung v. Jürgen Kocka u. Wolfgang Neugebauer. Hildesheim
Bd. 8/I u.8/II: 21. März 1890 bis 9. Oktober 1900. Bearb. v. Hartwin Spenkuch, 2003.
Bd. 9: 23. Oktober 1900 bis 13. Juli 1909. Bearb. v. Reinhold Zilch, 2001.
Bd. 10: 14. Juli 1909 bis 11. November 1918 Bearb. v. Reinhold Zilch, 1999.

Pröve, Ralf: Militär, Staat und Gesellschaft im 19. Jahrhundert, München 2006.

Raabyemagle, Hanne: Introduction, in: Ders., The Palace of Christian VII. Amalienborg, Bd. 1: Moltke House 1749–1794. With photographs by Ole Woldby. Transl. by Henrik Strandgaard, Kopenhagen 1999, S. 9–21.

Ranke, Winfried: Franz von Lenbach. Der Münchener Malerfürst, Köln 1986.

Raumer, Kurt von: Deutschland um 1800. Krise und Neugestaltung. Von 1789 bis 1815, in: Handbuch der Deutschen Geschichte. Begründet v. Otto Brandt, fortgeführt v. Arnold Oskar Meyer, neu hg. v. Leo Just, 6 Bde., Konstanz/ Wiesbaden 1956–80, Bd. 3/1a, Wiesbaden 1980, S. 3–430.

Regling, Volkmar Heinz: Die Anfänge des Sozialismus in Schleswig-Holstein, Neumünster 1965.

–: Grundzüge der Landkriegführung zur Zeit des Absolutismus und im 19. Jahrhundert, in: Handbuch zur deutschen Militärgeschichte 1648–1939, hg. v. Militärgeschichtlichen Forschungsamt durch Friedrich Forstmeier u. a., begr. v. Hans Meier-Welcker, 6 Bde., München 1979–83, Bd. 6, Abschnitt IX, München 1983, S. 3–584.

Reichwein, Rosemarie: «Die Jahre mit Adolf Reichwein prägten mein Leben». Ein Buch der Erinnerung, München 1999.

Reif, Heinz: Einleitung, in: Ders. (Hg.), Adel und Bürgertum in Deutschland. Entwicklungslinien und Wendepunkte im 19. Jahrhundert. 2. Aufl., Berlin 2008, S. 7–27.

Reinhardt, Georg:, Preußen im Spiegel der öffentlichen Meinung Schleswig-Holsteins 1866–1870, Neumünster 1954.

Reinhardt, Klaus: Gedanken zur Persönlichkeit, Amt und Wirken des Generalfeldmarschalls Helmuth Graf von Moltke aus heutiger Sicht. Vortrag des Kommandeurs der Führungsakademie der Bundeswehr Generalmajor Dr. Klaus Reinhardt anlässlich der Gedenkveranstaltung der Moltke-Stiftung zur 100. Wiederkehr des Todestages des Generalfeldmarschalls Helmuth Graf von Moltke am 24. April 1991 in Berlin, in: Moltke-Almanach. Sonderheft zum 100. Todestag des Generalfeldmarschalls, Berlin 1991, S. 6–15.

Reinhardt, Volker (Hg.): Deutsche Familien. Historische Porträts von Bismarck bis Weizsäcker. Hg. unter Mitarbeit v. Thomas Lau, München 2005.

Ritter, Gerhard: Der Schlieffen-Plan. Kritik eines Mythos, München 1956.

Röhl, John C. G.: Fürst Philipp zu Eulenburg. Zu einem Lebensbild, in: Rüdiger Lautmann/Angela Taeger (Hg.), Männerliebe im alten Deutschland. Sozialgeschichtliche Abhandlungen, Berlin 1992, S. 119–140.

–: Kaiser, Hof und Staat. Wilhelm II. und die deutsche Politik, 4. Aufl., München 1995.

– (Hg.): Philipp Eulenburgs politische Korrespondenz, 3 Bde., Boppard am Rhein 1976–1983.
    Bd. 1: Von der Reichsgründung bis zum Neuen Kurs 1866–1891, 1976.
    Bd. 3: Krisen, Krieg und Katastrophen 1895–1921, 1983.

–: Wilhelm II., Bd. 1: Die Jugend des Kaisers. 1859–1888, 2. Aufl., München 2001.

–: Wilhelm II., Bd. 2: Der Aufbau der persönlichen Monarchie 1888–1900, München 2001.

–: Wilhelm II., Bd. 3: Der Weg in den Abgrund 1900–1941, München 2008.

Roon, Ger van: Widerstand im Dritten Reich. Ein Überblick, 7. Aufl., München 1998.

Rose Innes, James Sir: Chief Justice of South Africa, 1914–1927. Autobiography, hg. v. B. A. Tindall, Cape Town 1949.

Rothenberg, Gunther E.: Moltke, Schlieffen, and the Doctrine of Strategic Envelopment, in: Peter Paret (Hg.), Makers of Modern Strategy from Machiavelli to the Nuclear Age. In Zusammenarbeit mit Gordon A. Craig u. Felix Gilbert, Princeton/New Jersey 1986, S. 296–325.

Ruchniewicz, Krzysztof: Die Rezeption des deutschen Widerstands gegen die Nationalsozialisten in Polen, in: Gerd R. Ueberschär (Hg.), Der deutsche Widerstand gegen Hitler. Wahrnehmung und Wertung in Europa und den USA, Darmstadt 2002, S. 150–164.

Rudorff, Andrea: Hubertushütte, in: Wolfgang Benz/Barbara Distel (Hg.), Orte des Terrors. Geschichte der nationalsozialistischen Konzentrationslager, 9 Bde., Bd. 5: Hinzert, Auschwitz, Neuengamme, München 2007, S. 254–256.

Rütten, Theo: Preußen und die Revolution von 1848, in: Jürgen Fröhlich u. a. (Hg.), Preußen und Preußentum vom 17. Jahrhundert bis zur Gegenwart. Beiträge des Kolloquiums aus Anlass des 65. Geburtstages von Ernst Opgenoorth am 12. 2. 2001, Berlin 2002, S. 131–144.

Ruhl, Klaus-Jörg: Spanien im Zweiten Weltkrieg. Franco, die Falange und das «Dritte Reich», Hamburg 1975.

Ruhm von Oppen, Beate (Hg.): Dorothy von Moltke. Ein Leben in Deutschland. Briefe aus Kreisau und Berlin 1907–1934, München 1999.

Rumohr, Henning von: Schlösser und Herrenhäuser in Ostholstein, 2. Aufl., Frankfurt a. M. 1982.

Sachse, Udo: Die Anfänge der preußischen Verwaltung in Pinneberg, in: Jahrbuch für den Kreis Pinneberg (1984), S. 91–110.

–: Die ersten Landräte in Pinneberg, in: Jahrbuch für den Kreis Pinneberg 1986, S. 115–134.

Safranski, Rüdiger: Romantik. Eine deutsche Affäre, München 2007.

Sahm, Ulrich: Rudolf von Scheliha. Ein deutscher Diplomat gegen Hitler. 1897–1942, München 1990.

Salewski, Michael: Krieg und Frieden im Denken Bismarcks und Moltkes, in: Roland G. Foerster (Hg.), Generalfeldmarschall von Moltke. Bedeutung und Wirkung, München 1991, S. 67–88.

Scharff, Alexander: Vom übernationalen zum nationalen Staat. Ursachen und Bedeutung des deutsch-dänischen Konflikts von 1864, in: Ders./Manfred Jessen-Klingeberg (Hg.), Schleswig-Holstein in der deutschen und nordeuropäischen Geschichte. Gesammelte Aufsätze, Stuttgart 1969, S. 218–235.

–: Wesen und Bedeutung der schleswig-holsteinischen Erhebung 1848–1850, Neumünster 1978.

–: Wilhelm Hartwig Beselers politische Wirksamkeit vor 1848, in: Ders., Schleswig-Holstein in der deutschen und nordeuropäischen Geschichte. Gesammelte Aufsätze, Stuttgart 1969, S. 74–110.

Schellack, Fritz: Nationalfeiertage in Deutschland von 1871 bis 1945, Frankfurt a. M. u. a. 1990.

Schieder, Wolfgang: 1848/49. Die ungewollte Revolution, in: Carola Stern/Heinrich August Winkler (Hg.), Wendepunkte deutscher Geschichte 1848–1945. Mit Beiträgen v. Jürgen Kocka u. a., Frankfurt a. M 1979, S. 13–35.

Schiller, René: Vom Rittergut zum Großgrundbesitz. Ökonomische und soziale Transformationsprozesse der ländlichen Eliten in Brandenburg im 19. Jahrhundert, Berlin 2003.

Schlürmann, Jan: Die Schleswig-Holsteinische Armee 1848–1851, Tönning u. a. 2004.

Schmidt, Julius: Charte der Gebirge des Mondes, Berlin 1878.

Schmidt, Michael: Der «Eiserne Kanzler» und die Generäle. Deutsche Rüstungspolitik in der Ära Bismarck (1871–1890), Paderborn u. a. 2003.

Schot, Bastian: Die Entstehung des Deutsch-Französischen Krieges und die Gründung des Deutschen Reiches, in: Helmut Böhme (Hg.), Probleme der Reichsgründungszeit 1848–1879. 2. Aufl., Köln/Berlin 1972, S. 269–295.

Schössler, Dietmar (Hg.): Das geistige Erbe des deutschen Generalstabs. Die Entwicklung des Generalstabs-/Admiralstabsdienstes von den Anfängen bis heute, München 1997.

Schröder, Jens: Die Spur der Ahnen, in: GEO v. 9. 9. 2004, S. 132–156.

Schröder, Johannes von: Topographie des Herzogthums Holstein, des Fürstenthums Lübeck und der freien und Hanse-Städte Hamburg und Lübek [!], Bd. 2, Oldenburg 1841.

Schultz Hansen, Hans: Demokratie oder Nationalismus. Politische Geschichte Schleswig-Holsteins 1830–1918, in: Ulrich Lange (Hg.); Geschichte Schleswig-Holsteins. Von den Anfängen bis zur Gegenwart, 2. Aufl., Neumünster 2003, S. 427–486.

Schultze-Rhonhof, Gerd: 1939. Der Krieg, der viele Väter hatte. Der lange Anlauf zum Zweiten Weltkrieg, 6. Aufl., München 2007.

Schulz, Gerhard: Romantik. Geschichte und Begriff, 3. Aufl., München 2008.

Schwalm, Eberhardt: Volksbewaffnung 1848–1850 in Schleswig-Holstein. Vorarbeiten zu einer Psychologie und Soziologie der Schleswig-Holsteinischen Erhebung, Neumünster 1961.

Schweppenburg, Leo Freiherr Geyr von: Der Kriegsausbruch 1914 und der deutsche Generalstab, in: Wehrwissenschaftliche Rundschau 13 (1963), S. 150–163.

Showalter, Dennis E.: Railroads and rifles. Soldiers, Technology, and the Unification of Germany, Hamden/Conn. 1975.

Siemann, Wolfram: Gesellschaft im Aufbruch. Deutschland 1849–1871, Frankfurt a. M. 1990.

Sikora, Michael: Der Adel in der frühen Neuzeit, Darmstadt 2009.

Skambraks, Hans-Georg, Die Entstehung des Staatsgrundgesetzes für die Herzogtümer Schleswig-Holstein vom 15. September 1848, in: Zeitschrift der Gesellschaft für Schleswig-Holsteinische Geschichte 84 (1960), S. 121–208 und 85/86 (1961), S. 131–242.

Spenkuch, Hartwin: «Es wird zu viel regiert». Die preußische Verwaltungsreform 1908–1918 zwischen Ausbau der Selbstverwaltung und Bewahrung bürokratischer Macht, in: Ders./Bärbel Holtz (Hg.), Preußens Weg in die politische Moderne. Verfassung – Verwaltung – politische Kultur zwischen Reform und Reformblockade, Berlin 2001, S. 321–356.

Spiero, Heinrich: Detlev von Liliencron. Sein Leben und seine Werke, Berlin/Leipzig 1913.

Staabs, Hermann von: Aufmarsch an zwei Fronten. Auf Grund der Operationspläne von 1871–1914, Berlin 1925.

Stadelmann, Rudolf: Moltke und der Staat, Krefeld 1950.

Stein, Oliver: Die deutsche Heeresrüstungspolitik 1890–1914. Das Militär und der Primat der Politik, Paderborn u.a. 2007.

[Steiner, Rudolf]: Vorbemerkungen Rudolf Steiners zur Broschüre «Die ‹Schuld› am Kriege». Geschrieben zu Stuttgart, Mai 1919. Abgedruckt in: Thomas Meyer, Helmuth von Moltke 1848–1916, Bd. 1: Briefe Helmuth von Moltkes an seine Frau 1877–1915, Basel 1993, S. 383–390.

[–]: Das Sauerwein-Interview mit Rudolf Steiner für ‹Le Matin› über die Vorgeschichte des Weltkriegs vom Oktober 1921. Abgedruckt in: Thomas Meyer, Helmuth von Moltke 1848–1916, Bd. 1: Briefe Helmuth von Moltkes an seine Frau 1877–1915, Basel 1993, S. 418–423.

Stevenson, David: Armaments and the Coming of War. Europa 1904–1914, 2. Aufl., Oxford 2000.

Stolz, Gerd: Die schleswig-holsteinische Erhebung. Die nationale Auseinandersetzung in und um Schleswig-Holstein von 1848/51. Mit einem Beitrag v. Inge Adriansen, Husum 1996.

–: Friedrich Philipp Victor von Moltke, in: Steinburger Jahrbuch (1960), hg. v. Heimatverband für den Kreis Steinburg, S. 448–458.

–: Moltke in seinen familiären Bindungen zu Schleswig-Holstein, in: Archiv für Sippenforschung 102 (1986), S. 417–427.

Storjohann, Karl-Rudolf: Personalhistorische Studie. III. Teil über einige Amtmänner und die Amtsverwalter des königlichen dänischen Amtes Segeberg von 1700–1864, in: Heimatkundliches Jahrbuch des Kreises Segeberg (1983).

Strachan, Hugh: The First World War. Causes and Course, in: The Historical Journal 29 (1986), S. 227–255.

–: Wer war schuld? Wie es zum Ersten Weltkrieg kam, in: Stephan Burgdorff/Klaus Wiegrefe (Hg.), Der Erste Weltkrieg. Urkatastrophe des 20. Jahrhunderts, München 2004, S. 240–255.

Stübig, Heinz: Die Entwicklung des preußisch-deutschen Generalstabs im 19. Jahrhundert, in: Peter Baumgart/Bernhard R. Kroener/Heinz Stübig (Hgg.), Die preußische Armee. Zwischen Ancien Régime und Reichsgründung, Paderborn u.a. 2008, S. 247–260.

Stürmer, Michael: Das Deutsche Reich 1870–1919, Berlin 2002.

Treitel, Corinna: A science for the soul. Occultism and the genesis of the German modern, Baltimore 2004.

Treitschke, Heinrich von: Deutsche Geschichte im 19. Jahrhundert, Bd. 5., Leipzig 1927.

Trumpener, U.: War Premeditated? German Intelligence Operations in July 1914, in: Central European History 9 (1976), S. 58–85.

Ueberschär, Gerd R.: Für ein anderes Deutschland. Der deutsche Widerstand gegen den NS-Staat 1933–1945, Darmstadt 2005.

Ullrich, Volker: Der Kreisauer Kreis, Reinbek bei Hamburg 2008.

–: Deutsches Kaiserreich, Frankfurt a.M. 2006.

Unruh, von: Von den Vorfahren des General-Feldmarschalls Grafen Helmuth von Moltke, in: Deutsches Adelsblatt 12 (1941), S. 271–272.

Veltzke, Veit: (Hg.), Für die Freiheit – gegen Napoleon. Ferdinand von Schill, Preußen und die deutsche Nation, Köln/Weimar/Wien 2009

–: Zwischen König und Vaterland. Schill und seine Truppen im Netzwerk der Konspiration, in: Ders. (Hg.), Für die Freiheit – gegen Napoleon. Ferdinand von Schill, Preußen und die deutsche Nation, Köln/Weimar/Wien 2009, S. 107–154.

Vierhaus, Rudolf (Hg.): Das Tagebuch der Baronin Spitzemberg geb. Freiin v. Varnbüler. Aufzeichnungen aus der Hofgesellschaft des Hohenzollernreiches. Mit einem Vorwort v. Peter Rassow, 3. Aufl., Göttingen 1963.

[Villers, Charles François Dominique de]: Villers Brief an die Gräfin Fanny von Beauharnais. Enthaltend eine Nachricht von den Begebenheiten, die zu Lübeck an dem Tage Donnerstag, den 6. November 1806 und folgenden vorgefallen sind. A. d. Franz., 3. Aufl., Amsterdam 1808.

Vogel, Barbara: Vom linken zum rechten Nationalismus. Bemerkungen zu einer Forschungskontroverse, in: Wendt, Bernd Jürgen (Hg.), Vom schwierigen Zusammenwachsen der Deutschen. Nationale Identität und Nationalismus im 19. und 20. Jahrhundert, Frankfurt a. M. u. a. 1992, S. 97–110.

Vogel, Jakob: Nationen im Gleichschritt. Der Kult der «Nation in Waffen» in Deutschland und Frankreich 1871–1914, Göttingen, 1997.

Vries, Jürgen de: Bismarck und das Herzogtum Lauenburg. Die Eingliederung Lauenburgs in Preußen 1865–1876, Neumünster 1989.

W. S.: Erinnerungen aus dem schleswig-holsteinischen Kriege, in: Die Gartenlaube 4 (1863), S. 62–64.

Wallach, Jehuda Lothar: Anatomie einer Militärhilfe. Die preußisch-deutschen Militärmissionen in der Türkei 1835–1919, Düsseldorf 1976.

–: Das Dogma der Vernichtungsschlacht. Die Lehren von Clausewitz und Schlieffen und ihre Wirkungen in zwei Weltkriegen, Frankfurt a. M. 1967.

–: Feldmarschall von Schlieffens Interpretation der Kriegslehre Moltkes d. Ä., in: Roland G. Foerster (Hg.), Generalfeldmarschall von Moltke. Bedeutung und Wirkung, München 1991, S. 49–66.

Walter, Dierk: Roonsche Reform oder militärische Revolution? Wandlungsprozesse im preußischen Heerwesen vor den Einigungskriegen. In: Karl-Heinz Lutz, u. a. (Hg.): Reform – Reorganisation – Transformation. Zum Wandel in deutschen Streitkräften von den preußischen Heeresreformen bis zur Transformation der Bundeswehr, München 2010, S. 181–198.

–: Was blieb von den Militärreformen 1807–1814?, in: Sönke Neitzel und Jürgen Kloosterhuis (Hg.), Krise, Reformen – und Militär. Preußen vor und nach der Katastrophe von 1806, Berlin 2009, S. 107–127.

Wehl, Roland: Freya von Moltke im Gespräch über Widerstand, Nation und Demokratie, in: Junge Freiheit v. 22. 8. 1994.

Wehler, Hans-Ulrich, Der zweite Dreißigjährige Krieg. Der Erste Weltkrieg als Auftakt und Vorbild für den zweiten Weltkrieg, in: Stephan Burgdorff/Klaus Wiegrefe (Hg.), Der Erste Weltkrieg. Die Urkatastrophe des 20. Jahrhunderts, München 2004, S. 23–35.

–: Deutsche Gesellschaftsgeschichte, München
Bd. 1: Vom Feudalismus des Alten Reiches bis zur Defensiven Modernisierung der Reformära. 1700–1815, 2. Aufl., München 1989.
Bd. 2: Von der Reformära bis zur industriellen und politischen «Deutschen Doppelrevolution» 1815–1845/49, 4. Aufl., München 2005.
Bd. 3: Von der «Deutschen Doppelrevolution» bis zum Beginn des Ersten Weltkrieges 1849–1914. Broschierte Studienausgabe München 2008.
Bd. 4: Vom Beginn des Ersten Weltkriegs bis zur Gründung der beiden deutschen Staaten 1914–1949, München 2003.
–: Nationalismus. Geschichte, Formen, Folgen, 3. Aufl., München 2007.
–: Nationalstaat und Krieg, in: Ders., Umbruch und Kontinuität. Essays zum 20. Jahrhundert, München 2000, S. 64–80.
–: Radikalnationalismus und Nationalsozialismus, in: Jörg Echternkamp/Sven Oliver Müller, (Hg.), Die Politik der Nation. Deutscher Nationalismus in Krieg und Krisen. 1760–1960, München 2002, S. 203–217.
Weigel, Siegrid: «Die Städte sind weiblich und nur dem Sieger hold». Zur Funktion des Weiblichen in Gründungsmythen und Städtedarstellungen, in: Sigrun Anselm/Barbara Beck (Hg.), Triumph und Scheitern in der Metropole: Zur Rolle der Weiblichkeit in der Geschichte Berlins, Berlin 1987, S. 207–227.
Weimar, Volker: Der Malmöer Waffenstillstand von 1848, Neumünster 1959.
Weizsäcker, Ernst von: Erinnerungen, München u. a. 1950.
Wentscher, Erich: Aus Moltkes Ahnentafel, in: Familiengeschichtliche Blätter 1 (1917), Sp. 13–16.
Wetzel, David: Duell der Giganten. Bismarck, Napoleon III. und die Ursachen des Deutsch-Französischen Krieges 1870/71. A. d. Engl. v. Michael Epkenhans, Paderborn u. a. 2005.
Whitaker, Ewen A.: Mapping and naming the Moon. A history of lunar cartography and nomenclature, Cambridge 1999.
Wiaderny, Bernard: Der Polnische Untergrundstaat und der deutsche Widerstand. 1939–1944, Berlin 2002.
Wieden, Helga bei der: Der mecklenburgische Adel in seiner geschichtlichen Entwicklung, in: Jahrbuch für die Geschichte Mittel- und Ostdeutschlands 45 (1999), S. 133–155.
Wiese, Ursula: Zur Opposition des ostelbischen Grundadels gegen die agrarischen Reformmaßnahmen 1807–11, Heidelberg 1935.
Willms, Johannes: Napoleon III. Frankreichs letzter Kaiser, München 2008.
Winkler, Heinrich August: Bürgerliche Emanzipation und nationale Einigung. Zur Entstehung des Nationalliberalismus in Preußen, in: Helmut Böhme (Hg.), Probleme der Reichsgründungszeit 1848–1879. 2. Aufl., Köln/Berlin 1972, S. 226–242.
Wohlhaupter, Eugen: Dichterjuristen, hg. v. H. G. Seifert, Tübingen 1953.
Wolf, Dieter: Herzog Friedrich von Augustenburg – ein von Bismarck 1864 überlisteter deutscher Fürst?, Frankfurt a. M./Berlin/Wien 1999.
Wolfrum, Edgar: Krieg und Frieden in der Neuzeit. Vom Westfälischen Frieden bis zum Zweiten Weltkrieg, Darmstadt 2003.

Wright, Harrison M.: Introduction, in: Ders., Sir James Rose Innes. Selected Correspondence (1884–1902), Cap Town 1972, S. 1–14.

Zander, Helmut: Der Generalstabschef Helmuth von Moltke d. J. und das theosophische Milieu um Rudolf Steiner, in: Militärgeschichtliche Mitteilungen 62 (2003), S. 423–458.

Zechlin, Egmont: Motive und Taktik der Reichsleitung 1914. Ein Nachtrag, in: Der Monat 209 (1966), S. 91–95.

Zedlitz-Neukirch, Leopold Freiherr von: Neues preußisches Adels-Lexicon, Bd. 3, Leipzig 1837.

Zeitschrift der Gesellschaft für Schleswig-Holsteinische Geschichte, 2 (1872).

Zeitschrift für die gesammte [!] lutherische Theologie und Kirche 5 (1844).

Zuber, Terence: The Moltke Myth. Prussian War Planning 1857–1871, New York u. a. 2008.

Bildnachweis

Seite 22, 210, 214, 217: akg-images

Seite 26: aus Hanne Raabyemagle: The Palace of Christian VII. Amalienborg, Bd. 1, Moltke House 1749–1794, Copenhagen 1999, Foto: Ole Woldbye

Seite 28: picture-alliance/dpa

Seite 38, 39: aus Franz Herre: Moltke. Der Mann und sein Jahrhundert, Frankfurt a. M./Berlin 1988

Seite 48: aus Max Jähns: Feldmarschall Moltke, 2. Auflage, Berlin 1906

Seite 54, 55: aus Ewald Frie: Friedrich August Ludwig von der Marwitz 1777–1837. Biographien eines Preußen, Paderborn u. a. 2001

Seite 67, 193, 224, 225, 232, 242, 243, 244: aus Friedrich August Dreßler: Moltke in seiner Häuslichkeit, 2. Auflage, Berlin 1904

Seite 77: aus Helmuth von Moltke d. Ä.: Gesammelte Schriften und Denkwürdigkeiten des General-Feldmarschalls Grafen Helmuth von Moltke, Bd. 4, Berlin 1891

Seite 100: Stadtarchiv Itzehoe

Seite 108, 218: aus Eberhard Kessel: Moltke, Stuttgart 1957

Seite 126: Wehrgeschichtliches Museum Rastatt, Fotothek

Seite 137: Wikimedia

Seite 152: aus Meta Brix: Marie von Moltke. Eine Soldatenfrau, Stuttgart 1941

Seite 188, 259, 261, 312, 327: aus Dorothy von Moltke: Ein Leben in Deutschland. Briefe aus Kreisau und Berlin. 1907–1934, hg. von Beate Ruhm von Oppen, München 1999

Seite 207: akg-images/Dr. Enrico Straub

Seite 212: Stadtarchiv Frankfurt am Main/Foto: Friedrich Lauffer

Seite 216: aus Dominik Bartmann: Anton von Werner. Zur Kunst und Kunstpolitik im Deutschen Kaiserreich, Berlin 1985

Seite 227, 296: aus Thomas Meyer (Hg.): Helmuth von Moltke 1848–1916. Dokumente zu seinem Leben und Wirken, Fotos: Burkheiser

Seite 230: aus Eberhard Kessel (Hg.): Moltke. Gespräche, Hamburg 1940

Seite 231: aus Rudolf Stadelmann: Moltke und der Staat, Krefeld 1950

Seite 236, 321, 351: Bildarchiv Preußischer Kulturbesitz, Berlin

Seite 239, 241: aus Reinhold Baumstark (Hg.): Lenbach. Sonnenbilder und Porträts, München/Köln 2004

Seite 265: aus Berliner Illustrirte Zeitung, 16. Jg. (1907)

Seite 269, 334: SZ-Photo/Scherl
Seite 271: aus Album von Berlin, Globus Verlag, Berlin 1905
Seite 280: Bundesarchiv-Militärarchiv, Freiburg i. Br.
Seite 313, 338: Joachim Wolfgang von Moltke
Seite 328: Freya von Moltke
Seite 364: Landesarchiv Baden-Württemberg/Staatsarchiv Ludwigsburg,
  EL 902/18, Bü 5376, Bl.8
Seite 365: Landesarchiv Baden-Württemberg/Staatsarchiv Ludwigsburg,
  EL 902/18, Bü 5376, Bl. 9/3
Seite 371: picture-alliance/dpa
Seite 374: Monika Lawrenz, Woosten

Personenregister

Lebenszeugnisse und Biographien

Otto Pflanze
Bismarck
Band 1: Der Reichsgründer
Aus dem Englischen von Peter Hahlbrock
2008. 906 Seiten mit 86 Abbildungen und 2 Karten. Paperback
Beck'sche Reihe Band 1785

Otto Pflanze
Bismarck
Band 2: Der Reichskanzler
Aus dem Englischen von Peter Hahlbrock
2008. 808 Seiten mit 78 Abbildungen und einer Karte. Paperback
Beck'sche Reihe Band 1786

John C. G. Röhl
Wilhelm II.
Band I: Die Jugend des Kaisers 1859–1888
3. Auflage. 2008. 980 Seiten mit 32 Abbildungen. Leinen

John C. G. Röhl
Wilhelm II.
Band II: Der Aufbau der Persönlichen Monarchie 1888–1900
2., durchgesehene Auflage. 2001. 1437 Seiten mit 55 Abbildungen. Leinen

John C. G. Röhl
Wilhelm II.
Band III: Der Weg in den Abgrund 1900–1941
2. Auflage. 2009. 1611 Seiten mit 67 Abbildungen. Leinen

Daniel Schönpflug
Luise von Preußen
Königin der Herzen
Eine Biographie
3. Auflage. 286 Seiten mit 32 Abbildungen und einer Karte. Leinen

Verlag C.H.Beck München

Lebenszeugnisse und Biographien

Günter Brakelmann
Helmuth James von Moltke
1907–1945
Eine Biographie
2., durchgesehene Auflage. 2007. 432 Seiten mit 60 Abbildungen. Leinen

Helmuth James von Moltke
Briefe an Freya 1939–1945
Herausgegeben von Beate Ruhm von Oppen
2007. 683 Seiten mit 10 Abbildungen und einem Faksimile. Paperback
Beck'sche Reihe Band 1756

Helmuth James von Moltke
Im Land der Gottlosen
Tagebuch und Briefe aus der Haft 1944/45
Herausgegeben und eingeleitet von Günter Brakelmann
Mit einem Geleitwort von Freya von Moltke
2. Auflage. 2009. 350 Seiten mit 17 Abbildungen. Leinen

Freya von Moltke
Erinnerungen an Kreisau 1930–1945
2. Auflage. 2006. 139 Seiten mit 20 Abbildungen. Paperback
Beck'sche Reihe Band 1562

Jürgen Peter Schmied
Sebastian Haffner
Eine Biographie
2010. 560 Seiten mit 25 Abbildungen. Gebunden

Volker Reinhardt
Deutsche Familien
Historische Portraits von Bismarck bis Weizsäcker
Herausgegeben von Volker Reinhardt unter Mitarbeit von Thomas Lau
2. Auflage. 2005. 384 Seiten mit 12 Abbildungen. Gebunden

Verlag C.H.Beck München